Jahrbuch der Akademie der Wissenschaften zu Göttingen

Akademie der Wissenschaften zu Göttingen
Theaterstraße 7
37073 Göttingen
Telefon: 0551-39-5424
Fax: 0551-39-5365
E-Mail: snoebel1@gwdg.de
http://www.adw-goettingen.gwdg.de

JAHRBUCH DER AKADEMIE DER WISSENSCHAFTEN ZU GÖTTINGEN

2007

Walter de Gruyter · Berlin · New York

Verantwortlich: Der Präsident der Akademie der Wissenschaften
Redakteur: Werner Lehfeldt

♾ Gedruckt auf säurefreiem Papier,
das die US-ANSI-Norm über Haltbarkeit erfüllt.

ISBN 978-3-11-020778-1

Bibliografische Information der Deutschen Nationalbibliothek

Die Deutsche Nationalbibliothek verzeichnet diese Publikation in der Deutschen Nationalbibliografie; detaillierte bibliografische Daten sind im Internet über http://dnb.d-nb.de abrufbar.

© Copyright 2008 by Walter de Gruyter GmbH & Co. KG, 10785 Berlin

Dieses Werk einschließlich aller seiner Teile ist urheberrechtlich geschützt. Jede Verwertung außerhalb der engen Grenzen des Urheberrechtsgesetzes ist ohne Zustimmung des Verlages unzulässig und strafbar. Das gilt insbesondere für Vervielfältigungen, Übersetzungen, Mikroverfilmungen und die Einspeicherung und Verarbeitung in elektronischen Systemen.

Printed in Germany
Einbandgestaltung: Christopher Schneider, Berlin
Satz: PTP-Berlin Protago TEX-Production, Berlin (www.ptp-berlin.eu)
Druck und buchbinderische Verarbeitung: Hubert & Co. GmbH und Co. KG, Göttingen

INHALT

Die Akademie

Über die Akademie	11
Vorstand und Verwaltung	13
Preise der Akademie	14
Förderer der Akademie	15
Satzungen der Akademie	22
Gauß-Professuren	23
Stiftungen	24

Die Mitglieder

Verzeichnis der Mitglieder	27
Ordentliche Mitglieder	27
Korrespondierende Mitglieder	44
Begrüßungsansprache und Tätigkeitsbericht des Präsidenten	71

Aus der Forschung

Akademievorträge	85
Arnold Esch: Pius II. Ein Papst erlebt die Landschaft der Frührenaissance	85
Günther Patzig: Philosophische Aspekte der Sterbehilfe-Problematik	90
Hans-Ludwig Schreiber: Entscheidungen am Lebensende – Stand der Diskussion um eine gesetzliche Lösung	102
Peter Bieri: Selbsterkenntnis. Was ist sie? Warum ist sie wertvoll?	115

Plenarsitzungen des Berichtsjahres 2007 133
    Jens Frahm: Robert Brown, Albert Einstein
    und der weiße Balken 137
    Otto Merk: Adolf Jülicher als Paulusforscher – anläßlich
    seines 150. Geburtstages 149
    Klaus-Dirk Henke: Gesundheitsreform in der
    Kompromißfalle 165
    Luciano Floridi: The Future Development of the
    Information Society 175
    Joachim Reitner: Mikroben und Bernstein. Einblicke in
    eine wenig verstandene geo-biologische Beziehung 188
    Gerhard Wagenitz: 300 Jahre Carl von Linné –
    Was bleibt? 199
    1. Julius-Wellhausen-Vorlesung 206

Preisträger des Berichtsjahres 2006 207
    Christian Hecht: Die Glorie. Begriff, Thema, Bildelement
    in der europäischen Sakralkunst vom Mittelalter bis zum
    Ausgang des Barock 207
    Margarete Baier: Risikomanagement in Pflanzen –
    Die Kontrolle der Gefährlichkeit des Lebens mit Sauerstoff
    durch das plastidäre antioxidative Schutzsystem 223
    Martin Kessler: Johann Gottfried Herders Kirchenamt
    in Sachsen-Weimar 228

Preisträger des Berichtsjahres 2007 237
    Bertrand I. Halperin: The Peculiar Properties
    of Quantum Hall Systems 237

Forschungsvorhaben der Akademie 252

Sonstige Veranstaltungen 329
    Wilfried Barner: Gerichtshalter und Poet:
    Gottfried August Bürger in Gelliehausen 334
    Norbert Hilschman: Immunität und Gehirn:
    Vorprogrammierte Systeme für Reaktionen auf das
    Unerwartete 355

Vorstellungsberichte der Mitglieder 381
 GERALD SPINDLER: Urheberrecht in der Wissens- und
 Informationsgesellschaft – Skizze eines andauernden
 Konfliktes 381
 ANDREA POLLE: Wie Bäume mit Salzstress fertig werden 394
 HERMANN SPIECKERMANN: Gottvater – Religionsgeschichte
 und Altes Testament 401
 REINHARD FELDMEIER: Gottvater – Religionsgeschichte
 und Neues Testament 407
 STEFAN W. HELL: Fluoreszenzmikroskopie in ungekannter
 Schärfe 413
 STEPHAN KLASEN: Geschlechtsspezifische Ungleichheit und
 wirtschaftliche Entwicklung: Wechselwirkungen und
 Zusammenhänge 420
 CHRISTIAN GRIESINGER: Spionage im Inneren der Moleküle –
 von Spins bis Parkinson 429
 UTE DANIEL: Kulturgeschichte der Massenmedien 437
 EVA SCHUMANN: Beiträge studierter Juristen und anderer
 Rechtsexperten zur Rezeption des gelehrten Rechts 443

Nachruf 462
 OTTO-GERHARD OEXLE auf Karl Hauck 462

Die Akademie

Über die Akademie

Die Akademie der Wissenschaften zu Göttingen wurde 1751 als „Königliche Societät der Wissenschaften" gegründet. Sie sollte neben der seit 1737 bestehenden Universität, deren Hauptaufgabe die Lehre war, ein besonderer Ort der Forschung sein. In ihr sollten, wie ihr erster Präsident, der berühmte Schweizer Universalgelehrte Albrecht von Haller, es ausdrückte, „Decouverten", also Entdeckungen, gemacht werden. So ist es geblieben, wenngleich seither die Forschung in größerem Umfang von den Universitäten und von außeruniversitären Einrichtungen betrieben wird. Die Akademie betreibt zahlreiche Forschungsvorhaben auf vielen verschiedenen Gebieten. Die Publikationen der Akademie (Nachrichten, Abhandlungen, Jahrbuch, Göttingische Gelehrte Anzeigen) sind weltweit verbreitet, besonders durch den Schriftentausch, der die Akademie mit mehr als 800 in- und ausländischen Partnern verbindet.

Die Akademie gliedert sich in zwei Klassen, die Philologisch-Historische und die Mathematisch-Physikalische Klasse, jede mit bis zu 40 Ordentlichen und 100 Korrespondierenden Mitgliedern. Während des Semesters versammeln sich beide Klassen alle zwei Wochen zu gemeinsamen Sitzungen, in denen wissenschaftliche „Decouverten" vorgetragen und diskutiert werden. Dazu kommen öffentliche Vorträge und Symposien. Die Klassen ergänzen ihren Mitgliederbestand (es gibt eine Altersgrenze) durch Zuwahlen. Als Mitglieder werden Gelehrte gewählt, die anerkanntermaßen den Stand ihres Faches wesentlich erweitert haben. Es gibt Ordentliche, Korrespondierende und Ehrenmitglieder. Die Ordentlichen Mitglieder müssen ihren Wohnsitz in Norddeutschland haben, während die anderen Mitglieder aus allen Teilen Deutschlands und aus Ländern der ganzen Welt kommen können. Viele berühmte Gelehrte waren Mitglieder der Göttinger Akademie, darunter Jacob und Wilhelm Grimm, Georg Christoph Lichtenberg, Friedrich Wöhler, Carl Friedrich Gauß, Wilhelm Eduard Weber, Friedrich Christoph Dahlmann, Julius Wellhausen, David Hilbert, Adolf Windaus, Max Born, Otto Hahn, James Franck, Werner Heisenberg, Alfred Heuß und Franz Wieacker.

Die Mitglieder der Philologisch-Historischen Klasse vertreten alle Richtungen der Geistes- und der Sozialwissenschaften. In der Mathematisch-Physikalischen Klasse sind vertreten: Mathematik, Physik, Medizin, Chemie sowie die Geo- und die Biowissenschaften. Da die Sitzungen in der

Regel von beiden Klassen gemeinsam abgehalten werden, ermöglicht dies der Akademie wie nur wenigen anderen Institutionen Kontakte und Zusammenarbeit von Vertretern ganz verschiedener Forschungsgebiete.

Die Akademie verleiht regelmäßig verschiedene Preise, die der Förderung des wissenschaftlichen Nachwuchses oder der Auszeichnung bedeutender Gelehrter dienen. Mit ihrer Gauß-Professur gibt sie herausragenden Forscherinnen und Forschern die Gelegenheit zu einem Arbeitsaufenthalt in Göttingen und zur Teilnahme am Leben der Akademie.

Neben den Forschungsarbeiten der beiden Klassen gehört zu den Aufgaben der Akademie die Betreuung wissenschaftlicher Langfrist-Unternehmungen, die die Arbeitskraft und oft auch die Lebenszeit eines einzelnen Forschers übersteigen. Meist sind sie Bestandteil des so genannten Akademienprogramms, das, finanziert von Bund und Ländern, durch die Union der Akademien der Wissenschaften in der Bundesrepublik Deutschland koordiniert wird. Mit den Mitgliedern dieser Union (den Akademien in Berlin, München, Leipzig, Heidelberg, Mainz, Düsseldorf und Hamburg) besteht auch sonst eine enge Zusammenarbeit. Zur Durchführung ihrer Forschungsvorhaben bildet die Akademie Kommissionen. Diesen gehören auch Gelehrte an, die nicht Mitglieder der Akademie sind.

Seit ihrer Gründung vor 256 Jahren hat sich die Akademie in mancher Hinsicht gewandelt und weiterentwickelt, sie ist aber ihrer Aufgabe, die Wissenschaft zu fördern, immer treu geblieben.

Vorstand und Verwaltung

Präsident:	Herbert W. Roesky

1. Vizepräsident und Vorsitzender der Philologisch-Historischen Klasse:
   Werner Lehfeldt
2. Vizepräsident und Vorsitzender der Mathematisch-Physikalischen Klasse:
   Norbert Elsner

Geschäftsführender Sekretär:
   Konrad Samwer

Geschäftsausschuss: Die drei Präsidenten, der Geschäftsführende Sekretär, Kurt Schönhammer, Christian Starck

Geschäftsstelle: 37073 Göttingen, Theaterstraße 7, Fax: 0551/39 5365

Geschäftsführerin: Dr. Angelika Schade, Tel.: 0551/ 39 9883
E-Mail: aschade@gwdg.de

Syndika: Dr. Sabine Rickmann, Tel.: 0551/39 5363

Sekretariat: Ulla Deppe, Tel.: 0551/39 5362
E-Mail: udeppe@gwdg.de
Susanne Nöbel, Tel.: 0551/39 5424
E-Mail: snoebel1@gwdg.de

Haushalt/Finanzen: Brigitte Mattes, Tel.: 0551/39 5382
E-Mail: bmattes@gwdg.de

Personal: Birgit Jahnel, Tel.: 0551/39 5339
E-Mail: birgit.jahnel@zvw.uni-goettingen.de
Susanne Scheps, Tel.: 0551/12465
E-Mail: susanne.scheps@zvw.uni-goettingen.de

Schriftentausch: Christiane Wegener, Tel.: 0551/39 5360
E-Mail: cwegene@gwdg.de

Hausmeister: Werner Jahnel, Tel.: 0551/39 5330

Verantwortlich für Abhandlungen, Nachrichten und Jahrbuch:
   Die beiden Klassenvorsitzenden

Redakteure der Göttingischen Gelehrten Anzeigen:
   Joachim Ringleben, Ulrich Schindel

Publikationsausschuss:
   Vorsitz: Gerald Spindler
   Reinhard G. Kratz, Herbert W. Roesky,
   Konrad Samwer, Rudolf Smend

Preise der Akademie

Die Akademie der Wissenschaften zu Göttingen ist eine der ältesten Wissenschaftsakademien Deutschlands. Traditionell zeichnet die norddeutsche Gelehrtengesellschaft hervorragende Arbeiten zu aktuellen wissenschaftlichen Fragestellungen aus. Ein besonderes Augenmerk gilt dabei dem wissenschaftlichen Nachwuchs, der mit Preisen für herausragende Leistungen gefördert werden soll. Diese werden jährlich, alle zwei Jahre oder unregelmäßig vergeben.

Jährlich vergeben werden die Akademie-Preise für **Chemie, Physik und Biologie,** alle zwei Jahre der **Hans-Janssen-Preis** (Kunstgeschichte), der **Hanns-Lilje-Preis** (Theologie) und der **Dannie-Heineman-Preis** (vornehmlich naturwissenschaftliche Arbeiten, die sich mit neuen und aktuellen Entwicklungen der Wissenschaft auseinandersetzen).

Unregelmäßig vergeben werden die **Brüder-Grimm-Medaille** (zuletzt 2006) und der **Akademie-Preis für Geschichte** aus der Wedekindschen Preisstiftung für Deutsche Geschichte (zuletzt 1994).

Seit dem Jahre 2004 zeichnet die Akademie der Wissenschaften jährlich besonders hervorragende und in der Öffentlichkeit angesehene Wissenschaftler mit der **Lichtenberg-Medaille** aus; diese ist weder mit einer Altersgrenze noch mit einem Preisgeld verbunden. Überreicht wird eine von den Akademiemitgliedern gestiftete Goldmedaille.

Aus Mitteln des Wallstein-Verlages vergibt die Akademie der Wissenschaften seit dem Jahre 2004 den **Wallstein-Preis** an jüngere Wissenschaftler und Wissenschaftlerinnen eines geisteswissenschaftlichen Faches.

Die Akademie der Wissenschaften zu Göttingen verleiht ab dem Jahre 2007 jährlich einen von ihren Mitgliedern gestifteten **Preis für Geisteswissenschaften** für hervorragende Arbeiten auf dem Gebiet der geisteswissenschaftlichen Forschung, die einen wesentlichen methodischen oder sachlichen Fortschritt der wissenschaftlichen Erkenntnis bedeuten.

Weitere Informationen zu den Preisen können über das Sekretariat der Akademie bezogen werden.

Förderer der Akademie

Anton Christian Wdekind †
Paul de Lagarde †
Thomas Cuming Hall †
Hans Janssen †
Friedrich Schaffstein †
Heinrich Röck
Bund-Länder-Kommission
Cahlenberg-Grubenhagensche Landschaft
Deutsche Forschungsgemeinschaft
Gerda Henkel Stiftung
Klosterkammer Hannover
Land Niedersachsen
Minna-James-Heineman-Stiftung
VGH-Stiftung Hannover
VW-Stiftung Hannover
Walter de Gruyter GmbH & Co KG
BASF AG, Ludwigshafen
Bayer AG, Leverkusen
Evonik Degussa GmbH, Essen
Fritz Thyssen Stiftung
Sartorius AG, Göttingen
Sparkasse Göttingen
Stiftung Alfried Krupp Kolleg Greifswald
Wallstein Verlag, Göttingen
Wissenschaftliche Verlagsgesellschaft, Stuttgart

Die Akademie dankt für die großzügige Förderung.

Statut über die Verleihung des Preises für Geisteswissenschaften der Akademie der Wissenschaften zu Göttingen

beschlossen in der Plenarsitzung der Akademie am 11.5.2007

§1

Die Akademie der Wissenschaften zu Göttingen verleiht jährlich einen von ihren Mitgliedern gestifteten Preis in Höhe von 2.500 € für hervorragende Arbeiten auf dem Gebiet der geisteswissenschaftlichen Forschung, die einen wesentlichen methodischen oder sachlichen Fortschritt der wissenschaftlichen Erkenntnis bedeuten. Die auszuzeichnenden Arbeiten sollen den Disziplinen entstammen, die in der Philologisch-Historischen Klasse vertreten sind. Ausgeschlossen bleiben diejenigen Fächer, für die es bereits andere Preise gibt (Theologie, Kunstwissenschaft).

§2

Der Preis soll an promovierte Gelehrte vergeben werden, die zur Zeit der Preisvergabe das 40. Lebensjahr nicht überschritten haben. Die Klasse kann zur Vorbereitung ihres Vorschlags eine Auswahl- und Prüfungskommission einrichten.

§3

Der Preis wird für bereits gedruckt vorliegende Arbeiten vergeben. Die Kandidatin oder der Kandidat muß dem Plenum der Akademie von der Philologisch-Historischen Klasse mit einer Dreiviertelmehrheit der anwesenden Mitglieder vorgeschlagen werden. Dem Vorschlag ist eine ausführliche schriftliche Stellungnahme beizufügen. Das Plenum entscheidet in der nächstfolgenden Sitzung mit einer Dreiviertelmehrheit der anwesenden Mitglieder über die Annahme des Vorschlages.

§4

Die Verleihung des Preises erfolgt in einer öffentlichen Sitzung der Akademie. Die Preisträgerin oder der Preisträger erhält eine Urkunde über die Verleihung des Preises und eine Anweisung auf den Geldbetrag. Sie oder er soll auf Einladung der Akademie einen auf die ausgezeichnete Arbeit bezugnehmenden kurzen Vortrag halten, der im Jahrbuch der Akademie abgedruckt wird.

§5

Der Preis wird unter Ausschluß des Rechtswegs verliehen. Die Beschlüsse der Akademie über die Preisverleihungen sind nicht anfechtbar.

Göttingen, den 11. Mai 2007

Julius-Wellhausen-Stiftung
bei der Akademie der Wissenschaften zu Göttingen

Satzung in der Fassung vom 7. Dezember 2007

§1 Name, Rechtsform

(1) Die Stiftung führt den Namen **Julius-Wellhausen-Stiftung**.

(2) Sie ist eine nichtrechtsfähige Stiftung in der Verwaltung der Akademie und wird folglich von dieser im Rechts- und Geschäftsverkehr vertreten.

§2 Stiftungszweck

(1) Die Stiftung verfolgt ausschließlich und unmittelbar gemeinnützige Zwecke im Sinne des Abschnitts „Steuerbegünstigte Zwecke" der Abgabenordnung (AO).

(2) Zweck der Stiftung ist die Förderung von Wissenschaft und Forschung auf dem Gebiet der drei von Julius Wellhausen repräsentierten Fächer Altes Testament, Neues Testament und Arabistik und der ihnen nahestehenden Disziplinen der orientalischen und klassischen Altertumswissenschaften.

(3) Der Stiftungszweck wird verwirklicht insbesondere durch die Ausrichtung von „Julius-Wellhausen-Vorlesungen". Dazu sollen Gelehrte von außergewöhnlichem Rang, vorzugsweise des Auslands, von der Akademie eingeladen werden, um einen öffentlichen Vortrag aus dem Bereich der vorgenannten Fächer und Disziplinen zu halten. Es können außerdem Forschungsarbeiten (z. B. Symposien, Veröffentlichungen) in den vorbezeichneten Gebieten unterstützt werden.

(4) Die Stiftung erfüllt diesen Auftrag durch die Beschaffung von Mitteln gem. §58 Nr. 1 AO zur Förderung von Wissenschaft und Forschung (sowie der Bildung) für die Verwirklichung der Zwecke einer anderen steuerbegünstigten Körperschaft oder für die Verwirklichung steuerbegünstigter Zwecke durch eine Körperschaft des öffentlichen Rechts oder, soweit sie nicht im Wege der institutionellen Förderung tätig

wird, indem sie ihre Aufgaben selbst oder durch eine Hilfsperson im Sinne des §57 Abs. 1 Satz 2 AO verwirklicht.

(5) Die Stiftung ist selbstlos tätig und verfolgt nicht in erster Linie eigenwirtschaftliche Zwecke. Die Mittel der Stiftung dürfen nur für die satzungsgemäßen Zwecke verwendet werden.

§3 Stiftungsvermögen

(1) Die Stiftung wird mit einem (Anfangs-)Vermögen von fünfundsiebzigtausend Euro ausgestattet.

(2) Das Stiftungsvermögen ist in seinem Wert ungeschmälert zu erhalten. Zu diesem Zweck können im Rahmen des steuerrechtlich Zulässigen die jährlichen Erträge aus der Vermögensanlage oder die sonstigen zeitnah zu verwendenden Mittel ganz oder teilweise der freien Rücklage oder dem Stiftungsvermögen zugeführt werden.

(3) Dem Stiftungsvermögen wachsen alle Zuwendungen zu, die dazu bestimmt sind (Zustiftungen).

§4 Verwendung der Vermögenserträge und Zuwendungen

(1) Die Erträge des Stiftungsvermögens und die ihm nicht zuwachsenden Zuwendungen sind zur Erfüllung des Stiftungszwecks zu verwenden. Davon ausgenommen ist die Rücklagenbildung oder die Zuführung zum Stiftungsvermögen gem. §58 Nr. 7 und Nr. 12 AO.

(2) Es darf keine Person durch Ausgaben, die dem Zweck der Stiftung fremd sind, oder durch unverhältnismäßig hohe Vergütungen begünstigt werden.

§5 Akademie-Kommission

(1) Organ der Stiftung ist die Kommission. Sie besteht aus bis zu 4 Mitgliedern. Geborenes Mitglied ist der Stifter. Die Phil.-Hist. Klasse der Akademie wählt die weiteren Mitglieder jeweils für die Dauer von 5 Jahren aus ihrer Mitte. Sie sollen aus den von Julius Wellhausen vertretenen Fachgebieten kommen. Ein Mitglied der Kommission soll nach Möglichkeit gleichzeitig Mitglied des Centrum Orbis Orientalis Göttingen sein.

(2) Vorsitzender der Kommission ist der Stifter. Die Kommission wählt aus ihrer Mitte einen stellvertretenden Vorsitzenden und ebenso, nach Ausscheiden des Stifters, den nachfolgenden Kommissionsvorsitzenden.

(3) Die Mitglieder der Kommission sind ehrenamtlich tätig. Sie haben Anspruch auf Ersatz der ihnen entstandenen Aufwendungen.

§6 Aufgaben, Beschlußfassung

(1) Die Kommission beschließt über die Verwendung der Stiftungsmittel. Gegen diese Entscheidung steht der Akademie ein Vetorecht zu, wenn sie gegen die Satzung oder rechtliche oder steuerliche Bestimmungen verstößt.

(2) Die Kommission ist beschlußfähig, wenn mehr als die Hälfte ihrer Mitglieder an der Beschlußfassung mitwirkt. Beschlüsse werden mit einfacher Mehrheit gefaßt. Bei Stimmengleichheit entscheidet die Stimme des Vorsitzenden.

(3) Beschlüsse, die eine Änderung des Stiftungszwecks oder die Auflösung der Stiftung betreffen, können nur auf Sitzungen gefaßt werden.

(4) Satzungsänderungen bedürfen der Zustimmung der Akademie.

§7 Treuhandverwaltung

(1) Die Akademie verwaltet das Stiftungsvermögen getrennt von ihrem Vermögen. Sie vergibt die Stiftungsmittel entsprechend den Beschlüssen der Kommission und wickelt die Fördermaßnahmen ab.

(2) Die Akademie legt der Kommission auf den 31.12. eines jeden Jahres einen Bericht vor, der die Vermögensanlage sowie die Mittelverwendung erläutert. Im Rahmen ihrer öffentlichen Berichterstattung sorgt sie auch für eine angemessene Publizität der Stiftungsaktivitäten.

(3) Der Akademie der Wissenschaften zu Göttingen steht ein Aufwendungsersatzanspruch aus dem Stiftungsvermögen für getätigte Ausgaben zu.

§8 Anpassung der Stiftung an veränderte Verhältnisse

Ändern sich die Verhältnisse derart, daß die dauernde und nachhaltige Erfüllung des Stiftungszwecks von der Akademie und der Kommission nicht mehr für sinnvoll gehalten wird, so können beide gemeinsam einen neuen Stiftungszweck beschließen. Der Beschluß bedarf der Zustimmung aller

Mitglieder der Kommission. Der neue Stiftungszweck hat gemeinnützig zu sein und auf dem Gebiet der drei von Julius Wellhausen vertretenen Forschungsgebiete zu liegen.

§9 Auflösung der Stiftung

Akademie und Kommission können gemeinsam die Auflösung der Stiftung beschließen, wenn die Umstände es nicht mehr zulassen, den Stiftungszweck dauernd und nachhaltig zu erfüllen; §8 Satz 2 gilt entsprechend.

§10 Vermögensanfall

Bei Auflösung der Stiftung oder bei Wegfall des steuerbegünstigten Zwecks fällt das Vermögen an die Akademie, die es unmittelbar und ausschließlich für gemeinnützige Zwecke zu verwenden hat, die dem Stiftungszweck möglichst nahe kommen.

§11 Stellung des Finanzamtes

Beschlüsse über Satzungsänderungen und der Beschluß über die Auflösung der Stiftung sind dem zuständigen Finanzamt anzuzeigen. Für Satzungsänderungen, die den Zweck der Stiftung betreffen, ist die Unbedenklichkeitserklärung des Finanzamtes einzuholen.

Satzungen der Akademie

SATZUNG DER AKADEMIE
siehe Jahrbuch 2001 (S. 42ff.)

SATZUNGEN DER STIFTUNGEN
siehe Jahrbuch 1944–1960

STATUT ÜBER DIE VERLEIHUNG
DER AKADEMIE-PREISE FÜR CHEMIE UND PHYSIK
siehe Jahrbuch 1944–1960

STATUT ÜBER DIE VERLEIHUNG
DES AKADEMIE-PREISES FÜR BIOLOGIE
siehe Jahrbuch 1983

SATZUNG FÜR DIE VERLEIHUNG
DER BRÜDER-GRIMM-MEDAILLE
siehe Jahrbuch 1963

SATZUNG ÜBER DIE VERGABE
DES HANNS-LILJE-PREISES
ZUR FÖRDERUNG
DER THEOLOGISCHEN WISSENSCHAFT
siehe Jahrbuch 1987

STATUT ZUR VERGABE
DES HANS-JANSSEN-PREISES
siehe Jahrbuch 1991

STATUT ZUR VERGABE
DER LICHTENBERG-MEDAILLE
siehe Jahrbuch 2003

SATZUNG ZUR VERGABE
DES WALLSTEIN-PREISES
siehe Jahrbuch 2004

Gauß-Professuren 2007

Die Gauß-Professur wurde im Berichtsjahr 2007 vergeben an:

Professor **Dr. Pavel Rosmus**
Université de Marne la Vallée (Frankreich)

Professor **Dr. Norbert Schappacher**
Institut de Recherche Mathématique Avancée (IRMA) (Frankreich)

Professor **Dr. Didier Astruc**
LCOO, UMR CNRS Nr. 5802. Groupe Nanosciences
Moléculaires et Catalyse Université Bordeaux I (Frankreich)

Gauß-Kommission:
  Vorsitzender: S.J. Patterson
  Borchers, Christensen, Elsner, Krengel, Zippelius

Stiftungen

- *de Lagarde-Stiftung*
- *Hans-Janssen-Stiftung*
- *Julius-Wellhausen-Stiftung*
- *Verwaltung der Th. Hall-Stiftung*
- *Verwaltungsrat der Wedekind-Stiftung*
- *Wilhelm-Jost-Gedächtnisvorlesungen*

Die Mitglieder

Verzeichnis der Mitglieder

nach dem Stand vom Dezember 2007

Die mit * gekennzeichneten Mitglieder sind auswärtige ordentliche Mitglieder. Zur Mitgliedschaft vgl. die Satzung im Jahrbuch 2001, S. 42ff.

Ordentliche Mitglieder

Philologisch-Historische Klasse

ROBERT ALEXY, in Kiel, seit 2002
    Professor für Öffentliches Recht und Rechtsphilosophie,
    geb. 9.9.1945
    24118 Kiel, Olshausenstraße 40
    E-Mail: alexy@law.uni-kiel.de

KARL ARNDT, seit 1978
    Professor der Kunstgeschichte, geb. 22.8.1929
    37085 Göttingen, Merkelstraße 7

WILFRIED BARNER, seit 1993
    Professor der Deutschen Philologie
    (Neuere Deutsche Literatur), geb. 3.6.1937
    37075 Göttingen, Walter-Nernst-Weg 10
    E-Mail: wbarner@gwdg.de

OKKO BEHRENDS, seit 1982
    Professor des Römischen Rechts, Bürgerlichen Rechts und
    der Neueren Privatrechtsgeschichte, geb. 27.2.1939
    Göttingen, Thomas-Dehler-Weg 3
    E-Mail: obehren@gwdg.de

MARIANNE BERGMANN, seit 1996
    Professorin der Klassischen Archäologie, geb. 29.6.1943
    37073 Göttingen, Archäologisches Institut
    Nikolausberger Weg 15
    E-Mail: sekretariat.archinst@phil.uni-goettingen.de

Riekele (Rykle) Borger, seit 1978
　　Professor der Assyriologie, geb. 24.5.1929
　　37073 Göttingen, Obere Karspüle 31

Winfried Bühler*, in München, seit 1980 (in Hamburg 1980–1991)
　　zuvor Korrespond. Mitglied 1974–1980
　　Professor der Klassischen Philologie, geb. 11.6.1929
　　80797 München, Stauffenbergstraße 7/VIII

Carl Joachim Classen, seit 1987
　　Professor der Klassischen Philologie, geb. 15.8.1928
　　37077 Göttingen, Am Brachfelde 7
　　E-Mail: cclasse@gwdg.de

Konrad Cramer, seit 1997
　　Professor der Philosophie, geb. 6.12.1933
　　37085 Göttingen, Keplerstraße 10
　　E-Mail: ikarakus@gwdg.de

Ute Daniel, in Braunschweig, seit 2007
　　Professorin für Neuere Geschichte, geb. 3.5.1953
　　38114 Braunschweig, Am Gaussberg 6
　　E-Mail: u.daniel@tu-bs.de

Heinrich Detering, seit 2003
　　Professor für Neuere Deutsche Literatur
　　und Neuere Nordische Literaturen, geb. 1.11.1959
　　37073 Göttingen, Düstere-Eichenweg 48
　　E-Mail: detering@phil.uni-goettingen.de

Uwe Diederichsen, seit 1988
　　Professor des Bürgerlichen Rechts, Zivilprozeßrechts,
　　Handelsrechts und der Juristischen Methodenlehre, geb. 18.7.1933
　　37085 Göttingen, Hainholzweg 66
　　E-Mail: u.diederichsen@jura.uni-goettingen.de

Albert Dietrich, seit 1961
　　Professor der Orientalistik (Arabistik), geb. 2.11.1912
　　37075 Göttingen, Habichtsweg 55

Siegmar Döpp, in Berlin, seit 1997
　　Professor der Klassischen Philologie, geb. 10.12.1941
　　10557 Berlin, Calvinstraße 23, Gartenhaus
　　E-Mail: sdoepp@gwdg.de

Ralf Dreier, seit 1980
   Professor für Allgemeine Rechtstheorie, geb. 10.10.1931
   37073 Göttingen, Wilhelm-Weber-Straße 4

Alfred Dürr, seit 1976
   Dr. phil., Musikwissenschaft, geb. 3.3.1918
   37085 Göttingen, GDA-Wohnstift, App. A-817,
   Charlottenburger Straße 19

Reinhard Feldmeier, in Göttingen, seit 2006
   Professor für Neues Testament, geb. 10.4.1952
   95444 Bayreuth, Meistersingerstraße 18
   E-Mail: Reinhard.Feldmeier@theologie.uni-goettingen.de

Klaus Fittschen, in Wolfenbüttel, seit 1988 (in Göttingen 1988–1989)
   Professor der Klassischen Archäologie, geb. 31.5.1936
   38302 Wolfenbüttel, Alter Weg 19

Werner Flume, in Bonn, seit 1952 (in Göttingen 1952–1954)
   Professor der Rechtsgeschichte, geb. 12.9.1908
   53177 Bonn, Freier Weg 17

Dorothea Frede, in Hamburg, seit 2001
   Professorin der Philosophie, geb. 5.7.1941
   20146 Hamburg, Universität Hamburg, Philosophisches Seminar,
   Von-Melle-Park 6
   E-Mail: dorothea.frede@uni-hamburg.de

Werner Frick*, in Freiburg, seit 2002
   Professor der Deutschen Philologie, geb. 5.12.1953
   39104 Freiburg i.Br., Burgunder Straße 30
   E-Mail: werner.frick@germanistik.uni-freiburg.de

Thomas W. Gaehtgens*, in Berlin, seit 1983
   Professor der Kunstgeschichte, geb. 24.6.1940
   Deutsches Forum für Kunstgeschichte/Centre allemand
   d'histoire de l'art
   10, Place des victoires, 75002 Paris/Frankreich
   E-Mail: tgaehtgens@dt-forum.org

Klaus Grubmüller, seit 1992
   Professor der Deutschen Philologie, geb. 18.8.1938
   37136 Seeburg, Am Steinberg 13
   E-Mail: kgrubmu@gwdg.de

CLAUS HAEBLER, in Münster i. W., seit 1971
> Professor der Indogermanischen Sprachwissenschaft, geb. 2.8.1931
> 48159 Münster, Westf., Althausweg 29

KARL HAUCK, in Münster i. W., seit 1969
> Professor der Mittleren und Neueren Geschichte,
> geb. 21.12.1916, gest. 8.5.2007

WOLFRAM HENCKEL, seit 1983
> Professor des Zivilrechts, Handels- und Prozeßrechts, geb. 21.4.1925
> 37120 Bovenden, Liegnitzer Straße 20

KLAUS-DIRK HENKE, in Berlin, seit 1993 (in Hannover 1993–1996)
> Professor der Volkswirtschaftslehre, geb. 17.9.1942
> 14169 Berlin, Schweitzerstraße 26
> E-Mail: k.henke@finance.ww.tu-berlin.de

NIKOLAUS HENKEL, in Hamburg, seit 2006
> Professor der Deutschen Philologie, geb. 28.4.1945
> 20099 Hamburg, Bülaustraße 8
> E-Mail: nhenkel@uni-hamburg.de

HELMUT HENNE, in Braunschweig, seit 1999
> Professor der Germanistischen Linguistik, geb. 5.4.1936
> 38302 Wolfenbüttel, Platanenstraße 27
> E-Mail: h.henne@tu-bs.de

FRIEDRICH JUNGE, seit 2000
> Professor der Ägyptologie, geb. 18.4.1941
> 37085 Göttingen, Am Kalten Born 37
> E-Mail: friedrich.junge@zvw.uni-goettingen.de

THOMAS KAUFMANN, seit 2002
> Professor der Kirchengeschichte, geb. 29.3.1962
> 37085 Göttingen, Rohnsweg 13
> E-Mail: thomas.kaufmann@theologie.uni-goettingen.de

HORST KERN, seit 1998
> Professor der Sozialwissenschaften, geb. 29.9.1940
> 37083 Göttingen, Stegemühlenweg 25
> E-Mail: hkern@gwdg.de

STEPHAN KLASEN, seit 2007
    Professor für Volkswirtschaftstheorie
    und Entwicklungsökonomik, geb. 18.6.1966
    Volkswirtschaftliches Seminar der Georg-August-Universität
    Göttingen
    37073 Göttingen, Platz der Göttinger Sieben 3
    E-Mail: sklasen@uni-goettingen.de

REINHARD GREGOR KRATZ, seit 1999
    Professor des Alten Testaments, geb. 25.7.1957
    37085 Göttingen, David-Hilbert-Straße 16
    E-Mail: reinhard.kratz@theologie.uni-goettingen.de

KARL KROESCHELL*, in Freiburg, seit 1972 (in Göttingen 1972–1975)
    Professor der Deutschen Rechtsgeschichte, des Bürgerlichen
    Rechts, Handels- und Landwirtschaftsrechts, geb. 14.11.1927
    79102 Freiburg, Fürstenbergstraße 24

MARGOT KRUSE, in Hamburg, seit 1995
    Professorin der Romanischen Philologie, geb. 2.3.1928
    21465 Reinbek, Waldstraße 12

WOLFGANG KÜNNE, in Hamburg, seit 2006
    Professor der Philosophie, geb. 14.7.1944
    22589 Hamburg, Eichengrund 30
    E-Mail: wolfgang.kuenne@uni-hamburg.de

REINHARD LAUER, seit 1980
    Professor der Slavischen Philologie, geb. 15.3.1935
    37120 Bovenden bei Göttingen, Allensteiner Weg 32
    E-Mail: rlauer@gwdg.de

WERNER LEHFELDT, seit 1996 (Vizepräsident seit 2006)
    Professor der Slavischen Philologie, geb. 22.5.1943
    37085 Göttingen, Steinbreite 9 c
    E-Mail: wlehfel@gwdg.de

GUSTAV ADOLF LEHMANN, seit 1995 (Vizepräsident von 2002–2006)
    Professor der Alten Geschichte, geb. 28.8.1942
    37075 Göttingen, In der Roten Erde 7
    E-Mail: glehman1@gwdg.de

HARTMUT LEHMANN, in Kiel, seit 1995
   Professor der Mittleren und Neueren Geschichte, geb. 29.4.1936
   24105 Kiel, Caprivistraße 6
   E-Mail: hrw.lehmann@t-online.de

CHRISTOPH LINK*, in Erlangen, seit 1983 (in Göttingen 1983–1986)
   Professor der Politischen Wissenschaften und
   der Allgemeinen Staatslehre, geb. 13.6.1933
   91054 Erlangen, Rühlstraße 35

EDUARD LOHSE, seit 1969
   Professor des Neuen Testaments, geb. 19.2.1924
   37075 Göttingen, Ernst-Curtius-Weg 7

BERND MOELLER, seit 1976
   Professor der Kirchengeschichte, geb. 19.5.1931
   37085 Göttingen, Herzberger Landstraße 26

ULRICH MÖLK, seit 1979 (Präsident von 1990–1994)
   Professor der Romanischen Philologie, geb. 29.3.1937
   37085 Göttingen, Höltystraße 7
   E-Mail: umoelk@gwdg.de

EKKEHARD MÜHLENBERG, seit 1984
   Professor der Kirchengeschichte, geb. 29.7.1938
   37073 Göttingen, Am Goldgraben 6
   E-Mail: emuehle@gwdg.de

TILMAN NAGEL, seit 1989
   Professor der Arabistik und der Islamwissenschaft, geb. 19.4.1942
   37127 Dransfeld, Tannenhof 3
   E-Mail: arabsem@gwdg.de

HEINZ-GÜNTHER NESSELRATH, seit 2002
   Professor der Klassischen Philologie, geb. 9.11.1957
   37073 Göttingen, Hermann-Föge-Weg 17
   E-Mail: HeinzGuenther.Nesselrath@phil.uni-goettingen.de

OTTO GERHARD OEXLE, seit 1990
   Professor der Mittleren und Neueren Geschichte, geb. 28.8.1939
   37073 Göttingen, Planckstraße 15
   E-Mail: oexle@mpi-g.gwdg.de

GÜNTHER PATZIG, seit 1971 (Präsident von 1986–1990)
   Professor der Philosophie, geb. 28.9.1926
   37075 Göttingen, Otfried-Müller-Weg 6

FRITZ PAUL, seit 1995
    Professor der Germanischen, insbesondere
    der Nordischen Philologie, geb. 4.4.1942
    37077 Göttingen, Klosterweg 6 a
    E-Mail: fpaul@gwdg.de

LOTHAR PERLITT, seit 1982
    Professor des Alten Testaments, geb. 2.5.1930
    37073 Göttingen, Wilhelm-Weber-Straße 40

FIDEL RÄDLE, seit 1993
    Professor der Lateinischen Philologie des Mittelalters
    und der Neuzeit, geb. 4.9.1935
    37085 Göttingen, Tuckermannweg 15
    E-Mail: fraedle@gwdg.de

FRANK REXROTH, seit 2004
    Professor für Mittlere und Neuere Geschichte, geb. 4.10.1960
    37073 Göttingen, Nikolausberger Weg 54
    E-Mail: frexrot@gwdg.de

JOACHIM RINGLEBEN, seit 1997
    Professor für Systematische Theologie, geb. 24.7.1945
    37085 Göttingen, Dahlmannstraße 24
    E-Mail: Regine.Pfau@theologie.uni-goettingen.de

KLAUS RÖHRBORN, seit 1996
    Professor der Turkologie und Zentralasienkunde, geb. 10.1.1938
    37120 Bovenden, Gartenweg 1
    E-Mail: goeturko@gwdg.de

HANS SCHABRAM, seit 1971
    Professor der Englischen Sprache
    und Literatur des Mittelalters, geb. 27.9.1928
    37085 Göttingen, Wohnstift Göttingen, Charlottenburger Straße 19

ERHARD SCHEIBE, in Hamburg, seit 1977
    (in Göttingen 1977–1983, ausw. ordentl. Mitglied 1984–1991)
    Professor der Philosophie, geb. 24.9.1927
    22391 Hamburg, Moorbirkenkamp 2 a

ULRICH SCHINDEL, seit 1986
    Professor der Klassischen Philologie, geb. 10.9.1935
    37075 Göttingen, Albert-Schweitzer-Straße 3
    E-Mail: uschind@gwdg.de

ALBRECHT SCHÖNE, seit 1966
　　Professor der Deutschen Philologie, geb. 17.7.1925
　　37075 Göttingen, Grotefendstraße 26

HANS-LUDWIG SCHREIBER, seit 1997
　　Professor des Strafrechts, Strafprozessrechts
　　und der Rechtsphilosophie, geb. 10.5.1933
　　30519 Hannover, Grazer Straße 14

EVA SCHUMANN, seit 2007
　　Professorin für Deutsche Rechtsgeschichte
　　und Bürgerliches Recht, geb. 19.7.1967
　　37075 Göttingen, Konrad-Adenauer-Straße 48
　　E-Mail: e.schumann@jura.uni-goettingen.de

RUDOLF SCHÜTZEICHEL, in Münster i. W., seit 1973
　　Professor der Germanischen Philologie, geb. 20.5.1927
　　48161 Münster, Potstiege 16

WOLFGANG SELLERT, seit 1984
　　Professor der Deutschen Rechtsgeschichte und
　　des Bürgerlichen Rechts, geb. 3.11.1935
　　37075 Göttingen, Konrad-Adenauer-Straße 25
　　E-Mail: wseller@gwdg.de

RUDOLF SMEND, seit 1974 (Präsident und Vizepräsident von 1994–2002)
　　Professor des Alten Testaments, geb. 17.10.1932
　　37075 Göttingen, Thomas-Dehler-Weg 6

HERMANN SPIECKERMANN, seit 2002
　　Professor für Altes Testament, geb. 28.10.1950
　　30419 Hannover, Astrid-Lindgren-Straße 4
　　E-Mail: hermann.spieckermann@theologie.uni-goettingen.de

GERALD SPINDLER, seit 2005
　　Professor für Bürgerliches Recht, Handels- und
　　Wirtschaftsrecht, Multimedia- und Telekommunikationsrecht
　　und Rechtsvergleichung, geb. 18.12.1960
　　37085 Göttingen, Schildweg 28 H
　　E-Mail: Lehrstuhl.spindler@jura.uni-goettingen.de

KARL STACKMANN, seit 1969
　　Professor der Germanistik, geb. 21.3.1922
　　37075 Göttingen, Nonnenstieg 12

MARTIN STAEHELIN, seit 1987
  Professor der Musikwissenschaft, geb. 25.9.1937
  37085 Göttingen, Schlözerweg 4
  E-Mail: musik@gwdg.de

CHRISTIAN STARCK, seit 1982
  Professor des Öffentlichen Rechts, geb. 9.1.1937
  37075 Göttingen, Schlegelweg 10
  E-Mail: c.starck@jura.uni-goettingen.de

RUDOLF VIERHAUS, in Berlin, seit 1985
  Professor der Mittleren und Neueren Geschichte, geb. 29.10.1922
  14129 Berlin, Breisgauer Straße 22

GERT WEBELHUTH, seit 2005
  Professor für Englische Philologie, geb. 28.9.1961
  37136 Waake, Über den Höfen 17
  E-Mail: webelhuth@uni-goettingen.de

WOLFHART WESTENDORF, seit 1976
  Professor der Ägyptologie, geb. 18.9.1924
  37077 Göttingen, Über den Höfen 15

THEODOR WOLPERS, seit 1971
  Professor der Englischen Philologie, geb. 9.3.1925
  37085 Göttingen, Guldenhagen 11
  E-Mail: twolper@gwdg.de

REINHARD ZIMMERMANN, in Hamburg, seit 2003
  Professor für Bürgerliches Recht, Römisches Recht und
  Historische Rechtsvergleichung, geb. 10.10.1952
  20354 Hamburg, Fontenay-Allee 6

Mathematisch-Physikalische Klasse

ECKART ALTENMÜLLER, Hannover, seit 2005
  Professor für Musikphysiologie, geb. 19.12.1955
  31303 Burgdorf/Ehlershausen, Rosengasse 9
  E-Mail: altenmueller@hmt.hannover.de

HANS-JÜRGEN BORCHERS, seit 1970
  Professor der Theoretischen Physik, geb. 24.1.1926
  37079 Göttingen, Hasenwinkel 41
  E-Mail: borchers@theorie.physik.uni-goettingen.de

PETER BOTSCHWINA, seit 2001
  Professor der Theoretischen Chemie, geb. 4.5.1948
  37077 Göttingen, Institut für Physikalische Chemie,
  Tammannstraße 6
  E-Mail: pbotsch@gwdg.de

BERTRAM BRENIG, seit 2002
  Professor für Veterinärmedizin, geb. 18.12.1959
  37079 Göttingen, Hahneborn 5
  E-Mail: bbrenig@gwdg.de

MICHAEL BUBACK, seit 2000
  Professor der Technischen und Makromolekularen Chemie,
  geb. 16.2.1945
  37077 Göttingen, Institut für Physikalische Chemie,
  Tammannstraße 6
  E-Mail: mbuback@gwdg.de

FABRIZIO CATANESE *, in Bayreuth, seit 2000 (in Göttingen 2000–2001)
  Professor der Mathematik, geb. 16.3.1950
  95447 Bayreuth, Mathematisches Institut, Lehrstuhl
  Mathematik VIII,
  Universitätsstraße 30
  E-Mail: fabrizio.catanese@uni-bayreuth.de

ULRICH CHRISTENSEN, seit 1995
  Professor der Geophysik, geb. 6.5.1954
  37176 Nörten-Hardenberg, Lange Straße 92
  E-Mail: christensen@mps.mpg.de

MANFRED EIGEN, seit 1965
  Professor der Physikalischen Chemie, geb. 9.5.1927
  37077 Göttingen, Max-Planck-Institut für biophysikalische Chemie
  Am Faßberg 11

NORBERT ELSNER, seit 1997 (Vizepräsident seit 2004)
  Professor der Zoologie, geb. 11.10.1940
  37120 Bovenden, Dresdner Straße 9
  E-Mail: nelsner@gwdg.de

THOMAS ESCHENHAGEN, in Hamburg, seit 2004
  Professor für Experimentelle und
  Klinische Pharmakologie, geb. 19.9.1960
  20257 Hamburg, Müggenkampstraße 31
  E-Mail: t.eschenhagen@uke.uni-hamburg.de

Kurt von Figura, seit 1998
  Professor der Biochemie, geb. 16.5.1944
  37085 Göttingen, Hainholzweg 30
  E-Mail: praesident@uni-goettingen.de

Jens Frahm, seit 2005
  Professor für Physikalische Chemie, geb. 29.3.1951
  37085 Göttingen, Fridtjof-Nansen-Weg 5
  E-Mai: jfrahm@gwdg.de

Hans-Joachim Fritz, seit 1999
  Professor der Molekularen Genetik, geb. 21.2.1945
  37120 Bovenden, Plesseweg 16
  E-Mail: hfritz@gwdg.de

Gerhard Gottschalk, seit 1976 (Präsident und Vizepräsident
  von 1996–2002)
  Professor der Mikrobiologie, geb. 27.3.1935
  37176 Nörten-Hardenberg, Johann-Wolf-Straße 35 a
  E-Mail: ggottsc@gwdg.de

Stephan Robbert Gradstein, seit 1999
  Professor der Botanik (Pflanzensystematik), geb. 31.10.1943
  37085 Göttingen, Steinbreite 9 b
  E-Mail: sgradst@uni-goettingn.de

Hans Grauert, seit 1963 (Präsident und Vizepräsident von 1992–1996)
  Professor der Mathematik, geb. 8.2.1930
  37075 Göttingen, Ewaldstraße 67

Christian Griesinger, seit 2007
  Professor für Physikalische Chemie, geb. 5.4.1960
  Max-Planck-Institut für Biophysikalische Chemie
  37077 Göttingen, Am Fassberg 11
  E-Mail: cigr@nmr.mpibpc.mpg.de

Peter Gruss*, in München, seit 1996
  Professor der Molekularen Zellbiologie, geb. 28.6.1949
  37077 Göttingen, Stiegbreite 9
  E-Mail: peter.gruss@mpg-gv.mpg.de

Rudolf Haag*, in Schliersee-Neuhaus, seit 1981
  (in Hamburg 1981–1994)
  Professor der Physik, geb. 17.8.1922
  83727 Schliersee, Waldschmidtstraße 4b

JÜRGEN HAGEDORN, seit 1983
  Professor der Geographie, geb. 10.3.1933
  37077 Göttingen, Jupiterweg 1
  E-Mail: jhagedo@gwdg.de

GERD P. HASENFUSS, seit 2002
  Professor für Innere Medizin, geb. 27.6.1955
  37077 Göttingen, Am Seidelbast 6
  E-Mail: hasenfus@med.uni-goettingen.de

MARCUS HASSELHORN, seit 2005
  Professor für Psychologie, geb. 25.10.1957
  37181 Hardegsen, Am Herrenberg 11
  E-Mail: mhassel1@uni-goettingen.de

ERHARD HEINZ, seit 1970
  Professor der Mathematik, geb. 30.4.1924
  37085 Göttingen, Wartburgweg 7

HANS WALTER HELDT, seit 1990
  Professor für Biochemie der Pflanzen, geb. 3.1.1934
  37075 Göttingen, Ludwig-Beck-Straße 5
  E-Mail: HansWalterHeldt@aol.com

STEFAN W. HELL, seit 2007
  Professor für Physik, geb. 23.12.1962
  Max-Planck-Institut für Biophysikalische Chemie,
  Abt. NanoBiophotonik
  37077 Göttingen, Am Fassberg 11
  E-Mail: shell@gwdg.de

NORBERT HILSCHMANN, seit 1984
  Professor der Physiologischen Chemie, geb. 8.2.1931
  37077 Göttingen, Zur Akelei 17 a

HENNING HOPF, in Braunschweig, seit 1997
  Professor der Organischen Chemie, geb. 13.12.1940
  38106 Braunschweig, Institut für Organische Chemie,
  Hagenring 30
  E-Mail: h.hopf@tu-bs.de

HERBERT JÄCKLE, seit 2000
  Professor der Chemie und Biologie, geb. 6.7.1949
  37077 Göttingen, MPI für biophysikalische Chemie,
  Am Faßberg 11
  E-Mail: hjaeckl@gwdg.de

WILHELM JOHANNES, in Hannover, seit 1996
Professor der Mineralogie, geb. 26.3.1936
30938 Burgwedel, Veilchenweg 4
E-Mail: ejohannes@t-online.de

RUDOLF KIPPENHAHN, seit 1970
Professor der Theoretischen Astrophysik, geb. 24.5.1926
37077 Göttingen, Rautenbreite 2

REINER KIRCHHEIM, seit 2001
Professor der Metallphysik, geb. 24.5.1943
37077 Göttingen, Institut für Materialphysik,
Friedrich-Hund-Platz 1
E-Mail: rkirch@ump.gwdg.de

ULRICH KRENGEL, seit 1993
Professor der Mathematischen Stochastik, geb. 9.3.1937
37075 Göttingen, Von-Bar-Straße 26
E-Mail: krengel@math.uni-goettingen.de

RAINER KRESS, seit 1996
Professor der Numerischen und Angewandten Mathematik,
geb. 23.12.1941
37077 Göttingen, Hainbuchenring 1
E-Mail: kress@math.uni-goettingen.de

HANS-JÜRG KUHN, seit 1981
Professor der Anatomie, geb. 7.5.1934
37075 Göttingen, Friedrich-von-Bodelschwingh-Straße 28
E-Mail: hkuhn2@gwdg.de

KLAUS PETER LIEB, seit 1991
Professor der Experimentalphysik, geb. 26.6.1939
37075 Göttingen, Am Kreuze 34
E-Mail: lieb@physik2.uni-goettingen.de

GERD LÜER, seit 1993
Professor der Psychologie, geb. 4.4.1938
37075 Göttingen, Friedrich-von Bodelschwingh-Straße 13
E-Mail: gluer@gwdg.de

WOLFGANG LÜTTKE, seit 1973
Professor der Organischen Chemie, geb. 20.11.1919
37077 Göttingen, Senderstraße 49

MICHAEL PETER MANNS, in Hannover, seit 2003
　　Professor für Innere Medizin, geb. 16.11.1951
　　(Gastroenterrologie, Hepatologie und Endokrinologie)
　　30916 Isernhagen, Sonnenallee 23
　　E-Mail: manns.michael@mh-hannover.de

ANTON MELLER, seit 1995 (zuvor Korrespond. Mitglied 1990–1994)
　　Professor der Anorganischen Chemie, geb. 5.5.1932
　　37085 Göttingen, Calsowstraße 62

HORST MENSCHING, in Hamburg, seit 1974
　　Professor der Geographie, geb. 5.6.1921
　　22159 Hamburg, Pulverhofsweg 46

HANS GEORG MUSMANN in Hannover, seit 1981
　　Professor der Theoretischen Nachrichtentechnik, geb. 14.8.1935
　　38259 Salzgitter-Bad, Heckenrosenweg 24
　　E-Mail: musec@tnt.uni-hannover.de

ERWIN NEHER, seit 1992
　　Professor der Physik, geb. 20.3.1944
　　37120 Bovenden-Eddigehausen, Domäne 11
　　E-Mail: eneher@gwdg.de

SAMUEL JAMES PATTERSON, seit 1998
　　Professor der Reinen Mathematik, geb. 7.9.1948
　　37136 Seeburg, Seestieg 13
　　E-Mail: sjp@uni-math.gwdg.de

ANDREA POLLE, seit 2006
　　Professorin für Forstbotanik und Baumphysiologie, geb. 18.9.1956
　　37115 Duderstadt, Rispenweg 8
　　E-Mail: apolle@gwdg.de

JOACHIM REITNER, seit 1998
　　Professor der Paläontologie, geb. 6.5.1952
　　37077 Göttingen, Hölleweg 8 a
　　E-Mail: jreitne@gwdg.de

GERHARD P. K. RÖBBELEN, seit 1981
　　Professor der Pflanzenzüchtung, geb. 10.5.1929
　　37085 Göttingen, Tuckermannweg 9
　　E-Mail: cmoelle2@gwdg.de

Herbert W. Roesky, seit 1983 (Präsident seit 2002)
Professor der Anorganischen Chemie, geb. 6.11.1935
37085 Göttingen, Emil-Nolde-Weg 23
E-Mail: hroesky@gwdg.de

Nicolaas Rupke, seit 2005
Professor für Wissenschaftsgeschichte, geb. 22.1.1944
37073 Göttingen, Leonard-Nelson-Straße 28
E-Mail: nrupke@gwdg.de

Konrad Samwer, seit 2004
Professor für Physik, geb. 26.1.1952
37085 Göttingen, Leipziger Straße 12
E-Mail: konrad.samwer@physik.uni-goettingen.de

Robert Schaback, seit 2001
Professor der Numerischen und
Angewandten Mathematik, geb. 25.11.1945
37083 Göttingen, Institut für Numerische und Angewandte
Mathematik
Lotzestraße 16–18
E-Mail: schaback@math.uni-goettingen.de

Hans Günter Schlegel, seit 1965
(Präsident und Vizepräsident von 1984–1988)
Professor der Mikrobiologie, geb. 24.10.1924
37120 Bovenden, Görlitzer Straße 35
E-Mail: hschleg1@gwdg.de

Günter Schmahl, seit 1996
Professor der Röntgenphysik, geb. 26.3.1936
37075 Göttingen, Ernst-Curtius-Weg 8
E-Mail: gschmah@gwdg.de

Hermann Schmalzried, in Hannover, seit 1976
Professor der Physikalischen Chemie, geb. 21.1.1932
37075 Göttingen, In der Roten Erde 18

Kurt Schönhammer, seit 1995
Professor der Theoretischen Physik, geb. 29.5.1946
37085 Göttingen, Sertuernerstraße 14
E-Mail: schoenh@theorie.physik.uni-goettingen.de

Manfred Robert Schroeder, seit 1973
: Professor der Physik, geb. 12.7.1926
37077 Göttingen, Rieswartenweg 8
E-Mail: MRS17@AOL.com

Christoph J. Scriba, seit 1995
: Professor für Geschichte der Naturwissenschaften, geb. 6.10.1929
20525 Hamburg, Langenfelder Damm 61, Whg. 64
E-Mail: scriba@math.uni-hamburg.de

George Michael Sheldrick, seit 1989
: Professor der Strukturforschung, geb. 17.11.1942
37120 Bovenden-Eddigehausen, Heinrich-Deppe-Ring 51
E-Mail: gsheldr@shelx.uni-ac.gwdg.de

Manfred Siebert, seit 1984
: Professor der Geophysik, geb. 2.6.1925
37077 Göttingen, Hohler Graben 4
E-Mail: manfred.siebert@phys.uni-goettingen.de

Stefan Tangermann*, in Paris, seit 1994
: Professor der Agrarökonomie, geb. 24.12.1943
Director for Food, Agriculture, and Fisheries, OECD
75016 Paris (Frankreich), 2 rue André Pascal
E-Mail: stefan.tangermann@oecd.org

Reiner Thomssen, seit 1981
: Professor der Medizinischen Mikrobiologie, geb. 24.4.1930
37073 Göttingen, Wilhelm-Weber-Straße 29
E-Mail: rthomss@gwdg.de

Lutz F. Tietze, seit 1990
: Professor der Organischen Chemie, geb. 14.3.1942
37077 Göttingen, Stumpfe Eiche 23
E-Mail: ltietze@gwdg.de

Tammo tom Dieck, seit 1984
: Professor der Mathematik, geb. 29.5.1938
37079 Göttingen, Am Winterberg 48
E-Mail: tammo@uni-math.gwdg.de

Jürgen Troe, seit 1982
: Professor der Physikalischen Chemie, geb. 4.8.1940
37085 Göttingen, Rohnsweg 22
E-Mail: shoff@gwdg.de

Rainer G. Ulbrich, seit 1996
  Professor der Physik, geb. 11.11.1944
  37077 Göttingen, Mühlspielweg 25
  E-Mail: ulbrich@ph4.physik.uni-goettingen.de

Hans-Heinrich Voigt, seit 1967
  (Präsident und Vizepräsident von 1976–1981)
  Professor der Astronomie und Astrophysik, geb. 18.4.1921
  37085 Göttingen, Charlottenburger Straße 19, App. A/627
  E-Mail: hhvgoe@nexgo.de

Gerhard Wagenitz, seit 1982
  Professor der Botanik (Pflanzensystematik), geb. 31.5.1927
  37075 Göttingen, Ewaldstraße 73
  E-Mail: gwageni@gwdg.de

Heinz Georg Wagner, seit 1971
  Professor der Physikalischen Chemie, geb. 20.9.1928
  37077 Göttingen-Nikolausberg, Senderstraße 51
  E-Mail: jkupfer@gwdg.de

Otto H. Walliser, seit 1981
  Professor der Paläontologie, geb. 3.3.1928
  37075 Göttingen, Thomas-Dehler-Weg 7
  E-Mail: uggp@gwdg.de

Karl Hans Wedepohl, seit 1970
  Professor der Geochemie, geb. 6.1.1925
  37079 Göttingen, Hasenwinkel 36

Carl Friedrich Frhr. v. Weizsäcker*, in Starnberg, seit 1950
  (in Göttingen 1950–1957 und in Hamburg 1957–1970)
  Professor der Theoretischen Physik und der Philosophie,
  geb. 28.6.1912, gest. 28.4.2007

Ekkehard Winterfeldt, in Hannover, seit 1984
  Professor der Organischen Chemie, geb. 13.5.1932
  30916 Isernhagen, Sieversdamm 34
  E-Mail: E.Winterfeldt@web.de

Gerhard Wörner, seit 2003
  Professor für Geochemie, geb. 21.9.1952
  37073 Göttingen, Düstere Eichenweg 12 a
  E-Mail: gwoerne@gwdg.de

ANNETTE ZIPPELIUS, seit 1993
   Professorin der Theoretischen Physik, geb. 25.6.1949
   37075 Göttingen, Am Klausberge 23
   E-Mail: annette@theorie.physik.uni-goettingen.de

Korrespondierende Mitglieder

Philologisch-Historische Klasse

GÜNTER ARNOLD, in Weimar, seit 2002
   Dr. philos., Editionsphilologe im
   Goethe- und Schiller-Archiv Weimar, geb. 22.9.1943
   99423 Weimar, Schloßgasse 7
   E-mail: guenter.arnold@klassik-stiftung.de

GRAZIANO ARRIGHETTI, in Pisa, seit 1998
   Professor der Griechischen Philologie, geb. 14.5.1928
   56126 Pisa (Italien), Dipartimento di Filologia Classica,
   Via Galvani 1.
   E-mail: arrighetti@flcl.unipi.it

ALEIDA ASSMANN, in Konstanz, seit 1999
   Professorin der Anglistik und der
   Allgemeinen Literaturwissenschaft, geb. 22.3.1947
   78457 Konstanz, Universität Konstanz, Philosophische Fakultät
   FB Literaturwissenschaft
   E-mail: Aleida.Assmann@uni-konstanz.de

JAMES BARR, in Claremont, seit 1976
   Professor der Semitischen Sprachen und Literaturen, geb. 20.3.1924
   Claremont, Ca. 91711–2734 (USA), 1432 Sitka Court
   E-Mail: Jmsbarr@aol.com

HEINRICH BECK, in Bonn, seit 1982
   Professor der Germanischen und Nordischen Philologie,
   geb. 2.4.1929
   53340 Meckenheim bei Bonn, Breslauer Straße 14
   E-Mail: Dr.Heinrich.Beck@t-online.de

Rolf Bergmann, in Bamberg, seit 1990
   Professor der Deutschen Sprachwissenschaft und
   der Älteren Deutschen Literatur, geb. 2.8.1937
   96047 Bamberg, Weide 1
   E-Mail: rolf.bergmann@split.uni-bamberg.de

France Bernik, in Ljubljana, seit 2003
   Professor für Slowenische Literaturgeschichte, geb. 13.5.1927
   SLO – 1000 Ljubljana (Slowenien), Slovenska Akademija
   Znanosti in Umetnosti, Novi trg 3 (p.p.323)
   E-Mail: sazu@sazu.si

Luigi Beschi, in Rom, seit 2004
   Professor für Klassische Archäologie, geb. 27.12.1930
   00197 Rom (Italien), Via Tommaso Salvini, 2/A

Anne Bohnenkamp-Renken, in Frankfurt/Main, seit 2004
   Professorin für Neuere Deutsche Literaturwissenschaft
   und Allgemeine und Vergleichende Literaturwissenschaft,
   geb. 17.11.1960
   61118 Bad Vilbel, Schulstraße 13
   E-Mail: abohnenkamp@goethhaus-frankfurt.de

Stefan Borzsák, in Budapest, seit 1990
   Professor der Klassischen Philologie,
   geb. 24.12.1914, gest. 9.12.2007

Reinhard Brandt, in Marburg, seit 2004
   Professor der Philosophie, geb. 10.4.1937
   35037 Marburg, Augustinergasse 2

Ursula Brumm, in Berlin, seit 1996
   Professorin der Amerikanistik, geb. 24.10.1919
   14165 Berlin-Zehlendorf, Bismarckstraße 1

Franz Bydlinski, in Wien, seit 1989
   Professor des Zivilrechts, geb. 20.11.1931
   1010 Wien (Österreich), Institut für Zivilrecht,
   Schottenbastei 10–16

Averil Cameron, in Oxford, seit 2006
   Professorin für Spätantike und byzantinische Geschichte,
   geb. 8.2.1940
   Keble College, Parks Road,
   Oxford OXI 3PG (England)
   E-Mail: averil.cameron@keb.ox.ac.uk

Sir Henry Chadwick, in Oxford, seit 1989
    Professor der Kirchengeschichte, geb. 23.6.1920
    Oxford OX1 2LH (England), 46 St. John Street

Luigi Capogrossi Colognesi, in Rom, seit 1999
    Professor des Römischen Rechts, geb. 25.2.1935
    00185 Roma (Italien), Universita di Roma „La Sapienza",
    Istituto di Diritto Romano e dei Diritti dell'Oriente Mediteraneo
    E-Mail: luigi.capogrossicolognesi@uniroma1.it

Sigrid Deger-Jalkotzy, in Salzburg, seit 2005
    Professorin für Alte Geschichte mit besonderer Berücksichtigung
    der Vor- und Frühgeschichte des Mittelmeer- und
    des Donauraumes, geb. 3.2.1940
    5020 Salzburg, General Keyes-Straße 17/7
    E-Mail: sigrid.deger-jalkotzy@sbg.ac.at

Georgies Despinis, in Athen, seit 2002
    Professor für Klassische Archäologie, geb. 16.4.1936
    11257 Athen (Griechenland), I. Drosopoulou 3

Gerhard Dilcher, in Frankfurt, seit 2007,
    Professor für Deutsche Rechtsgeschichte,
    Bürgerliches Recht und Kirchenrecht, geb. 14.2.1932
    61462 Königstein, Kuckucksweg 18
    E-Mail: dilcher@jur.uni-frankfurt.de

Albrecht Dihle, in Heidelberg, seit 1996
    Professor der Klassischen Philologie, geb. 28.3.1923
    50968 Köln, Schillingsrotter Platz 7

Aleksandr Dmitrievič duličenko, in Dorpat, seit 2004
    Professor der Slavischen Philologie, geb. 30.10.1941
    50002 Tartu, Box 31 (Estland)

Kaspar Elm, in Berlin, seit 1982
    Professor der Geschichte des Mittelalters, geb. 23.9.1929
    14195 Berlin, Hittorfstraße 10

John A. Emerton, in Cambridge, seit 1990
    Professor der Theologie und der Semitischen Philologie, geb. 5.6.1928
    Cambridge CB3 9LN (England), 34 Gough Way

Johannes Erben, in Bonn, seit 1992
    Professor der Deutschen Philologie, geb. 12.1.1925
    53343 Wachtberg, Pfarrer Weuster-Weg 8

Arnold Esch, in Rom, seit 1993
    Professor der Mittleren und Neueren Geschichte, geb. 28.4.1936
    I-00165 Roma (Italien), Via della Lungara 18
    E-Mail: desch@email.it

Robert Feenstra, in Leiden, seit 1972
    Professor des Römischen Rechts, geb. 5.10.1920
    2334 CA Leiden (Niederlande), van Slingelandtlaan 3

Erika Fischer-Lichte, in Berlin, seit 1998
    Professorin der Theaterwissenschaft, geb. 25.6.1943
    12165 Berlin, Freie Universtität Berlin,
    Institut für Theaterwissenschaft, Grunewaldstraße 35
    E-Mail: theater@zedat.fu-berlin.de

Dagfinn Føllesdal, in Slependen, seit 2003
    Professor der Philosophie, geb. 22.6.1932
    1341 Slependen (Norwegen), Staverhagen 7
    E-Mail: dagfinn@csli.stanford.edu

Michael Frede, in Athen, seit 1989
    Professor der Geschichte der Philosophie,
    geb. 31.5.1940, gest. 11.08.2007

Harald Fricke, in Freiburg, seit 2005
    Professor für Deutsche Literatur und
    Allgemeine Literaturwissenschaft, geb. 28.3.1949
    1700 Freiburg (Schweiz), Departement für Germanistik,
    Universität, Miséricorde
    E-Mail: harald.fricke@unifr.ch

Johannes Fried, in Frankfurt a. M., seit 1997
    Professor der Mittleren und Neueren Geschichte, geb. 23.5.1942
    60054 Frankfurt a. M., FB III Geschichtswissenschaften,
    Postfach 111932
    E-Mail: fried@em.uni-frankfurt.de

Hans Fromm, in München, seit 1992
    Professor der Deutschen Philologie und der Finno-Ugristik,
    geb. 26.5.1919
    85521 Ottobrunn, Roseggerstraße 35 a

Christoph Luitpold Frommel, in Rom, seit 1999
    Professor der Kunstgeschichte, geb. 25.9.1933
    00187 Rom (Italien), Bibliotheca Hertziana, Via Gregoriana 28
    E-Mail: cfrommel@libero.it

Wolfgang Frühwald, in Augsburg, seit 1991
   Professor für Neuere Deutsche Literaturgeschichte, geb. 2.8.1935
   86199 Augsburg, Römerstätterstraße 4 K

Lothar Gall, in Frankfurt/Main, seit 2004
   Professor für Mittlere und Neuere Geschichte, geb. 3.12.1936
   65193 Wiesbaden, Rosselstraße 7

Dieter Geuenich, in Duisburg, seit 2000
   Professor der Mittelalterlichen Geschichte, geb. 17.2.1943
   47048 Duisburg, Gerhard-Mercator-Universität Duisburg,
   FB 1 Fach Geschichte
   E-Mail: geuenich@uni-duisburg.de

Eva Hættner Aurelius, in Skara, seit 2005
   Professorin für Literaturwissenschaft, geb. 5.9.1948
   53232 Skara (Schweden), Biskopsgarden Malmgatan 14
   E-Mail: Eva.Haettner-Aurelius@litt.lu.se

Walter Haug, in Rottenburg-Wurmlingen, seit 1988
   Professor der Deutschen Philologie, geb. 23.11.1927
   72138 Kirchentellinsfurt, Neue Steige 71

Ernst Heitsch, in Regensburg, seit 2000
   Professor der Klassischen Philologie, geb. 17.6.1928
   93049 Regensburg, Mattinger Straße 1

Wilhelm Hennis, in Freiburg i. Br., seit 1988
   Professor der Politischen Wissenschaft, geb. 18.2.1923
   79104 Freiburg i. Br., Wölflinstraße 5A

Rudolf Hiestand, in Düsseldorf, seit 1986
   Professor der Geschichte des Mittelalters und
   der Historischen Hilfswissenschaften, geb. 30.8.1933
   40239 Düsseldorf, Brehmstraße 76

Manfred Hildermeier, in Göttingen, seit 2003
   Professor der Osteuropäischen Geschichte, geb. 4.4.1948
   37075 Göttingen, Thomas-Dehler-Weg 12
   E-Mail: M.Hildermeier@phil.uni-goettingen.de

Hermann Jakobs, in Köln, seit 1979
   Professor der Mittleren und Neueren Geschichte, geb. 2.3.1930
   50668 Köln, Residenz am Dom, An den Dominikanern 6–8

ULRICH JOOST, in Darmstadt, seit 2007
   Professor für Neuere Deutsche Literaturgeschichte und
   Allgemeine Literaturwissenschaft, geb. 12.9.1951
   64372 Rohrbach, Flurstraße 17
   E-Mail: joost@linglit.tu-darmstadt.de

SVEN-AAGE JØRGENSEN, in Helsinge, seit 1998
   Professor der Deutschen Philologie, geb. 22.7.1929
   3200 Helsinge (Dänemark), Valby Gade 16

EBERHARD JÜNGEL, in Tübingen, seit 2001
   Professor der Systematischen Theologie
   und Religionsphilosophie, geb. 5.12.1934
   72076 Tübingen, Ev. Stift Tübingen, Klosterberg 2

OTTO KAISER, in Marburg, seit 1991
   Professor des Alten Testaments, geb. 30.11.1924
   35037 Marburg, Am Krappen 29

WERNER KAISER, in Berlin, seit 1991
   Professor der Ägyptologie, geb. 7.5.1926
   14129 Berlin, Palmzeile 16

HELMUT KEIPERT, in Bonn, seit 1997
   Professor der Slavistik, geb. 19.11.1941
   53113 Bonn, Universität Bonn, Slavistisches Seminar,
   Lennéstraße 1

WILHELM KOHL, in Münster, seit 1989
   Professor der Mittleren und Neueren Geschichte, geb. 9.12.1913
   48167 Münster, Uferstraße 12

JORMA KOIVULEHTO, in Helsinki, seit 1988
   Professor der Germanischen Philologie, geb. 12.10.1934
   00970 Helsinki (Finnland), Sallatunturintie 1 D 24

ULRICH KONRAD, in Würzburg, seit 2001
   Professor der Musikwissenschaft, geb. 14.8.1957
   97070 Würzburg, Bayerische Julius-Maximilians-Universität,
   Institut für Musikwissenschaft, Residenzplatz 2, Tor A
   E-Mail: ulrich.konrad@mail.uni-wuerzburg.de

ANTON DANIEL LEEMAN, in Amsterdam, seit 1993
   Professor der Lateinischen Literatur und Sprache, geb. 9.4.1921
   1406 KN Bussum (Niederlande), J.F. Evertslaan 9

CHRISTOPH LEVIN, in München, seit 2002
    Professor für Altes Testament, geb. 8.7.1950
    80538 München, Himmelreichstraße 4

SIEGFRIED LIENHARD, in Stockholm, seit 1988
    Professor der Indologie, geb. 29.8.1924
    18231 Danderyd (Schweden), August Wahlströms väg 1,8 tr

ANTONIO LOPRIENO, in Basel, seit 2003
    Professor für Ägyptologie, geb. 20.7.1955
    4051 Basel (Schweiz), Byfangweg 12
    E-Mail: a.loprieno@unibas.ch

WALTHER LUDWIG, in Hamburg, seit 1995
    Professor der Klassischen Philologie, geb. 9.2.1929
    22605 Hamburg, Reventlowstraße 19
    E-Mail: Walther.Ludwig@uni-hamburg.de

DIETER LÜHRMANN, in Marburg, seit 1995
    Professor des Neuen Testaments, geb. 13.3.1939
    35043 Marburg, Im Hainbach 9
    E-Mail: drs.luehrmann@t-online.de

CLAUDIO MAGRIS, in Triest, seit 1988
    Professor für Deutsche Literaturgeschichte, geb. 10.4.1939
    34143 Trieste (Italien), Via Carpaccio 2

HANS JOACHIM MARX, in Hamburg, seit 2000
    Professor der Musikwissenschaft, geb. 16.12.1935
    20149 Hamburg, Alsterchaussee 3
    E-Mail: fk9a011@uni-hamburg.de

ACHIM MASSER, in Innsbruck, seit 1997
    Professor für Ältere Germanistik, geb. 12.5.1933
    6020 Innsbruck (Österreich), Karl-Innerebner-Straße 86
    E-Mail: achim.masser@uibk.ac.at

PETER VON MATT, in Zürich, seit 1996
    Professor der Neueren Deutschen Literatur, geb. 20.5.1937
    8600 Dübendorf (Schweiz), Hermikonstraße 50
    E-Mail: von.matt.peter@swissonline.ch

STEFAN MARIO MAUL, in Heidelberg, seit 2003
    Professor für Assyriologie, geb. 24.12.1958
    69118 Heidelberg, Am Rain 6
    E-Mail: Stefan.Maul@Wiko-Berlin.DE

Manfred Mayrhofer, in Wien, seit 1982
  Professor der Indogermanistik, geb. 26.9.1926
  1190 Wien (Österreich), Bauernfeldgasse 9/2/6

Günther Meckenstock, in Kiel, seit 2004
  Professor für Systematische Theologie, geb. 22.1.1948
  24105 Kiel, Esmarchstraße 16
  E-Mail: meckenstock@email.uni-kiel.de

Otto Merk, in Erlangen, seit 2006
  Professor für Neues Testament, geb. 10.10.1933
  91054 Erlangen, Rühlstraße 3 a

Walter Mettmann, in Köln, seit 1974
  Professor der Romanischen, insbesondere der Spanischen und
  Portugiesischen Philologie, geb. 25.9.1926
  50668 Köln, Mevissenstraße 16 (141)
  E-Mail: waltermettmann@aol.com

Kjellå Modéer, in Lund, seit 1999
  Professor der Rechtsgeschichte, geb. 12.11.1939
  22240 Lund (Schweden), Karlavägen 4

Katharina Mommsen, in Palo Alto, seit 2006
  Professorin für Literatur und Deutsche Philologie, geb. 18.9.1925
  Palo Alto, CA 94301–2223 (USA), 980 Palo Alto Avenue
  E-Mail: K.Mommsen@comcast.net

Olav Moorman van Kappen, in Nijmegen, seit 1996
  Professor der Niederländischen Rechtsgeschichte, geb. 11.3.1937
  5131 AA Alphen (NBr.) (Niederlande), Zandzate, Zandheining 5
  E-Mail: moormanvk@kpnplnanet.nl

Peter Moraw, in Gießen, seit 1997
  Professor der Mittleren und Neueren Geschichte, geb. 31.8.1935
  35394 Gießen, Historisches Institut der J
  ustus-Liebig-Universität Gießen,
  Otto-Behaghel-Straße 10 c

Jan-Dirk Müller, in München, seit 2001
  Professor für Deutsche Sprache und Literatur des Mittelalters,
  geb. 4.7.1941
  81667 München, Pariser Straße 19
  E-Mail: Jan-dirk.mueller@lrz.uni-muenchen.de

WALTER MÜLLER-SEIDEL, in München, seit 1996
   Professor der Neueren Deutschen Literaturgeschichte, geb. 1.7.1918
   81925 München, Pienzenauerstraße 164

GIOVANNI NENCIONI, in Florenz, seit 1982
   Professor der Geschichte der italienischen Sprache, geb. 11.9.1911
   50125 Firenze (Italien), Via dei Coverelli 2

PER ØHRGAARD, in Frederiksberg, seit 2005
   Professor für Neuere Deutsche Literatur, geb. 6.2.1944
   2000 Frederiksberg (Dänemark), Kongensvej 23
   E-Mail: per@hum.ku.dk

WERNER PARAVICINI, in Kiel, seit 1993
   Professor der Mittleren und Neueren Geschichte, geb. 25.10.1942
   24119 Kronshagen, Kronskamp 6
   E-Mail: paravicini@email.uni-kiel.de

MICHEL PARISSE, in Paris, seit 2005
   Professor für Geschichte des Mittelalters, geb. 1.5.1936
   75011 Paris (Frankreich), 63, Rue du chemin vert

HARALD VON PETRIKOVITS, in Bonn, seit 1974
   Professor der Provinzialarchäologie und Geschichte
   der Rheinlande in römischer Zeit, geb. 8.8.1911
   53179 Bonn, Ellesdorferstraße 19

JOACHIM POESCHKE, in Münster, seit 2001
   Professor der Kunstgeschichte, geb. 8.4.1945
   48149 Münster, Nordplatz 1
   E-Mail: poeschk@uni-muenster.de

PETR POKORNÝ, in Prag, seit 1995
   Professor des Neuen Testaments, geb. 21.4.1933
   19800 Praha 9 (Tschechische Republik), Horoušanská 7
   E-Mail: pokorny@etf.cuni.cz

PAUL RAABE, in Wolfenbüttel, seit 1975
   Professor der Bücher- und Quellenkunde zur Neueren Deutschen
   Literaturgeschichte, ehem. Leiter der Herzog August-Bibliothek
   in Wolfenbüttel, geb. 21.2.1927
   38304 Wolfenbüttel, Roseggerweg 45

EZIO RAIMONDI, in Bologna, seit 1979
   Professor der Italienischen Literatur, geb. 22.3.1924
   40137 Bologna (Italien), Via Santa Barbara 12

TERENCE JAMES REED, in Oxford, seit 1997
　　Professor der Deutschen Sprache und Literatur, geb. 16.4.1937
　　Oxford OX1 4AW (England), The Queen's College,
　　University of Oxford

MICHAEL REEVE, in Cambridge, seit 1990
　　Professor der Lateinischen Philologie, geb. 11.1.1943
　　Cambridge CB2 1RF (England), Pembroke College

HEIMO REINITZER, in Hamburg, seit 2005
　　Professor für Deutsche Philologie, geb. 24.9.1943
　　20144 Hamburg, Brahmsallee 113
　　E-Mail: heimo.reinitzer@t-online.de

HANS ROTHE, in Bonn, seit 1998
　　Professor der Slavischen Philologie, geb. 5.5.1928
　　53229 Bonn, Giersbergstraße 29
　　E-Mail: rothe@uni-bonn.de

RUDOLF SCHIEFFER, in München, seit 2003
　　Professor der Geschichte des Mittelalters, geb. 31.1.1947
　　81541 München, St. Martin-Straße 20
　　E-Mail: Rudolf.Schieffer@mgh.de

WOLFGANG P. SCHMID, in Göttingen, seit 1983
　　Professor der Indogermanischen Sprachwissenschaft, geb. 25.10.1929
　　37133 Friedland, Schladeberg 20

PAUL GERHARD SCHMIDT, in Freiburg i. Br., seit 1994
　　Professor der Lateinischen Philologie des
　　Mittelalters und der Neuzeit, geb. 25.3.1937
　　79117 Freiburg i.Br., Unteres Grün 7
　　E-Mail: schmidt@mittellatein.uni-freiburg.de

HELWIG SCHMIDT-GLINTZER, in Wolfenbüttel, seit 2004
　　Professor für Sinologie, geb. 24.06.1948
　　38300 Wolfenbüttel, Lessingstraße 1
　　E-Mail: schmidt-gl@hab.de

HANS-JÜRGEN SCHRADER, in Aïre/Genève, seit 2005
　　Professor für Neuere Deutsche Literatur, geb. 7.3.1943
　　1219 Aïre/Genève, (CH) 173, route d'Aïre
　　E-Mail: Hans-Jurgen.Schrader@lettres.unige.ch

PETER SCHREINER, in Köln, seit 1993
    Professor der Byzantinistik, geb. 4.5.1940
    51109 Köln, Honrather Straße 13
    E-Mail: Peter.Schreiner@uni-koeln.de

DIETER SIMON, in Frankfurt a. M., seit 1994
    Professor der Antiken Rechtsgeschichte und
    des Bürgerlichen Rechts, geb. 7.6.1935
    60323 Frankfurt a. M., Altkönigstraße 10
    E-Mail: dieter.simon@rewi.hu-berlin.de

GEORG VON SIMSON, seit 1985
    Professor der Indologie, geb. 24.5.1933
    37073 Göttingen, Düstere-Eichen-Weg 56
    E-Mail: g.v.simson@east.uio.no

BENGT ALGOT SØRENSEN, in Odense, seit 1996
    Professor der Deutschen Literatur, geb. 24.11.1927
    1820 Frederiksberg C (Dänemark), Frederiksberg Allee 100, st. tv.

HEINRICH VON STADEN, in Princeton, seit 2003
    Professor für Altertumswissenschaft und
    Wissenschaftsgeschichte, geb. 2.3.1939
    Institute for Advanced Studies, Einstein Drive
    New Jersey 08540–4933 (USA), 9 Veblen Circle, Princeton
    E-Mail: hvs@ias.edu

HEIKO STEUER, in Freiburg, seit 1999
    Professor der Ur- und Frühgeschichte, geb. 30.10.1939
    79249 Merzhausen, Bächelhurst 5
    E-Mail: heiko.steuer@ufg.uni-freiburg.de

MICHAEL STOLLEIS, in Frankfurt a. M., seit 1994
    Professor des Öffentlichen Rechts und der
    Neueren Rechtsgeschichte, geb. 20.7.1941
    61476 Kronberg, Waldstraße 15

REINHARD STROHM, in Oxford, seit 1999
    Professor der Musikwissenschaft, geb. 4.8.1942
    Oxford OX1 1DB (England), University of Oxford,
    Faculty of Music, St. Aldate's
    E-Mail: reinhard.strohm@music.ox.ac.uk

Barend Jan Terwiel, in Hamburg, seit 2004
   Professor für Sprachen und Kulturen Thailands
   und Laos', geb. 24.11.1941
   37075 Göttingen, Bertheaustraße 9
   E-Mail: Baasterwiel@hotmail.com

Christos Theodoridis, in Thessaloniki, seit 2000
   Professor der Klassischen Philologie, geb. 1.1.1935
   54636 Thessaloniki (Griechenland), Pigis 9

Dieter Timpe, in Würzburg, seit 1990
   Professor der Alten Geschichte, geb. 3.11.1931
   97074 Würzburg, Keesburgstraße 28

Jürgen Udolph, in Leipzig, seit 2006
   Professor für Onomastik, geb. 6.2.1943
   37124 Sieboldshausen, Steinbreite 9
   E-Mail: juergen.udolph@ortsnamen.net

Manfred Ullmann, in Tübingen, seit 1984
   Professor der Arabistik, geb. 2.11.1931
   72076 Tübingen, Vöchtingstraße 35

Burghart Wachinger, in Tübingen, seit 1998
   Professor der Deutschen Philologie, geb. 10.6.1932
   72074 Tübingen, Universität Tübingen, Deutsches Seminar,
   Wilhelmstraße 50
   E-Mail: burghart.wachinger@uni-tuebingen.de

Harald Weinrich, in München, seit 1991
   Professor der Romanischen Philologie, geb. 24.9.1927
   48149 Münster, Raesfeldstraße 18

Martin Litchfield West, in Oxford, seit 1991
   Professor der Griechischen Philologie, geb. 23.9.1937
   Oxford OX2 7EY (England), 42 Portland Road
   E-Mail: martin.west@all-souls.ox.ac.uk

John William Wevers, in Toronto, seit 1972
   Professor of Near Eastern Studies, geb. 4.6.1919
   Toronto, Ont. M4R 1H9. (Kanada), 116 Briar Hill Ave
   E-Mail: j.wevers@utoronto.ca

JOSEF WIESEHÖFER, in Kiel, seit 2004
    Professor für Alte Geschichte, geb. 5.4.1951
    24306 Plön, Krusekoppel 1
    E-Mail: jwiesehoefer@email.uni-kiel.de

MATTHIAS WINNER, in Rom, seit 1993
    Professor der Kunstgeschichte, geb. 11.3.1931
    00187 Roma (Italien), Bibliotheca Hertziana, 28 Via Gregoriana

JOSEPH GEORG WOLF, in Freiburg i.Br., seit 1981
    Professor des Römischen und Bürgerlichen Rechts, geb. 6.7.1930
    79100 Freiburg i.Br., Goethestraße 6

FRANZ JOSEF WORSTBROCK, in München, seit 2001
    Professor der Deutschen Philologie, geb. 20.1.1935
    81735 München, Goldschaggbogen 16

ANDREJ ANATOL'EVIČ ZALIZNJAK, in Moskau, seit 1998
    Professor der Sprachwissenschaft, geb. 29.4.1935
    125080 Moskau (Rußland), ul. Alabjana d. 10, p. 7, kv. 168

CLEMENS ZINTZEN, in Köln, seit 1999
    Professor der Klassischen Philologie, geb. 24.6.1930
    50354 Hürth-Hermülheim, Am Alten Bahnhof 24
    E-Mail: Clemens.Zintzen@t-online.de

THEODORE J. ZIOLKOWSKI, in Princeton, seit 1986
    Professor der Neueren Deutschen und Vergleichenden
    Literaturwissenschaften, geb. 30.9.1932
    Princeton, N.J. 08540 (USA), 36 Bainbridge Street
    E-Mail: tjzio@aol.com

Mathematisch-Physikalische Klasse

MICHAEL FARRIES ASHBY, in Cambridge, seit 1980
    Professor der Metallphysik, geb. 20.11.1935
    Cambridge CB5 8DE (England), 51, Maids Cause Way

PETER AX, in Göttingen, seit 1971
    Professor der Zoologie, geb. 29.3.1927
    37085 Göttingen, Gervinusstraße 3 a

KONRAD BACHMANN, in Gatersleben, seit 1995
　　Professor der Systematischen Botanik, geb. 8.3.1939
　　06466 Gatersleben, Zentralinstitut für Genetik und
　　Kulturpflanzenforschung
　　E-Mail: bachmann@ipk-gatersleben.de

JACK EDWARD BALDWIN, in Oxford, seit 1988
　　Professor der Chemie und Head of the Department of Organic
　　Chemistry der Universität Oxford, geb. 8.8.1938
　　Oxford, OX1 5BH (England), Hinksey Hill, "Broom"

NEIL BARTLETT, in Berkeley, seit 1977
　　Professor der Chemie, geb. 15.9.1932
　　Berkeley, CA 94720 (USA), 532 Latimer Hall,
　　The University of California, Department of Chemistry
　　E-Mail: Nbartlett@ibl.gov

ERNST BAUER, in Tempe, seit 1989
　　Professor der Experimentalphysik, geb. 27.2.1928
　　Tempe, AZ 85287–1504 (USA), Arizona State University,
　　Department of Physics and Astronomy, PO Box 871504
　　E-Mail: ernst.bauer@asu.edu

MARGOT BECKE, in Heidelberg, seit 1983
　　Professorin der Anorganischen und Analytischen Chemie,
　　geb. 10.6.1914
　　69120 Heidelberg, Scheffelstraße 4

KONRAD TRAUGOTT BEYREUTHER, in Heidelberg, seit 1996
　　Professor der Molekularbiologie, geb. 14.5.1941
　　69120 Heidelberg, Zentrum für Molekulare Biologie,
　　Ruprecht-Karls-Universität, Im Neuenheimer Feld 282
　　E-Mail: beyreuther@zmbh.uni-heidelberg.de

HANS BOCK, in Frankfurt a. M., seit 1986
　　Professor der Anorganischen Chemie, geb. 5.10.1928
　　61462 Königstein, Rombergweg 1 a

AUGUST BÖCK, in München, seit 1991
　　Professor der Mikrobiologie, geb. 23.4.1937
　　82269 Geltendorf, Lindenstraße 10
　　E-Mail: august.boeck@t-online.de

Arthur J. Boucot, in Corvallis, seit 1989
    Professor der Zoologie und Geologie, geb. 26.5.1924
    Corvallis, Or. 97331–2914 (USA), Oregon State University,
    Department of Zoology, Cordley Hall 3029
    E-Mail: boucota@science.oregonstate.edu

Olaf Breidbach, in Jena, seit 2005
    Professor für Geschichte der Naturwissenschaften, geb. 8.2.1957
    07743 Jena, Sonnenbergstraße 1
    E-Mail: Olaf.Breidbach@uni-jena.de

Robert Wolfgang Cahn, in Cambridge, seit 1987
    Professor der Metallkunde,
    geb. 9.9.1924, gest. 9.4.2007

Henri Cartan, in Paris, seit 1971
    Professor der Mathematik, geb. 8.7.1904
    75014 Paris (Frankreich), 95, boulevard Jourdan

Stephen A. Cook, in Toronto, seit 1995
    Professor der Informatik und Algorithmischen Mathematik,
    geb. 14.12.1939
    Toronto M5S 3G4 (Canada), University of Toronto,
    Department of Computer Science

F. Albert Cotton, in Texas, seit 1979
    Professor der Anorganischen Chemie,
    geb. 9.4.1930, gest. 20.2.2007

Alan Herbert Cowley, in Austin, seit 2007
    Professor der Chemie und Biochemie, geb. 29.1.1934
    Department of Chemistry and Biochemistry,
    The University of Texas at Austin
    Austin, Texas 78712, U.S.A.
    E-Mail: cowley@mail.utexas.edu

Christopher Cummins, in Cambridge, seit 2005
    Professor der Chemie, geb. 28.2.1966
    Cambridge (USA) MA 02139–43077,
    77 Massachusetts Avenue, 18–390
    Massachusetts Institute of Technology, Deparment of Chemistry
    E-Mail: ccummins@mit.edu

JEAN PIERRE DEMAILLY, in St. Martin d'Heres, seit 2001
   Professor der Mathematik, geb. 25.9.1957
   38402 St. Martin d'Heres (Frankreich), Université de Grenoble 1,
   Institut Fourier, Laboratoire de Mathématique,
   Associé au CNRS – URA 188, BP 74

EVELYN A.V. EBSWORTH, in Durham, seit 1983
   Professor der Chemie, geb. 14.2.1933
   Cambridge CB3 O EY (England), 16 Conduit Head Road
   E-Mail: eav.ebsworth@virgin.net

JEAN-PIERRE ECKMANN, in Genf, seit 1995
   Professor der Theoretischen Physik, geb. 27.1.1944
   1211 Genève 4 (Schweiz), Département de Physique Théorique,
   Université de Genève, 24, quai Ernest-Ansermet

HANS JOACHIM EGGERS, in Köln, seit 1991
   Professor der Virologie, geb. 26.7.1927
   50933 Köln, Kornelimünsterstraße 12
   E-Mail: hans.eggers@medizin.uni-koeln.de

WOLFGANG EISENMENGER, in Stuttgart, seit 1988
   Professor der Experimentalphysik, geb. 11.2.1930
   71634 Ludwigsburg, Landhausstraße 7
   E-Mail: w.eisenmenger@physik.uni-stuttgart.de

ALBERT ESCHENMOSER, in Zürich, seit 1986
   Professor der Organischen Chemie, geb. 5.8.1925
   8700 Küsnacht (Schweiz), Bergstraße 9
   E-Mail: eschenmoser@org.chem.ethz.ch

GERD FALTINGS, in Bonn, seit 1991
   Professor der Mathematik, geb. 28.7.1954
   53111 Bonn, Max-Planck-Institut für Mathematik, Vivatsgasse 7
   E-Mail: gerd@mpim-bonn.mpg.de

ERNST OTTO FISCHER, in München, seit 1977
   Professor der Anorganischen Chemie, geb. 10.11.1918,
   gest. 23.7.2007

ULF-INGO FLÜGGE, in Köln, seit 2002
   Professor der Biochemie, geb. 1.4.1948
   50997 Köln, Pastoratsstraße 1
   E-Mail: ui.fluegge@uni-koeln.de

HEINZ FORTAK, in Berlin, seit 1991
  Professor der Theoretischen Meteorologie, geb. 11.8.1926
  14169 Berlin, Edithstraße 14

GERHARD FREY, in Essen, seit 1998
  Professor der Zahlentheorie, geb. 1.6.1944
  45326 Essen, Institut für Experimentelle Mathematik,
  Ellernstraße 29
  E-Mail: frey@exp-math.uni-essen.de

BÄRBEL FRIEDRICH, in Berlin, seit 2001
  Professorin der Mikrobiologie, geb. 29.7.1945
  10115 Berlin, Humboldt-Universität zu Berlin,
  Institut für Biologie / Mikrobiologie
  Chausseestraße 117

HIROYA FUJISAKI, in Tokio, seit 2004
  Professor für Elektronik, geb. 18.10.1930
  150–0013 Tokio (Japan), 3-31-12 Ebisu, shibuya-ku
  E-Mail: fujisaki@alum.mit.edu

JÖRG HACKER, in Berlin, seit 2003
  Professor für Molekulare Infektionsbiologie, geb. 13.2.1952
  97218 Gerbrunn, Edith-Stein-Straße 6
  E-Mail: HackerJ@rki.de

PAUL HAGENMULLER, in Bordeaux, seit 1970
  Professor der Feststoff- und Anorganischen Chemie, geb. 3.8.1921
  33608 Pessac cedex (Frankreich), 87, Avenue du Docteur Schweitzer

HEINZ HARNISCH, in Kall, seit 1990
  Professor der Angewandten Chemie, geb. 24.4.1927
  53925 Kall, Narzissenweg 8
  E-Mail: eifelheinz@T-online.de

M. FREDERICK HAWTHORNE, in Los Angeles, seit 1995
  Professor der Chemie, geb. 24.8.1928
  Los Angeles, Ca. 90024–1569 (USA), University of California,
  Department of Chemistry, 405 Hilgard Avenue LA

DAVID RODNEY HEATH-BROWN, in Oxford, seit 1999
  Professor der Mathematik (Zahlentheorie), geb. 12.10.1952
  Oxford OX1 3LB (England), Mathematical Institute,
  24–29 St. Giles'

Martin Heisenberg, in Würzburg, seit 1999
   Professor der Biowissenschaften, geb. 7.8.1940
   97074 Würzburg, Biozentrum der Universität Würzburg,
   Am Hubland
   E-Mail: heisenberg@biozentrum.uni-wuerzburg.de

Friedrich Hirzebruch, in Bonn, seit 1991
   Professor der Mathematik, geb. 17.10.1927
   53757 St. Augustin, Thüringer Allee 127
   E-Mail: hirzebruch@mpim-bonn.mpg.de

Peter Wilhelm Höllermann, in Bonn, seit 1977
   Professor der Geographie, geb. 22.3.1931
   53121 Bonn, Dohmstraße 2

Marc Julia, in Paris, seit 1986
   Professor der Organischen Chemie, geb. 23.10.1922
   75005 Paris (Frankreich), 57, rue Geoffroy Saint Hilaire
   E-Mail: marc.julia@ens.fr

Daniel Kastler, in Marseille-Luminy, seit 1977
   Professor der Theoretischen Physik, geb. 4.3.1926
   83150 Bandol (Frankreich), 42, rue Chaptal
   E-Mail: Kastler.Daniel@wanadoo.fr

Heinrich Kuttruff, in Aachen, seit 1989
   Professor der Technischen Akustik, geb. 17.8.1930
   52074 Aachen, Nordhoffstraße 7
   E-Mail: kuttruff@akustik.rwth-aachen.de

Otto Ludwig Lange, in Würzburg, seit 1976
   Professor der Botanik, geb. 21.8.1927
   97084 Würzburg, Leitengraben 37
   E-Mail: ollange@botanik.uni-wuerzburg.de

Yuan T. Lee, in Nankang, seit 1988
   Professor der Chemie, geb. 29.11.1936
   Office of the President, Academia Sinica Nankang
   Taipei 11529 (Taiwan), ROC

Jean-Marie Pierre Lehn, in Straßburg, seit 1990
   Professor der Chemie, geb. 30.9.1939
   67000 Strasbourg (Frankreich), Université Louis Pasteur,
   ISIS, 4, rue Blaise Pascal
   E-Mail: lehn@chimie.u-strasbg.fr

ALAN BERNARD LIDIARD, in Woodcote, seit 1987
    Professor der Physik, geb. 9.5.1928
    Faringdon SN7 8RN (England), The Apple Trees, High Street,
    Hinton Waldrist

JEAN-PIERRE MAJORAL, in Toulouse, seit 2005
    Professor der Chemie, geb. 17.7.1941
    31077 Toulouse Cedex 04 (Frankreich), 205, route de Narbonne
    E-Mail: majoral@lcc-toulouse.fr

YURI MANIN, in Bonn, seit 1996
    Professor der Mathematik, geb. 16.2.1937
    53111 Bonn, MPI für Mathematik, Vivatsgasse 7
    E-Mail: manin@mpim-bonn.mpg.de

HUBERT MARKL, in Konstanz, seit 1996
    Professor der Biologie, geb. 17.8.1938
    78457 Konstanz, Universität Konstanz, FB Biologie
    Postfach M 612

WERNER MARTIENSSEN, in Frankfurt a. M., seit 1989
    Professor der Experimentalphysik, geb. 23.1.1926
    60054 Frankfurt a. M., Physikalisches Institut,
    Johann Wolfgang Goethe-Universität, Postfach 11 19 32
    E-Mail: Martienssen@Physik.uni-frankfurt.de

THADDEUS B. MASSALSKI, in Pittsburgh, seit 1989
    Professor der Werkstoffwissenschaften und der Physik, geb. 29.6.1926
    Pittsburgh, PA 15238–2127 (USA), 900 Field Club Road

FRANÇOIS MATHEY, in Palaiseau, seit 2002
    Professor der Phosphorchemie, geb. 4.11.1941
    91128 Palaiseau (Frankreich), DCPH, École Polytechnique
    E-Mail: francois.mathey@polytechnique.fr

RENATO G. MAZZOLINI, in Trient, seit 2007
    Professor für Wissenschaftsgeschichte, geb. 6.6.1945
    38050 Madrano (Italien), Via dei Cuori 1
    E-Mail: renato.mazzolini@soc.unitn.it

HARTMUT MICHEL, in Frankfurt a. M., seit 1996
    Professor der Biochemie, geb. 18.7.1948
    60439 Frankfurt a. M., MPI für Biophysik,
    Abt. Molekulare Membranbiologie, Marie-Curie-Straße 15
    E-Mail: Hartmut.Michel@mpiop-frankfurt.mpg.de

AXEL MICHELSEN, in Odense, seit 2006
    Professor für Biologie, geb. 1.3.1940
    5250 Odense SV (Dänemark), Rosenvænget 74
    E-Mail: a.michelsen@biology.sdu.dk

HEINRICH NÖTH, in München, seit 1980
    Professor der Anorganischen Chemie, geb. 20.6.1928
    82031 Grünwald, Eichleite 25 A
    E-Mail: H.Noeth@lrz.uni-muenchen.de

CHRISTIANE NÜSSLEIN-VOLHARD, in Tübingen, seit 1999
    Professorin der Entwicklungsbiologie, geb. 20.10.1942
    72076 Tübingen, MPI für Entwicklungsbiologie,
    Spemannstraße 35/III

DIETER OESTERHELT, in Martinsried, seit 1991
    Professor der Chemie, geb. 10.11.1940
    81377 München, Werdenfelsstraße 17

SIGRID D. PEYERIMHOFF, in Bonn, seit 1996
    Professorin der Theoretischen Chemie, geb. 12.1.1937
    53115 Bonn, Institut für Theoretische und Physikalische Chemie,
    Wegelerstraße 12
    E-Mail: unt000@uni-bonn.de

NORBERT PFENNIG, in Konstanz, seit 1982
    Professor der Mikrobiologie, geb. 8.7.1925
    88662 Überlingen, Rengoldhauser Straße 22, Haus Rengold

JOHN RODNEY QUAYLE, in Sheffield, seit 1976
    Professor der Mikrobiologie, geb. 18.11.1926
    Bristol BS39 4LA (England), The Coach House,
    Vicarage Lane, Compton Dando

KLAUS RASCHKE, in Göttingen, seit 1996
    Professor der Botanik, geb. 29.1.1928
    37176 Nörten-Hardenberg (Parensen), Hauptstraße. 44
    E-Mail: RaschkeKG@t-online.de

BERNHARD RONACHER, in Berlin, seit 2007
    Professor für Zoologie, geb. 9.4.1949
    12307 Berlin, Horstwalder Straße 29 A
    E-Mail: Bernhard.Ronacher@rz.hu-berlin.de

BERT SAKMANN, in Heidelberg, seit 1992
　　Professor der Neurobiologie und Neurophysiologie, geb. 12.6.1942
　　69120 Heidelberg, Wilckensstraße 41

MATTHIAS SCHAEFER, in Göttingen, seit 1994
　　Professor der Ökologie, geb. 23.4.1942
　　37075 Göttingen, Konrad-Adenauer-Straße 15
　　E-Mail: mschaef@gwdg.de

FRITZ PETER SCHÄFER, in Göttingen, seit 1990
　　Professor der Physikalischen Chemie, geb. 15.1.1931
　　37077 Göttingen, MPI für Biophysikalische Chemie, Am Faßberg

WINFRIED SCHARLAU, in Münster, seit 1997
　　Professor der Mathematik, geb. 12.8.1940
　　48149 Münster, Mathematisches Institut, Einsteinstraße 62

WERNER SCHILLING, in Jülich, seit 1983
　　Professor der Experimentalphysik, geb. 16.6.1931
　　52428 Jülich, Haubourdinstraße 12
　　E-Mail: Prof.W.Schilling@t-online.de

KARL-HEINZ SCHLEIFER, in München, seit 1987
　　Professor der Mikrobiologie, geb. 10.2.1939
　　85716 Unterschleißheim, Schwalbenstraße 3 a
　　E-Mail: schleife@mikro.biologie.tu-muenchen.de

HUBERT SCHMIDBAUR, in Garching, seit 1988
　　Professor der Anorganischen und Analytischen Chemie,
　　geb. 31.12.1934
　　85748 Garching, Königsberger Straße 36
　　E-Mail: H.Schmidbaur@lrz.tum.de

EBERHARD SCHNEPF, in Heidelberg, seit 1982
　　Professor der Zellenlehre, geb. 4.4.1931
　　69168 Wiesloch, Dürerweg 11

GISELA ANITA SCHÜTZ-GMEINEDER, in Würzburg, seit 1997
　　Professorin der Physik, geb. 8.3.1955
　　75449 Wurmberg, Fichtenweg 4

HELMUT SCHWARZ, in Berlin, seit 1997
　　Professor der Organischen Chemie, geb. 6.8.1943
　　10623 Berlin, Technische Universität Berlin,
　　Straße des 17. Juni 115
　　E-Mail: Helmut.Schwarz@www.chem.tu-berlin.de

FRIEDRICH CHRISTOPH SCHWINK, in Braunschweig, seit 1990
    Professor der Physik, geb. 20.3.1928
    38106 Braunschweig, Spitzwegstraße 21

EUGEN SEIBOLD, in Freiburg, seit 1989
    Professor der Geologie und Paläontologie, geb. 11.5.1918
    79104 Freiburg, Richard-Wagner-Straße 56

FRIEDRICH A. SEIFERT, in Berlin, seit 1997
    Professor der Experimentellen Geowissenschaften, geb. 8.5.1941
    10115 Berlin-Mitte, Strelitzer Straße 63
    E-Mail: Fritze.Seifert@web.de

ADOLF SEILACHER, in Tübingen, seit 1989
    Professor der Paläontologie, geb. 24.2.1925
    72076 Tübingen, Engelfriedshalde 25
    E-Mail: geodolf@tuebingen.netsurf.de

FREDERICK SEITZ, in New York, seit 1961
    Professor der Physik, geb. 4.7.1911
    New York, N.Y. 10021 (USA), 1230 York Avenue,
    Rockefeller University

JEAN'NE SHREEVE, in Moscow, seit 1996
    Professorin der Chemie, geb. 2.7.1933
    Department of Chemistry, University of Idaho,
    Moscow, ID 83844–2343 (USA),

PETER SITTE, in Freiburg, seit 1984
    Professor der Zellbiologie und Elektronenmikroskopie,
    geb. 8.12. 1929
    79249 Merzhausen, Lerchengarten 1

YUM TONG SIU, in Cambridge, seit 1993
    Professor der Reinen Mathematik, geb. 6.5.1943
    Department of Mathematics, Harvard University
    Cambridge, Ma. 02138 (USA), 1 Oxford Street

ERKO STACKEBRANDT, in Braunschweig, seit 1988
    Professor der Mikrobiologie, geb. 9.6.1944
    DSMZ – Deutsche Sammlung von Mikroorganismen und
    Zellkulturen GmbH
    38124 Braunschweig, Mascheroder Weg 1 b
    E-Mail: erko@dsmz.de

Frank Steglich, in Dresden, seit 1999
   Professor der Physik (Festkörper), geb. 14.3.1941
   01187 Dresden, MPI für Chemische Physik fester Stoffe,
   Nöthnitzer Straße 40
   E-Mail: steglich@cpfs.mpg.de

Volker Strassen, in Konstanz, seit 1994
   Professor der Mathematik, geb. 29.4.1936
   (Arbeitsgebiet Mathematik und theoretische Informatik)
   01324 Dresden, Oskar-Pletsch-Straße 12
   E-Mail: volker.strassen@t-online.de

Rudolf Kurt Thauer, in Marburg, seit 1987
   Professor der Biochemie und Mikrobiologie, geb. 5.10.1939
   35043 Marburg, Vogelsbergstraße 47
   E-Mail: thauer@mailer.uni-marburg.de

Sir John Meurig Thomas, in London, seit 2003
   Professor der Chemie, geb. 15.12.1932
   Department of Materials Science, University of Cambridge
   Cambridge (England), CB 23 QZ, Pembroke ST.
   E-Mail: jmt@ri.ac.uk

Jan Peter Toennies, in Göttingen, seit 1990
   Professor der Physik, geb. 3.5.1930
   37085 Göttingen, Ewaldstraße 7
   E-Mail: jtoenni@gwdg.de

Hans Georg Trüper, in Bonn, seit 1987
   Professor der Mikrobiologie, geb. 16.3.1936
   53177 Bonn, Am Draitschbusch 19

Albert Lincoln Washburn, in Seattle, seit 1983
   Professor der Geologie, geb. 15.6.1911, gest. 30.1.2007

Klaus Weber, in Göttingen, seit 1999
   Professor der Geowissenschaften, geb. 4.12.1936
   37077 Göttingen, Institut für Geologie und Dynamik
   der Lithosphäre,
   Goldschmidtstraße 3
   E-Mail: kweber@gwdg.de

Rüdiger Wehner, in Zürich, seit 1996
    Professor der Zoologie, geb. 6.2.1940
    8057 Zürich (Schweiz), Universität Zürich, Institut für Zoologie,
    Abt. Neurobiologie, Winterthurerstraße 190
    E-Mail: rwehner@zool.unizh.ch

Hans-Joachim Werner, in Stuttgart, seit 2002
    Professor für Theoretische Chemie, geb. 16.4.1950
    70569 Stuttgart, Universität Stuttgart,
    Institut für Theoretische Chemie, Pfaffenwaldring 55
    E-Mail: werner@theochem.uni-stuttgart.de

Günther Wilke, in Mühlheim/Ruhr, seit 1980
    Professor der Organischen Chemie, geb. 23.2.1925
    45470 Mühlheim/Ruhr, Leonhard-Stinnes-Straße 44
    E-Mail: guenther.wilke@t-online.de

Lothar Willmitzer, in Golm, seit 1993
    Professor der Molekularbiologie, geb. 27.3.1952
    MPI für Molekulare Pflanzenphysiologie, 14424 Potsdam

Ernst-Ludwig Winnacker, in München, seit 1997
    Professor der Biochemie, geb. 26.7.1941
    80638 München, Dall'Armistraße 41 a
    E-Mail: elwinnacker@gmail.com

Horst T. Witt, in Berlin, seit 1986
    Professor der Physikalischen Chemie,
    geb. 1.3.1922, gest. 14.5.2007

Jakob Yngvason, in Wien, seit 2003
    Professor für Theoretische Physik, geb. 23.11.1945
    1090 Wien (Österreich), Bindergasse 6/12
    E-Mail: jakob.yngvason@univie.ac.at

Josef Zemann, in Wien, seit 1967
    Professor der Mineralogie, geb. 25.5.1923
    1190 Wien (Österreich), Weinberggasse 67/4/46
    E-Mail: josef.zemann@univie.ac.at

Helmut Zimmermann, in Jena, seit 1991
    Professor der Astronomie und der Physik, geb. 21.1.1926
    07743 Jena, Naumburger Straße 31 a

Begrüssungsansprache und Tätigkeitsbericht des Präsidenten

Liebe Gäste, Mitglieder der Akademie, meine sehr verehrten Damen und Herren,

ich begrüße Sie mit unserem Wahlspruch: Fecundat et ornat, sie befruchtet und ziert.

Sie, liebe Gäste, tragen durch Ihre Anwesenheit ganz wesentlich zum Ansehen unserer Akademie bei. Es ist für mich eine große Ehre, Sie willkommen zu heißen. Stellen Sie sich vor, wie traurig wir wären, wenn Sie heute nicht an unserer Jahresversammlung teilnehmen würden.

Leider kann ich aus zeitlichen Gründen nicht jeden von hier aus persönlich begrüßen. Ich bitte deshalb um Nachsicht, wenn ich eine Persönlich-

Herbert W. Roesky, Professor für Anorganische Chemie an der Georg-August-Universität Göttingen, O. Mitglied der Göttinger Akademie seit 1983, seit 2002 deren Präsident

keit nicht namentlich nenne. Die Musik hat sich schon selbst vorgestellt, deshalb bleibt für mich der herzliche Dank an Frau Tatiana Bergh und Herrn Wladimir Sinkewitsch für ihren schönen musikalischen Beitrag.

Von der Universität begrüße ich die Vizepräsidentin Frau Groneberg und die Vizepräsidenten Herrn Hoppe und Herrn Münch und danke für Ihr Kommen.

Ich begrüße sehr herzlich Herrn Schlegel, Generalsekretär der Bund-Länder-Kommission, und vom Landtag in Hannover Herrn Direktor Göke. Besonders freue ich mich, daß Herr Dr. Hodler uns wie jedes Jahr die Treue hält. Herr Hodler seien Sie herzlich willkommen.

Herrn Bürgermeister Holefleisch heiße ich willkommen, und ich danke Ihnen und der Stadt für den Empfang im Alten Rathaus heute abend.

Von der Union begrüße ich den Präsidenten Herrn Gottschalk und den Generalsekretär Herrn Herrmann und Frau Lange.

Von den befreundeten Akademien sind gekommen Herr Willoweit, Präsident der Bayerischen Akademie der Wissenschaften, Frau Friedrich in Vertretung des Präsidenten der Berlin-Brandenburgischen Akademie und des Präsidenten der Deutschen Akademie der Naturforscher „Leopoldina",

Herr Reinitzer, Präsident der Hamburger Akademie, Herr Wedepohl in Vertretung der Präsidentin der Mainzer Akademie der Wissenschaften, Herr Führ, Vizepräsident der Nordrhein-Westfälischen Akademie, Herr Dosch in Vertretung des Präsidenten der Heidelberger Akademie der Wissenschaften, Herr Zemann in Vertretung des Präsidenten der Österreichischen Akademie der Wissenschaften, Herr Klein, Präsident der Braunschweigischen Wissenschaftlichen Gesellschaft. Herr Klein ich danke Ihnen und Herrn Frahm für die Organisation unserer gemeinsamen Veranstaltung über „Licht und Energie" kürzlich in Braunschweig.

Von den Verlagen und Bibliotheken begrüße ich Herrn Lossau, den Direktor der Niedersächsischen Staats- und Universitätsbibliothek, Herrn Marmein von der Gottfried Wilhelm Leibniz Bibliothek, Herrn Saur und Frau Grünkorn von de Gruyter und Frau Müller von Vandenhoek und Ruprecht.

Herzlich willkommen heiße ich den Vizepräsidenten des Oberlandesgerichts, Herrn Haase, Herrn Schieffer von den Monumenta Germaniae Historica, Frau Stein vom Göttinger Tageblatt, Frau Leuner-Haverich vom Stadtmarketing und Frau Neher, die Gründerin des X-Lab. Herzlichen Glückwunsch, Frau Neher, von dieser Stelle für den Niedersächsischen Staatspreis, den Sie in dieser Woche erhhalten haben.

Unsere Korrespondierenden Mitglieder Herr Føllesdahl und Herr Cowley sind eigens für die Jahresfeier aus Norwegen und den Vereinigten Staaten angereist. Dies finde ich großartig.

Ich begrüße ganz besonders herzlich die Preisträger und die Vortragenden, die ich später noch einzeln vorstellen werde.

Ich darf Sie jetzt bitten, sich zu erheben, um unserer im Berichtsjahr verstorbenen Mitglieder zu gedenken.

30.1.2007   ALBERT LINCOLN WASHBURN
Professor der Geologie
Korrespondierendes Mitglied der
Mathematisch-Physikalischen Klasse seit 1983

20.2.2007   F. ALBERT COTTON
Professor für Anorganische Chemie
Korrespondierendes Mitglied der
Mathematisch-Physikalischen Klasse seit 1979

9.4.2007   ROBERT WOLFGANG CAHN
Professor für Metallkunde
Korrespondierendes Mitglied der
Mathematisch-Physikalischen Klasse seit 1987

28.4.2007	CARL FRIEDRICH VON WEIZSÄCKER Professor der Theoretischen Physik und Philosophie Ordentliches Mitglied der Mathematisch-Physikalischen Klasse seit 1950
8.5.2007	KARL HAUCK Professor für Mittlere und Neuere Geschichte Ordentliches Mitglied der Philologisch-Historischen Klasse seit 1969
14.5.2007	HORST T. WITT Professor für Physikalische Chemie Korrespondierendes Mitglied der Mathematisch-Physikalischen Klasse seit 1986
11.8.2007	MICHAEL FREDE Professor der Geschichte der Philosophie Korrespondierendes Mitglied der Philologisch-Historischen Klasse seit 1989

Wir werden ihnen ein ehrendes Andenken bewahren. Ich danke Ihnen, daß Sie sich zu Ehren der Toten erhoben haben.

Die Akademie lebt von ihren Zuwahlen. In diesem Jahr haben wir zahlreiche Mitglieder zugewählt:

als **Ordentliche Mitglieder der Philologisch-Historischen Klasse**

UTE DANIEL	Professorin für Neuere Geschichte in Braunschweig
STEPHAN KLASEN	Professor für Volkswirtschaftslehre und Entwicklungsökonomik in Göttingen
EVA SCHUMANN	Professorin für Deutsche Rechtsgeschichte und Bürgerliches Recht in Göttingen

als **Korrespondierende Mitglieder der Philologisch-Historischen Klasse**

GERHARD DILCHER	Professor für Deutsche Rechtsgeschichte, Bürgerliches Recht und Kirchenrecht in Frankfurt am Main
ULRICH JOOST	Professor für Neuere Deutsche Literaturgeschichte und Allgemeine Literaturwissenschaft in Darmstadt

als **Ordentliche Mitglieder der Mathematisch-Physikalischen Klasse**

CHRISTIAN GRIESINGER	Professor für Physikalische Chemie in Göttingen
STEFAN W. HELL	Professor für Physik in Göttingen

als **Korrespondierende Mitglieder der Mathematisch-Physikalischen Klasse**

ALAN H. COWLEY	Professor der Chemie und Biochemie in Austin (USA)
RENATO MAZZOLINI	Professor für Wissenschaftsgeschichte in Trient (Italien)
BERNHARD RONACHER	Professor für Zoologie in Berlin

Nach sieben Jahren Naturwissenschaften ist dies das Jahr der Geisteswissenschaften. Unsere Akademie hat sich mit einer Reihe von Vorträgen im Lande Niedersachsen einer breiten Öffentlichkeit vorgestellt. Unter dem Titel „Geisteswissenschaften unterwegs" fanden die Vorträge statt in Lübeck, Göttingen, Braunschweig, Lüneburg, Münster, Oldenburg, Hannover, Buxtehude, Hildesheim, Celle und die Abschlußveranstaltung in Loccum. Ich danke Herrn Rexroth besonders herzlich für die Organisation dieser Veranstaltungen und für seinen eigenen Beitrag und den der beteiligten Vortragenden.

22. Februar 2007	HEINRICH DETERING Der junge Mann als Journalist Buddenbrookhaus, Lübeck
15. März 2007	SABINE WEKING, CHRISTINE WULF Hausinschriften in Braunschweig und Hildesheim Braunschweig
22. März 2007	CHRISTIAN STARCK Soziale Rechte in Verträgen, Verfassungen und Gesetzen Lüneburg
5. Mai 2007	HEINRICH DETERING, OTTO G. OEXLE, FRANK REXROTH Eigensinnige Lesarten Göttingen

13. Juni 2007	ULRICH JOOST „Man muß etwas Neues machen, um etwas Neues zu sehen" Der Lichtenbergnachlaß Hannover
21. Juni 2007	MARTIN SCHNEIDER Leibniz als Grundlagenforscher Münster
12. Juli 2007	WERNER PARAVICINI Vom Zwang zur Verschwendung im Gehäuse der Macht Oldenburg
14. September 2007	JÜRGEN UDOLPH Orts- und Familiennamen in und um Buxtehude Buxtehude
8. Oktober 2007	DIETER KURTH Den Stein zum Reden bringen. Inschriften im Tempel von Edfu Hildesheim
18. Oktober 2007	WOLFGANG SELLERT Pax Europae durch Recht und Verfahren Celle
10. November 2007	MARTIN STAEHELIN Die Neue Bach-Ausgabe Kloster Loccum

Im Gegensatz zu den Naturwissenschaften gab es vorher und im laufenden Jahr eine Vielzahl von Stellungnahmen zum Jahr der Geisteswissenschaften, die mit der Themenwahl „Sprache und das ABC der Menschheit" nicht zufrieden waren. Der Schwerpunkt „Sprache" wurde vom BMBF wie folgt begründet: „Die inhaltliche Klammer für das Jahr der Geisteswissenschaften bildet das Thema ‚Sprache des Menschen'. Sprache hilft uns, die Erinnerung an die Vergangenheit wach zu halten. Sie vermittelt zwischen den Menschen. Mit Sprache gestalten wir unser Miteinander... Erinnern, Vermitteln, Gestalten. Gerade die Fähigkeit der Geisteswissenschaften, Einheit in der Vielfalt zu entdecken, ist bei der heutigen Vielfalt an Meinungen und Standpunkten wichtiger denn je."

Nach zahlreichen Protesten hat die Bundesforschungsministerin Frau Schavan bei ihrer Eröffnungsrede im Gropius-Bau in Berlin das ABC der Geisteswissenschaften über die Sprache hinaus erweitert und formuliert: „Die Geisteswissenschaften machen unsere Welt begreifbar. Sie vermitteln zwischen Vergangenheit, Gegenwart und Zukunft."

Die vom Wissenschaftsrat aufgeführten 17 Fächer und 96 Studiengänge für das Jahr der Geisteswissenschaften wurden je nach Standpunkt als zu weit oder zu eng empfunden. Es ist schade, daß die in Forschung und Lehre schönen Präsentationen durch das Gehader Einzelner in Leserbriefen und öffentlichen Stellungnahmen beschädigt wurden.

Das Jahr der Chemie zum Beispiel hat durch die positive Darstellung in der Öffentlichkeit zu enormen Zuwachsraten bei den Studienanfängern geführt (9 % bundesweit). Ich wünsche und hoffe, daß die Geisteswissenschaften keinen Substanzverlust durch die kritischen Bemerkungen in der Öffentlichkeit erlitten haben. Aber eventuelle Auswirkungen wird man erst in den kommenden Jahren feststellen.

Acatec, der Zögling der Union, hat in diesem Jahr den Aufstieg in die nationale Akademie für Technikwissenschaften erreicht. In der letzten Woche hat Frau Schavan die Leopoldina, die älteste Akademie der Naturforscher und Ärzte, für die nationale Akademie vorgeschlagen. Dies hat zu Irritationen geführt, denn die Beteiligung der Landesakademien an einer Nationalakademie kostet nicht mehr, erhöht aber die Qualität einer solchen Einrichtung. Darüber hinaus kann unsere ausgewiesene Expertise die Fächer einer nationalen Akademie wesentlich bereichern. Es ist manchmal nicht einfach, den Mehrwert einer nationalen Akademie deutlich zu machen, weil sich in den vergangenen 50 Jahren ein intensiver internationaler Kontakt unter aktiver Mitwirkung der großen Wissenschaftseinrichtungen entwickelt hat. So haben die Deutsche Forschungsgemeinschaft, die Max-Planck-Gesellschaft, die Humboldt-Stiftung, der DAAD, die Länderakademien und andere ein international dichtes Wissenschaftsnetz aufgebaut, welches sie verständlicherweise nicht aufgeben werden. Dennoch glaube ich, daß es wie bei den Fluggesellschaften zu Allianzen kommen muß, um in ökonomisch vertretbarer Weise den kulturellen Austausch zu pflegen. Dies wird man nicht durch Verwirklichung weiterer Einzelinteressen erreichen, sondern nur durch Clusterbildung oder durch schwerpunktartige Konzentration erfolgreich gestalten können. Welche Rolle die Landesakademien in diesem Cluster spielen werden, wird sehr stark von ihrer Flexibilität abhängen und davon, ob sie es erreichen können, für den internationalen Austausch der Wissenschaftler die notwendige finanzielle Basis zu schaffen, denn dies ist die Voraussetzung für eine erfolgreiche Arbeit.

Weiterhin haben wir unsere Kontakte zur Politik durch Vorträge im Niedersächsischen Landtag und in der Landesvertretung in Berlin gepflegt. Ich danke Herrn Wagenitz und Herrn Spindler für ihre Beiträge:

Niedersächsischer Landtag
GERHARD WAGENITZ
Die „Flora des Königreichs Hannover"
Ein Beispiel für Forschungsförderung im 19. Jahrhundert

Niedersächsische Landesvertretung beim Bund, Berlin
GERALD SPINDLER
Wissensgesellschaft und Urheberrechtsreform – Chancen und Risiken

Ein Höhepunkt in der vorlesungsfreien Zeit war unsere Akademiewoche, die wir zusammen mit der Stadt Göttingen im alten Rathaus abgehalten haben. Mein großer Dank gilt Herrn Thomssen für die Organisation der Veranstaltung und für seinen Vortrag.

3. Akademiewoche vom 24. bis 27. September 2007
Zur Entstehung von Erkenntnissen in der medizinischen Forschung

24. September 2007 REINER THOMSSEN
Einführung
MICHAEL MANNS
Entdeckungen, die die Behandlung weltweiter infektiöser Lebererkrankungen revolutionierten
NORBERT HILSCHMANN
Immunität und Gehirn: Vorprogrammierte Systeme für Reaktionen auf das Unerwartete

25. September 2007 GERD HASENFUSS
Stammzellen in der Kardiologie, ein neuer therapeutischer Ansatz?
THOMAS ESCHENHAGEN
Schlagendes Herzgewebe im Reagenzglas

26. September 2007 HANS-JÜRG KUHN, WOLFGANG KNABE
Die Embryonalentwicklung der Netzhaut als Modell für die Hirnreifung
JENS FRAHM
Robert Brown, Albert Einstein und der Fortschritt der bildgebenden Diagnostik

27. September 2007   REINER THOMSSEN
Welche molekularen Strukturen vermitteln die Infektion der Leberzelle durch das Hepatitis-C-Virus?
ECKARD ALTENMÜLLER
Robert Schumann als Bewegungsforscher? Wie aus Krankengeschichten Forschungsideen entstehen.

In diesem Jahr sind durch die Mitarbeit der Akademie zwei Vorhaben von besonderem Erfolg gekrönt worden. Das ist einmal die Aufnahme der Leibnizbriefe in das UNESO Weltdokumentenerbe. Hier danke ich besonders Herrn Prof. Breger, dem Leiter der Edition der Leibnizbriefe in Hannover. Er und seine Mitarbeiter haben sich intensiv an der Antragstellung beteiligt, die ich voll und ganz unterstützt habe.

Im Rahmen der Exzellenzinitiative und als Mitglied des Göttinger Research Council hat unsere Akademie intensiv mitgearbeitet. An dieser Stelle möchte ich dem Präsidenten der Universität, Herrn von Figura, für seinen unermüdlichen Einsatz für den Erfolg des Antrages zur Elite-Universität gratulieren. Damit wird Göttingen zukünftig in der ersten Liga der Universitäten in Deutschland spielen und nicht unter ferner liefen rangieren. Dies ist für den Wissenschaftsstandort Göttingen für die Zukunft von unschätzbarem Wert. Die Bedeutung wird man schon in wenigen Jahren erkennen. Darüber hinaus wird durch die Beteiligung am Göttinger Research Council der Max-Planck-Institute, des Primatenzentrums und der Göttinger Akademie der Wissenschaften das Forschungsprofil des Standorts Göttingen merklich sichtbarer. Ich danke allen Akademiemitgliedern, die mich hierbei unterstützt haben.

Weiterhin bin ich allen Mitgliedern unserer Akademie sehr dankbar, die durch ihre Spende dazu beigetragen haben, daß wir heute erstmalig den Göttinger Akademiepreis für Geisteswissenschaften verleihen können. Lassen Sie mich dazu eine Geschichte erzählen: Humphrey Davy, der von 1778 bis 1829 lebte, gehört zu den großen Entdeckern des 19. Jahrhunderts. Er führte die Elektrochemie ein und isolierte reines Natrium, Kalium, Magnesium, Calcium, Strontium, Barium und Chlor. Daneben stellte er erstmalig Lachgas her, entwickelte eine Sicherheitslampe für Bergleute und rettete damit vielen Bergleuten das Leben. Aufgrund dieser Verdienste wurde er 1812 zum Ritter geschlagen. Als er einmal gefragt wurde, welche von seinen Entdeckungen er als die größte ansehe, antwortete er: Michael Faraday.

Faraday kam aus kleinen Verhältnissen und hatte eine Buchbinderlehre absolviert, um Zugang zu Büchern zu haben. Als Davy zufällig Faraday kennenlernte, fiel ihm sein großartiges Wissen auf. Er nahm ihn als Laboranten auf. Was daraus wurde, dürfte allen bekannt sein. Faraday entwickelte sich zu einem der größten Naturforscher auf dem Gebiet der Chemie und Physik. Viele Naturgesetze tragen seinen Namen: Faraday-Käfig, Faraday-Gesetze der Elektrolyse und Faraday-Konstante.

Was können wir daraus lernen? Die Entdeckung und Förderung von jungen Talenten gehört sicherlich zu den wichtigsten und vornehmsten Aufgaben, die unsere Akademie vorrangig pflegen sollte.

Im engen Zusammenhang hiermit steht die Verjüngung unserer Akademie. Hier gibt es bereits verschiedene Modelle der sogenannten Jungen oder Grünen Akademie. Man darf dabei jedoch nicht übersehen, daß die Belastungen für die junge Generation erheblich gestiegen sind. Einer jungen Akademikerfamilie mit Kindern, wo beide Elternteile voll berufstätig sind, ist es nicht zuzumuten, daß ein oder beide Elternteile regelmäßig an der Akademiearbeit teilnehmen. Entweder wird ihre wissenschaftliche Arbeit oder es werden die Kinder vernachlässigt. Es liegt auf der Hand, daß die älteren Mitglieder hier als Mentoren aktiv ihre Hilfe anbieten sollten, um eine Verjüngung der Akademie durch eine gewachsene Verbindung auf eine gesunde Struktur zu stellen. Der bereits hohe Anteil an ehrenamtlichen Beteiligungen der Mitglieder an den Aufgaben unserer Akademie läßt erwarten, daß auch für das Generationenproblem zukünftig eine gute Lösung durch Mentoren gefunden wird.

Besonders dankbar bin ich den Vizepräsidenten Herrn Lehfeldt und Herrn Elsner, daß sie vielfältige Aufgaben übernommen haben, um mich zu entlasten.

Wichtig für die Arbeit in einer Akademie sind die Stifter und die Sponsoren. Ich danke allen sehr herzlich für ihre Unterstützung, und ich hoffe, daß wir keinen durch unsere vielfältige Arbeit enttäuscht haben. Namentlich begrüße ich hier Herrn de Weldige von der Minna-James-Heineman-Stiftung und danke ihm für wohlwollende Unterstützung.

Anton Christian Wedekind †
Paul de Lagarde †
Thomas Cuming Hall †
Hans Janssen †
Friedrich Schaffstein †
Heinrich Röck

Bund-Länder-Kommission
Calenberg-Grubenhagensche Landschaft
Deutsche Forschungsgemeinschaft
Gerda Henkel Stiftung

Klosterkammer Hannover
Land Niedersachsen
Minna-James-Heineman-Stiftung
VGH-Stiftung, Hannover
VW-Stiftung, Hannover
Walter de Gruyter GmbH & Co KG
Bayer AG, Corporate Development Innovation, Leverkusen
BASF AG, Ludwigshafen
Evonik Degussa GmbH, Essen
Fritz Thyssen Stiftung
Sartorius AG, Göttingen
Sparkasse Göttingen
Stiftung Alfried Krupp Kolleg Greifswald
Wallstein Verlag, Göttingen
Wissenschaftliche Verlagsgesellschaft, Stuttgart

Noch wichtiger ist das Funktionieren einer guten Geschäftsstelle. Wir haben großes Glück gehabt, daß wir in der Geschäftsstelle großartige und hilfsbereite Mitarbeiterinnen und Mitarbeiter haben, denen ich sehr zu Dank verpflichtet bin:

Professor Samwer	Frau Dr. Schade
Frau Deppe	Frau Mattes
Herr Heindorf	Frau Nöbel
Herr Heckmann	Frau Dr. Rickmann
Frau Jahnel	Frau Scheps
Herr Jahnel	Frau Wegener
Frau Lochte	

Herr Heckmann ist im September ausgeschieden, aber ich freue mich, daß er durch seine heutige Anwesenheit die Verbindung zur Akademie aufrechterhält. Seine Nachfolge hat Herr Heindorf übernommen. Besonders dankbar sind wir dem Land Niedersachsen, daß wir jetzt in Frau Dr. Schade ab dem 1. Oktober eine hauptamtliche Geschäftsführerin haben. Ich wünsche beiden, Frau Dr. Schade und Herrn Heindorf, eine glückliche und erfolgreiche Zeit in unserer Akademie.

Das Verhältnis eines Naturwissenschaftlers oder eines Präsidenten zum Glück beschreibt am besten eine Anekdote von Niels Bohr: Der dänische Physiker zog sich gerne mit seinen Freunden zu Diskussionen in seine Berghütte in Norwegen zurück. Einer der Gäste bemerkte ein Hufeisen über der Eingangstür und fragte, ob es ihm Glück bringe. Niels Bohr antwortete: „Natürlich glaube ich als Physiker nicht daran, aber ich habe mir sagen lassen, daß Hufeisen auch dann wirken, wenn man nicht an sie glaubt."

Mit Freude kann ich Ihnen mitteilen, daß wir im Jahr 2007 sehr kompetente Gauß-Professoren gewinnen konnten:

Professor Dr. Didier Astruc
Université Bordeaux I, Frankreich

Professor Dr. Pavel Rosmus
Université Marne la Vallée, Frankreich

Professor Dr. Norbert Schappacher
IRMA (Institut de Recherche Mathématique Avancée), Frankreich

Ich komme jetzt zu der schönsten Aufgabe eines Präsidenten. Das sind die Preisverleihungen:

Akademiepreis für Biologie 2007
Frau Dr. Judith Korb* –
für ihre bedeutenden wissenschaftlichen Arbeiten zur Soziobiologie der Termitenstaaten

Akademiepreis für Chemie 2007
Herr Professor Dr. Kay Severin* –
in Anerkennung seiner bedeutenden wissenschaftlichen Arbeiten auf dem Gebiet der Organometallsynthese und -katalyse

Göttinger Akademiepreis für Geisteswissenschaften 2007
Herr Dr. Martin Dönike* –
für sein Buch „Pathos, Ausdruck und Bewegung".
Zur Ästhetik des Weimarer Klassizismus 1796–1806

Dannie-Heineman-Preis 2007
Herr Professor Dr. Bertrand I. Halperin –
for his numerous outstanding contributions to statistical physics and condensed matter theory, especially dynamical critical phenomena and low dimensional electronic properties

Die Lichtenberg-Medaille, die wir in diesem Jahr Herrn Prof. Esch verleihen, ist die höchste Auszeichnung, die die Göttinger Akademie der Wissenschaften zu vergeben hat. Im Jahr 2004 ist sie an Prof. Dr. Paul Kirchhoff, Bundesverfassungsrichter a. D., verliehen worden, 2005 an Prof. Dr. Carl Djerassi, Biochemiker, 2006 an Prof. Dr. Peter Bieri, Philosoph.

Lichtenberg-Medaille 2007
Herr Professor Dr. Arnold Esch

* Die Vorlage erscheint im Jahrbuch 2008

Aus der Forschung

Akademievorträge

Pius II.
Ein Papst erlebt die Landschaft der Frührenaissance

(Festvortrag bei der öffentlichen Sitzung am 23. November 2007)

Arnold Esch
Träger der Lichtenberg-Medaille 2007

Laudatio auf Arnold Esch

Sehr geehrter Herr Präsident, sehr geehrter Herr Esch, sehr geehrte Damen und Herren!

Die Akademie verleiht heute die Lichtenberg-Medaille für das Jahr 2007. Nachdem in den vergangenen Jahren ein Jurist, ein Chemiker und ein Philosoph die Lichtenberg-Medaille verliehen bekommen haben, soll mit ihr diesmal das Schaffen eines Historikers, Professor Arnold Eschs, gewürdigt werden.

Die Lichtenberg-Medaille ist die höchste Auszeichnung, die unsere Akademie zu vergeben hat. An ihr sind alle Akademiemitglieder unmittelbar beteiligt. Verliehen wird sie solchen Gelehrten, die sich auf ihrem Fachgebiet besonders ausgezeichnet haben, außerdem aber über ihr engeres Fachgebiet hinaus in eine breitere Öffentlichkeit wirken. Diese beiden Bedingungen müssen also bei Vorschlägen zur Verleihung der Lichtenberg-Medaille bedacht und berücksichtigt werden. Im Falle des diesjährigen Preisträgers sind sie in hohem Maße erfüllt.

Arnold Esch, Professor der Mittleren und Neueren Geschichte, ehemaliger Direktor des Deutschen Historischen Instituts in Rom/Italien, K. Mitglied der Göttinger Akademie seit 1993

Arnold Esch hat ein reichhaltiges und vielseitiges wissenschaftliches Oeuvre aufzuweisen. Es umfaßt Studien zur Geschichte des spätmittelalterlichen Papsttums, zur italienischen Wirtschaftsgeschichte, aber auch Beiträge zur Antiken-Rezeption und zur Kunstgeschichte sowie gedankenreiche und dicht am Quellenmaterial orientierte methodologische Aufsätze. Bereits mit seiner Göttinger, von Hermann Heimpel betreuten Dissertation über Papst Bonifaz IX. und den Kirchenstaat (erschienen 1969), die 1970 mit dem Preis der Philologisch-Historischen Klasse unserer Akademie ausgezeichnet wurde, hat er sich als Kenner der italienischen Geschichte ausgewiesen, und Italien, insbesondere Rom, haben fortan sein wissenschaftliches Schaffen am stärksten bestimmt, vor allem in den Jahren zwischen 1988 und 2001, in denen er als Direktor dem ältesten der deutschen Auslandsinstitute, dem Deutschen Historischen Institut in Rom, vorstand und mit seinen Arbeiten zur Geschichte Italiens und seinen Studien über das antike wie auch das mittelalterliche Rom eine der besten Traditionen der deutschen Geistesgeschichte fortsetzte und diese Tradition selbst zum Gegenstand eigener Studien machte.

Nicht vergessen werden dürfen in diesem Zusammenhang auch die Forschungen Arnold Eschs zu den kulturellen Beziehungen zwischen Italien und Deutschland. Als Beispiele mögen jüngere, durchweg weithin rezipierte Veröffentlichungen genannt sein, so der Band „Wege nach Italien" von 2003 und die Studie über die „Wiederverwendung von Antike im Mittelalter" von 2005.

Neben Arnold Eschs umfassenden und tiefen Kenntnissen ist es eine weitere Eigenschaft, die seinen Werken ihren großen Erfolg beschert hat und die schon in der Begründung für die Göttinger Preisverleihung von 1970 hervorgehoben wurde: das ist die schlanke, elegante Prosa, die diesem Gelehrten zur Verfügung steht, der „sprachliche Glanz", wie es 1970 hieß. Dafür ist er schon öfter geehrt worden, zum erstenmal 1970, später etwa mit dem Bayerischen Literaturpreis (1996) oder mit der Auszeichnung als „Cultore di Roma" (1995).

Arnold Esch ist weit über die Grenzen seines Fachs hinaus bekannt geworden. Unter den deutschen Historikern der Gegenwart ist er derjenige, der mit seinen zahlreichen, stets anschaulichen und geistreichen Veröffentlichungen einem weiteren Leserkreis besonders deutlich vor Augen steht. Arnold Esch ist eine echte Mittlerfigur zwischen der Welt der Gelehrtheit und derjenigen der hochschulfernen Öffentlichkeit. Die Göttinger Akademie freut sich, ihn mit ihrer höchsten Auszeichnung zu ehren.

Werner Lehfeldt

Pius II.
Ein Papst erlebt die Landschaft der Frührenaissance

Ich danke der Akademie der Wissenschaften in tiefer Freude für diese hohe Auszeichnung, die den Namen Lichtenbergs trägt und über meine wissenschaftliche Arbeit in so großzügiger Weise urteilt. Im Namen eines solchen Kopfes für wert befunden zu werden, berührt mich sehr – in dieser vertrauten Stadt, in der mich Hermann Heimpel Geschichte sehen lehrte. Wenn Lichtenberg es als eine Unart bei Historikern bezeichnet, bloß „Begebenheitsberichtiger" zu sein, so will ich versuchen, vor Ihnen diesen Eindruck zu vermeiden.

Mehr als die Hälfte seines Pontifikats hat Papst Pius II. (1458–1464) außerhalb Roms verbracht, so daß, wegen Abwesenheit des Hofes, hier schließlich sogar der Güterimport und der Schiffsverkehr stark zurückgingen, wie die römischen Zollregister erkennen lassen. Was Pius von diesen seinen zahlreichen Reisen, Sommeraufenthalten und Ausflügen an Landschaftsschilderungen in den autobiographischen Text seiner *Commentarii* einfügte, hat immer, schon bei Jacob Burckhardt, besondere Aufmerksamkeit gefunden. Daß Pius seine Erfahrung von Natur und Landschaft bisweilen – wie bei einem Humanisten nicht anders zu erwarten – in die Worte klassischer Autoren kleidet, darf nicht zu der Verdächtigung führen, seine Landschaften seien vielleicht gar nicht mit eigenen Augen gesehen und mit eigenen Empfindungen erlebt, sondern am Schreibtisch aus Literaturzitaten zusammengesteckte Bukolik.

Um die Schilderungen des Papstes zu begleiten und die neue Zuwendung zur Landschaft (die seit dem zweiten Viertel des 15. Jahrhunderts ja auch in der Malerei sichtbar wird) breiter zu verfolgen, werden andere Quellengattungen herangezogen: die Berichte von Gesandten, die den Papst von nahem beobachteten; die Briefe von Höflingen, die den Papst auf seinen Reisen und Ausflügen – mehr oder weniger freiwillig – begleiteten, vor allem die Korrespondenz aus dem Umkreis des Kardinals Francesco Gonzaga und seines schreibfreudigen Gefolges, die Pius' Schilderungen bis ins atmosphärische Detail bestätigen: das vom Papst so geschätzte Lagern an Quellen und Bächen, die einfachen Picnics im Schatten von Bäumen, die heitere Stimmung. Weitere Zeugnisse für diese Ausflüge finden sich in den Rechnungsbüchern, die selbst Ausgaben für das vorherige Erkunden von Picnic-Plätzen verzeichnen; ja sogar die Ortsangaben in den Unterschriften der Supplikenregister bestätigen, daß der Papst auch seine Amtsgeschäfte gern unter freiem Himmel tätigte: Pflicht und Neigung, alles im Freien.

Vor allem der lange Sommeraufenthalt auf dem Monte Amiata inmitten der ausgedehnten Bergwälder gibt diesem Lebensgefühl, mit oder ohne Vergil, beredten Ausdruck: Wanderungen, Fernblicke (nicht vage irgendwohin, sondern immer genau lokalisiert), Wassererlebnisse. Natürlich wurden bei seinen Ausflügen auch antike Monumente wahrgenommen, ja mit Absicht aufgesucht. Dabei fällt auf, daß Pius sie nicht isoliert in ihrem rein antiken Zeithorizont schildert, sondern in ihrer natürlichen Umgebung, dem Ensemble von Natur und Antike: das römische Grabmal, zersprengt von einem Feigenbaum, die Sitzstufen des Amphitheaters, verborgen unter Gebüsch, ja die Via Appia „noch schöner als in römischer Zeit", weil nun von Bäumen beschattet. Eine anziehende Art, Landschaft mit allen Sinnen in sich aufzunehmen und die antiken Reste darin integriert sein zu lassen. Das ist ein Verlangen, das in dieser Zeit neu, aber nicht einmalig ist – man denke an den Ausflug, den eben damals, im Herbst 1464, Andrea Mantegna mit seinen humanistischen Freunden zum Garda-See machte. Neu, aber nicht einmalig: das ist es, was Jacob Burckhardt mit seiner Bemerkung meinte, „daß wenige andere dem Normalmenschen der Frührenaissance so nahe kommen" wie Pius II.

Und so kann man den Papst in seinen Beschreibungen auf seinen Ausflügen begleiten, nach Ostia, nach Subiaco, in die Albanerberge usw. Wieviel ihm diese Aufenthalte in freier Landschaft bedeuteten und daß er sie geradezu als integrierenden Bestandteil des Bildes ansah, das er von sich selbst der Nachwelt übermitteln wollte, ersieht man schon aus dem breiten Raum, den er ihnen in seinen *Commentarii* gibt. Daß dieser gichtkranke Mann sich solchen Strapazen aussetzte, muß viele Beobachter beeindruckt, vielleicht gerührt, jedenfalls von seiner Naturliebe überzeugt haben. Wie weit sie ihm darin freiwillig folgten, ist eine andere Frage. Wir hören sowohl von Zustimmung wie von Kritik. Kritik vor allem wegen der Unbequemlichkeiten und logistischen Probleme: der Hof fand draußen nie ein gemeinsames Quartier und mußte, in Rom an reges gesellschaftliches Leben gewöhnt, über kleine Orte verteilt werden; die Klöster 'mit Fernblick' waren oft in desolatem Zustand und genügten den Ansprüchen von Kardinälen nicht; auch bei Ausflügen durch ungebahnten Bergwald Tinte und Akten für eventuelle Arbeitssitzungen parat haben zu müssen, war schwierig; ebenso, für die Mahlzeiten im Freien, die Beschaffung von Lebensmitteln abseits der städtischen Märkte.

All die Ideale des einfachen Lebens, wie sie von den Humanisten mit Enthusiasmus in den klassischen Texten gelesen und propagiert wurden: bei Pius wurden sie *gelebt*, mußten sie *ertragen* werden. Zeugnisse für ausdrückliche Zustimmung und spürbares Vergnügen an diesen Ausflügen lassen andererseits erkennen, daß Pius' Landschaftsschilderungen – immer topographisch exakt und belebt mit konkreten Personen, nicht zeitloses Arkadien mit Staffagefiguren – Lebensgefühl und Naturempfinden nicht nur eines Einzelnen widerspiegeln, sondern einer neuen Zeit.

Philosophische Aspekte der Sterbehilfe-Problematik
(Vortrag bei der öffentlichen Sitzung am 9. Februar 2007)

Günther Patzig

Die Problematik der Sterbehilfe ist, entsprechend der Bedeutung dieser Frage für jeden einzelnen von uns, seit nun schon geraumer Zeit, etwa seit 1970 und – verstärkt – seit 1990, zum Thema öffentlicher Diskussion geworden. An ihr haben besonders Juristen, Theologen, natürlich auch Mediziner, und Philosophen, die sich für Fragen der Ethik interessieren, teilgenommen.

Manchmal hat man den Eindruck, die Diskussion drehe sich eher im Kreise, weil längst widerlegte Auffassungen immer wieder in der Debatte auftreten, auch schon gewonnene Klarheit abhanden kommt. Es gehört wohl zur Aufgabe der Philosophen, bei dieser Diskussion erstens insbesondere den weiteren Rahmen in den Blick zu fassen, in dem sie steht, und zweitens – ebenso wichtig – die begrifflichen Verwirrungen, die in der Diskussion oft störend auftreten, aufzulösen. Daß es eine wichtige Aufgabe gerade der Philosophie ist, begriffliche Konfusionen in Grundlagendiskussionen zu beseitigen, ist vielleicht nicht selbstverständlich: Wenn auch gerade die größten Philosophen, wie zum Beispiel Platon, darin seinem Lehrer Sokrates folgend, Aristoteles, Hume und Kant der Analyse von Begriffen im Sinne einer Aufklärung viel Aufmerksamkeit und geistige Kraft gewidmet haben, so haben doch andererseits gerade auch Philosophen, vornehmlich und mit wachsender Tendenz in Neuzeit und Gegenwart, viel zur Verwirrung der Begriffe beigetragen. Wenn man pointierte Formulierungen schätzt, kann man sagen, daß Philosophen stets einen erheblichen Teil ihrer Zeit und Kraft darauf verwenden müssen, die durch andere Philosophen angerichteten Konfusionen zu beheben.

Günther Patzig, Professor der Philosophie an der Georg-August-Universität Göttingen, O. Mitglied der Göttinger Akademie seit 1971

Schon die für die verschiedenen Formen der Sterbehilfe eingebürgerten Ausdrücke sind ein solches „Hier stock' ich schon"-Hindernis: „passive" Sterbehilfe, „aktive" Sterbehilfe, „indirekte" Sterbehilfe. Nach dem üblichen Gebrauch von „aktiv" und „passiv" müßte aktive Sterbehilfe etwas sein, was jemand einem anderen zukommen läßt oder antut; passive Sterbehilfe wäre das *Korrelat* dazu, nämlich das „Erleiden" einer solchen Hilfe. Aber man merkt doch gleich, daß „passiv" hier anders, nämlich im Sinne der *Inaktivität* gemeint ist: Wie etwa in einem Bericht gesagt wird, daß die Zeugen eines Verkehrsunfalls oder einer Straftat *passiv*, also *untätig*, zugesehen haben. Jemand, besonders ein Arzt, kann Sterbehilfe leisten, indem er etwas *tut* (aktive Sterbehilfe), oder dadurch, daß er etwas *unterläßt* (passive Sterbehilfe). Aber sogleich meldet sich eine neue Frage: Wenn der Arzt zum Beispiel ein Beatmungsgerät *abschaltet*, weil weitere künstliche Beatmung nach seinem Urteil sinnlos geworden ist, dann *tut* er doch etwas. Ist das also *aktive* Sterbehilfe?

Es hat lange gedauert, bis man sich darauf geeinigt hatte, daß der Unterschied zwischen „aktiver" und „passiver" Sterbehilfe mit dem von „Tun" und „Unterlassen" nicht gleichgesetzt werden kann. Denn wer, zum Beispiel, ein Beatmungsgerät gar nicht erst einsetzt, weil er eine durch Beatmung mögliche Lebensverlängerung angesichts des Zustands des Kranken ohnehin für sinnlos hält, der unterscheidet sich in nichts von dem, der eine schon begonnene maschinelle Beatmung durch Abschalten des Geräts beendet. Andererseits: Durch Unterlassen jeder Ernährung wird ein Patient ebenso – wenn auch langsamer – getötet wie durch eine tödliche Injektion.

Barbara Guckes hat in ihrer Göttinger Dissertation „Das Argument der Schiefen Ebene" (Stuttgart 1997) gezeigt, daß der Unterschied zwischen Handeln und Unterlassen nicht auf den von „aktiver" und „passiver" Sterbehilfe abgebildet werden kann: *Sterbehilfe ist immer ein Handeln*; im Bereich des Handelns kann man dann Vollzugs- und Unterlassungshandlungen unterscheiden. Jedoch kann man nun auch Töten und Sterbenlassen (die beiden möglichen Fälle von Sterbehilfe) wiederum nicht eindeutig auf Vollzugs- und Unterlassungshandlungen abbilden bzw. verteilen. Sterbehilfe allgemein liegt nach den Unterscheidungen von Guckes dort vor, wo (1) der Tod des Patienten (der Patientin) intendiert ist, (2) das Motiv des Handelns das Wohl des Patienten ist, (3) der Tod tatsächlich im subjektiven und im objektiven Interesse oder auch nur im objektiven Interesse des Patienten ist. Im Fall der sogenannten „passiven" Sterbehilfe („Sterbehilfe SL" bei Guckes) wird jeder Eingriff in den natürlichen Ablauf des Krankheitsgeschehens unterlassen oder eine zur Aufrechterhaltung des Lebens schon begonnene Intervention abgebrochen. Im Falle der aktiven Sterbehilfe (bei

Guckes „Sterbehilfe T") wird eine Intervention gesetzt, die über das Abbrechen von lebensverlängernden Maßnahmen hinausgeht und das Geschehen entscheidend beeinflußt. Dieser Vorschlag scheint mir gegenüber den bisherigen Versuchen, zwischen „aktiver" und „passiver" Sterbehilfe begrifflich zu unterscheiden, einen deutlichen Fortschritt hinsichtlich der Klarheit der Begriffe darzustellen. Ich hoffe, daß er sich allmählich durchsetzen wird.

Eine besonders labile Stellung hat die dritte üblicherweise einbezogene Art der Sterbehilfe im Hinblick auf ihre genaue begriffliche Erfassung: die sogenannte „indirekte" Sterbehilfe, die nach einigen Autoren nur als eine besondere Form der aktiven Sterbehilfe, von anderen als eine dritte, von den beiden anderen Formen zu trennende Form der Sterbehilfe angesehen wird. Die Bezeichnung bezieht sich zum Beispiel auf den Beschluß eines Arztes, die Leiden und Schmerzen eines Patienten (einer Patientin) im Endstadium einer unheilbaren Krankheit mit gegebenenfalls so hohen Dosen an schmerzstillenden Mitteln zu bekämpfen, daß dieses Verfahren nach aller Voraussicht den Tod des Patienten herbeiführt. Diese Form der Sterbehilfe wird von ihren Befürwortern meist mit der (auf Thomas von Aquin zurückgehenden) Lehre vom „Doppeleffekt" von Handlungen begründet. Der Tod des Patienten ist dann das *nicht intendierte* Ergebnis einer auf andere Weise nicht erreichbaren Schmerzstillung – also mit einem heute sich einbürgernden bedenklichen Ausdruck ein „Kollateraleffekt".

Bei der moralischen Beurteilung einer solchen indirekten Sterbehilfe kommt es darauf an, was der Arzt eigentlich beabsichtigte, Schmerztherapie oder Tötung. Wenn der Arzt weiß, daß so hohe Dosen von Schmerzmitteln von z. B. Opiaten im Regelfall zum Tode führen, ist eine klare Trennung von Ziel und Ergebnis nicht möglich. Wer etwa zum Zwecke eines Versicherungsbetrugs ein Haus anzündet und „billigend in Kauf nimmt", daß dabei vielleicht auch Bewohner des Hauses ums Leben kommen, ist nach der Rechtsfigur des „dolus eventualis" in unserem Strafrecht für den Tod der Hausbewohner uneingeschränkt verantwortlich. Man sollte daher die sogenannte „indirekte" Sterbehilfe ganz aus der Erörterung ausschließen und sich statt „aktiver" und „passiver" Sterbehilfe mit Frau Guckes auf die beiden Formen der Sterbehilfe „Sterbehilfe SL" und „Sterbehilfe T" beschränken. Die „indirekte" Sterbehilfe wäre dann ein Fall von „Sterbehilfe T".

Sterbehilfe SL ist nach sehr langen und mühsamen Diskussionen in ärztlichen Berufsgruppen und juristischen Gremien, auch anhand einer Vielzahl von Prozessen, als, freilich unter sehr einschränkenden Bedingungen, rechtlich erlaubt und moralisch zulässig anerkannt worden: „Außerordentliche" Maßnahmen, wie Intensivtherapie, künstliche Ernährung, z. B. durch von außen angelegte Magensonden, Beatmung u. dgl., können eingestellt werden, wenn der Patient schwer leidet, sein Tod unmittelbar bevorsteht (der „Sterbeprozeß" bereits eingesetzt hat) und er bzw. seine Angehörigen der Einstellung solcher Maßnahmen zugestimmt haben oder zustimmen.

Mir scheint diese äußerst einschränkende Fassung der Erlaubnis in den verschiedenen Texten, die von ärztlichen Standesvertretern, Theologen, Juristen und Medizinern stammen, nicht rational begründbar. Wenn mit der hier überhaupt erreichbaren Sicherheit feststeht, daß der Zustand des Patienten hoffnungslos ist und er schwer leidet – wem könnte mit der Verlängerung dieses Zustands bis zum tatsächlichen Beginn des Sterbeprozesses gedient sein?

Es scheint daher erforderlich, die geltenden Regeln hinsichtlich der sogenannten „passiven" Sterbehilfe (nach unserer Terminologie „Sterbehilfe SL") in mehreren Richtungen zu „liberalisieren". Entsprechende Erweiterungen, die rational sehr gut begründet werden können, sind: (a) nicht nur „außergewöhnliche" Maßnahmen zur Lebenserhaltung sollten eingestellt werden dürfen, sondern *alle* Maßnahmen, die der Lebenserhaltung dienen. Dies dürfte auch (b) nicht zeitlich an den *Beginn des Sterbeprozesses* gebunden sein. Kann ein Patient verpflichtet sein, bis „zur Schwelle des Todes" seinen körperlichen und geistigen Verfall mitzuerleben? Es sollte auch (c) nicht nur auf die Unerträglichkeit von *Schmerzen* abgestellt werden: Auch bei Krankheitsfolgen, die die Aufrechterhaltung der *Menschenwürde* gefährden, sollten, besonders auf Wunsch des Patienten, Maßnahmen zur weiteren Lebenserhaltung aufgegeben werden können. Man muß wohl immer wieder daran erinnern, daß nach unserem Grundgesetz nicht das Leben, sondern die *Menschenwürde* der höchste Wert ist!

Ich habe bisher die begrifflichen Unklarheiten, die die Diskussion über Fragen der Sterbehilfe oft behindert haben und noch behindern, aufzuhellen versucht. Das scheint mir, wie schon gesagt, eine besonders dem Philosophen, aber auch dem Juristen obliegende Aufgabe zu sein, zu deren Lösung von beiden Expertengruppen über die Jahre hin viele wertvolle Beiträge vorgelegt worden sind. Nun ist die Begriffsklärung zwar eine notwendige, aber keine hinreichende Bedingung für die *Lösung der Probleme*, die sich im Zusammenhang mit den Fragen vom angemessenen Umgang mit Menschen in der letzten Phase ihres Lebens unvermeidlich stellen. Ich werde darauf zurückkommen.

Zunächst wollen wir aber unsere Aufmerksamkeit auf die umfassenden kulturellen Hintergründe unserer Existenz in dieser unserer Zeit und Weltgegend richten, die in der Diskussion zu Fragen der Sterbehilfe immer wieder emotionale Erregung und polemische Schärfe aufflackern lassen.

Diese emotionale Aufgeladenheit der Problematik hat mehrere Wurzeln: Zunächst einmal handelt es sich um Fragen, die man mit gutem Recht als „existentiell" bezeichnen kann: Jeder Erwachsene ist, wie eingangs schon bemerkt, mit der Tatsache konfrontiert, daß er, früher oder später, man weiß nicht wann, sterben wird. Das ist es, was z. B. Martin Heidegger im Auge hatte, als er die menschliche Existenz als ein „Sein zum Tode" bezeichnete.

Jeder weiß auch, daß der Tod manchen unheilbar Kranken schnell oder, wie wir dann oft sagen, „gnädig" dahinrafft, andere, weniger Glückliche, eine lange, oft quälende Strecke bis zum Abschluß ihres Lebens durchmessen müssen, bis sie der Tod, wie man dann sagt, „erlöst". Viele Menschen möchten auf jeden Fall vermeiden, daß diese Leidenszeit durch ärztliche Bemühungen in aussichtsloser Lage noch verlängert wird. Die meisten wünschen auch, daß die Ärzte dazu ermächtigt werden, das Leben der Patienten, das ihnen zur schweren Last geworden ist, auf ihren ausdrücklichen Wunsch hin abzukürzen. Bei entsprechenden Umfragen sind regelmäßig etwa 70 % der Befragten für die Legalisierung von passiver und auch aktiver Sterbehilfe (mit klarer Grenzziehung gegen möglichen Mißbrauch).

Demgegenüber steht nun eine immer noch sehr einflußreiche andere Konzeption, die sich an die Auffassung des englischen Autors H. Primatt (1776) anschließen läßt: der Mensch sei verpflichtet, „die ihm bestimmte Zeit abzuwarten, bis seine Stunde schlägt, bis er danieder sinkt und von der Last seines Elends erdrückt wird".[1] Das ist eine schon in der Frühzeit des Christentums auftretende Einstellung, die sich gegen die damals verbreiteten stoischen und epikureischen Thesen wandte, nach denen die Selbsttötung unter besonderen Umständen nicht nur erlaubt, sondern sogar moralische Pflicht sein könne. „Vernünftiger Ausstieg aus dem Leben" war das Grundkonzept der hellenistischen, von gebildeten Griechen und Römern gleichermaßen weiterhin akzeptierten Philosophie.

Dagegen vertraten mehrere frühchristliche Denker die These, Selbsttötung sei in jedem Falle ein Verbrechen. Augustin zog zur Begründung das alttestamentliche fünfte Gebot „Du sollst nicht töten!" heran (De Civitate Dei I, 20). Eindrucksvoller noch wurde diese These durch eine Trias von Verbotsgründen bei Thomas von Aquin (der uns schon als Vertreter der „Doppelwirkungstheorie" begegnet ist) gestützt. Die Selbsttötung sei strikt untersagt, weil sie (1) dem Selbsterhaltungstrieb, der uns von Natur eingepflanzt ist, entgegengesetzt sei, weil sie (2) ein Unrecht gegenüber der Gemeinschaft sei, der jeder Mensch als Teil zugehört, und weil sie (3) nicht

---

[1] H. Primatt: A Dissertation on the Duty of Mercy and the Sin of Cruelty to Brute Animals, London 1776.

Gott die ihm allein zustehende Entscheidung über Leben und Tod jedes Einzelnen überlassen wolle (Summa theologiae II, II 64.5).

Imponierend ist, wie hier bei Thomas naturalistische, gesellschaftliche und theologische Argumente miteinander verknüpft werden. Das ändert nichts daran, daß die Argumente schwach sind: Zu (1): Ein starker Selbsterhaltungstrieb mag uns eingepflanzt sein; aber er herrscht nicht lückenlos, und jedenfalls kann es keine *moralische* Verpflichtung geben, allgemeinen Naturgesetzen zu entsprechen, denn aus bloßen *Fakten* kann keine *Norm* logisch folgen. Zu (2): Es ist sicher so, daß wir auch unsere Verpflichtungen *gegenüber den Mitmenschen* bei einem eventuellen Entschluß zur Selbsttötung ernst nehmen müssen; aber das kann kein unter allen Umständen zwingender Einwand sein. Zu (3): Das dritte Argument gilt offenbar nur für Menschen, die an die Existenz eines allmächtigen Gottes glauben. Aber selbst unter der Voraussetzung von dessen Existenz würde die Frage sich stellen, ob nicht *alles*, was geschieht, nach Gottes Willen geschieht, und daher nicht nur der eventuell für mich bestimmte Tod zum gegebenen Zeitpunkt, sondern auch mein Entschluß, das mir zu schwerer Last gewordene Leben jetzt aufzugeben. Und wäre mein jetziger Beschluß, mein Leben zu beenden, nach dieser Lehre nicht ebenso zu beurteilen wie meine frühere Praxis, eine sonst tödliche Krankheit, die mich befallen hat, zum Beispiel durch eine rettende Operation zu bekämpfen? Man kann nicht die sogenannte „eigenmächtige" Aufgabe von Lebenschancen anders beurteilen als ebenso „eigenmächtige" Versuche, dem Tod durch z. B. eine sonst tödliche Infektion durch die Einnahme von Antibiotika zu entgehen. Hier haben wir ein typisches Merkmal vieler auf religiöse Überzeugungen zurückgehende Argumente: Sie beschränken sich auf einen *Teilaspekt* der einschlägigen Phänomene und lassen naheliegende Gegenargumente außer Betracht.

Noch 1949 schrieb z. B. Rev. Joseph E. Sullivan, die Todesangst sei ein Teil des Opfers, das Gott von uns für die Sünden und Vergehen in unserem Leben verlangt. Ein gewisses Maß an Leiden sei nötig. Gott wisse schon, wieviel Leid jeder von uns braucht. Ähnliche Zitate, auch aus der deutschsprachigen Literatur, wären leicht beizubringen.[2]

Natürlich darf niemand daran gehindert werden, nach seinen religiösen Überzeugungen zu leben und zu handeln (vorausgesetzt, daß er dabei nicht in die Rechte anderer Menschen eingreift). Aber es ist nicht in Ordnung, wenn offizielle und inoffizielle Vertreter religiöser Überzeugungen sich dafür einsetzen, daß auch die staatlichen Gesetze und die Berufsordnungen,

---

[2] Entsprechende Hinweise z. B. in: Norbert Hoerster, Sterbehilfe im säkularen Staat, stw, Frankfurt a. M. 1998, bes. S. 154–166

zum Beispiel die der ärztlichen Berufe, sich nach den von ihnen (übrigens keineswegs jeweils übereinstimmend) vertretenen Prinzipien richten müßten. Alle staatlichen Gesetze eines liberalen Gemeinwesens sollten sich vielmehr dadurch begründen lassen, daß Handlungsweisen, die verboten werden sollen, nachweislich geeignet sind, die Rechte Dritter spürbar zu beeinträchtigen und/oder Gemeinschaftsinteressen ernsthaft zu gefährden.

In früheren Zeiten herrschte die Meinung vor, daß Gott oder die Götter eine Stadt oder einen Staat, deren Bürger in ihren Handlungen göttliche Vorschriften verletzen, bestrafen, wie Unzucht in Sodom und Gomorrha oder, im Theben des Ödipus, Vatermord und Inzest. Diese Tradition hat sich lange gehalten: Gotteslästerung blieb in vielen Staaten bis in die Gegenwart ein strafwürdiges Delikt, wenn dies auch heute, im Zuge der Liberalisierung und Verweltlichung des Strafrechts, nur noch als eine Schutzklausel für das religiöse Empfinden von Religionsgemeinschaften und Individuen und den religiösen Frieden zwischen verschiedenen Gruppen angesehen wird. Doch gab es im Strafrecht bis in die neueste Zeit noch Sanktionen, die wohl auch als Absicherung dessen, was als göttliche Schöpfungsordnung angesehen wurde, verstanden werden konnten.

So wurde die staatliche Verfolgung homosexueller Beziehungen unter Männern noch 1962 im Regierungsentwurf zu einem neuen westdeutschen Strafgesetzbuch wie folgt begründet: „Wo die gleichgeschlechtliche Unzucht um sich gegriffen und großen Umfang angenommen hat, war die Entartung des Volkes und seiner sittlichen Kraft die Folge". Die Redewendung, die Rechtsordnung sei ein Damm gegen die Ausbreitung eines „lasterhaften Treibens, das eine schwere Gefahr für eine gesunde und natürliche Lebensordnung im Volke bedeuten würde", klingt, jedenfalls in meinen Ohren, eher nach etwa 1935 als 1962; ich weise darauf hin, daß auch hier schon das *Dammbruchargument* auftaucht, das uns noch beschäftigen wird.

Seit im Jahre 1973 die Sanktionen des Strafrechts gegen Homosexualität in der Bundesrepublik entfallen sind, ist es um die 1962 prophezeiten katastrophalen Folgen eher still geworden. Die Zahl der homosexuell orientierten Individuen hat wohl nicht erheblich zugenommen; jedoch sind viele Bürger von der ständigen Furcht vor strafrechtlicher Verfolgung und, damit zusammenhängend, eventueller Erpressung, befreit worden. Sowohl in der Diskussion um die Verfolgung der Homosexualität als auch in der Debatte um die Streichung des §172 StGB, nach dem Ehebruch auf Antrag des verlassenen Partners mit Gefängnis bestraft werden konnte, wurde neben den apokalyptischen Erwartungen über die Wirkung solcher Reseländerungen auch, manchmal explizit, meist implizit, die Meinung geäußert, Gott selbst habe die umstrittene rechtliche und soziale Ordnung gesetzt:

So wurde die sachliche Kontroverse über Zweckmäßigkeit und Begründbarkeit moralischer oder juristischer Normen zu einer Auseinandersetzung zwischen Gottesfreunden auf der einen, Gottlosen oder gar Gottesfeinden auf der anderen Seite dramatisiert. Wer als an ethischen Fragen Interessierter an den moralischen und insbesondere den bio- und medizinethischen Diskussionen der Jahrzehnte seit ca. 1980 teilgenommen hat, sah sich immer wieder mit der These konfrontiert, daß jemand, der zum Beispiel für die gesetzliche Freigabe der Präimplantationsdiagnostik eintrat, die in Deutschland aufgrund der voreiligen Festlegungen im auch handwerklich miserablen „Embryonenschutzgesetz" von 1991 verboten und unter Strafe gestellt wurde, nicht etwa bloß als jemand galt, der sich an anderen moralischen Grundsätzen als die Gegner dieses Verfahrens orientierte. Vielmehr wurde vermutet, daß er zum Beispiel „als Hausideologe der biotechnologischen Lobby" die Interessen der biotechnischen Industrie fördern wolle, von der er sich wohl auch entsprechende Remuneration erhoffe. So ein Leitartikel der „Frankfurter Allgemeinen Zeitung" im Mai 2001 über Prof. Reinhold Merkel, Rechtsphilosoph und Strafrechtler in Hamburg. Und Ernst Albrecht, ehemaliger Ministerpräsident von Niedersachsen, schrieb zum gleichen Thema: „Es zeigt sich, daß wir vielleicht am Scheideweg stehen. Entweder wir folgen unseren Interessen oder wir folgen dem sittlich Gebotenen und respektieren menschliches Leben auch in seinen frühesten Anfängen. Wollen wir wirklich aus dem, was Kant das Sittengesetz nannte, ein Interessengesetz machen?" (FAZ, 10. 8. 01)

Zu der verbreiteten Meinung, die jeweiligen Gegner in bioethischen Debatten verträten gar keine moralischen Überzeugungen, sondern z. B. bloße wirtschaftliche Interessen, gesellt sich oft die Meinung, nur die Religion (dabei ist natürlich vor allem die gemeint, der der jeweilige Sprecher angehört) könne uns moralische Grundsätze für unsere Praxis vorgeben. Als hätte es Konfuzius, Sokrates, Platon und Aristoteles, die Stoiker und Epikur oder Hume und Kant nie gegeben! Wir lassen uns von den genannten großen Autoren zu eigenem Nachdenken anregen; manches von dem, was sie gelehrt haben, akzeptieren wir, anderes nicht. Zum Beispiel nicht die aristotelische Rechtfertigung der Sklavenhaltung, auch nicht Platons Vorschlag der Weiber- und Kindergemeinschaft in seinem Idealstaat und seine These, ein Handwerker, der aus Gesundheitsgründen seinen Beruf dauerhaft nicht mehr ausüben könne, sollte auch keine medizinische Hilfe suchen, und die Ärzte sollten ihn auch nicht mehr behandeln. Ganz so betrachten wir auch die Lehren des „Heiligen des Evangelii" (wie Kant ihn nennt), dessen Maximen der Nächstenliebe und der Friedfertigkeit aus der „Bergpredigt" wir bewundern und gerne annehmen, dessen Anweisungen zum seligen Leben wir aber ebenso nach Gesichtspunkten der Rationalität prüfen müssen wie die anderer bedeutender Autoren, so z. B. das Gebot, dem Bösen nicht zu widerstehen.

Wenn wir nun in diesem Sinne rational überprüfte (dadurch freilich noch nicht bewiesene) moralische Grundsätze auf die Sterbehilfe-Problematik anwenden, ergibt sich nach meiner Meinung folgendes: Wünscht ein Patient in einer aussichtslosen, von ihm als unerträglich empfundenen Situation, daß der Arzt oder die Ärzte die weitere Behandlung einstellen und sich auf Schmerzlinderung konzentrieren, so steht der Erfüllung eines solchen Wunsches moralisch nichts entgegen, vorausgesetzt, die Lage ist in der Tat aussichtslos, und es steht mit der erreichbaren Sicherheit fest, daß es sich um eine freie, von anderen nicht gesteuerte Entscheidung des Patienten handelt. Man kann sagen, daß sich auch die Gerichte sehr langsam zwar, aber doch erkennbar, in dieser Richtung bewegen. Ganz anders steht es einstweilen noch mit der sogenannten „aktiven" Sterbehilfe (nach Guckes' Terminologie von „Sterbehilfe T"). Hier sind die Standesvertretungen der Ärzte, der Gesetzgeber und die Gerichte noch unerbittlich.

Man kann das an den Grundsatz von der „Heiligkeit des Lebens" anknüpfen, für den ja schon Albert Schweitzer sich stark gemacht hat. Außerdem kann man gut nachfühlen, daß Ärzte davon überzeugt sind, ihr Beruf sei es, das Leben der Patienten zu retten oder zu erhalten. Sie akzeptieren, daß ihre Bemühungen oft vergeblich sind und daß alle Menschen trotz ärztlicher Bemühungen einmal sterben. Aber es widerstrebt ihnen, gleichsam als „Handlanger des Todes" tätig zu werden. Es ist für Ärzte sicher nicht leicht, sich an den Gedanken zu gewöhnen, daß sie in Fällen, wo Medikamente und ärztliche Maßnahmen nicht mehr wirken, den Patienten einen unschätzbaren Dienst erweisen können, wenn sie ihr Leben verkürzen.

In diesem Zusammenhang wird immer wieder auf den Ausbau der palliativen Medizin, neu zu gründende oder schon gegründete Zentren für solche Sterbebegleitung und die allmähliche Ausbreitung der „Hospizbewegung" hingewiesen, die sich zum Ziel gesetzt hat, den Patienten im letzten Stadium ihrer tödlichen Krankheit kompetente Hilfe in ihrer häuslichen Umgebung zu leisten. Auch wird betont, daß die verbreitete Abneigung von Ärzten, solchen schwer leidenden Patienten Opiate und Morphium zu geben (wegen der hier doch vollkommen irrelevanten und daher *absurden* Befürchtung, es könnten Abhängigkeiten entstehen, und der damit zusammenhängenden Schwierigkeiten mit den vom Betäubungsmittel-Gesetz verlangten Formalitäten), durch entsprechende Information aufgelöst werden könnte. Alles dies ist natürlich sehr zu begrüßen und mit Dankbarkeit zu konstatieren; aber es bleibt die bittere Wahrheit, daß auch diese Ansätze, selbst wenn sie nicht durch die zunehmende Mittelknappheit stark behindert würden, in einer leider erheblichen Zahl von Einzelfällen die erhoffte Milderung unerträglichen Leidens nicht erreichen können. Jedenfalls für diese Fälle müßten Gesetzgebung, Rechtsprechung und Standesordnungen den notwendigen Handlungsspielraum eröffnen.

Wenn es nun keine *primären* Ablehnungsgründe gegen Sterbehilfe T in extremen Fällen gibt, die rationale Prüfung überstehen können: Könnte es nicht *sekundäre* Gründe geben? Hier greifen die sogenannten „Dammbruch-Argumente", die behaupten, es lasse sich nicht ausschließen, daß man, wenn man überhaupt die Möglichkeit „aktiver Sterbehilfe" in speziellen Fällen zuläßt, damit eine Schleuse öffnet, durch die, besonders angesichts der zunehmenden Knappheit an Pflegepersonal, an finanziellen Mitteln und angesichts der demographischen Entwicklung, die Tendenz entstehen könnte, den Schwerkranken zu suggerieren, es sei gleichsam ihre Pflicht der Allgemeinheit gegenüber, entsprechende Wünsche auf Sterbehilfe zu äußern, obwohl sie eigentlich lieber noch, wenn auch unter schweren Leiden und Behinderungen, weiterleben würden. Die Erinnerung an die von der nationalsozialistischen Regierung 1940 beschlossenen sogenannten „Euthanasie"-Maßnahmen wirkt hier natürlich in unserem Lande noch besonders abschreckend, obwohl es damals ja gar nicht um den Willen und das Wohl der Patienten ging, sondern ausschließlich um die „Ausmerzung" nicht mehr arbeitsfähiger Menschen aus ökonomischen Gründen, wie schon 1920 von Binding und Hoche, zwei hochangesehenen Professoren, empfohlen worden war.

Bei allen Dammbruch-Argumenten dieses Typs muß der Vertreter solcher Argumente (1) gute Gründe dafür angeben, daß man sich nicht nur vorstellen kann, daß eine solche Einstellung Platz greift, sondern daß diese katastrophale Entwicklung notwendig oder wenigstens sehr wahrscheinlich ist und (2) daß man diese Entwicklung, wenn sie einmal begonnen hat, nicht mehr anhalten und gegebenenfalls sogar rückgängig machen kann. Bei vielen in der Literatur auftretenden Dammbruch-Argumenten sind weder die erste noch die zweite Bedingung erfüllt, bei einigen mag die erste erfüllt sein, aber die zweite keineswegs.

Warum sollte man nicht, wie zum Beispiel in den Niederlanden, eine „liberale" Lösung des Problems der Sterbehilfe in ihren beiden Formen durch Gesetz ermöglichen, nach entsprechender Zeit die Ergebnisse einer sorgfältigen Beurteilung der Entwicklung zusammenfassen und danach eine eventuell revidierte Regelung einführen?

Freilich sind wohl die meisten Politiker nur ungern bereit, eine in diesem Sinne experimentelle Entwicklung in Gang zu setzen, deren Verlauf sie möglicherweise zum Eingeständnis nötigen würde, sich geirrt zu haben. Ich möchte aber vermuten, daß die Politiker ihr Publikum in dieser Hinsicht unterschätzen. Es ist dem Bürger, meine ich, lieber, wenn die Politiker auch einmal eine riskante Entscheidung treffen und später offen zugeben, sie hätten sich geirrt, als wenn die Politiker möglichst wenig Risiken in Kauf nehmen wollen und, wenn trotzdem Mißerfolge eintreten, versuchen, ihre Fehler zu vertuschen oder auf andere abzuwälzen.

Mein verehrter Kollege und Mitredner des heutigen Abends, Prof. Hans-Ludwig Schreiber, vertritt, wie ich aus der Lektüre seiner Schriften und manchen Diskussionen, an denen wir gemeinsam teilgenommen haben, weiß, eine Kompromißlösung: Er ist völlig offen für eine rechtliche Regelung und Zulassung der Sterbehilfe SL; aber er ist entschieden gegen eine entsprechende formelle Freigabe von Sterbehilfe T. Er hat auch früher schon mit ernst zu nehmenden Argumenten zu bedenken gegeben, ob man nicht mit „indirekter" Sterbehilfe auch die schwierigsten Fälle sonst unbeherrschbaren Leidens regeln könne. Im Notfall könne man ja auf die Rechtsfigur des „übergesetzlichen Notstands" zurückgreifen. Das hätte aber, wie ich meine, den wichtigen Nachteil, daß die behandelnden Ärzte immer nur darauf hoffen können, ja müßten, daß die für sie zuständigen Richter eine so extreme Notlage als gegeben anerkennen werden. Das ist aber in keinem Falle wirklich sicher.

Noch 1994 verurteilte das Landgericht Kempten den Sohn einer 70jährigen Patientin und den sie behandelnden Arzt wegen versuchten Totschlags der Mutter, die an präseniler Demenz (mit Verdacht auf Alzheimer-Krankheit) litt. Nach einem Herzstillstand und Reanimation war die Patientin schwer hirngeschädigt und wurde durch eine perkutane endoskopische Magensonde (PEM) künstlich ernährt. Der als Betreuer bestellte Sohn beschloß nach Rücksprache mit anderen Verwandten die Einstellung der künstlichen Ernährung; es sollte nur noch Tee verabreicht werden. Der behandelnde Arzt entschied entsprechend. Auf Einspruch des Pflegepersonals entschied das Vormundschaftsgericht gegen die Anordnung des Arztes. Die Patientin starb, ohne ansprechbar gewesen zu sein, einige Zeit später an einer zusätzlich aufgetretenen Erkrankung. Das Urteil des Oberlandesgerichts Kempten (versuchter Totschlag) wurde vom Bundesgerichtshof aufgehoben und die Sache zur erneuten Behandlung an dasselbe Gericht verwiesen.[3]

Unter solchen Auspizien einer drohenden Verurteilung wegen Totschlags würde auch ich es, wäre ich Arzt, wohl kaum wagen, zu tun, was mir als

---

[3] Laut freundlicher Mitteilung von Herrn Oberstaatsanwalt Erlbeck (Kempten) vom 10.4.2008 war das Ergebnis der erneuten Verhandlung am 17.5.1995 Freispruch für beide Angeklagten.

eine an sich selbstverständliche Hilfe für jemanden, der ohne Sinn schwer leidet, erscheinen müßte. Der alte Spruch „Fiat justitia, pereat mundus!" wäre da wohl eine einigermaßen passende Beschreibung der Sachlage. Paul Baltes, Psychologe und einer der angesehensten Altersforscher unseres Landes, der leider im Herbst des vergangenen Jahres unerwartet verstorben ist, hat im Oktober 2005 einen Vortrag vor dem „Nationalen Ethikrat" gehalten. Er hat darauf hingewiesen, daß, besonders dank der Fortschritte der Medizin, die meisten Menschen in Mittel- und Nordeuropa die Zeit vom 60. bis zum 80. Lebensjahr, im Vergleich mit früheren Generationen, in einem wesentlich besseren Allgemeinzustand und in besonders für sie selbst erfreulich körperlicher und geistiger Aktivität erleben, ja genießen können. Für das „hohe Alter" ab 80 Jahren seien die Perspektiven leider nicht ähnlich günstig, wobei besonders der schnell ansteigende Anteil an Opfern der senilen Demenz und des Morbus Alzheimer schwer ins Gewicht falle, für die wirksame Therapien nicht in Sicht seien.

Angesichts dieser Perspektiven hat P. Baltes für den Einzelnen den *größtmöglichen Freiraum* gefordert. Er schloß mit den Worten: „Diesen größtmöglichen Freiraum für eine individuelle Hochkultur des Alterns zu gestatten, und dies ohne Werte-Absolutismus sowie mit einem Verzicht auf eine Standardlösung zugunsten einer Palette von die Freiheit des Alterns fördernden Optionen ist meine Hoffnung für die Zukunft des Alterns."

Diesen Sätzen von Baltes schließe ich mich dankbar an und frage nur, warum diese Entscheidungsfreiheit nur für die über 80jährigen gelten soll. Hier sollte doch sicher wieder einmal, ohne jeden parteipolitischen Akzent, der Grundsatz gelten: „In dubio pro libertate!"

Literatur

Bericht der Bioethik-Kommission des Landes Rheinland-Pfalz, S. 141–280.
Birnbacher, D.: Tun und Unterlassen. Reclam, Stuttgart (U.B. 9392) 1995.
Guckes, B.: Das Argument der „Schiefen Ebene", Gustav Fischer-Verlag, Stuttgart 1997, 248 S.
Hoerster, N.: Sterbehilfe im säkularen Staat, Suhrkamp-Verlag (stw 1377), Frankfurt a. M. 1997, 193 S.
Nationaler Ethikrat: Selbstbestimmung zur Fürsorge am Lebensende, Berlin 2006, 111 S.
Thiele, F. (Hrsg.): Aktive und Passive Sterbehilfe. Medizinische, rechtswissenschaftliche und philosophische Aspekte, Fink-Verlag, München 2005
Birnbacher, D.: Sterbehilfe – eine philosophische Sicht, S. 31–42.
Patzig, G.: Ist Lebensverlängerung ein höchstes Gut? S. 43–48.
Schreiber, H.-L.: Die Neuregelung der Sterbehilfe in den Niederlanden und Belgien – Vorbild für die Bundesrepublik? S. 117–126.

Entscheidungen am Lebensende
Stand der Diskussionen um eine gesetzliche Lösung
(Vortrag bei der öffentlichen Sitzung am 9. Februar 2007)

Hans Ludwig Schreiber

Wir haben schon viel zu möglichen Initiativen zur Sterbehilfe gehört. Unterschiedliche Wege sind aufgezeigt worden. Mein Referat, das die verschiedenen Möglichkeiten einer Gesetzgebung zur Sterbehilfe zusammenstellen und nebeneinander halten soll, bildet den Abschluß.

I.

Seit 2004 häufen sich Kommissionsberichte, Memoranden, Gesetzentwürfe und Stellungnahmen. Zuerst zu nennen sind der Bericht der Arbeitsgruppe des Justizministeriums „Patientenautonomie am Lebensende"

Hans-Ludwig Schreiber, Professor des Strafrechts, Strafprozeßrechts und der Rechtsphilosophie an der Georg-August-Universität Göttingen, O. Mitglied der Akademie seit 1997

vom 10.06.2004 der so genannten Kutzer-Gruppe, der Bericht der Enquête Kommission des Bundestages zum Thema Patientenverfügungen, eine Stellungnahme des Nationalen Ethikrates aus dem Juni 2005 „Patientenverfügung – ein Instrument der Selbstbestimmung", weiter der Referentenentwurf des Bundesjustizministeriums für ein drittes Gesetz zur Änderung des Betreuungsrechts, der sich ebenfalls mit der Patientenverfügung beschäftigt. Der Nationale Ethikrat hat im Juli 2006 aus Anlaß des bevorstehenden Juristentages eine Stellungnahme „Selbstbestimmung und Fürsorge am Lebensende" publiziert. Im Oktober 2005 ist ein Alternativentwurf „Sterbebegleitung" eines Arbeitskreises deutscher, österreichischer und Schweizer Strafrechtlehrer erschienen, der den Alternativentwurf „Sterbehilfe 1986" fortgeführt und weiter entwickelt hat. Der 66. Deutsche Juristentag Stuttgart 2006 hat in seiner strafrechtlichen

Abteilung unter dem Thema „Patientenautonomie und Strafrecht bei der Sterbebegleitung" ein detailliertes Programm für eine Gesetzgebung vorgelegt. Aus dem Parlament hört man, daß ein Gesetzentwurf der Bundesregierung nicht zu erwarten sei, vielmehr seien fraktionsübergreifende Initiativen für die Sterbehilfe durch ein Gesetz zur Patientenverfügung zu erwarten. Die „Süddeutsche Zeitung" berichtete darüber unter der Überschrift „Abgeordnete entscheiden nach Gewissen". Es sollen ohne Fraktionszwang verschiedene Gesetzesentwürfe über eine Patientenverfügung eingebracht und diskutiert werden. Es mehren sich Stimmen, die bis auf die Regelung der Patientenverfügung gesetzgeberische Maßnahmen nicht für erforderlich halten. In Rechtsprechung und Literatur bestehe ein weitgehender Konsens, von dem aus weitergegangen werden könne.

Ganz überwiegend wird für ein Festhalten am Verbot der aktiven direkten Sterbehilfe in §216 StGB plädiert. Im weitgehenden grundsätzlichen Konsens mit der überwiegenden Meinung in der Literatur sollen die Regelungen jedenfalls im Felde dessen liegen, was bisher als passive und indirekte Sterbehilfe bezeichnet wurde. Die Grundsätze der Bundesärztekammer sind von der Rechtsprechung beinahe wie ein Gesetz behandelt worden, obwohl der Bundesgerichtshof in einem Beschluß aus dem Jahre 2005 festgestellt hat, die strafrechtlichen Grenzen der Sterbehilfe seien bisher nicht hinreichend geklärt. Mit Recht nimmt der Nationale Ethikrat die Kritik an der gängigen Terminologie auf, er hält die verwendeten Begriffe der aktiven, der passiven und der indirekten Sterbehilfe für missverständlich und irreführend. Von passiver Sterbehilfe sprach und spricht man beim Unterbleiben einer lebensverlängernden Behandlung, wenn diese nur den Todeseintritt bei unaufhaltbarem Grundleiden verzögern könne. Passive Sterbehilfe wird charakterisiert als ein für die konkrete Lebensverkürzung ursächliches Unterlassen. Wie die Diskussion gezeigt hat, geht es um das praktisch wichtigste Problem der gegenwärtigen Diskussion, um den Umfang und die Begrenzung der ärztlichen Behandlungspflicht.

Von indirekter Sterbehilfe wird gesprochen, wenn die Linderung von Leiden und Schmerzen beim Sterbenden so dringlich ist und so sehr im Vordergrund steht, daß eine damit verbundene möglicherweise nicht vermeidbare Lebensverkürzung hingenommen werden dürfe. Diesen Formen der Sterbehilfe soll nach den neuen Vorschlägen der Patientenverfügung der Weg geöffnet werden, freilich nur für den Fall der Entscheidungsunfähigkeit des Patienten, für den allein die Patientenverfügung gilt. Diese beiden Arten der Sterbehilfe sind zur Einschränkung des Tötungsverbotes in §216 StGB (Tötung auf Verlangen) entwickelt worden. Die Einwilligungssperre des §216 StGB soll beim Unterlassen auch eines Garanten, wie der Arzt es ja ist, nicht entgegenstehen. Bei der indirekten Sterbehilfe fehlt es am Vorsatz in Form der Absicht, die Unterscheidung zur aktiven Sterbehilfe ist freilich nur eine hauchdünne Grenze. Sie liegt nur auf subjektivem Gebiet. Von ärztlicher Seite wird dazu ausgeführt, angesichts der Entwicklung der modernen Anästhesie bedürfe es dieser Form überhaupt nicht mehr, weil die Mittel der modernen Schmerzbekämpfung so eingestellt werden könnten, daß eine Lebensverkürzung durch sie nicht mehr eintreten müsse.

Mit Recht wird allseits die Bezeichnung „passive Sterbehilfe" für problematisch angesehen, und der Begriff kommt zunehmend auch in den Beschlüssen des Juristentages außer Gebrauch. Passivität bestehe nur im Hinblick auf eine Grunderkrankung. Bloße ärztliche Untätigkeit beim Sterben eines Menschen dürfe es aber gar nicht geben. Das hat die sich entwickelnde Palliativmedizin deutlich gemacht. Bei der Frage der sogenannten passiven Sterbehilfe geht es, wie die Grundsätze der Bundesärztekammer formuliert haben, um eine Änderung des Behandlungszieles, wenn lebensverlängernde Maßnahmen Leiden nur verlängern würden und die Änderung des Therapiezieles dem Willen des Patienten entspricht. An die Stelle von Lebensverlängerung und Lebenserhaltung treten dann palliativmedizinische Versorgung einschließlich pflegerischer Maßnahmen. So hat schon die juristische Diskussion, um es als zulässige Sterbehilfe durch Unterlassen erlauben zu können, etwa das Abschalten eines Beatmungsgerätes als Unterlassen durch Tun qualifiziert, weil das Abschalten der Sache nach nichts anderes sei als das Nichteinschalten des Beatmungsgerätes. Weitgehender Konsens besteht dahin, daß Eingriffe zur Verlängerung des Lebens nicht erforderlich sind, wenn sie sinnlos und nur Verlängerung von Leiden bedeuten. Freilich, wie hier eine Abgrenzung gefunden werden soll, hat insbesondere der Aufsatz von Duttge in der „Neuen Zeitschrift für Strafrecht" deutlich mit „?" versehen. Bei der indirekten Sterbehilfe geht es der Sache nach um die Zulässigkeit eines Stückes durch Intervention geschehender, insoweit aktiver Sterbehilfe, nicht nur reiner folgenloser Sterbebegleitung, die sich nur auf der subjektiven Seite von der direkten aktiven Sterbehilfe unterscheidet. Der Grad der Unterscheidung ist sehr schmal. Der Tod ist nicht beabsichtigt, wird aber als Folge des Handelns gesehen und akzeptiert. Nach überwiegender Auffassung wird er nicht nur als Nebenfolge in Kauf genommen, sondern auch bei sicherem Wissen soll bei Einsatz von schmerzlindernden Mitteln die Inkaufnahme des Todes zulässig sein, etwa bei der terminalen Sedierung, die zwar den Tod nicht beabsichtigt, ihn aber hinnimmt.

II.

Sehen wir die Regelungsentwürfe kurz durch.

Der Vorschlag der Arbeitsgruppe beim Bundesjustizministerium geht dahin, dem bisherigen §216 StGB einen neuen Absatz 3 anzufügen, der in lapidarer Kürze lautet:

„Nicht strafbar ist,
1) die Anwendung einer medizinisch angezeigten leidensmindernden Maßnahme, die das Leben als nicht beabsichtigte Nebenwirkung verkürzt;
2) das Unterlassen oder Beenden einer lebenserhaltenden medizinischen Maßnahme, wenn dies dem Willen des Patienten entspricht."

Daneben rückt dann die Patientenverfügung. Die Ministerin Zypries hat den Ansatz ihrer Arbeitsgruppe nicht weiter übernommen, sondern lediglich einen §1901a für das Bürgerliche Gesetzbuch vorgeschlagen, der da lautet:

§1901a Patientenverfügung
1) Eine Patientenverfügung, in der der Betreute seinen Willen zu Untersuchungen seines Gesundheitszustandes, Heilbehandlungen oder ärztlichen Eingriffen für den Fall seiner Einwilligungsunfähigkeit geäußert hat, gilt bei Einwilligungsunfähigkeit fort, falls keine konkreten Anhaltspunkte dafür vorliegen, daß der Betreute die Patientenverfügung widerrufen hat.
2) Der Betreuer hat den in einer Patientenverfügung geäußerten Willen des Betreuten zu beachten und die darin vom Betreuten getroffenen Entscheidungen durchzusetzen, soweit ihm dies zumutbar ist. Dies gilt auch dann, wenn eine Erkrankung noch keinen tödlichen Verlauf genommen hat. Eine vom Betreuten getroffene Entscheidung liegt vor, wenn die Patientenverfügung eine Einwilligung oder eine Nichteinwilligung in bestimmte Untersuchungen des Gesundheitszustandes, Heilbehandlungen oder ärztliche Eingriffe enthält, die auf die konkrete Situation zutrifft."

Breiter gefaßt sind die Vorschläge des Alternativentwurfs „Sterbehilfe" und die Beschlüsse des Deutschen Juristentages 2006.

§214 Beenden, Begrenzen oder Unterlassen lebenserhaltender Maßnahmen
(1) Wer lebenserhaltende Maßnahmen beendet, begrenzt oder unterläßt, handelt nicht rechtswidrig, wenn
1. der Betroffene dies ausdrücklich und ernstlich verlangt oder
2. der Betroffene dies in einer wirksamen schriftlichen Patientenverfügung für den Fall seiner Einwilligungsunfähigkeit angeordnet hat oder
3. der Betroffene nach ärztlicher Erkenntnis zu einer Erklärung über Aufnahme oder Fortführung der Behandlung außerstande ist und aufgrund verläßlicher Anhaltspunkte anzunehmen ist, daß er im Hinblick auf Art, Dauer und Verlauf seiner Erkrankung diese Behandlung ablehnen würde, oder

4. bei nahe bevorstehendem Tod im Hinblick auf den Leidenszustand des Betroffenen und die Aussichtslosigkeit einer Heilbehandlung die Aufnahme oder Fortführung lebenserhaltender Maßnahmen nach ärztlicher Erkenntnis nicht mehr angezeigt ist.

(2) Absatz 1 gilt auch für den Fall, daß der Zustand des Betroffenen auf einem freiverantwortlichen Selbsttötungsversuch beruht.

§214a Leidensmindernde Maßnahmen
Wer als Arzt oder mit ärztlicher Ermächtigung bei einem tödlich Kranken mit dessen ausdrücklicher Einwilligung oder aufgrund des in einer wirksamen schriftlichen Patientenverfügung geäußerten Willens oder gemäß mutmaßlicher Einwilligung nach den Regeln der medizinischen Wissenschaft Maßnahmen zur Linderung schwerer, anders nicht zu behebender Leidenszustände trifft, handelt nicht rechtswidrig, wenn dadurch als nicht vermeidbare und nicht beabsichtigte Nebenwirkung der Eintritt des Todes beschleunigt wird.

Der Juristentag formuliert in seinen Beschlüssen wie folgt. Ich gebe dabei die jeweils relativ geringe Anzahl der Abstimmenden, aber doch deutlichen Mehrheiten an.

II. Lebenserhaltende Maßnahmen und Behandlungsbegrenzung

1. Unterlassen, Begrenzen oder Beenden lebenserhaltender Maßnahmen
Es ist im StGB klarzustellen, daß das Unterlassen, Begrenzen oder Beenden lebenserhaltender Maßnahmen straflose Behandlungsbegrenzung ist (bisher sog. „passive Sterbehilfe"),
a) wenn für solche Maßnahmen keine medizinische Indikation (mehr) besteht,
angenommen 97:5:5
b) wenn dies vom Betroffenen ausdrücklich und ernstlich verlangt wird,
angenommen 107:4:6
c) wenn dies vom (einwilligungsunfähigen) Betroffenen in einer Patientenverfügung für den Fall seiner Einwilligungsunfähigkeit angeordnet wurde,
angenommen 101:6:7
d) wenn dies vom Vorsorgebevollmächtigten verlangt wird (Antrag Dr. Helgerth)
abgelehnt 42:56:12
e) wenn dies von einem Vertreter des Patienten (Betreuer, sonstiger gesetzlicher Vertreter oder Vorsorgebevollmächtigter) erforderlichenfalls mit Genehmigung des Vormundschaftsgerichts verlangt wird und der erklärte oder mutmaßliche Wille des Betroffenen nicht erkennbar entgegensteht,
angenommen 91:16:9

f) wenn der Patient einwilligungsunfähig ist und aufgrund verläßlicher Anhaltspunkte anzunehmen ist, daß er diese Behandlung ablehnen würde (mutmaßlicher Wille),
angenommen 94:14:3

Die indirekte Sterbehilfe wird vom Juristentag wie folgt zur Regelung vorgeschlagen:

III. Leidenslinderung bei Gefahr der Lebensverkürzung

1. Strafgesetzliche Klarstellung
a) *1. Variante*:
Die Voraussetzungen für die Straflosigkeit einer nach den Regeln der medizinischen Wissenschaft erfolgenden Leidenslinderung bei Gefahr der Lebensverkürzung sollten gesetzlich geregelt werden.
angenommen 102:7:8
2. Variante:
Die Voraussetzungen für die Straflosigkeit einer nach den Regeln der medizinischen Wissenschaft erfolgenden Leidenslinderung bei Gefahr der Lebensverkürzung sollten nicht gesetzlich geregelt werden.
abgelehnt 6:103:7
b) Sie ist zulässig
aa) nicht nur bei Sterbenden, sondern auch bei tödlich Kranken.
angenommen 112:4:6
bb) auch dann, wenn die Lebensverkürzung zwar nicht beabsichtigt, aber als sichere Folge vorhergesehen wird
angenommen 102:8:8
2. Bußgeldbewehrte Dokumentationspflicht
Um den Mißbrauchsgefahren bei leidenslindernden Medikationen entgegenzuwirken, ist eine bußgeldbewerte Verpflichtung des Arztes zur Dokumentation des Behandlungsverlaufs einzuführen.
angenommen 76:30:14

Juristentag und Alternativentwurf Sterbebegleitung nehmen die schriftliche Patientenverfügung auf. Diese führt für den Fall der Willensunfähigkeit als Instrument zur Durchsetzung des Willens des Patienten zur Selbstbestimmung am Lebensende in den Kern der Sterbehilfediskussionen. Ist der Kranke nicht mehr in der Lage, seinen Willen über Behandlung oder die Beschränkung der Behandlung zu äußern, so soll auf eine vorher im Zustand der Einwilligungsfähigkeit errichtete Patientenverfügung zurückgegriffen werden. Patientenverfügungen sind damit das Mittel, den Willen zur Verweigerung bzw. zu Art und Beschränkung der Behandlung nach Eintritt von Einwilligungsunfähigkeit aus Krankheitsgründen zu vermitteln. Dann gilt, was vorher bei Einwilligungsfähigkeit für eine konkrete Entscheidungssituation gesagt worden ist. Diese Patientenverfügung wird wohl allein im Mittelpunkt der Regelungen des Deutschen Bundestages im Gesetzgebungsverfahren stehen. Patientenverfügungen greifen damit weit über den bloßen Zustand der Einwilligungsunfähigkeit hinaus und werden zum Instrument. Neben die Patientenverfügung kann die Bestellung eines Vorsorgebevollmächtigten gemäß §1896 Abs. 2 BGB treten. Die Patientenverfügung ist auch in Österreich in einem besonderen Patientenverfügungsgesetz geregelt, das 2006 in Österreich in Kraft getreten ist. In Österreich unterscheidet man nach verbindlichen und bloß beachtlichen Patientenverfügungen, worauf hier zunächst näher nicht eingegangen werden soll.

In Deutschland unterscheiden sich die Ansichten zur Patientenverfügung noch in einigen Punkten. Nahezu alle Stellungnahmen gehen aber von der grundsätzlichen Verbindlichkeit eindeutiger und auf die konkrete Situation bezogener Patientenverfügungen aus. Auch in Deutschland zeichnet sich jetzt Einigkeit darin ab, daß für Patientenverfügungen die Schriftform erforderlich ist und Mündlichkeit nicht genügt, wie es noch im Referentenentwurf des Bundesjustizministeriums geheißen hat. Strittig ist das Erfordernis einer vorherigen Aufklärung. Auch der Deutsche Juristentag hat sich nicht dafür ausgesprochen.

Ein wesentlicher Unterschied besteht in Deutschland aber noch hinsichtlich der Reichweite der Geltung einer Patientenverfügung. Die Enquête-Kommission des Deutschen Bundestages – und offenbar will ein Entwurf aus der Mitte des Bundestages auch in diese Richtung gehen – soll die Geltung von Patientenverfügungen mit Behandlungsverzicht, der zum Tode führen kann, auf solche Konstellationen beschränken, in denen das Grundleiden irreversibel ist und nach ärztlicher Erkenntnis trotz medizinischer Behandlung zum Tode führen wird. Das lehnt sich an die frühere Rechtsprechung an, nach der die Zulässigkeit passiver Sterbehilfe auf das unmittelbare Finalstadium einer tödlichen Krankheit beschränkt war, die Ausnahmen freilich zuließ. Dagegen wollen die Arbeitsgruppe und der Referentenentwurf des Justizministeriums eine wirksame Ablehnung weiterer lebensverlängernder Behandlungen auch dann schon zulassen, wenn das Grundleiden noch keinen irreversibeln Verlauf genommen hat. Auch der Deutsche Juristentag will eine Begrenzung der Reichweite der Patientenverfügung auf irreversibel tödlich verlaufende Grundkrankheiten nicht befürworten. Der Deutsche Juristentag verlangt Eindeutigkeit und Situationsbezogenheit, das Fehlen konkreter Anhaltspunkte für Willensmängel, Einwilligungsunfähigkeit, Irrtum, Täuschung, Zwang und das Fehlen konkreter Anhaltspunkte für eine zwischenzeitliche Willensänderung. Eine Aktualisierung oder Bestätigung des Inhalts innerhalb einer jeweiligen Frist ist vom Juristentag nicht befürwortet worden. Freilich will der Juristentag mit knapper Mehrheit eine fehlende Verbindlichkeit der Patientenverfügung bei neuen medizinischen Entwicklungen annehmen. Dann, wenn der Patient solche neuen medizinischen Möglichkeiten bei der Abfassung seiner Verfügung noch nicht gekannt hat, soll klargestellt werden, daß seine Patientenverfügung nicht mehr verbindlich ist.

Eine Beschränkung der Patientenverfügung auf den unmittelbaren Sterbevorgang, auf unmittelbare Todesnähe ist nicht richtig, zumal ein Sterbevorgang gar nicht exakt gegenüber vorhergehenden Krankheitszuständen abgegrenzt werden kann. Eine Möglichkeit, Behandlungen per Verfügung abzubrechen, soll sicher nicht gesunden und kurierbaren Patienten eröffnet werden. Zu beachten ist, das Behandlung überhaupt nur mit Einwilligung vorgenommen werden darf. Richtig scheint mir, wie es in den Grundsätzen der Bundesärztekammer heißt, daß Patientenverfügungen auch bei solchen Patienten gültig seien, die sich zwar noch nicht im Sterben befinden, aber wegen ihrer fortgeschrittenen Krankheit in absehbarer Zeit sterben werden.

III.

Es ist richtig, daß der Gesichtspunkt der Selbstbestimmung mit der Patientenverfügung näher in den Mittelpunkt gerückt worden ist. Was bei Willens- und Erklärungsunfähigkeit am Lebensende geschehen soll, ist von wesentlicher Bedeutung. Mit dem Mittel der Patientenverfügung wird das Problem des Lebensendes mit den zukünftigen Patienten erörtert und werden Regelungen dafür besprochen werden können. So meine ich, daß die Patientenverfügung sicher ein wichtiges Instrument ist. Aber Patientenverfügungen dürfen nicht isoliert als das allein entscheidende Instrument zur Lösung der individuellen und der gesellschaftlichen Probleme im Umgang mit dem Sterben betrachtet werden. Es besteht die Gefahr, daß die für den Sonderfall der Willensunfähigkeit in der Patientenverfügung enthaltenen Anordnungen zu Prinzipien stilisiert werden, die auch für den Umgang mit willensfähigen Kranken gelten sollen. Dann sollte man auch sagen, daß die Patientenverfügung nicht nur für den Zustand der Willensunfähigkeit gilt, sondern auch dann, wenn noch Willensfähigkeit gegeben ist und man sich auf diese Patientenverfügung soll berufen können. Die Patientenverfügung ist nicht der einzige Königsweg des selbstbestimmten Sterbens. Nicht immer liegen Patientenverfügungen vor. Es gibt auch andere Wege, den Willen zum Ausdruck zu bringen und zu dokumentieren, etwa durch die Vorsorgevollmacht. Auch der ausdrückliche Wille und in Notfällen auch der mutmaßliche Wille muß, wie es in den Beschlüssen des Juristentages ausgeführt ist, maßgeblich sein können. Sehr zweifelhaft ist es, ob und wieweit ein einseitiger Abbruch zulässig sein soll. So sieht es der Alternativentwurf Sterbebegleitung in §214 Abs. 1 Nr. 4 vor, wenn bei nahe bevorstehendem Tod im Hinblick auf den Leidenszustand des Betroffenen und auf die Aussichtslosigkeit einer Heilbehandlung die Aufnahme oder Fortführung lebenserhaltender Maßnahmen nach ärztlicher Erkenntnis nicht mehr angezeigt ist. Es ist schwierig, hier Grundsätze festzulegen, wann dem Wohl des Patienten gedient ist und bei welcher Lebensqualität weiterbehandelt werden soll. Duttge hat kürzlich darauf hingewiesen, daß zunehmend auch in deutschen Diskussionen Kostengesichtspunkte mit einbezogen werden. Rein medizinische Beschreibungen der Sinnlosigkeit bestimmter Therapien sind schwierig. Daß überhaupt keine Selbstbestimmung mehr möglich sei, ist auch kein geeignetes, tragendes Konzept. Die unmittelbare Todesnähe vermag gewisse Anhaltspunkte zu geben, wie es Verrel im Gutachten für den Juristentag versucht hat. Mit Recht weist Duttge darauf hin, daß es in den Kliniken offenbar weithin an verbindlichen, konkreten Konzepten fehle, die für Therapiereduktionen oder Therapieeinstellungen verwendet werden. Der Ethiker Illhardt spricht von dem Mut, der solchen Entscheidungen zugrundeliegen müsse.

Man sollte nicht meinen, daß solche Entscheidungen überflüssig oder hinfällig werden, wenn man auf die Patientenverfügung abstellt. In den Formeln, die man den Patientenverfügungen zugrundelegt, liegt dann genauso das Problem, wie wenn man auf andere Gesichtspunkte abstellt und sich nicht auf die Patientenverfügung beschränkt, wie es der Juristentag und auch der Alternativentwurf wohl mit Recht wollen. Beim einseitigen Abbruch liegen die Dinge schwierig. Man wird wohl von einer unmittelbaren Todesnähe und einer Aussichtslosigkeit jeder medizinischen Intervention für einen Abbruch ohne Einwilligung des Patienten ausgehen müssen.

Drei Entwürfe sollen aus dem Bundestag zu erwarten sein. Einer kommt von dem SPD-Abgeordneten Stünker. Er orientiert sich für die Patientenverfügung konsequent am Prinzip der Autonomie. Schriftlich niedergelegte Patientenverfügungen gelten, wenn die Festlegungen auf die konkrete Situation zutreffen.

Ein Entwurf des Abgeordneten Bosbach (CDU), der sich insoweit mit dem des Abgeordneten Röspel (SPD) deckt, kennt als entscheidenden Unterschied eine Reichweitenbegrenzung für die Patientenverfügung. Diese soll nur dann bindende Wirkung haben, wenn die Grunderkrankung einen irreversibel tödlichen Verlauf genommen hat. Außerdem soll es sie beim Wachkoma und bei weit fortgeschrittener Demenz geben, wenn nach aller Wahrscheinlichkeit der Patient nie wieder das Bewußtsein erlangen wird. Dagegen regt sich in Teilen des Bundestages lebhafte Kritik.

Die Patientenverfügung ist, wie Heinrich Wefing am 05.02.2007 in der FAZ geschrieben hat, auch ein „politischer Krückstock". Auf ihn wollen sich die Parlamentarier stützen, weil sie – so Wefing – an die großen Fragen nicht rühren wollen, zum Beispiel die Straflosigkeit der Leidenslinderung mit der Folge der Lebensverkürzung, die Frage der Grenzen für die lebensverlängernde Behandlung, beides Fragen, die wir heute schon erörtert haben. Mit Recht spricht Wefing von der Mutlosigkeit, die sich in einer Ausweichbewegung ganz auf die Kodifizierung der Patientenverfügung konzentriere. Das spricht freilich nicht gegen deren gesetzliche Regelung, die einen Schritt zur notwendigen Klärung der offenen Fragen darstellen würde. Die Patientenverfügung ist ein Transportmittel, was sie transportieren darf, wird freilich in den Entwürfen nicht gesagt. Es bleibt dann daneben bei der indirekten Sterbehilfe und der zulässigen Begrenzung der lebensverlängernden Behandlung, früher passive Sterbehilfe genannt. Zur Aufnahme der aktiven direkten Sterbehilfe in das Gesetz wird es aller Voraussicht nach nicht kommen, die politische Szene ist mit Ausnahme von Teilen der FDP dagegen.

Manches scheint für die aktive Sterbehilfe zu sprechen. In den Niederlande ist sie durch ein Gesetz vom Jahre 2002 zugelassen worden. Daß das Recht auf Leben i. S. von Artikel 2 GG gleichsam als Kehrseite das Recht auf den gewählten eigenen Tod umfasse, wird aber mit Recht von der ganz überwiegenden Ansicht nicht anerkannt. Schwirig ist die Frage, ob man bei Anerkennung der Zulässigkeit eines Unterlassens nicht auch ein Recht auf ein erlaubtes Handeln in Anspruch nehmen darf. Gesichtspunkte des rechtfertigenden Notstandes werden angeführt.

Die theologischen Argumente gegen eine aktive Sterbehilfe überzeugen freilich nicht. Wenn wir zu Gott zurückkehren, dann wird dieser Gott, so wie ich ihn jedenfalls verstehe, uns nicht hinauswerfen, wenn wir wegen schwerer Schmerzen es hier nicht mehr aushalten und wir ihn bitten, eher zu ihm zurückkehren zu dürfen. Er wird uns auch dann aufnehmen.

Die möglichen sozialen Folgen der Zulassung aktiver Sterbehilfe sollten aber ernst genommen werden. Die an einen Kranken gerichtete Frage, ob er mit der Beendigung seines Lebens einverstanden sei, ob man ihm dabei helfen solle, ist angesichts knapper werdender medizinischer Ressourcen gerade gegenüber einem Schwerkranken, der sich selbst zur Last ist, der sich als Last für andere empfindet, eine gefährliche Sache. Man kann einem Kranken leicht plausibel machen, daß es richtig und eigentlich angezeigt sei, das eigene Ende zu verlangen und zu fragen, ob man noch behandelt werden wolle oder nicht doch eher ein schnelles Ende wünsche, zumal wenn das Weiterleben und die Behandlung mit Schmerzen und Leiden verbunden ist. Die Mainzer Bioethikkommission weist darauf hin, daß angesichts vielfältiger möglicher Drucksituationen eine generelle Freigabe aktiver Sterbehilfe das Selbstbestimmungsrecht selbst beeinträchtigen könne. Die Selbstbestimmung müsse durch Begrenzung der Selbstbestimmung geschützt werden – ein sicher problematisches, aber nicht leicht von der Hand zu weisendes Argument.

In die Diskussion geraten ist in letzter Zeit lebhaft der ärztlich assistierte Suizid, insbesondere im Zusammenhang mit der Tätigkeit der Schweizer Sterbehilfeorganisation DIGNITAS, die von dem Rechtsanwalt Minelli betrieben wird. Sie hat vor kurzem in Hannover eine Niederlassung eingerichtet. Mehrere hundert Fälle jährlich sollen es sein, in denen aus Deutschland sterbewillige Kranke in die Schweiz gebracht werden. Ihnen wird dort ein Medikament zur Verfügung gestellt, durch dessen eigene Einnahme sie ihr Leben beenden. Eine bloße Beihilfe zum freiverantwortlichen Suizid ist schon heute auch in Deutschland straflos, soweit sie nicht in Täterschaft übergeht, das heißt, wenn der das Medikament zur Verfügung Stellende selbst zum Bestimmenden wird.

Der Alternativentwurf Sterbehilfe will den ärztlich assistierten Suizid ausdrücklich zulassen. Der Deutsche Juristentag hat im Zusammenhang damit eine Änderung der standesrechtlichen Mißbilligung der ärztlichen Beihilfe zum Suizid vorgeschlagen. Bei unerträglichem, mit palliativ-medizinischen Mitteln nicht ausreichend zu linderndem Leiden solle die Mitwirkung eines Arztes beim Suizid die nicht nur strafrechtlich zulässige, sondern die auch ethisch vertretbare Form der Sterbebegleitung sein. Von ärztlicher Seite wird das bisher prinzipiell abgelehnt. Fraglich ist freilich, ob ein grundlegender Unterschied darin liegt, ob jemandem vom Arzt eine den Tod herbeiführende Infusion gegeben wird oder ob der Kranke die Medizin selbst einnimmt. Ein Unterschied ist es schon, aber ob die Beihilfe zulässig wird, wenn der Kranke das Medikament selbst nimmt, ist sicher nicht einfach zu sagen. Aber auch das wird in der zu erwartenden Gesetzgebung nicht berücksichtigt werden. Abgeordnete weisen darauf hin, daß ja schon jetzt die Beihilfe zum Suizid straflos sei.

Besondere Beachtung findet die organisierte Beihilfe zum Suizid durch die Organisation DIGNITAS. Nach der im Nationalen Ethikrat überwiegend vertretenen Ansicht bestehen grundsätzliche Bedenken gegen jede Form der organisierten Vermittlung von Suizidbeihilfe, weil dadurch der Schutzauftrag der Gesellschaft gegenüber Suizidgefährdeten beeinträchtigt würde. Auch könne die in klarer Willensfreiheit und in eindeutig extremer Notlage ausgesprochene Bitte um Hilfe bei der Selbsttötung die moralische Mißbilligung mildern oder äußerstenfalls ganz entfallen lassen. In der Tat bestehen Bedenken, ob bei der Zulassung solcher organisierter Beihilfe die Grenzen straflosen Tuns, insbesondere die Freiverantwortlichkeit, hinreichend beachtet werden. Hierfür müssen gesetzliche Regelungen geschaffen werden. Diskutiert wird die Einführung eines dem §115 des Schweizer Strafgesetzbuches nachgebildeten Tatbestandes, der ein Handeln aus selbstsüchtigen Motiven bei der Sterbeihilfe verbieten soll.

Von der Mainzer Bioethikkommission wird eine Strafbarkeit der gewerblichen Beihilfe zur Selbsttötung aus Gewinnsucht vorgeschlagen. Ein Gesetzesantrag der Länder Saarland, Thüringen und Hessen im Bundesrat zur Einbringung im Bundestag sieht die Einführung eines neuen §217 StGB vor, der die geschäftsmäßige Vermittlung oder Verschaffung von Gelegenheit zur Selbsttötung unter Strafe stellen will. Ob eine verwaltungsrechtliche Lösung, die staatliche Aufsicht und Kontrolle von Sterbehilfeorganisationen, ausreicht, wie es Duttge vorschlägt, erscheint zweifelhaft. Im Zusammenhang mit einer notwendigen gesetzlichen Regelung der Suizidbeihilfe bedürfte es auch einer Eingrenzung der organisierten Beihilfe zum Suizid.

Aber auch das wird in der zu erwartenden Gesetzgebung keine Berücksichtigung finden. Diese wird wohl nur die Patientenverfügung regeln und die dort noch vorhandenen Differenzen austragen. Für mehr fehlt dem Gesetzgeber der Mut. Die Debatte wird dann weitergehen.

Literatur

Baumann u. a., Alternativentwurf eines Gesetzes über Sterbehilfe, 1986
Bernat, Erwin, Das Österreichische Patientenverfügungsgesetz, ein Schritt vorwärts, zwei Schritte zurück, Gesundheitsrecht 2007, S. 1 ff.
Bundesärztekammer, Grundsätze zur Sterbebegleitung, Deutsches Ärzteblatt 2004, SA 1298
Bundesministerium der Justiz, Entwurf eines 3. Gesetzes zur Änderung des Betreuungsrechtes, Berlin 2004
Deutscher Bundestag, Enquête-Kommission, Ethik und Recht der Modernen Medizin, Zwischenbericht Patientenverfügung, 2004
Deutscher Juristentag, Beschlüsse des 66. Deutschen Juristentages Stuttgart 2006, Abteilung Strafrecht C, 2007
Duttge, Gunnar, Einseitige („subjektive") Begrenzung ärztlicher Lebenserhaltung, Neue Zeitschrift für Strafrecht 2006, S. 479 ff.
Duttge u. a., Preis der Freiheit, Reichweite und Grenzen individueller Selbstbestimmung zwischen Leben und Tod, 2. Aufl. 2006

Hillgruber, Christian, Die Würde des Menschen am Ende seines Lebens, Verfassungsrechtliche Anmerkungen, Zeitschrift für Lebensrecht 2006, S. 69

Kuschel, Amelia, Der ärztlich assistierte Suizid, Frankfurt-Berlin 2007

Lüderssen, Klaus, Aktive Sterbehilfe – Rechte und Pflichten, Juristenzeitung 2006, S. 689

Merkel, Reinhard, Aktive Sterbehilfe, Festschrift für F. C. Schroeder, 2006, S. 297 ff.

Nationaler Ethikrat, Stellungnahme Selbstbestimmung und Fürsorge am Lebensende, Berlin 2006

Schneider, Hartmut, Münchner Kommentar zum Strafgesetzbuch, Vor §§ 211 ff., München 2003

Schöch, Heinz, Verrel, Torsten u. a., Alternativentwurf Sterbebegleitung, Goltdammer's Archiv 2005, S. 353 ff.

Schreiber, Hans-Ludwig, Das ungelöste Problem der Sterbehilfe, Neue Zeitschrift für Strafrecht 2006, S. 473 ff.

Schreiber, Hans-Ludwig, Strafbarkeit des assistierten Suizides, Festschrift für Günther Jakobs, 2007, S. 615

Schreiber, Hans-Ludwig, Soll die Sterbehilfe nach dem Vorbild der Niederlande und Belgiens neu geregelt werden? Festschrift für Hans-Joachim Rudophi, 2004, S. 543

Verrel, Torsten, Gutachten für den 66. Deutschen Juristentag, Patientenautonomie und Strafrecht bei der Sterbebegleitung, 2006, S. C 9 ff.

Wolfslast, Gabriele, Rechtliche Neuordnung der Tötung auf Verlangen, Festschrift für Hans-Ludwig Schreiber, 2003, S. 916

Selbsterkenntnis
Was ist sie?
Warum ist sie wertvoll?

(Festvortrag bei der öffentlichen Sommersitzung
am 22. Juni 2007)

PETER BIERI
Träger der Lichtenberg-Medaille 2006

Laudatio auf Peter Bieri

Sehr geehrter Herr Präsident, sehr geehrter Herr Bieri, sehr geehrte Damen und Herren!

Heute, am längsten Tag des Jahres, hält die Göttinger Akademie der Wissenschaften ihre öffentliche Sommersitzung ab. Diese Sitzung gilt einem einzigen akademischen Akt, der Verleihung der Lichtenberg-Medaille an Professor Peter Bieri und dem sich ihr anschließenden Vortrag des Preisträgers. Die Akademie verleiht heute die

Peter Bieri, Professor für Philosophie an der Freien Universität Berlin

Lichtenberg-Medaille für das Jahr 2006, und tatsächlich waren Übergabe der Medaille und Vortrag bereits für unsere Jahresfeier am 17. November 2006 vorgesehen. Damals aber konnte Peter Bieri nicht nach Göttingen kommen, da er just an diesem Tag eine andere Auszeichnung in Empfang zu nehmen hatte. Daher also ist es zu der Verschiebung auf den Sommer 2007 gekommen. Wir brauchen diese Verzögerung aber nicht zu bedauern, denn anders als bei der Jahresfeier, bei der es etliche weitere Ansprachen und Preisverleihungen gibt, können wir uns heute ganz auf den Vortrag des neuen Trägers der Lichtenberg-Medaille konzentrieren, können unsere Aufmerksamkeit ganz darauf richten lassen, was die Selbsterkenntnis sei und welchen Wert sie für uns habe.

Die Lichtenberg-Medaille 2006 wurde Peter Bieri vom Plenum der Akademie aufgrund eines Vorschlags der Philologisch-Historischen Klasse verliehen. Daher ist es Aufgabe des Vorsitzenden dieser Klasse, in gebotener Kürze diesen Vorschlag öffentlich zu begründen.

Die Lichtenberg-Medaille ist die höchste Auszeichnung, die unsere Akademie zu vergeben hat. An ihr sind alle Akademiemitglieder unmittelbar beteiligt. Verliehen wird sie solchen Gelehrten, die sich in ihrem Fachgebiet besonders ausgezeichnet haben, außerdem aber über ihr engeres Fachgebiet hinaus in eine breitere Öffentlichkeit wirken. Diese beiden Gesichtspunkte müssen also bei Vorschlägen zur Verleihung der Lichtenberg-Medaille bedacht und berücksichtigt werden.

Was den ersten Aspekt angeht, so gestehe ich, daß ich mir hier kein Urteil erlauben kann und darf, da Peter Bieri Philosoph ist, während ich als Sprachwissenschaftler arbeite. So erlaube ich mir, einige Passagen aus dem Verleihungsvorschlag zu zitieren, die von Akademiemitgliedern verfaßt worden sind, die das Universitätsfach Philosophie vertreten: „Bieris nationale und internationale wissenschaftliche Geltung wurde durch seine herausragenden Beiträge zur systematischen Vermittlung der wirkungsmächtigsten Positionen der angelsächsischen Philosophie des Geistes und der Erkenntnistheorie in die kontinentale Diskussionslage seit den siebziger Jahren des vergangenen Jahrhunderts begründet. Seine brillante Fähigkeit, philosophische Problemkonstellationen von hohem Schwierigkeitsgrad mit vollendeter Genauigkeit zu entwickeln und systematisch zu diskutieren, dokumentierte sich in zwei wichtigen und erfolgreichen Editionen der achtziger Jahre: „Analytische Philosophie des Geistes" (1981 u. ö.) und „Analytische Philosophie der Erkenntnis" (1987 u. ö.) sowie immer wieder in einer großen Reihe grundlegender Aufsätze, von denen hier nur „Scepticism and how to take it" (1979), „Nominalismus und innere Erfahrung" (1982) und die vielfach wiederabgedruckte Abhandlung „Was macht Bewußtsein zu einem Rätsel?" (1992) genannt sein mögen. Charakteristisch für Bieris begriffsanalytisch-systematische Arbeit ist seine Weigerung, sich vorschnellen modischen Reduktionismen und pseudowissenschaftlichen Freizeitphilosophien anzuschließen".

Wäre Peter Bieri „nur" ein brillanter Philosoph, „nur" ein herausragender Vertreter seiner akademischen Spezialdisziplin, so wäre er für die Verleihung der Lichtenberg-Medaille nicht in Frage gekommen. Er muß, wie erwähnt, auch in eine breitere Öffentlichkeit hinein wirken. Ich könnte es mir leicht machen und sagen: Die Tatsache, daß die Aula dicht besetzt ist und doch wohl nur die wenigsten von uns hier Anwesenden professionelle Philosophen sind, zeugt ganz direkt davon, daß im Falle Peter Bieris auch die zweite Bedingung für die Vergabe der Lichtenberg-Medaille erfüllt ist. Das aber wäre doch zu trivial und wäre im vergangenen Jahr von den Akademiemitgliedern auch nicht als Argument akzeptiert worden, als es darum ging, den Träger der Lichtenberg-Medaille 2006 zu bestimmen. Deshalb muß ich wenigstens ansatzweise noch ins inhaltliche Detail gehen.

Wenn ich es richtig sehe, ist es möglich, das Scharnier zu bestimmen, das Peter Bieris Arbeit als Philosoph mit seinem Wirken in eine breitere Öffentlichkeit hinein verbindet. Es handelt sich, wie ich meine, um das im Jahre 2000 abgeschlossene Buch „Das Handwerk der Freiheit. Über die Entdekkung des eigenen Willens". Dieses Buch ist ein philosophisches Werk, es ist aber, wie es im Vorwort heißt, „kein akademisches Buch", „kein Buch also, das schwerfällig wäre, indem es den Leser über die Schlachtfelder der Fachliteratur schleifte". „Ich wollte über ein zum Verzweifeln komplexes Thema in einfacher, mühelos fließender Sprache schreiben, die ohne unnötige Fremdwörter auskäme. Die befreiende Erfahrung war: Es geht!" So haben es gewiß auch viele, sehr viele Leser gesehen, die nicht „vom Fach" sind. Denn anders ließe sich wohl kaum erklären, daß „Das Handwerk der Freiheit" in mehreren zehntausend Exemplaren erschienen ist und ausführlich und oft besprochen wurde. Es darf als das gegenwärtig in Deutschland wohl beeindruckendste Beispiel dafür gelten, wie Philosophie, richtig verstanden und angemessen formuliert, in eine nicht per se philosophische Öffentlichkeit hinein zu wirken vermag.

Die befreiende Erfahrung, daß es möglich ist, „über ein zum Verzweifeln komplexes Thema in einfacher, mühelos fließender Sprache [zu] schreiben", dürfte – nach meiner Vermutung – einer der wichtigsten Faktoren gewesen sein, der Peter Bieri schon vor dem Abschluß der Arbeit an dem „Handwerk der Freiheit" dazu veranlaßt hat, zum Verzweifeln komplexe Themen auch in einer gänzlich anderen, für ihn neuen Form zu erörtern, in literarischer Form, genauer: in Romanform. In allen drei Romanen, die Peter Bieri unter dem Pseudonym Pascal Mercier zwischen 1997 und 2004 veröffentlicht hat, geht es um Menschen in existentiellen Entscheidungssituationen. Von mal zu mal aber ändert sich die sprachliche Form, mit der uns der Autor seine Figuren vorstellt. In „Perlmanns Schweigen" lernen wir einen Professor der Sprachwissenschaft kennen, der feststellt, feststellen muß, daß er mit seinem Fach, so wie es von der Linguistik betrieben wird, nichts mehr anfangen kann, und der in dieser Situation der grausamen Banalität des Universitäts- und Tagungsbetriebes inne wird. Befriedigung, Freude empfindet er jetzt einzig beim Übersetzen aus anderen Sprachen. Statt einen Vortrag für eine Linguistiktagung vorzubereiten, übersetzt er eine russische sprachwissenschaftliche Abhandlung, und daraus entwickeln sich das äußere und das innere Geschehen des Romans – ein Symbol dafür, was das Verfallensein an die Sprache zu bewirken vermag.

Im „Klavierstimmer" dann ein Bruder und eine Schwester, die sich ihrer inzestuösen Gefühle bewußt werden, weshalb sich der Bruder gewaltsam von seiner Schwester losreißt. Hier bedient sich der Autor eines anderen Verfahrens. In einer sich plötzlich auftuenden existentiellen Situation beschließen Patrice und Patricia, jeder ein Tagebuch zu schreiben und diese Zeugnisse der Wahrheitssuche am Ende auszutauschen. Der Autor nimmt die Anstrengung auf sich, sich in seine Figuren hineinzudenken, sie und sie allein sprechen zu lassen, ihnen ihre eigene Stimme zu geben. Das geschieht mit unerhörter Intensität, die den Leser die Vielfalt und Wirrnis der Gefühle mitempfinden läßt, die Patrice und Patricia einander gegenüber spüren.

Und schließlich 2004 der „Nachtzug nach Lissabon". Hier ist es wieder der Autor, der über seine Hauptgestalt, Raimund Gregorius, spricht. Aber dabei bleibt es nicht. Ein anderer, längst verstorbener Autor kommt ins Spiel, Amadeu de Prado. Dessen Buch „Um ourives das palavras" fällt Gregorius in einem Antiquariat in die Hände, und dieser Fund veranlaßt ihn, den Nachtzug nach Lissabon zu besteigen, um soviel wie nur irgend möglich über Amadeu de Prado in Erfahrung zu bringen, über dessen äußeres, vor allem aber über dessen inneres Leben und damit auch über sich selbst. Und nun wechselt die Autorenrede beständig mit der des anderen Autors, und diese andere Rede ist es, die das innere Erleben von Raimund Gregorius selbst zunehmend bestimmt, immer intensiver und bedrängender.

Mit dem „Handwerk der Freiheit" und mit seinen Romanen hat Peter Bieri eine große, eine unfaßbar große Öffentlichkeit erreicht. Der „Nachtzug nach Lissabon" ist in einer Auflage von mehr als einer Million Exemplaren erschienen und in zahlreiche Sprachen übersetzt worden. Ich gestehe, daß mir der Bestsellerstatus des „Nachtzugs" anfänglich etwas unangenehm, ja unheimlich gewesen ist, hatte ich mir doch bei der Lektüre im Frühherbst 2004 eingebildet, dieses Buch sei eigentlich nur für mich geschrieben. Natürlich war mir klar, daß es sich bei dieser Vorstellung um eine Einbildung, um eine Illusion handelte, aber diese Einbildung war mir lieb, war mir teuer, und so gefiel es mir zuerst gar nicht, als ich auf dem Flughafen von Pisa, in der Berliner U-Bahn, im ICE und anderswo Menschen sah, die sich in den „Nachtzug nach Lissabon" vertieft hatten. Inzwischen bin ich duldsamer geworden, habe mich mit der Vorstellung angefreundet, daß es Ihnen, Pascal Mercier, gelungen ist, ungezählt viele Menschen mitzunehmen bei Ihren Erkundungen zu Themen, die zum Verzweifeln komplex sind. Dank sei Ihnen dafür, daß Sie alle diese Menschen an Ihrer befreienden Erfahrung teilnehmen lassen.

Werner Lehfeldt

Selbsterkenntnis
Was ist sie?
Warum ist sie wertvoll?

Wir können keinen Schritt tun ohne zu wissen, warum. Wenn wir den Grund vergessen haben, bleiben wir stehen. Erst wenn wir wieder wissen, was wir wollten, gehen wir weiter. Wir müssen, um handeln zu können, verstehen, was wir wollen und tun.

Das gilt nicht nur für kurzfristige Handlungen wie die Fahrt zur Arbeit oder den Gang ins Kino. Es gilt auch für längere Folgen von Handlungen, die einen ganzen Lebensabschnitt prägen: ein Studium, die Gründung einer Familie, den Aufbau einer Firma, die jahrelange Arbeit an einem Buch. Auch hier können wir nur so lange weitermachen, wie wir verstehen, was darin für ein Wille zum Ausdruck kommt und wie er zu uns und unserem Leben paßt. Wenn uns dieses Verständnis verloren geht, kommen die Dinge zum Stillstand. Längerfristig handeln können wir nur, wenn wir eine Ahnung von der Richtung unseres Lebens haben, eine Vorstellung davon, wer wir sind.

Wenn das gewohnte Selbstverständnis nicht mehr trägt, kann das Bedürfnis entstehen, einen Schritt hinter das Bisherige zurückzutreten und sich grundsätzliche Fragen zu stellen: Wie bin ich eigentlich hierher gelangt? Warum passen meine gegenwärtigen Gedanken, Gefühle und Wünsche nicht mehr zu der Art, wie ich mein Leben bisher gelebt habe? Wie sind sie überhaupt beschaffen, diese Gedanken, Gefühle und Wünsche? Haben sie sich verändert, oder habe ich mich schon immer darüber getäuscht?

Nun geht es darum, die Wahrhaftigkeit und Plausibilität des bisherigen Selbstbilds zu überprüfen, das durch Konventionen, zufällige Begegnungen und eine zufällige Bildungsgeschichte geprägt wurde. Und es geht darum, denjenigen Triebkräften in mir nachzugehen, die durch das bisherige Selbstverständnis verstellt und verdunkelt wurden. Jetzt machen wir uns auf die Suche nach Selbsterkenntnis in einem emphatischen Sinne.

Wohin blicken?

Wie kann das geschehen? Wohin können wir blicken? Nach innen, möchte man meinen. Doch es nützt nichts, die Augen zu schließen und sich zu konzentrieren. Es gibt kein inneres, geistiges Auge, das mit seinem unsinnlichen Blick die Konturen der Innenwelt erkunden könnte, für die man dann nur noch die passenden Worte finden müßte. Denn die Welt unserer Gedanken, Gefühle und Wünsche ist kein abgekapselter, selbstgenügsamer

Bereich, der sich ohne Blick nach außen verstehen ließe. Wenn wir wissen wollen, was wir über eine Sache denken – ein Gesetz etwa oder einen Krieg –, so müssen wir nicht nach innen blicken, sondern nach außen auf diese Sache. Wenn wir wissen möchten, was genau das Gefühl ist, das wir einer Person oder einem Ereignis entgegenbringen, so geht es darum, die Empfindung aus der Situation und ihrer Geschichte heraus zu verstehen. Nur so finden wir heraus, ob es sich um Wut oder Verachtung, um Liebe oder Bewunderung handelt. Und wenn wir wissen wollen, was unsere bestimmenden Wünsche sind, ist es manchmal nötig, uns selbst wie einem Fremden gegenüberzutreten und uns in unserem Tun wie von außen zu betrachten. Erst dann wird uns vielleicht klar, daß wir am liebsten allein leben möchten, im Verborgenen und nicht, wie wir dachten, im Rampenlicht.

Es wäre also ein Mißverständnis, Selbsterkenntnis in einer besonderen, nach außen hin versiegelten Innenschau zu suchen, und man muß – gegen alle sprachlichen Gewohnheiten – der Versuchung von Metaphern widerstehen, die davon handeln, daß ein erhellender innerer Blick Licht ins Dunkel des Denkens und Fühlens bringen könnte.

Das bedeutet nicht, daß es überhaupt keine introspektive Selbsterkenntnis gibt. Man kann dieser Idee eine nüchterne, unverfängliche Lesart geben, die einfängt, was wir alle kennen: Wir können durch Steigerung von Achtsamkeit und Aufmerksamkeit lernen, genauer zu spüren, wie uns zumute ist. Auf diese Weise können viele Dinge deutlicher werden: körperliches Empfinden, Emotionen und Stimmungen, die Einzelheiten von Erinnerungen, die Drift unserer Tagträume und Phantasien. Je besser wir in dieser Art von Achtsamkeit werden, desto bessere und verläßlichere Berichterstatter sind wir, was unsere momentane Gemütsverfassung anlangt. Und das ist natürlich ein wichtiger Bestandteil von Selbsterkenntnis.

Doch es ist nur der Beginn, und alles Weitere erschließt sich nicht mehr durch eine Konzentration nach innen. So ist es bereits, wenn wir ein besseres Verständnis unserer Gegenwart zu erlangen suchen. Wir müssen – wie zu Beginn gesagt – wissen, warum wir etwas tun, um es tun zu können. Wir müssen eine Vorstellung von den Gründen haben, die uns in Gang setzen: von den leitenden Überzeugungen, Emotionen und Wünschen. Und da gibt es große Unterschiede im Grad der Einsicht. Nicht beim Gang zum Kühlschrank oder zum Supermarkt; aber bei der Frage, warum wir einen Brief nicht beantworten, warum wir ein Versprechen brechen, warum wir etwas tun, das ein Studium oder eine Karriere beendet. So etwas kann man oberflächlich und kurzatmig verstehen, oder man kann ihm eine Deutung von größerem Umfang und größerer Tiefe geben. Und dann helfen Achtsamkeit und Aufmerksamkeit nicht mehr viel.

Worum es jetzt geht, ist eine Vergewisserung über tiefer liegende Überzeugungen, Hoffnungen und Befürchtungen. Eine solche Vergewisserung verlangt einen Blick in die Vergangenheit: auf die Entstehung unseres Fühlens, Denkens und Wollens. Wie bin ich in meinem Erleben geworden, was ich bin? Was waren die kausal bestimmenden Faktoren, vielleicht auch Traumata? Wie hat sich ein Erleben aus einem anderen heraus entwickelt? Wieviel Stimmigkeit und Unstimmigkeit gibt es in meinem Denken und Erleben? Um solche Fragen zu beantworten, muß ich mir nicht introspektiv gegenübertreten, sondern mit dem Blick von außen, nicht viel anders als bei dem Versuch, einen Anderen zu verstehen. Und ähnlich ist es, wenn ich mich in der Art erkennen will, in der ich zu meiner Zukunft stehe. Es kann erstaunlich schwierig sein zu wissen, was man sich, längerfristig gesehen, wünscht, was man anstrebt und hofft, wovor man sich fürchtet. Und oft ist der beste und einzige Weg, sich das vergangene Muster seines Tuns zu vergegenwärtigen und es hypothetisch in die Zukunft hinein fortzuschreiben.

Introspektive Feststellungen sind der Anfang. Hier bin ich spontaner Berichterstatter über den jetzigen Zustand meines Bewußtseins, den stream of consciousness. Alles andere Erkennen meiner selbst ist ähnlich verfaßt wie sonstiges Erkennen der Welt auch: Man betrachtet, was geschehen ist, zieht seine Schlüsse, versucht, ein stimmiges Bild zu zeichnen, und ist bereit, es jederzeit auch zu revidieren. Bei all diesen Dingen betrachtet man sich nicht als Bewohner einer in sich transparenten Innenwelt, die der Außenwelt abgeschlossen gegenüberstünde, sondern als Teil der Welt insgesamt, der sich unter dem Einfluß der anderen Teile verändert und entwickelt.

Wo liegt die Autorität?

Wenn der Blick auf die Außenwelt nötig ist, um zu erkennen und zu verstehen, wer wir sind, dann sind wir für uns selbst nur in begrenztem Umfang eine Autorität. Jeder verbringt mit sich selbst am meisten Zeit und widmet sich die meiste Aufmerksamkeit. Deshalb weiß er über sich oft besser Bescheid als andere. Und es gibt sprechende Erfahrungen wie Tagträume, von denen nur er weiß. Doch das bedeutet nicht, daß es keine Irrtümer gibt, keine begründeten Zweifel und keine Notwendigkeit, sich in seinem Selbstbild zu korrigieren.

Wir können uns darin irren, was wir glauben. Wir hielten uns für jemanden mit einem liberalen, weltoffenen Denken und einem ausgeprägten Sinn für Gerechtigkeit, und dann, wenn es darauf ankommt, stellen wir erschrocken fest, daß wir chauvinistische Neigungen haben und an unseren Privilegien kleben. Diese Art von Irrtum hat viel damit zu tun, daß wir sprechende Tiere sind: Wir reden und reden und halten diese rhetorischen Gebilde am Ende für unsere Überzeugungen – bis es ans Handeln geht. Auch bei Emotionen und Wünschen kann es eine solche Kluft zwischen Rhetorik und Wirklichkeit geben. Es kann sein, daß man sich schämt und weglaufen möchte, daß die Rhetorik von Wut und Angriff aber besser zur Situation und den Erwartungen der Anderen paßt – und dann hält man sich für wütend und angriffslustig, bis die Situation sich ändert und man sich das wahre Empfinden eingestehen kann, manchmal mit einer Verzögerung von Jahren. (Wie wir das Opfer unserer eigenen Rhetorik werden – darüber müßte man einmal ein Buch schreiben.)

Der Blick der Anderen kann die Korrekturinstanz sein. Aus ihm können wir lernen, daß wir vielleicht gar nicht das glauben, fühlen und wollen, was wir dachten. Die Kluft zwischen der Einsicht der Anderen und unserem Selbstbild kann groß sein, weil Selbstbilder anfällig sind für Selbsttäuschungen. Eine Selbsttäuschung ist ein interessegeleiteter Irrtum über uns selbst: Wir möchten einfach gerne einer sein, der so denkt, wünscht und fühlt – und dann porträtieren wir uns auch so. Besonders wichtig ist uns das, wenn es um moralisch bedeutsame Gedanken, Wünsche und Gefühle geht. Hier lügen wir oft nicht nur vor den Anderen, sondern auch vor uns selbst, und wir leisten erbitterten Widerstand, wenn uns ein Anderer zu erraten droht.

Erkennen und Eingreifen

In den meisten Fällen beeinflußt das, was wir über eine Sache denken, diese Sache nicht. Anders verhält es sich, wenn wir uns selbst zu erkennen und zu verstehen versuchen. Wenn wir uns fragen, was wir über eine Sache denken, und uns dazu die Belege für die vermeintliche Überzeugung ansehen, so kann sich diese Überzeugung gerade dadurch, daß sie untersucht wird, verändern. Man könnte sagen: Dann schafft das Erkennen das Erkannte. Auch im Fall von Emotionen und Wünschen gibt es einen solchen Zusammenhang, aber dort ist er komplizierter und unübersichtlicher. Vieles, was wir fühlen und wünschen, ist für uns undurchsichtig und diffus. Der Prozeß der Klärung, in dem wir uns die Situation und die Geschichte des Erlebens vor Augen führen, macht auch hier etwas mit dem Gegenstand: Indem wir die Gefühle und Wünsche identifizieren, beschreiben und von anderen unterscheiden lernen, wandeln sie sich zu etwas, das genauere Erlebniskonturen hat als vorher. Aus Gefühlschaos kann durch Selbsterkenntnis emotionale Bestimmtheit werden.

Hierhin gehört ein Thema, das ich bisher ausgespart habe: die Unterscheidung zwischen Bewußtem und Unbewußtem. Die Erweiterung von Selbsterkenntnis kann man als einen Prozeß deuten, in dem Unbewußtes in Bewußtes überführt wird. Doch man muß sich klar machen, daß das ganz Verschiedenes bedeuten kann. Einmal kann gemeint sein, daß – wie früher beschrieben – die Wachsamkeit gegenüber Erlebnissen wächst, die uns bisher nur in unscharfer, diffuser Form gegenwärtig waren. Das muß noch nicht mit einer Schärfung in der begrifflichen Artikulation verbunden sein: Man kann etwas deutlicher spüren, ohne es damit schon besser klassifizieren zu können. Wenn eine neue begriffliche Identifikation dazu kommt und wir nun beispielsweise wissen, daß es nicht nur Neid ist, was wir jemandem gegenüber fühlen, sondern auch Mißgunst, ist ein neuer Grad an Bewußtheit erreicht. Es kann dann, indem wir uns diese Beziehung und ihre Geschichte ansehen, zu der Einsicht kommen, daß die mißgünstige Empfindung in einer Kränkung begründet sein muß, die wir weggeschoben und in den Untergrund verbannt hatten – eine Demütigung vielleicht, die einen verleugneten Haß hatte entstehen lassen. Und dann kann diese hypothetische Einsicht kausale Kraft entfalten, die Macht der Zensur brechen und uns helfen, das verleugnete Gefühl endlich in vollem Umfang und voller Klarheit zu erleben. Auch das ist eine Lesart des Gedankens, daß aus Unbewußtem Bewußtes werden kann. Und auch auf diese Weise kann Selbsterkenntnis ihren Gegenstand verändern.

Über solche Prozesse, in denen die Kenntnis und das Verstehen unser selbst nicht in einer einflußlosen Bestandsaufnahme besteht, sondern auch eine innere Umgestaltung mit sich bringt, könnte man sagen: Wir arbeiten durch Selbsterkenntnis an unserer persönlichen Identität. Wenn es darum geht, unsere Gedankenwelt auszuleuchten und uns zu vergewissern, was wir eigentlich denken, geht es um die Schaffung der intellektuellen Identität – darum, eine kohärente gedankliche Einstellung zu den Dingen zu finden, statt nur mit Gedankenfetzen und rhetorischen Schablonen auf sie zu reagieren. Und dazu gehört, daß wir gedankliche Provinzen, die weit auseinander zu liegen scheinen, miteinander in eine stimmige Verbindung bringen – Steuergerechtigkeit und den Kampf gegen globale Armut etwa oder Bildung und Angst vor dem Tod. Wenn wir erkennend Einfluß auf unsere Wünsche und Emotionen nehmen, indem wir sie in ihrer Herkunft und tieferen Bedeutung verstehen lernen, geht es um etwas anderes: Jetzt kümmern wir uns darum, wer wir sein wollen, was uns wichtig ist und worum es in unserer Zukunft gehen soll.

In dieser Weise erkennend an ihrer Identität arbeiten können nur sprechende Tiere. Ob es um Identifikation und Klassifikation von Erfahrungen geht oder um das Deuten und Herleiten dieser Erfahrungen oder das Erfahrbarmachen von Verbanntem und Verdrängtem – stets spielen Worte eine Rolle, Sätze und ganze Geschichten. Irgendwie scheint das klar zu sein: Man wüßte nicht, wie es sonst gehen sollte. Irgendwie ist es aber auch ganz unklar, jedenfalls mir, denn ich frage mich: Wie machen es die Wörter und Worte eigentlich, unsere Empfindungen und unseren Willen zu verändern? Seelische Alchemie gibt es nicht. Wie also? Ich lasse die Frage stehen, unsicher, ob es sich um eine empirische oder eine begriffliche Frage handelt.

Selbsterkenntnis durch Ausdruck

Von Max Frisch stammt der Satz: „Wer nicht schreibt, weiß nicht einmal, wer er nicht ist". Wörtlich und in einem engen Sinne verstanden, klingt der Satz arrogant und auch abstrus: als wäre es das Privileg einer Handvoll Schriftsteller, zu erkennen, wer sie nicht sind, und dadurch vielleicht sogar eine Ahnung davon zu bekommen, wer sie sind. Selbsterkenntnis als das esoterische Vorrecht einiger genialischer Wortakrobaten. Als wäre die Geschichte der Literatur nicht voll von Leuten, die, was sie selbst anlangt, eine geradezu manische Blindheit an den Tag legten.

Doch so hat es Max Frisch sicher nicht gemeint. Wie dann? Seine Äußerung wird plausibel, wenn man sie von der Tätigkeit des Schreibens löst und verallgemeinert. Sie könnte dann lauten: Wer sich in dem, was er ist, nicht ausdrückt, verpaßt eine Möglichkeit, zu erkennen, wer er ist. Die Idee wäre dann: Daß einer sich ausdrückt, ist nichts der Selbsterkenntnis Äußerliches, kein bloßes Dekor, das man ohne Verlust auch unterdrücken könnte; nein, im Gegenteil, die Zeichen meines Ausdrucks sind ein wertvolles, vielleicht sogar unverzichtbares Mittel, mich im Stil meines Lebens, in meiner stilistischen Individualität, zu erkennen. Das paßt gut zu dem früheren Gedanken, daß Selbsterkenntnis nicht in einem versiegelten Innenraum möglich ist, sondern den Weg über die Außenwelt gehen muß, dieses Mal über die Zeichen, die ich in der Welt setze, und die Spuren, die ich darin hinterlasse.

Die Formen des Ausdrucks können ganz unterschiedlich sein und müssen nichts mit Worten zu tun haben. Wer man ist, kann sich auch an Tönen, Pinselstrichen und geformtem Material zeigen, an der Art zu filmen und zu fotografieren, zu tanzen und sich zu kleiden, sogar daran, wie man kocht oder den Garten gestaltet. All das kann eine Quelle von Selbsterkenntnis sein: Man betrachtet, was man gemacht und wie man es gemacht hat, und sieht: So also bin ich auch.

Es gibt keinen planvollen Ausdruck, keinen eigenen Stil, ohne Phantasie: ohne die Fähigkeit, sich verschiedene Möglichkeiten vorzustellen, das Tatsächliche zu variieren, in der Vorstellung Unmögliches möglich zu machen. Sich am eigenen Ausdruck zu erkennen, heißt deshalb immer auch: sich an der eigenen Phantasie zu erkennen. An dem, was ich schaffe und aus mir heraussetze, erkenne ich die Bewegung, den Rhythmus und die Drift meiner Phantasie, das Gravitationszentrum meiner Einbildungskraft. Niemand hat diese Einsicht mit größerem Nachdruck und mit mehr Raffinement in die Tat umgesetzt als Sigmund Freud. Der vielschichtigen, umwegigen Logik der Phantasie auf die Spur zu kommen und sie für Selbsterkenntnis zu nutzen: Das war sein großes, bleibendes Projekt.

Max Frisch hatte die besondere Form vor Augen, die dieses Projekt gewinnt, wenn jemand eine Geschichte erzählt und das kunstvoll tut. Es gibt da auf vielen, sehr unterschiedlichen Ebenen etwas über sich selbst zu lernen. Am leichtesten zugänglich kann diejenige Ebene erscheinen, auf der es um das gewählte Thema geht. Ob jemand eine Geschichte ganz aus sich selbst heraus schreibt, ob er sie um ein reales Ereignis herum rankt oder gar einen historischen Roman schreibt: Nie ist es Zufall, was er sich aussucht. Es bedarf enormer seelischer Energie, um eine Geschichte zu schreiben, und man kann gar nicht anfangen, wenn man nicht spürt, daß der Stoff einen in einer Tiefe berührt und beschäftigt, aus der heraus die nötige Energie fließen wird. So daß sich an der thematischen Wahl zeigt, welche Konflikte, welche Verletzung, Sehnsucht und Vorstellung von Glück den Schreibenden bewegen. Dabei entdeckt sich der Schreibende auf Schritt und Tritt für sich selbst: Wie erschrocken und auch belustigt war ich, in Philipp Perlmann das Ausmaß meiner kriminellen Energie kennenzulernen! Wie groß und tief waren die Verbitterung und das Ressentiment, die in Fritz Bärtschi hineinflossen, in den Klavierstimmer, dessen Partituren stets zurückkamen! Wie schrecklich die Erfahrung des schwindenden Selbstvertrauens, von der ich in meinem letzten Buch erzähle!

Man muß seinen eigenen Händen am Steuer nicht mißtrauen, um von einem zu erzählen, der es tut. Trotzdem ist die Wahl des Themas sprechend. Auch gilt es, daran zu erinnern, was ich früher sagte: Manchmal entdecken die Anderen mehr als man selbst. Trotzdem: Das, was für mich selbst an der Wahl meiner Themen sichtbar wurde, ist verborgen geblieben. Zum Glück. Manchmal ist man für sich selbst eben doch eine Autorität.

Für die Anderen schwerer zugänglich sind all die Dinge, die weniger mit dem Thema zu tun haben als mit der Art, wie es erzählt wird. Mit all den Dingen also, die Literatur zu Literatur machen. Einmal betrifft das die Erfahrungen, die man bei der Wahl der Erzählperspektive macht. Für jede

Erzählung ist eine sprachlich wie psychologisch folgenreiche, man könnte auch sagen: dramatische Entscheidung nötig: Erzähle ich von außen, in der dritten Person, oder lasse ich die Figuren aus einer Ich-Perspektive heraus sprechen? Es sind ganz unterschiedliche Dinge, die ich in den beiden Fällen über mich lernen kann.

Erzähle ich von außen, so muß entschieden werden, ob die Sprache behavioristisch sein soll oder eine Sprache, die eine Innenwelt vergegenwärtigt. Und meine Wahl wird mich darüber belehren, welches Verhältnis ich zu den Figuren und zu der Atmosphäre der Geschichte habe – und das wiederum lehrt mich vieles über das Thema, wie es mich in mir selbst beschäftigt. Auch muß entschieden werden, auf welcher Stilebene erzählt wird – ob es die geradlinige Sprache des Autors sein soll wie bei Jane Austen oder eine Sprache, in die, obgleich es eine Sprache der dritten Person ist, in Wortwahl, Melodie und Rhythmus die Innenwelt, die stilistische Individualität der besprochenen Figuren einfließt. So habe ich es beispielsweise im „Nachtzug nach Lissabon" gemacht, wo noch in den unauffälligsten Sätzen, die Gregorius einfach durch die Stadt gehen lassen, ein Hauch von Fernando Pessoa zu spüren ist. Eine Atmosphäre – sie ist das absolut Wichtigste an einem Buch, und aus ihr spricht wie aus nichts sonst die Seele des Autors.

Ganz andere Dinge lerne ich, wenn ich die anfängliche, dramatische Entscheidung anders treffe und die Figuren auslote, indem ich sie selbst sprechen lasse. Dann muß ich ihnen die Worte geben, die für sie kennzeichnend sind. Klingt einfach und ist unendlich schwer. Und eine reiche Quelle der Selbsterkenntnis. Denn nun muß ich planvoll und konsequent weg von meinem eigenen Idiom und meiner eigenen Melodie, hinein in einen ganz anderen, fremden Rhythmus. Und es ist die Erfahrung dieser Fremdheit, in der ich mein eigenes Idiom erst richtig als das ganz eigene hören und erkennen lerne, ein Idiom, das wie ein Spiegel ist. Hier gilt am unmittelbarsten, was Frisch im Auge hatte: erkennen, wer man nicht ist, indem man aus sich heraustritt, hinein in jemanden, der man nicht ist.

Wirklich große Schriftsteller sind solche, die dabei eine besonders große Distanz zu überbrücken vermögen. Ich denke an „The Catcher in the Rye", in dem Jerome David Salinger Holden Caulfield in Skaz, dem Jargon eines Teenagers, seine Erlebnisse erzählen läßt. Und dann der unerreichte Gipfel perspektivischer Erzählkunst: William Faulkner, der in „The Sound and the Fury" dasselbe aus vier verschiedenen Perspektiven erzählt, darunter aus der Perspektive von Benjy, einem schwachsinnigen Kind. Das ist unglaublich gut; man kann wirklich kaum glauben, daß einer so etwas kann.

Wie er es denn gemacht habe, wurde Faulkner gefragt. „Whisky", sagte er, „ein bißchen Tabak und viel Whisky". Der Fragende setzte sich auf und zückte den Bleistift. Welche Whiskymarke, fragte er. Es war ein sogenannter Literaturkritiker.

Neben der Sache mit der Erzählperspektive ist auch die Ebene von Wortschatz und Stil eine reiche Quelle von Selbsterkenntnis. Welche Wörter und Worte gehören zu mir, welche nicht? Bei welchen ist mir wohl, bei welchen nicht? Warum? Ich habe bei jedem Buch zwei Listen von Wörtern, eine rote und eine schwarze. Auf der schwarzen stehen diejenigen Wörter, denen ich leicht verfalle, die aber zu dieser Geschichte und diesen Figuren nicht passen und unbedingt zu vermeiden sind. Auf der roten sind diejenigen Wörter, die zu der Atmosphäre des Buchs passen und sie fördern könnten, die mir aber nicht spontan zur Verfügung stehen. So sind über die Jahre viele Listen entstanden. Einige davon verstehe ich noch, andere nicht mehr. Und auch das ist eine Form von Selbsterkenntnis: sich vergegenwärtigen, welchen Weg durch die eigene Sprache man im Lauf seines Lebens genommen hat.

Wie beschreiben wir es am besten?

Selbsterkenntnis kann wachsen. Wie beschreiben wir solchen Fortschritt am besten? Was ist der richtige Kommentar, was sind die richtigen Metaphern und Begriffe?

Wir könnten sagen, daß es wie bei der Naturerkenntnis darum geht, immer mehr Tatsachen über uns selbst zu entdecken. Und wir könnten es mit der Metapher von Oberfläche und Tiefe versuchen: Es geht darum – würden wir sagen –, in uns immer tiefer zu graben, bis wir auf Grund gekommen sind, was unsere gedankliche und emotionale Identität anlangt. Damit wäre die Vorstellung verknüpft, daß es bei Selbsterkenntnis darauf ankommt, zwischen Schein und Wirklichkeit zu trennen und herauszufinden, wer wir eigentlich sind.

Doch das ist nicht die einzige Art, sich die Sache zurechtzulegen. Wir könnten sagen, daß es nicht um die Annäherung an seelische Tatsachen geht, sondern um das Entwickeln von Erzählungen über uns selbst, die möglichst vieles an unserem Leben in einen stimmigen Zusammenhang bringen, so daß wir uns gegenseitig und vor uns selbst verständlich finden. Fortschritt wäre dann nicht ein Vordringen in die Tiefe, sondern das Entwickeln und Erfinden immer neuer Beschreibungen unseres Lebens, die uns helfen, uns und unsere Beziehungen zu den Anderen fortzuentwickeln. So gesehen gäbe es in keinem emphatischen Sinne eine Wahrheit über mich selbst, und es ließe sich in keinem absoluten Sinn unterscheiden zwischen dem, was ich eigentlich bin, und dem, was ich nur zu sein scheine.

Nach der ersten Deutung besteht das Aufdecken einer Selbsttäuschung darin, die wahren Tatsachen freizulegen. Nach der zweiten handelt es sich darum, ein Stück in einer Geschichte, das nicht paßt, durch eines zu ersetzen, das sich besser einfügt.

Obwohl mich die Frage, welcher von beiden der richtige Kommentar ist, seit der Zeit meines Studiums beschäftigt, ist es mir nie gelungen, zu einer wirklich beständigen Meinung darüber zu gelangen. Es ist befreiend, John Dewey, Nelson Goodman und Richard Rorty dazu zu lesen – über sprachlich gemachte und erfundene Phänomene und Welten, über Erkennen als Tun, über den Starrsinn und Irrsinn einer realistischen Deutung von Wahrheit und Erkennen. All das ist befreiend und charmant, und oft schon habe auch ich es nachgesprochen. Doch dann denke ich an Erfahrungen, die ich selbst mache und die oft genug auch meine literarischen Figuren machen: daß man spürt, ganz genau spürt, wo das Gravitationszentrum der eigenen Emotionen liegt, und daß der natürliche, der einzig natürliche Kommentar dazu ist: Das ist die Wahrheit, so sind die inneren Tatsachen, und wie sie sind, hängt nicht an irgend einer naseweisen Geschichte, die ich mir so oder auch anders zusammenreimen könnte.

Was also ist richtig? Um die Wahrheit zu sagen: Ich habe keine Ahnung.

Warum nun ist sie wertvoll, die Selbsterkenntnis?

Zum Glück muß ich sie auch nicht haben, um nun diejenige Frage zu stellen, die mich im Rest des Vortrags beschäftigen soll: Was kann das Motiv sein, nach den wahren Tatsachen oder der besten Geschichte über uns selbst zu suchen? Warum ist Selbsterkenntnis wertvoll?

Den einen Grund habe ich zu Beginn schon genannt: Wir brauchen sie, wenn unser Leben und unser Empfinden nicht mehr zusammenpassen. Wir müssen uns dann neu sehen und verstehen lernen, um die Krise überwinden und weitermachen zu können. Das ist ein gewichtiger, lebenspraktischer Grund, und er zeigt: Die Suche nach Selbsterkenntnis ist kein Luxus, kein künstliches, philosophisches Ideal nur für wenige.

Doch es gibt noch ganz andere Gründe, nach ihr zu suchen. Wir kennen ein Bedürfnis nach Wahrhaftigkeit, nach intellektueller Redlichkeit: Wir möchten unser Leben nicht hinter einem Schleier von Täuschungen und Selbstbetrug leben. Das gilt einmal für die Welt außerhalb von uns: Zwar gibt es Zeiten, wo wir bedrängende und verletzende Dinge ausblenden oder schönreden, um von ihnen nicht erdrückt zu werden. Doch auch in solchen

Zeiten haben wir oft ein verstecktes, leise tickendes Empfinden, das uns sagt, daß wir uns den Dingen eines Tages stellen müssen. Dieses Empfinden hat mit einem Phänomen zu tun, das leicht zu benennen, aber schwer zu verstehen ist: Selbstachtung. Wir können uns nicht achten – und manchmal kommt es zu ausdrücklicher, vehementer Verachtung –, wenn wir uns dabei ertappen, daß wir einer unangenehmen Wahrheit schon wieder ausgewichen sind. Und das nun gilt auch und vielleicht sogar in besonderem Maße, wenn es um eine Wahrheit geht, die uns selbst betrifft. Es kann sich dabei um ganz verschiedene Dinge handeln: Ich müßte mir endlich eingestehen, daß mir eine Fähigkeit, die ich so gerne hätte, einfach fehlt, etwa die Leichtigkeit im Lernen von fremden Sprachen. Ich sollte aufhören, mir innere Unabhängigkeit und Gelassenheit vorzugaukeln, wo ich in Wirklichkeit unablässig nach der Meinung der Anderen schiele. Ich sollte aufhören, eine vergangene Verfehlung stets von neuem aus dem Selbstbild tilgen zu wollen. Ich sollte endlich zu mir stehen, wie ich bin. Es ist nicht ohne weiteres klar, worin dieses Bedürfnis wurzelt, denn warum sollte es mir im Schutz von wasserdichten, perfekt funktionierenden Lügen über mich selbst nicht besser gehen? Aber es ist so: Selbstachtung und das Streben nach Selbsterkenntnis sind auf diese Weise verknüpft. Und diese Verknüpfung ist ein wichtiger Grund, warum es uns zu einem gelingenden Leben zu gehören scheint, daß wir uns in der Art, wie wir leben, richtig verstehen.

Ein weiterer Grund ist die Bedeutung, die Selbsterkenntnis für das Ideal eines selbstbestimmten Lebens hat. Selbstbestimmung kann nach außen hin gelesen werden: Dann bedeutet sie Bewegungsfreiheit. Man kann sie aber auch nach innen lesen: Dann geht es darum, daß ich im Denken, Erleben und Wollen so bin, wie ich sein möchte. Entsprechend fehlt mir die Selbstbestimmung, wenn Erleben und Selbstbild auseinanderklaffen. Wenn sie es tun, erfahren wir das als Beeinträchtigung der inneren Freiheit, als inneren Zwang etwa, wenn ich das Spielcasino gegen besseres Wissen betrete; wenn ich chauvinistisch wähle, obwohl ich mich als Weltbürger sehen möchte; wenn ich kleinlich und rachsüchtig fühle und handle, obwohl ich mich gerne großzügig und nachsichtig erleben würde; und wenn ich aller Erfahrung zum Trotz stets von neuem die Art von Lebenspartner wähle, mit der es garantiert schiefgeht. Diesen Mangel an innerer Selbstbestimmung erfahren wir als Zerrissenheit. Und dann kommt es auf Selbsterkenntnis an: darauf, diese Zerrissenheit in ihrer Herkunft, ihrer Logik und Dynamik zu verstehen. Erst dieses Verstehen ermöglicht später auch ein Verändern, einen Bruch mit dem inneren Zwang und eine Öffnung für neue Arten des Erlebens und Handelns. Er versuche, seinen Patienten die verlorene innere Freiheit wiederzugeben, pflegte Freud zu sagen.

Selbsterkenntnis also als Quelle von Freiheit und damit von Glück. Dazu gehört auch ein befreites Verhältnis zur Zeit des eigenen Lebens. Erinnerungen können ein Kerker sein, sie können eine lähmende Wendung nach rückwärts erzwingen und einen befreiten Blick in die Zukunft verhindern. Ihre Tyrannei können wir nur durch Selbsterkenntnis brechen: dadurch, daß wir verstehen, woher ihre zwanghafte, erstickende Macht kommt, an welche verborgenen Dinge sie rührt und wie es zu verstehen ist, daß es dem späteren Leben nicht gelungen ist, ihr Gewicht zu relativieren. Auch was die Zukunft anlangt, kann ein wachsendes Verständnis unser selbst entscheidend sein. Denn auch unbewußte Entwürfe können ein Kerker sein. Ich kann, ohne es zu erkennen, der Meinung sein, daß man mich nur mag, wenn ich stets von neuem Leistung auf Leistung türme, eine unerkannte, durch und durch unvernünftige Furcht vor Mißachtung und Einsamkeit kann mich im Würgegriff halten, und so kann es kommen, daß ich unter der Last meines Leistungswillens durch mein Leben hetze, ohne es zu leben. Erst wenn ich erkenne, was da für Kräfte am Werk sind, habe ich die Chance, die Dinge zu verändern.

Das sind bereits eine ganze Reihe von Gründen, warum Selbsterkenntnis wertvoll ist, wertvoll allein schon für mich selbst. Nicht weniger gewichtig sind die Gründe, die mit den Anderen und meiner Beziehung zu ihnen zu tun haben. Es ist uns wichtig, mit anderen in moralischer Intimität zu leben, geleitet von dem Wunsch, auf ihre Bedürfnisse Rücksicht zu nehmen, und von der Erwartung, daß sie das auch für uns tun. Daß die Bedürfnisse der Anderen für mich ein Grund sind, etwas zu tun oder zu lassen, ist der Kern des moralischen Standpunkts. Entsprechend ist es das Wesen von Grausamkeit, daß ihr diese Einstellung fremd ist: Die Anderen kommen nur als Mittel, als Instrument zur Befriedigung meiner eigenen Bedürfnisse vor. Um nun die Anderen als Andere achten und in ihren eigenen Bedürfnissen respektieren zu können, muß ich sie als Andere erkennen, und das wiederum setzt voraus, daß ich weiß, wie ich selbst bin. Oft scheitert moralischer Respekt einfach an Blindheit uns selbst gegenüber. Und nicht anders ist es mit Grausamkeit. Je geringer die Übersicht über die Motive des eigenen Tuns, desto größer die Gefahr der Grausamkeit. Viele Grausamkeiten geschehen, weil wir unseren Neid, unsere Mißgunst, unsere verborgene Schadenfreude und unseren verleugneten Haß nicht kennen. Und so kann uns fehlende Selbsterkenntnis sogar um die Chance bringen, einen ausdrücklich moralischen Willen in die Tat umzusetzen.

Doch nicht nur um das Vermeiden vom Grausamkeit geht es, sondern auch um die Echtheit einer Beziehung. Sich zu kennen heißt, zwischen der Art unterscheiden zu können, wie der Andere ist, und der Art, wie man ihn gerne hätte; es heißt, seine eigenen Projektionen durchschauen zu können. Und es hilft auch, die Projektionen der Anderen zu erkennen und nicht blind ihr Opfer zu werden. Das ist wichtig, damit wir uns mit echten, wechselseitigen Gefühlen und Wünschen begegnen können und uns nicht wie Potemkinsche Fassaden gegenüberstehen, bei denen die Gefühle ins Leere gehen.

Menschen, die sich mit sich selbst auskennen, begegnen sich anders als solche, die keine Übersicht über sich besitzen. Die Begegnungen sind wacher, sorgfältiger und interessanter. Auch deshalb ist Selbsterkenntnis ein hohes Gut.

Plenarsitzungen des Berichtsjahres 2007

Sitzung am 26.1.2007

>   Jens Frahm: Robert Brown, Albert Einstein und der weiße Balken
>   (siehe Seite 137)
>
>   Otto Merk: Adolf Jülicher als Paulusforscher – anläßlich seines
>   150. Geburtstages
>   (siehe Seite 149)

Sitzung am 9.2.2007 (öffentliche Sitzung)

>   „Entscheidungen am Lebensende"
>   Medizinische, ethische und rechtliche Fragen
>
>   Bettina Schöne-Seifert
>
>   Günther Patzig
>   Philosophische Aspekter der Sterbehilfe-Problematik
>   (siehe Seite 90)
>
>   Hans Ludwig Schreiber
>   Entscheidungen am Lebensende – Stand der Diskussion um eine
>   gesetzliche Lösung
>   (siehe Seite 102)

Sitzung am 13.4.2007 (öffentliche Sitzung)

>   Preisträger des Jahres 2006
>   (siehe Seite 207)

Sitzung am 27.4.2007

>   Hermann Spieckermann: Bericht aus seinem Arbeitsgebiet:
>   Gottvater – Religionsgeschichte und Altes Testament
>   (siehe Vorstellungsberichte der Mitglieder)
>
>   Reinhard Feldmeier: Bericht aus seinem Arbeitsgebiet:
>   Gottvater – Religionsgeschichte und Neues Testament
>   (siehe Vorstellungsberichte der Mitglieder)

GERHARD WÖRNER: „Und so wäre dann die liebe Welt geognostisch auf den Kopf gestellt". Goethe im Streit zwischen Vulkanismus und Neptunimus

Sitzung am 11.5.2007

KLAUS HERBERS, eingeführt durch Gustav Adolf Lehmann:
Zentrum und Peripherie im europäischen Mittelalter
(Neue Abhandlungen)

REINHARD LAUER: Erinnerungskultur in Süd-Ost-Europa
(Neue Abhandlungen)

Sitzung am 25.5.2007

STEFAN HELL: Bericht aus seinem Arbeitsgebiet:
Fluoreszensmikroskopie in ungekannter Schärfe
(siehe Vorstellungsberichte der Mitglieder)

STEPHAN KLASEN: Bericht aus seinem Arbeitsgebiet:
Geschlechtsspezifische Ungleichheit und wirtschaftliche Entwicklung: Wechselwirkungen und Zusammenhänge
(siehe Vorstellungsberichte der Mitglieder)

CHRISTIAN GRIESINGER: Bericht aus seinem Arbeitsgebiet:
Spionage im Inneren der Moleküle – von Spins bis Parkinson
(siehe Vorstellungsberichte der Mitglieder)

Sitzung am 8.6.2007
Auswärtige Sitzung in Gelliehausen

WILFRIED BARNER: Gerichtshalter und Poet: Gottfried August Bürger in Gelliehausen
(siehe Seite 334)

Sitzung am 22.6.2007 (öffentliche Sommersitzung)

PETER BIERI: Selbsterkenntnis. Was ist sie? Warum ist sie wertvoll?
(siehe Seite 115)

Sitzung am 28.6.2007 (öffentliche Sitzung)
Jubiläumsveranstaltung zu Ehren von Professor Dr. Dr. h.c. mult. Manfred Eigen

MANFRED EIGEN: Was ist Information?

Sitzung am 6.7.2007

>BERNHARD RONACHER: Hören und Verstehen in einer lärmerfüllten Welt
>
>NORBERT ELSNER: Auf literarischem Glatteis: Neurophilosophische Gedanken zu Thomas Manns Erzählung „Die vertauschten Köpfe"
>
>OKKO BEHRENDS: Gesetzgebung, Menschenbild und Sozialmodell im Familien- und Sozialrecht (14. Symposium der Kommission „Die Funktion des Gesetzes in Geschichte und Gegenwart")
>(Neue Abhandlungen)

Sitzung am 20.7.2007

>UTE DANIEL: Bericht aus ihrem Arbeitsgebiet:
>Kulturgeschichte der Massenmedien
>(siehe Vorstellungsberichte der Mitglieder)
>
>HANS-JÜRGEN BORCHERS: Mathematical Implications of Einstein-Weyl Causality
>
>KLAUS-DIRK HENKE: Gesundheitsreform in der Kompromißfalle
>(siehe Seite 165)

Sitzung am 12.10.2007

>EVA SCHUMANN: Bericht aus ihrem Arbeitsgebiet:
>Beiträge studierter Juristen und anderer Rechtsexperten zur Rezeption des gelehrten Rechts
>(siehe Vorstellungsberichte der Mitglieder)
>
>HANS BERNSDORFF, eingeführte durch Carl-Joachim Classen:
>Auf der Suche nach einem verschollenen Roman der Antike – Neues von den „Wundern jenseits von Thule"
>(Neue Abhandlungen)

Sitzung am 26.10.2007

>OTTO KAISER: Dokumente einer gescheiterten Freundschaft – 36 Briefe von Heinrich Ewald an Hermann Hupfeld
>(Neue Abhandlungen)
>
>JACOB YNGVASON: Die Physik kalter Quantengase

Sitzung am 9.11.2007

> LUCIANO FLORIDI (Oxford), eingeführt durch Robert Schaback: The Future Development of the Information Society
> (siehe Seite 175)
>
> NICOLAAS RUPKE: Der digitale Johann Friedrich: Überlegungen zu einem Editionsprojekt „Blumenbach-Online"

Sitzung am 23.11.2007 (öffentliche Jahresfeier)

> ARNOLD ESCH (Festredner): Pius II. Ein Papst erlebt die Landschaft der Frührenaissance
> (siehe Seite 85)
>
> BERTRAND HALPERIN: The Peculiar Properties of Quantum Hall Systems
> (siehe Seite 237)

Sitzung am 7.12.2007

> OTTO-GERHARD OEXLE: Nachruf auf Karl Hauck
> (siehe Nachruf)
>
> JOCHIM REITNER: Mikroben und Bernstein – Einblicke in eine wenig verstandene geo-biologische Beziehung
> (siehe Seite 188)
>
> GERHARD WAGENITZ: 300 Jahre Carl von Linné – Was bleibt?
> (siehe Seite 199)

Sitzung am 14.12.2007 (öffentliche Sitzung)

> HUGH WILLIAMSON (Oxford): „Heilig, heilig, heilig" – Von der Geschichte einer liturgischen Formel
> 1. Julius-Wellhausen-Vorlesung

Robert Brown, Albert Einstein und der weiße Balken

(gehalten in der Plenarsitzung am 26. Januar 2007)

JENS FRAHM

Jeder Innovation, jedem technischen Fortschritt gehen unzählige naturwissenschaftliche Arbeiten voraus. Tatsächlich liegen die Ergebnisse der Grundlagenforschung nicht nur dem allgemeinen wissenschaftlichen Erkenntnisgewinn, sondern auch der aus ihr abgeleiteten, anwendungsorientierten Umsetzung zugrunde. Konkretes Ziel dieser Vorlage ist es, diese Zusammenhänge an einem aktuellen Beispiel aufzuzeigen – der neuartigen Darstellung von Nervenfaserbahnen des menschlichen Gehirns mit Hilfe eines speziellen Verfahrens der Magnetresonanz-Tomographie (MRT). Darüber hinaus scheint es geboten, der oft zu kurzfristig und einseitig angelegten Suche nach Innovationen die gesellschaftspolitische Bedeutung der Grundlagenforschung entgegenzuhalten. Im Rahmen der wissenschaftlichen Akademien wurde diese Notwendigkeit zuletzt erneut durch den völligen Gleichklang von Technikwissenschaftlern, Wirtschaftsvertretern und Politikern auf der Jahresversammlung der acatech im Herbst 2006 belegt, die auf oberflächliche Weise die Dringlichkeit von Innovationen betonten, ohne auf deren Voraussetzungen einzugehen. Innovation stellt nur den letzten Schritt in der Kette der Erkenntnisse dar und schöpft gewissermaßen nur den Rahm ab. Natürlich wollen wir alle den Rahm. Aber wo wäre der Rahm ohne die Milch, die Milch ohne die Kuh?

Jens Frahm, Professor der Physikalischen Chemie an der Georg-August-Universität Göttingen, O. Mitglied der Göttinger Akademie seit 2005

Damit zu meinem Beispiel. Was haben also Robert Brown und Albert Einstein mit dem weißen Balken zu tun? Der weiße Balken ist die zentrale Struktur der weißen Hirnsubstanz im menschlichen Gehirn (Abb. 1a). Diese besteht aus gebündelten Nervenfasern, die die mit mehreren Schich-

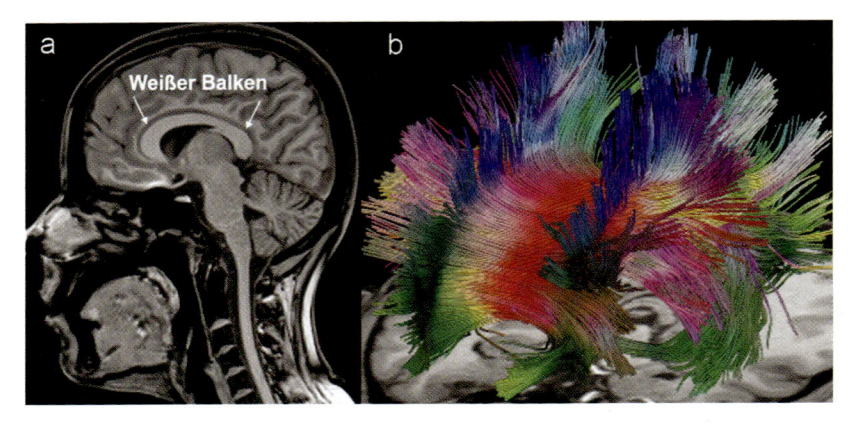

Abbildung 1: Der weiße Balken im menschlichen Gehirn in Aufnahmen der Magnet-resonanz-Tomographie. (a) Anatomische Darstellung in einem sagittalen Schnittbild und (b) dreidimensionale Rekonstruktion aller Nervenfaserbahnen, die den Balken kreuzen. Der Farbkode entspricht der lokalen Richtung der Nervenfaserbahn (rot = rechts-links, grün = vorne-hinten, blau = oben-unten). Der Blickwinkel ist von vorne rechts oben.

ten aus Myelin ummantelten Fortsätze der Nervenzellen repräsentieren. Die Bahnen des weißen Balkens verbinden vor allem gleichartige Funktionszentren in der grauen Hirnsubstanz (Zellkörper der Nervenzellen) der rechten und der linken Hälfte der Großhirnrinde. Diese Verbindungen können seit kurzem mit Hilfe der diffusionsgewichteten MRT identifiziert und durch geeignete Algorithmen zur Faserverfolgung dreidimensional dargestellt werden (Abb. 1b). Mit Hilfe eines solchen Ansatzes ist es unserer Arbeitsgruppe im vergangenen Jahr gelungen, die topographische Zuordnung der Fasern des weißen Balkens erstmalig im lebenden menschlichen Gehirn zu bestimmen. Davon am Ende etwas mehr. Voraus geht diesen neuen Einsichten jedoch eine lange Kette von Arbeiten, die ich hier im Zeitraffer und ohne Detaildiskussion vorstellen möchte.

Diffusion und nuklearmagnetische Resonanz

Die experimentelle Grundlage für die Verfolgung von Faserbahnen beruht auf der unterschiedlichen molekularen Beweglichkeit der Wassermoleküle in den Geweben unseres Gehirns. Die erste Naturbeobachtung derartiger Phänomene wurde von Robert Brown im Jahre 1827 gemacht. Im Lichtmikroskop erkannte er, daß kleine „Teilchen" in den Hohlräumen von Blütenstaub eine zittrige Bewegung ausführen (Brown 1828). Durch Wie-

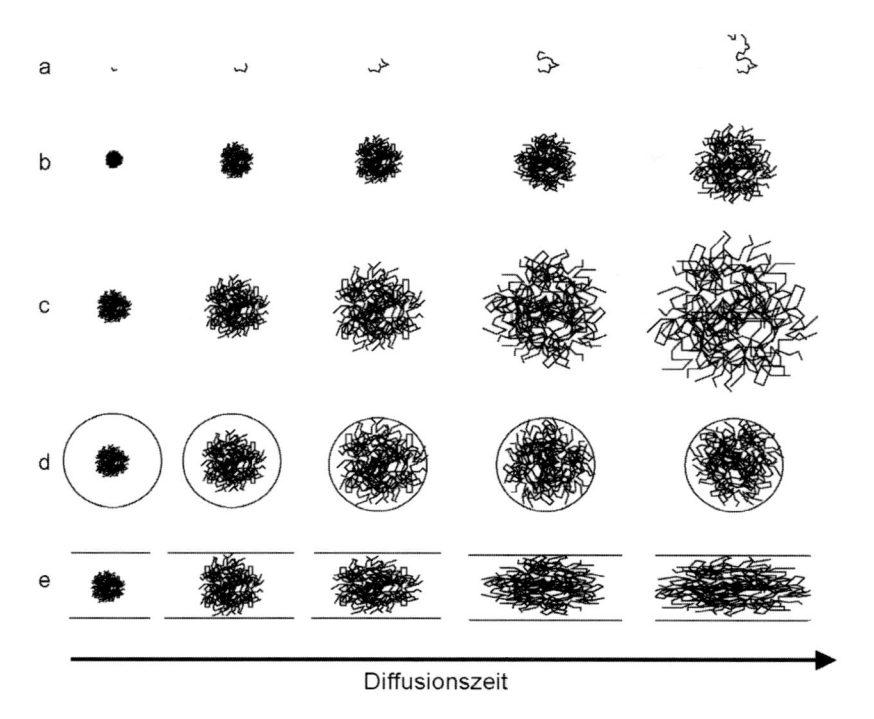

Abbildung 2: Selbstdiffusion (zweidimensional) der Wassermoleküle als Funktion der Diffusionszeit: mittlere Verschiebung für (a) ein einzelnes Molekül, (b) ein Ensemble von langsamen und (c) von schnellen Molekülen, (d) eingeschränkte Diffusion und (e) anisotrop eingeschränkte Diffusion.

derholung des Experimentes mit Staub konnte er zeigen, daß die Bewegung nicht dadurch entsteht, daß der Blütenstaub „lebt". Auch wenn uns das beschriebene Phänomen heute bereits in der Schule als Brownsche Molekularbewegung bekannt gemacht wird, hat es damals über 80 Jahre gedauert, bis Albert Einstein die „Bewegung von in ruhenden Flüssigkeiten suspendierten Teilchen" mit Hilfe der molekularkinetischen Theorie der Wärme als Diffusionsprozess deuten und quantitativ beschreiben konnte (Einstein 1905). Die Diffusionsbewegung der Teilchen läßt sich danach durch einen Diffusionskoeffizienten charakterisieren und führt für eine bestimmte Diffusionszeit zu einer mittleren Verschiebung der Moleküle von ihrem Ursprungsort (Abb. 2 a-c).

Der theoretischen Behandlung der Diffusion folgten experimentelle Untersuchungen von Diffusionskoeffizienten, die insbesondere mit Hilfe von radioaktiven Markierungen der interessierenden Moleküle durchgeführt wurden. Eine besonders elegante und berührungsfreie Quantifizierung von Diffusionsprozessen wurde allerdings erst Mitte der 1960er Jahre durch eine spezielle Variante der nuklearmagnetischen Resonanz (NMR) möglich. Dazu war allerdings zunächst die 1952 mit dem Nobelpreis für Physik ausgezeichnete Entdeckung der NMR in der kondensierten Phase durch die zwei Arbeitsgruppen von Edward Purcell und Felix Bloch erforderlich (Purcell et al. 1946; Bloch et al. 1946). Beide Gruppen hatten gleichzeitig und unabhängig voneinander entdeckt, daß die in einem starken Magnetfeld erzeugte Polarisation von Wasserstoffatomkernen (Protonen), die bekanntlich einen resultierenden Kernspin (Drehimpuls) besitzen, durch die Aufnahme von Energie aus einem elektromagnetischen Signal im Radiofrequenzbereich (RF) geändert werden kann. Nach Beendigung des anregenden RF-Impulses wird der alte Gleichgewichtszustand durch molekulare Wechselwirkungen der Kernspins mit ihrer Umgebung bzw. untereinander wieder hergestellt. Bei diesem Relaxationsvorgang geben die angeregten Kernspins wiederum ein RF-Signal ab, das von den beiden Arbeitsgruppen erstmalig in Paraffin (Purcell) bzw. in flüssigem Wasser (Bloch) nachgewiesen werden konnte.

In Kurzform besteht das NMR-Experiment also in der Beobachtung von Hochfrequenzsignalen, die Atomkerne (z. B. Protonen) mit einem magnetischen Dipolmoment (Kernspin) aussenden, wenn sie in einem starken Magnetfeld (z. B. 3 Tesla = 60000-fache Erdmagnetfeldstärke) mit einem kurzen Radiowellenimpuls (z. B. 1/1000 Sekunde) im Ultrakurzwellen-Bereich (123 MHz bei einem Magnetfeld von 3 Tesla) angeregt werden. Wenige Jahre nach dieser Entdeckung wurden von Erwin Hahn zwei weitere Signaltypen beschrieben, die durch die Kombination von zwei bzw. drei RF-Impulsen erzeugt werden können (Hahn 1950). Zwei aufeinanderfolgende RF-Impulse bewirken nach dem zweiten Impuls ein „Spin-Echo", dessen Zeitpunkt dem Abstand der beiden Impulse entspricht. Dieser Vorgang berücksichtigt die Tatsache, daß das von einem einzigen RF-Impuls angeregte Signal aufgrund von technischen Unzulänglichkeiten (z. B. der Inhomogenität der verwendeten Magnete) sehr viel schneller abklingt, als es aufgrund der natürlichen Relaxationsvorgänge zu erwarten wäre.

Dieser eigentlich unerwünschte Effekt inspirierte 15 Jahre später Stejskal und Tanner zu der heute üblichen NMR-Diffusionsmessung (Stejskal und Tanner 1965). Einerseits wurde durch stark verbesserte, homogene Magnetfelder der undefinierte Signalabfall vermieden, andererseits führte die Verwendung von zwei identischen Magnetfeldgradienten in den beiden Intervallen des Spin-Echo-Experimentes zu einem definierten Signalverlust im ersten Intervall, der im zweiten Intervall durch die Umkehr der Bewegungsrichtung der Kernspins durch den zweiten RF-Impuls vollständig ausgeglichen werden kann (Abb. 3, linker Teil). Allerdings gilt dies nur für stationäre Kernspins, also Moleküle, die sich in der Zeit zwischen den beiden Gradientenschaltungen (gelb in Abb. 3) nicht von ihrem Ursprungsort entfernen. Da dies jedoch aufgrund der Brownschen Molekularbewegung für Wassermoleküle bei Raumtemperatur nicht der Fall ist, erfährt das entsprechende Spin-Echo eine Signalabschwächung. Diese kommt dadurch zustande, daß Kernspins, die sich zwischen den Gradientenschaltungen bewegen, im ersten und im zweiten Intervall „unterschiedliche Wege zurücklegen" (durch unterschiedliche Magnetfelder verschiedene Phasenlagen aufnehmen), so daß sich die Effekte zum Echozeitpunkt nicht mehr kompensieren: je größer die Entfernung vom Ursprungsort, je größer also der Diffusionskoeffizient, desto stärker die Abschwächung des Spin-Echos. Durch Messungen mit unterschiedlichen Gradientenstärken läßt sich auf diese Weise der Diffusionskoeffizient der die Kernspins tragenden Moleküle bestimmen. Werden die diffusionskodierenden Gradienten in unterschiedliche Raumrichtungen geschaltet, so lassen sich auch richtungsabhängige Diffusionsprozesse untersuchen.

Um NMR-Diffusionsmessungen für biologische Gewebe und intakte Organismen nutzbar zu machen und insbesondere um räumlich aufgelöste Untersuchungen im menschlichen Gehirn durchzuführen, bedurfte es erneut einer fundamentalen Entwicklung, der erst 2003 mit dem Nobelpreis für Physiologie oder Medizin ausgezeichneten Erfindung der Magnetresonanz-Tomographie (Lauterbur 1973). Paul Lauterbur entdeckte 1972 das Prinzip der Ortsauflösung für die NMR, das auf der Kodierung der NMR-Frequenzen mit Hilfe eines örtlich variablen Magnetfeldes, also eines Magnetfeldgradienten, während der Datenaufnahme beruht (blau in Abb. 3, rechter Teil). Zugleich beschrieb er ein Verfahren zur Rekonstruktion von zweidimensionalen Bildern aus Mehrfachmessungen mit unterschiedlicher Ortskodierung. Ernsthafte Erprobungen der MRT am Menschen wurden aus technischen Gründen erst Mitte der 1980er Jahre möglich, wobei sich die Wünsche nach deutlich kürzeren Messzeiten und erhöhter pathophysiologischer Spezifität als besonders dringlich herausstellten. Neben der Dichte der Kernspins (Protonendichte = Wassergehalt im Gewebe) und den Relaxationszeiten T1 und T2, die die bereits erwähnte Rückkehr der Kernspins zum Gleichgewicht charakterisieren, wurden daher viele Versuche unternommen, auch die Diffusion der Wassermoleküle im Gewebe als Kontrastparameter für die MRT einzuführen. Ein allgemeiner Durchbruch in diesem Bemühen ergab sich Mitte der 1990er Jahre, als zunächst tierexperimentell und anschließend am Patienten die einzigartige Empfindlichkeit diffusionsgewichteter MRT-Aufnahmen des Gehirns für

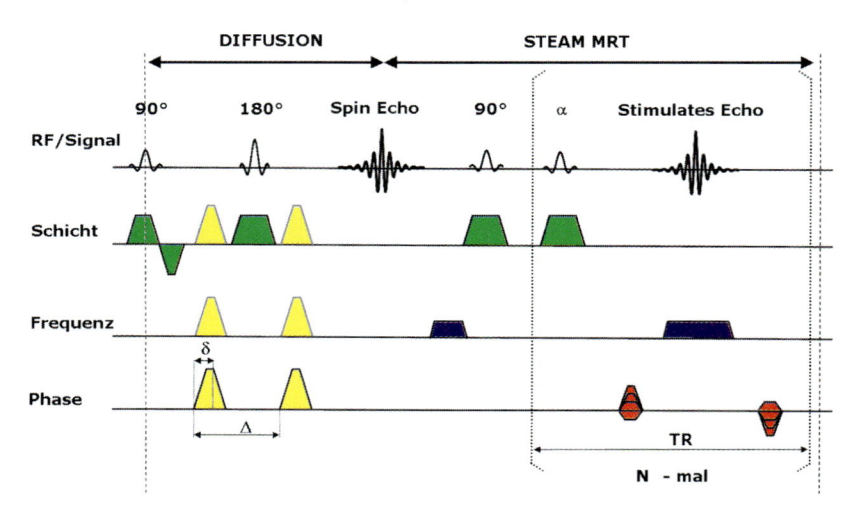

Abbildung 3: Schema der schnellen diffusionsgewichteten Magnetresonanz-Tomographie mit stimulierten Echos. Die Sequenz kombiniert eine diffusionsgewichtete Spin-Echo-Sequenz (DIFFUSION) mit einer schnellen MRT-Sequenz (STEAM MRT), die zur Datenaufnahme N stimulierte Echos erzeugt. Der Farbkode entspricht gleichartigen Gradientenschaltungen (gelb = Diffusionsgradient, grün = Schichtgradient, blau = frequenzkodierender Gradient, rot = phasenkodierender Gradient), RF = Radiofrequenz (anregende Impulse mit unterschiedlichen Kippwinkeln), δ = Dauer des Diffusionsgradienten, Δ = Diffusionszeit.

ischämische Veränderungen beobachtet wurde. Die hohe Relevanz für die Diagnostik des akuten Schlaganfalls konnte jedoch nur genutzt werden, weil der technische Entwicklungsstand der MRT zu diesem Zeitpunkt bereits so weit fortgeschritten war, daß es gelang, die unvermeidbaren Bewegungen eines Patienten während der MRT-Messung, die durch die Diffusionskodierung in ihrer bildschädlichen Auswirkung in besonderem Maße verstärkt werden, durch den Einsatz von Hochgeschwindigkeitsverfahren mit Messzeiten von unter einer halben Sekunde pro Einzelbild gewissermaßen „einzufrieren" und damit effektiv zu reduzieren.

Zu diesem Zweck wird die Diffusionsmessung heute in der Regel mit der von Sir Peter Mansfield eingeführten echo-planaren MRT-Sequenz kombiniert. Mansfield hat für seine diversen Beiträge zur Entwicklung der MRT gemeinsam mit Lauterbur 2003 den Nobelpreis erhalten. Die (diffusionsgewichtete) echo-planare MRT zeichnet sich jedoch durch eine Anfälligkeit gegenüber Magnetfeldinhomogenitäten aus, die im Körper durch das Nebeneinander von sehr unterschiedlichen Materialien insbesondere an Gewebe-Luft-Grenzen auftreten und zu lokalen Bildauslöschungen und

Verzerrungen führen können. In unserer Arbeitsgruppe wird deshalb eine alternative Hochgeschwindigkeitstechnik (STEAM MRT, Abb. 3, rechter Teil) für die diffusionsgewichtete MRT eingesetzt, die bereits 1985 im Zusammenhang mit der Entwicklung von MRT-Verfahren auf der Grundlage stimulierter Echos erstmalig beschrieben wurde (Frahm et al. 1985a b). Seit ihrer Entdeckung durch drei nacheinander geschaltete RF-Impulse (Hahn 1950) waren stimulierte Echos nur selten für NMR-Experimente genutzt worden und für die MRT völlig außer Betracht geblieben. Da sie jedoch genau wie Spin-Echos Inhomogenitätseffekte grundsätzlich eliminieren, weisen die aus ihnen errechneten diffusionsgewichteten MRT-Aufnahmen keinerlei Bildfehler und Verzerrungen auf (Nolte et al. 2000; Rieseberg et al. 2005). Ihre Nutzung für die Verfolgung von Nervenfasern garantiert eine eindeutige Kongruenz mit anatomischen MRT-Aufnahmen, eine Eigenschaft, die als wichtige Voraussetzung für die wissenschaftliche wie die klinische Anwendung der Verfahren angesehen werden muß.

Diffusionsgewichtete Magnetresonanz-Tomographie und Faserverfolgung

Die Diffusionseigenschaften des Wassers im lebenden Gehirn unterscheiden sich erheblich von denjenigen in einer wässrigen Flüssigkeit. Statt freier uneingeschränkter Selbstdiffusion erfahren Wassermoleküle im strukturierten Gewebe aus unterschiedlichsten Zellen und Kompartimenten eine räumliche Einschränkung, die nicht nur die messbare mittlere Verschiebung begrenzt (Abb. 2d), beispielsweise in der grauen Hirnsubstanz, sondern unter Umständen auch zu einer richtungsabhängigen Begrenzung der Diffusion führt (Abb. 2e). Dieser letztgenannte Fall „anisotroper" Diffusion trifft vor allem auf die Nervenfaserbahnen der weißen Hirnsubstanz zu, in denen sich die Wassermoleküle entlang der Faserbahn (im Axon) nahezu unbegrenzt ausbreiten können, während in den beiden senkrechten Richtungen die axonale Membran ebenso wie die starken Myelinschichten schwer überwindbare Barrieren bilden.

Richtungsabhängige Diffusionsvorgänge können mit der MRT beschrieben werden, wenn Diffusionskodierungen des Signals in multiplen Richtungen durchgeführt werden. In unseren Untersuchungen werden 24 Richtungen verwendet, die gleichmäßig auf einer Kugeloberfläche verteilt sind. Aus entsprechend 24 diffusionsgewichteten MRT-Aufnahmen und mindestens einem MRT-Bild ohne Diffusionsgewichtung läßt sich dann ein Diffusionstensor bestimmen, der als vereinfachtes Modell die lokalen Diffusionsprozesse durch drei senkrecht aufeinanderstehende Diffusionskoeffizien-

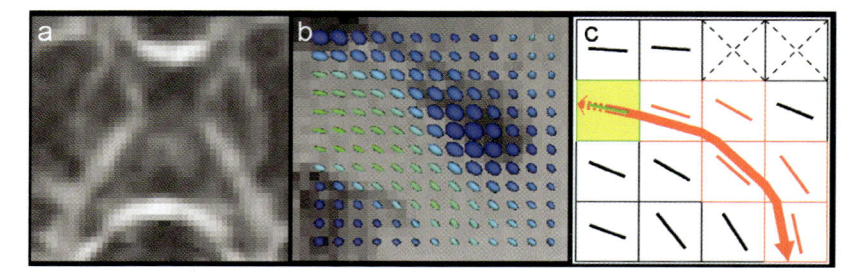

Abbildung 4: Verfolgung von Nervenfaserbahnen mit der diffusionsgewichteten Magnetresonanz-Tomographie (Ausschnitt aus einem axialen Schnittbild mit vorderen und hinteren Anteilen des weißen Balkens). (a) Karte der Anisotropie (hell = hohe Anisotropie, dunkel = isotrope Diffusion), (b) Darstellung der Diffusionsellipsoide (Hauptdiffusionsrichtung) in einem hinteren Teil des weißen Balkens, (c) Faserverfolgung durch sequentielle Verknüpfung benachbarter Hauptdiffusionsrichtungen.

ten repräsentiert. In anschaulicher Weise kann man den Diffusionstensor daher als Ellipsoid darstellen (Abb. 4b). Bildpunkte in den flüssigkeitsgefüllten Hirnkammern (Ventrikel) zeichnen sich dabei durch eine isotrope, richtungsunabhängige Diffusion aus, so daß der Diffusionsellipsoid zu einer Kugel mutiert (blau in Abb. 4b). Bildanteile in der weißen Hirnsubstanz des hinteren Balkens weisen dagegen eine stark gerichtete, anisotrope Diffusion auf, die durch eine Vorzugsrichtung charakterisiert wird und den Diffusionsellipsoid als „Zigarre" erscheinen läßt (grün in Abb. 4b). Die drei Diffusionswerte des Tensors können auch genutzt werden, um einen Index für das Maß der lokalen Anisotropie zu berechnen. Entsprechende Karten ergeben ein selektives Bild der weißen Hirnsubstanz (Abb. 4a), das nicht mehr wie konventionell durch Unterschiede in den NMR-Relaxationszeiten, sondern in der molekularen Bewegung der Wassermoleküle bestimmt ist.

Die Verfolgung von Faserbahnen erfolgt schließlich durch eine Gleichsetzung der Hauptdiffusionsrichtung mit der Richtung der zugrunde liegenden Bündel aus Nervenfasern. Danach läßt sich das Vektorfeld der einzelnen Bildpunkte durch einfache mathematische Vorschriften in eine Kette sukzessive verknüpfter Einzelrichtungen überführen. Ein besonders einfacher Algorithmus (Mori et al. 1999) zeichnet die Hauptdiffusionsrichtung bis an den Rand eines jeden Bildpunktes, der in Wirklichkeit ein dreidimensionales Volumenelement darstellt und in der Regel ein Würfel ist, und führt sie von dort mit der Hauptdiffusionsrichtung des Nachbarelementes fort. Das Ergebnis einer nach Wahl eines Startgebietes automatisch ablaufenden Faserbahnverfolgung kann durch Zusatzkriterien stabilisiert oder abgebrochen werden. Mit einem solchen Verfahren wurden die bereits vorgestellten Nervenfasern rekonstruiert, die den weißen Balken kreuzen (Abb. 1b), wobei als Startgebiet das gesamte Gebiet des weißen Balkens in einer mittleren sagittalen Schichtführung gewählt wurde (Abb. 1a).

Topographie des weißen Balkens

Am Ende dieser Entwicklung von der Brownschen Molekularbewegung bis zur Verfolgung von Nervenfasern im menschlichen Gehirn steht unser gegenwärtiger Erkenntnisgewinn, der sich mit der Topographie des Balkens befaßt und die einfache Frage beantwortet: Wo kreuzen welche Fasern? Um die Gesamtheit aller kreuzenden Bahnen nach ihren kortikalen Zielgebieten zu ordnen, wurde neben der Wahl eines Startgebietes für die automatische Faserverfolgung (der weiße Balken) jeweils ein zweites Gebiet in der weißen Hirnsubstanz der Großhirnrinde definiert, das von einer Gruppe zusammengehörender Nervenfasern erreicht bzw. durchlaufen werden sollte. Dabei entsprechen die Zielgebiete weitestgehend einheitlichen Bereichen der Hirnrinde, die entweder funktionell oder anatomisch voneinander unterschieden werden können. Beispielsweise trifft dies für motorische oder visuelle Areale oder für den Schläfenlappen (parietaler Kortex) zu. Durch eine Farbkodierung, die nicht mehr wie bisher der lokalen Diffusionsrichtung (Abb. 1b), sondern dem kortikalen Zielgebiet entspricht (Abb. 5a), lassen sich dann nach vielen Einzelbestimmungen die kreuzenden Bahnen des weißen Balkens in einer Seitenansicht anschaulich den einzelnen Kortexarealen zuordnen.

Das Ergebnis einer Untersuchung von 10 gesunden weiblichen und männlichen Testpersonen ergab zum Teil dramatische Abweichungen von der bisher allgemein angenommenen Verteilung der Fasern (Hofer und Frahm. 2006). Insbesondere gilt dies für die jeweiligen Verknüpfungen der primären motorischen und sensorischen Bereiche (dunkelblau bzw. rot in Abb. 5a) in der rechten und der linken Großhirnrinde. Während das bisher „gültige" geometrische Schema (Witelson. 1989), das eine vertikale Auftrennung des weißen Balkens vorsieht, die motorischen Bahnen in der vorderen Hälfte des Balkens angab, zeigen die neuen Ergebnisse aller Testpersonen eine Position hinter der Mitte, an die sich die sensorischen Bahnen anschließen (Abb. 5b). Zur Zeit ist noch nicht endgültig geklärt, wodurch diese „Verschiebung" der primären motorischen und sensorischen Faserbahnen bedingt ist. Doch ist festzustellen, daß das Witelson-Schema auf histologischen Daten aus dünnen Hirnschnitten mit Anfärbung der weißen Hirnsubstanz beruht, wobei neben menschlichen Gehirnen vor allem

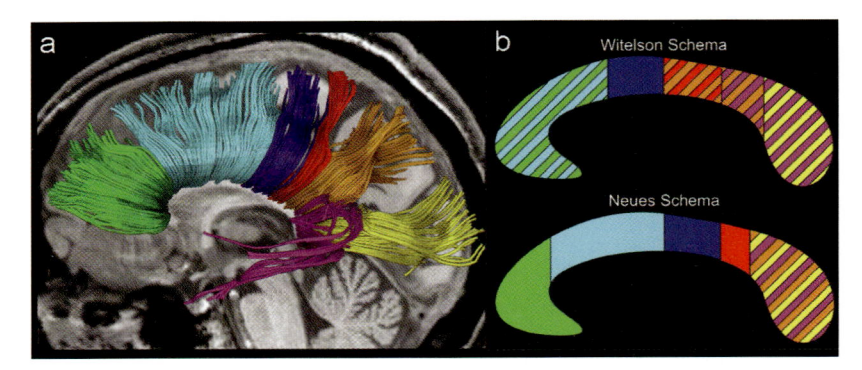

Abbildung 5: Topographie der Nervenfaserbahnen des weißen Balkens. (a) Anordnung von Bahnen, die gleichartige kortikale Areale der linken und der rechten Großhirnrinde miteinander verbinden: grün = frontal, hellblau = prämotorisch und supplementärmotorisch, dunkelblau = primär motorisch, rot = primär sensorisch, orange = parietal, violett = temporal, gelb = okzipital. (b) Entsprechend farblich gekennzeichnete Bereiche in einem daraus abgeleiteten, geometrischen Schema im Vergleich zum bisherigen Schema von Witelson.

Gehirne von nicht-menschlichen Primaten zugrundegelegt wurden. Eine mögliche Erklärung betrifft daher die Vorstellung, daß die gelegentlich berichtete Vergrößerung des Frontalhirns vom Affen zum Menschen auch im vorderen Bereich des weißen Balkens mehr Platz für axonale Verbindungen beanspruchte, so daß andere Bahnen nach hinten verdrängt wurden. Allerdings konnte diese Vermutung in der Zwischenzeit durch weitere Untersuchungen mit der Diffusionstensor MRT an Rhesusaffen widerlegt werden (Hofer et al. 2007). Es liegt daher nahe, technische Schwierigkeiten bei der dreidimensionalen Rekonstruktion von Faserbahnen aus zweidimensionalen Gewebeschnitten für die Befunde verantwortlich zu machen.

Schlußbemerkung

Es ist keine neue Erkenntnis, daß der wissenschaftliche Fortschritt und der daraus abgeleitete, anwendungsorientierte Nutzen auf einer langen Reihe von notwendigen Entdeckungen und nicht zielgerichteten Grundlagen beruhen. So leitete Felix Bloch am 11. Dezember 1952 seine Nobel-Vorlesung in Stockholm mit den Sätzen ein: „It is a tribute to the inherent harmony and the organic growth of our branch of science that every advance in physics is largely due to the developments that preceded it. The discovery for which Purcell and I have received the honor of the Nobel Prize award for the

Tabelle 1: Chronologie wesentlicher Entdeckungen und notwendiger Entwicklungen für die Neubestimmung der Topographie des weißen Balkens im menschlichen Gehirn

Jahr	Autoren	Entdeckung
1827	Brown	Beobachtung der Zitterbewegung von „Teilchen" im Wasser
1905	Einstein	Molekulare Bewegung suspendierter Teilchen (Diffusion)
1946	Purcell, Bloch	Nuklearmagnetische Resonanz (NMR)
1950	Hahn	NMR-Spin-Echos und stimulierte Echos
1965	Stejskal, Tanner	Spin-Echo-Diffusion mit Gradientenpulsen
1973	Lauterbur	Magnetresonanz-Tomographie (MRT)
1985	Frahm et al	MRT mit stimulierten Echos, schnelle MRT
1999	Mori et al	Faserverfolgung mit Diffusionstensor MRT
2000	Nolte et al	Diffusionstensor MRT mit stimulierten Echos
2006	Hofer, Frahm	Neubestimmung der Topographie des weißen Balkens

year 1952 is a typical example of this situation, and before describing the principle I shall therefore present an outline of its long and distinguished background." In dem hier vorgestellten Beispiel reichen die Vorarbeiten fast 200 Jahre zurück und schließen, ausgehend von einer Naturbeobachtung (Brown) und deren theoretischer Analyse (Einstein), mehrere fundamentale Entdeckungen (NMR, MRT) ein (Tabelle 1).

Welche Lehre können wir daraus ziehen? Meine persönliche Einsicht ist naheliegend: Innovationsförderung ohne Pflege und Ausbau der Grundlagenforschung kann auf Dauer nicht funktionieren. Als Akademie sollten wir daher besonderen Wert darauf legen, diesen Gedanken zu hegen, um ihn dem oft wenig nachhaltig angelegten politischen Denken gegenüberzustellen. Eine solche Korrektivfunktion wäre auch eine sinnvolle Position, die die Akademie der Wissenschaften zu Göttingen gegenüber der nationalen Akademie der Technikwissenschaften einnehmen könnte, die in diesem Jahr aus acatech gebildet wird.

Literatur

Bloch F, Hansen WW, Packard M. Nuclear induction. Phys Rev 69:127, 1946.
Brown R. A brief account of microscopical observations on the particles contained in the pollen of plants and on the general existence of active molecules in organic and inorganic bodies. Phil Mag 4:161–173, 1828.
Einstein A. Über die von der molekularkinetischen Theorie der Wärme geforderte Bewegung von in ruhenden Flüssigkeiten suspendierten Teilchen. Ann Phys 17:549–560, 1905.
Frahm J, Merboldt KD, Hänicke W, Haase A. Stimulated echo imaging. J Magn Reson 64:81–93, 1985a.

Frahm J, Haase A, Matthaei D, Merboldt KD, Hänicke W. Rapid NMR imaging using stimulated echoes. J Magn Reson 65:130–135, 1985b.

Hahn EL. Spin echoes. Phys Rev 15:580–549, 1950.

Hofer S, Frahm J. Topography of the human corpus callosum revisited – Comprehensive fiber tractography using magnetic resonance diffusion tensor imaging. Neuroimage 32:989–994, 2006.

Hofer S, Merboldt KD, Tammer R, Frahm J. Rhesus monkey and human share a similar topography of the corpus callosum as revealed by diffusion tensor MRI in vivo. Cerebr. Cortex, Epub 20 August 2007.

Lauterbur PC. Image formation by induced local interactions: Examples employing nuclear magnetic resonance. Nature 242:190–191, 1973.

Mori S, Crain BJ, Chacko VP, van Zijl PC. Three-dimensional tracking of axonal projections in the brain by magnetic resonance imaging. Ann Neurol 45:265–269, 1999.

Nolte UG, Finsterbusch J, Frahm J. Rapid isotropic diffusion mapping without susceptibility artifacts. Whole brain studies using diffusion-weighted single-shot STEAM MR imaging. Magn Reson Med 44:731–736, 2000.

Purcell EM, Torrey HC, Pound RV. Resonance absorption by nuclear magnetic moments in a solid. Phys Rev 69:37–38, 1946.

Rieseberg S, Merboldt KD, Küntzel M, Frahm J. Diffusion tensor imaging using partial Fourier STEAM MRI with projection onto convex subsets reconstruction. Magn Reson Med 54:486–490, 2005.

Stejskal EO, Tanner JE. Spin diffusion measurements. Spin echoes in the presence of a time-dependent field gradient. J Chem Phys 42:288–292, 1965.

Witelson SF. Hand and sex differences in the isthmus and genus of the human corpus callosum. A postmortem morphological study. Brain 112:799–835, 1989.

Adolf Jülicher als Paulusforscher – anläßlich seines 150. Geburtstages

(gehalten in der Plenarsitzung am 26. Januar 2007)

OTTO MERK

Adolf Jülichers an seinem heutigen 150. Geburtstag zu gedenken, heißt, anhand der Persönlichkeit eines Gelehrten, seines Wirkens und Forschens, einer bedeutenden Epoche theologischen Denkens, der „liberalen Theologie", in einem begrenzten Ausschnitt zu begegnen.

I. Doch wer war (Gustaf) Adolf Jülicher?[1] Der am 26. Januar 1857 in Falkenberg bei Berlin Geborene wurde nach Schulzeit und Studium in Berlin 1880 in Halle mit einer alttestamentlichen Untersuchung zum Lic. phil. promoviert.[2] Er erwarb 1886 in Berlin mit einem Werk über die Gleichnis

Otto Merk, Professor für Neues Testament an der Universität Erlangen, K. Mitglied der Göttinger Akademie seit 2006

---

[1] Zur reichen Literatur zur Person und über das Werk vgl. in Auswahl: A. Jülicher in seiner Selbstdarstellung, in: Die Religionswissenschaft der Gegenwart in Selbstdarstellungen, hg. v. E. Stange, Bd. IV, 1928, 154–200 [abgek.: A. Jülicher; zitiert gemäß Doppelpaginierung S. 1–41]; H. v. Soden, Akademische Gedächtnisvorlesung für Adolf Jülicher, ThBl 18, 1939, 1–12; N. van Bohemen, Art. Jülicher, Adolf, DBS IV, 1949, 1414–1417; W.G. Kümmel, Adolf Jülicher (1857–1938) – Theologe, Neutestamentler und Kirchenhistoriker, in: ders., Heilsgeschehen und Geschichte, Bd. 2. Ges. Aufs. 1965–1976, hg. v. E. Gräßer u. O. Merk, MThSt 16, 1978, 232–244 (Lit.); H.-J. Klauck, Adolf Jülicher – Leben, Werk und Wirkung, in: Historische Kritik in der Theologie. Beiträge zu ihrer Geschichte, hg. v. G. Schwaiger, Studien zur Theologie- und Geistesgeschichte des Neunzehnten Jahrhunderts, Bd. 32, 1980, 99–150 (mit fast vollst. Bibliographie); O. Merk, Jülicher, (Gustaf) Adolf, in: Literaturlexikon (Hg. W. Killy), Bd. 6, 1990, 150f.; B. Reicke, Jülicher Adolf (1857–1938) in: DBI, Vol. 1: A–J, 1999, 650f.; J.-Chr. Kaiser, Adolf Jülicher als Zeitgenosse. Eine biographische Skizze, in: U. Mell (Hg.), Die Gleichnisreden Jesu 1899–1999. Beiträge zum Dialog mit Adolf Jülicher, BZNW 103, 1999, 257–286 (Lit.); W. Baird, History of New Testament Research, Vol. 2: From Jonathan Edwards to Rudolf Bultmann, 2003, 156–163 u.ö. – Weiter vgl. die bibliographischen Angaben bei H. Schmidt, Art. Jülicher, Adolf 1857–1938, in: ders., Quellenlexikon zur deutschen Literaturgeschichte, Bd. 15, 1998, 108.

reden Jesu den Dr. theol; 1887 erfolgte dort mit einer patristischen Arbeit die Habilitation in Kirchengeschichte. 1888 aufgrund eines fulminanten Gutachtens von A. Harnack aus dem Pfarramt (1882–1888) nach Marburg auf eine a. o. Professur berufen, war er dort von 1889 bis zu seiner Emeritierung im Jahre 1923 o. ö. Professor für Neues Testament und Alte Kirchengeschichte. Über diese „Umgrenzung" seines Lehr- und Forschungsbereichs war Jülicher stets sehr befriedigt, denn – so schreibt er – „das Neue Testament und die alte Kirchengeschichte gehören zusammen, und besonders dem Neutestamentler ist nichts gefährlicher als die Beschränkung auf sein enges Gebiet."[3] 1894 wurde er „Correspondirendes Mitglied" in der Philologisch-Historischen Klasse der Akademie der Wissenschaften zu Göttingen.[4] Am 2. August 1938 starb der zeitlebens Schwerstbehinderte, über den der Kirchenhistoriker H. Lietzmann bewegend schrieb: „Es liegt auf diesem tapferen Gelehrtenleben von früh an eine erdrückende Kette von Leid."[5]

Für den entschiedenen und – soweit es dem Erblindeten möglich – aktiven Gegner des nationalsozialistischen Regimes sollten Nachrufe in der öffentlichen Tagespresse möglichst vermieden werden.[6]

II. Unter Jülichers annähernd 800 Veröffentlichungen auf den Gebieten Neues Testament, Patristik, Textkritik ist heute noch am ehesten sein Werk über die „Gleichnisreden Jesu" (Bd. I 1886; Bd. II 1899 und Nachdrucke)

---

[2] A. Jülicher, Die Quellen von Exodus I–VII,7. Ein Beitrag zur Hexateuchfrage, Diss. phil. Halle 1880 (Teildruck). Die Fortsetzung: ders., Die Quellen von Exodus VII,8-XXIV,11. Ein Beitrag zur Hexateuchfrage, JPTh 8, 1882, 79–127.272–315.
[3] A. Jülicher (s. Anm. 1), 24.
[4] Schon zuvor, von P. de Lagarde angeregt, schrieb er seit 1883 in den „Göttinger Gelehrten Anzeigen" Besprechungen. In vier Jahrzehnten veröffentlichte er dort etwa 50 teilweise umfangreiche Rezensionen.
[5] H. Lietzmann, Notizen, ZNW 36, 1937 (erschienen 1938), 293ff., hier: 293 (Zitat).
[6] Außer in der Lokalpresse erschien wohl nur anonym ein kurzer Artikel im „Schwäbischen Merkur" am 10.8.1938. Vgl. im übrigen: Glanz und Niedergang der deutschen Universität. 50 Jahre deutscher Wissenschaftsgeschichte in Briefen an und von Hans Lietzmann (1892–1942). Mit einer einführenden Darstellung hg. v. K. Aland, 1979, 132ff. Jülicher war ein politisch interessierter, aber nie parteipolitisch gebundener Zeitgenosse; vgl. A. Jülicher [s. Anm. 1], passim; J.-Chr. Kaiser [s. Anm. 1] (mit auch Überzeichnung von Sachverhalten). Eindeutig kritisch stand er zur Berufungspolitik der Preußischen Hochschulverwaltung gegenüber der Marburger Theologischen Fakultät; dazu seine Streitschrift „Die Entmündigung einer preußischen theologischen Fakultät in zeitgeschichtlichem Zusammenhange", 1913, in deren Besprechung E. Troeltsch (ThLZ 38, 1913, 401–403) festhält: „Solange Männer wie Harnack und Jülicher an unserer Spitze stehen und ihre warnende Stimme erheben, werden wir den Mut nicht zu verlieren haben" (vgl. auch H.-J. Klauck [s. Anm. 1], 99).

bekannt, das bis in die jüngste Zeit hinein theologische und auch germanistische Forschung beschäftigt.[7]

Seine „Einleitung in das Neue Testament" ([1.2.]1894-[7.]1931 [mit E. Fascher]) darf als Höhepunkt liberaler historisch-kritischer Forschung gewertet werden. Hier wird der Ertrag des durch Carl Weizsäcker (1822–1899) vermittelten Erbes der Tübinger Schule eines Ferdinand Christian Baur (1792–1860) in die nachbaursche Ära, die liberale Epoche Jülichers, eingebracht. Nur Fachkollegen sind Titel und Sachgehalt des Werkes noch gewärtig und wichtig.

Ebenfalls nur Spezialisten des Faches, aber auch Altphilologen, mag die textkritische, bei Jülicher unter dem Namen „Itala" laufende Überprüfung, Rekonstruktion und Sammlung der lateinischen Textüberlieferung vor deren Bearbeitung durch den Kirchenvater Hieronymus noch von ferne ein Begriff sein. Jülichers, auf 8000 Quartblättern das ganze Neue Testament erschließende Textsammlungen erschienen, überarbeitet für die Evangelien, erst in den Jahrzehnten nach seinem Tode, zum Teil sogar in 2. Auflage.[8]

Schließlich wird der Patristiker Jülicher, der auf dem Gebiet der Alten Kirche die größte Zahl seiner Veröffentlichungen aufweist, nur noch punktuell und gelegentlich herangezogen. Das von Theodor Mommsen angeregte und im persönlichen Austausch mit Jülicher geplante Werk der „Prosopographie", in dem „über die Zeit Diokletians hinaus bis zu Justinian I." die christlichen Gestalten, nicht nur die „Standesgenossen" behandelt werden sollten, erwies sich schon durch die Fülle des Materials als eine letztlich unabschließbare Aufgabe für einen Einzelforscher.[9]

Fast ganz unbeachtet ist heute Jülichers Paulusforschung, obwohl sich gerade an dieser der theologische Umbruch nach dem Ersten Weltkrieg bis hin zur „Dialektischen Theologie" mit entzündet hat. Auch das zeigt nur an: Jülicher ist in der gegenwärtigen wissenschaftlichen Diskussion nicht mehr im Blick, seine Nachwirkung aber kann schon deshalb nicht so klanglos verhallt sein, weil drei seiner bedeutendsten und engsten Schüler unserer Akademie angehörten: Walter Bauer, Rudolf Bultmann, Hermann Dörries.

Überhaupt ist, wenn man sich der Paulusforschung Jülichers zuwendet, die eigentliche Adresse seiner diesbezüglichen Arbeiten Göttingen. Er war der liberale, historisch-kritische Freund, Förderer, aber auch weiterführen-

---

[7] Bibliographie darüber seit 1945 bei H. Schmidt (s. Anm. 1), 109; vgl. weiter U. Mell (Hg.), Die Gleichnisreden Jesu 1899–1999. Beiträge zum Dialog mit Adolf Jülicher, BZNW 103, 1999.

[8] Bibliographie bei H. Schmidt (s. Anm. 1), 109f.; zu weiteren Einzelheiten H. Lietzmann (s. Anm. 5), 293f.; W. G. Kümmel, Einleitung in das Neue Testament, [21]1983, 471f.589 (Lit.).

[9] A. Jülicher (s. Anm. 1), 32f. [mit Zitaten].

de Kritiker der „Religionsgeschichtlichen Schule". Dies verband ihn über schon lange bestehende Freundschaft auch darin mit Julius Wellhausen, dem er schon als Berliner Student seine einzige „Bekehrung" verdankte.[10] Jülicher selbst hat sich bereits in Studientagen ganz bewußt der „liberalen Theologie" zugerechnet.

III. Im Jahr 1907 konstatiert Jülicher, und damit sind wir mitten in seiner Paulusforschung: „ich möchte aber das Bekenntnis aussprechen, daß ich in der geschichtlichen Forschung mich auf keinen anderen Boden stellen kann und will als Bousset und Wrede."[11] Wie aber war diese gemeinsame Grundlage beschaffen? Die Basis war im ganzen die historisch-kritische Forschung in ihrer liberalen Ausprägung mit dem Schwerpunktergebnis in der neutestamentlichen Wissenschaft, die Persönlichkeit Jesu einerseits und die Persönlichkeit des Apostels Paulus andererseits zu erfassen.[12] Es war durchaus, wie Jülicher 1894 schreibt, Allgemeingut in der Fachwissenschaft des Neuen Testaments, daß die Quellenlage nur hinsichtlich des Paulus „ein leidlich klares Bild von seiner Persönlichkeit" und „seiner schriftstellerischen Eigenart" erlaubt, und weiterhin, daß diese Gestalt – worauf Jülicher besonderes Gewicht legt – in die Geschichte des Urchristentums eingeordnet und nur aus dieser heraus interpretiert werden kann und muß.[13] Hinter seinem Paulusverständnis steht in nachhaltiger Vermittlung durch C. Weizsäcker die Paulusdarstellung von Ferd. Christ. Baur. Bei weitreichender Kritik an dessen konstruierter Geschichte des Urchristentums, bei Ablehnung der ihm eigenen Tendenzkritik, hat nach Jülicher gleichwohl der große Tübinger die Grundlage für das geschichtliche Verstehen des Paulus gelegt. „Seit *Baur* kann die Literaturgeschichte des NT's nicht mehr außerhalb des Zusammenhangs mit der Gesamtgeschichte des Christentums behandelt werden."[14]

Die Rekonstruktion, die jedes antike Schriftstück erfordert und die somit die neutestamentlichen Texte nicht von diesen unterscheidet, ist für Jülicher in seine exegetisch-hermeneutische Grundregel eingebettet: „Denn Worte und Schriften auslegen kann nur, wer die Menschen versteht."[15] Rekon-

---

10 A. Jülicher (s. Anm. 1), 12.
11 A. Jülicher, Paulus und Jesus, RV I / 14, 1907, 8f.
12 Vgl. dazu im Überblick und besonders zu W. Wrede und W. Bousset: O. Merk, Die Persönlichkeit des Paulus in der Religionsgeschichtlichen Schule, in: Biographie und Persönlichkeit des Paulus, hg. v. E.-M. Becker u. P. Pilhofer, WUNT 187, 2005, 29–45.
13 A. Jülicher, Einleitung in das Neue Testament, GThW III / 1, [1.2.]1894, 5; vgl. ebd. §3: „Der Apostel Paulus" (19–34).
14 A. Jülicher, Einl. (s. Anm. 13), 13.
15 A. Jülicher (a. Anm. 1), 7.

struktion und Interpretation greifen in der Sache des Auslegens ineinander: Nur dann ist Paulus in seiner Persönlichkeit, seinem Wirken und seiner Verkündigung, ja als tragende Gestalt des Urchristentums verstanden. Es wundert darum nicht, daß Rudolf Bultmann in seiner sorgfältigen Nachschrift der Vorlesung von A. Jülicher über „Galater-, Philipper-, Thessalonicherbriefe"[16] so häufig Jülichers Hinweis auf die „Existenz" aufgreift. Dem entspricht, wenn Jülicher in seinem Artikel „Fleisch und Geist" (1910)[17] festhält, „daß das volle Verständnis der Theologie des Paulus und seiner Persönlichkeit abhängt von der Einsicht in seine Auffassung von Fleisch und Geist" (Sp. 911), konkret, daß durch den anthropologischen Rahmen, den Paulus selbst gesetzt hat, die Theologie des Apostels zu erschließen ist.[18] Jülichers exegetisch-theologischen Bemühungen aber haben dieses Ergebnis: Nur bei Paulus (und Johannes) kann im Neuen Testament von „Theologie" gesprochen werden. Hier ist der theologische Gipfel, dem dann der Abfall von der Höhe ins christliche gewöhnliche Leben folgt.[19] Aber das kann nach Jülicher nur gesagt werden, weil Religion und Persönlichkeit Jesu den Ausgangspunkt bilden.[20]

Diese Einsichten hat Jülicher durch den Vollzug genauer Einzelexegese gewonnen. Er liebte die Bezeichnung „Einzelexegese"[21], mit der sich für ihn Vers- und Wortanalyse verband.[22] Philologisch und historisch im Detail arbeiten, heißt bei ihm, „daß ein moderner Theologe, zu dessen Handwerkszeug Wettstein nicht gehört, nicht existiert." Die nach Jülicher zu sichtende Sammlung von J.J. Wettsteins Material in dessen „Novum Testamentum graecum" (Amsterdam 1751/52), „die Hauptquellen Wettsteins", von denen Jülicher sagt, daß sie „selbstverständlich zu meinem Arbeitsapparat gehören," begegnen fortgesetzt in seiner exegetischen Ausarbeitung

---

[16] Die im Titel genannte Vorlesung hielt Jülicher im W.S. 1905/06. Die Mitschrift befindet sich im Nachlaß von R. Bultmann unter der Nummer Mn 2–3099 in der Universitätsbibliothek Tübingen und wird mit freundlicher Genehmigung von Frau Professorin Antje Bultmann (und Familie Bultmann) benutzt.
[17] A. Jülicher, Art. Geist und Fleisch, RGG[1], Bd. II, 1910, 910–914.
[18] Jülichers Kommentar über den Römerbrief (s. Anm. 31) zeigt allerdings den notwendigen Bezug zur "Theologie", vgl. etwa 254.256.
[19] Vgl. A. Jülicher, Die Religion Jesu und die Anfänge des Christentum bis zum Nicaenum, in: P. Hinneberg, Hg., Die Kultur der Gegenwart, Bd. I 4 / 1: Die christliche Religion mit Einfluß der israelitsch-jüdischen Religion, (1906) [3]1922 mit Nachtrag, 42–131, hier: 86ff.; ders., Art. Sitte und Sittlichkeit: III. Sittlichkeit des Urchristentums, RGG[1], Bd. V, 1913, 663–683.
[20] A. Jülicher, Die Religion Jesu (s. Anm. 19), 91; vgl. ebd. 54ff.
[21] A. Jülicher (s. Anm. 1), 35.
[22] R. Bultmanns Mitschrift der o. g. Vorlesung (s. Anm. 16) belegt dies eindrücklich.

der neutestamentlichen Texte.[23] Von seinen Wort- und Begriffserklärungen kann man sogar behaupten, daß sich in Anlehnung an diese nicht wenige in Walter Bauers „Wörterbuch zum Neuen Testament" ([2]1928; [5]1958) wiederfinden. Historisch-kritische Eruierung des neutestamentlichen Textbestandes ist für Jülicher die Voraussetzung „liberaler Theologie", für die Erschließung des Urchristentums ebenso wie für die Erfassung der Persönlichkeiten desselben.

Jülichers Beiträge zur paulinischen Forschung verdanken sich – abgesehen von denen in seiner „Einleitung in das Neue Testament" und wenigen weiteren Ausnahmen – den Vertretern der „Religionsgeschichtlichen Schule". Von ihnen wurde er zur Mitarbeit in der von W. Bousset und W. Heitmüller gegründeten und herausgegebenen „Theologischen Rundschau" aufgefordert. Hier erschien sein erster einschlägiger Bericht „Paulinische Theologie".[24] Weiter baten ihn die Göttinger um die Mitarbeit an ihrer Reihe „Religionsgeschichtliche Volksbücher", und schließlich haben diese ihn veranlaßt, in ihrem Auslegungswerk „Die Schriften des Neuen Testaments neu übersetzt und für die Gegenwart erklärt"[25] zur Einführung „Die Geschichte des Neuen Testaments" (Bd. 1, 1–30) und weiter die Auslegung des Römerbriefs (Bd. 2, 223–335) zu verfassen. – Auch das von ihnen ins Leben gerufene Lexikon „Die Religion in Geschichte und Gegenwart" (1. Aufl. 1909–1913) wurde von Jülicher u. a. mit Artikeln zur Paulusforschung bedacht.

Es war also tatsächlich die Paulusforschung, die Jülicher vornehmlich mit den Göttingern verband, wenn ihm auch für die Evangelienforschung William Wrede ein maßgebender Gesprächspartner war[26] und Fragen der

---

[23] Zitate in A. Jülicher, Ein philologisches Gutachten über Phil 2 v. 6, ZNW 17,1916, 1–17, hier: 2f.; zur reichen Lit. über Wettstein vgl. u. a. G. Seelig, Religionsgeschichtliche Methode in Vergangenheit und Gegenwart. Studien zur Geschichte und Methode des religionsgeschichtlichen Vergleichs in der neutestamentlichen Wissenschaft, Arbeiten zur Bibel und ihrer Geschichte, Bd. 7, 2001, bes. 337ff.; vgl. ebd. 56ff.

[24] ThR 4, 1901, 187–198 mit dem ernüchternden Fazit: „Mein Gesamteindruck von der hier besprochenen Litteratur ist der schmerzliche, daß selbst auf dem Gebiete des Paulinismus, wo die Einigung der verschiedenen Richtungen am leichtesten erreichbar wäre, wir von einer solchen weiter denn je entfernt sind; beinahe nichts kann als allgemein anerkanntes Ergebnis der wissenschaftlichen Arbeit gelten" (198).

[25] 1. u. 2. Aufl. (1906ff.) hg. v. Joh. Weiß; 3. Aufl. (1917) hg. v. W. Bousset u. W. Heitmüller; eine „vierte, fast unveränderte Auflage" erschien 1929.

[26] A. Jülicher, Neue Linien der Kritik der evangelischen Überlieferung, Vorträge des Hessischen und Nassauischen theologischen Ferienkurses, Heft 3, 1906, bes. 14–36.67ff.; zu Wrede insgesamt ders., Art. Wrede, William, PRE, Bd. 21, 1908, 506–510; aus neuerer Sicht: W. Zager, Art. Wrede, William, TRE 36, 2004, 337–343; O. Merk, Art. Wrede, W., RGG[4], Bd. 8, 2005, 1713.

„Religionsgeschichte" ihn im Austausch mit der „Religionsgeschichtlichen Schule" lebhaft bewegten.[27]

Ein besonderer Moment kritischen Gesprächs war gegeben, als 1904 das Paulusbüchlein von William Wrede erschien.[28] Wrede stellte dort einen deutlichen Gegensatz zwischen der Religion und Frömmigkeit Jesu und der Persönlichkeit des Paulus heraus und erklärte aufgrund zahlreicher Nachweisungen Paulus zum zweiten Stifter des Christentum, der nicht einen besseren, sondern einen eher schlechteren Einfluß auf die junge Christenheit ausgeübt habe. Dieser Konzeption mit ihrer unmittelbaren Gegenüberstellung von Jesus und Paulus trat Jülicher in seiner Schrift „Paulus und Jesus" (1907) entgegen.[29] Im einzelnen lotet Jülicher zunächst das Gegensätzliche „zwischen Paulus und Jesus" aus (13ff.) und dann den Grad „innerer Verwandtschaft zwischen Paulus und Jesus" (35ff.; vgl. 12f.), um schließlich eine Einordnung in das „Gesamtbild" mit der Zuspitzung, „wer denn der eigentliche Stifter des Christentums gewesen ist", vorzunehmen (12; vgl. 52ff.). „Übereinstimmung und Unterschied" (52ff.) von Jesus und Paulus erklären sich (in deutlicher Zurechtrückung von Wredes Sicht) aus der verschiedenen heilsgeschichtlichen Situation. „Paulus hat selber als das A und O seines Evangeliums das Wort vom Kreuz bezeichnet; der Tod Christi ist für ihn die Heilstat ohnegleichen, natürlich sein Tod nur als Voraussetzung für seine Auferstehung" (25). Somit war der „Ausgangspunkt" der Christologie für Paulus „der auferstandene Mann von Golgatha" (28). Bei aller von Jülicher konstatierten, auf demselben jüdischen Hintergrund erwachsenen, Jesus und Paulus gemeinsamen und doch je eigenen Frömmigkeit ist gleichzeitig die Verschiedenheit Jesus – Paulus im „Kreuzestod Jesu" gegeben (62). So kann Jülicher – durchaus in gedanklicher Anlehnung an Ferd. Christ. Baur – formulieren: „Die Religion Jesu konnte gar nicht in ihrer ursprünglichen Einfachheit verbleiben, seit Jesus selbst nicht mehr

---

[27] Vgl. etwa A. Jülicher, Besprechung von W. Boussets 'Antichrist' (1895), ThLZ 21, 1896, 373–379; ders., Moderne Meinungsverschiedenheiten über Methode, Aufgabe und Ziele der Religionsgeschichte, MakR 5, 1901 [= Rektoratsrede], bes. 6ff.

[28] W. Wrede, Paulus, RV I / 5.6. 1904; vgl. dazu wie zur 2. Aufl. 1907 mit einem Geleitwort von W. Bousset bei O. Merk, Die Persönlichkeit des Paulus (s. Anm. 12.), 34ff. – Daß Wredes Nachweisungen über die Unechtheit des 2. Thessalonicherbriefs bei Jülicher deutlich nachwirkten, zeigt seine „Einleitung in das Neue Testament", $^{5.6.}$ 1906, 48–56 (mit Lit.).

[29] A. Jülicher, Paulus und Jesus (s. Anm. 11). Seitenangaben im Text beziehen sich auf diese Schrift. Zu Jülichers Antwort an Wrede vgl. W.G. Kümmel, Das Neue Testament. Geschichte der Erforschung seiner Probleme, OA III / 3, ^{2}1970, 396f. u. Auszüge 397–399; F. Regner, "Paulus und Jesus" im 19. Jahrhundert, Beiträge zur Geschichte des Themas "Paulus und Jesus" in der neutestamentlichen Theologie, Studien zur Theologie und Geistesgeschichte des Neunzehnten Jahrhunderts, Bd. 30, 1977, 191f. [mit harter Kritik an Jülicher, doch ohne den eigentlichen Kern zu treffen]; E. Jüngel, Paulus und Jesus. Eine Untersuchung zur Präzisierung der Frage nach dem Ursprung der Christologie, HUTh 2, ^{2}1961, 9f.16 [Punkt 2].

auf Erden war" (62). Das über die Religion Jesu hinaus Neue ist bei Paulus die Theologie, das Bedenken von Kreuz, „Erlösung, Versöhnung, Rechtfertigung" (66), in summa: „Das Heil kommt eben aus Jesu Tod" (67). Daraus ergibt sich: Paulus ist nicht der „zweite Stifter der christlichen *Religion*", der „Stiftungstag der christlichen Kirche" ist vielmehr „der Tag, wo zum ersten Male von Jesusgläubigen der Tod Christi *als Heilstatsache* begriffen worden ist" (68f.). Hier rundet sich für Jülicher das Sachproblem. Zwischen Jesus und Paulus liegt die, von Wrede in seiner Konzeption nicht beachtete Urgemeinde, und Paulus ist derjenige, der den ersten Jüngern die theologische Panzerung gegeben hat. Mit den Worten Jülichers: „Jesus ist gekommen und hat auf Erden einen neuen Paradiesesgarten angelegt." Doch nach Jesu Tod hatten die Erben einen schweren Stand. „Da kam Paulus und führte um den Garten her die dicken Schutzwälle seiner Theologie auf" (71): „Paulus hat also seine Theologie nicht an die Stelle der Religion Jesu gesetzt, sondern rings um sie her" (72). Im methodisch äußerst überlegten Ineinander von Rekonstruktion und Interpretation verortete Jülicher Jesus und Paulus im Urchristentum und verweist so in seiner Entgegnung auf Wrede Religion und Theologie in ihren einander bedingenden historischen Rahmen. Unverkennbar ist dabei, daß Jülicher für seine Konzeption den Aufriß Ferd. Christ. Baurs „Vorlesungen über neutestamentliche Theologie" für seine Fragestellung nachbedenkt und auswertet.[30]

Hier ist in Kürze Jülichers Römerbriefauslegung anzuschließen und damit mehr summarisch zu Einzelheiten seiner exegetischen Einsichten zu kommen:[31]

a) Daß Paulus sich in seinen Briefen als Schriftsteller von Rang erweist, läßt sich besonders bezüglich des Römerbriefs behaupten. Diese Sicht in der ersten Auflage seiner „Einleitung in das Neue Testament" (1894) schränkt Jülicher allerdings bis zur 7. Auflage (1931) immer stärker dahingehend ein, daß die paulinischen Briefe dem Apostel aufgenötigte Gelegenheitsschreiben seien, was ihnen aber ihre literarische Bedeutsamkeit nicht nehme.

b) Der Römerbrief – und das ist zu Jülichers Zeit keineswegs in Fachkreisen anerkannte Meinung – hat ein durchgängiges Thema: die Rechtfertigung. Die Disposition des Schreibens muß dem Rechnung tragen,

---

[30] Ferd. Christ. Baur, Vorlesungen über neutestamentliche Theologie, hg. v. Ferd. Friedr. Baur [1864]. Mit einer Einführung zum Neudruck v. W.G. Kümmel, 1973, bes. die Abschnitte „Übergang der Lehre Jesu zu der der Apostel" u. „Die Auferstehung Jesu" (122–127), sehr bewußt zwischen 45–121 u. 128ff. stehend.

[31] A. Jülicher, Der Brief an die Römer, SNT, Bd. 2, ³1917, 223–335 (Seitenangaben im Text nach dieser Ausgabe).

wobei insbesondere Kap. 9–11, die Israelkapitel, dem Grundthema in 1,16f. zugehören (225.292). Kap. 5–8 bilden ebenfalls eine Einheit, während Kap. 12–15,13 insgesamt lockerer zum Briefkorpus stehen (309ff.). „Kurz, wie zuletzt alles in Röm. 12–14, *ein Ideal*" (325), aber gleichwohl werden „usuelle" und „aktuelle" Weisungen (ausdrücklich von Jülicher so charakterisiert [310.319]) herausgearbeitet. – Kap. 16 bleibt in seiner Zugehörigkeit zum Römerbrief offen, die Verse in Kap. 16,25–27 (Doxologie) sind sekundär (335 u.ö.).

c) Die Abfassung des Schreibens muß nach Röm 15,26 „hinter 2. Kor 8.9" (die Kollektenkapitel) fallen.[32]

d) Eingehend befaßt sich Jülicher mit „Glossen" im Römerbrief, wobei er nahezu alle Stellen anführt und bespricht (2,1.16; 7,25; 8,1 [224f.240.279], die später R. Bultmann in einem berühmt gewordenen Aufsatz behandelt.[33] Hinzu kommen erhellende textkritische Erörterungen, die auch ein Laie verstehen kann.

e) Erhebliche Bedeutung mißt Jülicher evtl. Traditionsstücken bei. Über Röm 1,3f.; 8,3 (vgl. z. St. u. 281) hinaus zeigt er – ohne sich für ein Traditionsstück zu entscheiden –, daß Röm 3,24ff. den Sprachgebrauch der Urgemeinde, nicht aber den des Paulus etwa in 3,21–23 bietet. Jülicher hat in der Sache erkannt, was wir in Röm 3,25f. heute in der Regel als Traditionsstück bezeichnen.

f) In Röm „7,14ff. schildert Paulus den *vorchristlichen* Menschen, wie er, *vom christlichen Standpunkt her gesehen*, erscheint" (279; vgl. 278 u.ö.). Jülicher hat hier, auch durch die große Zurückhaltung gegenüber einer psychologischen Ausdeutung dieser und anderer Stellen (vgl. 296.302), exegetisch-theologisch einer Sicht vorgearbeitet, die, allseitig begründet durch W.G. Kümmel, weithin die Forschung zu diesem Abschnitt im 20. Jahrhundert bestimmt hat.[34]

g) „Das Gesetz ist seit Christus ungültig" (299), es muß aber im Gesamtzusammenhange der Theologie des Paulus – nicht zuletzt im Röm – gesehen werden (272ff.): „Wir Heutigen haben die Empfindung, daß es für den Segen des Gesetzes, auch gerade des jüdischen, keinen gewaltigeren Zeugen gibt als den Heidenapostel" (274).

---

[32] Daß chronologisch nach Röm. noch Philipperbrief, Philemonbrief, Kolosserbrief einzuordnen sind, zeigt Jülicher in seiner „Einleitung in das Neue Testament", zuletzt [7]1931.

[33] R. Bultmann, Glossen im Römerbrief (1947), in: ders., Exegetica. Aufsätze zur Erforschung des Neuen Testaments, ausgew., eingel. u. hg. v. E. Dinkler, 1967, 278–284 (mit ausdrücklichem Hinweis auf Jülicher [279 Anm. 1]).

[34] W. G. Kümmel, Römer 7 und die Bekehrung des Paulus, UNT 17, 1929, mit vielfachem Bezug auf Jülicher, bes. zu dem zitierten Ergebnis, vgl. u. a. 121.126.

h) Zur eschatologischen Sicht des Paulus im Röm führt Jülicher einerseits aus: „Man darf nicht übersehen, daß Röm 2,6–11 nicht bestimmt sind, die Vorstellungen des Apostels Paulus über das Weltgericht und über das letzte Schicksal des Menschen zu entwickeln" (238; auch teilweise in der Auslegung zu Röm 9–11 relevant). Andererseits bestreitet er nicht die Bedeutung der Nähe des Weltendes im Glauben des Paulus sowie deren Auswirkung, sittliche Energien freizusetzen (zu Röm 13,11.12 [319]). Aber eine wirkliche Verankerung der Eschatologie im Denken des Paulus fehlt bei Jülicher.

So viele wichtige Beobachtungen dieser Kommentar enthält und so gewiß exegetische Probleme seiner Zeit in die Ausführungen eingegangen sind, Jülicher hat sie in seiner weiterführenden Auslegung auf den Punkt gebracht.[35] Der Kommentar ist durchgehend ein Zeugnis „liberaler Theologie".[36] Der Römerbrief ist „die Haupturkunde der paulinischen Religion", er ist des Paulus „Glaubensbekenntnis" (224f.). „Das Evangelium von Christi Heilswerk bietet Gerechtigkeit und ewiges Leben dar jedem gläubigen Menschen" (244), und die „Rechtfertigung" bzw. „die Gerechtmachung" ist für den Christen ein Prozeß der „Entscheidung, die nicht mit einem Schlag fertig ist, sondern wie eine Art von Verwandlung des Menschen aus dem Fleischlichen ins Göttliche über sein ganzes ferneres Erdenleben hin andauert" (246f.). Das Verständnis des Reiches Gottes in der „liberalen Theologie" als einer inwendigen, wachsenden Größe im Menschen wird von den Evangelien her auf die paulinische Rechtfertigung übertragen. – Aber es gilt ebenso, und das ist nicht nur für „liberale Theologie" stehend: *Der Glaube des Christen* ist für Paulus das Vertrauen auf die durch Jesu Christi Sterben und Auferstehung von Gott gewirkte Vergebung unserer Sünden und auf unsre Umwandlung aus Sündern in Gerechte unter der einzigen Voraussetzung, daß wir dieses Vertrauen haben: ganz wie 3,21–30" (255).

---

[35] Wie zurückhaltend der Autor über seine eigenen Leistungen dachte, zeigt A. Jülicher, Einleitung in das Neue Testament (s. Anm. 13), Vorwort (S. V): „daß beinahe alles, was ich hier vortrage, durch die treue Arbeit ganzer Generationen zusammengebracht und nicht von mir entdeckt worden ist, weiss wohl Jedermann. Prioritätsansprüche werde ich aufgrund dieses Buches gegen Niemanden erheben."

[36] „Liberale Theologie" war zu Jülichers Zeit durchaus vielschichtig in ihren Ausprägungen und auch im Bereich der Bibelwissenschaft äußerst different; vgl. geradezu resigniert H. Mulert, Art. Liberalismus: II. Liberalismus und Kirche, RGG^1, Bd. III, 1912, 2107ff., hier 2109: „Von *theologischem* L.[iberalismus] oder liberaler Theologie zu reden, wird besser vermieden"; eindeutiger schon A. Meyer, Art. Bibelwissenschaft: II. Neues Testament, RGG^1, Bd. I, 1909, 1212ff., bes. 1219ff., 1227ff. Aus neuerer Sicht im weitgefaßten Überblick vgl. M. Jacobs, Art. Liberale Theologie, TRE 21, 1991, 47–68; insgesamt der Zeit Jülichers exegetisch u. bibelwissenschaftlich näher: W. Zager, Liberale Exegese des Neuen Testaments. David Friedrich Strauß – William Wrede – Albert Schweitzer – Rudolf Bultmann, 2004.

Eine liberale Leitlinie kennzeichnet die ethischen Partien des Briefes. Das gilt ebenso für Kap. 6 wie für 12.1ff., so gewiß Jülicher in einem Exkurs festhält: „Seine ganze Ethik, beinahe seine ganze Religion hat Paulus auf den Geist gegründet" (276). Aber Jülicher kann es auch so formulieren: „Gottes Wille ist einfach das, was ein Mensch vor seinem Gewissen als gut rechtfertigen kann. So ist die Versöhnung von Religion und Sittlichkeit gefunden; die einzige religiöse Pflicht, die im Christentum übrig bleibt, ist der Wandel im Stil der zukünftigen Welt; fromm sein heißt nichts weiter als gut sein im Denken und Tun" (310).

Jülichers Römerbrief-Kommentar ist auch durch seine geschliffene Sprache und Formulierung sowie durch seine dichte Argumentation eine herausragende Auslegung seiner Zeit gewesen.[37]

R. Bultmanns offenbar sehr genau nachgezeichnete, o. g. Vorlesung Jülichers über den Galaterbrief, den Philipperbrief und die beiden Thessalonicherbriefe im W.S. 1905/06 – im Manuskript Bultmanns 201 Seiten – ist die einzige Vorlesung dieser Art, denn die Vorlesungsmanuskripte Jülichers sind offensichtlich nicht erhalten geblieben.[38]

Zwei Hinweise seien aus der Vorlesungsnachschrift Bultmanns für Jülichers Paulusverständnis angeführt:[39]

a) Zu Gal 2,9 stellt Jülicher in der Nachschrift Bultmanns über die Aufteilung der Missionsgebiete fest: „Das Princip sagt natürl.[ich] nicht, daß Pls [= Paulus] *nie* einen Juden, Pt. [= Petrus] *nie* einen Heiden bekehren sollte. Das Princip war auf die Dauer nicht haltbar" (MS, 37). Jülicher wollte dies dahin verstanden wissen, wie der Paulusteil seiner „Einleitung" zeigt, daß Petrus durchaus auch in Korinth und anderswo gewirkt haben könnte.[40]

b) Wichtiger ist die mittelbar sich mit W. Wrede befassende Auslegung des Antiochiakonflikts in Gal 2,11–14, denn Jülicher meint, daß der Abschnitt bis 2,21 reicht, und zeigt auf, daß die Rechtfertigungslehre bereits in diesem Konflikt bestimmend sei (MS, 43ff.). Mag diese hier noch

---

[37] Es wundert darum nicht, daß Jülicher die Kommentierung des Römer- u. des Galaterbriefs in „Meyers kritisch-exegetischem Kommentar" angetragen wurde. Diese hätte er gerne vorgenommen. Er gab diesen Auftrag nicht nur wegen seiner Erblindung auf, sondern auch, weil er meinte, dies könnten andere ebenso gut, während die textkritische Arbeit an der „Itala" seiner in Jahrzehnten erworbenen Spezialkenntnisse weiterhin bedürfe.

[38] Vgl. o. Anm. 16. Recherchen haben bisher nur dieses Ergebnis gebracht; im übrigen ist der Nachlaß Jülichers in der Marburger Universitätsbibliothek unter Nummer MS 695. Zur Beschreibung des Nachlasses vgl. H.-J. Klauck (s. Anm. 1), 149.

[39] Angaben / Belege sind mit MS u. Seitenzahl gekennzeichnet.

[40] A. Jülicher, Einleitung in das Neue Testament. Neubearbeitung in Verbindung mit E. Fascher ^{7}1931, 37ff. u.ö. 73ff. (passim).

nicht die Breite der später bei Paulus vorliegenden Argumentation tragen, so ist doch erkannt, daß nicht Wredes Sicht von der Rechtfertigung als einer sich erst im Zusammenhang der galatischen Auseinandersetzung gebildeten Kampfeslehre[41] gelte, sondern die Rechtfertigung bereits in die früheste, schon antiochenische Zeit paulinischer Lehre gehöre. Aus Bultmanns Mitschrift ergibt sich als Jülichers[42] Sicht zu Gal 2,16: „Ob Ptr [= Petrus] u.[nd] die anderen Christen in Antiochien das Verständnis für die Antithese im Denken des Pls [Paulus] hatten, ist sehr fraglich. Wohl stets glaubte man in der Kirche durch Werke *und* durch den Glauben die Seligkeit zu erlangen. Sollte das Christentum eine selbständige Religion werden, sollte es frei werden vom Judentum, so war es notwendig, daß die Antithese erga nomou u.[nd] pistis gestellt wurde. Auf die Werke des jüd.[ischen] Gesetzes mußte einmal principiell verzichtet werden. Diese Antithese gestellt zu haben, ist die histor.[ische] Bedeutg [tung] des Pls [= Paulus]" (MS, 45),[43] und diese Antithese auch im Konfliktfall existentiell bewährt zu haben, zeigt den Theologen Paulus. Dazu als Zitat Jülichers von Bultmann eingebracht: „Auf die selbst verdiente Gerechtigkeit verzichten wir u.[nd] eignen uns die Gerechtigkeit an, die aus Gnaden dem Glauben geschenkt ist"" (MS, 45).

Auch diese Vorlesung zeigt: Jülicher weiß sich als Historiker. Neutestamentliche Wissenschaft und ihre Methodik gehören wie die Kirchengeschichte zur historischen Disziplin in der Theologie, doch unvermindert in den Grenzen der bedingenden Voraussetzung, daß „auszulegen" nur vermag, „wer die Menschen versteht."[44] Und dem dient ein die Paulusforschung einbeziehendes, aber sie übergreifendes Anliegen Jülichers.

Es geht ihm, wie er in seiner Rektoratsrede (1901) erläutert, um die „"Demokratisierung"" [sic!] als Aufgabe der historischen Disziplin in der Theologie,[45] respektive der Kirchengeschichte im besonderen. „Demokratisierung" war natürlich im damaligen Kaiserreich ein nicht gern gehörtes Wort. Der von Jülicher aus einer belanglosen Untersuchung seiner Zeit ent-

---

41   So W. Wrede (s. Anm. 28).
42   Dieser ist Bultmann offenbar selbst gefolgt: vgl. ders., Das Problem der Ethik bei Paulus (1924), in: ders., Exegetica (s. Anm. 33), 36–54, hier: 53 Anm. 11.
43   Vgl. ebd., MS, 45f.: „Ptr [Petrus] war sich natürl.[ich] nicht bewußt, durch das Aufgeben der Tischgemeinschaft die Gerechtigkeit aus den Werken vertreten zu haben. Aber dies lag in der Konsequenz des Verhaltens des Petr [= Petrus], u.[nd] Pls [= Paulus] sah vielleicht schon die Folgen in der heidenchristl.[ichen] Gemeinde. So behandelt Pls [= Paulus] die Frage mit Recht als Principienfrage."
44   A. Jülicher (s. Anm. 1), 7.
45   A. Jülicher, Moderne Meinungsverschiedenheiten (s. Anm. 27), bes. 17ff. (Seitenangaben im folgenden innerhalb des Textes beziehen sich auf diese Rede).

lehnte Begriff wurde ihm in der Sache zu einer zentralen Fragestellung. Die in der „liberalen Theologie" im neutestamentlichen Bereich so bedeutsame Erfassung der Persönlichkeit, wie derjenigen Jesu oder der des Apostels Paulus, muß geweitet werden im Blick auf die Menschen allgemein, z. B. auf die Menschen in der Bildhälfte der Gleichnisse Jesu; es müssen die Leser der paulinischen Briefe einbezogen werden, es müssen die angeredeten Gemeindeglieder in ihrem Dasein, ihrem Leben, mit ihren Sorgen erfaßt werden. Jülicher gleitet hier nicht in eine freischwebende, isolierte sozialgeschichtliche Forschung ab, sondern er will aufzeigen: „In der Regel wird auch damals die Umwandlung bestenfalls eine allmählich fortschreitende gewesen sein; der Mensch, der sich seines Glaubens wegen als geistlicher Mensch fühlte, hörte darum noch lange nicht auf zu bleiben, was er gewesen war" (19f.; vgl. 22f.). Jülicher weiß um den – wie er es nennt – „aristokratischen Charakter der christlichen Religion", und er weiß, daß „"Demokratisierung" im gewissen Sinn Verweltlichung der Kirchengeschichte" ist und daß dieses die Welt-in-den-Blick-Nehmen auch in den Konsequenzen für die exegetische Arbeit am Neuen Testament zu bedenken ist und zu beherzigen bleibt (23 u. ö.). Die Konsequenzen aber reichen für ihn noch weiter. Sie betreffen die Theologie als Wissenschaft im Gefüge der Universität: „Entschlossen müssen wir die Schranken der theologischen, der kirchlichen, der erbaulichen Litteratur überschreiten" (23). Jülicher zählt im weiteren auf, welch großes Feld sich hier für den Theologen und auch eigens für den Exegeten erschließt in der Mitarbeit daran: „So häufen wir in stiller, bescheidener... Arbeit Bausteine für eine Geschichte, zwar nicht der offiziellen Kirche[46], manchmal eher der Unkirchlichkeit, doch immer des Christentums, Zeugnisse für seine Elasticität, für seine unerschöpfliche Kraft, sich anzupassen, sich umzubilden, sich zu den Niedrigen herabzulassen und das Gewöhnliche zu adeln" (23). Theologie als Wissenschaft hat sich in die Welt der Wissenschaften und im Kontext der Religionen einzubringen (23f.), und die Bibelwissenschaft hat daran einen gewichtigen Anteil.

Es war deshalb für Jülicher, der in solcher Breite und Weite, der so gesamttheologisch auch über seine engere Fachwissenschaft hinaus dachte, schmerzlich, zu erleben, wie eine veränderte, durch den Ersten Weltkrieg aufgewühlte Generation über diese Arbeit historisch-kritischer liberaler Forschung hinwegging. Karl Barths Römerbrief in seiner 1. Auflage 1919 war von anderem Geiste. Jülicher hat das Wollen der jüngeren Theologen, die zum Teil seine eigenen Hörer und Schüler waren, durchaus gesehen

---

[46] Wie hier Jülicher von „Rechtgläubigkeit" – auch Orthodoxie und geradezu Ketzerei – des weiteren spricht (23f.), läßt rückblickend Stichworte in seines Schülers Werk Walter Bauer, Rechtgläubigkeit und Ketzerei im ältesten Christentum, BHTh 10, 1934, erkennen.

und auch anerkannt in seiner im übrigen äußerst kritischen Besprechung dieses Werkes.[47] Es fehle den Ausführungen Barths die solide historisch-kritische Forschung. Vor allem aber vermißt Jülicher in Barths Kommentar die Ehrfurcht vor dem Text des Paulus. Und daß sich einer neben, vielleicht sogar über Paulus zu stellen wage, konnte er nur als unangemessenen geistigen Hochmut werten. In einem umfangreichen handschriftlichen Brief aus Safenwil vom 14. Juli 1920 an Jülicher[48] hat Barth um Verständnis seiner und seiner theologischen Freunde Situation geworben und Mißverständnisse auszuräumen versucht. Barth will da anfangen, wo seiner Meinung nach Jülichers Auslegung des Römerbriefs endet, wobei freilich die auf Jülicher gemünzte Frage, „bei welchem Grad der *Un*beteiligtheit am Objekt die Eintrittsberechtigung in den Tempel der Wissenschaft anfängt?"[49], an den Falschen gerichtet ist. Jülicher hat auf diesen Brief – soweit ermittelbar – nicht geantwortet, wohl aber die zweite, völlig umgearbeitete Auflage von Barths Römerbrief, ebenfalls positive Momente benennend, sehr kritisch besprochen[50] und abschließend festgehalten: „Aber, daß Barths Versuch, den Paulus mit Beschlag zu belegen für eine Weltanschauung, die schon seinem naiven Schrift- (und dadurch in gewissem Sinn doch wieder Buchstaben-)glauben ins Gesicht schlägt, der Hybris eines Pneumatikers entspringt und nicht aus nüchterner Wissenschaft, ist das letzte Wort, das ich über einen Römerbrief Barths sagen werde" (542).

Es war in gewisser Hinsicht eine Tragik, daß in der Krisenzeit für die Kultur wie für die Wissenschaft nach dem Ersten Weltkrieg Jülicher und Barth nicht zueinander finden konnten, obwohl beide von ihren je eigenen Voraussetzungen her nicht nur ein Stück weit Recht hatten.

R. Bultmann hat (1924) in seinem Aufsatz „Die liberale Theologie und die jüngste theologische Entwicklung"[51] die Problematik im Grundsätzlichen aufgedeckt und betont: „Es ist kein Zufall, daß die jüngste theolo-

---

[47] A. Jülicher, Ein moderner Paulusausleger (1920) in: Anfänge der dialektischen Theologie, hg. v. J. Moltmann, ThB 17 / I, ⁵1985, 87–98.
[48] In Jülichers Nachlaß in der Univ. Bibliothek Marburg, MS 695, 20, mit freundlicher Genehmigung von Herrn Dr. Reifenberg, Univ. Bibl. Marburg, angeführt und zitiert; vgl. auch den Teildruck in H. Graß, Karl Barth und Marburg. Rede zur Eröffnung der Karl Barth-Ausstellung in der Universitäts-Bibliothek am 9.1.1971, hg. v. Marburger Universitätsbund, 1971, 6., u. Bezugnahme bei W. G. Kümmel (s. Anm. 1), 242f. Zu zahlreichen Einzelaspekten der damaligen Diskussion vgl. O. Merk, Karl Barths Beitrag zur Erforschung des Neuen Testaments (1989), in: ders., Wissenschaftsgeschichte und Exegese. Ges. Aufs. zum 65. Geb., hg. v. R. Gebauer, M. Karrer u. M. Meiser, BZNW 95, 1998, 187–211, hier: 193–201 (Lit.).
[49] Brief Barths S. 4, freilich auf Jülichers Vorwurf eines „Pneumatikerhochmuts".
[50] A. Jülicher, Bespr. von Barth, K., Der Römerbrief, 2. Auflage in neuer Bearbeitung, (XVII, 523 S.) 1922, ThLZ 47, 1922, 537–542.
[51] R. Bultmann, Die liberale Theologie und die jüngste theologische Entwicklung, in: ders., Glauben und Verstehen, Ges.Aufs. Bd. I, ⁴1961, 1–25.

gische Bewegung aus der liberalen Theologie geboren ist" (1), und es ist kein Zufall, daß er – selbst der liberalen Theologie vielfach verpflichtet[52] – in einer tiefgreifenden Besprechung des Römerbriefs, 2. Aufl. 1922, das Anliegen Barths treffend darlegt mit der ausdrücklichen Feststellung: „daß ich mich übrigens sowohl was die historisch-philologische Erklärung betrifft, wie was die sachliche Beurteilung des Römerbriefs und des Paulus angeht, in hohem Maße dem anschließe, was *Jülicher* zur ersten Auflage ausgeführt hat, wird Barth teils dem Gesagten entnehmen, teils sich selbst sagen."[53] Daß mitten in der hohen Zeit der „Dialektischen Theologie" eine 4. Auflage seiner Römerbriefauslegung 1929 erschien, war für Jülicher eine stille Freude.

Jülicher sah, daß eine neue Epoche im theologischen Denken heraufgezogen war, aber sein Rücktritt vom Lehramt 1923 war keine Resignation. Er hat sich – wie er 1922 schreibt – „nicht verblüffen lassen" von K. Barth und anderen, wohl aber selbstkritisch zu bedenken gegeben: „ihre Erfolge lassen doch merken, daß an dem hergebrachten Betrieb etwas Wesentliches fehlen muß: man hat die Texte zu wenig in ihrer Eigenart, als religiöse Offenbarungen, gewürdigt, zu sehr auf das Wie und Woher geachtet, nicht genug auf das Was und hat manchmal auch wohl nicht mutig genug gezwungene Deutungen aufgegeben".[54] Jülicher blieb ein Lernender.[55] Aber es keimte in ihm hinsichtlich der Paulusforschung – hier seine Göttinger Freunde gedanklich einschließend – eine Rück- wie Neubesinnung auf den von ihm so häufig mittelbar wie unmittelbar herangezogenen Ferd. Christ. Baur: „Ob wohl die Zeit naht, wo neben der Konstruktion der modernen Religionshistoriker und ihres Widerparts die von *Ferd. Christ. Baur* wieder zu Ehren gelangt? Gewiß bedarf sie erheblicher Einschränkungen, gewiß müssen bedeutsame Wahrheitsmomente aus der Geschichtsauffassung der *Bousset*schen Schule mit ihr in Verbindung gebracht werden. Aber ganz an

---

[52] Ebd. (s. Anm. 51), 2: „Wir, die wir von der liberalen Theologie herkommen, hätten keine Theologen werden oder bleiben können, wenn uns in der liberalen Theologie nicht der Ernst der radikalen Wahrhaftigkeit begegnet wäre."

[53] R. Bultmann, Karl Barths „Römerbrief" in zweiter Auflage (1922) in: Anfänge der dialektischen Theologie (s. Anm. 47), 119–142, hier: 141 Anm. 4 [Zitat]; im übrigen vgl. die eingehende Analyse von M. Dreher, Rudolf Bultmann als Kritiker in seinen Rezensionen und Forschungsberichten. Kommentierende Auswertung, Beiträge zum Verstehen der Bibel, Bd. 11, 2005, 151–186.

[54] A. Jülicher, Die Religion Jesu (s. Anm. 19), [Nachtrag] 131.

[55] Vgl. auch seine Diskussion im Anschluß an einen Vortrag v. E. Thurneysen in Marburg im Februar 1924 mit dem Vortragenden, mit M. Rade, R. Bultmann u. M. Heidegger; Hinweis in: Anfänge der dialektischen Theologie, Teil II: R. Bultmann, F. Gogarten, E. Thurneysen, hg. v. J. Moltmann, BTh 17 / II, [4]1987, 220.

Baur vorbei wird man den Paulus niemals richtig begreifen."[56] Sein Schüler R. Bultmann hat dies dann eindrücklich aufgegriffen.[57]

Brechen wir ab. Über Jülicher ist manches ehrende Wort einst gesagt und geschrieben worden. Zitiert sei nur eines. Franz Overbeck hat sich privat notiert: „Wer etwas lernen und nicht gerade sich unterhalten will, wird viel besser an Jülicher gewiesen, als an Harnack." Und er fährt an weiterer Stelle fort: „Mit Jülicher ist viel eher auf einem guten und festen Grund zu wertvollen Erkenntnissen zu kommen."[58] Lassen wir Overbecks Beurteilung Harnacks auf sich beruhen. Lassen wir ebenso das leicht nachweisbar Zeitbedingte und exegetisch aus heutiger Sicht Überholte in Jülichers Werk auf sich gestellt. Festzuhalten aber ist: In unserer Gegenwart, in der theologische Wissenschaft so häufig auf Gedanken und Einsichten der „liberalen Theologie" zurückgreift und diese nicht selten als eigene neue Erkenntnisse ausgibt, bleibt Adolf Jülicher ein kritischer Lehrmeister. Er ist ein Theologe, dessen innovative, zur selbständigen Urteilsfindung anregende Arbeiten auch in der Paulusforschung weiterhin allen Nachbedenkens wert sind.

---

[56] A. Jülicher, Die Religion Jesu (s. Anm. 19), Nachtrag 131e (sic!).
[57] Vgl. R. Bultmann, Zur Geschichte der Paulusforschung, ThR, N.F. 1, 1929, 26–59; vgl. dazu die Besprechung von M. Dreher (s. Anm. 53), 373ff.
[58] F. Overbeck, Christentum und Kultur. Gedanken und Anmerkungen zur modernen Theologie, hg. v. C. A. Bernoulli, 1919, 211f.; weitere Belege für die Hochschätzung Jülichers bei H.-J. Klauck (s. Anm. 1), 99f.

Gesundheitspolitik als Kunst des Möglichen
Wege aus der Kompromißfalle[1]

(gehalten in der Plenarsitzung am 20. Juli 2007)

KLAUS-DIRK HENKE

Zur wirtschafts- und gesundheitspolitischen Ausgangslage von Gesundheitsreformen

Die Ausgangslage für Gesundheitsreformen hat sich in den letzten 30 Jahren stark verändert. In den goldenen siebziger Jahren herrschte Vollbeschäftigung bei stetigem Wirtschaftswachstum. Damit war die Grundvoraussetzung für eine lohn- und gehaltsorientierte Finanzierung stets günstig, und zwar sowohl für die Leistungsanbieter als auch für die Patienten und Versicherten. Diese Situation hat sich mit zunehmender Arbeitslosigkeit und mangelndem Wachstum grundlegend verschlechtert. Die Anzahl der sozialversicherungspflichtig Beschäftigten ist, gemessen an der Gesamtbevölkerung, rückläufig und, schlimmer noch, die Länge der Arbeitszeit und die Dauer der Beschäftigung ebenfalls, so daß seitdem trotz einiger erfreulicher Lichtblicke weiterhin von der Erosion der Bemessungsgrundlage für die Sozialversicherungsbeiträge in der Gesetzlichen Krankenversicherung auszugehen ist. Ohne Wachstum und bei hoher Arbeitslosigkeit sinken die Beitragseinnahmen, so daß ceteris paribus nach neuen Finanzierungswegen gesucht werden muß.

Klaus-Dirk Henke, Professor der Volkswirtschaftslehre an der Technischen Universität Berlin, O. Mitglied der Göttinger Akademie seit 1993

---

[1] Eine gekürzte Fassung dieses Beitrags erschien unter gleichem Titel in der „Frankfurter Allgemeinen Zeitung" vom 17. Februar 2007.

Zur wirtschaftlichen Ausgangslage, die allein schon durch absehbare Finanzierungslücken und steigende Beitragssätze in der Gesetzlichen Krankenversicherung gekennzeichnet ist, tritt die demographische Herausforderung einer älter werdenden und rückläufigen Gesamtbevölkerung mit der Zunahme chronischer Erkrankungen und der Anzahl an Menschen, die unter mehreren Krankheiten gleichzeitig leiden. Angesichts dieser Entwicklung nimmt die Nachfrage nach qualitativ hochwertiger Versorgung zu, so daß der medizinische und medizinisch-technische Fortschritt insbesondere kranken Menschen oftmals als zu langsam erscheint. Weiter zunehmende Gesundheitsausgaben sind also programmiert.

Vor jeder gesundheitspolitischen Diskussion sollte man sich noch einige Gegebenheiten vor Augen führen, die oftmals übersehen werden. Das deutsche System der Krankenversorgung gilt – auch nach der Wiedervereinigung – als eines der führenden in der Welt. Art und Umfang der erstattungsfähigen Leistungen sind am stärksten ausgeprägt, und die infrastrukturelle Qualität wird von anderen Industrieländern kaum übertroffen. Ineffizienzen und Strukturmängel, die es immer und zu jeder Zeit geben wird, finden sich in allen vergleichbaren Ländern und Systemen, wobei die Unterversorgung in Großbritannien allerdings besonders ausgeprägt ist.

Was noch immer übersehen wird, aber unbedingt zur Einschätzung der wirtschafts- und gesundheitspolitischen Ausgangslage gehört, ist der Arbeitsmarkt im Gesundheitswesen. Viermal so viele Beschäftigte gibt es hier im Vergleich zur Automobilbranche, jeder 10. Erwerbstätige findet im Gesundheitswesen seinen Arbeitsplatz, so daß es nicht verwundert, daß dort in den letzten 20 Jahren die meisten der neuen Berufe entstanden sind. Die Jobchancen in den Gesundheitsberufen finden sich u. a. in der Gesundheits- und der Krankenpflege, im Bereich von Labor und Technik, in der Sport- und Physiotherapie, in Forschung und Entwicklung, in Ernährung und Hauswirtschaft, im Management, im Bereich Information und Kommunikation sowie in der Psycho- und der Verhaltenstherapie. Neben dem ersten Gesundheitsmarkt, der durch die erstattungsfähigen Leistungen gekennzeichnet werden kann, tritt zunehmend ein zweiter Gesundheitsmarkt. Die wachsende Gesundheitswirtschaft mit ihrer Erstellung und Vermarktung von Gütern und Dienstleistungen, die der Bewahrung und Wiederherstellung von Gesundheit dienen, wird zu einer Branche wie die Schiffahrtsindustrie, der Maschinenbau und der Tourismus. Am Rande sei in diesem Kontext darauf hingewiesen, daß es eine empirisch gehaltvolle Bestimmung einer optimalen Gesundheitsquote nicht gibt. Insofern ist es unverständlich, welche Bedeutung der im Jahre 1977 gesetzlich vorgeschriebenen Beitragssatzstabilität in der GKV zukommt. Im politischen Raum wird sie, ähnlich wie der Beitragssatz in der Gesetzlichen Rentenversicherung, zu einem „politischen Preis".

Schließlich zählen die institutionellen Gegebenheiten eines Landes noch zur Ausgangslage für Gesundheitsreformen. Und hier ist Deutschland mit seinen 16 Bundesländern, die jeweils hoheitliche Aufgaben in der Gesundheitspolitik wahrnehmen, aufgrund des Dauerwahlkampfs durch die Landtagswahlen nicht gut aufgestellt. Nimmt man den Verbändestaat mit seinen korporatistischen Strukturen und das ausgeprägte Lobbying im Gesundheitswesen noch hinzu (auf gut 500 Mitarbeiter im Gesundheitsministerium entfallen knapp 4000 Personen als Verbandsvertreter), dann wird verständlich, daß die OECD hierin einen entscheidenden Standortnachteil gegenüber anderen europäischen Ländern sieht. Hinzu treten Urteile des Bundesverfassungsgerichts und die zahlreichen Sozialgerichtsurteile, die in aller Regel nicht nur zu Innovationen im Gesundheitswesen führen. Die Gegensätze zwischen diesen überwiegend sozialrechtlich begründeten Urteilen und der Rechtssprechung des Europäischen Gerichtshofs in Verbindung mit dem europäischen Wettbewerbsrecht werden an Einfluß gewinnen.

Verquerer Einstieg in die Gesundheitsreform

Eine unübersehbare Anzahl von Gutachten mit einer Vielfalt von unterschiedlichen Reformvorschlägen ist typisch für die gesundheitspolitische Diskussion in Deutschland. Kommissionsberichte, Sachverständigenratsgutachten unterschiedlicher Gremien und die Verbände versorgen die Medien und damit eine breite Öffentlichkeit mit reichlich Material für ihre Sendungen. Die Gesundheitsversorgung gehört zu den Themen, die von allen Medien dankbar aufgegriffen werden. Möglicherweise sind schon aus diesem Grund Gesundheitsreformen stets besser, als es ihrer Darstellung im Fernsehen entspricht.

Im Rahmen einer Großen Koalition ist die Herausforderung einer Gesundheitsreform angesichts der divergierenden Auffassungen in der CDU, der CSU und der SPD besonders groß und die Umsetzung angesichts des breiten Spektrums an Reformvorschlägen zusätzlich mit Problemen verbunden. Zudem kam ein unglücklicher Reformstart hinzu, da in der sogenannten Rürup- und in der sogenannten Herzogkommission mit zwei Begriffen gearbeitet wurde, die einen Etikettenschwindel darstellen, der weder von den Fachleuten noch von den Medien, geschweige denn von der Bevölkerung bis heute aufgegriffen wurde. Die beiden Kommissionsberichte, die sich der Frage einer nachhaltigen Finanzierung annehmen sollten, stellten einer sogenannten Bürgerversicherung eine sogenannte Kopfpauschale gegenüber, ohne zu bemerken, daß die beiden Begriffe falsch verwendet wurden.

Die Verbreiterung der Bemessungsgrundlage für die Gesetzliche Krankenversicherung über die Löhne und Gehälter hinaus um die Kapitaleinkünfte und Mieterträge, also in Richtung des zu versteuernden Einkommens, führen zu einer proportionalen Einkommensteuer. Das Aufkommen dieser Zwangsabgabe wäre zweckgebunden für die Krankenversicherung. Mit der gleichzeitigen Ausdehnung der Versicherungspflicht auf die gesamte Bevölkerung, also auch auf die Freiberufler, Selbständigen, freiwillig Versicherten und die Beamten stünde einer Steuerlösung mit einem zweiten Finanzamt nichts mehr im Wege. Bei der sogenannten Bürgerversicherung handelt es sich in Wirklichkeit also eher um eine zweite, proportionale Einkommensteuer als um eine Versicherung, die dem Äquivalenzprinzip entspricht. Der Versicherungscharakter ist in der „Bürgerversicherung" nicht mehr erkennbar.

Ein Pauschalprämienmodell ist hingegen eine Versicherung. Im Falle einer Mindest- bzw. Grundversicherungspflicht für alle bei individueller Wahlfreiheit, sozialem Ausgleich und einer neuen Anbieterpluralität der Krankenversicherung verdient nur sie die Bezeichnung „Versicherung". Während im Falle einer steuerähnlichen Abgabe das aus der Einkommensbesteuerung bekannte Leistungsfähigkeitsprinzip zugrundeliegt, entspricht die „Kopfprämie" dem Äquivalenz- oder Versicherungsprinzip und damit einer Bürgerversicherung.

Der Gesundheitsfonds als ein Gutscheinsystem

Diese verquere Ausgangslage hat mit dazu beigetragen, daß es in den Eckpunkten der jetzt beschlossenen Gesundheitsreform zu der Fondslösung gekommen ist. Mit der durch die Medien hochgespielten Dichotomie zwischen Bürgerversicherung und Kopfpauschale befand sich die Koalition bereits in einer Kompromißfalle. Denn es mußte sichergestellt werden, daß nach der nächsten Bundestagswahl eine „linke" Regierung in Richtung der gewünschten Steuerlösung gehen und eine „rechte" Regierung den Paradigmawechsel zu einem Prämienmodell fortführen kann. Vor diesem Hintergrund sahen die Erfinder des Fonds in dem Konsensmodell des Wissenschaftlichen Beirats beim Bundesministerium der Finanzen die Grundlage für den unerläßlichen politischen Kompromiß. Diesem Plan entsprechend sollte jeder Versicherungspflichtige eine Gutschrift erhalten, die ihm den Kauf des gewünschten Versicherungsschutzes ermöglicht. Jede Versicherung legt die Höhe der Beiträge im Wettbewerb fest, ist aber verpflichtet, die zu standardisierenden Pflichtleistungen abzudecken. Auch private Anbieter unterliegen in Bezug auf die Standardleistungen dem Kontrahierungszwang. Der jetzt beschlossene Gesundheitsfonds ist davon relativ weit entfernt: Im Mittelpunkt steht die einheitliche Festlegung der Krankenkassenbeiträge durch das Bundesgesundheitsministerium, die Ausweitung des Risikostrukturausgleichs und die Beschränkung der Rolle des Zusatzbetrags, von dem sich ursprünglich die erhofften Wettbewerbsimpulse ergeben sollten.

Interventionsspirale oder hohe Flexibilität in der politischen Willensbildung?

Wirft man einen Blick auf die Anzahl der Reformen im Gesundheitswesen, so gibt es mehr als 80 Gesetze seit Gründung der Bundesrepublik, bei denen das Bundesgesundheitsministerium die Federführung hatte; allein zwischen 1977 und 2000 waren es 46 Gesetze mit über 6800 Einzelbestimmungen und Verordnungen. Und mittlerweile liegt allein zum Risikostrukturausgleich bereits die 13. Verordnung zu seiner Änderung vor. Kritiker erheben angesichts dieser Entwicklung den berechtigten Vorwurf, daß diese zahlreichen Eingriffe zu einer Interventionsspirale geführt hätten, deren ordnungspolitische Systemhaftigkeit mehr und mehr auf der Strecke geblieben sei. Dieser berechtigten Feststellung gegenüber wird allerdings insbesondere von politikwissenschaftlicher Seite immer wieder auf die hohe Flexibilität unserer parlamentarischen Demokratie hingewiesen und darauf, daß Kompromisse nun einmal konstitutiver Bestandteil der Politik seien. Wirtschaftswissenschaftler neigen bei ihrer inhärenten normativen Ausrichtung in diesem Fall mehr zur Politikerschelte.

Die Rolle der Medien

Interessant ist in diesem Zusammenhang ein Blick auf die Berichterstattung und die Kommentierung der kontinuierlichen Veränderungen durch die Gesundheitsreformen in den Medien. Dabei fällt auf, daß seit der Reform im Jahre 1977 in den Medien stereotyp die Zweiklassenmedizin beschworen wird, daß permanent Chancen zu einer grundlegenden Strukturreform vertan worden seien, alles Flickschusterei sei und die Kranken jedes Mal schamlos zur Kasse gebeten würden. Der Spiegel titelte: „Sind wir ein Volk von Versagern, unfähig zum Fortschritt, regiert von Stümpern?" beim

Gesundheitsreform-Modernisierungsgesetz vom 1. Januar 2004. Hier handelte es sich um eine Reform der informellen Großen Koalition, die derzeit von den Kritikern der laufenden Gesundheitsreform durchaus als vorbildlich bezeichnet wurde. Ohne Übertreibung wird man daher sagen können, daß Gesundheitsreformen grundsätzlich besser sind als ihre Darstellung in den Medien uns glauben macht. Während sich also die wirtschaftlichen und die reformpolitischen Rahmenbedingungen geändert haben, blieb die Kritik an den jeweiligen gesundheitspolitischen Reformen und Veränderungen seit 1977, dem Jahr der Einführung der Beitragssatzstabilität in der Gesetzlichen Krankenversicherung, weitgehend identisch.

Gibt es überhaupt eine rationale Gesundheitspolitik?

Eine Gesundheitspolitik aus einem Guss und aus einer Hand ist der Traum in der Wissenschaft, in einer parlamentarischen Demokratie mit Verhältniswahlrecht aber wohl kaum vorstellbar. Überträgt man die Definition einer rationalen Wirtschaftspolitik von Herbert Giersch auf die Reformen im Gesundheitswesen, so müßte eine rationale Gesundheitspolitik auf „ein planmäßig auf die Verwirklichung eines umfassenden, wohldurchdachten und in sich ausgewogenen Zielsystems gerichtet sein" und „dabei den höchsten Erfolgsgrad erreichen, der unter den jeweiligen Umständen möglich ist". Dementsprechend wäre der derzeitige Stand der gesundheitspolitischen Reform rational, sollten alle machbaren Verbesserungen tatsächlich schon ausgeschöpft sein. Auch die Gesundheitspolitik erschiene dann als die Kunst des Machbaren oder, wie es Popper genannt hat, als ein „social piecemeal engineering" (geschicktes stückchenweises Taktieren). Die Eckpunkte, Ziele und Instrumente des GKV-Wettbewerbsstärkungsgesetzes wären die Elemente der politischen Rationalität der Gesundheitspolitik in der gegenwärtigen Großen Koalition. Der (kleinste) gemeinsame Nenner ist dann die Grundlage der Reform. Man mag das zu erwartende Ergebnis einen faulen Kompromiß, einen Vergleich oder auch nur eine Zwischenlösung nennen. Jedenfalls kann das zu erwartende Ergebnis des politischen Streits um die Eckpunkte, an denen Anfang Juli 2006 die Große Koalition beinahe zerbrochen wäre, zunächst einmal als „Kunst des Möglichen" bezeichnet werden.

Will man die Rationalität speziell der stets umstrittenen Gesundheitspolitik erhöhen, lassen sich Lösungen suchen, die hier als Wege aus der Kompromißfalle bezeichnet werden sollen.

Gesundheitspolitik als Kunst des Möglichen – Wege aus der Kompromißfalle   171

Operation abgeschlossen

Quelle: Frankfurter Allgemeine Zeitung

Wege aus der Kompromißfalle

Die Kompromißfalle ist nicht untypisch für die parlamentarische Demokratie mit ihrem Lobbyismus. Die zum Teil polemisch und ohne Alternativkonzepte vorgetragene Kritik der weit über 50 Verbände geht letztlich darauf zurück, daß die zur Zeit diskutierte Weiterentwicklung des Gesundheitswesens weitgehend ohne sie auf den Weg gebracht worden ist. Der Einfluß der Funktionäre ist daher bei dieser Reform (Berliner Erklärung vom September 2006; Gesundheitspolitische Resolution vom Oktober 2006) bei weitem nicht so ausgeprägt wie früher. In diesem Zusammenhang gewinnt man auch den Eindruck, daß der insbesondere von Politik- und Rechtswissenschaftlern kritisierte Verbändestaat im Gesundheitswesen auf eine „normalere" Größe zurückgeführt werden soll. Unabhängig davon, ob die Einbeziehung aller Verbände in die gesundheitspolitische Willensbildung in ein Chaos oder aus der Kompromißfalle geführt hätte, gibt es neben den üblichen Verfahren auch einige grundsätzlich neue Wege, um aus dieser Falle herauszukommen bzw. sie zukünftig zu umgehen.

Zunächst kann man die Tür des Operationssaals (siehe Karikatur) wieder schließen und mit der Gesundheitsreform noch einmal ganz von vorne anfangen. In diesem Fall könnte man dann mit mehr Ruhe noch stärker auf die wissenschaftliche und insbesondere die gesundheitsökonomische Expertise vertrauen. Das Problem ist nur, daß auch Wissenschaftler kein Konsensmodell oder Patentrezept besitzen, so daß selbst die Fachleute, um sich überhaupt zu einigen, den Kompromiß suchen müssen. Das verdeutlicht die Lektüre der Gutachten des Sachverständigenrates zur Begutachtung der gesamtwirtschaftlichen Entwicklung, der Fachgutachten des bald zwanzig Jahre bestehenden Sachverständigenrates für das Gesundheitswesen, die zahlreichen Gutachten und Stellungnahmen der beiden Wissenschaftlichen Beiräte des Bundesfinanz- und des Bundeswirtschaftsministeriums, die transdisziplinäre Studie der Berlin-Brandenburgischen Akademie der Wissenschaften sowie die Berichte der Rürup- und der Herzogkommission. Wie gut ist es doch, meinte neulich ein angesehener Kollege, daß es wenigstens politische Entscheidungen gibt, denn die wissenschaftlichen Gremien könnten sich schon im kleinen Kreis nicht einigen und legten auch dort nur ihre meist zu engen und in der Regel nicht einmal interdisziplinär ausgerichteten fachlichen Rationalitätsmaßstäbe an. Hier liegt derzeit kein Königsweg aus der Kompromißfalle.

Ein zweiter Weg, heraus aus der Fundamentalkritik, führt über die Gegenanträge der Oppositionsparteien in einen konstruktiven Dialog in der gesundheitspolitischen Willensbildung im Bundestag und im Bundesrat. Dieser mühsame Weg wurde begangen mit über 30 Stunden Anhörungen allein beim Gesundheitspolitischen Ausschuss des Deutschen Bundestages. Zusammen mit den Änderungsanträgen aus dem Bundesrat kam es zu zahlreichen Veränderungen, zeitlichen Verschiebungen und damit zu einer Wiederannäherung an den Stand vor der Reform sowie an die Wünsche der Verbände und der Bundesländer.

Zusammenlegung der Wahltermine

Ein dritter und weit in die Zukunft weisender Weg führt über die Änderung des Wahlrechts (Mehrheits- anstelle des Verhältniswahlrechts). Großbritannien gilt hier als Beispiel. Ein solch dorniger Weg würde zum Verschwinden der kleineren Parteien führen und zur Einschränkung einer wünschenswerten Vielfalt im politischen Leben und an gesellschaftspolitischen Meinungsbildern und kann daher auf keinen Fall nur im Kontext von Gesundheitsreformen diskutiert werden. Die Zusammenlegung der Wahltermine (Bundes- und Landtagswahlen), wie sie von der Bertelsmann Stiftung vorgeschlagen worden ist, ist daher realistischer und wohl auch leichter umsetzbar. Viele der gegenwärtigen Streitpunkte bekämen ohne den Dauerwahlkampf im deutschen Föderalismus eine ganz andere Bedeutung. Dieser Weg zeigt deutlich den Unterschied einer mehr politischen Rationalität, die stark auf Machterhalt und Wiederwahl angelegt ist, und der fachlichen Rationalität, z. B. aus medizinischer, juristischer oder wirtschaftlicher Sicht, die sich nur in Ausnahmefällen an den politischen Gegebenheiten orientiert.

Ein vierter Weg führt über mehr direktdemokratische Elemente, wie z. B. in der Schweiz, zu einer stärker regional orientierten Gesundheitspolitik und damit ebenfalls heraus aus der Kompromißfalle. Mit diesem Vorschlag würden die sog. „non-majoritarian institutions" zur Verminderung des Rentseeking, also des Eigennutz- und Vorteilsstrebens der Akteure, in den Mittelpunkt gestellt. Für die einzelnen Interessengruppen lohnen sich die Lobby-Aktivitäten nur solange, wie der aus der Einflußnahme erzielbare Gewinn größer ist als die für die Verbandsarbeit eingesetzten Mittel. Je dezentraler die Gesundheitspolitik angelegt würde und je enger die Beitrags- und eine Leistungsäquivalenz ist, um so weniger käme es zum Verbände- und Funktionärsstaat im Gesundheitswesen. Die Versicherten und die Patienten mit ihren Angehörigen würden noch stärker als derzeit in den Vordergrund treten.

Der letzte und klarste Weg führt zu neuen konstanten Rahmenbedingungen und Anreizstrukturen, durch die der Staat das Gesundheitswesen vor den Politikern und Verbandsfunktionären schützt, indem er die erwünschte Politik- und Verbandsferne durch ein unabhängiges Gremium (à la Zentralbank) für die Sozialversicherung oder zumindest für die Krankenversicherung als ihren bei weitem kompliziertesten Zweig sicherstellt.

Auf dem Wege zum Gewährleistungsstaat

In einem solchen Gremium könnte dann ein Weg vom Leistungs- oder Wohlfahrtsstaat zum Gewährleistungs- oder Aufsichtsstaat gesucht und gefunden werden. In diesem Umfeld wäre sicherlich die Grund- oder Pflichtsicherung zu definieren und dynamisch fortzuentwickeln. In einem stärker wettbewerbs- und privatrechtlichen Umfeld würde neuen Versorgungsformen innerhalb und außerhalb der Versicherungspflicht die Zukunft gehören. Die private Absicherung würde, wie in den Niederlanden, an Bedeutung gewinnen, zumal die Wellness- und Fitness-Revolutionen und weitere neue Gesundheitsmärkte im Ernährungssektor nicht mehr aufzuhalten sind. Mit einem dauerhaften Ordnungsrahmen bei sozialem Ausgleich, einer Teilkapitalbildung und mehr Wahlmöglichkeiten bei privaten Krankenversicherungen sowie am wachsenden zweiten Markt der Gesundheitswirtschaft würde man langfristig mit Sicherheit aus der Kompromißfalle kommen. In diesem Kontext würden auch die Freiräume für Modellversuche vergrößert werden, wie es ansatzweise bei einigen Leuchtturmprojekten integrierter Versorgung und medizinischer Versorgungszentren bereits der Fall ist. Im Grunde fehlt es nach wie vor an einer experimentellen Kultur in der Krankenversorgung und der gesundheitlichen Betreuung der Versicherten, wie sie der Sachverständigenrat für das Gesundheitswesen immer wieder gefordert hat.

Fazit: Überwindung der wirtschaftlichen Ausgangslage und neue Prioritäten in der Politik

Ob einer der hier aufgezeigten Wege aus der Kompromißfalle politisch tatsächlich aufgegriffen wird, sei dahingestellt. Bis dahin müssen wir jedoch mit Kompromissen der bestehenden Art weiterleben. Allerdings gehört die derzeitige Reformdiskussion im Gesundheitswesen nicht so hoch auf die politische Agenda. Altbundeskanzler Schmidt sagte kürzlich zu Recht, daß wir eines der besten Versorgungssysteme der Welt haben und auf diesem Niveau ständig streiten, so als gäbe es keine wichtigeren Problem der Nation, in Europa und in der Welt.

Am wichtigsten ist, wie anfangs angeführt, die Überwindung der wirtschaftlichen Ausgangslage. Durch nachhaltiges Wirtschaftswachstum, durch mehr Investitionen in Bildung und Wissenschaft, durch eine Zunahme der Geburtenrate, durch mehr qualifizierte Einwanderer, die Steuern und Sozialversicherungsbeiträge zahlen, durch weniger Abwanderung, durch Teilkapitalbildung in der sozialen Sicherung und durch höhere Beiträge bzw. Abgaben der älteren Menschen zur Bewältigung der vielfältigen demographischen Herausforderungen und des Generationenkonflikts ließe sich die schwierige Ausgangslage verbessern. Würden diese Herausforderungen in unserer Gesellschaft besser gemeistert, ergäbe sich bei Vollbeschäftigung und Wirtschaftswachstum eine völlig neue Ausgangslage für zukünftige Gesundheitsreformen. Auch bei ihnen wird es um eine nachhaltige Finanzierung, mehr Wettbewerb in der Leistungserbringung und die Gesundheitswirtschaft als Wachstumsbranche gehen.

The Future Development of the Information Society

(gehalten in der Plenarsitzung am 9. November 2007)

LUCIANO FLORIDI

Abstract

This paper may be read as a sequel of Floridi (1995), in which I predicted what sort of transformations and problems were likely to affect the development of the Internet and our system of organised knowledge in the medium term. In this second attempt, I look at the future developments of *Information and Communication Technologies* (ICT) and try to guess what their impact on our lives will be. The forecast is that, in information societies, the threshold between online and offline will soon disappear, and that once there won't be any difference, we shall become not cyborgs but rather *inforgs*, i. e. connected informational organisms.

Luciano Floridi, Professor für das Fach „Philosophy of Information" an der Universität Hertfordshire/UK

> If you can look into the seeds of time,
> And say which grain will grow and which will not,
> Speak then to me, who neither beg nor fear
> Your favours nor your hate.
> Shakespeare, *Macbeth*, Act I, Scene III, 59–62.

1. Digital seeds

In 1995, I was invited to give a keynote speech at the UNESCO headquarters in Paris, to celebrate the fiftieth anniversary of the organisation. On that occasion, I was asked to predict what sort of transformations and problems were likely to affect the development of the Internet and our system of organised knowledge in the medium term. The challenge turned into an article, a synthesis of which was published in Floridi (1995).

They say there are only two kinds of predictions: wrong and lucky. Mine was lucky, and so I thought I might tempt fate once more. This time, however, I shall not be concerned with the system of organised knowledge. Rather, I shall focus, more generally, on future developments in *Information and Communication Technologies* (henceforth ICTs) and their impact on our lives. And since there would be no merit in predicting the obvious, I will avoid issues such as rising concerns about privacy and identity theft, spamming, viruses, or the importance of semantic tagging, online shopping and virtual communities. Nor will I try to steal ideas from those who know better than I do the future development of the actual technologies (see for example O'Reilly 2005, Microsoft Research 2005, Nature 2006). I will, instead, stick to what philosophers do better, conceptual analysis, and seek to capture the new *Weltanschauung* that might be dawning on us.

2. Digital ICTs as re-ontologizing technologies

In order to grasp the ICTs scenarios that we might witness and experience in the near future, it is useful to introduce two key-concepts at the outset, those of "infosphere" and of "re-ontologization".

Infosphere is a neologism I coined years ago on the basis of "biosphere", a term referring to that limited region on our planet that supports life. It denotes the whole informational environment constituted by all informational entities (thus including informational agents[1] as well), their properties, interactions, processes and mutual relations. It is an environment comparable to, but different from cyberspace (which is only one of its sub-regions, as it were), since it also includes off-line and analogue spaces of information. We shall see that it is also an environment (and hence a concept) that is rapidly evolving.

Re-ontologizing is another neologism that I have recently introduced in order to refer to a very radical form of re-engineering, one that not only designs, constructs or structures a system (e. g. a company, a machine or some artefact) anew, but that fundamentally transforms its intrinsic nature. In this sense, for example, nanotechnologies and biotechnologies are not merely re-engineering but actually re-ontologizing our world.

Using the two previous concepts, my basic claim can now be formulated thus: digital ICTs are re-ontologizing the very nature of (and hence what

---

[1] In computer science, an "agent" is any artefact (e. g. a program or a robot) capable of some self-initiating, goal-oriented behaviour, usually on behalf of other agents, whether human or artificial.

we mean by) the infosphere, and here lies the source of some of the most profound transformations and challenging problems that our information societies will experience in the close future, as far as technology is concerned.

In the rest of this article, I mean to clarify and substantiate this simple claim by highlighting three fundamental trends in the re-ontologization of the infosphere and some of their significant implications.

3. The rise of the frictionless infosphere

The most obvious way in which the new ICTs are re-ontologizing the infosphere concerns (a) the transition from analogue to digital data and then (b) the ever-increasing growth of our digital space. Both phenomena are very familiar and require no explanation, but a brief comment may not go amiss.

In their second study on information storage and flows, Lyman and Varian (2003) write that "Print, film, magnetic, and optical storage media produced about 5 exabytes of new information in 2002. Ninety-two percent of the new information was stored on magnetic media, mostly in hard disks. [. . .] Five exabytes of information is equivalent in size to the information contained in 37,000 new libraries the size of the Library of Congress book collections." Although the production of analogue data is still increasing, the infosphere is becoming more digital by the day. Paraphrasing Motoko Kusanagi, the infosphere is now vast and infinite (Kokaku Kidotai, *Ghost in the Shell*, 1995). A simple example may help to drive the point home: the new Large Hadron Collider that is being built at the CERN (http://lhc.web.cern.ch/lhc/) to explore the physics of particles will produce about 1.5GB data per second, or about 10 petabytes of data annually, a quantity of data a thousand times larger than the Library of Congress's print collection and at least twice as large as Google's whole data storage, reported to be approximately 5 petabytes (.Mellor [April 06, 04]).

This radical re-ontologization of the infosphere is largely due to the fundamental convergence between digital resources and digital tools. The ontology of the information technologies available (e. g. software, databases, communication channels and protocols etc.) is now the same as (and hence fully compatible with) the ontology of their objects. This was one of Turing's most consequential intuitions: in the re-ontologized infosphere, there is no longer any substantial difference between the *processor* and the *processed*, so the digital deals effortlessly and seamlessly with the digital. This potentially eliminates one of the most long-standing bottlenecks in the infosphere and, as a result, there is a gradual erasure of *ontological friction*.

Ontological friction refers to the forces that oppose the flow of information within (a region of) the infosphere, and hence (as a coefficient) to the amount of work and effort required to generate, obtain, process and transmit information in a given environment, e. g. by establishing and maintaining channels of communication and by overcoming obstacles in the flow of information such as distance, noise, lack of resources (especially time and memory), amount and complexity of the data to be processed, and so forth. Given a certain amount of information *available* in (a region of) the infosphere, the lower the ontological friction in it, the higher the *accessibility* of that amount of information becomes. Thus, if one quantifies ontological friction from 0 to 1, a fully successful firewall would produce a 1.0 degree of friction, i. e. a complete standstill in the flow of information through its "barrier". On the other hand, we describe our society as informationally porous the more it tends towards a 0 degree of informational friction.

Because of their "data superconductivity", ICTs are well-known for being among the most influential factors that affect the ontological friction in the infosphere. We are all acquainted with daily aspects of a *frictionless infosphere*, such as *spamming* and *micrometering*. Three other significant consequences are:

a) *no right to ignore*: in an increasingly porous society, it will become progressively less credible to claim ignorance when confronted by easily predictable events (e. g. as George W Bush did with respect to Hurricane Katrina's disastrous effects on New Orleans's flood barriers) and hardly ignorable facts (e. g. as Tessa Jowell did with respect to her husband's finances); and

b) *vast common knowledge*: this is a technical term from epistemic logic, which basically refers to the case in which everybody not only knows that p but also knows that everybody knows that everybody knows that p. In other words, (a) will also be the case because metainformation about how much information is, was or should have been available will become overabundant.

From (a) and (b) it follows that, in the future,

c) we shall witness a steady increase in agents' responsibilities. ICTs are making humanity increasingly accountable, morally speaking, for the way the world is, will and should be (Floridi and Sanders 2001).

4. The global infosphere or how information is becoming our ecosystem

During the last decade or so, we have become accustomed to conceptualising our life online as a mixture between an evolutionary adaptation of human agents to a digital environment, and a form of post-modern, neo-colonization of the latter by the former. This is probably a mistake. ICTs are as much re-ontologising our world as they are creating new realities. The threshold between *here* (*analogue, carbon-based, off-line*) and *there* (*digital, silicon-based, online*) is fast becoming blurred, but this is as much to the advantage of the latter as it is of the former. Adapting Horace's famous phrase, "captive cyberspace is conquering its victor".

The digital is spilling over into the analogue and merging with it. This recent phenomenon is variously known as "Ubiquitous Computing", "Ambient Intelligence", "The Internet of Things" (ITU report, November 2005 www.itu.int/internetofthings) or "Web-augmented things". It is or will soon be the next stage in the digital revolution.

Basically, the increasing digital re-ontologization of artefacts and of whole (social) environments suggests that soon it will be difficult to understand what life was like in predigital times (to someone who was born in 2000 the world will always have been wireless, for example) and, in the near future, the very distinction between online and offline will become blurred and then disappear. To put it dramatically, the infosphere is progressively absorbing any other space. Let me explain.

In the (fast approaching) future, more and more objects will be *ITentities* able to learn, advise and communicate with each other. A good example (but it is only an example) is provided by RFID (Radio Frequency IDentification) tags, which can store and remotely retrieve data from an object and give it a unique identity, like a barcode. Tags can measure 0.4 mm^2 and are thinner than paper. Incorporate this tiny microchip in everything, including humans and animals, and you have created *ITentities*. This is not science fiction. According to a report by Market Research Company InStat, the worldwide production of RFID will increase more than 25-fold between 2005 and 2010 and reach 33 billion. Imagine networking these 33 billion ITentities together with all the hundreds of millions of PCs, DVDs, iPods, and ICT devices available and you see that the infosphere is no longer "there" but "here" and it is here to stay. Your Nike shoes and iPod already talk to each other (http://www.apple.com/ipod/nike/).

Nowadays, we are used to considering the space of information as something we log-in to and log-out from. Our view of the world (our metaphysics) is still modern or Newtonian: it is made of "dead" cars, buildings, furniture, clothes, which are non-interactive, irresponsive and incapable of communicating, learning, or memorizing. But what we still experience as the world offline is bound to become a fully interactive and responsive environment of wireless, pervasive, distributed, *a2a* (anything to anything) information processes, that works *a4a* (anywhere for anytime), in real time. This will first gently invite us to understand the world as something "a-live" (artificially live). Such *animation* of the world will, paradoxically, make our outlook closer to that of pre-technological cultures which interpreted all aspects of nature as inhabited by teleological forces.

The second step will be a reconceptualization of our ontology in informational terms. It will become normal to consider the world as part of the infosphere, not so much in the dystopian sense expressed by a *Matrix*-like scenario, where the "real reality" is still as hard as the metal of the machines that inhabit it; but in the evolutionary, hybrid sense represented by an environment such as New Port City, the fictional, post-cybernetic metropolis of *Ghost in the Shell*. The infosphere will not be a virtual environment supported by a genuinely "material" world behind; rather, it will be the world itself that will be increasingly interpreted and understood informationally, as part of the infosphere. At the end of this shift, the infosphere will have moved from being a way to refer to the space of information to being synonymous with Being. This is the sort of informational metaphysics I suspect we shall find increasingly easy to embrace.

For the skeptic, there are plenty of daily examples that offer tangible evidence of such radical transformations. "Robotic Cookware" is already available (http://www.vitacraft.com. nyud.net: 8090/rfiq/home.html). MP3 players will soon be able to recommend new music to their users by learning from the tunes they (the users that is) enjoyed (http://www.semanticaudio.com/). Your next fridge (http://www.lginternetfamily.co.uk/homenetwork.asp) will inherit your tastes and wishes from the old one, just as your new laptop can import your favourite settings from the old one; and it will interact with your new way of cooking and with the supermarket website, again, just as your laptop can talk to a printer or to another computer. We have all known that this was possible on paper for some time; the difference is that it is now actually happening in our kitchen.

As a consequence of such re-ontologization of our ordinary environment, we shall be living in an infosphere that will become increasingly *synchronized* (time), *delocalised* (space) and *correlated* (interactions). Previous revolutions (especially the agricultural and the industrial ones) created macroscopic transformation in our social structures and architectural environments, often without much foresight. The informational revolution is no less dramatic. We shall be in serious trouble, if we do not take seriously the fact that we are constructing the new environment that will be inhabited by future generations (Floridi and Sanders 2005). We should be working on an ecology of the infosphere, if we wish to avoid problems such as a tragedy of the digital commons (Greco and Floridi 2004). Unfortunately, I suspect it will take some time and a whole new kind of education and sensitivity to realise that the infosphere is a common space, which needs to be preserved to the advantage of all. One thing seems indubitable though: the digital divide will become a chasm, generating new forms of discrimination between those who can be denizens of the infosphere and those who cannot, between insiders and outsiders, between information rich and information poor. It will redesign the map of worldwide society, generating or widening generational, geographic, socio-economic and cultural divides. But the gap will not be reducible to the distance between industrialized and developing countries, since it will cut across societies. (Floridi 2002). We are preparing the ground for tomorrow's digital favelas.

5. *The evolution of inforgs*

We have seen that we are probably the last generation to experience a clear difference between onlife and online. The third transformation that I wish to highlight concerns precisely the emergence of artificial and hybrid (multi)agents, i. e., partly artificial and partly human (consider, for example, a family as a single agent, equipped with digital cameras, laptops, palm pilots, iPods, mobiles, wireless network, digital TVs, DVDs, CD players, etc.).

These new agents already share the same ontology with their environment and can operate in it with much more freedom and control. We (shall) delegate or outsource to artificial agents memories, decisions, routine tasks and other activities in ways that will be increasingly integrated with us and with our understanding of what it means to be an agent. This is rather well known, but two other aspects of this transformation may be in need of some clarification.

On the one hand, in the re-ontologized infosphere, progressively populated by ontologically-equal agents, where there is no difference between processors and processed, online and offline, all interactions become equally digital. They are all interpretable as "read/write" (i. e., access/alter) activities, which "execute" the remaining type of process. It is easy to predict that, in such an environment, the moral status and accountability of artificial agents will become an ever more challenging issue (Floridi and Sanders 2004b).

On the other hand, our understanding of ourselves as agents will also be deeply affected. I am not referring here to the sci-fi vision of a "cyborged"[2] humanity. Walking around with something like a Bluetooth wireless headset implanted in your ear does not seem the best way forward, not least because it contradicts the social message it is also meant to be sending: being always on call is a form of slavery, and anyone so busy and important should have a PA instead. The truth is rather that being a sort of cyborg is not what people will embrace, but what they will try to avoid, unless it is inevitable (more on this shortly).

Nor am I referring to a genetically modified humanity, in charge of its informational DNA and hence of its future embodiments. This is something that we shall probably see in the future, but it is still too far away, both technically (safely doable) and ethically (morally acceptable), to be discussed at this stage.

What I have in mind is a quieter, less sensational and yet crucial and profound change in our conception of what it means to be an agent. We are all becoming *connected informational organisms* (*inforgs*). This is happening not through some fanciful transformation in our body, but, more seriously and realistically, through the re-ontologization of our environment and of ourselves.

By re-ontologizing the infosphere, digital ICTs have brought to light the intrinsically informational nature of human agents. This is not equivalent to saying that people have digital alter egos, some Messrs Hydes represented by their @s, blogs and https. This trivial point only encourages us to mistake digital ICTs for merely *enhancing* technologies. The informational nature of agents should not be confused with a "data shadow"[3] either. The more radical change, brought about by the re-ontologization of the infosphere, will be the disclosure of human agents as interconnected, informational organisms among other informational organisms and agents.

Consider the distinction between *enhancing* and *augmenting* appliances. The switches and dials of the former are interfaces meant to plug the appliance in to the user's body ergonomically. Drills and guns are perfect

---

[2] The term "cyborg" is used here in its classic and scientific sense of "cybernetic organism" constituted by a self-regulating integration of natural and artificial components or systems. Strictly speaking, a person wearing a peace-maker already counts as a cyborg, although in a non-interesting way, since cyborgs are supposed to enhance and not just restore functions, capacities or attributes.

[3] The term is introduced by Westin (1968) to describe a digital profile generated from data concerning a user's habits online.

examples. It is the cyborg idea. The data and control panels of augmenting appliances are instead interfaces between different possible worlds: on the one hand there is the human user's *Umwelt*[4], and on the other hand there are the dynamic, watery, soapy, hot and dark world of the dishwasher; the equally watery, soapy, hot and dark but also spinning world of the washing machine; or the still, aseptic, soapless, cold and potentially luminous world of the refrigerator. These robots can be successful because they have their environments "wrapped" and tailored around their capacities, not vice versa. Imagine someone trying to build a droid like C3PO capable of washing their dishes in the sink exactly in the same way as a human agent would. Now, ICTs are not augmenting or empowering in the sense just explained. They are re-ontologizing devices because they engineer environments that the user is then enabled to enter through (possibly friendly) gateways. It is a form of initiation. Looking at the history of the mouse (http://sloan.stanford.edu/mousesite/), for example, one discovers that our technology has not only adapted to, but also educated, us as users. Douglas Engelbart once told me that he had even experimented with a mouse to be placed under the desk, to be operated with one's leg, in order to leave the user's hands free. HCI (Human-Computer Interaction) is a symmetric relation.

To return to our distinction, whilst a dishwasher interface is a panel through which the machine enters into the user's world, a digital interface is a gate through which a user can be (tele)present in the infosphere (Floridi 2005). This simple but fundamental difference underlies the many spatial metaphors of "cyberspace", "virtual reality", "being online", "surfing the web", "gateway" and so forth. It follows that we are witnessing an epochal, unprecedented migration of humanity from its *Umwelt* to the infosphere itself, not least because the latter is absorbing the former. As a result, humans will be inforgs among other (possibly artificial) inforgs and agents operating in an environment that is friendlier to digital creatures. As digital immigrants like us are replaced by digital natives like our children, the latter will come to appreciate that there is no ontological difference between infosphere and *Umwelt*, only a difference of levels of abstractions (Floridi and Sanders 2004a). And when the migration is complete, we shall increasingly feel deprived, excluded, handicapped or poor to the point of paralysis and psychological trauma whenever we are disconnected from the infosphere, like fish out of water.

One day, being an inforg will be so natural that any disruption in our normal flow of information will make us sick. Even literally. A simple illus-

---

[4] The outer world, or reality, as it affects the agent inhabiting it.

tration is provided by current BAN (Body Area Network) – systems "a base technology for permanent monitoring and logging of vital signs [. . .] [to supervise] the health status of patients suffering from chronic diseases, such as Diabetes and Asthma" (http://www.ban.fraunhofer.de/index_e.html) – and Wearable Computers (http://www.businessweek.com/technology/content/mar2005/tc2005038_5955_tc119.htm). Both phenomena are properly understood from an inforg (not a cyborg) perspective.

6. Conclusion

It would be useful to have some idea of what sort of empirical evidence we should look for that might signal the emergence of the infosphere as the real and only environment in which human inforgs will be living. How will we know that what has been predicted above is actually happening? By way of conclusion, here are five suggestions.

1) Eight hours of life
One important problem that we shall face will concern the availability of sufficient energy to stay connected to the infosphere non-stop. It is what Intel calls "the battery life challenge" (http://www.intel.com/products/centrino/enablingbatterylIfe.pdf). Today, we know that our autonomy is limited by the energy bottleneck of our batteries. The infosphere, and hence life as an inforg, will become a reality the closer we get to the 8 hours threshold.

2) Google in Real Life
We use Google to search and find anything on the other side of the screen: a quotation, the address of a place, the price of an item, the schedule of a show, anything really. But in real life, on this side of the screen we still have no search engine. And yet the technology is already there. The position of my car, for example, is constantly monitored by its Global Positioning System (GPS). You will know that ITentities have finally arrived when you will be able to use a search engine to find them in the house ("where are my glasses?"), in the office ("where is my stapler?"), or in the multi-storey car park ("where did I leave my car?"), in the same way that you already locate a book in a library through its electronic catalogue. Google IRL (in real life) will signal the collapse of that thin membrane still separating the worlds of online and offline.

3) Children of the PC
For clear signs of digital migration in recent generations, some evidence can be gathered by looking at the evolution of the software game industry. For example, in the US, the average age of players is increasing, as the children of the post-computer revolutions are reaching their late thirties (http://www.theesa.com/files/2005EssentialFacts.pdf http://www.pacificepoch.com/uploads/docs/200 60124_Sample_Pacific_Epoch_Online_Game_Report_PreRelease.pdf). By the time they retire, in three or four decades, they will be living in the infosphere full-time.

4) How do I know I am an inforg?
If you spend more time connected than sleeping, you are an inforg. On average, Britons, for example, already spend more time online than watching TV (http://www.statistics.gov.uk/pdfdir/intacc0702.pdf).

5) Virtual assets?
One way of checking whether the new metaphysics has arrived is to look for the emergence of a serious economy of virtual assets. This involves two steps.

At the time of writing, End User License Agreements (EULA) of massively multiplayer online role-playing games (MMORPG) such as *World of Warcraft* still do not allow the sale of virtual assets. This would be like the EULA of MS-Word withholding from users the ownership of the digital documents created by means of the software. This is inevitably changing, as more people invest hundreds and then thousands of hours building their avatars.[5] Future generations will inherit digital assets that they will want to own. Indeed, although it is forbidden, there are thousands of virtual assets on sale on e-bay. A quick check on the 14th of March 2006 showed that the starting bid for a "World of Warcraft WTB rank14 or epic geared druid" was $1500, a price much higher than the value of the average computer used to access that piece of information. Sony, more aggressively, already offers a "Station Exchange", an official auction service that "provides players a secure method of buying and selling [in dollars, my specification] the right to use in game coin, items and characters in accordance with SOE's license agreement, rules and guidelines" (http://stationexchange.station.sony.com/).

Again, for the skeptical reader, a comparison and some hard evidence might be useful. In recent years, many countries have followed the US in

---

[5] In ICT, an avatar is a digital representation of a user or, more loosely and imprecisely, any character owned by a user in a role-playing game.

counting acquisition of software not as a current business expense but as an investment, to be treated as any other capital input that is repeatedly used in production over time (*The Economist* [Feb 16, 2006]). This has meant that spending on software now regularly contributes to GDPs. So software is acknowledged to be a (digital) good, even if somewhat intangible. It should not be too difficult to accept that virtual assets too may represent important investments. As for the hard evidence, the phenomenon of so-called "virtual sweatshops" in China is very indicative. In claustrophobic and overcrowded rooms, workers play online games, like *World of Warcraft* or *Lineage*, for up to twelve hours a day, to create virtual goods, such as characters, equipments or in-game currency, which can then be sold to other players (warning: the following video is rather disturbing http://youtube.com/watch?v=ho5Yxe6UVv4).

Once ownership of virtual assets has been legally established, the second step will be to check for the emergence of property litigations (already happening: in May 2006 a Pennsylvania lawyer sued the publisher of *Second Life* for allegedly having unfairly confiscated tens of thousands of dollars worth of his virtual land and other property http://www.wired.com/news/culture/0,70909-0.html) and insurance that provides protection against risks to them. It won't be a revolution in business, but it might be comparable to the pet insurances you can currently buy at your local supermarket (http:// www.sainsburysbank.co.uk/ insuring/ ins_petinsurance_pet_skip.shtml?source=NETGOOGLPETIEMO10001). Again, *World of Warcraft* provides an excellent example. The nine million players[6] who (will) have spent billions of man-hours constructing, enriching and refining their avatars will be more than willing to spend a few dollars to insure them. In the near future, this will look normal.

References

Floridi, L. 1995, "Internet: Which Future for Organized Knowledge, Frankenstein or Pygmalion?" *International journal of human-computer studies*, 43, 261–274.
Floridi, L. 2002, "Information Ethics: An Environmental Approach to the Digital Divide", *Philosophy in the Contemporary World*, 9(1), 39–45.
Floridi, L. 2005, "Presence: From Epistemic Failure to Successful Observability", *Presence: Teleoperators and Virtual Environments*, 14(6), 656–667.

---

[6] As of the July, 2007, source: http://www.blizzard.com/press/070724.shtml. This ranks WoW as the 90th country in the world, in terms of size of its population, out of 222 countries in the world.

Floridi, L., and Sanders, J.W. 2001, "Artificial Evil and the Foundation of Computer Ethics", *Ethics and Information Technology*, 3(1), 55–66.

Floridi, L., and Sanders, J.W. 2004a, "The Method of Abstraction" in *Yearbook of the Artificial. Nature, Culture and Technology. Models in Contemporary Sciences*, edited by M. Negrotti (Bern: Peter Lang), 177–220.

Floridi, L., and Sanders, J.W. 2004b, "On the Morality of Artificial Agents", *Minds and Machines*, 14(3), 349–379.

Floridi, L., and Sanders, J.W. 2005, "Internet Ethics: The Constructionist Values of Homo Poieticus" in *The Impact of the Internet on Our Moral Lives*, edited by Robert Cavalier (New York: SUNY),

Greco, G.M., and Floridi, L. 2004, "The Tragedy of the Digital Commons", *Ethics and Information Technology*, 6(2), 73–82.

Lyman, P., and Varian, H.R. 2003, *How Much Information?*, http://www.sims.berkeley.edu/research/projects/how-much-info-2003/execsum.htm#summary,

Mellor, C. April 06, 04, "Google's Storage Strategy", *TechWorld*.

Nature 2006, "2020 – Future of Computing", 440.

Westin, A.F. 1968, *Privacy and Freedom* 1st (New York: Atheneum).

Mikroben und Bernstein
Einblicke in eine wenig verstandene geo-biologische Beziehung
(gehalten in der Plenarsitzung am 7. Dezember 2007)

JOACHIM REITNER
CHRISTINA BEIMFORDE
Geobiologie-GZG

Bernstein ist fossiles Baumharz (Succinit mit Derivaten der Abietinsäure – trizyklische Diterpen-Carbonsäuren), das seit dem Karbon bekannt ist und aufgrund seiner Entstehung eine exzellente Erhaltung von Organismen erlaubt. Für die Wissenschaft, insbesondere für die Geobiologie und die Paläontologie, sind vor allem Bernsteine mit Einschlüssen, sogenannte Inklusen, von besonderem Interesse. Bei diesen Einschlüssen handelt es sich um Fossilien von Insekten, Spinnen und Pflanzenresten, aber auch von Bakterien, Pilzen und Algen (Krumbiegel und Krumbiegel 2005). Durch die Einbettung im Harz werden diese Einschlüsse über Jahrmillionen hinweg perfekt konserviert. Wenig Beachtung haben bis dato Mikroinklusen wie Pilze und prokaryotische Mikroorganismen gefunden, die ebenfalls in oft exzellenter Erhaltung vorliegen. Durch Schmidt et al. (2006) wurde diese Mikrowelt erstmals eingehender erschlossen. Wichtige Erkenntnisse zur Bernsteinbildung wurden in den neukaledonischen Araucarien-Wäldern und in den Everglades in Florida gewonnen (Schmidt & Dilcher 2007), die z. T. Relikte käno- und mesozoischer Bernsteinwälder darstellen. Als wichtige Zeugnisse vergangener Erdzeitalter geben sie einen Einblick in die Evolution und die Phylo-

Joachim Reitner, Professor der Paläontologie an der Georg-August-Universität Göttingen, O. Mitglied der Göttinger Akademie seit 1998

genie von Organismengruppen, aber auch in die Paläoökologie urzeitlicher Wälder (Schönborn et al. 1999, Schmidt et al. 2006; Perrichot et al. 2007).

Als fossiles Baumharz ist Bernstein allerdings ein für Deteriorationsprozesse anfälliges Objekt (Biscula et al. 2007). Daher ist die Weiterentwicklung von Konservierungskonzepten für den Erhalt dieser kulturell und wissenschaftlich interessanten Bernsteinobjekte von großer Bedeutung.

Eine neue wissenschaftliche Diskussion über Mikroben im Bernstein ist durch Publikationen Mitte der neunziger Jahre des letzten Jahrhunderts entfacht worden (Cano & Borucki 1995), in denen behauptet wurde, daß in Bernstein eingeschlossene Mikroorganismen wieder reaktiviert worden seien, eine modifizierte Art von „Jurassic Park".

Mikroorganismen in Bernstein

Es lassen sich eine Vielzahl von Mikroorganismen im und auf dem Bernstein nachweisen. Die grundsätzlichen Fragen, die sich dabei stellen, sind: Sind die Mikroorganismen genuiner Bestandteil des Bernsteins? Handelt es sich um Artefakte und/oder um sekundäre Besiedelungen?

Das neue Bernsteinprojekt der Göttinger Akademie der Wissenschaften hat vier Arbeitsfelder definiert, um diese Fragen zu klären:

1. Art und Natur rezenter Biofilme auf den Bernsteinen. Sie sind aufgrund von Deteriorationsprozessen ein enormes konservatorisches Problem wissenschaftlicher Bernsteinsammlungen.
2. Fossile Biofilme, die während des Harzflusses konserviert wurden.
3. Fossile Biofilme, die während der Ablagerung im Sediment oder im Wasser sekundär den Bernstein besiedelt haben.
4. Gibt es, im Bernstein eingeschlossen, Millionen Jahre alte „schlafende" Bakterien?

1. Bernstein ist ein für Biodeterioration anfälliges Objekt – aufgezeigt anhand der Königsberger Bernsteinsammlung

Die Königsberger Bernsteinsammlung wird für die Stiftung Preußischer Kulturbesitz seit 1958 im Geowissenschaftlichen Zentrum der Universität Göttingen treuhänderisch aufbewahrt und verwaltet. Sie besteht aus knapp 18.000 Einzelstücken. Darunter sind mehr als 14.200 Inklusen tierischer und pflanzlicher Organismen, 2.500 Rohbernsteine (Varietäten und Naturformen) und annähernd 1.300 ur- und frühgeschichtlich sowie neuzeitlich

Abbildung 1: Versprödung von Bernsteinobjekten aus der Königsberger Bernsteinsammlung. A: Eingebettete Inklusenpräparate mit Verwitterungserscheinungen am Einbettungsmaterial (Kanadabalsam); B: Bernsteinoberfläche mit Craquelé-Struktur (FEM-Aufnahme); C: Bernstein mit Inkluse und oberflächlicher Rissbildung

bearbeitete Bernsteinobjekte. Viele der heute in der Sammlung befindlichen Bernsteinvarietäten und Naturformen sind rissig und z. T. zerbrochen (Abb. 1). Auch die kunsthandwerklichen Exponate weisen z. T. beträchtliche Schäden auf (Reich & Reitner 2005).

Die Verwitterung von Bernstein basiert auf Wechselwirkungen zwischen physikalischen, chemischen und biologischen Faktoren. Bei der Verwitterung von Bernstein sind die ablaufenden chemisch-physikalischen Prozesse weitgehend bekannt (z. B. Grassegger-Schön & Grüner 2002). In sauerstoffhaltiger Umgebung finden abbauende Oxidationsprozesse statt, die durch katalytisch wirkende Faktoren wie Licht, UV-Strahlung und Wärme beschleunigt werden. Temperaturunterschiede können zu Spannungen im Bernstein führen und Aufbrüche der Harzstrukturen verursachen. Außerdem entweichen im Laufe der Zeit monoterpenoide organische Verbindungen, die im Bernstein als „Weichmacher" fungieren. In der Folge versprödet der Bernstein und bildet aufgrund des Volumenschwundes und auftretender Spannungen eine Craquelé-Struktur an der Oberfläche aus, die im fortgeschrittenen Stadium zum Zerfall der oberflächennahen Strukturen führt (Abb. 1).

Mikrobielle Prozesse, die zur Verwitterung der Bernsteine beitragen, sind hingegen nur unzureichend bekannt. Im Allgemeinen wird der unerwünschte Abbau bzw. die Schädigung von Materialien durch Mikroorganismen als sogenannte Biodeterioration bezeichnet (Weber 1993). Die

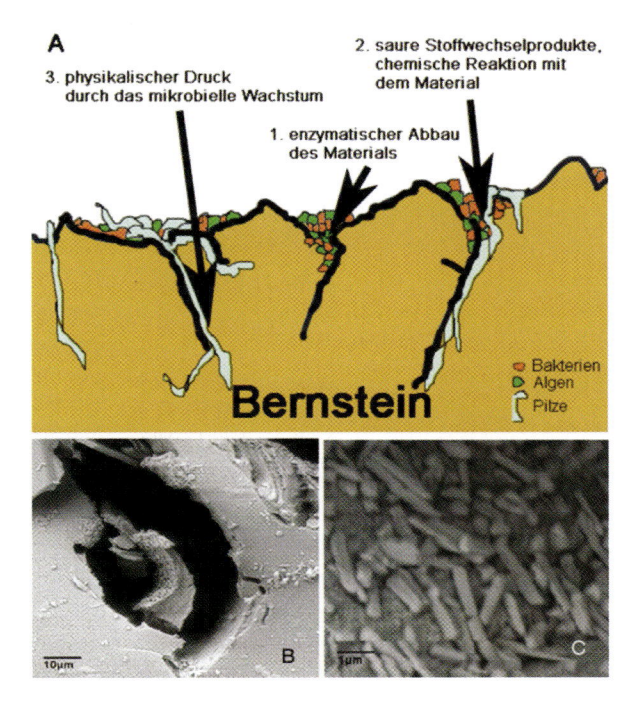

Abbildung 2: Schematische Darstellung von Biodeteriorationsprozessen (A); B und C: Feldemissionsrasterelektronenmikroskopische (FEM) Aufnahmen einer Bernsteinprobe aus der Königsberger Bernsteinsammlung: Akkumulation von Bakterien (Biofilm) in Vertiefung der Bernsteinoberfläche

Schädigung kann generell durch verschiedene Vorgänge hervorgerufen werden (Abb. 2):

1. die Komponenten des Materials werden enzymatisch abgebaut und als Nahrung genutzt,
2. saure Stoffwechselprodukte der Mikroorganismen gehen chemische Reaktionen mit dem Material ein und führen zu Verfärbungen und zur Auflösung mineralischer Bestandteile des Materials (Kurakov et al. 1999),
3. die Schädigung erfolgt durch physikalischen Druck, der durch das Wachstum von Mikroorganismen hervorgerufen wird.

Eine Besiedelung von Bernstein durch Bakterien und/oder Pilze kann verschiedene Ursachen haben. Auf der Harzoberfläche abgelagerte organische Komponenten von Staub und organische Aerosole können einigen heterotrophen Mikroorganismen als Nahrungsquelle dienen (Warscheid 1990). Möglicherweise kann Bernstein auch direkt von heterotrophen Mikroorganismen wie z. B. chemoorganotrophen Bakterien und Pilzen als Nahrungsquelle genutzt werden. Weiterhin können autotrophe Organismen durch die Akkumulation produzierter Biomasse Nährstoffe für heterotrophe Mikroorganismen liefern. Sie ermöglichen oder erleichtern hierdurch eine sukzessive Entwicklung komplexer mikrobieller Gesellschaften (Crispim & Gaylarde 2004). Die Geschwindigkeit der Biodeterioration ist abhängig vom Ausmaß der Besiedelung und von den mikrobiellen Arten, die sich auf dem Bernstein angesiedelt haben. Das Ausmaß und die Zusammensetzung der mikrobiellen Gemeinschaft sind wiederum abhängig von klimatischen Faktoren und von der Verfügbarkeit von Ressourcen wie Wasser und Nährstoffen im Bernstein.

Obwohl bekannt ist, daß Mikroorganismen eine zentrale Rolle bei der Zerstörung von Materialien spielen (z. B. Gorbushina et al. 2003; Urzì & Krumbein 1994; Rölleke et al. 1996), werden sie in Konservierungskonzepten häufig nicht berücksichtigt.

Verfahren zur Konservierung von Bernstein basieren zumeist auf der Verwendung von polymeren Materialien zur Imprägnierung und Konsolidierung der Bernsteine. Häufig werden natürliche Substanzen wie Baumharze (z. B. Dammarharz, Kanadabalsam), Insektenharze (z. B. Schellack) oder Wachse (z. B. Paraffin) verwendet. Als Alternativen hierzu haben sich synthetische Lacke und Kunstharze bewährt (Hoffeins 2001). Durch die Einbettung in Natur- oder Kunstharz wird der Bernstein vor Oxidationsprozessen und Bruch geschützt. Allerdings können an den Grenzflächen zwischen Konsolidierungsmitteln und Material Spannungen auftreten, die zu Spannungsrissen führen können (Sattler 1992). Überdies ist nicht bekannt, welchen Zeitraum die verwendeten Harze überdauern, ohne selbst zu altern.

Im Rahmen einer Pilotstudie wurden folgende Untersuchungen an der Königsberger Bernsteinsammlung durchgeführt:

A. Feldemissionsrasterelektronenmikroskopie (FEM)
Einen Eindruck von dem mikrobiellen Befall der Königsberger Bernsteinsammlung geben feldemissionsrasterelektronenmikroskopische Analysen (Abb. 3, 4). Die Aufnahmen geben Aufschluß über die Oberflächenbeschaffenheit der Objekte und über die Besiedlungsformen und -dichten vorhandener Mikroorganismen. Die Oberflächen der Bernsteinobjekte sind z. T. stark mit Pilzhyphen überzogen. Besonders in Rissen und Vertiefungen der Bernsteinoberflächen siedeln vermehrt Bakterien (Abb. 2) und Pilze (Abb. 3). Diese Akkumulation resultiert vermutlich aus der Anhäufung von Nährstoffen und Feuchtigkeit und dem strukturellen Schutz in diesen Be-

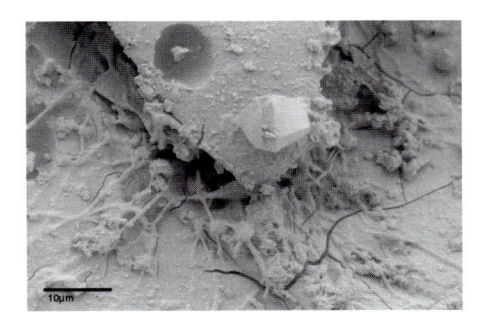

Abbildung 3: Analyse der Bernsteinoberfläche mittels Feldemissions-Rasterelektronenmikroskopie. Pilzhyphen in Bernsteinvertiefung.

reichen der Bernsteinoberfläche. Anhand der Beispiele wird deutlich, daß alter, rissiger und spröder Bernstein offensichtlich günstige Nischen für die Ansiedlung von Mikroorganismen bietet und daher besonders anfällig für Biodeteriorationsprozesse ist.

B. Kultivierung

Mit Hilfe von Selektivmedien wurden zwei Pilztaxa von Objekten der Königsberger Bernsteinsammlung isoliert. Über die DNA-Sequenzanalyse wurden beide Isolate der Gattung *Aspergillus* zugeordnet (Abb. 4). Diese Schimmelpilze gehören zur Abteilung der Schlauchpilze (Ascomycota). Vertreter dieser Gattung leben saprophytisch und sind in allen aeroben Umgebungen vorzufinden. Viele *Aspergillus*-Arten können in nährstoffarmen

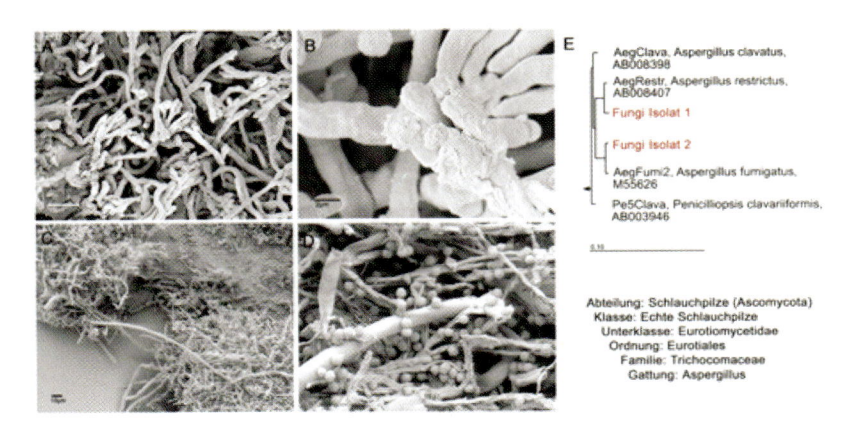

Abbildung 4: FEM-Aufnahmen isolierter Pilze (*Aspergillus*). Rezenter Aufwuchs auf Objekten der Königsberger Bernsteinsammlung; A-B: Bernstein-Isolat 1, C-D: Bernstein-Isolat 2, E: Ausschnitt aus einem Stammbaum mit den Isolaten 1 und 2 (erstellt mit dem Programm ARB).

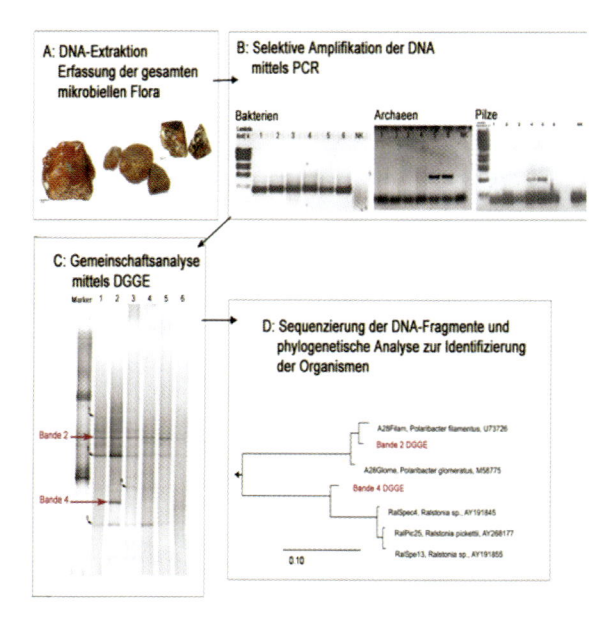

Abbildung 5: Molekularbiologische Analyse von Biofilmen auf Bernsteinen der Königsberger Sammlung. Nachgewiesen wurden Archaea, diverse Bakterien (*Polaribacter* & *Ralstonia*) sowie Pilze (s. Abb. 4).

Umgebungen bestehen, indem sie Salz- und Stickstoffquellen (Ammoniak und Nitrate) verwerten.

C. Detektion und Identifizierung der Mikroorganismen
Für die Diversitätsanalyse der mikrobiellen Flora wurde Material von Objekten der Königsberger Bernsteinsammlung entnommen. Über eine Kombination aus mechanischen und enzymatischen Verfahren wurde DNA aus diesen Proben extrahiert. Aus dem DNA-Extrakt wurde mit Hilfe genspezifischer Primer in einer Polymerasekettenreaktion selektiv rDNA von Bakterien und Pilzen amplifiziert. In allen ausgewählten Objekten der Königsberger Bernsteinsammlung konnte auf diesem Weg rDNA von Bakterien nachgewiesen werden. Zwei von sechs Bernsteinproben enthielten zusätzlich rDNA von Pilzen und Archaeen (Abb. 5). Eine anschließende denaturierende Gradientengelelektrophorese (DGGE) ermöglichte nun die weitere Auftrennung der rDNA-Fragmente.

Als Beispiel ist in Abbildung 5 ein Fingerprinting der bakteriellen Gesellschaften auf sechs ausgewählten Objekten der Königsberger Bernsteinsammlung dargestellt. Die Anzahl der Banden im DGGE-Gel ist ein Maß für die bakterielle Diversität auf den jeweiligen Bernsteinproben. Die Ergebnisse der bisherigen Analysen lassen auf eine mäßige bakterielle Diversität auf den Bernsteinproben schließen. Die Identifizierung der detektierten Mikroorganismen ist über die Sequenzanalyse der aufgetrennten rDNA-Fragmente möglich. Hierfür wurden die rDNA-Fragmente der detektierten Mikroorganismen sequenziert und mit bekannten Sequenzen in öffentlich zugänglichen Datenbanken (http://www.ncbi.nlm.nih.gov/.Blast) verglichen. Die Sequenzdaten der erfaßten Mikroorganismen wurden zur taxonomischen Einordnung in ein auf rRNA basierendes Identifikations-System (Programmpaket ARB; Ludwig et al. 2004) importiert und in einen Stammbaum eingerechnet (Abb. 5). Detektiert wurden zwei Bakterien, die zu den Taxa *Polaribacter* und *Ralstonia* gehören. Der Nachweis von *Polaribacter* ist bemerkenswert. *Polaribacter* gehört zur *Cytophaga-Flavobacterium-Bacteroides*-Gruppe und ist normalerweise ein kälteliebendes Bakterium (Gosink et al. 1998). Möglicherweise ist dies ein Hinweis auf eine sekundäre Infektion des Bernsteins während der Eiszeit, deren Biofilme sich in den feinen Rissen erhalten haben. Dieser Befund muß natürlich überprüft werden. Das zweite Taxon gehört zu den Beta-Proteobacteria, ist ein Bodenbakterium, und nahverwandte Taxa sind ausgesprochene Pflanzenpathogene (z. B. *R. solanacearum*) (Dookun et al. 2001). Welche Bedeutung dieser Befund hat, ist bis dato unbekannt, eröffnet aber ebenfalls interessante neue Aspekte der Biofilmbildung auf Bernsteinen. Möglicherweise haben sich im Laufe des Lagerungszeitraums und aufgrund des konstanten Mikroklimas (Lagerung der Bernsteine bei 22 °C und konstanter Luftfeuchtigkeit) Dominanzen ausgebildet.

Diese Untersuchungen haben erstmals gezeigt, daß es zu Biofilmbildungen auf Sammlungsmaterial von Bernstein kommt, die sich auch in den feinen Rissen des Bernsteins bilden. Noch ungeklärt ist, welche Stoffe die Mikroorganismen dort metabolisieren.

2. Fossile Biofilme und Mikroorganismen in Bernsteinen

Es gibt nur wenige Arbeiten über Mikroinklusen in Bernsteinen, obwohl diese für das Verständnis paläökologischer Zusammenhänge essentiell sind. Die ältesten Arbeiten über Mikroinklusen in Bernstein sind aus dem Karbon von Schottland bekannt (Smith 1894). Allerdings wurde erst um die Mitte der neunziger Jahre des letzten Jahrhunderts das ökologische Potential der Mikroinklusen wieder entdeckt (z. B. Waggoner 1996). In allen untersuchten Bernsteinlagerstätten unterschiedlicher Erdzeitalter fanden sich Mikroinklusen mit Pilz- und Bakterienresten. Aufgrund der exzellenten

Erhaltung ist es möglich, eine saubere morphologische Analyse durchzuführen. Von besonderem Interesse sind die Ergebnisse aus dem Bernstein der unteren Obertrias (Carnium) der Dolomiten (Schmidt et al. 2006). Die Bernsteine stammen aus der Santa Croce-Formation und dort aus einem Paläoboden. Die Diversität von Mikroinklusen ist extrem hoch und umfaßt Algen, Pilze, Ciliaten, Thekamöben und unterschiedliche Bakterien inklusive Cyanobakterien. Die Daten lassen eine nahezu komplette Rekonstruktion eines triassischen Mikroenvironments zu. Diese Erhaltung im Bernstein stellt ein exzellentes Fenster in die mesozoische Vergangenheit dar, wie es sonst von keiner anderen Erhaltungsform bekannt ist.

Die beobachteten Mikroinklusen sind ein fossiler genuiner Bestandteil des Bernstein und nicht durch spätere Infektionen verursacht. Noch nicht untersucht wurden die mikrobiellen Prozesse, die bei der Ablagerung im Sediment und auch im Meerwasser den Bernstein verändert haben. Dies ist ein Ziel der laufenden Untersuchungen.

Spektakulär waren natürlich die Arbeiten von Cano & Borucki, die 1995 in „Science" publiziert wurden. Sie gaben an, eine Bakterien-Spore, die sie aus dem Abdomen einer Biene des Dominikanischen Bernsteins (25–40 Millionen Jahre) isoliert hatten, wieder reaktivieren und kultivieren zu können. Phylogenetische Untersuchungen (16srDNA) ergaben eine verwandtschaftliche Beziehung zu *Bacillus sphaericus*. Alle weiteren Versuche, aus dem festen Inneren des Bernsteins intakte DNA zu isolieren, schlugen jedoch fehl. Es handelt sich vermutlich um Bakterien-Sporen und Biofilme, die in kleinen Rissen und Frakturen wuchsen, in vergleichbarer Art wie von uns beschrieben. Durch Oberflächenreinigung werden diese nicht entfernt. Eine Reaktivierung dormanter Spezies konnte durch weitere Untersuchungen nicht bestätigt werden.

Es ist geplant, im laufenden Projekt alte DNS zu isolieren. Diese Untersuchungen können allerdings nur in geeigneten Reinraum-Laboren durchgeführt werden, um Kontaminationen zu vermeiden.

Bernsteine sind ein ideales Medium zum Studium fossiler Mikroorganismen und deren biochemischer Reste. Neben den morphologischen Resten sind auch chemische „Fossilien", sog. Biomarker, im Bernstein eingeschlossen, die ebenfalls im laufenden Bernsteinprojekt untersucht werden.

Literatur

Amann, R.I., Ludwig, W., Schleifer, K.H., 1995: Phylogenetic Identification and In Situ Detection of Individual Microbial Cells without Cultivation. Microbiological Reviews 59 (1), S. 143–169

Biscula, C., Nascimbibene, P., Elkin, L. and Grimaldie, D., 2007: A detailed study of deterioration in fossil resins and implications for conservation of amber fossils. Fossils X3: Insects, Arthropods, Amber, Vitoria-Gasteiz, Spain, May 4–9, 2007, Abstracts, S. 68

Crispim, C.A., Gaylarde, C.C., 2004: Cyanobakteria and Biodeterioration of Cultural Heritage: a Review. Microbiological Ecology 49, S. 1–9

Fischer, S.G., Lerman, L.S., 1983: DNA fragments differing by single base-pair substitutions are separated in denaturing gradient gels: Correspondence with melting theory, Proc. Natl. Acad. Sci., USA, 80, S. 1579–1583

Cano, R.J. & Borucki, M.K., 1995: Revival and identification of bacterial spores in 25–40-million-years-old Dominican amber. Science 268:1060–1064

Dookun, A., Saumtally, S. & Seal, S., 2001: Genetic diversity in *Ralstonia solanacearum* strains from Mauritius using restriction fragment length polymorphisms. Jour. Phytopathology, 149, 51–55

Gorbushina, A.A., Heyrman, J., Dornieden, T., Gonzalez-Delvalle, M., Krumbein, W.E., Laiz, L. Petersen K., Saiz-Jimenez, C., Swings, J., 2003: Bacterial and fungal diversity and biodeterioration problems in mural painting environments of St. Martins church (Greene-Kreiensen, Germany). International Biodeterioration and Biodegradation 53, S. 13–24

Gosink, J.J., Woese, C.R. & Staley, J.T., 1998: *Polaribacter* gen.nov, with three new species, *P. irgensii* sp. nov., *P. franzmannii* sp. nov. and *P. filamentus* sp.nov., gas vaculate polar marine bacteria of the *Cytophaga-Flavobacterium-Bacteroides* group and reclassification of „*Flectobacillus glomeratus*" as *Polaribacter glomeratus* comb.nov. Internat. Jour. System. Bacteriol., 48, 223–235

Grassegger-Schön, G. & Grüner, F., 2002: Alterungssimulation und technische Messungen an Bernstein und Konservierungsmitteln für die Königsberger Bernsteinsammlung. Unveröffentlicher Bericht, Otto-Graf-Institut (FMPA) [32–422 000 001]: 1–8, Stuttgart

Hoffeins, H.W., 2001: On the preparation and conservation of amber inclusions in artificial resin. Polish Journal of Entomology, Vol. 70 S. 215–219

Krumbiegel, G. & Krumbiegel, B., 2005: Bernstein – Fossile Harze aus aller Welt. Goldschneckverlag im Quelle & Meyer Verlag GmbH & Co., Wiebelsheim

Kurakov, A.V., Somova, N.G., Ivanovskii, R.N., 1999: Micromycetes Populating Limestone and Red Brick Surfaces of the Novodevichii Convent Masonry, Microbiology 68, S. 232–241

Ludwig et al., 2004: ARB: a software environment for sequence data. Nucleic Acids Research, Vol. 32, S. 1363–1371

Perrichot, V., Néraudeau, D., Nel, A., De Ploëg, G. 2007: A reassessment of the Cretaceous amber deposits from France and their palaeontological significance. African Invertebrates 48, 213–227.

Reich, M. & Reitner, J., 2005: Ursachen der Bernsteinalterung und Konservierungsvorschläge für Inklusen der ehemaligen Königsberger Bernsteinsammlung des Geowissenschaftlichen Zentrums der Universität Göttingen. Unveröffentlicher Abschlußbericht für das Nds. Ministerium für Wissenschaft und Kultur: 16 S., Göttingen

Rölleke, S., Muyzer, G., Wawer, C., Wanner, G. & Lubitz, W., 1996: Identification of bacteria in a biodegraded wall painting by denaturing gradient gel electrophoresis of

PCR-amplified gene fragments coding for 16S rRNA. Applied and Environmental Microbiology 62, S. 2059–2065

Saki, R.K., Gelfand, D.H., Stoffel, S., Scharf, S.J., Higichi, R., Horn, G.T., Mullis, K.B., Erlich, H.A., 1988: Primer-Directed Enzymatic Amplification of DNA with a Thermostable DNA Polymerase. Science 239, S. 487–491

Sattler, L., 1992: Wirksamkeitskontrollen an klassischen Methoden der Steinkonservierung. Die Geowissenschaften 10, S. 88–89

Schönborn, W., Dörfelt, H., Foissner, W., Krienitz, L. & Schäfer, U., 1999: A fossilized microcenosis in Triassic amber. Journal of Eukaryotic Microbiology 46, 571–584

Schmidt, A.R., 2006: Microorganisms and microcoenoses of Cretaceous forests – new insights from amber. In: Barrett, P.M. & Evans, S.E. (eds), 9th International Symposium on Mesozoic Terrestrial Ecosystems and Biota, Natural History Museum, London, UK., 110–113.

Schmidt, A.R., Ragazzi, E., Coppellotti, O. & Roghi, G., 2006: A microworld in Triassic amber. Nature, 444, 835.

Schmidt, A & Dilcher, D., L., 2007: Aquatic organisms as amber inclusions and examples from a modern swamp forest. PNAS, 104, 16581–16585

Smith, J., 1894: On the discovery of fossil microscopic plants in the fossil amber of the Ayrshire coal-field. Trans. Geol. Soc. Glasgow,30, 318–323

Torsvik, V., Salte, K., Sørheim, R., Goksøyr, J., 1990: Comparison of Phenotypic Diversity and DNA Heterogeneity in a Population of Soil Bacteria. Applied and Environmental Microbiology 56, S. 776–781

Urzì, C., Krumbein, W.E., 1994: Microbiological Impacts on the Cultural Heritage. In: Krumbein, W.E., Brimblecombe, P., Cosgrove, D.E., Staniforth, S. (Eds.): Durability and Change. Whiley, Chichester, S. 107–135

Waggoner, B.M., 1996: Bacteria and protists from from Middle Cretaceous amber of Ellsworth County, Kansas, PaleoBios, 17, 17–19

Warscheid, T., 1990: Untersuchungen zur Biodeterioration von Sandsteinen unter besonderer Berücksichtigung der chemoorganotrophen Bakterien. Dissertation, FB Biologie Universität Oldenburg

Weber, H., 1993: Allgemeine Mykologie. Gustav Fischer Verlag, Jena

300 Jahre Carl von Linné – Was bleibt?
(gehalten in der Plenarsitzung am 7. Dezember 2007)

GERHARD WAGENITZ

Im Jahr 2008 wird die Akademie gebührend den Geburtstag ihres Gründers Albrecht von Haller vor 300 Jahren feiern. Es erscheint angebracht, auch seines Gegenspielers Carl Linnaeus zu gedenken, der ein Jahr früher (1707), also jetzt vor 300 Jahren geboren wurde. In Deutschland ist er besser bekannt unter dem Namen Carl von Linné, den er nach seiner Nobilitierung annahm. Er war übrigens nie Mitglied unserer Gesellschaft, die damals nur wenige auswärtige Mitglieder hatte. Es gab aber durchaus Verbindungen von Linné zu Göttingen. Als Haller zu Anfang seiner Göttinger Jahre ernsthaft an eine Rückkehr in die Schweiz dachte, schlug er Linné als seinen Nachfolger vor, später entfremdeten sie sich. Ein Schüler von Linné, Pehr Forsskål, studierte in Göttingen und nahm an der berühmten deutsch-dänischen Orientexpedition teil, deren wissenschaftliches Vorhaben von dem Göttinger Orientalisten Johann David Michaelis geplant worden war. Ein Nachfolger von Haller, Johann Andreas Murray, war ein Linné-Schüler, ebenso Johannes Beckmann, der als Gründer der Technologie berühmt wurde.

Gerhard Wagenitz, Professor der Botanik an der Georg-August-Universität Göttingen, O. Mitglied der Göttinger Akademie seit 1982

Vergleicht man die beiden Persönlichkeiten Haller und Linné, so ergeben sich manche Parallelen, aber auch große Unterschiede. Diese Unterschiede sind auch sehr deutlich in der Nachwirkung und dem Nachruhm. Haller war früh der „große Haller", ein Gelehrter von Weltruhm und angesehener Dichter, und ist es auch geblieben, freilich nur bei einem relativ kleinen Kreis von wissenschaftsgeschichtlich und auch literargeschichtlich inter-

Carl Linné

essierten Personen. Linné wurde schon zu Lebzeiten weltweit gefeiert als Naturforscher, vor allem auf die Botanik hatte er einen enormen Einfluß, sein Ansehen verblasste aber im 19. Jahrhundert, wurde wiederbelebt und ist heute eher im Rückgang. Aber er ist immer noch sehr bekannt und vor allem in Skandinavien außerordentlich populär. In diesem Jahr erschienen aus Anlaß seines Jubiläums viele Artikel in regionalen und überregionalen Zeitschriften, deren Aussagen allerdings oft von geringer Kenntnis zeugten.

Werfen wir einen kurzen Blick auf Linnés Leben. 1707 wurde er in Råshult, einem kleinen Ort in Småland, als Sohn des Dorfpfarrers geboren. Auf dem Gymnasium zeichnete er sich nicht besonders aus, vor allem die Sprachen bereiteten ihm Schwierigkeiten. Zeitlebens beherrschte er nur Schwedisch und Latein. Zunächst in Lund und dann in Uppsala studierte er Medizin und die dazugehörigen Naturwissenschaften. Er zeichnete sich früh durch seine Pflanzenkenntnisse aus und war als Demonstrator, eine Art wissenschaftliche Hilfskraft, tätig. 1732 erhielt er die Gelegenheit zu einer Reise in das damals noch weitgehend unbekannte und unerschlossene Lappland. 1735 unternahm er eine Bildungsreise im Stile des damals üblichen „Grand Tour". Erstes Ziel waren die Niederlande, wo er an der eher unbedeutenden Universität in Harderwijk mit einer aus Schweden mitgebrachten Dissertation den medizinischen Doktorgrad erwarb. Seine Leistungen vor allem in der Botanik führten zur Förderung durch einflußreiche und wohlhabende Personen und ermöglichten es ihm, mehrere grundlegende Werke im Lande fertigzustellen und drucken zu lassen, vor allem das „Systema naturae", den „Hortus Cliffortianus" und die „Genera plantarum". Nach seiner Rückkehr praktizierte er eine Zeitlang als Arzt, bis er 1741 Professor in Uppsala wurde, wo er bis zu seinem Tode 1778 tätig war.

Was hat Linné so bekannt gemacht und nachgewirkt?

1. Er war ein fanatischer Systematiker, der alles konsequent hierarchisch gliederte, was ihm unter die Hände kam, zunächst im „Systema naturae" die Mineralien, Pflanzen und Tiere, später aber auch die Krankheiten, die Botaniker und manches andere.

Dabei ging er strikt nach den Regeln der Logik vor. Es gibt in seinem System bestimmte Rangstufen (Kategorien): Species, Genus, Ordo, Classis. Die Arten sind die Grundlage des Systems, nur in besonderen Fällen werden sie noch in Varietäten unterteilt. Es gibt keine Übergänge zwischen den Gruppen. Jede Species gehört zu einem und nur einem Genus etc. Für die Arten gilt: „Species tot numeramus, quot diversae formae in principio sunt creatae"[1]. Später hat Linné diese Ansicht modifiziert und hat angenommen, daß innerhalb der Gattungen durch Bastardierung weitere Arten entstehen können.

Bei den Pflanzen war er am erfolgreichsten. Bekannt ist sein Sexualsystem, das als Muster eines künstlichen Systems gilt. Das ist aber nur teilweise richtig, denn seine Grundbausteine sind die Arten und Gattungen, und die sind – jedenfalls der Tendenz nach – durchaus natürliche Einheiten. Ihre weitere Anordnung war damals ein völlig ungelöstes Problem. Es gab Versuche, bei denen mal die Blütenblätter, mal die Früchte als wichtigstes Merkmal galten. Linné kam vor allem durch eine Arbeit von Vaillant zu der Erkenntnis, daß Staubgefäße und Griffel die männlichen und die weiblichen Organe seien, und meinte, aufgrund dieser wichtigen Funktion seien sie als Einteilungsmerkmale besonders geeignet. Er schuf Klassen nach der Zahl der Staubblätter (Monandria, Diandria etc. bis Polyandria) und innerhalb dieser Ordnungen nach der Zahl der Griffel (Monogynia, Digynia, Trigynia etc.). Von diesen rein durch die Zahlen bestimmten Gruppen gab es aber charakteristische Abweichungen, die zeigen, daß er nicht in Schematismus verfiel. Nur drei Beispiele: Die Didynamia mit zwei langen und zwei

---

[1] So in seiner „Philosophia botanica" von 1751 (S. 99).

kürzeren Staubblättern sind eine weitgehend einheitliche Gruppe aus den Lippen- und den Rachenblütlern, zu den Tetradynamia mit vier längeren und zwei kürzeren Staubblättern gehören nur Vertreter der Kreuzblütler, und die Syngenesia mit fünf zu einer Röhre verbundenen Staubbeuteln enthalten fast nur die Korbblütler. Farne, Moose, Algen, Pilze werden in der letzten, 24. Klasse als Cryptogamae zusammengefaßt: „die im Verborgenen heiraten". Er setzte also voraus, daß auch diese Gruppen Sexualität haben, und regte damit die Suche nach ihren Sexualorganen, die nur mikroskopisch erkennbar sind, stark an. Die erste Auflage des „Systema naturae" besteht aus 13 Seiten in Großformat. Spätere Auflagen sind stark erweitert, und der zoologische Teil der 10. Auflage von 1758 ist Ausgangspunkt der zoologischen Nomenklatur.[2]

Das Sexualsystem war ein Übergangssystem und auch von Linné so gedacht. In einer Zeit, wo jede Forschungsreise hunderte von neuen Arten mitbrachte, war es eine gute Möglichkeit, diese erstmals zu erfassen und grob einzuordnen. Heute spielt es keine Rolle mehr. Linné hat sich selbst um ein natürliches System bemüht und Ansätze dazu veröffentlicht. Er hat aber die Gruppen nur benannt und einzelne Gattungen aufgezählt, Beschreibungen dieser natürlichen Ordnungen hat er nicht verfaßt. Den besten Eindruck von seinem Denken geben die Vorlesungsmitschriften, die Giseke (1792) herausgegeben hat. Durch das natürliche System von Jussieu (1789) waren sie aber beim Erscheinen schon überholt, und das seltene Werk scheint überhaupt wenig beachtet worden zu sein.

Bei den Tieren war sein System natürlicher, aber nicht sehr innovativ. Für Aufregung sorgte seine Einordnung des Menschen bei den Tieren, er war aber keineswegs der erste, der so verfuhr.

2. Ganz wichtig und bis heute nachwirkend war Linnés konsequente Einführung einer binären Nomenklatur. Es ist das Prinzip, das wir auch bei unseren Namen verwenden: Familienname und Vorname. Meist sagen wir den Vornamen zuerst, aber in Bayern und Ungarn ist das anders, da heißt es der Huber Franz oder der Liszt Ferencs. Entsprechend ist bei den Pflanzen und den Tieren der erste Teil der Gattungsname, der zweite das Artepitheton, das Ganze der Name der Art. Aber wie war es vorher? Gattungsnamen gab es schon lange, aber die Arten innerhalb einer Gattung wurden durch kurze Diagnosen gekennzeichnet. Hatte eine Gattung nur zwei Arten mit verschiedener Blütenfarbe, so war das einfach. Ein fiktives Beispiel: Man hat zunächst eine Primula rosea und eine P. lutea, sowie aber eine zweite

---

[2] Für die meisten Pflanzengruppen sind es die „Species plantarum" in der 1. Auflage von 1753.

gelbe Art bekannt wurde, reicht das nicht: dann heißt es vielleicht: Primula lutea acaulis, Pr. lutea elatior. Man kann sich leicht vorstellen, daß die Namen, die auch Phrasen genannt wurden, immer länger wurden, je mehr Arten innerhalb einer Gattung bekannt wurden. Aber nicht nur das: die Autoren fingen auch an, ältere Namen zu ändern, weil diese ihnen nicht charakteristisch genug erschienen. Die Verwirrung war programmiert.

Linné wagte einen revolutionären Schritt: er trennte den Namen als Bezeichnung von den Beschreibungen. Künftig sollten Namen nur Bezeichnungen sein, sie konnten eine Aussage enthalten, das war aber nicht wichtig, genau wie jemand mit Namen Schneider keineswegs Schneider sein muß. Das war eine große Umstellung, ein radikaler Bruch mit der Tradition, der von Haller und anderen sehr übelgenommen wurde. Es kam hinzu, daß Linné Synonyme einer Gattung (und die gab es reichlich), großzügig auf andere Gattungen verteilte, um nicht neue schaffen zu müssen.

Diese Nomenklatur ist vielleicht das, was am meisten nachgewirkt hat, aber auch das, was zur Zeit sehr umstritten ist. Im Zuge der modernen, phylogenetisch orientierten Systematik wird die strenge Hierarchie des Linnéschen Systems mit ihren festgelegten Rangstufen abgelehnt. Es sollen nur noch sogenannte Clades (Stammbaumäste) benannt werden. Der darauf abgestellte sogenannte PhyloCode wird bisher noch nicht auf Arten angewendet. Es gibt aber Überlegungen zu einer uninominalen Bezeichnung von Arten. Die praktischen Konsequenzen wären aber enorm. Die gesamte alte Literatur würde obsolet bzw. müßte übersetzt werden. Hierfür gibt es noch keinerlei Akzeptanz. Der große Vorteil der Linnéschen Nomenklatur ist der: wenn man eine Art nicht genau bestimmen kann, so gibt der Gattungsname schon eine gewisse Information. Wenn ich Veilchen (bzw. Viola) sage, habe ich schon eine gewisse Vorstellung von der Blüte: zygomorph (eine Symmetrie-Ebene), mit Sporn, blau, gelb oder seltener weiß. Die Änderung der Nomenklatur wird nach meinem Eindruck von Biologen gewünscht, die weitgehend nur im DNA-Labor und am Computer arbeiten und nicht mehr in der Natur. Ihr erklärtes Ziel ist die Bestimmung der Organismen durch die DNA, die wie ein Strichcode angesehen wird. Wenn dann das Gerät automatisch die Bestimmung anzeigt, kann das auch eine Nummer sein. Es bewegt sich dann sowieso alles in einem virtuellen Raum. In der Natur werden nur noch Proben entnommen.

3. Am wenigsten beachtet, aber bis heute nachwirkend ist Linnés Reform der Terminologie. Linné gab ein genaues Schema für die Beschreibung der – höheren – Pflanzen vor. Dabei beginnt man mit den unterirdischen Organen, dann kommen der Stängel, die Blätter (von unten nach oben), die

Blüte (von außen nach innen), die Frucht, die Samen. In seiner „Philosophia botanica" legte Linné durch Beschreibungen und auch Zeichnungen eine Fülle von beschreibenden Termini fest, und das Werk wurde zum Standard. So waren Beschreibungen künftig genau vergleichbar. Es ist klar, daß viele Begriffe nicht den heutigen Ansprüchen einer vertieften Morphologie entsprechen, aber das schmälert nicht den Wert für die damalige Zeit, und vieles wird auch heute noch verwendet.

Linnés übersichtliches System, die Vereinheitlichung der Beschreibungen und seine einfache Namensgebung waren die Voraussetzung für einen starken Aufschwung der Botanik im Sinne der Erforschung der Mannigfaltigkeit. Durch die vielen Reisen – auch seiner Schüler – kamen neue Arten in großer Zahl nach Europa. Obwohl Linné nie selbst in den Tropen war, lernte er dadurch und durch die Kultur im Garten auch viele tropische Pflanzen kennen. Es begann eine Epoche der Erforschung der Biodiversität, wie wir heute sagen. Die Artenkenntnis wurde überbetont, Anatomie und Physiologie wurden zunächst zurückgestellt. Das führte auch dazu, daß für viele moderne Pflanzenforscher „Botanik" ein ungeliebtes Wort ist, man sagt lieber „Pflanzenwissenschaften". Wie so manche Umbenennungen, ist das sachlich nicht begründbar, denn die Botanik ist immer als Wissenschaft von den Pflanzen definiert worden.

Wenn man Linné nicht nur als Systematiker kennenlernen will, muß man sich auch mit den Dissertationen seiner Schüler beschäftigen, die nach damaligem Brauch fast alle von ihm verfaßt wurden. Hier finden wir viele Themen aus dem Bereich der angewandten Botanik, der Ökologie und von Randgebieten der Physiologie (z. B. dem Pflanzenschlaf), aber ebenso der Zoologie und der Medizin. Linné erweist sich immer wieder als hervorragender Beobachter, das Experiment lag ihm aber fern. Wenn man seine Begeisterung für die Natur spüren will, so muß man seine „Lappländische Reise" lesen. Es ist ein Tagebuch, das er nicht überarbeitet hat und das erst nach seinem Tode erschienen ist (deutsche Ausgabe 1964). Geschrieben ist es in einer köstlichen Mischung aus Schwedisch und lateinischen Brocken. Besonders schön ist die Beschreibung seiner Begegnung mit Andromeda, einem zierlichen Heidekrautgewächs der Moore. „Chamaedaphne oder Erica palustris pendula flore petiolo purpureo stand nun in ihrer schönsten Pracht und gab den Mooren einen herrlichen Zierat. Ich sah, wie sie, ehe sie ausschlägt, ganz blutrot ist, aber wenn sie zu blühen anfängt vollkommen rosafarbene Blätter hat. Ich bezweifle, daß ein Maler imstande ist, auf das Bild einer Jungfrau solche Anmut zu übertragen und ihren Wangen solche Schönheit als Schmuck zu verleihen. Keine Schminke hat das je erreicht."

Linné war auch in der Universitätsverwaltung tätig, er war mehrmals Rektor. 1759 sagte er in Anwesenheit des regierenden Königs: „Wenn die Wissenschaften mit gehöriger Kraft zur Blüte gebracht werden sollen, ist es notwendig, daß die Wissenschaften sich der edlen Freiheit erfreuen dürfen, daß die Professoren so entlohnt werden, daß sie ihre Zeit nicht um des Auskommens willen zersplittern müssen, daß sie in Wettstreit miteinander arbeiten und nicht unter Zwang; denn eine gezwungene Amme betreut Stiefkinder, daß sie die Wissenschaften so ansprechend für ihre Schüler gestalten, wie nur möglich, damit diese, ungezwungen, Liebe dafür empfinden, daß die jungen Menschen, die ansehnliche Fortschritte in den Wissenschaften gemacht haben, Ansehen gewinnen und nicht nutzlos gearbeitet haben."[3] Jeder dieser Sätze gilt heute – nach 250 Jahren – noch genauso.

Literatur

Blunt, W. 1971: The compleat naturalist. A life of Linnaeus. London: Collins.
Goerke, H. 1966: Carl von Linné. Arzt, Naturforscher, Systematiker. Stuttgart: Wissenschaftl. Verlagsgesellschaft.
Giseke, P.D. (Ed.) 1792: Caroli a Linné Praelectiones in ordines naturales ... Hamburg: B.G. Hoffmann.
Linné, C.v. 1964: Lappländische Reise. Frankfurt a. M.: Insel.
Wagenitz, G. 2001: Anfänge der Botanik an der Georgia Augusta im Spannungsfeld zwischen Haller und Linné. – Nachr. Akad. Wiss. Göttingen, II. Math.-Phys. Kl. Jahrg. 2001, Nr. 2: 1–21 [mit ausführlichen Literaturangaben]

---

[3] Nach Goerke (1966, S. 149)

1. Julius-Wellhausen-Vorlesung
(Vortrag bei der öffentlichen Sitzung am 14. Dezember 2007)

Die Akademie der Wissenschaften zu Göttingen hat 2007 eine neue Reihe öffentlicher Vorträge, die Julius-Wellhausen-Vorlesung, eingerichtet. Einmal im Jahr wird ein Wissenschaftler oder eine Wissenschaftlerin, vorzüglich aus dem Ausland, eingeladen, um einen allgemein verständlichen Vortrag über ein Thema aus den Gebieten der Klassischen und Orientalischen Altertumswissenschaften zu halten. Die Vorlesung wird aus einer eigens zu diesem Zweck gegründeten Stiftung finanziert, für die ein Mitglied der Akademie das Grundkapital zur Verfügung gestellt hat. Das von Akademie und Universität gemeinsam getragene Centrum Orbis Orientalis – Zentrum für semitistische und verwandte Studien (CORO) richtet die Veranstaltung aus.

Die Vorlesung ist nach einem der bedeutendsten Gelehrten benannt, die das Gesicht der Universität Göttingen im 19. Jahrhundert prägten. Julius Wellhausen (1844–1918) forschte im Laufe seines Lebens über drei Gebiete: das Alte Testament, das Neue Testament und das alte Arabien, anders ausgedrückt: das Judentum, das Christentum und den frühen Islam. In allen drei Disziplinen hat er Bahnbrechendes geleistet, von dem diese bis heute zehren und worauf sie nach wie vor aufbauen. Die nach ihm benannte Vorlesung will zum einen an den Forscher Julius Wellhausen erinnern, zum anderen zur Fortsetzung und öffentlichen Verbreitung der Forschungen in den von ihm repräsentierten und benachbarten philologisch-historischen Disziplinen beitragen.

Die Akademie hat für diese Stiftung eine Kommission eingerichtet und zu deren Mitgliedern die Herren Feldmeier, Kratz, Nagel und Smend (Vorsitz) gewählt.

Die erste Julius-Wellhausen-Vorlesung wurde am 14. Dezember 2007 in der Aula am Wilhelmsplatz von Professor Hugh G.M. Williamson, Regius Professor for Hebrew an der Universität Oxford und Mitglied der British Academy, über das Thema "Holy, Holy, Holy: The Story of a Liturgical Formula" gehalten.

Die Preisträger des Berichtsjahres 2006

(Die Preisträgervorträge wurden in einer öffentlichen Sitzung am 13. April 2007 gehalten.)

Der **Hans-Janssen-Preis 2006** wurde Herrn Christian Hecht, Erlangen, für seine Arbeit „Die Glorie. Begriff, Thema, Bildelement in der europäischen Sakralkunst vom Mittelalter bis zum Ausgang des Barock" verliehen.

Die Glorie.
Begriff, Thema, Bildelement in der europäischen Sakralkunst vom Mittelalter bis zum Ausgang des Barock

CHRISTIAN HECHT

Der Begriff „Glorie" ist seit dem 15.[1], besonders aber seit dem 17. Jahrhundert der Name „Glorie" gebräuchlich. Es handelt sich einerseits um ein gestalterisches Mittel, nämlich eine übernatürlich zu verstehende Lichterscheinung, andererseits um ein ikonographisches Phänomen, nämlich um die Aufnahme eines Heiligen in den Himmel und um den Himmel selbst. Große Bedeutung für die Etablierung des Begriffs „Glorie" kam vor allem Tizians im Auftrag Kaiser Karls V. gemaltem Bild zu, das als „La Gloria" (Abb. 1) bezeichnet wurde.[2]

Von zentraler Bedeutung für die Entwicklung der Heiligenglorie ist die Frage, wie es zur Darstellung einzelner, als Ganzfigur gezeigter Heiliger „in gloria"

Christian Hecht, Privatdozent am Institut für Kunstgeschichte der Universität Erlangen-Nürnberg, Träger des Hans-Janssen-Preises 2006

kam. Die traditionelle Ikonographie kannte zwar die Aufnahme der Seele eines Heiligen in den Himmel, nicht aber den Heiligen als einzelne Ge-

Abbildung 1: Tizian: La Gloria. Madrid, Prado

stalt „in gloria", ohne daß dabei das Hauptaugenmerk auf die Darstellung seines Todes und die Aufnahme bei Gott gelegt würde. Hauptsächlich die epochale Wirkung, die von einem einzigen Heiligen, nämlich von Franz von Assisi (1181/82–1226), ausging, ermöglichte es, nicht nur ihm, sondern auch anderen Heiligen eine fast christusähnliche Ikonographie zuteil werden zu lassen.

Schon viele seiner Zeitgenossen waren sich darin einig, in Franziskus einen „alter Christus" zu sehen[3], wobei dieser Begriff ursprünglich nicht nur als hohe Auszeichnung, sondern vor allem als eschatologische Aussage über das nah bevorstehende Weltende verstanden wurde.

Der entscheidende Schritt zu einer Verherrlichung des hl. Franziskus, die explizit seine alle anderen Heiligen überragende Stellung verdeutlicht, wurde vermutlich von Giotto getan, und zwar in S. Francesco in Assisi bei der Ausmalung der Velen im Vierungsgewölbe der Unterkirche[4].

Abbildung 2: Giotto: Velen. Assisi, S. Francesco, Unterkirche

Die vier Velen, deren eine den „Gloriosus Franciscus" (Abb. 2) zeigt, haben die Forschung über Giotto und seinen Umkreis immer wieder vor Probleme sowohl der Zuschreibung als auch der Datierung gestellt, letztere schwankt zwischen ca. 1300 und 1334[5]. Da es weder zureichende Quellen noch andere genaue Datierungshinweise[6] gibt, bleibt die Datierung der Velen stark abhängig vom Giottobild der einzelnen Forscher.

Die Zuschreibungsfrage darf an dieser Stelle nicht ganz vernachlässigt werden, denn es ist offensichtlich, daß die Bewertung, die die Velen – Ausgangspunkt für die Entwicklung der neuzeitlichen Heiligenglorie – erfahren haben, ganz wesentlich davon abhängt, ob man in ihnen Werke Giottos sieht oder nicht. Vasari und die ältere Kunstgeschichtsschreibung hatten keine Zweifel an der Urheberschaft Giottos, erst seit dem frühen 20. Jahrhundert wollen manche Forscher einen „Maestro delle vele"[7] und eventuell noch einen „Parente di Giotto"[8] annehmen.

Es war vor allem Martin Gosebruch, der die Qualität dieser Werke eindringlich ins Bewußtsein gerufen hat: „Das alles konnte nur solange als Gehilfenarbeit abgetan werden, als sich das Auge in seiner Ungeduld nicht genügend darauf eingelassen hatte. Die Alten hatten schon recht, die gerade dieses Bild besonders hoch geschätzt hatten. Steht man vor ihm, so meint man, etwas Höheres habe Giotto nicht schaffen können."[9]

Joachim Poeschke schreibt in diesem Zusammenhang: „Mit dem extrem purifizierten Giottobild, das zu Beginn des 20. Jahrhunderts sich durchsetzte, waren sie [d. h. die Velen, d. Verf.] dagegen nicht mehr vereinbar, so daß sie auch erst in neuerer Zeit wieder eine ihrer Bedeutung entsprechende Würdigung – die geradezu einer Neuentdeckung gleichkam – erfahren haben."[10]

Gerade bei den Velen der Vierung war es sinnvoll, den Heiligen als „Gloriosus Franciscus", das heißt „in der Glorie", zu zeigen, denn genau unter diesem Gewölbe befindet sich sein Grab. Hier konnte und sollte der Heilige als der an seinem Grabe und im Himmel Gegenwärtige gezeigt werden. Und natürlich konnte er, wenn er in monumentaler Weise wiedererkennbar abgebildet werden sollte, nur als Ganzfigur, gewissermaßen als „vervollständigte" imago clipeata, dargestellt werden. Bereits bei diesem frühen Beispiel zeigt sich also ein Grundprinzip der sakralen Kunst, das die folgenden Jahrhunderte bestimmen sollte: abstrakte Themen und Zusammenhänge werden in immer realistischere Bildstrukturen übersetzt.

Da der Altar der Unterkirche aus liturgischen Gründen kein Retabel hat[11], bot es sich an, die direkt über dem Altar und damit über dem Heiligengrab liegenden Flächen der Velen als Ort für eine Art Altarbild zu nutzen, wie es etwa den Forderungen der etwas später entstandenen „Constitutiones" des Wilhelm Durandus (1230/31–1296) entsprach.[12] Erst in Hinsicht auf diese einem Altarbild vergleichbare Funktion erklärt sich jedenfalls die Darstellungsweise des „Gloriosus Franciscus", denn die wichtigsten Parallelerscheinungen dieser Bildform sind zweifellos Maestà-Darstellungen, wie sie sich auf älteren und auf zeitgenössischen Altarretabeln finden.

Die „Glorie des hl. Franziskus" in der Unterkirche von Assisi kann nicht isoliert betrachtet werden, sie bildet eine Einheit mit den übrigen drei Velen, die allegorische Darstellungen des Gehorsams, der Keuschheit und der Armut zeigen, wodurch ihre Einbettung in die franziskanische Gedankenwelt veranschaulicht wird. Die Darstellung des Velenbildes ist dabei so allgemein gehalten, daß sie nicht nur als Verbildlichung einer einzigen Quelle angesehen werden kann. Vor allem sind die Velen weder ein Dokument päpstlicher Ansichten noch ein Beleg für die extremen Auffassungen der sogenannten Spiritualen. Die Velen sind vielmehr Ausdruck der üblichen franziskanischen Normaltheologie ihrer Epoche. Zentral ist der Gedanke, daß der himmlische „Reichtum" des Heiligen direkt seiner irdischen Armut korrespondiert[13]. Der wichtigste und zweifellos bekannteste Text, der genau den Gedanken überliefert, der auf dem Franziskusfresko der Velen dargestellt wird, ist jedoch nicht eine der Viten des Heiligen, sondern es sind die Worte des Graduales, das am Festtag des Heiligen, dem 4. Oktober, gesungen wird: „Alleluia Hic Franciscus pauper [et humilis, celum dives ingreditur, hymnis celestibus honoratur. Alleluia]."[14]

Dem Gedanken der in der Armut begründeten Christiformitas entspricht die Bildformulierung auf das genaueste. Bereits der reine Goldgrund, der in der Freskenmalerei schon wegen seiner materiellen Kostbarkeit recht selten ist und der im Langhaus der Unterkirche sonst nicht verwendet wurde, zeigt, daß es hier darum ging, über dem Grab des Heiligen alle verfügbaren Mittel zu dessen Verherrlichung anzuwenden. Vor diesem goldenen Grund sitzt völlig unbewegt der als Diakon mit einer Dalmatik bekleidete hl. Franziskus – in maestà – auf einer schwebenden Thronbank unter einem kostbaren Baldachin, umgeben von Engeln. Über dem Baldachin steht die schon mehrfach genannte Inschrift „GLORIOS[US] FRANCISC[US]", ganz oben sieht man ein rotes Banner, auf dem ein großes lateinisches Kreuz sowie sieben Sterne dargestellt sind. Ein Bildraum entsteht nur durch die Menge der Engel, ansonsten wird auf jede Andeutung einer Umgebung verzichtet.

Die Tendenz zu einer strengen, feierlichen, ja hierarchischen Bildauffassung, wie sie, wenn auch in ganz anderer Weise, schon beim Sterbebild von Giottos Franziskuszyklus in der Oberkirche zum Ausdruck kommt, erreicht hier einen Abschluß. Die Konzeption entspricht deutlich der eines ikonenhaft unbewegten Altarbildes, doch orientiert sich Giotto nicht an den traditionellen Franziskusbildern, die den Heiligen immer stehend zeigen.

Hat er in den drei anderen Velen sehr detailreiche Allegorien gemalt, in die er viele Handlungselemente integrierte, verzichtet er jetzt völlig auf Merkmale eines szenischen Ereignisbildes, obwohl, genaugenommen, die Aufnahme der Seele des Heiligen in den Himmel gezeigt wird. Stattdessen verleiht Giotto dem Heiligen fast das Aussehen einer Reliquienstatue, die den Betrachter frontal anschaut und ihn mit großen Augen geradezu fixiert. Der goldstrotzende Stoff der Dalmatik und die aufwendig verzierte, über die Thronbank gebreitete Decke sowie der reiche Baldachin unterstreichen diesen Eindruck. Die Schmuckhaftigkeit erreicht ihren Höhepunkt beim stuckierten Heiligenschein, der das Haupt des Heiligen umgibt, hier erscheint das Gold tatsächlich real. Vor allem aber gehen vom gesamten Oberkörper des Heiligen Strahlen aus, die ihn tatsächlich als Lichtgestalt kennzeichnen, die Wundmale der Hände leuchten dabei intensiv rot. Auf diese Weise wird sichtbar, daß Franziskus nicht mehr der arme Minderbruder, sondern einer der „Großen des Himmelreichs" (vgl. Mt 18,4) ist. Nur die nackten Zehen und der kaum erkennbare Gürtelstrick, den er attributhaft über der Dalmatik trägt, lassen noch an sein irdisches Leben in Armut denken.

Der Einfluß des Velenfreskos mit dem „Gloriosus Franciscus" war groß und langanhaltend. Ein wesentliches Element der Darstellung, nämlich der Goldgrund, war jedoch schon bald nicht mehr verwendbar, weil er sich nicht in den enstehenden neuzeitlichen Bildraum integrieren ließ. Die Suche nach Ersatzformen für den Goldgrund sollte daher zu einem Hauptproblem des kommenden Jahrhunderts werden. Man begann damit, dingliche Ersatzformen zu schaffen, etwa die oft zu sehenden gemalten Brokatvorhänge. Gelegentlich wurde Goldgrund auch als solcher dargestellt, wie es etwa Cesare da Sesto (1477–1523) auf einem ehemals Leonardo zugeschriebenen Lünettenbild[15] (ca. 1517/18) im Konvent von S. Onofrio in Rom tat. Erst im frühen 16. Jahrhundert kam man an verschiedenen Orten gleichzeitig zu Bildlösungen, bei denen der reale Goldgrund in einen realistisch erscheinenden, aber als überirdisch zu verstehenden Lichtgrund verwandelt wurde. Als Beispiel sei ein Gemälde[16] (Abb. 3) genannt, das dem nur wenig bekannten Bernardino Zaganelli (tätig zwischen 1499–1509) zugeschrieben wird. Der gelblich-dunstige Bereich, der von sieben kleinen Engelsköpfchen umgeben wird, leitete sich offensichtlich von Mandorlen und Medaillons her, wie man sie beispielsweise von Perugino und noch von Raffael kennt. Interessanterweise beschreibt im 18. Jahrhundert Luigi Crespi (1708–1779), Sohn des berühmteren Giuseppe Maria Crespi (1665–1747), das Bild als „B[eata] Ve[rgine] col suo d[omi]no figliuolo in gloria d'Angioli"[17].

Eine vergleichbare Lösung fand kurze Zeit später Albrecht Altdorfer (ca. 1480–1538) mit seiner wohl schon 1519 gemalten Regensburger „Schönen Maria"[18] (Abb. 4). Er gab seinem Bild einen Hintergrund, der gar nicht anders zu verstehen ist denn als eine aus dem Goldgrund abgeleitete Lichterscheinung. Da Altdorfers Gemälde direkt auf das wohl aus dem 13. Jahrhundert stammende Lukasbild der Regensburger Alten Kapelle zurückgeht, läßt sich in diesem Falle die Genese der neueren Form der Lichterscheinung aus dem Goldgrund klar belegen. Altdorfers „Schöne Maria" zeigt exemplarisch, daß der Goldgrund als himmlisches Licht verstanden und entsprechend umgeformt werden konnte. So wie die Darstellung der Personen den Erfordernissen der Gegenwart angepaßt, gleichzeitig aber die ikonographische Tradition bewahrt wurde, so geschah es auch beim Hintergrund.

In den ersten Jahrzehnten des 16. Jahrhunderts kam es noch zu weiteren entscheidenden Entwicklungen, die hier nicht einmal angedeutet werden können. Als Hauptstationen seien nur Tizians „Assunta" von 1517/18 genannt sowie Correggios 1526 bis 1530 gemaltes Kuppelfresko im Dom zu Parma.

Die hier erreichten Bildmittel standen der gesamten Epoche zur Verfügung, wie ungezählte Beispiele belegen können – die Glorie wurde zu einem

Die Glorie   213

Abbildung 3: Bernardino Zaganelli: Maria mit dem Kind. Venedig, Galleria Giorgio Fianchetti (Cà d'Oro)

universal einsetzbaren Bildmittel, das im neuzeitlichen Bildraum überirdische Wirklichkeit darstellen konnte. Eines der bekanntesten barocken Deckenbilder überhaupt ist Andrea Pozzos Deckenfresko in S. Ignazio[19] in Rom, vollendet 1694 (Abb. 5). Es belegt, welche inhaltlichen und formalen Möglichkeiten die Bildform der Glorie bietet. Das meist als „Gloria di sant'Ignazio"[20] bezeichnete spektakuläre[21] Werk ist zwar trotz einiger markanter Besonderheiten formal mit vielen Deckenbildern gut vergleichbar[22], andererseits nimmt es eine gewisse inhaltliche Sonderstellung ein. Tatsächlich handelt es sich nämlich nicht um eine Heiligenglorie im strengen Sinne, denn es ist nicht die Aufnahme der Seele eines Heiligen in den Himmel zu sehen; Pozzo stellt vielmehr dar, daß der hl. Ignatius selbst – sowohl im irdischen als auch in seinem nunmehr himmlischen Leben – ein Gnadengeschenk Gottes an die ganze Welt ist. Folglich ist die Bewegungsrichtung, die Pozzo seinem Bild gegeben hat, nicht ein Hinaufstreben, sondern das Herabsenden.

Abbildung 4: Albrecht Altdorfer „Schöne Maria". Regensburg, Kollegiatstift St. Johann (als Depositum im Diözesanmuseum Regensburg)

Das Deckengemälde trägt deutlich sichtbar, verteilt auf zwei große Kartuschen an den Schmalseiten, die Inschrift: „IGNEM VENI MITTERE IN TERRA[M]" (Kartusche der Südseite) „ET QVID VOLO NISI VT ACCENDATVR" (Kartusche der Nordseite). Dieser Bibelvers aus dem Lukasevangelium (Lk 12, 49) bildet auch das inhaltliche Zentrum von Pozzos eigener schriftlicher Deutung des Freskos.[23] Er wählte für diese Erklärung die Form eines Briefes, der an den Fürsten Anton Florian von Liechtenstein[24] gerichtet ist. Dieses Schreiben hat aber durchaus keinen privaten Charakter, sondern es wurde – mehrfach nachgedruckt[25]– seit 1694 bis ins 19. Jahrhundert als eine Art Flugblatt bzw. Kirchenführer[26] an die Besucher der Kirche verteilt.

„Die erste Erleuchtung, die ich zur Ausbildung dieser Idee hatte, kam mir von dem Bibelwort: Ich bin gekommen, Feuer auf die Erde zu werfen, und nichts will ich mehr, als daß es brenne. Passenderweise ist dieses Wort von der Heiligen Kirche auf den hl. Ignatius bezogen worden, als auf ein großes Instrument eines so großen Werkes, denn er war immer höchst eifrig bemüht, die katholische Religion und das Licht des Evangeliums [...] zu verbreiten, wobei er sich der Tätigkeit seiner Gefährten und seiner Söhne bediente, die er dabei oftmals mit jenen berühmten Worten anfeuerte: Geht, entzündet und entflammt alles. Aber weil es jedem Feuer und jedem

Abbildung 5: Andrea Pozzo: Rom, S. Ignazio

himmlischen Licht zukommt, daß es vom Vater des Lichts hervorgeht, daher habe ich in der Mitte der Decke ein Bild Jesu gemalt; dieser sendet einen Lichtstrahl zum Herzen des Ignatius, der danach, von ihm weitergeleitet, zu den weiter entfernten Bereichen der vier Erdteile gelangt, die von mir mit ihren Hieroglyphen [d. h. Personifikationen, d. Verf.] an den vier Seiten der Decke dargestellt worden sind. Die Erdteile, denen ein solches Licht zuteil wird, sind dabei, die unförmigen Monster der Götzenanbeterei, der Häresie oder anderer Laster [...] von sich zu werfen [...]. Nach Ausrottung der Laster steigt von den vier Erdteilen, befruchtet von diesem göttlichen Licht als dem Samen jeder Tugend, eine selige Ernte geheiligter Seelen zum Himmel auf, die, kultiviert durch viele unermüdliche Arbeiter, entweder vom Unglauben zum Glauben übergewechselt sind oder die von einem Glauben, der durch falsches Verhalten tot war, wieder zur Gnade zurückkehrten. [...] Welches Ziel aber der Allerhöchste hatte, als er dem Ignatius eine so große Fülle von Licht zuteil werden ließ, zeigt sich ausdrücklich für jeden, der nachdenkt, darin, daß von der Brust des Erlösers ein weiterer Strahl ausgeht, der zu einem Schild gelangt, in dem man den Namen Jesu eingeprägt sieht, die Krone des Lichts. Das bedeutet, daß der Erlöser, der den Ruhm seines Namens im Sinn hat, darauf abzielt, den hl. Ignatius auszuzeichnen, während jeder Gedanke, jede Gefühlsregung und jede Tat des Ignatius nichts anderes erstrebte als die größere Ehre Gottes.

Man sieht dann an den beiden Schmalseiten der Decke die beiden wirksamsten Mittel, derer sich Ignatius und seine Söhne zur Bekehrung der Welt bedienten. Das erste ist das Mittel der göttlichen Liebe, ausgedrückt in jenen lebendigen Flammen, in denen die Schutzengel der Provinzen und Reiche die harten Herzen erweichen, hartnäckig durch den Unglauben; und sie festigen die Weichen und die durch die Unreinheit der Sitten Verweichlichten. Das zweite Mittel war jenes der Furcht vor den göttlichen Strafen, von mir dargestellt am äußersten Ende der Decke, wo man eine andere Flamme sieht, die aber von der ersten völlig verschieden ist; in ihr werden Donnerkeile und Blitze geschmiedet [...]. Aber weil die göttlichen Strafen oftmals zugleich Heilmittel der Schuld sind [...], fand ich es richtig, diesen Gedanken in einem Engel auszudrücken, der mit einer Hand eine Fackel in die Höhe hält und mit der anderen Wasser in ein finsteres und dunkles Feuer gießt, das über dem Irdischen brennt.

Der Körper nun, der so viele verschiedene Figuren in sich umschließt, ist eine kunstreiche, perspektivische Architektur, die als Hintergrund für das gesamte Werk dient. Diese Architektur ist von mir nach den Regeln dieser Kunst gemalt, in der Mitte der Kirche sieht man sie weniger deutlich als an den Seiten. Den Gedanken dieser Perspektive habe ich zu großen Teilen in meinem Buch von der Architektur und der Perspektive dargelegt, zum großen Wohlgefallen des gelehrten Geistes Eurer Exzellenz."

Von wenigen Details abgesehen, entspricht die beschreibende Erklärung sehr genau dem Fresko selbst. Dieses zeigt im Zentrum den hl. Ignatius, der auf einer von Engeln umgebenen Wolke schwebt.

Ohne die verschiedenen Bildelemente nochmals Revue passieren zu lassen, sei nur der zentrale Gedanke herausgestellt: die Gleichsetzung des hl. Ignatius mit dem biblischen Feuer. Pozzo hat nicht einfach – „spontan" – an diese Worte des Evangeliums gedacht, sondern er hat die übliche direkte Gleichsetzung „Ignatius = ignis" aufgegriffen. Dasselbe Wortspiel, das auf dem Gleichklang der beiden Wörter beruht, findet sich bereits im Proprium des Ignatiusfestes am 31. Juli. Die Communio der Messe dieses Tages heißt nämlich ebenfalls: „Ignem veni mittere [...]"[27] (Lk 12, 49), und auch die Verfasser des Meßformulars[28] haben diesen Vers sicher nicht nur wegen der weltweiten Mission des Jesuitenordens, sondern auch wegen des Gleichklangs von „ignis" und „Ignatius" ausgewählt. Pozzo durfte annehmen, daß der Leser seines Schreibens das Missale Romanum als Quelle erkannte, denn er spielt auf diese kirchenamtliche Verwendung des Bibelwortes an, wenn er schreibt, es sei „congruentemente adattate da Santa chiesa a Sant'Ignazio". Und die Bezugnahme auf das Missale[29] dürfte überhaupt die entscheidende inhaltliche Grundlage für Pozzos Fresko gewesen sein. So ist schon der Introitus teilweise dem Philipperbrief (Phil. 2, 10–11) entnommen, wo es heißt, daß sich „vor dem Namen Jesu" jedes Knie beugen und jede Zunge bekennen solle, daß Jesus Christus in der Herrlichkeit (gloria) des Vaters ist. Die Oration (Collecta) erscheint sogar fast wie eine Beschreibung des Bildinhaltes:

Deus, qui ad maiorem tui nominis gloriam propagandam, novo per beatum Ignatium subsidio militantem Ecclesiam roborasti; concede, ut ejus auxilio et imitatione certantes in terris, coronari cum ipso mereamur in caelis [...][30].

Vermutlich haben alle wichtigeren Autoren mit dem Gleichklang von „ignis" und „Ignatius" gespielt, schon Paolo Aresi ließ ihn sich nicht entgehen[31]. Man findet diese Anspielung auch in der Jubiläumsschrift „Imago primi Saeculi Societatis Jesu", die von dem Charakter „quodammodo igneus"[32] des Ignatius spricht. Erwähnt sei ferner Daniello Bartolis (1608–1685) hagiographisches Werk „Della Vita e dell'Istituto di S. Ignatio Fondatore dell Compagnia di Giesu Libri quinque".[33]

Für die ausdrückliche Gleichsetzung „Ignatius = ignis" sind weiterhin die von dem Jesuiten Ignatius Querck (1660–1743) verfaßten „Acta S. Ignatii de Lojola" besonders aussagekräftig. Dieses Werk wurde 1698, also kurz nach der Vollendung von Pozzos Fresko, in Wien gedruckt. Hier findet sich u. a. ein Emblem[34], das sich auf die Heiligsprechung des Ignatius bezieht. Die Pictura zeigt eine Hand, die aus einer Wolke herausragt und einen leuchtenden Stern an den bereits gestirnten Himmel versetzt.

Die Inscriptio lautet „Coelestibus intulit astris", sie wurde in Anlehnung an die Metamorphosen des Ovid[35] (IX, 272) formuliert, wo diese Worte in Zusammenhang mit der Apotheose des Hercules stehen. Das beigegebene Epigramm beruht nun ganz und gar auf der sprachlichen Gleichsetzung von „Ignatius" und „ignis". Ausdrücklich heißt es hier:

„Ignis es, ignis eras, et in omne IGNATIUS aevum Ignis eris; nomen sic ait, acta probant."[36]

Ungewöhnlich waren derartige Wortspiele nicht, z. B. verwendete schon der hl. Antonin von Florenz den Gleichklang von „mare" und „Maria"[37], der für weite Strecken der marianischen Emblematik konstituierend ist[38].

Ignatius selbst ist das Feuer, das Gott auf die Erde geworfen hat, daran kann kein Zweifel bestehen. Gleichzeitig ist das Feuer aber auch die göttliche Liebe, die durch Ignatius verbreitet wird. Und nur dieses Doppelmotiv erklärt die Bildgestalt des Freskos, bei dem es sich eben nicht um die Darstellung der Aufnahme eines Heiligen in den Himmel handelt. Pozzo zeigt überhaupt kein konkretes Ereignis, sondern er schafft – ähnlich wie schon im Mittelalter – ein „Gedankenbild". Der Maler will in einer großen Zusammenschau Heilsgeschichte verbildlichen. Letztlich sollen Ignatius und der nach wie vor unter dem Schutz seines Gründers stehende Jesuitenorden als Werkzeuge des göttlichen Heilswirkens deutlich erkennbar werden. Pozzos Fresko zeigt daher exemplarisch, daß die Themen der barocken sakralen Deckenmalerei, von wenigen Ausnahmen abgesehen, immer sehr allgemeine, letztlich leicht verständliche theologische Inhalte verbildlichen. Da man sich außerdem bemüht, den Anbringungsort ernstzunehmen, bringt es die Bildlogik mit sich, daß das Oben der Decke auch als Oben des überirdischen Himmels verstanden werden kann – verbildlicht durch die Lichterscheinung der Glorie.

Auf Pozzos Fresko wird die Glorie allerdings nur zurückhaltend eingesetzt. Dieser Umstand ist eine direkte Konsequenz des dargestellten Inhalts, denn es handelt sich eben nicht im eigentlichen Sinne um die „Gloria di sant'Ignazio"[39]. Da also nicht die Aufnahme des Heiligen in den Himmel gezeigt wird, verwendet Pozzo das himmlische Licht nur sehr sparsam als Hintergrund der drei Personen der Trinität, will er doch nicht den Eindruck erwecken, der Heilige strebe in einer nach oben gerichteten Bewegung diesem Ziel entgegen. Stattdessen erhält die Architektur einen viel höheren Stellenwert. Der Maler war sich der Wirkung und der Bedeutung dieses Bildelements natürlich bewußt, wenn er schreibt: „un'artificiosa Architettura in Prospettiva, che serve di campo a tutta l'Opera". Aber auch diese große Scheinarchitektur konnte nicht als eigenständige Wirklichkeit existieren, sie bedurfte einer Zentrierung – durch die gemalte Lichterscheinung der Glorie.

Andrea Pozzos Fresko zeigt in einer durchaus besonderen Weise, wie universal sich die Lichterscheinung der Glorie verwenden ließ – vom 16. bis zum Ausgang des 18. Jahrhunderts. Das Bildelement der Glorie erweist sich damit als Charakteristikum einer Großepoche der frühneuzeitlichen Kunst. Lassen Sie mich diesen Gedanken abschließend hervorheben.

Obwohl in weiten Teilen der Kunstgeschichtschreibung Stilbegriffe und die mit ihnen verbundenen Epochenbegriffe in Mißkredit gekommen sind, lassen sich die augenfälligen gestalterischen Differenzen in der europäischen Kunst nicht wegdiskutieren. Ja, seit Giorgio Vasari konstituieren sie letztlich das Fach Kunstgeschichte. Zur Beschreibung der Epochenmerkmale dienten seit dem 19. Jahrhundert in erster Linie stilgeschichtliche Begriffe, die momentan in der Fachsprache nur noch eine untergeordnete Rolle spielen, denn sie erweisen sich oftmals als nicht sehr tragfähig, weil sie eben nicht nur Stile, sondern nicht selten Darstellungsmodi bezeichnen, die recht frei wählbar gewesen sind. Infolgedessen wird heute gelegentlich der Versuch unternommen, generell auf Epochenbegriffe zu verzichten. Vielleicht ließen sich aber auch echte gestalterische Charakteristika aufzeigen, die für größere Zeitabschnitte bestimmend waren und die mit einem konkreten Inhalt gefüllt werden können. Tatsächlich wurde vor allem die Zentralperspektive im Sinne Albertis als entscheidendes Konstitutivum des frühneuzeitlichen Bildes erkannt. Die Zentralperspektive bestimmt dabei nicht nur den konstruierten Bildraum etwa der Früh- und der Hochrenaissance, sondern sogar noch die Hell-Dunkel-Malerei des 17. Jahrhunderts. Weniger gesehen wurde jedoch, welch große Konsequenzen die Zentralperspektive für die Ikonographie besitzt, besonders für die sakrale. Zentral ist dabei die Frage nach dem Goldgrund, der in Albertis Bildraum nicht mehr denkbar war. An seine Stelle trat die große, übernatürlich gemeinte, aber mit realistisch scheinenden Mitteln ausgeführte Lichterscheinung – die Glorie.

Abbildungsnachweis: Christian Hecht: Die Glorie. Begriff, Thema, Bildelement in der europäischen Sakralkunst vom Mittelalter bis zum Ausgang des Barock. Regensburg (Schnell und Steiner) 2003.

Anmerkungen

[1] Vgl. Lorenzo Ghiberti: I Commentarii. Hrsg. von Lorenzo Bartoli (= Biblioteca della Scienza italiana 17). Florenz 1998, S. 85: „Nella chiesa d'Asciesi è di sua mano [=„Stefano Fiorentino"] cominciata una gloria fatta con perfetta e grandissima arte, la quale [f]arebbe, se fosse stata finita, maraviglare ogni gentile ingegno."

2   Vgl. Francisco de los Santos: Descripción breve del Monasterio de S. Lorenzo el Real del Escorial única maravilla del mundo [...] Madrid 1657 (Nachdr. Madrid 1984), Libro primero, Dicurso XII., fol. 71r. Vgl. Cassiano Dal Pozzo: Diario de Cassiano Dal Pozzo (Descripcion del Escorial). Hrsg. von Enriqueta Harris und Gregorio de Andrés. In: Archivio español del Arte 179 (1972), Anhang S. 7–33, hier S. 19: „i spagnoli chiamono questo quadro la Gloria".

3   Die Literatur zum Thema „Franciscus alter Christus" ist sehr umfangreich. Einen guten Überblick über die Fragen, die mit ihm zusammenhängen, bietet immer noch: Ernst Benz: Ecclesia spiritualis. Kirchenidee und Geschichtstheologie der franziskanischen Reformation. Stuttgart 1934, S. 67–68, S. 104–119 u. ö. – Stanislao da Campagnola: L'angelo del sesto sigillo e l'„alter Christus". Genesi e sviluppo di due temi francescani nei secoli XIII–XIV (= studi e ricerche 1). Rom 1971. Vgl. mit Bezug auf die Velen der Unterkirche von S. Francesco in Assisi: Stanislao da Campagnola: Francesco d'Assisi nei suoi scritti e nelle sue biografie dei secoli XIII–XIV. Assisi 1981, S. 231.

4   Die Literatur zu den Velen ist sehr umfangreich: Einen sehr informativen Überblick über die „Vicenda critica" bietet der Kommentar zu Fra' Ludovico da Pietralunga: Descrizione della Basilica di S. Francesco e di altri santuari di Assisi, hrsg. von Pietro Scarpellini. Treviso 1982, S. 265–287. – Eine ebenfalls sehr reiche Bibliographie zu den Velen findet sich bei Giovanni Previtali: Giotto e la sua bottega. 2. Aufl. Mailand 1974, S. 308–309. – Unter Einbeziehung der neuesten Literatur wird der Verlauf der Forschungs- und Zuschreibunsgeschichte sehr treffend dargestellt bei: Anne Mueller von der Hagen: Die Darstellungsweise Giottos mit ihren konstitutiven Momenten, Handlung, Figur und Raum im Blick auf das mittlere Werk. Phil. Diss. Würzburg 1995. Braunschweig 2000, S. 286–298.

5   Vgl. für das Schwanken der Datierungen bes. D.W. Schönau: A new hypothesis on the Vel in the lower Church of San Francesco in Assisi. In: Franziskanische Studien 67 (1985), S. 326–347, hier bes. S. 326–327. – Die vergleichsweise späte Datierung, nämlich ca. 1315, wird bereits vertreten bei: Oskar Wulff: Zur Stilbildung der Trecento-Malerei II. Giotto und seine Nachfolge. In: Repertorium für Kunstwissenschaft 27 (1904), S. (89)–112, (221)–250 und (308)–321, hier S. 315–316. – Gosebruch, der vehement für die Urheberschaft Giottos eintritt, datiert die Velen auf ca. 1320, da er annimmt, daß sie etwa so alt sind wie der Stefaneschi-Altar, den er auf ungefähr dieses Datum ansetzt. Vgl. dazu die kurze Zusammenfassung seiner diesbezüglichen Ansichten in: Martin Gosebruch: Figur und Gestus in der Kunst des Giotto. In: Ders. u. a.: Giotto di Bondone. Konstanz 1970, S. 7–125, hier S. 90 Anm. 69.

6   Vgl. Joachim Poeschke: Die Kirche San Francesco in Assisi und ihre Wandmalereien. München 1985, S. 105–106. – Vgl. Almamaria Tantillo Mignosi: Osservazioni sul transetto della Basilica Inferiore di Assisi. In: Bollettino d'Arte 60 (1975), S. 129–142..

7   Der „Maestro delle vele" wurde 1906 von Adolfo Venturi eingeführt: Le vele d'Assisi. In: L'Arte 25 (1906), S. 19–34.

8   Previtali, Giotto e la sua bottega, S. 100–104 und S. 308–309. – Gelegentlich kann die Zuschreibung der Velen daher heißen: „Maestri gioteschi („Parente di Giotto", Maestro delle Vele ed altri). – Zit. nach: Scarpellini, Iconografia, S. 124. (Die Glorie des hl. Franziskus wird aber hier nur dem Velenmeister zugeschrieben, ebd. S. 125).

9   Martin Gosebruch: Figur und Gestus in der Kunst des Giotto. In: Ders. u. a.: Giotto di Bondone. Konstanz 1970, S. 7–125, hier S. 97.

10 Joachim Poeschke: Die Kirche San Francesco in Assisi und ihre Wandmalereien. München 1985, S. 46.

11 Es ist allerdings nicht auszuschließen, daß sich vor dem Umbau der Unterkirche am Beginn des 14. Jahrhunderts und dem damit verbundenen Abriß des Lettners ein kleines beidseitig bemaltes Retabel auf der Mensa befunden hat. – Vgl. Jürgen Schultze: Ein Dugento-Altar aus Assisi? Versuch einer Rekonstruktion. In: Mitteilungen des Kunsthistorischen Instituts in Florenz 10 (1961), S. (59)–66.

12 Guillelmus Durandus: Instructions et Constitutions de Guillaume Durand le spéculateur d'après le manuscrit de Cessenon. Hrsg. von Jos. Berthelé und M. Valmary (= Extrait des Mémoires de l'Académie des Scienes et Lettres de Montpellier. Section des Lettres, 2e Série, Tome III). Montpellier 1900, S. 107.

13 Vgl. bes. Michael Bihl OFM: Sacrum commercium S. Francisci cum domina paupertate. Quaracchi 1929.
14 Zit. nach: S.J.P. van Dijk OFM (Hrsg.): Sources oft the Modern Roman Liturgy. The Ordinals by Haymo of Faversham and Related Documents (1242–1307), Bd. 2 (= Studia et documenta franciscana 2). Leiden 1963, Ordo Missalis, S. 301. – Die hier nicht ausgeschriebenen Teile des Graduales ergänzt nach: Missale Romanum 1570, S. 107 des dritten Teils (Neupag. d. Nachdr. S. 551). – Vgl. die Textedition: Missae et Sequentiae in honorem S. Francisci. In: Legendae S. Francisci Assisiensis saeculis XIII et XIV conscriptae. In: Analecta franciscana 10/4 (1936), S. (389)–396, hier S. 394. – Die Vorlage für diesen Text ist das Offizium des hl. Martin (11. November, Responsorium VIII, Antiphon V der Laudes). Seinerseits geht das Zitat auf eine Briefstelle (Epistola III, 21) des Sulpicius Severus zurück (ebd. S. 394, Anm. 2).
15 Marco Carminati: Cesare da Sesto. 1477–1523. Mailand, Rom 1994, S. 154–157 (Kat. Nr. 6). – Vgl. Jacob Burckhardt: Der Cicerone. Eine Anleitung zum Genuss der Kunstwerke Italiens. Malerei. Hrsg. von Bernd Roeck u. a. München, Basel 2001, S. 118–119: „Ein Originalwerk Lionardo's ist zunächst das Fresco der Madonna mit einem Donator auf Goldgrund [...]".
16 Venedig, Galleria Giorgio Franchetti (Cà d'Oro). – Vgl. Raffaella Zama: Gli Zaganelli (Francesco e Bernardino). Rimini 1994, S. 136–138 (Nr. 30, vgl. Nr. 31).
17 Zit. nach: Raffaella Zama: Gli Zaganelli (Francesco e Bernardino). Rimini 1994, S. 136.
18 Regensburg, Kollegiatstift St. Johann, heute als Depositum im Regensburger Diözesanmuseum St. Ulrich. – Franz Winzinger: Albrecht Altdorfer. Die Gemälde. Tafelbilder – Miniaturen – Wandbilder – Bildhauerarbeiten – Werkstatt und Umkreis. München 1975, S. 31–34 und S. 93–94 (Nr. 41). – Vgl. bereits: Ernst Buchner: Albrecht Altdorfer und sein Kreis. Gedächtnisausstellung zum 400. Todestag Altdorfers. Kat. Ausst. München 1938, S. 8–9 (Nr. 34). – Achim Hubel: Das Gnadenbild. In: Werner Schiedermair (Hrsg.): Die Alte Kapelle in Regensburg. Regensburg 2002, S. 219–244, hier. S. 238–244.
19 Vgl. etwa Emile Mâle: L'art religieux après le Concile de Trente. Paris 1932, S. 197–198.
20 Vgl. z. B. Elena Fumgalli: Roma e Lazio. In: Mina Gregori (Hrsg.): Pittura murale in Italia. 3. Il Seicento e il Settecento. (Bergamo) 1998, S. (22)–33, hier S. 29 u S. 30.
21 Die Literatur zu diesem epochalen Werk ist sehr umfangreich. Exemplarisch sei genannt: Claudio Strinati: Gli affreschi della chiesa di Sant'Ignazio a Roma. In: Vittorio del Feo und Valentino Martinelli (Hrsgg.): Andrea Pozzo. Mailand 1996, S. 66–93.
22 Als Beispiel sei etwa Johann Lukas Krackers (1719–1779) Langhausfresko (1760/61) in St. Niklas auf der Prager Kleinseite erwähnt.
23 Copia d'una lettera scritta da Andrea Pozzo al ... Principe Antonio Floriano di Liechtenstein, Ambasciadore dell'Augustissimo Imperatore Leopoldo Ignazio presso la Santità di nostro signore Papa Innocenzi XII circa alli significativi della Volta da lui dipinta nel Tempio di Sant'Ignazio in Roma. Rom (per Gio. Giacomo Komarek Boëmo a Fontana di Trevi) 1694. – Orig. zit. nach: Hans Tietze: Andrea Pozzo und die Fürsten Liechtenstein. In: Jahrbuch für Landeskunde von Niederösterreich NF 13/14 (1914/15), S. (432)–446. – Ebenfalls abgedruckt bei: Wilberg-Vignau, Peter: Andrea Pozzos Deckenfresko in S. Ignazio. Mit einem Anhang: Archivalische Quellen zu den Werken Pozzos. München 1970, S. 45–46 – Für die Durchsicht der Übersetzung ist d. Verf. Herrn Prof. Dr. Hinrich Hudde, Erlangen, zu herzlichem Dank verpflichtet.
24 Solange kein gegenteiliger Beweis erbracht wird, besteht nicht der geringste Anlaß, an der Verfasserschaft Pozzos zu zweifeln. – Vgl. dagegen: Wilberg-Vignau, Peter: Andrea Pozzos Deckenfresko in S. Ignazio. Mit einem Anhang: Archivalische Quellen zu den Werken Pozzos. München 1970, S. 20.
25 Erich Hubala: Die Kunst des 17. Jahrhunderts (= Propyläen Kunstgeschichte 9). Berlin 1970, S. 129.
26 Bernhard Kerber: Andrea Pozzo (= Beiträge zur Kunstgeschichte 6). Berlin 1971, S. (267).
27 Zit. nach: Missale Romanum. Antwerpen (Ex Typographia Plantiniana apud viduam Balthasaris Moreti) 1706, Festa Julij. Die xxxj. In Festo S. Ignatij Confessoris, S. 539–540, hier S. 540.
28 Vgl. für die liturgischen Feiern zu Ehren des hl. Ignatius: De S. Ignatio Loyola Confess[ore]. In: Joannes Bapt. Sollerio u. a.: Acta Sanctorum Julii ... Bd. 7. Antwerpen 1731, S. 409–865, hier S. 624–628.

29 Verwendete Ausgabe: Missale Romanum. Antwerpen (Ex Typographia Plantiniana apud viduam Balthasaris Moreti) 1706, Festa Julij. Die xxxj. In Festo S. Ignatij Confessoris, S. 539–540.
30 „Gott, der du, um die größere Ehre deines Namens auszubreiten, die streitende [d. h. die auf Erden wirkende, d. Verf.] Kirche durch den seligen Ignatius mit einer neuen Hilfe gestärkt hast, gib, daß wir, die wir mit seiner Hilfe und in seiner Nachfolge auf Erden kämpfen, gewürdigt werden, mit diesem im Himmel gekrönt zu werden.". – Zit. nach: Missale Romanum. Antwerpen (Ex Typographia Plantiniana apud viduam Balthasaris Moreti) 1706, Festa Julij. Die xxxj. In Festo S. Ignatij Confessoris, S. 539.
31 Paolo Aresi: Delle Sacre Imprese di Paolo Aresi Vescovo di Tortona. Libro Quarto, Volume secondo. In cui le fatte lode de' Santi Pontefici, e de' Beati Confessori si contengono [. . .]. Ed. Tortona (Per Pietro Gio. Calenzano, Stampator Episcopale) (1630), bes. S. 1382 u. 1383.
32 Imago primi Saeculi Societatis Jesu a Provincia Flandro-Belgica eiusdem Societatis repraesentata. Antwerpen (ex Officina Plantiniana Balthasaris Moreti) 1640, Liber Primus. Cap. VI, S. 79.
33 Daniello Bartoli SJ: Della Vita e dell' Istituto di S. Ignatio Fondatore dell Compagnia di Giesu Libri quinque del P. Daniello Bartoli [. . .]. 2. Aufl. Rom 1659 (EA 1650).
34 Ignatius Querck SJ: Acta S. Ignatii de Lojola Societatis Jesu Fundatoris [. . .] Wien 1698, S. 100.
35 Ovid, Metamorphosen IX, 272. Die Textstelle lautet genau: „radiantibus intulit astris".
36 „Feuer bist du, Feuer warst du, und in alle Ewigkeit, Ignatius, wirst du Feuer sein. Der Name sagt es so, und die Handlungen erweisen es."
37 Antonin von Florenz OP: Summa Theologica, Pars IV, Tit. XV, Cap. IV, § 2, Ed. Verona 1740, Bd. 4, Sp. 931: „Congregatis igitur omnibus gratiis sanctorum in unum locum, scilicet in animam Virginis, appellavit eam Mariam, quasi mare gratiarum." – Vgl. ebd. Cap. XIV, § 2, Ed. Verona 1740, Bd. 4, Sp. 1001: „derivatur hoc nomen a mari."
38 Vgl. z. B. Hieronymus Lauretus, Sylva, Art. „Mare, Pelagus, Fretum", S. 662–663, hier S. 662: „Mare dici potest beatissima Virgo Maria, cujus nomen etiam ipsum mare includit [. . .]."
39 Vgl. z. B. Elena Fumgalli: Roma e Lazio. In: Mina Gregori (Hrsg.): Pittura murale in Italia. 3. Il Seicento e il Settecento. Bergamo 1998, S. (22)–33, hier S. 29 u S. 30.

Der **Biologie-Preis 2006** wurde Frau Margarete Baier, Bielefeld, für ihre herausragenden Beiträge zur Erforschung der Bedeutung der Redoxregulation für die Anpassung des Stoffwechsels pflanzlicher Zellen an wechselnde Umweltbedingungen verliehen.

Risikomanagement in Pflanzen – Die Kontrolle der Gefährlichkeit des Lebens mit Sauerstoff durch das plastidäre antioxidative Schutzsystem

MARGARETE BAIER

Pflanzen sind natürliche Energiewandelsysteme, die Lichtenergie in chemische Energie umsetzen. Die Energieumwandlung findet in grünen Pflanzenteilen in den Chloroplasten statt. Durch Lichteinstrahlung werden die grünen Blattfarbstoffe, die Chlorophylle, angeregt. In der Folge gibt das Chlorophyllmolekül Elektronen an Akzeptormoleküle ab. Die so entstandene Elektronenlücke wird beim Zurückfallen des Chlorophylls in den Grundzustand durch die Reaktion mit Elektronendonatoren ausgeglichen. Durch Hintereinanderschalten von zwei Photosystemen wird in der photosynthetischen Lichtreaktion eine Potentialdifferenz von 1,55 V (Richter 1998) überwunden. Die beteiligten Redoxfaktoren

Margarete Baier, Professorin für Botanik an der Universität Düsseldorf, Biologie-Preisträgerin 2006

liegen dicht gepackt in der photosynthetischen Membran, den sog. Thylakoiden. Größtenteils sind sie an Proteine gebunden, die sie in eine bestimmte Ausrichtung bringen. Unter optimalen Bedingungen kann die eingestrahlte Lichtmenge so mit einer Effizienz von ca. 80 % genutzt werden.

Wie bei künstlichen Energiewandlern besteht die größte Gefahr für das System bei Energieüberschuß. In der Photosynthese ist dies der Fall, wenn Chlorophylle durch Licht angeregt werden, der metabolische Bedarf an Reduktionskraft jedoch gering ist. Überschüssige Lichtenergie und Reduktionskraft entladen sich dann durch atypische Energieübertragung. Besondere Gefahr geht dabei von den angeregten Photoreaktionszentren aus. Sie

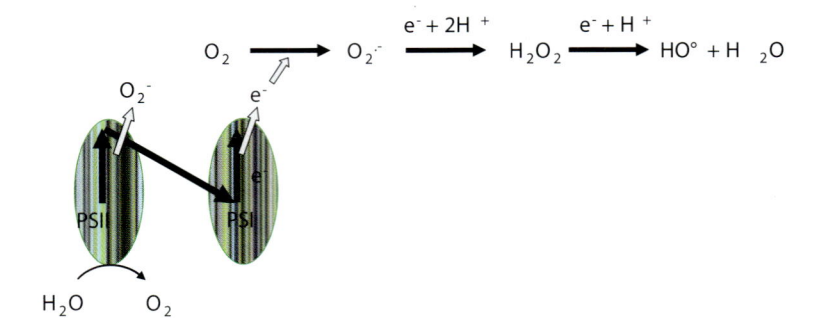

$$O_2 \xrightarrow{} O_2^{\cdot -} \xrightarrow{e^- + 2H^+} H_2O_2 \xrightarrow{e^- + H^+} HO^\circ + H_2O$$

Abbildung 1: Die Reaktionskette reaktiver Sauerstoffspezies. An den Photoreaktionszentren (PS-I und PS-II) kann Sauerstoff zu Superoxid (O_2^-) reduziert werden, das anschließend zu Wasserstoffperoxid (H_2O_2) und Hydroxylradikalen (HO°) weiterreagieren kann.

haben ein Redoxpotential von unter -900 mV (Richter 1998). Die Gefährlichkeit ergibt sich durch die gleichzeitige Anwesenheit von Sauerstoff. Er kann durch die angeregten Photoreaktionszentren reduziert werden. Dabei entstehen Superoxidanionen (O_2^-) (Mehler 1951), die im wässrigen Milieu der Chloroplasten weiter zu Hydroylradikalen (HO°) und Wasserstoffperoxid (H_2O_2) reagieren (Abb. 1). Superoxid, Hydroxylradikale und Wasserstoffperoxid sind sehr reaktionsfreudig. Akkumulieren sie, so werden Stoffwechselprodukte und zelluläre Strukturkomponenten lebensbedrohlich geschädigt.

Da Licht als exogene Inputgröße schwer zu kontrollieren ist, sind Pflanzen überhaupt nur lebensfähig, weil sie ein komplexes antioxidatives Schutzsystem entwickelt haben. In dem in den 70er bis 90er Jahren beschriebenen Halliwell-Asada-Foyer-Zyklus (Asada 2000) werden reaktive Sauerstoffspezies über das Zusammenspiel von Superoxid-Dismutasen (SOD) und Ascorbatperoxidasen (APx) unter Einsatz von Ascorbat zu Wasser entgiftet, wobei Monodehydroascorbatradikale und Dehydroascorbat entstehen (Abb. 2). Das lebenswichtige Ascorbat (Vitamin C) wird über ein Enzymsystem aus Monodehydro- und Dehydroascorbat-Reduktasen (MDHAR; DHAR) und der Glutathionreduktase (GR) regeneriert. Da dabei Reduktionsäquivalente (NAD(P)H) konsumiert werden, vermindert das Schutzsystem parallel zur Entgiftung reaktiver Sauerstoffspezies den Elektronendruck in der photosynthetischen Membran. Aufgrund der Empfindlichkeit der Ascorbatperoxidase gegen reaktive Sauerstoffspezies ist es jedoch in seiner Kapazität begrenzt.

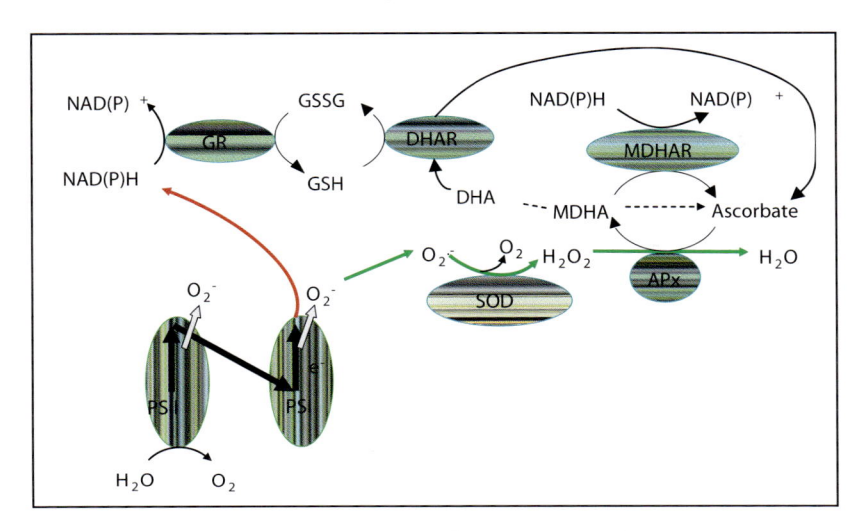

Abbildung 2: Halliwell-Asada-Foyer Zyklus. Über die Superoxid-Dismutase (SOD) und die Ascorbatperoxidase (APx) werden Superoxidanionen und Wasserstoffperoxid entgiftet (grün). Die Regeneration des Ascorbats über die Monodehydroascorbat- und Dehydroascorbatreduktasen (MDHAR; DHAR) und die Glutathionreduktasen (GR) werden Elektronen aus der photosynthetischen Lichtreaktion konsumiert (rot).

Die Sequenz des Mitte der 90er Jahre klonierten ersten pflanzlichen 2-Cys Peroxiredoxins (Baier und Dietz 1996) deutete an, daß es sich bei dem Enzym um eine im Zellkern kodierte, plastidäre Peroxidase handelt, die das Ascorbatsystem ergänzt. Nachfolgende Untersuchungen in Gerste, Spinat und der Ackerschmalwand (*Arabidopsis thaliana*) belegten diese Funktionsvermutung (Baier und Dietz 1997; 1999; Baier et al. 2000). Vergleichende biochemische Analysen zeigten, daß das Enzym Wasserstoffperoxid (H_2O_2) und Alkylhydroperoxide (ROOH) zu Wasser (H_2O) bzw. Alkoholen (ROH) umsetzen kann (Baier und Dietz 1997; König et al. 2002; 2003) (Abb. 3). In der Peroxiredoxin-Reaktion reagieren Peroxide direkt mit einem katalytischen Cysteinrest im Protein. Die Regeneration erfolgt unter Beteiligung des zweiten konservierten Cysteinrests über kleine Redoxproteine wie die Thioredoxine (König et al. 2002) (Abb. 3). Da die plastidären Redoxproteine an den photosynthetischen Elektronentransport angekoppelt sind, kann der Peroxiredoxin-vermittelte Entgiftungsmechanismus, wie der Halliwell-Asada-Foyer-Zyklus, ebenfalls gleichzeitig den Elektronendruck in der photosynthetischen Elektronentransportkette reduzieren und damit die Gefahr zur Bildung reaktiver Sauerstoffspezies verringern (Dietz et al. 2006).

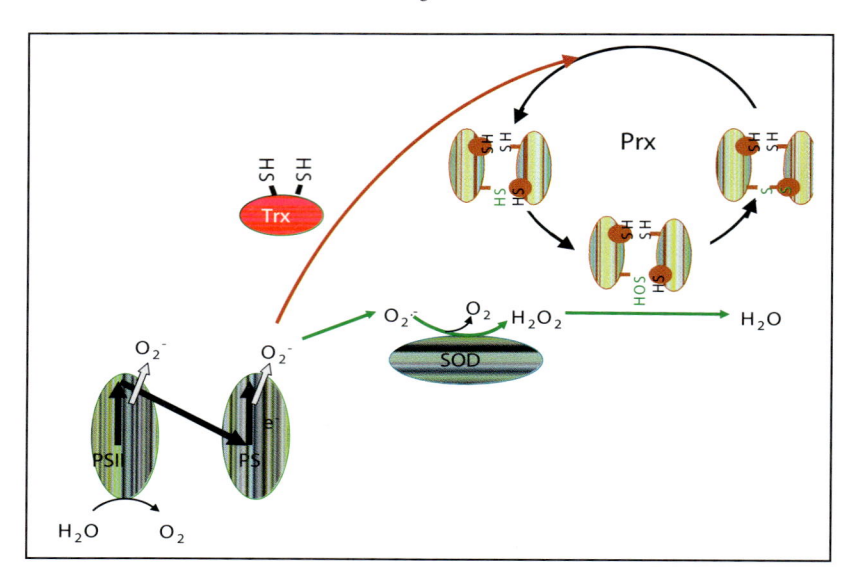

Abbildung 3: 2-Cys Peroxiredoxin-Weg. Das Peroxiredoxin (Prx) reduziert H_2O_2 über einen intermolekularen Thiol-Disufid-Mechanismus (grün). Kleine Redoxproteine wie die Thioredoxine (Trx) regenerieren das Enzym und konsumieren Elektronen am Photosystem I (PS-I) (rot).

Die durch Sequenzanalyse und biochemische Untersuchungen hergeleitete biologische Bedeutung des Enzyms wurde mittels Pflanzenlinien mit künstlich erniedrigtem Peroxiredoxin-Spiegel belegt (Baier und Dietz 1999; Baier et al. 2000). Die Testlinien zeigten für reaktive Sauerstoffspezies typische Schädigungen: Beispielsweise entwickelten sich Keimlinge langsamer, Chloroplastenproteine wurden verstärkt abgebaut und der Photosyntheseapparat geschädigt (Baier und Dietz 1999). Aus den Beobachtungen kann gefolgert werden, daß es sich bei den Peroxiredoxinen um wichtige plastidäre Schutzenzyme handelt. Ihre Sequenz ist in allen Pflanzen von den einzelligen Algen, über Moose, Farne bis hin zu höheren Pflanzen konserviert (u. a. Horling et al. 2001; Dietz et al. 2006).

Pflanzliche 2-Cys Peroxiredoxine werden wie alle Enzyme des plastidären, antioxidativen Schutzsystems im Zellkern kodiert und als entfaltete Proteine in die Chloroplasten eingeschleust (Baier und Dietz 1997; Horling et al. 2001). Im Zellkern reagieren die Gene auf photosynthetische Signale (Baier et al. 2004). Bis heute kennt man jedoch weder die chemische Natur der Signale, noch weiß man, wie sie übertragen werden (Baier und Dietz, 2005). Für die Regulation des 2-Cys Peroxiredoxingens konnten das

Abbildung 4: Störungen in der Genexpressionskontrolle plastidärer antioxidativer Enzyme (2CPA: 2-Cys Peroxiredoxin; MDHAR: Monodehydroascorbatreduktase, sAPx und tAPx: Ascorbatperoxidasen; SOD: Superoxid-Dismutase) führen in der Mutante *rimb1* (Heiber et al., 2007) zu erniedrigten Transkriptspiegeln (links) und zu starken Chlorosen (rechts).

Steuerelement identifiziert (Baier et al. 2004) und kürzlich ein Transkriptionsfaktor (Shaikhali et al. in Vorbereitung) und Mutanten (Heiber et al. 2007; Abb. 4) isoliert werden, die potentielle Regulatoren dokumentieren. Ihre Charakterisierung wird dazu beitragen, die Komplexität im Risikomanagement photosynthetisierender Zellen funktional und kausal für alle beteiligten Komponenten zu erfassen.

Literatur

Asada K (2000) Philosophical Transactions of the Royal Society 355: 1419–1431
Baier M, Dietz K-J (1996) Plant Molecular Biology 31: 553–564
Baier M, Dietz K-J (1997) Plant Journal 12: 179–190
Baier M, Dietz K-J (1999) Plant Physiology 119: 1407–1414
Baier M, Dietz K-J (2005) Journal of Experimental Botany 56: 1449–1462
Baier M, Noctor G, Foyer CH, Dietz K-J (2000) Plant Physiology 124: 823–832
Baier M, Ströher E, Dietz K-J (2004) Plant and Cell Physiology 45: 997–1006
Dietz K-J, Jacob S, Oelze ML, Laxa M, Tognetti V, de Miranda SMN, Baier M, Finkemeier I (2006) Journal of Experimental Botany 57: 1697–1709
Heiber I, Ströher E, Raatz B, Busse I, Kahmann U, Bevan MW, Dietz K-J, Baier M (2007) Plant Physiology 143 (im Druck)
Horling F, Baier M, Dietz K-J (2001) Planta 214: 283–287
Mehler (1951) Archives Biochemistry and Biophysics 33: 65–77
König J, Baier M, Horling F, Kahmann U, Harris G, Schürmann P, Dietz K-J (2002) Proceedings of the National Academy of Science, USA 99: 5738–5743
Richter G (1998) Stoffwechselphysiologie der Pflanzen. Thieme-Verlag

Der **Hanns-Lilje-Preis 2006** wurde Herrn Martin Keßler, Jena, für seine Arbeit „Johann Gottfried Herder als Generalsuperintendent von Sachsen-Weimar" verliehen.

Johann Gottfried Herders Kirchenamt in Sachsen-Weimar

Martin Kessler

Über Herder in Göttingen zu sprechen, hat eine besondere Bedeutung. Ein Kenner der beiden damit berührten Größen überschrieb mit den Worten „Herder und Göttingen" einen Aufsatz, der zunächst anschaulich erklärt, warum er nicht unter dem Titel „Herder in Göttingen" stehen kann[1]. In der Tat, wären die mehrfach erwogenen Berufungen zum Professor und Universitätsprediger der Georgia Augusta nicht gescheitert und hätte Herder seine „ganze zweite Lebenshälfte [. . .] eben in Göttingen" verbracht, so wäre dies ein „riesengroßes Thema" geworden. Dass es dazu nicht kam, führte zu einem anderen, nicht weniger umfangreichen Thema: Herder in Weimar, um genau zu sein: im Kirchenamt von Sachsen-Weimar, nimmt man die präzise und darin eingeschränkte Reichweite des Generalsuperintendenten in Betracht. Das Kirchenamt führte Herder in einen der zahlreichen Kleinstaaten

Martin Keßler, Wissenschaftlicher Mitarbeiter des SFB 482 „Ereignis Weimar-Jena. Kultur um 1800", seit 2006 Oberassistent für Kirchen- und Theologiegeschichte an der Theologischen Fakultät der Universität Basel, Träger des Hanns-Lilje-Preises 2006

des Alten Reiches – und über dieses Kirchenamt ist mehrerlei bekannt. Erstens weiß jeder Leser einer biographischen Kleindarstellung, daß der Ruf von Goethe vermittelt wurde. Zweitens ist bekannt, daß Herder über seine Amtsgeschäfte vornehmlich klagte, drittens, daß er im kollegialen Umfeld auf erhebliche Ablehnung stieß und daher, viertens, nur einen Teil seiner praktischen Reformansätze für das Kirchen- und das Schulsystem realisieren konnte. Fünftens und letztens weiß jeder kundige Weimar-Besucher, daß sich sowohl der Herzog als auch Goethe gar zu selten vor der Kanzel des Predigers einfanden. Auch wenn in Göttingen, in der Akademie, zumal zu Herder ein besserer Kenntnisstand zu erwarten ist, gliedere ich die folgenden Ausführungen in diese fünf Punkte, die thematisch der Kapiteleinteilung meiner Arbeit entsprechen.[2] Der Schwerpunkt liegt, wie in der Dissertation, auf den beiden letzten Blöcken: der Gestaltung der Amtsbereiche und der Bedeutung des Predigtamtes.

I.

Doch zuvor, erstens, zur Frage der Berufung: Warum Weimar – und nicht Göttingen? Die Antwort liegt auf der Hand: weil sich Göttingen über den Verhandlungen zerschlug und die Aussicht auf Weimar in der zunehmenden Verzweiflung, mit den Worten Herders, „wie ein Streich vom Himmel" erschien, „wo denn kein Augenblick Wahl blieb".[3] Dennoch, augenfällig ist an beiden Berufungsvorgängen eine gemeinsame strukturelle Schwierigkeit. Sowohl in Göttingen als auch in Weimar hatte sich der Publizist nicht nur Freunde gemacht. Den Göttinger Universalhistoriker Schlözer verstimmte er 1772 mit einer Rezension nachhaltig[4], während zur gleichen Zeit in Weimar der Schriftsteller Christoph Martin Wieland seine Anstellung als Prinzenerzieher u. a. des (in diesem September vor 250 Jahren geborenen) Erbprinzen Karl August antrat. Wieland war nun auf Herder ebenso schlecht zu sprechen wie Schlözer. Fast zehn Jahre vor den Berufungsvorgängen der Jahre 1775/76 hatte ein denkbar schlecht informierter Herder Wieland öffentlich Vorhaltungen wegen einer keineswegs von diesem stammenden Schrift gemacht. Ein knappes Jahrzehnt überschattete diese Auseinandersetzung das Verhältnis der beiden Männer – und um so überraschender ist die briefliche Auskunft Goethes an Herder, es sei Wieland gewesen, der als erster die Idee einer Berufung nach Sachsen-Weimar gehabt habe. Auch hatte Wieland mit seiner Zeitschrift, dem „Teutschen Merkur", einen Kurs eingeschlagen, der Herder in ein alles andere als vorteilhaftes Licht rückte. Untersucht man den Berufungsvorgang in seinen offiziellen Dokumenten und zieht die informellen Korrespondenzen der beteiligten Personen heran, so zeichnen sich drei Tendenzen ab. Zum einen gibt sich die von Goethe vermeldete Erstanregung Wielands als ein langjähriges Anliegen von Wielands Geschäftspartner Friedrich Heinrich Jacobi zu erkennen, der Herder als Rezensenten für den „Merkur" gewinnen wollte. Zum anderen trat ein zweiter wichtiger Fürsprecher mit dem Schweizer Lavater auf, der sich zunächst gegenüber Wieland nachdrücklich für Herder einsetzte und dann im Herzoghaus mit einer eigenen Referenz hervortrat. Und schließlich ist Goethes diese beiden Vorgänge eben nicht benennende

Darstellung zu ergänzen, zumal sie ihren Weg aus dem Briefwechsel mit Herder in die anschließende Biographik gefunden hat. Allein aufgrund einer sehr geschickten Diplomatie, die auf mehreren Ebenen unterschiedliche Interessen miteinander verband, kam es zu dem Ruf nach Weimar, der Aussöhnung zwischen Wieland und Herder sowie der publizistischen Zusammenarbeit während der folgenden Jahrzehnte. Selbst Herders Situations- und Selbstwahrnehmung vor dem Wechsel nach Weimar prägte Goethe nachhaltig. Der zusammenfassende Hinweis auf die Vermittlung Goethes ist insofern berechtigt. Die persönliche Leistung, die seine diplomatischen Bemühungen bedeuten, wird erst in der Präzisierung der vielschichtigen Vorgänge erkennbar. Zu Recht konnte Goethe noch vor dem offiziellen Ruf festhalten: „Wenn ich das ins rein hab, dann ist mirs auf eine Weile wohl; denn mit mir ists aufgestanden und schlafen gangen, das Projeckt, und durch die besten Weege."[5]

II.

Das „Projeckt", zweitens, über das Herder während der folgenden Jahrzehnte mehrfach klagen sollte, führte in einen religions- sowie konfessionskulturell weitestgehend homogenen lutherischen Kleinstaat von gut 60.000 Einwohnern. Die kirchenleitende Position beschränkte sich innerhalb des Herzogtums auf die Gebiete Sachsen-Weimars und amtsfunktional auf eine Reihe supervisorischer sowie repräsentativer Pflichten. Die titularisch statuierte Vorordnung des Generalsuperintendenten läßt das erhebliche Maß von dessen weithin lokal sowie regional administrativen Tätigkeiten nicht auf Anhieb erkennen. Eine detaillierte Rekonstruktion der sich im Laufe der fast drei Jahrzehnte verändernden Amtspflichten ergab gerade in diesem regionalen Bereich einen Abbau der finanzadministrativen Aufgaben, zugleich aber eine überwiegende Kontinuität in den lokalen und den territorialen Ämtern zusammen mit einer vergleichsweise moderaten Besserstellung der finanziellen Situation. Dem graduellen Aufstieg in der zentralen kirchlichen Behörde, dem Oberkonsistorium, entsprachen amtliche und titularische Beförderungen, nicht aber eine grundsätzliche Stärkung gegenüber den stimmberechtigten Konsistorialkollegen. In jeder anstehenden und gemeinsam zu verantwortenden Entscheidung hatte die Stimme des Generalsuperintendent kein höheres Gewicht als die eines Konsistorialkollegen; vor diesem Hintergrund erklären sich die Klagen Herders, die gleichwohl personal und nicht etwa strukturell zugespitzt sind. Zudem erschließt sich die Bedeutung institutionell ungebundener Gestaltungsmöglichkeiten, die durch herzogliche Verfügungen festgelegt werden konnten. Für eine kirchenstatistische Einordnung der gesamtkirchlichen Verantwortung des Generalsuperintendenten in ihren unterschiedlichen amtlichen und institutionellen Reichweiten wurden aufwendige demographische und geographische Rekonstruktionen der kirchlichen Verwaltungsstruktur aus zeitgenössischen Dokumenten erarbeitet, wie Staatshandbüchern, Volkszählungen und landeskundlichen Beschreibungen. Einen starken Eindruck vermittelten die kartographischen und tabellarischen Ergebnisse von der Herder regional anvertrauten Spezialsuperintendentur. Der statistische Vergleich mit den übrigen Verwaltungsgebieten macht deutlich, was für einen erheblichen administrativen Aufwand allein diese Spezialaufsicht bedeutete. Für ein knappes Drittel der Einwohner des Herzogtums Sachsen-Weimar war fast die Hälfte der gesamten Geistlichkeit zuständig. Einzelne Klagen Herders hatten auch vor diesem Hintergrund ihre Berechtigung. Wichtig für die Grundkonzeption meiner Arbeit ist die institutionengeschichtliche Grundierung der Verwaltungsstruktur insofern, als sie die Vielzahl der Tätigkeitsbereiche in amtsfunktionaler Hinsicht benennt und in lokale, regionale sowie territoriale Wirkungsfelder differenziert. Für die Gesamtzahl der in der Generalsuperintendentur angestellten Geistlichen läßt sich ein Wert von knapp 150 Pfarrstellen ermitteln. Quantitativ präzise, gegenüber den kartographischen sowie den statistischen Rekonstruktionen ungleich pointierter findet sich die Zahl übrigens auch in einem Gedicht von Goethe, das Herders Ankunft in Weimar angekündigt hatte: „Und wie dann unser Herr und Crist | Auf einem Esel gerittet ist | So werdet ihr in diesen Zeiten | Auf hundert und fünfzig Esel reiten"[6].

III.

Nimmt man diese Zahl und fragt, drittens, nach den personalpolitischen Einflußmöglichkeiten Herders, um fähige Kandidaten und eben nicht „Esel" einzustellen, so beginnt die vorherige Unterscheidung zwischen lokalen, regionalen und territorialen Reichweiten zu greifen. In der Stadt Weimar waren es besonders die kirchlichen und die schulischen Stellen, die Herder mitzubestimmen hatte; in der Spezialsuperintendentur kamen die Landschullehrer und weitere Kirchenämter, wie Adjunkten, hinzu; in der Generalsuperintendentur betrafen die Personalfragen besonders die Superintendenten und Bezüge zur theologische Fakultät Jena. Die damit berührten Institutionen – Kirche, Schule und Universität – verbinden sich mit einem für Herder spezifischen Ideal: dem Ziel einer überindividuellen

Wirksamkeit durch Auswahl guter Mitarbeiter, die einzelne Impulse möglichst direkt aufgreifen und weiterleiten konnten. Zugleich war fast jede Besetzung mit weiteren Instanzen abzustimmen. Für die materialintensiven Erhebungen aus dem gedruckten Briefwechsel, den Staatshandbüchern und den verfügbaren Archivalien ist auf nur einzelne Entwicklungslinien hinzuweisen. Die lokal gewachsenen Strukturen bzw. die vor Herders Amtszeit getroffenen personellen Entscheidungen bestimmten bis in die frühen neunziger Jahre die Zusammensetzung der zentralen kirchlichen Einrichtungen einschließlich des Oberkonsistoriums. Die Erfolge Herders lagen während dieser langen Jahre auf einer anderen Ebene. Die gezielte Nachwuchsförderung bereits während der ersten Amtsjahre bereitete die später realisierten, gleichermaßen langfristig nachwirkenden Personalkonstellationen vor. Gerade in den pädagogischen und bisweilen neu geschaffenen Bereichen erwiesen sich Herders Personalentscheidungen als äußerst erfolgreich. Hinsichtlich der oberen Stellen des Gymnasiums kam es nie zu den Konflikten, auf die Herder sich und den Herzog argumentativ vorbereitet hatte. Eine klare Entwicklung zeigt sich im Blick auf die Universität Jena. In einer holzschnittartigen Verkürzung verläuft die Entwicklungslinie des Herderschen Erfolges umgekehrt zu dem Aufstieg Griesbachs in der theologischen Fakultät. Nach anfänglichen Erfolgen trat Herder immer häufiger hinter dessen Urteil zurück. Bei den in den neunziger Jahren berufenen Professoren Paulus und Schmid stimmten die Empfehlungen von Griesbach und Herder praktisch überein. Den damit benannten theologischen Ordinarius Carl Christian Erhard Schmid hatte Herder übrigens, wie sich archivalisch zeigen läßt, schon in den siebziger Jahren im kirchlichen Examen geprüft. Herders Aufzeichnung geben einen charakteristischen Aufschluß über den ihm eigenen Bewertungsmaßstab. Zunächst heißt es: „elend geschrieb[en,] hingeschludert: ohne Dogm.[atische] Trad.[ition]". Gleichermaßen knapp ist jedoch der anschließende Hinweis: „disposit.[ion] gut".[7]

IV.

Das vierte Kapitel, basierend auf den verfügbaren Archivalien oder auf einzig oder ergänzend vorhandenen gedruckten Quellen, bildet den kirchenpolitischen Hauptteil der Arbeit. Er unterstreicht, mit welchen Graden der Subtilität und des taktischen sowie strategischen Geschicks sich Herder, in der ersten Hälfte der achtziger Jahre beginnend, Möglichkeiten einer Annäherung an die persönlichen und in der kollegialen Zusammenarbeit problematischen, ihrer Grundausrichtung nach aber programmatischen Ideale erschloß. Die Rekonstruktion der Amtsstrukturen und personellen Konstellationen im Oberkonsistorium zeigte, daß eine der wesentlichen Voraussetzungen für ein erfolgreiches Agieren innerhalb der institutionellen Rahmenbedingungen in der Kooperations- und Kompromißbereitschaft der beteiligten Funktionsträger lag. Herders Ziel einer direkten und möglichst unmittelbaren Wirksamkeit stand dem diametral gegenüber. In allen drei Amtsbereichen – Kirche, Schule und Universität – lassen sich zeitliche Wendepunkte von herzoglich legitimierten Ausweitungen der Herderschen Gestaltungskompetenzen bestimmen. Die vom jeweiligen Jahr ausgehenden Entwicklungen öffnen sich, der Herderschen Publizistik vergleichbar, in verzweigte Äste von Impulsen und Initiativen, die zum Teil sehr frühe Anliegen markieren. Ein charakteristischer Zug in allen drei Bereichen ist die genetische Überführung eines meist reaktiv veranlaßten Vorgangs in eine veränderte Fragestellung, die mit dem Angebot von Lösungsansätzen zu verwandten Problemen oder weiteren Projekten verbunden war. Den Anfang machte das Jahr 1783 mit der Schulreform. Die Einrichtung eines Landschullehrer-Seminars und die Reform eines Stipendiums für Gymnasiasten, beides lokale Initiativen vor Herders Amtszeit, weitete Herder mit einer Zentrierung der Entscheidungskompetenz in der Person des Generalsuperintendenten zu einer grundlegenden Reform des Gymnasiums aus. Während der beiden folgenden Jahrzehnte entwickeln sich aus den hauptstädtischen landesweite Vorhaben. Ein Beispiel ist die Einrichtung von kommunalen Schulfonds zunächst am Gymnasium und dann an den Landschulen. Eine weitere Parallele deutet sich in der landesweiten Zentralisierung und der forcierten schulischen Spezialisierung während der letzten Jahre an. Im Bereich der Kirche steht das Jahr 1787 für den entsprechenden Anfangspunkt eines langfristig verfolgten Programms. Aus einer die Grenzen der amtsstrukturellen Legalität überschreitenden Protektion Karl Augusts entwickelte sich zunächst die Überführung der höfischen in eine zunehmend bürgerliche Gemeinde. Zeitgleich dazu entfalteten sich von einem Gutachten zur Neugestaltung der Liturgie drei große, im folgenden Jahrzehnt realisierte Vorhaben: die Überarbeitung des „Weimarischen Gesangbuches" und eine Revision der biblischen Predigttexte, der sog. Perikopen. In einem sachlichen Zusammenhang mit diesen beiden Komplexen steht die Katechismusrevision. Im Falle des Gesangbuches ist ein seiner Natur nach früher Impuls aus den ersten Weimarer Amtsjahren zu erkennen. Auch die Perikopenrevision stellt ein amtliches Vorhaben bereits der Bückeburger Zeit dar. Das Katechismusprojekt ist schließlich schon im Reisejournal von 1769 zu greifen. Sehr frühe Impulse setzte Herder in Weimar mit großen zeitlichen Abständen und kontinuierlichen Annäherungen spät und stark situativ bestimmt um – mit unterschiedlichem Erfolg. Der Katechismus stellt in seiner Endfassung ein hochgradig artifizielles Werk dar, das seinem Ideal einer Popularisierung christlicher und bürgerlicher Tugenden als universaler Werte der Menschheit weitaus weniger entsprechen konnte als frühere handschriftliche Konzeptionen. Die Perikopenrevision unternahm hingegen in äußerst bedachten Schritten zunächst eine biblische Ausweitung der eingeführten Predigtreihen, um den biblischen danach um einen kirchlichen Horizont zu erweitern. Die angeregten Liedpredigten basierten weithin auf dem neu eingeführten Gesangbuch. Der kirchliche Horizont schließlich sollte in einen allgemein menschlichen überführt werden. Dem Gesangbuch dürfte eine exemplarische Bedeutung für Herders Wirkungsgeschichte zukommen. Anknüpfend an die Selbstdarstellungen Herders, gilt es seit dem Meisterbiographen Rudolf Haym als Ausdruck der „unbefangenste[n] Vielseitigkeit" und „Auswahl [...aus] den besten Gesangbüchern von ganz Deutschland nach freiem Ermessen des Herausgebers".[8] Dass erst gut zweihundert Jahre nach dem Erscheinen des Gesangbuches die Herdersche Leistung in der unerkannt bleibenden Einführung einer überarbeiteten Version des „Mylius", des Gesangbuchs der Berliner Aufklärung, erkannt wird, markiert die Bedeutung einer untergründigen Wirkungsgeschichte, die in einem höheren Maße auf langfristige Folgen ausgerichtet war als auf momentan zu fixierende Erfolge. Für die Bezüge zur Universität Jena und die projektierten Verbindungen zwischen den drei zentralen Institutionen Kirche, Schule und Universität ließen sich vergleichbare Ansätze zeigen. Das programmatische Anknüpfen an die bestehenden Institutionen erwuchs aus äußeren Notwendigkeiten und inneren Überzeugungen. Dem ständeübergreifenden Ideal der Popularität ordnete Herder die bestehenden Einrichtungen unter, und ihm sollte das akademische Lehramt ebenso wie das Predigeramt dienen.

V.

Selbst konnte sich Herder, fünftens und letztens, seinem Ideal des geistlichen Lehrers am direktesten als Prediger annähern. Die arbeitsintensiv aufwendige, in den Ergebnissen jedoch lohnende Rekonstruktion des Predigtamtes, die ich hier nur berühren möchte, obwohl sie als das inhaltliche Hauptkapitel gelten kann, bildet in ihrer Anlage eine Ringkomposition. Sie setzt mit einem aus Briefen erhobenen geistlichen Selbstverständnis ein und schließt mit den zentralen Reflexionen des Predigers auf das eigene Amt. Dieser Bogen erlaubt es auch, das gesamte Lebenswerk Herders – nach dem eigenen Selbstverständnis – als das eines geistlichen Lehrers auszudeuten. Die inhaltlichen Entsprechungen der Predigten mit der Publizistik unterstreichen, daß es ein geschlossenes Werk aus einem Guss ist – und nicht etwa in eine amtliche Wahrheit zerfällt, die Herder in seiner Linken, und eine literarische Wahrheit, die er in seiner Rechten hielte. Hinweise auf die materialen Arbeiten, auf die heuristischen Schwierigkeiten, aber auch auf die gefundenen Lösungswege und Ergebnisse möchte ich hier nicht bieten. Nur ein Wort sei aus der Beschreibung der Herderschen Kurzschrift herausgegriffen, in der die Predigtdispositionen vorliegen und aus der ich knapp dreihundert Entwürfe datiert und transkribiert habe. Das Wort lautet: „fmt". Es steht mit zwei Suspensionen in der Reduktion auf Initialbuchstaben, einer Suspension in der Reduktion auf einen Finalbuchstaben und der Elision zweier kompletter Silben für das, was der Leser der Herderschen Kurzschrift entsprechend häufig benötigt: „Auf-mun-ter-ung". Zugleich findet sich das Wort in zentralen Reflexionen Herders auf das eigene Amt – auf das, wie er in einer Disposition festhält, „das Einzige Amt zur Bildung und öffentlichen Fortbildung, das Einzige Amt zur Aufmunterung und Trost so vieler Seelen, für Zeit und Ewigkeit".[9] Aus der letzten amtlichen Rede Herders, die in Jena bei der Amtseinführung des dortigen Kollegen – des vormalig Göttinger Universitätspredigers Marezoll – gehalten wurde, möchte ich einen Passus zitieren, in dem Herder am Ende seines Lebens ein Bild von dem geistlichen Amt und dem Status des akademischen Lehrers zeichnet, das den Hörer auch nach gut zweihundert Jahren noch anrühren kann und in der Gegenwart meiner beiden kirchengeschichtlichen Lehrer eine besondere Bedeutung erhält: „sie [sind] Lehrer und Führer einer Jugend, die in der blühendsten Zeit ihres Lebens, da alle ihre Seelenkräfte noch frisch und unverwelkt sind, mit Lust und Eifer zu ihnen wallt, ihren Worten, ihrer Lehre und Anweisung traut, ja sich ihnen gleichsam ganz anvertraut. Ihr werden sie eine Stimme werden, die [...] ihren Geist erfreut, ihr Herz nähret. Einem akademischen Jüngling ist sein Lehrer eine göttliche Stimme. Er schöpft aus ihrer Lehre seine Seele, seine Sprache, seinen Vortrag. [... Der] Lehrer ist [...] stilles bleibendes Vorbild, sie erinnern sich s[einer] mit der schönsten Erinnerung ihrer schönsten und freiesten Jahre".[10]

Anmerkungen

[1] Rudolf Smend: Herder und Göttingen, in: ders., Bibel, Theologie, Universität. Sechzehn Beiträge, Göttingen 1997 (Kleine Vandenhoeck-Reihe 1582), S. 108–134. Das folgende Zitat s. ebd., S. 108.

2 Der Arbeit erscheint in diesem Jahr als Martin Keßler: Johann Gottfried Herder – der Theologe unter den Klassikern. Das Amt des Generalsuperintendenten von Sachsen-Weimar, Berlin/New York 2007 (Arbeiten zur Kirchengeschichte).
3 Herder an Hamann, 20. Juli 1776, Johann Gottfried Herder. Briefe. Gesamtausgabe, 1763–1803, Bd. 3, Weimar 1978, Nr. 253, S. 281, Z. 72f.
4 Vgl. dazu Smend (wie Anm. 1)., S. 115f.
5 Goethe an Herder, wohl 24. Januar 1776, Johann Wolfgang Goethe. Sämtliche Werke, Briefe, Tagebücher und Gespräche, Bd. 29, Frankfurt a. M. 1997 (Bibliothek deutscher Klassiker 140), Nr. 14, S. 19, Z. 20–22.
6 Goethe an Herder, „kurz vor dem 20. Februar 1776", Goethes Werke, hg. im Auftrage der Großherzogin Sophie von Sachsen, Abt. 4, Bd. 3, Weimar 1888, Nr. 404, S. 31, Z. 8–13.
7 Goethe- und Schiller-Archiv, Weimar, Bestand 44, Signatur 149, Bl. 1r.
8 Rudolf Haym: Herder. Nach seinem Leben und seinen Werken dargestellt, Bd. 2, Halle 1885 [ND, Berlin 1954], S. 612.
9 Stadtbibliothek Schaffhausen, Ministerialbibliothek, Johann-Georg-Müller-Nachlaß, Faszikel 511, Bl. 156r.
10 Ebd., Faszikel 510, Bl. 542r.

Preisträger des Berichtsjahres 2007

(Der Preisträgervortrag wurde in einer öffentlichen Sitzung am 23. November 2007 gehalten.)

Der **Dannie-Heineman-Preis** wurde Herrn Bertrand Halperin, Cambridge, USA, "for his numerous outstanding contributions to statistical physics and condensed matter theory, especially dynamical critical phenomena and low dimensional electronic properties" verliehen.

The Peculiar Properties of Quantum Hall Systems

Bertrand Halperin

Abstract

For more than two and a half decades, experiments on two dimensional electron systems in strong magnetic fields, at low temperatures have given rise to a series of surprising phenomena, known collectively as the quantum Hall effects. I shall give here a brief overview of the field, beginning with a description of the integer and fractional quantized Hall effects, and the basic conditions associated with their occurrence: an absence of mobile carriers in the bulk of the 2D system, combined with unidirectional electrical conduction along the sample boundary. The way in which these conditions are satisfied, in the case of the integer quantized Hall effect can be understood in terms of non-interacting electrons, using a semiclassical argument. The fractional quantized Hall effect depends fundamentally on electron-electron interactions, which lead to a peculiar highly correlated ground state, with elementary quasiparticle excitations that carry fractional charge and "fractional statistics." I shall discuss briefly a number of other phenom-

Bertrand Halperin, Professor of Physics, Harvard University, Cambridge/USA, Dannie-Heineman-Preisträger 2007

ena that occur in quantum Hall systems, and indicate some areas where open questions exist.

Introduction

The term "quantum Hall effects" refers to a large set of peculiar phenomena, which occur in two-dimensional electron systems, at low temperatures in strong magnetic fields.[1–8]

In experimental realizations, the two-dimensional system has usually been formed from electrons (or holes) in a gallium arsenide semiconductor structure. Very high quality samples of this type can be grown by the process of molecular beam epitaxy. The earliest studies of quantized Hall effect, however, were done in silicon field-effect transistor structures (MOSFETS). Most recently, the integer quantized Hall effect has been seen in graphene, a single atomic layer of graphite, and also in double-layer graphene. A large variety of phenomena occur, in part, because samples can differ widely in electron densities and in the degree of freedom from defects, and the magnetic fields applied can vary over a large range, from approximately 0.1 to 45 Tesla. Still, it is quite remarkable what a large variety of phenomena have been found in a restricted class of devices, made from relatively simple basic materials.

Experiments on quantum Hall systems have, in fact, produced many surprises since the discovery of the Integer Quantized Hall Effect, in 1980. Understanding these results has required concepts and mathematical techniques from far corners of theoretical physics, including some completely new ideas. The goal of this talk will be to give a brief overview of the subject. The questions I will try to address, at least briefly, are:

What are the quantized Hall effects?
How do we understand them?
What are some unanswered questions in the field?

A typical geometry for studying the Hall effect in a two-dimensional system is shown in Figure 1. An electrical current I_x is passed through the sample, in the x-direction, through current contacts at the two ends. Voltage probes, which draw no current, are attached at several points along the lateral edges, and one measures simultaneously the longitudinal voltage drop V_x between two probes on the same edge, and the "Hall voltage", V_y between contacts lined up on opposite edges of the strip. As the voltages are generally proportional to the current, it is convenient to divide the voltages by the

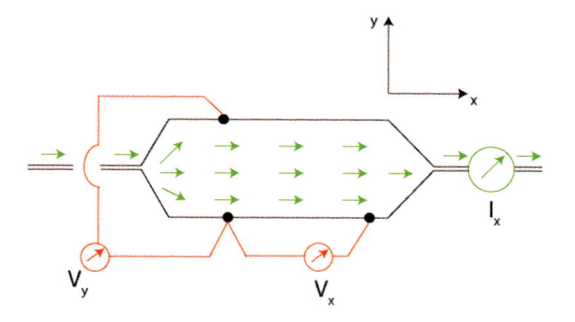

Figure 1: Sketch of arrangement for measurement of the longitudinal resistance and Hall resistance in a two-dimensional electron system. A current I_x flows along the sample in the x-direction, entering and leaving through the current contacts at the two ends. Voltage is measured at contacts along the edges, which draw no current. Hall voltage V_y is the voltage difference between two contacts on opposite edges of the sample, while longitudinal voltage V_y is the voltage drop between two contacts on the same edge. A magnetic field B is applied perpendicular to the plane of the sample.

current, and discuss the longitudinal resistance, $R_{xx} \equiv V_x/I_x$, and the Hall resistance, $R_H \equiv V_y/I_x$.

The *classical* Hall effect was discovered in 1879 by Edwin Hall, who observed the effect in three-dimensional metals, and formulated a classical theory for it. In the classical Hall effect, the Hall voltage V_y is proportional to the magnetic field B. More precisely, the Hall resistance is given by $R_H = B/n_e e$, where n_e is the density of electrons, and e is the electron charge. The longitudinal resistance will depend on details, including the shape of the sample and the amount of electron scattering in the material, but it is roughly independent of B in most cases.

Quantum mechanics predicts corrections to the classical Hall effect, which become manifest particularly at low temperatures, in strong magnetic fields, in high quality samples, which have a long mean-free-path for electrons between scattering events due to impurities. These corrections include oscillations in R_{xx} and R_H as a function of the applied magnetic field, which had been known for many years in three-dimensional systems, and were studied in two dimensional electron systems during the 1970s. Nonetheless, the discovery, in 1980, by von Klitzing, Dorda and Pepper, [9] of what we now know as the Integer Quantized Hall effect, was a very great surprise. In measurements on a silicon MOSFET, as they varied the magnetic field, they found a series of plateaus, where the Hall resistance was absolutely constant over a certain interval of B. In these same field intervals, the longitudinal resistance was found to become vanishingly small at low temperatures. Most remarkably, the values of R_H on the various plateaus could be fit by a simple formula:

$$R_H = h/\nu e^2, \qquad (1)$$

where h is Planck's constant, and ν is an integer that varies from one plateau to the next. (In common units, the quantity h/e^2 is equal to 25,812.82 ohms.) Subsequent experiments, in many laboratories, found the same behavior in a variety of semiconductor materials, and have confirmed that the Hall plateaus are quantized in integer ratios within a precision of better than a part in 10^7. It should be emphasized that the observed values of the quantized Hall plateaus do not depend on the shape of the sample, nor on other details of the preparation, within broad limits.

Following the discovery of the integer quantized Hall effect, a number of theoretical arguments were advanced to explain the precision of the quantization, despite the presence of impurities and irregularities in any real sample. Among the explanations were elegant arguments using the concept of gauge invariance or considerations of the topological invariants of an electron wave function in a magnetic field. [10,11] There were also arguments based on perturbation theory, including some in the earlier literature that, in retrospect, had pointed strongly in the right direction. [12] I will not review these arguments here, but in my discussions below, I will present a somewhat different approach to understanding the precision of the quantized Hall plateaus, emphasizing the role of sample edges. [13]

Even more surprising than the integer quantized Hall effect was the discovery, in 1982, of the fractional quantized Hall effect. [14] In samples of very high quality, in addition to the integer quantized Hall plateaus, at sufficiently high magnetic fields, one may observe additional plateaus, where ν is a simple rational fraction. The first fractions seen were at $\nu = 1/3$ and 2/3. Shortly thereafter, with the advent of higher quality samples, stronger magnetic fields, and lower measurement temperatures, Hall plateaus were seen (or at least indicative dips in the longitudinal resistance) at a large number of *odd-denominator* fractions, including $\nu = 4/3, 5/3, 1/5, 2/5, 3/5, 3/7, 4/7, 4/9$, and $5/9$.[1]

Although explanations of the integer quantized Hall plateaus need to take into account the effects of impurities in a fundamental way, the effects of electron-electron interactions are generally secondary. Essentially, the integer quantized Hall effect would be present in a system of non-interacting electrons, and from a theorists point of view, it is only necessary to show that the effect would not spoiled by interactions between electrons, at least if the interactions are not too strong. The fractional quantized Hall plateaus, however, could not be even remotely explained in terms of non-interacting electrons. The role of electron-electron interactions is absolutely essential, and we now understand that the explanation involves new types of highly correlated electron states, which had never been previously encountered.

What about *even-denominator* fractions? Quantized Hall plateaus have been found corresponding to a few even denominator fractions; e.g., $\nu = 5/2$. However, there is *no* quantized Hall plateau in a single layer sample at the simplest even-denominator fraction, $\nu = 1/2$. In the magnetic field region where the Hall resistance passes through the corresponding value of $2h/e^2$, the Hall resistance varies linearly with magnetic field, just as in the classical Hall effect. The longitudinal resistance varies only slowly with magnetic field in this region. However, strong anomalies have been observed in other properties, such as in the propagation velocity of surface acoustic waves. [15] Thus, there is still something very strange occurring at the point where the Hall resistance passes through the value corresponding to $\nu = \frac{1}{2}$. I like to call this the "Unquantized Quantum Hall Effect". The explanation for the observed behavior is, in fact, a very interesting story, but, unfortunately, I will not be able to discuss it in this talk. [16, 17]

Conditions for the quantized Hall effect, integer or fractional

In order to have a quantized Hall plateau, the electron system should be in a state that has several special characteristics. In the 2D bulk, far from the edges, the system should have an energy gap for creation of mobile charges. Then, at low temperatures, the charge carriers will freeze out, so the bulk is essentially an insulator.

The energy gap must vanish along the edges of the sample, so that electrical current can flow along the edges. In fact, the edge of quantized Hall system is a peculiar type of one-dimensional conductor, referred to as a "chiral metal": charge carriers travel in only one direction along each edge.

The electrical current along a chiral edge is determined by the voltage V on the edge. For a small change in voltage, δV, change in current will be given by

$$\delta I = G \, \delta V, \qquad (2)$$

where G is a constant. The value of G determines the quantized Hall resistance, as we shall shortly see.

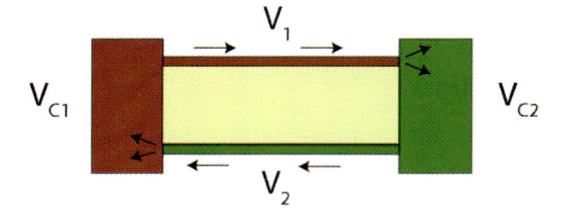

Figure 2: Situation when sample is in a quantized Hall state (integer or fractional). The bulk of the sample is an insulator, which carries no transport current. Sample edges are "chiral conductors", which can carry current in only one direction (indicated by arrows), proportional to the voltage on the edge. The voltages V_1 and V_2 are constant on each edge, and in the case of ideal contacts, are equal to voltage (V_{C1} or V_{C2}) of the contact from which the edge current flows.

Figure 2 illustrates the current flow around a quantized Hall strip with current contacts at the ends. If the two end contacts have the same voltage, $V_{C1} = V_{C2}$, then the system will be in equilibrium, with the voltage everywhere equal to the voltage of the end contacts. In equilibrium, there should then be no net current I flowing from left to right. In order for this to be true, if Eq. (2) applies, it must be true that the conductance G is the same on the top and bottom edges, so $I = I_1 - I_2 = 0$. Also, because electrical charge is a conserved quantity, it follows that if the bulk of the 2D system is an insulator, so there is no scattering of charges between the edges, then the current on each edge must be a constant, independent of position along the edge. Hence G must be the same everywhere along the two edges.

If the two end contacts have different voltages, then the voltages on the two edges will be different from each other, $V_1 \neq V_2$, and there will then be a net current (Hall current) flowing along the sample. Since $\delta I_1 = G \delta V_1$, and $\delta I_2 = G \delta V_2$, we now have:

$$I = I_1 - I_2 = G(V_1 - V_2). \tag{3}$$

If there is no scattering of charges between the edges, the current on each edge must still be constant along the edge by charge conservation. Hence V_1 and V_2 are constants along each edge. *There is no voltage drop along a given edge.* If we attach voltage contacts as in Figure 1, we will find that $R_{xx} = 0$, while $R_H = 1/G$.

In the case of ideal current contacts, the voltage on each edge of the quantized Hall system will be identical to the voltage of the end contact from which the current flows into that edge. For non-ideal contacts, there may be a small voltage difference between the current contact and the edge, but the voltage will still be a constant along each edge.

We have seen that if there are no mobile carriers in the bulk of the sample, then G must be precisely constant along any edge. Therefore, *this value must be independent of any details of the edge or of the sample that could vary from one place to another.* Consequently, one must be able to compute the value of G in a simple model with ideal edges and with no impurities or disorder. In fact, the only way that G can be precisely a constant along an edge is if it is quantized, i. e., it must be restricted to a discrete set of values

We may note that a *small* concentration of impurities will not affect the Hall quantization, as it will produce only a small number of localized electron states in the bulk, which cannot carry current across the sample, from one edge to the other. The quantized Hall effect will only break down if concentration of impurities becomes high enough so that the impurity states overlap strongly and produce a new path for electrons to cross the sample.

Example: The Integer QHE

Consider non-interacting electrons in uniform magnetic field B in 2D. In *classical mechanics*, one finds that electrons move in circles, at a cyclotron frequency ν_C, proportional to B. The radius of the circle depends on the energy of the particle, which is arbitrary, and location of the center of the circle is also arbitrary, but the cyclotron frequency is fixed. In *quantum mechanics*, however, the energy levels for orbital motion are quantized into discrete levels, known as "Landau levels", with energies given by

$$E_n = h\, \nu_C(n1/2), \quad n = 0, 1, 2, 3, \ldots \tag{3}$$

(These energy levels are the same as one would have for a simple harmonic oscillator with frequency ν_C.) The number of independent orbits in each Landau level (i. e., the number of independent positions for the centers of the circles) is also quantized, and is given by

$$N_B = B\, e\, A/h, \tag{4}$$

where A is the area of the sample. (When the electron spin is taken into account we find that each orbital level is split into two states, whose energies differ by the Zeeman energy, arising from the coupling of the spin magnetic moment to the applied magnetic field.) In any case, we may define a very important dimensionless parameter, the *Landau level filling factor f*, by

$$f \equiv N_e/N_B, \qquad (5)$$

where N_e is the number of electrons in the system. The filling factor f may be alternately described as the number of electrons per quantum of magnetic flux.

We shall see that the integer QHE occurs, typically, when f is an integer, and the value of the quantized Hall conductance $(1/R_H)$ is, here, $G = fe^2/h$.

Landau levels in a strip of finite width

Let us now consider the situation in a strip of large but finite width. Suppose the electrons are confined by potential walls to a strip, $0 < y < W$, by a potential, which is strongly repulsive at the boundaries but zero in the middle of the strip. The electron energy levels will then be pushed up by the effects of the potential when the centers of the orbits get close to the edge of the strip. The overall situation may be understood with the sketch in Figure 3, showing the energies of the allowed orbits, versus the position y at the center of the orbit. (For simplicity, we neglect the electron spin in this figure.) Far from the edges, the energy levels are given by the values in Equation [3], and are independent of position. However, for each value of the Landau level index n, the energy increases in the vicinity of the edges, eventually rising without limit, if the confining potential is infinitely high.

For non-interacting electrons, in the ground state, at zero temperature, the energy levels are filled up to an energy E_F, known as the Fermi level. In the figure, we have chosen the Fermi level so that it lies between the second and third energy level in the bulk. Thus there are precisely two filled Landau levels in the bulk, so that $f = 2$, and there is an energy gap in bulk. At each edge, however, the lowest two Landau levels are pushed up through the Fermi energy, so there are two conducting states at the Fermi level, with no energy gap separating the filled and empty levels. It can be shown that electrons in these edge states travel along the edge, in opposite directions at the two edges. Each edge state contributes an amount e^2/h to G, so the total Hall conductance is, here, $G = 2e^2/h$.

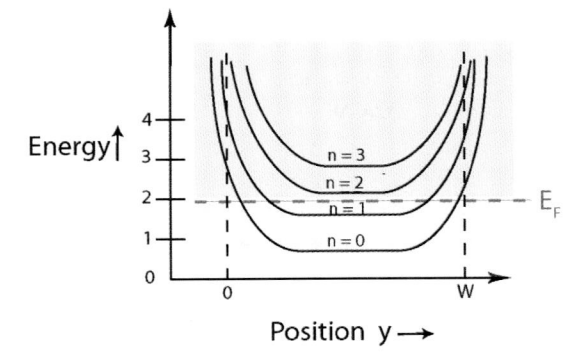

Figure 3: Energy levels for (spinless) non-interacting electrons in a magnetic field, confined to a strip of finite width W. Vertical axis is energy; horizontal axis indicates position y across the strip. Energy levels are discrete and independent of position far from the edges, but are pushed upwards in the vicinity of the edge. Electron levels are filled up to the Fermi energy, E_F.

Fractional quantized Hall states

For the fractional quantized Hall effect (FQHE), the Fermi energy in the bulk is in the middle of a partially filled Landau level. Why should there be an energy gap in this case? As mentioned in the Introduction, the energy gap in this case must come entirely from electron-electron interactions. However, it is highly non-trivial to understand where this might come from. In normal metals, if electron-electron interactions are not too strong, their effects can be understood by the well-established mathematical method known as "perturbation theory". However, in order to use perturbation theory, it is necessary to have a unique ground state for the non-interacting problem to start from, and not too many nearby states with very low total energy. For the integer quantized Hall effect, this is not a problem because there is a unique ground state and excited states in the bulk are separated from it by an energy gap. For a partially filled Landau level, however, there are a very large number of ways of placing electrons in orbits within the Landau level, and all these states have identical energies, if the electron-electron interaction is absent

A big breakthrough in solving this problem was made in 1983 by Laughlin, [18] who proposed a unique ground state for the interacting electron system at $f = 1/3$, and several other odd-denominator filling fractions. Subsequent work, by many authors, have extended Laughlin's work, and have introduced alternative theoretical approaches to understand the many filling fractions that have been observed. [1–8] All of these approaches involve rather sophisticated mathematics, and I will not try to explain them here. However, I would like to emphasize some of the conclusions.

The ground states for fractional quantized Hall systems states are strongly-correlated many-body states with very peculiar properties. One peculiarity is that the elementary charged excitations are quasiparticles with *fractional charge*. [18] For example, the FQHE state at $\nu = 1/3$ has quasiparticles with charge $= \pm e/3$; the FQHE state at $\nu = 2/5$ has quasiparticles with charge $= \pm e/5$; etc. This means that an electron added to the bulk of an FQHE state at $f = 1/3$ can lower its energy by breaking up into three quasiparticles of charge $e/3$. The $e/3$ charges are achieved by small displacements of the surrounding electrons in the FQHE state, moving a net charge of 2/3 away from the immediate vicinity of the added electron and depositing this charge in two nearby places, with 1/3 net charge in each.

Quasiparticles in odd-denominator FQHE states also exhibit a phenomenon known as *fractional statistics* [19,20]. This means that the quantum properties are, in some sense, intermediate between the properties of the two types of particles that occur in normal three dimensional systems, fermions and bosons, (Fermions are particles such as electrons, protons, and neutrons, which obey the Pauli exclusion principle in filling their energy levels, while bosons do not.) However, as was first pointed out by Leinaas and Myrheim in 1977 [21], the mathematical structure of quantum mechanics in two-dimensions does not by itself rule out the possibility of other types of particles. In particular, one could have particles with fractional statistics, the quantum mechanical wave function may be multiplied by a complex phase factor when two identical quasiparticles are interchanged, whereas for fermions or bosons, the wave function can only be multiplied by ± 1.

It was not clear, however, whether such strange particles would ever occur in nature, where they would have to be constructed, somehow, out of ordinary electrons and nuclei, which are fermions or bosons. An analysis of the consequences of Laughlin's wave functions for the ground state and quasiparticles in the $f = 1/3$ state, and related wave functions for other fractional states, showed that, remarkably, the quasiparticles were realizations of the fractional statistics concept. [19,20]

Fractional statistics have consequences that are important, indirectly, for understanding the construction of higher level fractional quantized Hall states, i. e., states at fractions that cannot be described directly by Laughlin's original construction. [19] However, it is more difficult to see effects of fractional statistics directly, particularly in systems with just a few quasiparticles present. One place where fractional statistics should be directly manifest are in "quantum interference" experiments. [22] Such experiments can be carried out, at least in principle, by constructing a quantized Hall system with several constrictions that are narrow enough for electrons or quasiparticles to tunnel across the constrictions, from one chiral edge to the other. Tunneling of this type leads to breakdown of the quantized Hall plateaus, giving a deviation from the quantized Hall resistance, and non-zero values of the longitudinal resistance R_{xx}. If two constrictions are close together, the value of the measured resistance may exhibit small oscillations as a function of the value of the magnetic field or of the total charge enclosed in the area between the two constrictions, which can be interpreted as a form of quantum interference between portions of the wave function that tunnel through the different constrictions. If there are quasiparticles with fractional statistics enclosed in this area, the extra phase factors arising from the fractional statistics will lead to changes in the pattern of resistance oscillations, which should be observable in experiments. [22]

Very recently seen, such effects have been seen, for $\nu = 1/3$, in experiments by V. Goldman and collaborators. [23] However, there remain many other experiments in similar geometries, with several constrictions, that are still poorly understood. Real systems are indeed complicated, and it is known that in some cases at least, competing tunneling processes may give effects that mask the simple interference effect one is looking for, and can change the period of observed resistance oscillations, even for integer quantized Hall systems. [24] This entire area remains one of active current research.

Even-denominator FQHE at $\nu = 5/2$

In the model proposed by Moore and Read, in 1990, for the even-denominator fractional quantized Hall state at $\nu = 5/2$, the quasiparticles are even more peculiar than in the common odd-denominator FQHE states. [25] In their model, the quasiparticles have charge $\pm e/4$ and obey *non-abelian* statistics. This means that when multiple quasiparticles are present, there are many independent wave functions that can describe the ground state of the system. If multiple quasiparticles are interchanged, the final wave function can be quite different from the wavefunction one started with (not just multiplied by a phase factor) and the state depends on the order in which the quasiparticles are interchanged. Although there are a number of theoretical arguments and numerical calculations that give support to the Moore-Read proposal, there is, so far, no direct experimental evidence that it is a correct model for the 5/2 state. Recent improvements in sample quality and in experimental techniques give hope, however, that this question may be resolved in the near future. Among the proposed experiments to look for non-abelian statistics are interference experiments, which should have a distinctive signature if the hypothesis is correct. [26]

Interest in non-abelian statistics has been given a boost in recent years by the proposal that such quasiparticles could be used for building a "quantum computer" [26], which could be used to solve certain types of numerical problems that would be impractical for any conventional digital computer. However, we are still a long way from realizing any type of quantum computer, and it is far from clear whether a computer using fractional statistics quasiparticles will ever be feasible in practice.

Other peculiar phenomena in quantum Hall systems

I should like to close by mentioning, at least briefly, a few of the other remarkable phenomena that have been observed in quantum Hall systems, beyond the integer and fractional quantized Hall effects, and the unquantized quantum Hall effect mentioned above.

So far, we have ignored the spin degree of freedom for the electrons. This is generally correct for even-integer quantized Hall states, and for odd-integer Quantum Hall States, this is also correct if the electrons in the highest occupied Landau level are completely spin-aligned by the applied magnetic field. For fractional quantized Hall states, it is also correct to ignore the spin degree of freedom if the electrons in the partially full Landau level are maximally spin-polarized. However there are situations where this is not correct. In the case of electrons in GaAs structures, the effective magnetic moment of the electron is particularly small, about five times smaller than the moment of free electrons, so the Zeeman energy, which favors alignment of the electron spins, can be quite small. Effects of the electron-electron interaction may favor or disfavor alignment of the electron spins, depending on the filling factor f. In some cases, interaction effects may be strong enough to favor ground states or quasiparticle states where the electron spins are not fully aligned [27]. Experimentally, in some cases one has observed phase transitions between fractional quantized Hall states where the spin is fully aligned and states where it is not, as one varies an experimental parameter, such as electron density or a component of applied magnetic field parallel to the plane of the sample. [28–30] Such transitions lead to anomalies in the electrical resistance, which have been studied with great interest. Deviations from perfect spin alignment due to quasiparticles with multiple reversed spins can also produce dramatic effects at filling fractions close to, but slightly away from, the integer quantized Hall state at $f = 1$. [31]

Electron spins couple to the nuclear spins of Ga and as nuclei via the hyperfine interaction. Flowing an electric current thorough an elctron system with inhomogeneous electron spin polarization can lead to non-equilibrium polarization of the nuclei, which can feed back in turn to the electron system and cause changes in the electrical resistance. Changes in the state of electron polarization can also produce big changes in the relaxation rate for nuclear spins. These effects have been studied in a number of quantized Hall systems, where they can produce quite dramatic effects. [32]

Systems composed of two closely spaced electron layers, separated by a thin barrier, can also lead to a number of unique phenomena in the quantum Hall regime. Modern technology has allowed experimenters to attach separate leads to the layers, giving separate control over the current flow and separate measurements of the voltage drops in the two layers. [33] A fascinating variety of phases can exist in bilayer systems. [34] As one example, in the regime where the total filling factor in the combined layers is one electron per flux quantum ($f = 1$), if the layers are sufficiently close and the electron density is sufficiently small, the Coulomb interaction between electrons in different layers may be comparable to the interaction between neighboring electrons in a single layer. In this case, one has observed a highly correlated phase where the combined system behaves like a quantized Hall conductor for current that moves in the same direction in the two layers, but is more like a superconductor, with neither longitudinal resistance nor Hall resistance, when the current flow is equal and opposite in the two layers. [33] If there is a current flow in one layer and not the other, one observes a quantized Hall voltage which is the same in the layer without current as it is in the layer with current. (This has been called quantized Hall drag.)

There are a variety of experiments in which one can cause an electron to tunnel between two closely spaced layers, [35] or to tunnel from a three-dimensional electron system into the center [36] or into the edge of a two-dimensional system. [37] In the quantum Hall regime, one encounters a variety of complex behaviors, where the tunneling current depends in a non-linear fashion on the voltage applied. [38] This behavior has been much studied, but is only partially understood in real experimental systems. Other experiments, which study deviations from the quantized Hall conductance due to tunneling of quasiparticles across a narrow constriction (referred to earlier) also show non-linear dependences on the applied voltage, which have been much studied and are only partially understood. [39] Experiments that measure shot noise in this tunneling regime have led to a direct measure of the fractional charge of quasiparticles, but are also only partially understood. [40]

Acknowledgments

Advances in our understanding of the quantum Hall effects have been the result of hard work by theorists and experimenters in many groups around the world. My own contributions have been made together with dozens of collaborators, among whom I would like to mention for special appreciation P.A. Lee, N. Read, R. H. Morf, S. H. Simon, A. Stern, F. v. Oppen, and B. Rosenow. I have also benefited greatly from discussions with experimentalists including: R. Willett, J. Eisenstein, H. Stormer, K. v. Klitzing, R. Ashoori, M. Kastner, M. Heiblum, A. Yacoby, and C. Marcus. My work on quantized Hall systems has been supported over the years by the U.S. National Science Foundation through the division of Material Research, most recently through grant number DMR-0541988. Finally, I would like to thank the Akademie der Wissenschaften zu Göttingen, and the selection committee of the Dannie-Heineman-Preis for honoring me with this prize and for giving me the opportunity to present this talk.

References

1. R.E. Prange and S.M. Girvin, eds. *The Quantum Hall Effect,* (Springer-Verlag, 1990) 2nd ed.
2. T. Charkraborty and P. Pietiläinen, *The Quantum Hall Effects: Integral and Fractional,* (Springer-Verlag, 1995).
3. S. Das Sarma and A. Pinczuk, eds. *Perspecitves in Quantum Hall Effects,* (John Wiley and Sons, 1997).
4. D. Yoshioka, *The Quantum Hall Effect,* (Springer-Verlag, 2002).
5. Z.F. Ezawa, *Quantum Hall Effects: Field Theoretical Approach and Related Topics,* (World Scientific, 2000).
6. M. Stone, ed. *Quantum Hall Effect,* (World Scientific, 1992).
7. O. Heinonen, ed. *Composite Fermions,* (World Scientific 1998).
8. J. Jain, *Composite Fermions,* (Cambridge University Press, 2007).
9. K. von Klitzing, G. Dorda and M. Pepper, Phys. Rev. Lett. *45,* 494 (1980).
10. R.B. Laughlin, Phys. Rev. B *23,* 4802 (1981).
11. Q. Niu, D.J. Thouless, and Y.S. Wu, Phys. Rev. B *31,* 3372 (1985).
12. T. Ando, Y. Matsumoto, and Y. Uemura, J. Phys. Soc. Jpn. *39,* 279 (1975).
13. B.I. Halperin, Phys. Rev. *B25,* 2185 (1982).

14. D.C. Tsui, H.L. Stormer, and A.C. Gossard, Phys. Rev. Lett. *48*, 1559 (1982).
15. R.M. Willett, M.A. Paalanen, R.R. Ruel, K.W. West, L.N. Pfeiffer, and D.J. Bishop, Phys. Rev. Lett. *64*, 112 (1990); R.M. Willett, M.A. Paalanen, R.R. Ruel, K.W. West, and L.N. Pfeiffer, Phys. Rev. B *47*, 7344 (1993).
16. B.I. Halperin, P.A. Lee and Nicholas Read, Phys. Rev. B *47*, 7312 (1993).
17. B.I. Halperin, in *New Perspectives in Quantum Hall Effects*, edited by S. Das Sarma and A. Pinczuk, (John Wiley & Sons, 1997) pp. 225–264.
18. R.B. Laughlin, Phys. Rev. Lett. *50*, 1395 (1983).
19. B.I. Halperin, Phys. Rev. Lett. *52*, 1583 (1984).
20. D. Arovas, J.R. Schrieffer, and F. Wilczek, Phys. Rev. Lett. *53*, 722 (1984).
21. J.M. Leinaas and J. Myrheim, Nuovo Cimento *37B*, 1 (1977).
22. S.A. Kivelson, Phys. Rev. Lett. *65*, 3369 (1990).
23. F.E. Camino, W. Zhou, and V.J. Goldman, Phys. Rev. Lett. *98*, 076805 (2007).
24. See, e. g., B. Rosenow and B.I. Halperin, Phys Rev Lett. *98*, 106801 (2007).
25. G. Moore and N. Read, Nucl. Phys. B *360*, 362 (1991).
26. S. Das Sarma, M. Freedman, C. Nayak, S.H. Simon, and A. Stern, Rev. Mod. Phys. (in press); arXiv:0707.1889
27. B.I. Halperin, Helvetica Physica Acta, *56*, 75 (1983).
28. R.R. Du, A.S. Yeh, H.L. Stormer, D.C. Tsui, L.N. Pfeiffer, and K.W. West, Phys. Rev. Lett. *75*, 3926 (1995).
29. S. Holmes, et al., Semicond. Sci. Technol. *9*, 1549 (1994)
30. I.V. Kukushkin, K. v. Klitzing, and K. Eberl, Phys. Rev. Lett. *82*, 3665 (1999)
31. S.A. Barrett, G. Dabbagh, L.N. Pfeiffer, K.W. West, and R. Tycko, Phys. Rev. Lett. *74*, 5112 (1995).
32. See, e. g., V. Bayot, E. Grivei, S. Melinte, M.B. Santos, and M. Shayegan Phys. Rev. Lett. 76, 4584 (1996)
33. M. Kellogg, J.P. Eisenstein, L.N. Pfeiffer, and K. West, Phys. Rev. Lett. *93*, 036801 (2004).
34. Similar phenomena can occur in wide quantum wells, where electrons may spontaneously separate into two layers at opposite sides of the well, because of their strong Coulomb repulsion. See, e. g., Y.W. Suen, M.B. Santos, and M. Shayegan, Phys. Rev. Lett. *69*, 3551 (1992).
35. I.B. Spielman, J.P. Eisenstein, L.N. Pfeiffer, and K.W. West, Phys. Rev. Lett. *84*, 5808 (2000).
36. R.C. Ashoori, J.A. Lebens, N.P. Bigelow, and R.H. Silsbee, Phys. Rev. Lett. *64*, 681 (1990).
37. M. Grayson, D.C. Tsui, L.N. Pfeiffer, K.W. West, and A.M. Chang, Phys. Rev. Lett. *80, 1062 (1998)*.
38. See, e. g., L.S. Levitov, A.V. Shytov, and B.I. Halperin, Phys. Rev. B *64*, 075322 (2001), and references therein.
39. See, e. g., S. Roddaro, et al., Phys. Rev. Lett. 95, 156804 (2005); J.B. Miller, et al., Nature Physics *3*, 561 (2007).
40. See, e. g., R. de Picciotto, M. Reznikov, M. Heiblum, V. Umansky, G. Bunin and D. Mahalu, Nature *389*, 162 (1997).

Die Forschungsvorhaben der Akademie

Bei Namensangaben ohne nachstehende Ortsbezeichnung handelt es sich um Akademiemitglieder.
(*) (Für die regelmäßige Begutachtung der Vorhaben ist seit 2000 die Union der deutschen Akademien der Wissenschaften zuständig.)

I. Akademievorhaben

Blumenbach-Kommission
Vorsitzender: Rupke
Eck (Göttingen), Elsner, Gradstein, Kuhn, Mazzolini, Thomssen, Wagenitz

Kontaktadresse: Institut für Wissenschaftsgeschichte, Papendiek 16, 37073 Göttingen, Tel.: 0551-39-9466, Fax: 0551-39-9748, nrupke@gwdg.de (Prof. Dr. Rupke)

Arbeitsbericht: Der Professor für Arzneiwissenschaft und Medizin Johann Friedrich Blumenbach (1752–1840) war eine der großen Gestalten in Göttingens früher Glanzzeit und von europaweiter Bedeutung als entscheidender Vermittler zwischen der Wissenschaftskultur der Aufklärung und derjenigen der Romantik. Als Begründer der physischen Anthropologie reicht sein Einfluß bis in die heutige Zeit. Die Blumenbach-Kommission leistet Vorarbeiten für ein geplantes Akademievorhaben zur Neuausgabe seiner Werke, zur Herausgabe ausgewählter Teile von Blumenbachs Briefwechsel und zur Dokumentation seiner zeitgenössischen und späteren Rezeption.

In ihrer Sitzung vom 21. Mai 2007 diskutierte die Kommission Schwierigkeiten von Editionsprojekten in der heutigen Zeit. Eine relativ neue und vielversprechende Entwicklung ist dabei die Digitalisierung von Textkorpora und ihre Verfügbarmachung über das Internet. In jüngster Zeit wurden Projekte mit dieser Zielsetzung für Naturwissenschaftler wie Charles Darwin und Isaac Newton begonnen. Blumenbach wäre ein ebenso geeigneter Kandidat für diese Form einer digitalen Präsentation. Die in Göttingen bei der Universitätsbibliothek vorhandenen Erfahrungen mit Digitalisierungsprojekten und dem Betreiben von Internet-Portalen bietet dafür eine gute infrastrukturelle Basis. Die Kommission hat sich entschieden, ein Projektvorhaben auszuarbeiten, um Blumenbachs Schriften online zur Verfügung zu stellen.

Zur Vorbereitung eines Antrags für dieses Vorhaben aus dem Akademienprogramm wurde mit finanzieller Unterstützung durch die Akademie ein Pilotprojekt gestartet. Als Mitarbeiterin konnte Frau Dr. Claudia Kroke angestellt werden, deren Aufgabe es ist, ein Verzeichnis aller Schriften Blumenbachs zu erstellen und ein geeignetes bibliographisches Modell zu entwerfen, das die Zugänglichkeit seines Werks verbessert. Außerdem soll sie die Softwarevoraussetzungen für eine online-Präsentation Blumenbachs eruieren.

Im Rahmen des von der Kommission organisierten Blumenbach-Workshops (siehe Sonstige Veranstaltungen 2007) und der öffentlichen Vorträge der Akademie der Wissenschaften hielt Prof. Mazzolini einen Vortrag zu dem Thema „War Adam ein Schwarzer? Johann Friedrich Blumenbach und die physische Anthropologie". Prof. Rupke berichtete in der Öffentlichen Sitzung vom 12. Januar 2007 über „Die Arbeit der Blumenbach-Kommission", und während der Plenarsitzung vom 9. November 2007 sprach er zum Thema „Der digitale Johann Friedrich: Überlegungen zu einem Editionsprojekt ‚Blumenbach-Online' ".

N. A. Rupke

Buddhistische Studien
Vorsitzender: Hartmann (München)
Stellv. Vors.: von Simson
Haebler, Röhrborn

Kontaktadresse: Institut für Indologie und Iranistik, Geschwister-Scholl-Platz 1, 80539 München, Tel.: 089-2180-5384, Fax 089-2180-5827, juhartmann@lrz.uni-muenchen.de (Prof. Dr. Hartmann)

Arbeitsbericht: Das Vorhaben ist der Erschließung von Literatur und Geschichte vornehmlich des indischen Buddhismus gewidmet. Hauptanliegen ist dabei die Wiedergewinnung der originalsprachlichen Sanskrit-Literatur durch die Bearbeitung von Handschriftenfunden. Daneben werden Geistesströmungen und Literaturbereiche in Gestalt von Übersichten bibliographisch aufbereitet, und internationale Symposien dienen dazu, aktuelle Einzelthemen durch die Zusammenführung der jeweiligen Spezialisten auszuleuchten.

Im Berichtszeitraum wurden die Arbeiten an der Edition der Handschrift des Dīrghāgama, also der „Sammlung der langen (Lehrreden des Buddha)" aus dem buddhistischen Kanon, in München und in Göttingen fortgesetzt. Dabei standen drei Lehrreden im Vordergrund, von denen eine fertig vorliegt und nur noch für die Drucklegung vorbereitet werden muß; die anderen beiden werden im Laufe des nächsten Jahres abgeschlossen werden.

J.-U. Hartmann

Carmina medii aevi posterioris Latina
Vorsitzender: Schmidt
Rädle, Schindel

Kontaktadresse: Seminar für Lateinische Philologie des Mittelalters, Werderring 8, 79085 Freiburg/Brsg., Tel.: 0761/203-3132, Fax: 0761/203-3118, schmidt@mittellatein.uni-freiburg.de (Prof. Dr. P.G. Schmidt)

Arbeitsbericht: Die lateinische Großdichtung des 12. bis 14. Jahrhunderts ist noch immer weitgehend eine terra incognita. Dank der fortschreitenden Katalogisierung mittelalterlicher Handschriften findet man in allen Teilen Europas bisher unbekannte unedierte Texte, die an die Herausgeber hohe Anforderungen stellen. Verfasser, Entstehungszeit und Entstehungsort können, wenn überhaupt, nur nach zeitaufwendigen Recherchen ermittelt werden.

Vorbereitet wird derzeit die Edition einer anonymen Dichtung in sechs Büchern über das Leben und die Wunder König Edwards des Bekenners. Die Arbeiten an der Edition einer ebenfalls mehrere Tausend Verse umfassenden Dichtung über die Gottesmutter Maria und ihre Feste werden fortgesetzt. In Vorbereitung ist außerdem die Edition mehrerer kürzerer und längerer Kreuzzugsepen des 12. und des 13. Jahrhunderts.

Im Berichtszeitraum ist erschienen: Der „Rithmus de expeditione Ierosolimitana" des sog. Haymarus Monachus Florentinus. Ein Augenzeugenbericht über die Belagerung Akkons (1189–1191) während des dritten Kreuzzugs. Kritische Neuedition, historischer Kommentar und deutsche Übersetzung von Sascha Falk, Florenz 2007.

P. G. Schmidt

I. Akademievorhaben

Die Entstehung von Goethes Werken in Dokumenten
Vorsitzender: G. Lauer (Göttingen)
Barner, Bohnenkamp-Renken, Detering, Mommsen, Reinitzer

Kontaktadresse: Seminar für Deutsche Philologie, Teilfach Literaturwissenschaft, Käte Hamburger-Weg 3, 37073 Göttingen, Tel.: 0551-39-7526, Fax: 0551-39-19556, gerhard.lauer@phil.uni-goettingen.de
(Prof. Dr. G. Lauer)

Die Funktion des Gesetzes in Geschichte und Gegenwart
Vorsitzende: Schumann
Alexy, Behrends, Diederichsen, Dreier, Fleischer (Bonn), Henckel, Link, Sellert, Starck, Zimmermann

Kontaktadresse: Institut für Rechtsgeschichte, Rechtsphilosophie und Rechtsvergleichung, Abt. für Deutsche Rechtsgeschichte, Weender Landstr. 2, 37073 Göttingen, Tel: 0551-39-7444 Fax: 0551-39-13776, e.schumann@jura.uni-goettingen.de (Prof. Dr. Schumann)

Arbeitsbericht: Am 16./17. März 2007 veranstaltete die Kommission unter der Leitung des damaligen Vorsitzenden, Okko Behrends', ihre 14. Tagung zum Thema „Gesetzgebung, Menschenbild und Sozialmodell im Familien- und Sozialrecht". Es wurden folgende Vorträge gehalten:

- Okko Behrends: Funktion und Wert des modernen Sozialrechts in historischer Sicht
- Ulrich Becker: Sozialmodell und Menschenbild in der Hartz IV-Gesetzgebung
- Eberhard Eichenhofer: Ehe und Familie in der Sozialrechtsordnung
- Volker Lipp: Die soziale Bedeutung des Unterhaltsrechts
- Eva Schumann: Das Kindeswohl zwischen elterlicher und staatlicher Verantwortung

Die Ergebnisse der Tagung wurden in der Sitzung vom 6. Juli 2007 der Akademie vorgelegt und für die Publikation in den „Abhandlungen" angenommen. Der Tagungsband wird 2008 erscheinen.

Die Philologisch-Historische Klasse der Akademie hat auf ihrer Sitzung vom 27. April 2007 Frau Eva Schumann zum Mitglied in die Kommission und auf ihrer Sitzung vom 20. Juli 2007 zur Vorsitzenden der Kommission gewählt.

Auf den Kommissionssitzungen vom 13. April 2007 und vom 24. September 2007 wurde die 15. Tagung zum Thema „Strafe im Sozialstaat" vorbereitet. Sie wird im November 2008 stattfinden; die Publikation soll in gleicher Form erfolgen.

E. Schumann

Die Natur der Information
Vorsitzender: Fritz
Elsner, Lehfeldt, Lieb, Lüer, Schaback, Schönhammer Webelhuth

Kontaktadresse: Institut für Mikrobiologie und Genetik, Grisebachstraße 8, 37077 Göttingen, Tel.: 0551-39-3801, Fax: 0551-39-3805, hfritz1@gwdg.de (Prof. Dr. Fritz)

Arbeitsbericht: Die Kommission analysiert Wesen und Bedeutung des Informationsbegriffs im Kontext verschiedener Fachdisziplinen wie Linguistik, Kognitionspsychologie, Neurobiologie, Molekularbiologie, Informatik und Physik. Ein wesentliches Ziel des Vorhabens ist es, Gemeinsamkeiten und Unterschiede im Gebrauch des Begriffs herauszuarbeiten und für die verschiedenen Teilbereiche heuristisch nutzbar zu machen.

Ferner wird von dieser Untersuchung eine Annäherung an ein kohärentes Gesamtbild von der Natur der Information erhofft. Auf den Versuch, eine allgemein gültige Definition des Begriffs an den Anfang der Arbeit zu stellen, wurde verzichtet.

Als vorläufige Themenschwerpunkte haben sich im Berichtszeitraum herausgeschält:

- Strukturen und Komplexität natürlicher und technischer Sprachen – einschließlich der zugehörigen Verarbeitungssysteme
- Kognition als Informationsverarbeitung
- Mechanismen der *de novo*-Generierung von Information

Unter dem oben skizzierten Vorhaben hat sich im Herbst 2005 eine informelle Arbeitsgruppe von sechs Akademiemitgliedern zusammengeschlossen, die das Thema bis Ende 2006 in 12 Treffen vorläufig ausgelotet hat. Diese Arbeitsgruppe wurde in der Plenarsitzung vom 26. Januar 2007 in eine Kommission mit dem in der Überschrift genannten Titel überführt. In die Kommission wurden die Mitglieder Norbert Elsner, Hans-Joachim Fritz, Werner Lehfeldt, Klaus-Peter Lieb, Gerd Lüer, Robert Schaback, Kurt

Schönhammer und Gert Webelhuth gewählt; zum Vorsitzenden wurde H.-J. Fritz bestimmt. Derzeit wichtigstes Arbeitsmittel der Kommission sind regelmäßig stattfindende Vortragstreffen (siehe unten). Die Treffen werden im Semesterprogramm der Akademie angekündigt und sind offen für Gäste. Die Redner rekrutieren sich aus den Mitgliedern und den ständigen Gästen der Kommission. Wissenschaftlich besonders ausgewiesene Personen werden als Vortragende von auswärts eingeladen.

Die Kommission unterhält unter dem URL

http://www.num.math.uni-goettingen.de/schaback/info/inf/index.html

eine Website (Federführung: Robert Schaback), auf der eine Liste der Aktivitäten, Illustrationsmaterial zu den Vorträgen, Rundbriefe, besonders wichtige Publikationen zum Thema sowie das jeweils aktuelle Programm und anderes Informationsmaterial zusammengestellt sind.

Kommissionstreffen im Jahr 2007

Im Berichtszeitraum hat sich die Kommission zehnmal getroffen:

16. Februar 2007: 13. (1.) Treffen
    Vortrag ANNETTE ZIPPELIUS: „Was sind neuronale Netzwerke?"
20. April 2007: 14. (2.) Treffen
    Vortrag Prof. Dr. W.H. TACK (Saarbrücken): „Kognitive Architekturen"
05. Mai 2007: 15. (3.) Treffen
    Vortrag Prof. Dr. TH. HERRMANN (Mannheim): „Sprachpsychologie"
05. Juni 2007: 16. (4.) Treffen
    Organisationstreffen: Programmdiskussion
13. Juli 2007 17. (5.) Treffen
    Vortrag G. WEBELHUTH: „Zur Modellierung der Sprachform und der Sprachbedeutung in der Gegenwartslinguistik"
19. Oktober 2007: 18. (6.) Treffen
    Vortrag Prof. Dr. F. WÖRGÖTTER (Göttingen): „Autonome (kognitive?) Roboter: Heutige technische Möglichkeiten und die Frage nach der Einbettung solcher Systeme in unsere Welt"
02. November 2007: 19. (7.) Treffen
    Vortrag G. WEBELHUTH: „Diskursrepräsentationstheorie" (Fortsetzung der Diskussion vom 13. Juli 2007)
09. November 2007: 20. (8.) Treffen
    Vortrag Prof. Dr. L. FLORIDI (Oxford): "What is Bio-Information?"

09. November 2007: Plenumsvortrag
Vortrag Prof. Dr. L. FLORIDI (Oxford): "The future development of the information society"
16. November 2007: 21. (9.) Treffen
Interne Diskussion: Resümee der bisherigen Arbeit und Diskussion von Prioritäten für längerfristige Entwicklungen
30. November 2007: 22. (10.) Treffen
Vortrag Prof. Dr. CH. BIEBRICHER (Göttingen): „Fragen der Entstehung des Lebens"

Die Numerierung bezieht sich auf die Treffen seit Gründung der informellen Arbeitsgruppe im November 2005 (in Klammern: seit Einrichtung der Kommission).

H.-J. Fritz hat im Berichtszeitraum neun Rundbriefe (Nummern 10 bis 18) an Mitglieder und ständige Gäste herausgegeben. Die Rundbriefe sind teils wissenschaftlicher, teils organisatorischer Natur; sie sind von der Website der Kommission abrufbar.

Am 28. Juni 2007 hat Manfred Eigen im Rahmen einer aus Anlaß seines 80. Geburtstages angesetzten öffentlichen Sondersitzung des Plenums einen Vortrag zum Thema „Was ist Information?" gehalten.

H.-J. Fritz

Erforschung der Kultur des Spätmittelalters
Vorsitzender: Kaufmann
Arndt, Dilcher (Frankfurt), Elm, Grenzmann (Göttingen), Grubmüller, Guthmüller (Marburg), Hamm (Erlangen), Haussherr (Berlin), Haye (Göttingen), Henkel, Kellner (Dresden), Kroeschell, H. Lehmann, Moeller, Moraw, Müller-Oberhäuser (Münster), Noll (Göttingen), Petke (Göttingen), Rädle, Rapp (Straßburg), Rexroth, Schiewer (Freiburg), Schumann, Sellert, Stackmann, Staehelin, Worstbrock

Kontaktadresse: Theologische Fakultät, Kirchengeschichte, Platz der Göttinger Sieben 2, 37073 Göttingen, Tel.: 0551-39-7143, Fax: 0551-39-7488, tkaufma@gwdg.de (Prof. Dr. Kaufmann)

Arbeitsbericht: Die Kommission zur Erforschung der Kultur des Spätmittelalters hat, wie in jedem Jahr, eine reguläre Geschäftssitzung durchgeführt und die weitere Planung der kommenden Tagungsperiode in Angriff genommen. Zugleich wurde die Publikation zweier Teilbände beschlossen. Ein erster Teilband befindet sich derzeit in der Produktion und soll im Herbst 2008 erscheinen; der zweite Band ist für 2009 geplant. Ansonsten wurde die letzte Tagung des insgesamt vierteiligen Zyklus zum Rahmenthema „Wechselseitige Wahrnehmung christlicher und nicht-christlicher Religionen in Mittelalter und Frühneuzeit" durchgeführt. Diese Tagung stand unter dem Thema: „Die antik-pagane Religion – neue Perspektiven und Wahrnehmungsmuster im Zeitalter des Renaissance-Humanismus" und wurde am 22. und 23.11. 2007 durchgeführt. Es referierten:

Walther Ludwig (Hamburg): Humanistische Erforschung und Anerkennung nicht-christlicher Kultur und Religion – Schritte auf dem Weg zur Toleranz?; Bodo Guthmüller (Marburg): Zur Polemik gegen das Studium der antiken Dichter in Italien um 1400; Manfred Kern (Salzburg): Mythologie und mythographische Deutung in der deutschen Odyssee- und Metamorphosen-Rezeption des 16. Jahrhunderts. Den öffentlichen Vortrag hielt in diesem Jahr Martin van Gelderen (Florenz) zum Thema: Toleranz und Ökumene in der niederländischen Republik: die Religionen der Antike im Zeitalter von Rembrandt, Vondel und Grotius. Ansonsten sprachen: Christine Schmitz (Münster): *Ficta veterum mendacia vatum* – Maffeo Vegios epische Dichtung zwischen Polemik und Aneignung; Dorothee Gall (Bonn): Boccaccios „Genealogia deorum gentilium" und Ficinos „Platonica Theologia" – zwei Modelle der Wahrnehmung paganer Götter in der Renaissance; Gerlinde Huber-Rebenich (Jena): Ovids Göttersagen in illustrierten Ausgaben des 15. und 16. Jahrhunderts.

Die Kommission wird, ihrer bisherigen Praxis folgend, im kommenden Jahr keine Tagung durchführen, sondern die Vorbereitungen für den nächsten Tagungszyklus weitertreiben.

Th. Kaufmann

Imperium und Barbaricum: Römische Expansion und Präsenz im rechtsrheinischen Germanien und die Ausgrabungen von Kalkriese
Vorsitzender: G.A. Lehmann
M. Bergmann, Döpp, R. Müller (Göttingen), Schindel, Schlüter (Osnabrück), Steuer, von Schnurbein (Frankfurt), Wiegels (Osnabrück)

Kontaktadresse: Philosophische Fakultät, Althistorisches Seminar, Humboldtallee 21, 37073 Göttingen, Tel.: 0551-39-4965, Fax: 0551-39-4671, glehman1@gwdg.de (Prof. Dr. Gustav-Adolf Lehmann)

Arbeitsbericht: Die Kommission konnte im Frühjahr 2007 – in enger Kooperation mit der Abteilung „Alte Geschichte" an der Universität Osnabrück – die Arbeit an der Drucklegung des Kongreßberichtes „Römische Präsenz und Herrschaft im Germanien der augusteischen Zeit" (Abhandlung der Akademie der Wissenschaften zu Göttingen 2007) erfolgreich abschließen.

Gleichzeitig wurde bereits intensiv an der Vorbereitung eines internationalen Fachkolloquiums (vom 14. – 18. September 2009) in Osnabrück – in Kooperation mit der Stadt und der Universität Osnabrück sowie den Museen Haltern und Detmold/Lippe – gearbeitet: Diese Fachtagung (2000 Jahre nach der Schlacht im „Teutoburger Wald"!) wird unter dem Motto „Fines imperii – imperium sine fine? – Römische Grenz- und Okkupationspolitik im frühen Prinzipat" („Roman frontier and occupation policies in the early Principate") stehen. Ab September 2008 ist dazu eine vorbereitende Vortragsreihe über „Römer und Germanen in Nordwestdeutschland" für ein breiteres Publikum in der Planung, in deren Rahmen auch die neuesten, faszinierenden Funde aus dem Römerlager von Hedemünden (an der Werra) vorgestellt werden sollen.

G. A. Lehmann

Interdisziplinäre Südosteuropa-Forschung
Vorsitzender: R. Lauer
Brandl (Göttingen), Hagedorn, Höpken (Leipzig), Lehfeldt, Lienau (Münster), Majer (München), Roth (München), Schreiner

Kontaktadresse: Seminar für Slavische Philologie, Humboldtallee 19, 37073 Göttingen, Tel.: 0551-39-4197, Fax 0551-39-4707, rlauer@gwdg.de (Prof. Dr. R. Lauer)

Arbeitsbericht: Die Südosteuropa-Kommission setzte auch im Jahre 2007 ihre Arbeit in der gewohnten Weise fort. Mit der diesjährigen Konferenz über „Osmanen und Islam in Südosteuropa" (Arbeitstitel) eröffnete sie einen neuen Themenkreis, der auf jeden Fall im kommenden Jahr, sehr wahrscheinlich auch noch im Jahr darauf, weiter abgehandelt werden soll. Die Bedeutung des Themas wie auch seine Spezifik gründet sich auf die jahrhundertelang währende Osmanenherrschaft auf der Balkanhalbinsel und die von ihr ausgehenden, nach wie vor bestehenden kulturellen Prägungen. Südosteuropa ist diejenige europäische Region, die, abgesehen von der maurischen Herrschaft in Spanien, über tiefreichende Erfahrungen mit der islamischen Kultur verfügt. Hier stellt sich mit besonderer Deutlichkeit die Frage nach kulturellen Symbiosen und Antagonismen, die selbstverständlich nicht im Sinne des in den südosteuropäischen Nachfolgestaaten verbreiteten Schwarz-Weiß-Modells dargestellt und bewertet werden dürfen. Die Osmanen betreiben eine höchst flexible Politik gerade auch gegenüber den unterworfenen christlichen Völkern, sie trugen zahlreiche kulturelle Errungenschaften in den südosteuropäischen Raum, sowohl in der städtischen Kultur, in Baukunst, Poesie und Musik als auch im Sozialwesen, in der Kriegskunst und, mit besonderer Nachhaltigkeit, im kulinarischen Bereich.

Auf dem Programm der Konferenz, die am 12./13. Dezember 2007 erstmals im neuen Bibliotheksraum des Akademiegebäudes abgehalten wurde, standen neun Beiträge, die teils allgemeinen Fragen gewidmet waren, teils aber auch konkrete Fallstudien vorstellten. Eingangs lenkte Hans-Georg Majer, Osmanist aus München, den Blick auf eine Reihe grundsätzlicher Regelungen im Osmanischen Reich wie das türkische Eherecht, die sog. Knabenlese oder die Religionsausübung, um von Anfang an verbreiteten Mißverständnissen und Mißdeutungen zu begegnen. Der Leipziger Historiker Wolfgang Höpken legte in seinem Vortrag dar, daß die Europäisierung bzw. Modernisierung Südosteuropas im 19. Jahrhundert in der Tat nichts anderes als eine Entosmanisierung bzw. Entislamisierung darstellte. Mit der Bildung der neuen Nationalstaaten begann die Ausrottung und materielle Zerstörung der islamischen Kultur; die kleinen Nationen verstanden sich als Ethnos, nicht als Demos, was zu weitreichenden, von Höpken sorgfältig paradigmatisierten Vertreibungen und Bevölkerungsbewegungen zum Zwecke der ethnischen Homogenisierung führte. Vielfältige Migrationsprozesse wurden nachgerade zum demographischen Merkmal der neuen südosteuropäischen Staatenwelt.

Reinhard Lauer trug Einschätzungen der islamischen Herrschaft in Europa durch Johann Gottfried Herder und Adolf Ellissen vor, in denen das maurische Spanien und die Osmanenherrschaft in Südosteuropa miteinander verglichen wurden. Während von ihnen die kulturellen Leistungen der Mauren positiv hervorgehoben wurden, verurteilten beide Kulturkritiker die Osmanen als „dauerndes Übel" in Europa. Bei Ellissen, dem Kenner Griechenlands, ging die Türkenverachtung einher mit scharfer Kritik an der Heiligen Allianz.

Peter Schreiner, Byzantinist aus Köln, sprach über die geistige Auseinandersetzung, die in Byzanz mit den Osmanen geführt wurde, und unterstrich dabei, daß die Kenntnis des Koran, im Religionsvergleich, auf der byzantinischen Seite eher unzulänglich war.

Haşim Koç, ein türkischer Nachwuchshistoriker, der zur Zeit in Athen weilt, trug neue Forschungsergebnisse zum Thema „Athen unter der Turkokratia" vor, die er zusammen mit seiner Frau erarbeitet hat. Athen wurde nach der Eroberung 1456 von den Osmanen als Stadt der „weisen Männer" und der antiken Kunst verehrt. Die Zerstörungen der Stadt und der Akropolis erfolgten erst während des venezianischen Interludiums im 17. Jahrhundert. Aufgrund türkischer Quellen läßt sich das städtische Leben recht genau rekonstruieren.

In dem Beitrag der Hallenser Slavistin Angela Richter ging es um das Bosnienbild, das die beiden aus Bosnien stammenden Autoren Ivo Andrić und Meša Selimović in ihren Romanen zeichnen. Es ist bei Andrić ein Bild „von außen", das die Katastrophen und Brüche in der bosnischen Welt aufweist, während Selimović das Modell eines theokratischen (islamischen) Staates entwirft, das als Allegorie des totalitären Staates mit deutlichen Allusionen auf die jugoslawischen Verhältnisse zu verstehen ist.

Cay Lienau, Kulturgeograph aus Münster, beschrieb das Verhältnis von Christen und Muslimen in ethnisch gemischten Siedlungen in Rumänien (Dobrudscha) und Griechenland (Thrakien), indem er Grundfunktionen wie Wohnen, Versorgung, Freizeitverhalten, den Arbeitsmarkt und die Landwirtschaft analysierte. Während sich in den städtischen Gebieten die Wohnsegregation allmählich auflöst, besteht sie im ländlichen Bereich weiter fort.

Klaus Roth, Volkskundler aus München, griff ein Thema von höchster Aktualität auf, den Mythos von Batak (einem angeblich von den Türken 1876 verübten Massaker an der bulgarischen Bevölkerung), der allerdings erst nachträglich ins Bild gesetzt wurde und heute zur europafeindlichen Stimmungsmache instrumentalisiert wird.

Der Vizepräsident der Akademie Werner Lehfeldt, Slavist, Sprachwissenschaftler, berichtete über die Rolle der arabischen Schrift und Literatur bei den islamisierten Balkanvölkern und wies damit auf eines der interessantesten Beispiele kultureller Symbiose während der osmanischen Zeit hin.

Wie immer in der bisherigen Kommissionsarbeit waren die Vortragsthemen auf der ersten Konferenz noch ein wenig disparat; erst in den Folgekonferenzen werden sich breitere thematische Felder zusammenschließen und dem Projekt größere Homogenität verleihen. Flächendeckende Vollständigkeit freilich konnte und kann von der Kommission bei der Behandlung ihrer Themen nicht erreicht werden, gleichwohl versucht sie, wesentliche Grundlagen und Schlüsselbegriffe zu erhellen und in signifikanten Einzelstudien zu exemplifizieren. Wurden auf der diesjährigen Konferenz sieben der neun Vorträge von Kommissionsmitgliedern bestritten, so dürften bei den Folgekonferenzen verstärkt auswärtige Gelehrte hinzugezogen werden.

Die Kommission arbeitet weiter an der Druckvorbereitung der noch ausstehenden Sammelbände. Nach Klärung der Verlagsbeziehungen der Akademie besteht Hoffnung, daß die Rückstände bald aufgeholt werden können.

R. Lauer

Kommission für Mathematiker-Nachlässe
Vorsitzender: Patterson
Krengel, Reich (Hamburg), Rohlfing (Göttingen), Schappacher (Straßburg), Scharlau, Schroeder

Kontaktadresse: Mathematisches Institut, Bunsenstraße 3–5, 37073 Göttingen, Tel.: 0551-39-7786, Fax 0551-39-2985, sjp@uni-math.gwdg.de (Prof. Dr. Patterson)

Arbeitsbericht: Das Akademie-Vorhaben „Mathematiker-Nachlässe" ist ein gemeinsames Projekt mit der Handschriftenabteilung der SUB Göttingen, in Kooperation mit der Deutschen Mathematiker-Vereinigung (DMV). Das Ziel sind das Sammeln und die Katalogisierung jener Nachlässe von Mathematikern, die sonst nicht adäquat beherbergt werden. Die Handschriftenabteilung mit ihren wichtigen Nachlässen (Gauß, Riemann, Hilbert, Klein) ist seit langem eine der bedeutendsten Stätten für die Geschichte der Mathematik. Die Akademie unterstützt dieses Vorhaben durch die Finanzierung einer Halbtagsbibliothekarsstelle (Entgeltgruppe 9) für die Erfassung der Nachlässe; zur Zeit ist diese Stelle durch Frau Bärbel Dibowski besetzt. Die Arbeit der Kommission mündet in die Bereitstellung von Findbüchern für die Nachlässe. Die Kommission bildet zusätzlich eine Schnittstelle zwischen der Handschriftenabteilung der SUB und der mathematischen Gemeinde, die es erlaubt, Nachlässe zu finden, die es wert sind, aufbewahrt zu werden.

Während des Jahres 2007 arbeitete auf der von der Akademie der Wissenschaften zu Göttingen finanzierten Halbtagsstelle (Entgeltgruppe 9) ganzjährig Frau Bärbel Dibowski. Unterstützt wurde sie von weiteren Mitarbeitern der Abteilung Handschriften und Seltene Drucke, und zwar insbesondere von Frau Bärbel Mund hinsichtlich der datentechnischen Betreuung und von dem Leiter der Abteilung Handschriften und Seltene Drucke, Dr. Helmut Rohlfing, bei sonstigen organisatorischen Fragen. Die Arbeiten konzentrierten sich während des Berichtszeitraums ausschließlich auf den Nachlaß des Professors für Angewandte Mathematik Gottfried Köthe (1905–1989). Dieser Nachlaß wurde der Bibliothek im Jahre 2004 vom Mathematischen Forschungszentrum in Oberwolfach als Geschenk übereignet.

Der Nachlaß Köthe ist recht umfangreich; er besteht aus 434 Mappen und Stücken. Diese wurden in 12 Signaturengruppen unterteilt, wobei eine Gruppe einen Teilnachlaß von Otto Toeplitz enthält. Der Aufwand pro Mappe und Aufnahme war – je nach Umfang und Inhalt (Beilagen, Anlagen, erforderliche Unterdatensätze) – naturgemäß sehr unterschiedlich. Die eigentliche Katalogisierung des Nachlasses ist jetzt abgeschlossen.

Das Ziel der Katalogisierung eines Nachlasses ist die Herstellung eines Findbuches. Die Findbücher werden in der Handschriftenabteilung der SUB zur Verfügung gestellt. Die Datenbank HANS wird entsprechend ergänzt. Ein Exemplar des Findbuches wird auch in der Bibliothek der Akademie deponiert werden.

Die Sammlung der Mathematiker-Nachlässe in der Handschriftenabteilung ist weltweit einzigartig wegen der großen Anzahl bedeutender Mathematiker, deren Nachlässe hier katalogisiert und aufbewahrt werden. Dieser Ruf wurde in diesem Jahr weiter bestätigt, als Prof. Marcus du Sautoy (Oxford) zusammen mit der BBC Teile eines großen Projekts – „The Story of Mathematics" – in der Handschriftenabteilung drehte. Es werden in diesem Projekt vier einstündige Programme produziert; die Göttinger Bestände werde in zwei von diesen vorgestellt. Die Programme sollen Mitte 2008 in Großbritannien ausgestrahlt werden.

S. J. Patterson

Synthese, Eigenschaften und Struktur neuer Materialien und Katalysatoren
Vorsitzender: Roesky
Kirchheim, Müller (Bielefeld), Nöth

Kontaktadresse: Institut für Anorganische Chemie, Tammannstraße 4, 37077 Göttingen, Tel.: 0551-39-3001, Fax: 0551-39-3373, hroesky@gwdg.de (Prof. Dr. Roesky)

Arbeitsbericht: Im Berichtsjahr haben wir uns mit Verbindungen der Elemente der Gruppe 2 beschäftigt. Hierzu gehören unter anderem die Elemente Magnesium, Calcium und Strontium. Es sind dies Bestandteile klassischer Mineralien, die teilweise in Wasser löslich sind. Im Gegensatz zu den bekannten Eigenschaften gelang es uns nun, durch die Einführung eines organischen Liganden L Verbindungen herzustellen, die in organischen Lösungsmitteln löslich sind und dennoch die anorganische Funktion in Form einer Metall OH-Gruppe tragen. Verbindungen des Typs LMgOH oder LCaOH zeigen im Gegensatz zu klassischen anorganischen Hydroxiden saure Eigenschaften und lassen sich dadurch mit anderen Metallen verbinden, unter Ausbildung neuartiger Mg-O-M- und Ca-O-M-Bindungen (M = Metallion). Die OH-Gruppe ist isoelektronisch zu einem Fluoridion. Calciumdifluorid ist ein unlösliches Mineral. Im Gegensatz dazu verhält sich LCaF. Es ist die erste Calciumverbindung des Fluors, mit der sich bei Raumtemperatur dünne Calciumdifluoridschichten aus organischen Lösungsmitteln herstellen lassen. Unter dem Titel: „Calcium fluoride goes soluble" hat S.K. Ritter, der Redakteur von *Chemical Engineering News*, einem Journal der American Chemical Society, im Jahr 2007 über unsere Arbeiten berichtet.

H. Roesky

Veröffentlichungen:
P. M. Gurubasavaraj, S. K. Mandal, H. W. Roesky, R. B. Oswald, A. Pal, M. Noltemeyer
  Inorg. Chem. 2007, 46, 1056–1061
  Synthesis, structural characterization, catalytic properties, and theoretical study of compounds containing an Al-O-M (M = Ti, Hf) core
U. N. Nehete, H. W. Roesky, V. Jancik, A. Pal. J. Magull
  Inorganica Chimica Acta 2007, 360, 1248–1257
  Polyhedral antimony(III) and bismuth(III) siloxanes: Synthesis, spectral studies, and structural characterization of [Sb(O$_2$SiR)]$_4$ and [Bi$_{12}$(O$_3$SiR)$_8$(μ_3-O)$_4$Cl$_4$(THF)$_8$] (R = (2,6-iPr$_2$C$_6$H$_3$)N(SiMe$_3$))
S. Singh, H. W. Roesky
  J. Fluorine Chem. 2007, 128, 369–377
  Fluorine functionalized compounds of group 13 elements
S. Singh, H. W. Roesky
  Dalton Trans. 2007, 1360–1370
  Robust and efficient molecular catalysts with a M-O-M' framework
S. Blaurock, M. Scholz, H. W. Roesky, F. T. Edelmann
  Acta Cryst. 2007, E63, o3247, Dichloro(dimethylsulfoximino)phosphane
S. Nembenna, H. W. Roesky, S. Nagendran, A. Hofmeister, J. Magull, P.-J. Wilbrandt, M. Hahn
  Angew. Chem. 2007, 119, 2389–2400
  Angew. Chem. Int. Ed. 2007, 46, 2337–2348
  A well defined hydrocarbon-soluble calcium monofluoride, [{LCaF(thf)}$_2$]: The application of soluble calcium derivatives for surface coating

P. M. Gurubasavaraj, H. W. Roesky, P. M. V. Sharma, R. B. Oswald, V. Dolle, R. Herbst-Irmer, A. Pal
Organometallics 2007, 26, 3346–3351
Oxygen effect in heterobimetallic catalysis: The Zr-O-Ti system as an excellent example for olefin polymerization

K. Tersago, V. Matuska, Ch. Van Alsenoy, A. M. Z. Slawin, J. D. Woollins, F. Blockhuys
Dalton Trans., 2007, 4529–4535
Structure, bonding, aromaticity and reactivity of Roesky's sulfoxide

S. K. Ritter
Chemical & Engineering News 2007, 85, 38
Herbert W. Roesky: Calcium fluoride goes soluble

G. B. Nikiforov, H. W. Roesky, P. G. Jones, R. B. Oswald, M. Noltemeyer
Dalton Trans., 2007, 4149–4159
A ligand influence on the stability of heterobimetallic complexes containing the Ti(μ-O)Al skeleton. Transformation of heterometallic systems to the homometallic Ti(IV) and Al(III) complexes

S. K. Mandal, P. M. Gurubasavaraj, H. W. Roesky, R. B. Oswald, J. Magull, A. Ringe
Inorg. Chem. 2007, 46, 7594–7600
Synthesis, structural characterization and theoretical investigation of compounds containing an Al-O-M-O-Al (M = Ti, Zr) core

Z. Yang, X. Ma, H. W. Roesky, Y. Yang, J. Magull, A. Ringe
Inorg. Chem. 2007, 46, 7093 – 7096
Synthesis and characterization of well-defined aluminum containing heterobimetallic selenides

L.W. Pineda, V. Jancik, S. Nembenna, H. W. Roesky
Z. Anorg. Allg. Chem. 2007, 633, 2205–2209
Synthetic and structural studies of lead and bismuth organohalides bearing a β-diketiminato ligand

Technikwissenschaftliche Kommission
Vorsitzender: Frahm
Buback, Büchting (Einbeck), Kirchheim, Litfin (Göttingen), Marowsky (Göttingen), Musmann, Troe

Kontaktadresse: Biomedizinische NMR Forschungs GmbH am MPI für Biophysikalische Chemie, Am Fassberg 11, 37070 Göttingen, Tel.: 0551-201-1721, Fax: 0551-201-1307, jfrahm@gwdg.de (Prof. Dr. Frahm)

Uigurisches Wörterbuch. Sprachmaterial der vorislamischen türkischen Texte aus Zentralasien
Vorbereitungskommission:
Vorsitzender: Röhrborn
Dietz (Göttingen), Laut (Freiburg i. Br.), Ölmez (Istanbul), von Simson, Zieme (Berlin)

Kontaktadresse: Seminar für Turkologie und Zentralasienkunde, Waldweg 26, 37073 Göttingen, Tel.: 0551-39-2171, Fax: 0551-39-4561, goeturko@gwdg.de (Prof. Dr. Röhrborn)

Arbeitsbericht: Im Tarim-Becken in Zentralasien, wo die Reiseroute der chinesischen Indien-Pilger auf die Seidenstraße trifft, entwickelte sich vom 3.–14. Jahrhundert eine Reihe von buddhistischen Hochkulturen, unter ihnen das Königreich der türkischsprachigen Uiguren. Zu Beginn des 20. Jahrhunderts schickten die europäischen Nationen und Japan Expeditionen in dieses Gebiet, um die Hinterlassenschaft dieser Kulturen zu bergen. Das uigurische Material liegt heute in den Sammlungen von St. Petersburg, London, Paris und Kyoto, vor allem aber in Berlin und ist seit 100 Jahren der Gegenstand von wissenschaftlichen Studien. Seit 1977 erscheint das „Uigurische Wörterbuch", ein historisches Belegwörterbuch, das den Wortschatz dieser ältesten türkischen Texte erschließen soll.

In der Sitzung vom 5. April 2007 wurde die Vorbereitungskommission über den DFG-Antrag zur Aktualisierung des vorliegenden Wörterbuch-Materials für die Fortführung im Rahmen des Akademienprogramms informiert. Über eine Projekt-Skizze zur Vorlage in der Phil.-Hist. Klasse der Akademie wurde diskutiert, und aufgrund dieser Skizze beschloss die Phil.-Hist. Klasse in der Sitzung vom 22. Juni 2007 die Aufnahme des Neuprojektes „Uigurisches Wörterbuch". Der förmliche Projekt-Antrag wurde unter dem Datum des 27. Sept. 2007 bei der Akademie der Wissenschaften zu Göttingen eingereicht.

Das vorbereitende DFG-Projekt wurde am 27.8.2007 bewilligt, und am 1.12.2007 wurde die Arbeit am Projekt aufgenommen. Die Projekt-Mitarbeiter haben im Laufe des Dezembers die Bibliographie und die Einleitung aktualisiert und für die Überführung in eine relationale Datenbank und die Internet-Publikation vorbereitet.

K. Röhrborn

II. Vorhaben aus dem Akademienprogramm

Für die regelmäßige Begutachtung der Vorhaben ist seit 2000 die Union der deutschen Akademien der Wissenschaften zuständig.

Byzantinische Rechtsquellen
Leitungskommission:
Vorsitzender: Behrends
Fögen (Frankfurt/Main), G.A. Lehmann, Mühlenberg, Schindel, Schreiner

Kontaktadresse: Max-Planck-Institut für Europäische Rechtsgeschichte, Hausener Weg 120, 60489 Frankfurt a. M., Tel.: 069-78978-142, Fax 069-78978-169, burgmann@mpier.uni-frankfurt.de (Dr. Burgmann), http://www.mpier.uni-frankfurt.de

Arbeitsbericht: Die Arbeiten an Teil II des „Repertoriums der Handschriften des byzantinischen Rechts" („Die Handschriften der vor 1204 entstandenen kanonistischen Sammlungen") wurden fortgesetzt. Die Menge der durch gedruckte Inventare und Kataloge bekannt werdenden einschlägigen Handschriften nimmt immer noch zu und hat inzwischen die Zahl 280 überschritten. Es erscheint jedoch wünschenswert und wird wohl auch möglich sein, im Jahr 2008 einen Schlußstrich zu ziehen und den Band zu publizieren.

Die Digitalisierung der Handschriften-Mikrofilme und die Speicherung der Daten auf CD-ROM wurden im Rahmen der technischen Möglichkeiten und der vom gastgebenden Max-Planck-Institut zur Verfügung gestellten Sondermittel abgeschlossen.

Das Wörterverzeichnis zur slavisch-griechischen Parallelausgabe des „Altslavischen Nomokanons" (ed. Beneševič 1906) befindet sich im Druck; zur Bequemlichkeit der Benutzer wird es in zwei Halbbänden erscheinen (I: Slavisch-griechisches Verzeichnis [mit Belegstellen] – II: Griechisch-slavisches und rückläufiges slavisches Verzeichnis [ohne Belegstellen]).

Ebenfalls im Druck befindet sich die Edition der von Alexios Aristenos kommentierten „Synopsis canonum". Gemeinsam mit der in verschiedenen Versionen überlieferten unkommentierten Synopsis und der sogenannten „Appendix Aristeni" soll sie im nächsten Band der „Fontes Minores" erscheinen.

Mitarbeiter der Forschungsstelle haben – teils im Rahmen von Symposien, teils auf persönliche Einladung hin – Vorträge in Belgrad, Groningen, Kerkyra und Wien gehalten.

Auf dem „Jahrmarkt der Wissenschaften" (Essen, 9.–15. Juni) war die Forschungsstelle als einer von zwei Vertretern der Union der deutschen Akademien der Wissenschaften mit einem Stand vertreten.

M. Th. Fögen

Deutsche Inschriften des Mittelalters und der frühen Neuzeit
(Arbeitsstellen Göttingen und Greifswald)
Leitungskommission:
Vorsitzender: Schindel
Stellv. Vors.: Stackmann
Arndt, Arnold (Wolfenbüttel), Grubmüller, Haye (Göttingen), Henkel, Michael (Lüneburg), Petke (Göttingen), Rexroth, Segers-Glocke (Hannover), Spieß (Greifswald)

Kontaktadresse: Theaterstraße 7, 37073 Göttingen, Tel.: 0551-39-5336, cwulf@gwdg.de (Dr. Wulf) (Arbeitsstelle Göttingen); Historisches Institut der Ernst Moritz Arndt-Universität Greifswald, Domstraße 9A, 17487 Greifswald, Tel.: und Fax 03834-863342,cmagin@uni-greifswald.de (Dr. Magin), http://www.inschriften.uni-greifswald.de/html/kontakt.htm (Arbeitsstelle Greifswald)

Arbeitsbericht: Das Forschungsprojekt hat die Sammlung und kommentierte Edition der mittelalterlichen und der frühneuzeitlichen Inschriften zur Aufgabe. Erfaßt werden die Inschriften in lateinischer und in deutscher Sprache vom frühen Mittelalter bis zum Jahr 1650. Die Leitungskommission hat die Aufsicht über zwei Arbeitsstellen: eine für Niedersachsen zuständige Arbeitsstelle in Göttingen und eine weitere, die an der Universität Greifswald angesiedelt ist und die Inschriften in Mecklenburg-Vorpommern erfaßt. Beide Arbeitsstellen sind Teil eines Gemeinschaftsprojekts der wissenschaftlichen Akademien in Deutschland und Österreich. Die Publikationen erscheinen in der Reihe „Die Deutschen Inschriften" im Dr. Ludwig Reichert-Verlag, Wiesbaden. Für Niedersachsen liegen bisher zwölf Bände vor: die städtischen Bestände Göttingen, Lüneburg I, Osnabrück, Hameln, Hannover, Braunschweig I u. II, Einbeck, Goslar, Hildesheim und Helmstedt sowie die des Landkreises Göttingen (incl. Hann.

Münden und Duderstadt). In Bearbeitung sind die Inschriften der Landkreise Hildesheim, Holzminden und Schaumburg sowie die Inschriften der Heideklöster. Die Arbeitsstelle Greifswald bearbeitet die Inschriften der Städte Greifswald und Stralsund.

Die publizierten Bände stellen reichhaltiges Quellenmaterial für unterschiedliche historische und philologische Disziplinen bereit, wie z. B. Landesgeschichte, Kirchengeschichte, lateinische und deutsche Sprachgeschichte, Schriftgeschichte und Kunstgeschichte. Zu den neuerschlossenen Informationen gehören zunächst die personengeschichtlichen Daten, die sich vor allem aus den Grabinschriften gewinnen lassen. Daneben spiegeln die Texte vielfältige frömmigkeits- und kulturgeschichtliche Entwicklungen, wie z. B. die im Laufe der Jahrhunderte sich wandelnden Vorstellungen von Tod, Jenseits und Auferstehung oder die verschiedenen Ausdrucksformen bürgerlichen Bildungsbewußtseins und ständischer Repräsentation. Viele Inschriften geben authentische Hinweise auf Zeit und Umfeld der Stücke, auf denen sie angebracht sind. In Zeiten fortschreitender Umweltzerstörung, der die oft im Freien befindlichen Denkmäler in starkem Maße ausgesetzt sind, ist die Sammlung der Inschriften besonders dringend geworden.

Arbeitsstelle Göttingen
Zur Zeit werden die Inschriften der Landkreise Hildesheim und Schaumburg sowie die Inschriften der Lüneburger Frauenklöster bearbeitet. Der Bestand des Landkreises Hildesheim umfaßt 450 Inschriften sowie 91 Jahreszahlen und Initialen. Die Aufnahme der original überlieferten Inschriften, die sich auf 125 Ortschaften verteilen, konnte im Sommer 2006 abgeschlossen werden. Sie ist in 2300 Digitalphotos dokumentiert. Die Ergebnisse dieser Aufnahme sind in die Edition eingearbeitet worden, für knapp 200 Inschriften liegen bereits fertige Kommentare vor. Vorläufige Standort-, Namen- und Wappenregister wurden angelegt. Im September 2007 konnte mit der Bearbeitung der Inschriften des Landkreises Schaumburg begonnen werden. Schwerpunkte der Überlieferung dieses Projekts sind die Städte Bückeburg, Rinteln und besonders Stadthagen mit der Grablege der Grafen von Schaumburg. Hinzu kommen die Inschriften des Damenstifts Obernkirchen. Die Sammlung der vor 1700 entstandenen Inschriften in den Lüneburger Klöstern Ebstorf, Isenhagen, Lüne, Medingen, Walsrode und Wienhausen ist auf 320 Inschriften angewachsen. Die Aufnahme der original erhaltenen Inschriften wurde abgeschlossen, ihre Erträge sind in die Artikel eingearbeitet worden. Damit ist die Edition in einer ersten Fassung abgeschlossen, mit der Kommentierung wurde begonnen.

Die Arbeiten am Landkreis Holzminden (277 Inschriften, 35 Jahreszahlen und Initialen) ruhen bis nach der Bearbeitung der Inschriften des Landkreises Hildesheim.

Zur Erleichterung einer an Forschungs-Prioritäten orientierten Projektplanung wurden die Inschriften der Landkreise Northeim, Goslar, Osterode, Hameln-Pyrmont, Celle, Uelzen, Gifhorn Soltau-Fallingbostel sowie der Region Hannover EDV-gerecht erfaßt und durch Namen- und Standortregister erschlossen.

Die Mitarbeiterinnen der Arbeitsstelle waren an der organisatorischen Vorbereitung der von der Göttinger Leitungskommission veranstalteten internationalen Fachtagung für Epigraphik in Greifswald beteiligt (s. Sonstige Veranstaltungen). Frau Wulf hat im Rahmen dieser Tagung einen Vortrag zum Thema „Bildbeischriften im frömmigkeitsgeschichtlichen Kontext – Funktionswandel in Inschriften auf kirchlichen Ausstattungsstücken vom hohen Mittelalter bis zum 16. Jahrhundert" gehalten. Sämtliche Vorträge dieser Tagung sollen in einem Sammelband publiziert werden, der im Juni 2008 im Dr. Ludwig Reichert-Verlag Wiesbaden erscheinen soll. Zur Zeit werden die Beiträge für den Druck eingerichtet.

Am 9. Mai 2007 fand zu Beginn der Tagung in Greifswald eine Sitzung der Interakademischen Kommission für die Deutschen Inschriften statt, aus Göttingen waren Herr Schindel und Frau Wulf anwesend. Die Leitungskommission der Arbeitsstellen Göttingen und Greifswald kam am 19. Oktober 2007 in Göttingen zu einer Sitzung zusammen.

Im Wintersemester 2007/2008 hat Frau Wulf ein Seminar „Einführung in die Arbeit mit historischen Inschriften, Teil 2" im Rahmen des Studiengangs Historische Hilfswissenschaften an der Universität Göttingen gehalten.

Arbeitsstelle Greifswald
Der Bestand der Greifswalder Inschriften umfaßt ca. 420 Nummern, aus denen im vergangenen Jahr ca. 160 Grabplatten ausgesondert wurden, weil sie entweder nach 1650 entstanden oder weil die Inschriftenreste nicht mehr lesbar sind. Die Grabplatten werden von Jürgen Herold bearbeitet. Bei 90 weiteren Objekten, bearbeitet von Christine Magin, handelt es sich vor allem um Epitaphien, Glocken, vasa sacra und Wandmalereien. Insgesamt liegt der Anteil der kopialen Überlieferung unter 20%. Die Arbeiten an den Stralsunder Inschriften ruhen bis zur Fertigstellung des Greifswald-Bandes.

Die Beschreibungen, Transkriptionen und Übersetzungen der Grabplatten-Inschriften liegen vor, ebenso der größte Teil der Personenkommentare. Die paläographischen Kommentare sind in Arbeit. Von 90 Artikeln zu Inschriften auf anderen Objekten sind 65 abgeschlossen, zu zahlreichen weiteren fehlen nur einzelne Nachweise. Die Archivarbeiten sind weitgehend erledigt. Nach ungedruckter kopialer Inschriftenüberlieferung wurde vergeblich gesucht. Im zweiten Halbjahr 2008 soll der Inschriftenband Greifswald erscheinen.

Die Hilfskräfte führen kontinuierlich die landesweite Erfassung von Inschriften aus der Literatur weiter, um eine Basis für zukünftige Projekte zu gewinnen. Auch die Literaturdatenbank wird fortlaufend ergänzt. In Zusammenarbeit mit den Kollegen der übrigen Arbeitsstellen wurde die gemeinsame Homepage www.inschriften.net konzipiert und ins Netz gestellt. Unter dieser Adresse gibt es sowohl gemeinsame Seiten als auch solche der einzelnen Arbeitsstellen, die von diesen selbst betreut werden.

Ein kleines Einzelprojekt befaßt sich mit den Inschriften des Benediktinerinnenklosters und evangelischen Damenstifts Dobbertin in Mecklenburg. In einem Dokumentationsband des Landesamtes für Denkmalpflege (Schwerin) werden zwei Beiträge über die 23 Grabplatten des 14.-19. Jahrhunderts und die Inschriften auf zwei Gewölbekonsolen aus gebranntem Ton erscheinen. Darüber hinaus wurden Fotoarbeiten an Wismarer Grabplatten, im Kloster Dobbertin und in Greifswald (vasa sacra in den Kirchen, Objekte im Pommerschen Landesmuseum) erledigt. Am Tag des offenen Denkmals (9.9.2007) hat Jürgen Herold im Rahmen einer Veranstaltung der städtischen Denkmalpflege einen Vortrag über „Die Grabinschriften der Greifswalder Kirchen vor und nach der Reformation" gehalten.

Vom 9.–12.5.2007 fand in Greifswald die 11. Internationale Fachtagung für Epigraphik zum Thema „Traditionen, Zäsuren, Umbrüche. Inschriften des späten Mittelalters und der frühen Neuzeit im historischen Kontext" statt (s. Sonstige Veranstaltungen).

U. Schindel

Deutsches Wörterbuch von Jacob Grimm und Wilhelm Grimm (Arbeitsstelle Göttingen)
Leitungskommission:
Vorsitzender: Bergmann
Barner, Blosen (Aarhus), Erben, Henne, Stackmann

Kontaktadresse: Papendiek 14, 37073 Göttingen, Tel.: 0551-39-9544, Fax: 0551-39-9881, mschlae@gwdg.de (Prof. Dr. Schlaefer), http://grimm.adw-goettingen.gwdg.de

II. Vorhaben aus dem Akademienprogramm 273

Arbeitsbericht: Das Deutsche Wörterbuch wurde als historisches Wörterbuch der neuhochdeutschen Schriftsprache angelegt. Es enthält in alphabetischer Ordnung den gebräuchlichen deutschen Wortschatz von der Mitte des 15. Jahrhunderts bis zur Gegenwart. Geplant und begonnen wurde es von den Brüdern Jacob und Wilhelm Grimm, die auch als Gründer der Germanistik gelten. Nach ihrer Vorstellung und ihrem Vorbild stellt das Wörterbuch die Geschichte der deutschen Wörter dar, gibt ihre Herkunft, ihre Verwandtschaft und ihre Formen an und beschreibt ihre landschaftliche Verbreitung innerhalb des deutschen Sprachgebiets. Die Hauptaufgabe des Wörterbuchs besteht in der Herausarbeitung und Beschreibung der Bedeutung der Wörter und ihrer verschiedenen Gebrauchsweisen in der schriftsprachlichen Überlieferung anhand von ausgewählten Belegen. Auf diese Weise sollen Entwicklung, Veränderung und Variation der Bedeutungen vom ersten Auftreten bis heute aufgezeigt werden. Der besondere Wert des Deutschen Wörterbuchs liegt in der umfassenden Wortschatzsammlung und in der breiten Dokumentation der historischen Belege. Es bildet ein Grundlagenwerk der deutschen Wortforschung. Mit der vollständigen Neubearbeitung der ältesten Teile A-F soll in Konzeption und Darstellungsweise an die letzten Bände der Erstausgabe angeknüpft, zugleich aber auch der Anschluß des Werks an zeitgemäße Standards der historischen Lexikographie gewährleistet werden. Die Arbeiten an der Neubearbeitung wurden 1960 begonnen. Seit 1965 erscheinen Lieferungen der Unternehmensteile in Berlin und Göttingen. Das Unternehmen wird von der Berlin-Brandenburgischen und der Göttinger Akademie der Wissenschaften getragen und verfügt über zwei Forschungsstellen an den Sitzorten der Akademien. Der in Göttingen bearbeitete Teil D-F des ^{2}DWB ist im Frühsommer 2006 abgeschlossen worden und liegt gedruckt vor. – Im Rahmen einer Kooperationsvereinbarung der beiden Unternehmensteile in Göttingen und Berlin über den beschleunigten Abschluß der Neubearbeitung des Deutschen Wörterbuchs wurde im Juli 2006 das Belegmaterial des V. Bandes im Alphabet von BETRIEB bis Ende C von der Berliner Arbeitsstelle nach Göttingen überstellt. Es handelt sich um ca. 500.000 Zettel, die, auf fünf Lieferungen verteilt, bis 2012 in Göttingen abschließend bearbeitet werden sollen. Der Druck der fünf Lieferungen soll nach Entscheidung der Kommission zusammenhängend nach Abschluß der aktuellen Neubearbeitungsphase erfolgen. Fertige Artikel können in der Zwischenzeit bei der Arbeitsstelle angefordert werden. – Im Jahr 2007 wurde die lexikographische Bearbeitung der ersten Lieferung des fünften Bandes mit etwa 300 Stichwörtern in den Stichwortgrenzen von BETRIEB bis BIEGEN zum größeren Teil abgeschlossen. Im technischen Bereich der Lieferungserstellung sind umfangreiche Zusatzarbeiten entstanden. Da es sich bei dem aus Berlin übernommenen Belegmaterial überwiegend um hand- oder maschinenschriftliche Abschriften handelt, müssen alle für die Artikel aufgenommenen Zitate an den Originaltexten geprüft werden. Ein größerer Teil dieser Zitatprüfungen kann an Beständen aus Göttinger Bibliotheken erledigt werden. Die restlichen Prüfungen werden im Monatsabstand durch einen Mitarbeiter der Göttinger Arbeitsstelle in Berlin durchgeführt. Weiterer Zeitaufwand ergibt sich aus der Nachsammlung von Belegmaterial zur Sicherung der Bezeugungsgrenzen und der Bezeugungskontinuität. Das arbeitsstelleninterne Datenverarbeitungskonzept wird derzeit teilweise auf eine neue Softwaregrundlage gestellt. Insbesondere muß das ältere Satzprogramm durch eine zeitgemäßere Lösung ersetzt werden. Parallel dazu müssen erweiterte digitale Verwaltungsinstrumente für veränderte Arbeitsabläufe aufgebaut werden. Die Kapazität der Arbeitsstelle ist im wissenschaftlichen Bereich vor allem durch den Wechsel von Frau Dr. Casemir in das Projekt „Ortsnamen zwischen Rhein und Elbe" (Münster) im März und die erst seit August mögliche Einarbeitung von Herrn Dr. Habel als ihrem Nachfolger beeinträchtigt worden. Ein Kontingent von etwa 11.000 Belegen blieb daher unbearbeitet. Weitere Defizite gegenüber dem Lieferungsplan ergeben sich durch krankheitsbedingte Ausfallzeiten und redaktionelle Komplikationen. Gemeinsam mit der Hamburger Arbeitsstelle des Goethe-Wörterbuchs hat die Göttinger DWB-Arbeitsstelle im März 2007 ein Arbeitsgespräch zum Thema der Kontextualisierung von Wörterbuchinformationen veranstaltet, an dem sich auch Vertreter des Mittelhochdeutschen Wörterbuchs und des Deutschen Rechtswörterbuchs beteiligten (vgl. Bericht des Goethe-WB.). Wissenschaftliche Mitarbeiter der Arbeitsstelle haben im laufenden Jahr an verschiedenen externen wissenschaftlichen Veranstaltungen teilgenommen und universitäre Lehrveranstaltungen angeboten. Für auswärtige Besucher wurden Führungen durch die Arbeitsstelle durchgeführt.

R. Bergmann

Die Inschriften des ptolemäerzeitlichen Tempels von Edfu
Leitungskommission:
Vorsitzender: Junge
Beinlich (Würzburg), Kurth (Hamburg), G.A. Lehmann, Loprieno (Basel), Westendorf

Kontaktadresse: Universität Hamburg, Fakultät für Geisteswissenschaften, Department Kulturgeschichte und Kulturkunde, Abt. Archäologisches Institut der Universität Hamburg, Arbeitsbereich „Tempel von Edfu", Edmund-Siemers-Allee 1, Flügel West, 20146 Hamburg, Tel.: 040-42838-3209, Fax: 040-42838-3255, ar5a017@uni-hamburg.de (Prof. Dr. Kurth), http://rrz.uni-hamburg.de/Edfu-Projekt/Edfu.html

Arbeitsbericht: Das 1986 von Dieter Kurth langfristig angelegte Edfu-Projekt widmet sich der philologischen Gesamtbearbeitung der Inschriften des oberägyptischen Tempels von Edfu. Diese Edfu-Texte geben eine überaus reiche Vielfalt von Informationen, unter denen diejenigen zur Religion dominieren, die aber auch die politische Geschichte, die Verwaltung und vieles andere mehr betreffen. Die Ziele des Edfu-Projekts sind eine allgemein gut verständliche Übersetzung sowie ein Kommentar, der sich in erster Linie auf das unmittelbare Textverständnis beschränkt. Während der Übersetzungsarbeit werden alle greifbaren internen Parallelen hinzugezogen sowie die gesamte erfaßte textrelevante Sekundärliteratur und die Dekorationssystematik. Ausführliche analytische Indizes sowie eine Grammatik der Tempelinschriften der griechisch-römischen Zeit runden das Werk ab.

Im Berichtszeitraum 2007 wurden folgende Arbeiten durchgeführt: Die Arbeit an der Übersetzung der Texte der Innenseite der Umfassungsmauer (Edfou VI) wurde fortgesetzt. Dieser Band enthält den überwiegenden Teil der innerhalb der gesamten Edfu-Inschriften verstreut überlieferten Schöpfungsmythen. Die Schöpfungsmythen des Tempels von Edfu enthalten die „Edfu-Version" der in ganz Ägypten verbreiteten Schöpfungsmythen, welche, auf traditionellen Vorstellungen aufbauend, in Edfu eine sehr originelle lokale Prägung erfahren hat. Die Übersetzung dieser Inschriften dürfte nicht nur bei Ägyptologen, sondern vor allem auch bei Religionshistorikern ein lebhaftes Interesse finden.

Darüber hinaus sind in Edfou VI auch die Texte des Großen Horusmythos zu finden. Bei diesem Mythos handelt es sich um den größten erzählenden Text des Tempels. Durch diese Inschriften wird das Selbstverständnis des ägyptischen Horus-Königtums deutlich; zwar erhielt auch dieser Text eine unverkennbare Prägung durch die lokale Theologie Edfus und durch die Zeit seiner Niederschrift, doch wurzelt sein Inhalt in den ältesten Epochen der ägyptischen Geschichte. Die durch Kollationierung verbesserten Lesungen und das durch das Heranziehen sämtlicher Parallelen gewonnene bessere Verständnis rechtfertigen eine neue Übersetzung dieses bereits von Fairman monographisch bearbeiteten Textes.

Die Übersetzungstätigkeit richtete sich zunächst nach thematisch-inhaltlich gebundenen Abschnitten und folgte innerhalb der Textpublikation (Edfou VI) nicht der von Chassinat vorgegebenen Struktur, aufgrund der für das Textverständnis wichtigen Parallelen und Varianten der Schöpfungsmythen und des Horusmythos. Des weiteren war es notwendig, in einem Vorgriff einige Passagen aus den Bänden Edfou III und Edfou IV zu bearbeiten. Abgeschlossen wurden bereits die Übersetzungen der Seiten 1–80, 168–179, 181–186, 193–213 und 318–332 (Edfou VI).

Abgeschlossen wurde die redaktionelle Endbearbeitung inklusive Korrektureinfügungen und Layoutgestaltung des ersten Bandes der Grammatik der Inschriften der Tempel der griechisch-römischen Zeit. Dieser erste Teil umfaßt 581 Seiten und enthält die Hauptkapitel Schriftsystem, Zeichenliste und Phonetik sowie Übungsstücke mit den entsprechenden Auflösungen. Der Band ist im September 2007 erschienen. Bis Jahresende war die erste Auflage bis auf wenige Exemplare bereits vergriffen. Ein ausführlicher Index zu diesem Band wird von Frau Brech-Neldner erstellt. Finanziert wurde diese Arbeit durch Werkverträge der Akademie. Der zweite Band der Grammatik wird noch 2008 fertiggestellt sein; dieser Band wird die vereinigten Indizes beider Teile beinhalten.

Redaktionell betreut wurde der Band „Inschriften des Tempels von Edfu II/1". Dieser Band enthält die von Chassinat nicht publizierten Strichzeichnungen der Ritualszenen zu Edfou VII (Außenseite der Umfassungsmauer) und zu Edfou VIII (Pylon). Die Strichzeichnungen wurden von Uwe Bartels angefertigt. Die Monographie wird mit einer CD-ROM ausgeliefert, die es ermöglicht, der jeweiligen als Strichzeichnung ausgeführten Szene eine beigefügte Photographie des Edfu-Archivs zuzuordnen. ITE II/1 wird 2008 im Harrassowitz-Verlag, Wiesbaden, erscheinen.

Das Edfu-Begleitheft 2, eine von Stefan Rüter angefertigte monographische Untersuchung einer spezifischen Hymnenform in Edfu und weiteren Tempeln der Ptolemäerzeit, wurde redaktionell überarbeitet und ist in Kürze druckfertig.

Edfu-Begleitheft 6 enthält mehrere Spezialuntersuchungen zum Edfu-Tempel, die von den Mitarbeitern des Edfu-Projekts angefertigt worden sind. Das Heft wird ebenfalls 2008 erscheinen.

Fortgeführt wurde die Arbeit an der Photokonkordanz. Die digitalisierte Übertragung der Götterliste wurde abgeschlossen und wird nun noch phraseologisch vereinheitlicht. Die 2006/7 publizierte relevante Sekundärliteratur wurde gesichtet und aufgenommen.

Die während der achten Kollationierungskampagne in Edfu aufgenommenen mehr als 7.500 Photographien wurden systematisch erfaßt, um sie der verbesserten Nutzung mit Hilfe des „Edfu-Explorers" zuführen zu können. In einem zweiten Arbeitsschritt wurde begonnen, die erarbeiteten Daten in die Formulardatenbank zu übertragen.

Im Mai erfolgte eine Evaluation des Edfu-Projektes durch internationale Gutachter.

Während der letzten drei Kalendermonate wurden die halben Stellen der Mitarbeiter des Edfu-Projekts zeitlich befristet aufgestockt.

Öffentlichkeitsarbeit:
Der Freundeskreis der Abteilung Ägyptologie an der Universität Hamburg führte 2007 einen Vortragszyklus mit dem Generalthema Edfu durch, bei dem durch Vorträge die Herren Kurth, Graeff und Effland vertreten waren. Weitere Vorträge zu Edfu wurden gehalten von Herrn Kurth in Hildesheim (Roemer- und Pelizaeus-Museum) sowie Herrn Effland in London (British Museum).

Durch eine Plakatausstellung vertreten war das Edfu-Projekt während des Wissenschaftssommers in Essen und bei der Akademienausstellung „Sprache – Schrift – Bild" auf der Berliner Museumsinsel. Besonderes Interesse erweckte das bei diesen Ausstellungen gezeigte Tempelmodell (Maßstab 1:150). Beide Ausstellungen wurden von den Veranstaltern als große Erfolge bewertet.

Die Internetpräsenz des Projektes wurde komplett überarbeitet und ist nun auch in einer englischsprachigen Version aufrufbar. In den Monaten, in denen das Edfu-Projekt mit einem eigenen Artikel in der online-Enzyklopädie Wikipedia aufgenommen wurde, erreichten die Besucherzahlen der Internetseite des Projektes (http://www.rrz.uni-hamburg.de/Edfu-Projekt/Edfu.html) annähernd die Marke von 30.000. Mittlerweile hat sich dies bei monatlich etwa 8.000 Besuchern eingependelt. Auf besonderes Interesse stößt dabei die neu erstellte „Edfu Digital Library", die einen kostenlosen online-Zugriff auf zahlreiche Publikationen zur Ptolemaistik bietet.

Erneut engagierten sich Projektleiter und alle Mitarbeiter des Vorhabens in der akademischen Lehre an der Universität Hamburg bzw. der Universität Münster.

Zur Zeit sind als Wissenschaftliche Mitarbeiter beim Projekt beschäftigt: Andreas Effland, Jan-Peter Graeff, Martin von Falck, Wolfgang Waitkus.

F. Junge

Veröffentlichungen:
Dieter Kurth, Einführung ins Ptolemäische. Eine Grammatik mit Zeichenliste und Übungsstücken, Hützel 2007. ISBN: 978-3-9810869-1-1.
Mehrere Beiträge der Mitarbeiter des Edfu-Projekts in: Wolfgang Waitkus (Hg.), Diener des Horus. Festschrift für Dieter Kurth zum 65. Geburtstag. Aegyptiaca Hamburgensia 1. Gladbeck 2007. ISBN: 978-3-935012-01-0.

Edition der naturwissenschaftlichen Schriften Lichtenbergs
Leitungskommission:
Vorsitzender: Lieb
Stellv. Vors.: Barner
Beuermann (Göttingen), Christensen, Joost, Patzig, Samwer, Schöne

Kontaktadresse: Am Papendiek 14, 37073 Göttingen, Tel.: 0551-39-9471 Fax: 0551-39-14193 (Dr. Zehe), Tel.: 0551-39-8409, akrayer@gwdg.de (Dr. Krayer)

Arbeitsbericht: Auf mehr als 1300 Blättern und in 41 kleinen Heftchen des in der Göttinger Staats- und Universitätsbibliothek aufbewahrten Nachlasses von Georg Christoph Lichtenberg stehen Notizen für die Vorlesungen über Erxlebens „Anfangsgründe der Naturlehre". Dieses Lehrbuch liefert das Ordnungsprinzip für die Edition der bisher unveröffentlichten Aufzeichnungen; deren Transkription und Kommentierung ist Hauptaufgabe der Arbeitsstelle.

Im Berichtsjahr 2007 waren für das Vorhaben zwei Ereignisse von besonderer Bedeutung. Zum einen fand im Frühsommer die Evaluierung durch drei von der Union der Akademien bestellte Gutachter statt, die die gemeinsamen Anstrengungen von Arbeitsstelle und Kommission mit hohem Lob bedacht und die Planungen für die Weiterarbeit gutgeheißen haben. Im Interesse eines Abschlusses des Vorhabens innerhalb der vorgesehenen Frist (2015) regten die Gutachter eine personelle Verstärkung der Arbeitsstelle an.

Zum anderen erschien im Herbst im Wallstein-Verlag als Band 3 der Edition der erste Teil der „Notizen und Materialien zur Experimentalphysik", der Lichtenbergs Aufzeichnungen zu den Grundlagen der Naturlehre, zur Mechanik und zu den zur Naturlehre gehörenden Grundlagen der Chemie (Abschnitte 1–7 des Erxleben) enthält. Jedem Abschnitt im Erxleben entspricht ein Kapitel des Bandes, das nach einer kurzen Einleitung der Bearbeiter zunächst die entsprechenden Passagen aus Lichtenbergs Aufzeichnungen für die Vorlesung des Sommersemesters 1785 und sodann die textkritischen Kommentare enthält. Die Sachkommentare sind gesammelt am Ende des Bandes abgedruckt. Etwas über 400 Seiten Lichtenbergschen Textes stehen Sachkommentare im Umfang von knapp 300 Seiten gegenüber.

Die Arbeiten an dem durch die Kommission 2006 zusätzlich in die Reihe aufgenommenen Nachdruck der „Erinnerungen aus Lichtenbergs Vorlesungen", die sein Hörer Gottlieb Gamauf in den Jahren 1808 bis 1818 veröffentlichte und die ein ausgezeichnetes Hilfsmittel zum Verständnis von Lichtenbergs Vorlesungsstil und Aufzeichnungen darstellen, befinden sich in einem fortgeschrittenen Stadium. Sein Erscheinen als Band 2 der Ausgabe ist für Mai 2008 vorgesehen. Mit diesem Band wäre dann die Hälfte der geplanten Edition im Druck erschienen.

Unterdessen wurde mit der Kommentierung der Texte zur Optik und Wärmelehre die Arbeit an Band 4 aufgenommen, der 2010 erscheinen soll.

K. P. Lieb

Veröffentlichung:
Georg Christoph Lichtenberg: Vorlesungen zur Naturlehre. [Bd. 3.], Notizen und Materialien zur Experimentalphysik. Teil I. Mit Unterstützung der Akademie der Wissenschaften zu Göttingen. Hrsg. von Horst Zehe (Kapitel I-IV, V), Albert Krayer (Kapitel V, VII), Wiard Hinrichs. Wallstein-Verlag 2007. XXXVIII, 802 Seiten, ISBN 978-3-8353-0213-6

Enzyklopädie des Märchens
Leitungskommission:
Vorsitzender: Mölk
Alzheimer (Bamberg), Brednich (Göttingen), Brückner (Würzburg), Drascek (Regensburg), Gerndt (München), Köhler-Zülch (Göttingen), Nagel, Roth (München), Terwiel

Kontaktadresse: Friedländer Weg 2, 37085 Göttingen, Tel.: 0551-39-5358, Fax: 0551-39-2526, umoelk@gwdg.de (Prof. Dr. Mölk), http://gwdg.de/~enzmaer

Arbeitsbericht: Im Oktober 2007 erschien die dritte Lieferung des zwölften Bandes der „Enzyklopädie des Märchens"; sie umfaßt die Artikel „Speckdieb" bis „Sublimierung". Ein Großteil der Manuskripte für die erste Lieferung des 13. Bandes („Suchen, Suchwanderung" bis ca. „Tiefenpsychologie") liegt bereits vor. Die redaktionelle Bearbeitung der ausstehenden Manuskripte soll im Februar 2008 abgeschlossen werden, so daß die erste Lieferung des 13. Bandes ca. im August 2008 erscheinen kann.

Außer auf die Redaktionstätigkeit zu den Artikeln der Buchstaben T und U verwandten die Mitarbeiter erhebliche Zeit darauf, die außerordentlich umfangreichen Archive und Kataloge der Arbeitsstelle zu ergänzen und auf den neuesten Stand zu bringen. Dies betraf insbesondere die Betreuung des Textarchivs sowie die Auswertung von Typenkatalogen und Spezialbibliographien. Die Anschaffung und Einarbeitung wichtiger in- und ausländischer Primär- und Sekundärliteratur in die Bibliothek und die diversen Archive wurde gleichfalls in angemessenem Maßstab betrieben.

Fortgeführt wurde die EDV-Erfassung zur Aufbereitung des Archivmaterials, der verschiedenen Katalog- und Karteisysteme sowie der Namen-, Sach-, AaTh- und Motivregister, die für die redaktionelle Arbeit einen schnellen und umfassenden Zugriff auf die Materialien ermöglicht und sich in der Praxis vielfach bewährt hat. Die Register der EM sind nach umfangreichen Umstellungen seit Sommer 2000 bei der GWDG gespeichert. Abfragen und Bearbeitungen werden per Internet-Schnittstelle vorgenommen.

U. Mölk

Veröffentlichungen:

Enzyklopädie des Märchens, Handwörterbuch zur historischen und vergleichenden Erzählforschung, Band 12, Lieferung 3 (Speckdieb – Sublimierung). Begründet von Kurt Ranke. Mit Unterstützung der Akademie der Wissenschaften zu Göttingen herausgegeben von Rolf Wilhelm Brednich, Göttingen, zusammen mit Hermann Bausinger, Tübingen, Regina Bendix, Göttingen, Wolfgang Brückner, Würzburg, Daniel Drascek, Regensburg, Helge Gerndt, Ines Köhler-Zülch, Göttingen, München, Lutz Röhrich, Freiburg, Klaus Roth, München. Verlag Walter de Gruyter & Co., Berlin/New York 2007. Sp. 961–1440. ISBN-Nr. 978-3-11-019933-8.

Erschließung der Akten des kaiserlichen Reichshofrats
Leitungskommission:
Vorsitzender: Sellert
Auer (Wien), Cordes (Frankfurt/Main), Oestmann (Münster), Ogris (Wien), Schumann

Kontaktadresse: Konrad-Adenauer-Straße 25, 37075 Göttingen, Tel.: 0551-23771, wseller@gwdg.de (Prof. Dr. Sellert)

Arbeitsbericht: Mit der Erschließungsarbeit ist im Juni 2007 begonnen worden. Im Wiener Haus-, Hof- und Staatsarchiv wurde eine Arbeitsstelle mit den erforderlichen technischen Geräten (Computer, Drucker etc.) und einer für die Erschließungsarbeit unerläßlichen Fachbibliothek eingerichtet. Das vorgesehene Erschließungspensum haben die Mitarbeiterinnen erfüllt. Außerdem ist der 1. Band der sog. Alten Prager Akten mit ca. 1000 Rechtsfällen und umfänglichen Registern zur Druckreife gebracht worden. Die Publikation des Erschließungsbandes kann sofort erfolgen, wenn die noch immer schwebenden Verhandlungen über einen Verlagsvertrag abgeschlossen sind.

Für das Jahr 2009 ist ein Symposion in Göttingen zum Thema „Geld und Gerechtigkeit" geplant, auf dem Teile des erschlossenen Materials wissenschaftlich verwertet werden sollen.

W. Sellert

Europäische Jahrhundertwende – Literatur, Künste, Wissenschaften um 1900 in grenzüberschreitender Wahrnehmung
Leitungskommission:
Vorsitzender: Mölk
Cramer, Detering, Paul

Kontaktadresse: Theaterstraße 7, 37073 Göttingen, Tel.: 0551-39-5331, jhwroma@gwdg.de (Dr. Friede), Tel.: 0551-39-4174, jhwgerm@gwdg.de (Dr. Jürgens) http://www.gwdg.de/~jhwgerm/Frames.html

Arbeitsbericht: Das seit 2002 bestehende Langzeitvorhaben setzt sich das Ziel, der bisherigen deutschen und internationalen Jahrhundertwendeforschung neue materielle Grundlagen bereitzustellen und neue Fragerichtungen anzubieten. Das geschieht durch den von vornherein gewählten komparatistischen, auch die jeweiligen Sprachen kontrastiv berücksichtigenden Ansatz: der Blick auf Deutschland und von Deutschland her wird um den Blick auf Frankreich (usw.) und von Frankreich (usw.) her ergänzt. Das neue Untersuchungsmaterial liefern in erster Linie die Literatur- und Kulturzeitschriften der Epoche, deren „grenzüberschreitende" Beiträge („grenzüberschreitend" als Überschreitung nationaler und fachspezifischer Grenzen) nach einem tiefgestaffelten Schema dokumentiert werden; die neuen Fragerichtungen werden auf regelmäßig stattfindenden kleineren oder größeren interdisziplinären Kolloquien vorgetragen und diskutiert. Nach einem ersten kleineren Kolloquium (April 2002, in den Nachrichten 2003 veröffentlicht) und dem Kolloquium über „Europäische Kulturzeitschriften um 1900" (Oktober 2004, Tagungsband in den Abhandlungen 2006 veröffentlicht) fand im Januar 2007 wieder ein kleineres (akademieöffentliches) Kolloquium (als Werkstattgespräch) statt (Thema: Ausgewählte Kulturphänomene um 1900 in der Perspektive zeitgenössischer Fremdwahrnehmung, siehe auch „Sonstige Veranstaltungen").

Im Berichtsjahr 2007 wurde die Dokumentationsarbeit (1890–1910) an den Zeitschriften „Mercure de France", „Nuova Antologia", „Freie Bühne für modernes Leben", „Deutsche Rundschau", „Westermanns Monatshefte" fortgesetzt. Zur Zeit liegt die Datenbank auf einem Server der GWDG und ist in ihrem ganzen Umfang bisher nur intern zugänglich. Die inzwischen eingerichtete partielle Öffnung betrifft nur Autoren, Beitragstitel, Heft- und Seitenangaben, nicht jedoch schon Resümees oder Struktur des Klassifikationsschemas. Die Kommissionssitzungen (15. Februar und 18. Juli) fanden wie im Vorjahr als um die wissenschaftlichen Berater erweiterte Kommissionssitzung statt (außer den Mitgliedern der Leitungskommission: Barner, Diederichsen, Döpp, Elsner, Schroeder und Thomssen); die hauptsächlichen Beratungen betrafen die Gestaltung des abschließenden (4.) Kolloquiums, das für Februar 2009 vorgesehen ist.

U. Mölk

Goethe-Wörterbuch (Arbeitsstelle Hamburg)
Interakademische Leitungskommission:
Vorsitzender: J. Schmidt (Freiburg i. Br.)
Barner, Bierwisch (Berlin), Frick, Reinitzer, H. Schmidt (Mannheim)

Kontaktadresse: Von-Melle-Park 6, 20146 Hamburg, Tel./Fax: 040-42838-2756, christiane.schlaps@uni-hamburg.de (Dr. Schlaps), http://www.rrz.uni-hamburg.de/goethe-woerterbuch/

Arbeitsbericht: Das seit 1966 erscheinende Goethe-Wörterbuch dokumentiert als größtes semasiologisches Autorenwörterbuch der Germanistik den Wortschatz Johann Wolfgang Goethes in über 90.000 Stichwörtern und gestützt auf circa 3,3 Mio. Belegexzerpte. In alphabetisch angeordneten Wortartikeln wird der spezifische Individualstil Goethes, wie er sich in der Überlieferung eines extrem weitgefächerten Textsorten- und Bereichsspektrums zeigt, in Wortbedeutung und -gebrauch mittels genauer hierarchischer Gliederungsstruktur sowie reichhaltiger Zitat- und Stellenbelegdarbietung herausgearbeitet.

Im Berichtszeitraum erschienen die vierte und die fünfte Lieferung des 5. Bandes (Kindlein – Kolonie sowie Kolonisation – Körper). Die sechste Lieferung wurde von der Hamburger Arbeitsstelle für den Verlagsdruck vorbereitet. – Die ersten vier Bände des GWb sind inzwischen im Internet (kostenfrei) unter www.goethe-woerterbuch.de zugänglich.

Im Zusammenhang mit den Ergebnissen der 2006 in Hamburg durchgeführten Evaluierung des GWb durch Gutachter der Union der Akademien (s. letztjähriger Arbeitsbericht) beschloß die Interakademische Kommission im März des Jahres 2007 eine umfassende Reorganisation der Arbeitsabläufe, die u. a. interne und externe Artikelkritik, die Belegdeputate und die redaktionelle Verantwortung der drei Leiter der Arbeitsstellen in Hamburg, Berlin/Leipzig und Tübingen neu regelt.

Weitere Probleme der praktischen lexikographischen Arbeit wurden Ende April auf der turnusgemäß in Berlin stattfindenden Mitarbeiterversammlung des GWb mit allen Mitarbeiterinnen und Mitarbeitern diskutiert.

Dr. Thomas Schares und Dr. Christiane Schlaps beteiligten sich als Mitglieder einer interakademischen Arbeitsgruppe an den Vorarbeiten zu einem projektierten Artikelredaktionssystem für das Goethe-Wörterbuch (s. auch letztjährigen Arbeitsbericht); nach Treffen der Arbeitsgruppe in der Hamburger Arbeitsstelle und in der Berliner Akademie konnte, auch nach Anhörung einiger externer Experten, der Interakademischen Kommission ein Papier übergeben werden, das die Voraussetzungen für und die Anforderungen an ein solches System benennt.

Die Mitarbeiterinnen und Mitarbeiter vertraten die Arbeitsstelle nach bewährter Art auf wissenschaftlichen Konferenzen im In- und im Ausland; darüberhinaus organisierte die Arbeitsstelle in Zusammenarbeit mit der Göttinger Arbeitsstelle des Deutschen Wörterbuchs von Jacob Grimm und Wilhelm Grimm im März des Jahres in Göttingen einen Workshop mit dem Thema „Kontextualisierung von Wortgeschichte". Die lexikographischen Arbeitsgespräche werden ob der allgemeinen Zustimmung der Beteiligten im nächsten Jahr mit einem Treffen zur „Belegarbeit in der lexikographischen Praxis" fortgeführt. (s. auch den gesonderten Bericht unter der Rubrik „Sonstige Veranstaltungen" sowie auf der Homepage der Arbeitsstelle unter http://www1.uni-hamburg.de/goethe-woerterbuch//tagung.html.)

Ein Interview mit der Arbeitsstellenleiterin wurde im August im Radio-Kulturmagazin „Abendjournal Spezial" auf NDR 90,3 im Rahmen eines Beitrags zu „bedrohten Wörtern" gesendet.

Weiterhin unterstützte die Arbeitsstelle in Zusammenarbeit mit der Presseagentur a&o Gesellschaft für Kommunikationsberatung mbH, Hamburg, die Erstellung einer Webseite zu Goethe, die von der Suchmaschine Google anläßlich der Frankfurter Buchmesse ins Netz gestellt wurde (www.google.de/goethe).

Dr. Bernd Hamacher wurde auf eigenen Antrag zum 1. Oktober von der Göttinger Akademie (für sechs Monate) beurlaubt; für die Vollstelle konnte kurzfristig kein geeigneter Ersatz gefunden werden.

H. Reinitzer

Veröffentlichungen: (in Auswahl):
Goethe Wörterbuch. Hrsg. von der Berlin-Brandenburgischen Akademie der Wissenschaften, der Akademie der Wissenschaften in Göttingen und der Heidelberger Akademie der Wissenschaften. Kohlhammer-Verlag, Stuttgart, Bd. 5, Lfg. 4 (*Kindlein-Kolonie*), 2007.
Goethe Wörterbuch. Hrsg. von der Berlin-Brandenburgischen Akademie der Wissenschaften, der Akademie der Wissenschaften in Göttingen und der Heidelberger Akademie der Wissenschaften. Kohlhammer-Verlag, Stuttgart, Bd. 5, Lfg. 5 (*Kolonisation-Körper*), 2007.
Elke Dreisbach: Kommentierte Bibliographie zur Goethe-Literatur (Bibliographien, Periodika, Editionen, Nachschlagewerke; Forschungsliteratur zu Goethes erzählenden Werken). In: Johann Wolfgang Goethe. Romane und theoretische Schriften. Neue Wege der Forschung. Hrsg. von Bernd Hamacher und Rüdiger Nutt-Kofoth. Darmstadt: Wissenschaftliche Buchgesellschaft, 2007, S. 217–237.
Dies.: Kommentierte Bibliographie zur Goethe-Literatur (Bibliographien, Periodika, Editionen, Nachschlagewerke). In: Johann Wolfgang Goethe. Lyrik und Drama. Neue Wege der Forschung. Hrsg. von Bernd Hamacher und Rüdiger Nutt-Kofoth. Darmstadt: Wissenschaftliche Buchgesellschaft, 2007, S. 210–215.
Bernd Hamacher/Rüdiger Nutt-Kofoth (Hgg.): Johann Wolfgang Goethe. Lyrik und Drama. Neue Wege der Forschung. Darmstadt: Wissenschaftliche Buchgesellschaft 2007.
Bernd Hamacher/Rüdiger Nutt-Kofoth (Hgg.): Johann Wolfgang Goethe. Romane und theoretische Schriften. Neue Wege der Forschung. Darmstadt: Wissenschaftliche Buchgesellschaft 2007.

Hof und Residenz im spätmittelalterlichen Deutschen Reich (1200–1600)

Leitungskommission:
Vorsitzender: Paravicini
Albrecht (Kiel), Bünz (Leipzig), Fouquet (Kiel), Grubmüller, Honemann (Münster), Johanek (Münster), Moraw, Müller (Mainz), Ranft (Halle/Saale), Spieß (Greifswald), Zotz (Freiburg i. Br.)

Kontaktadresse: Historisches Seminar der Christian-Albrechts-Universität zu Kiel, Olshausenstraße 40, 24118 Kiel, Tel./Fax: 0431-880-1484, (Dr. Hirschbiegel), -2296 (Dr. Wettlaufer), resikom@email.uni-kiel.de, http://resikom.adw-goettingen.gwdg.de

Die Residenzen-Kommission als Einrichtung der Akademie der Wissenschaften zu Göttingen arbeitet mit der Aufgabenstellung, Residenz und Hof im spätmittelalterlichen Deutschen Reich (1200–1600) im europäischen Vergleich zu untersuchen. Die föderale Struktur Deutschlands, die Konkurrenz seiner zahlreichen Städte wird an einer ihrer Wurzeln erforscht: der Entstehung der landesherrlichen Residenzen im späteren Mittelalter. Diese ist auf das engste mit dem Wachstum der Höfe verbunden, der wichtigsten Machtzentren Alteuropas. Die Kommission fördert Monographien einzelner Höfe, Residenzen und Residenzengruppen, organisiert internationale Kolloquien: „Alltag bei Hofe" (Ansbach 1992), „Zeremoniell und Raum" (Potsdam 1994), „Höfe und Hofordnungen" (Sigmaringen 1996), „Das Frauenzimmer" (Dresden 1998), „Erziehung und Bildung bei Hofe" (Celle 2000), „Der Fall des Günstlings" (Neuburg an der Donau 2002), „Der Hof und die Stadt" (Halle an der Saale 2004), „Hofwirtschaft" (Gottorf/Schleswig 2006), „Vorbild, Austausch, Konkurrenz. Höfe und Residenzen in der gegenseitigen Wahrnehmung" (Wien 2008) und veröffentlicht sie in der Reihe „Residenzenforschung" (20 Einzelbände sind bislang erschienen, dazu die Bände 15-I und 15-II in jeweils zwei Teilbänden sowie 15-III–15-IV befindet sich in Vorbereitung). Außerdem sammelt sie aus ihrem Zeitraum die deutschen (zunächst die niedersächsischen) Hofordnungen und als weitere Quelle die europäischen Reiseberichte (die Bibliographie der deutschen Reiseberichte ist 1994 erschienen, die der französischen 1999 und die der niederländischen 2000). Derzeit laufen die Arbeiten zur Erstellung eines Handbuchs spätmittelalterlicher Höfe und Residenzen. Der erste, dynastisch-topographische Teil in zwei Bänden ist 2003 erschienen, der zweite, „Bilder und Begriffe" betitelte Teil liegt seit 2005 in ebenfalls zwei Bänden vor, der dritte, einbändige Teil „Hof und Schrift" seit 2007. Die Phase der Einwerbung von Mitarbeitern für die Artikel des vierten Teiles in wiederum zwei Bänden zu „Grafen und Herren" ist nahezu abgeschlossen, der geplante Erscheinungstermin ist Ende 2008. Als Forum dienen halbjährlich versandte „Mitteilungen".

Arbeitsbericht: Mit anhaltender Unterstützung der Fritz Thyssen Stiftung konnte das Projekt „Höfe und Residenzen im spätmittelalterlichen Reich" nach Erscheinen des ersten, des zweiten und nunmehr des dritten Teiles des Handbuches weiter voranschreiten. Teil III „Hof und Schrift" lag termingerecht zum 1. Oktober 2007 vor. Die Artikel für den vierten Teil „Grafen und Herren" sind nahezu vollständig vergeben, angestrebt ist das Erscheinen des Bandes zum Ende des Jahres 2008.

Erschienen sind mit den Heften 17,1 und 17,2 zwei weitere Ausgaben der Mitteilungen der Residenzen-Kommission. Mit einem Sonderheft der Mitteilungen der Residenzen-Kommission unter dem Titel „ATELIER. Hofwirtschaft. Ein ökonomischer Blick auf Hof und Residenz in Spätmittelalter und Früher Neuzeit" wurden die Beiträge des im Rahmen des 10. Symposiums „Hofwirtschaft" (23.–26. September 2006) abgehaltenen Werkstattgesprächs publiziert.

In der Reihe „Residenzenforschung" befindet sich in Vorbereitung die Publikation der Akten des vom 23. bis zum 26. September 2006 in Gottorf/Schleswig in Zusammenarbeit mit den Schleswig-Holsteinischen Landesmuseen Schloß Gottorf, dem Landesarchiv Schleswig-Holstein, Schleswig, dem Historischen Seminar der Christian-Albrechts-Universität zu Kiel und dem Deutschen Historischen Institut Paris durchgeführten 10. Symposiums „Hofwirtschaft – Ein ökonomischer Blick auf Hof und Residenz in Spätmittelalter und Früher Neuzeit", die als Band 21 im Jahre 2008 zum 11. Symposium vorliegen wird.

Weiterhin in Vorbereitung befindet sich die Edition der Hofordnungen von Jülich-Kleve-Berg durch Brigitte Kasten, Saarbrücken, die nun Anfang 2008 im Manuskript abgeschlossen sein wird und 2009 vorliegen soll.

W. Paravicini

Veröffentlichungen:
Mitteilungen der Residenzen-Kommission der Akademie der Wissenschaften zu Göttingen [Vervielfältigungsstelle der Christian-Albrechts-Universität zu Kiel, Aufl. 750, ISSN 0941-0937]: 17,1 (2005) [111 S.], 17,2 (2005) [83 S.]
Sonderheft 9: ATELIER. Hofwirtschaft. Ein ökonomischer Blick auf Hof und Residenz in Spätmittelalter und Früher Neuzeit, hg. von Jan Hirschbiegel und Werner Paravicini, Kiel 2007 [Vervielfältigungsstelle der Christian-Albrechts-Universität zu Kiel, Aufl. 750, 88 S., ISSN 1617–7312].

Reihe „Residenzenforschung": Höfe und Residenzen im spätmittelalterlichen Reich. Hof und Schrift, hg. von Werner Paravicini, bearb. von Jan Hirschbiegel und Jörg Wettlaufer, Ostfildern 2007 (Residenzenforschung, 15,III). [Thorbecke, 704 S., ISBN 978-3-7995-4522-8].

Katalogisierung der orientalischen Handschriften in Deutschland
Leitungskommission:
Vorsitzender: Feistel (Berlin)
Stellv. Vors.: Röhrborn
Franke (Marburg), Götz (Köln), Lienhard, Nagel, Niklas (Köln), Schwieger (Bonn), Seidensticker (Jena), Uhlig (Hamburg), Wagner (Gießen), Zauzich (Würzburg)

Kontaktadresse: Orientabteilung der Staatsbibliothek zu Berlin/ Preußischer Kulturbesitz, Potsdamer Straße 33, 10785 Berlin, Tel.: 030-266-2415, Fax: 030-264-6955, h-o.feistel@sbb.spk-berlin.de (Dr. Feistel), http://kohd.staatsbibliothek-berlin.de

Arbeitsbericht: Seit dem letzten Jahresbericht sind im Verzeichnis der Orientalischen Handschriften in Deutschland (im Auftrag der Akademie der Wissenschaften zu Göttingen herausgegeben von Hartmut-Ortwin Feistel; Franz Steiner Verlag Stuttgart) folgende Bände erschienen:

XIII,19	Alttürkische Handschriften: Teil 11: Die Uigurischen Blockdrucke der Berliner Turfansammlung: Teil 1: Tantrische Texte. Beschrieben von Abdurishid Yakup und Michael Knüppel. 2007. 258 Seiten.
XIII,21	Alttürkische Handschriften: Teil 13: Dokumente: Teil 1. Beschrieben von Simone-Christiane Raschmann. 2007. 306 Seiten.
XVII,B,8	Arabische Handschriften: Teil 8: Arabische Handschriften der Bayerischen Staatsbibliothek zu München unter Einschluß einiger türkischer und persischer Handschriften: Teil 1. Beschrieben von Florian Sobieroj. 2007. 625 Seiten, 17 Abbildungen.
S-38	Life, Transmissions, and Works of A-Mes-Zhabs Ngag-Dbang-Kun-Dga'-Bsod-Nams, the Great 17th Century Sa-Skya-Pa Bibliophile. By Jan-Ulrich Sobisch. 2007. 607 Seiten.

Damit liegen jetzt 125 Katalog- und 52 Supplementbände vor. Der Teilband XXIII,6 (Anne Peters: Birmanische Handschriften: Teil 6) ist im Druck.

Im Berichtsjahr sind folgende Rezensionen und Artikel, das „Verzeichnis der Orientalischen Handschriften in Deutschland" betreffend, eingegangen bzw erschienen:

II,15	J C Wright (JRAS. 17,2. 2007. 202–203.)
II,16	J C Wright (JRAS. 17,2. 2007. 202–203.)
X,8	Ulrike Roesler (ZDMG. 157,1. 2007. 242–243.)
	Oskar von Hinüber (IIJ. 48,3/4.2005. 297–412.)
X,9	Oskar von Hinüber (JSS. 94.2006. 250–252.)
	Oskar von Hinüber (IIJ. 48,3/4.2005. 297–412.)
XII,4	Hartmut Walravens (OLZ. 101,6.2006. 717–718.)
XVII,B,6	Reinhard Weipert (OLZ. 102,2.2007. 201–202.)
XXI,4	Heinzgerd Brakmann (Oriens Christianus. 90.2006. 249–253.)
XXIII,5	William Pruitt (ZDMG. 156,2. 2006.524–525.)
	Oskar von Hinüber (JSS. 94.2006. 250–252.)
	Jörg Schendel (Internationales Asienforum. 37,3/4.2006. 405–407.)
XXXVII,4	V O Bobrovnikov (Vostok. 2006,4. 199–202.)
XXXVII,5	Takao Ito (OLZ. 101.6.2006. 697–699.)
XLIV,1	Susanne Knödel (Zeitschrift für Ethnologie. 131.2006. 119–120.)
	Oskar von Hinüber (JSS. 94.2006. 250–252.)
S-27	Gözaydın, Nevzar (Türk Dili. Ekim 2006. 397–400.)
	Colin Imber (Turcica. 38.2006. 387–388.)
S-32	Alexander H de Groot (Bibliotheca Orientalis. 44,1/2.2007. 241–243.)
S-37	B Radtke (OLZ. 100.3. 2005. 315.)

Andere relevante Literatur:

Hartmut-Ortwin Feistel, Simone-Christiane Raschmann: „Katalogisierung der Orientalischen Handschriften in Deutschland = Union Catalogue of Oriental Manuscripts in German Collections" in: Sprache – Schrift – Bild = Language – Script – Image : Approaches to Our Cultural Memory = Wege zu unserem kulturellen Gedächtnis. Berlin: Union der Deutschen Akademien der Wissenschaften; Staatliche Museen zu Berlin, 2007. 48–49.

Klaus Röhrborn: „Nachruf auf Heinz Bechert (26. Juni 1932–14. Juni 2005)" in: Jahrbuch der Akademie der Wissenschaften zu Göttingen. 2006.S. 336–339.

Thomas Schmieder-Jappe: „Tausend und eine Handschrift : Fünfzig Jahre Katalogisierung der Orientalischen Handschriften in Deutschland (KOHD)", in: Bibliotheksmagazin. 2007,3. 49–52.
Veronika Six: „Neuzugang von äthiopischen Handschriften an die Staatsbibliothek zu Berlin, Preußischer Kulturbesitz", in: Aethiopica. 10.2007. 177–183.

Arbeitsstelle Berlin I
Leitung und Koordinierung des Gesamtprojekts, „Indische Handschriften", „Hebräische Handschriften", „Naxi-Handschriften", „Chinesische und manjurische Handschriften und seltene Drucke", „Afrikanische Handschriften", „Japanische Handschriften und traditionelle Drucke aus der Zeit vor 1868", „Laotische Handschriften", „Nepalese Manuscripts", „Illuminierte hebräische Handschriften", „Malaiische Handschriften", „Khmer- und Thai-Khmer-Handschriften", „Shan Manuscripts", „Tocharische Handschriften" und „Yao Handschriften" (Leitung Dr. Hartmut-Ortwin Feistel) – „Ägyptische Handschriften" (Leitung Professor Dr. Karl-Theodor Zauzich, Würzburg)

„Gesamtprojekt"
Vor fünfzig Jahren, am 27. Februar 1957, wurde die Gründung des Unternehmens der Katalogisierung der Orientalischen Handschriften in Deutschland auf Initiative der Deutschen Forschungsgemeinschaft unter Dr. Wolfgang Treue im Einvernehmen mit der Deutschen Morgenländischen Gesellschaft angeregt; die Leitung wurde in der Folge Dr. Wolfgang Voigt, dem damaligen Leiter der Orientalischen Abteilung der Westdeutschen Bibliothek in Marburg (der heutigen Staatsbibliothek zu Berlin – Preußischer Kulturbesitz), übertragen.
Am 19. Mai 2007 verstarb in München Frau Dr. Eva Kraft, langjährig ehrenamtliche Mitarbeiterin der KOHD und Verfasserin von fünf Katalogbänden der japanischen Handschriften und frühen Drucke.
Auf Vorschlag des Projektleiters wurden im vergangenen Jahr Frau Professor Dr. Edith Franke, Marburg, und Frau Professor Dr. Ulrike Niklas, Köln, in die Leitungskommission gewählt.
Im Rahmen der Ausstellung „Sprache – Schrift – Bild = Language – Script – Image", die von der Union der Deutschen Akademien der Wissenschaften als Beitrag zum Jahr der Geisteswissenschaften vom 21. Juni bis 31. August in Berlin gezeigt wurde, präsentierte die KOHD ihre Arbeit an Hand von islamischen Handschriften aus der Orientabteilung der Staatsbibliothek zu Berlin – Preußischer Kulturbesitz im Museum für Islamische

Kunst. Diejenigen Teilprojekte, die sich mit der Erschliessung von alttürkischen und von mitteliranischen Handschriften aus den Turfanfunden beschäftigen, waren zusammen mit dem korrespondierenden Vorhaben der Berlin-Brandenburgischen Akademie der Wissenschaften vertreten.

Es ist darauf hinzuweisen, daß im folgenden Jahresbericht nur diejenigen Teilprojekte vorgestellt werden, für die haupt- oder ehrenamtliche Bearbeiter zur Zeit vorhanden sind; darüber hinaus gibt es kleinere Sprachgruppen, für die das im Augenblick nicht zutrifft und die deshalb auch nicht erwähnt werden.

„Indische Handschriften" <II>
Herr PD Dr. Gerhard Ehlers führte die Katalogisierung der etwa 1900 kaschmirischen Handschriften der Sammlung Janert fort. Der Teilband 17 soll die Katalognummern 5887–6386 mit den Bibliothekssignaturen Hs or 11501–12000 enthalten und wird voraussichtlich 2009 publiziert werden können. Bis zum Abschluß des Projekts im Jahre 2015 ist mit der vollständigen Katalogisierung der Sammlung zu rechnen. Inhaltlich schliesst sich dieser Teilband an die bisher katalogisierten Stücke an. Das Rudrayāmalatantra als Sammelbecken zahlreicher Texte unterschiedlicher Provenienz scheint sich in Kaschmir besonderer Beliebtheit erfreut zu haben, ebenso wie die Texte, die sich mit dem kaschmirischen Yogavāsishtha beschäftigen. Zusammengehörige Texte sind, wie so häufig, voneinander getrennt worden; außerdem sind Sammelhandschriften mit mehreren Texten und fortlaufender Paginierung auseinandergerissen worden, ein Phänomen, das bereits im Teilband 16 beobachtet werden konnte. Nach Abschluß der Katalogisierung der ganzen Sammlung wird man bei vielen der jetzt noch problematischen Stücke sicher in der Lage sein, zu bestimmen, welche Texte und welche Handschriften ehemals zusammengehörten.

Wie schon im letzten Jahresbericht erwähnt, übernahm am 1. September 2006 Herr Torsten Tschacher MA die Arbeiten an dem Teilband 14, der Tamil-Handschriften aus Berlin und München enthalten wird. In der Zeit seiner Tätigkeit bis zum 31. März 2007 bearbeitete er 21 Handschriften der Bayerischen Staatsbibliothek. Unter diesen dominierten medizinische Texte sowie Rechnungsbücher aus den ersten Jahrzehnten des 20. Jahrhunderts; doch auch andere Materialien waren enthalten. Am 1. April übernahm dann Herr Thomas Anzenhover MA die Katalogisierung der Tamil-Handschriften. Es konnten bisher 25 weitere Handschriften, alles Rechnungsbücher, bearbeitet werden.

Der frühere Mitarbeiter bei der Katalogisierung von Tamil-Handschriften, Professor Dr. Sascha Ebeling, jetzt Chicago, erhielt im Jahre 2007 den Forschungspreis der Deutschen Morgenländischen Gesellschaft.

„Chinesische Handschriften" <XII>
Die durch den Tod von Professor Kogi Kudara verzögerten Redaktionsarbeiten an dem Teilband 5 wurden durch die Arbeitsgruppe der Research Society for Central Asian Culture unter Professor Matsumi Mitani fortgesetzt, aber noch nicht abgeschlossen.

Professor Dr. Martin Gimm und Frau Renate Stephan haben die Arbeiten an dem Teilband 2 (Münchener Handschriften und frühe Drucke) fortgesetzt.

„Ägyptische Handschriften" <XIX>
Professor Dr. Karl-Theodor Zauzich hat eine Maske für die Herstellung der Druckvorlage künftiger Teilbände erstellt und mit der Arbeit am Manuskript für „Ägyptische Handschriften: Teil 5: Papyri aus Soknopaiu Nesos = Dime" begonnen.

Im Berichtszeitraum ist der zweite Band mit den Ergebnissen des DFG-Projekts „Soknopaiu Nesos nach den demotischen Quellen römischer Zeit" erschienen. Der wiederum von Frau Dr. Sandra L. Lippert und Frau Dr. Maren Schentuleit bearbeitete Band „Demotische Papyri aus Dime II: Quittungen" publiziert und kommentiert 69 spätdemotische Quittungen aus dem Umkreis des Soknopaios-Tempels, überwiegend in Erstedition. Da etwa die Hälfte der Papyri der Papyrus-Sammlung Berlin gehören, kommt deren Publikation unmittelbar dem VOHD zu Gute. Der dritte Band mit etwa 50 meist zweisprachigen (demotisch-griechischen) Urkunden soll im Manuskript bis Ende 2007 fertiggestellt werden. Auch der vierte und vorläufig letzte Band (Abmachungen unter Priestern) ist schon weit gediehen.

Die kleine Sammlung von demotischen Papyri aus dem Nachlaß von Professor Dr. Erich Lüddeckens, über die im Vorjahr berichtet wurde, ist inzwischen restauriert worden. Mit der Entzifferung wurde unterdessen begonnen.

Professor Dr. Richard Jasnow, Baltimore, und Herr Zauzich arbeiten am dritten Band ihres Buches „The Book of Thoth", nachdem sie in verschiedenen Sammlungen neue Handschriften des Textes entdeckt haben, der in der Antike sehr verbreitet gewesen sein muß.

„Tocharische Handschriften" <XLI>:
Die Arbeiten von Frau Dr. Christiane Schaefer, Uppsala, an einem ersten Teilband des Katalogs wurden fortgeführt.

Arbeitsstelle Berlin II
„Mitteliranische Handschriften" (Leitung Dr. Hartmut-Ortwin Feistel, Berlin),

„Mitteliranische Handschriften" <XVIII>
Frau Dr. Christiane Reck hat im Berichtszeitraum mit der Bearbeitung der buddhistischen Texte für Teilband 2 begonnen. Aufgrund von Schwierigkeiten bei der Identifizierung der Texte wurden sie zunächst nach Handschriften gruppiert. Es wurden die ersten 91 Fragmente beschrieben. 52 Fragmente, zum Teil sehr kleine oder auch verlorene Bruchstücke, gehören zu einer sehr charakteristischen kurzzeiligen Pustaka-Handschrift eines bisher nicht identifizierten apokryphen Kommentars. Eine in ähnlichem Duktus geschriebene Handschrift umfaßt 21 Fragmente, die zu einem Vinaya-artigen Text gehören. Ein langzeiliges Pustaka-Blatt enthält einen medizinischen Text und auf der Rückseite eine Sanskrit-Dhāraṇī in altertümlicher Schrift. Zwei weitere Fragmente, die zu einem unbekannten Sutra-Text gehören, werden wegen der ungewöhnlichen Interpunktion am Beginn des Kolophons von Frau Reck im Gedenkband für Kogi Kudara publiziert werden.

Frau Reck hat außerdem kontinuierlich die Benutzung und Publikationen der iranischen Teile der Sammlung in die Datenbank eingetragen, die Handbibliothek des Akademienvorhabens weiter ausgebaut und Benutzer der iranischen Fragmente betreut.

Die Einarbeitung der aus der Universität Mainz zurückgeführten Bestände ist im Gange, wobei eine Anzahl der Bände buchbinderische Reparaturen erforderten.

Frau Reck nahm am 30. Deutschen Orientalistentag in Freiburg im Breisgau vom 24. bis 28. September 2007 teil und hielt dort einen Vortrag: „Kurz oder lang, hoch oder quer – die Buchformate der Sogder". Sie publizierte außerdem zwei Besprechungen und zwei Aufsätze:

„Die Bekehrung einer Christin zum manichäischen Glauben? Probleme bei der Interpretation eines fragmentarischen Textes" in: Die Inkulturation des Christentums im vorislamischen Persien, Wiesbaden 2007, 55–70.

„The Seed in the Field: The Sogdian Version of Mani's Letter of the Seal" in: Dierjie Tulufanxue Guoji Xueshu Yantaohui Lunwenji, Shanghai 2006, 414–418.

Arbeitsstelle Berlin II / Marburg
„Alttürkische Handschriften" (Leitung Professor Dr. Klaus Röhrborn, Göttingen), „Türkische Handschriften", „Persische Handschriften" und „Islamische Handschriften-Sammlungen" (Leitung Professor Dr. Manfred Götz, Köln).

„Alttürkische Handschriften" <XIII, 9 ff>
Frau Dr. Simone-Christiane Raschmann hat im Berichtszeitraum einen ersten Teilband „[Alttürkische] Dokumente" mit 305 Fragmenten in 267 Katalognummern, die im vorhergehenden Zeitraum beschrieben worden waren, druckfertig gemacht. Der Band enthält ein Literaturverzeichnis von 12 Seiten und fünf Konkordanzen. Bei Dokumenten, die auf die Rückseite von chinesischen buddhistischen Texten geschrieben worden sind, wurde auch für diese Texte eine Konkordanz angelegt. Der Band ist 2007 erschienen.

Für einen zweiten Teilband wurden bisher 135 Beschreibungen angefertigt, zum einen von unpublizierten Dokumenten aus der Turfan-Sammlung der Berlin-Brandenburgischen Akademie der Wissenschaften und aus dem Museum für Asiatische Kunst, Berlin, zum anderen von Dokumenten, die durch Publikation bekannt, aber im Original verlorengegangen sind. Damit sind bereits jetzt mehr Dokumente (insgesamt 460 Stück) beschrieben, als für den ursprünglich geplanten Einzelband vorgesehen waren, so daß die Aufteilung auf zwei Teilbände als zweckdienlich erschien.

Frau Raschmann hat daneben mitgearbeitet an den Poster-Präsentationen der Akademienvorhaben im Rahmen der Ausstellung „Sprache – Schrift – Bild" (siehe oben bei den Literaturangaben). Eng mit der Katalogisierung verbunden sind die Herausgabe einer „Kommentierten Bibliographie von ausgewählten chinesischen und uigurischen Arbeiten zum Altun Yaruk Sudur" in den „Ural-Altaischen Jahrbüchern" (20.2008. 233–240; mit Ablet Semet) und der Besuch der Seminare von Professor Shôgaito an der Freien Universität Berlin im Wintersemester 2006/2007.

Im Berichtszeitraum hat Frau Raschmann auch die Datenbank im Bereich „Alttürkische Handschriften" fortgeführt, Restaurierungs- und Fotoaufträge erledigt sowie in der Turfansammlung arbeitende ausländische Wissenschaftler betreut.

Außerhalb der Dienstzeit begleitete Frau Raschmann auch weiterhin koordinierend und fachlich beratend die 2005 begonnene Digitalisierung der chinesischen Turfanfragmente in einem DFG-Projekt der BBAW in Zusammenarbeit mit dem International Dunhuang Project London und der Staatsbibliothek zu Berlin – Preußischer Kulturbesitz. Auf Einladung der British Library und der British Academy nahm sie mit einem Vortrag zum Thema „The Altun Yaruk Sudur – Reconstructed" an der Tagung „A Hundred Years of Dunhuang, 1907–2007" teil.

Der von Herrn Dr. Abdurishid Yakup in Zusammenarbeit mit Herrn Dr. Michael Knüppel verfaßte Teilband 19 „Uigurische Blockdrucke: Teil 1" ist 2007 erschienen. Im Berichtszeitraum hat Herr Yakup für den Teilband

„Uigurische Blockdrucke: Teil 2: Apokryphen, Mahāyānasutren. Erzählungen, Kolophone und Stabreimtexte" 32 Beschreibungen, eine Einleitung und 3 Konkordanzen erstellt. Der Band wurde durch Professor Dr. Klaus Röhrborn und Herrn Dr. Michael Knüppel einer Durchsicht unterzogen und nach weiteren Überarbeitungen durch Herrn Yakup nunmehr vorgelegt.

Herr Yakup beendete seine Tätigkeit für die KOHD Ende Juni 2007. Nach einer Vakanz von einem Monat übernahm Herr Knüppel bis zum Ende der Berichtszeit die Stelle und sah in Zusammenarbeit mit Herrn Röhrborn das Digitale Turfan-Archiv nach Material für einen weiteren Katalogband durch.

Der ehrenamtliche Mitarbeiter Professor Dr. Jens Peter Laut, Freiburg, konnte die Teilbände XIII, 11–12 noch nicht zum Druck geben.

Der ehrenamtliche Mitarbeiter Dr. Jens Wilkens hat im Berichtszeitraum 81 weitere Fragmente des Erzählzyklus Daśakarmapathāvadānamālā in 34 Katalognummern für den Teilband 18 beschrieben. Eine Reihe von bereits beschriebenen Fragmenten konnten (neu) lokalisiert werden. Im wesentlichen fehlen jetzt nur noch die Beschreibungen der nicht zur DKPAM gehörenden Erzähltexte, so daß mit dem Abschluß des Manuskripts im August 2008 zu rechnen ist.

„Islamische Handschriften-Sammlungen" <XXXVII>
Professor Dr. Manfred Götz hat die Arbeit an dem Katalog islamischer Handschriften der Bayerischen Staatsbibliothek München fortgesetzt.

Arbeitsstelle Bonn
„Tibetische Handschriften" (Leitung Professor Dr. Peter Schwieger, Bonn)

„Tibetische Handschriften" <XI>
Frau Hanna Schneider MA hat im vergangenen Arbeitsabschnitt das Material der Berliner Sammlung tibetischer Urkunden aus Südwesttibet (Sporong, Ding-ri und Shel-dkar) noch einmal gesichtet und sowohl nach den Kriterien des äusseren wie des inneren Rahmens wie auch nach inhaltlichen Gesichtspunkten überprüft. Sie hat ihre Tätigkeit bei der Katalogisierung zum 15. Mai 2007 auf eigenen Wunsch beendet, will aber das druckfertige Manuskript in Kürze einreichen.

Als Nachfolgerin – ebenfalls mit einer halben Stelle – hat Frau Saadet Arslan MA die Arbeit an der Katalogisierung tibetischer Handschriften und Blockdrucke aufgenommen. Gemeinsam mit Professor Dr. Peter Schwieger hat sie die von ihr zu beschreibenden Manuskripte der Staatsbibliothek zu Berlin gesichtet. Neben der Einarbeitung in dieses Material, bei dem es sich hauptsächlich um Ritualtexte des tibetischen Buddhismus handelt, hat sie das in verschiedenen Versionen des Textverarbeitungsprogramms vorliegende Manuskript für den Teilband 13 von Herrn Schwieger vereinheitlicht und für den Druck vorbereitet. Frau Arslan ist im Augenblick mit der Korrektur dieses Bandes beschäftigt.

Innerhalb des Berichtszeitraums hat Herr PD Dr. Karl-Heinz Everding die Beschreibung der tibetischen Textsammlung „Rin-chen gter-mdzod", des wichtigsten Korpus der so genannten „Schatzwerke" (gter-ma) des tibetischen Buddhismus, abgeschlossen. Das Manuskript des Teilbandes 14, das die Bearbeitung der Bände 52–63 des Blockdrucks umfaßt, liegt vor. Teilband 15 wird einen Gesamtindex zu dem Werk enthalten.

Herr Everding hat inzwischen die Arbeiten an Teilband 19 aufgenommen, der etwa 360 Signaturen aus der Staatsbibliothek zu Berlin in etwa 500 Katalognummern umfassen wird. Das Material läßt sich in vier Gruppen einteilen: Tibetische Prachthandschriften; frühe, besonders wertvolle tibetische Blockdrucke, die im 15. und im 16. Jahrhundert im Raum Mangyul Gung-thang und La-stod entstanden sind; Blockdrucke und Handschriften vor allem der rNying-ma-pa- und bKa'-brgyud-pa-Schulen, die zu einem grossen Teil selten, zum Teil sogar einzigartig sind; und tibetisch-buddhistische Quellen als bedeutender Teil der Literatur-Landschaft am Hofe der Qing-Kaiser. Außerdem wurde für die in Erwägung gezogene Sonderpublikation mit Beschreibung tibetischer Buchdeckel der Staatsbibliothek zu Berlin Bild- und Quellenmaterial gesammelt.

Arbeitsstelle Göttingen
„Sanskrithandschriften aus den Turfanfunden", „Birmanische Handschriften", „Singhalesische Handschriften" (Leitung Professor Dr. Klaus Röhrborn)

„Sanskrithandschriften aus den Turfanfunden" X
Für Teilband 10 hat Herr Dr. Klaus Wille-Peters im Berichtszeitraum weitere 184 Katalognummern (SHT 4178–4362) bearbeitet. Einige dieser Katalognummern umfassen ungewöhnlich viele Fragmente, wie zum Beispiel SHT 4181 (169 Fragmente) SHT 4182 (231 Fragmente) und andere. Daher soll der Teilband 10 mit Katalognummer 4362 abgeschlossen werden, und nach Erstellung der Konkordanzen, der Indizes und des Abkürzungsverzeichnisses nach einer letzten redaktionellen Durchsicht noch Ende dieses Jahres zur Kalkulation an den Verlag gehen.

Während einer Dienstreise nach Berlin vom 6.–10. August 2007 hat Herr Wille-Peters in der Staatsbibliothek zu Berlin die Abschriften der

Katalognummern 3839–4252 für den Teilband 10 anhand der Originale überprüft. Die noch in der Restaurierungsabteilung der Bibliothek befindlichen Fragmente der Handschrift der Yogavidhi hat Herr Wille-Peters mit den dort hergestellten Fotos abgeglichen. Bei dieser Gelegenheit wurden mit Berliner Kollegen auch Probleme der geplanten Digitalisierung der Sanskrit-Fragmente besprochen.

Herr Wille-Peters hat außerhalb seiner Tätigkeit für das Projekt im laufenden Berichtsjahr folgende Aufsätze veröffentlicht:

„Die Sanskrit-Fragmente der Crosby-Sammlung (Washington DC)", in: „Jaina-itihāsa-ratna: Festschrift für Gustav Roth zum 90.Geburtstag", Marburg 2006, 483–510.

(Mit Jens-Uwe Hartmann) „A Version of the Śikhālakasūtra / Singālovādasutta", in: „Buddhist Manuscripts: Volume 3", Oslo 2006, 1–6.

„Birmanische Handschriften" XXIII
Nachdem der Teilband 7 nunmehr im Druck ist, konnte Frau Anne Peters im Berichtszeitraum die Katalognummern 1201–1360 (= 60 Handschriften mit insgesamt 147 Texten) fertigstellen.

Außerhalb ihrer Tätigkeit für das Projekt hat Frau Peters einen Aufsatz veröffentlicht: „Ein Band für die Handschrift und Verdienst für viele", in: „Jaina-itihāsa-ratna: Festschrift für Gustav Roth zum 90. Geburtstag", Marburg 2006, 407–415.

Arbeitsstelle Hamburg
„Äthiopische Handschriften", „Koptische Handschriften" und „Arabische Handschriften der Kopten" (Leitung Professor DDr. Siegbert Uhlig)

„Äthiopische Handschriften" <XX>
Frau Dr. Veronika Six hat weitere Neuerwerbungen äthiopischer Handschriften in dem Publikationsorgan „Aethiopica" beschrieben, das hierfür ein Forum zur Verfügung stellt (siehe oben bei den Literaturangaben).

Außerhalb ihrer Tätigkeit für das Projekt hat sie äthiopische Handschriften der Burgerbibliothek Bern katalogisiert und einen weiteren Aufsatz publiziert:

„Äthiopische Handschriften", in: „Die Orientalischen Handschriften der Burgerbibliothek Bern: Katalog", bearbeitet von Renate Würsch. Wiesbaden: Harrassowitz, 2007. 111–139.

„Ein Porträt der äthiopischen Kaiserin Taytu und dessen Interpretation", in: „Mitteilungen aus dem Museum für Völkerkunde Hamburg". NF 37.2006. 472–487.

Außerdem hat Frau Six teilgenommen am „Orbis Aethiopicus", Wien, 28. bis 30. Oktober 2006, und am Workshop über „Private and business letters, documents of pre-Islamic times", Zürich, 21. bis 22. April 2007. Bei der International Conference of Ethiopian Studies, Trondheim, 2. bis 6. Juli 2007, hielt sie einen Vortrag „A Second Version of the Pictorial Presentation of the Journey of the Queen Makéda".

„Arabische Handschriften der Kopten" <XLIII>
Mittlerweile sind etwa 3300 Stücke aus der Sammlung von christlich-arabischen Handschriften der Staats- und Universitätsbibliothek Hamburg bearbeitet worden. Dennoch konnten von diesen noch nicht alle vollständig identifiziert werden; es ergeben sich immer wieder neue Erkenntnisse zu Inhalt oder Zugehörigkeit einzelner Blätter; trotzdem wird sich der fragmentarische Charakter der Sammlung immer wieder zeigen. Auf Grund des Umfangs wird der Katalog auch mehr als einen Band umfassen, wie schon im letzten Bericht betont. Eine Publikation kann allerdings erst erfolgen, wenn die im Laufe der Bearbeitung entstehenden Korrekturen bei bereits beschriebenen Fragmenten eingearbeitet sind. Das betrifft sowohl die Unsicherheiten bei der Datierung wie inhaltliche Veränderungen. Die Zusammenstellung der einzelnen Punkte für die Einführung ebenso wie die Arbeiten am umfangreichen Generalregister begleiten die laufenden Arbeiten.

Frau Six hat über die Problematik der Präsentation der Hamburger Sammlung in den Katalogen der KOHD beim 30. Deutschen Orientalistentag in Freiburg im Breisgau vom 24. bis 28. September 2007 in einem Vortrag berichtet.

„Koptische Handschriften" <XXI>
Die Tätigkeiten von Professor Dr. Lothar Störk im Berichtsjahr widmeten sich der Drucklegung von Teilband 5. Das Manuskript sollte im Frühjahr 2008 vorliegen.

Frau Dr. Ina Hegenbarth-Reichardt arbeitete an der Beschreibung der noch nicht bearbeiteten koptischen Handschriften der Staatsbibliothek zu Berlin – Preußischer Kulturbesitz. Es handelt sich um etwa 40 Handschriften, die sich zu Gruppen zusammenfassen lassen. In der ersten Gruppe befinden sich Biblica, in der zweiten Handschriften und Notizbücher aus dem Nachlaß von Theodor Petraeus, der im 17. Jahrhundert eine Orientreise unternahm, bei der er in Ägypten koptische Handschriften erwarb. Petraeus verfaßte auf Grund seiner Beschäftigung mit diesen Handschriften umfangreiche Notizen und eine Art koptisches Lexikon in lateinischer Sprache. Einige Fragmente koptischer Heiligenviten bilden die dritte Gruppe. Die vierte umfaßt verschiedene in arabischer Sprache verfaßte Texte, darunter Homilien und einen Kalender. Eine Handschrift aus diesem Bereich wurde inzwischen von Frau Six bearbeitet.

Im Februar wurde Frau Hegenbarth-Reichardt ein Arbeitsraum im Asien-Afrika-Institut zur Verfügung gestellt.

Anfang 2007 stellte Frau Hegenbarth-Reichardt ihre Arbeit an den Manuskripten im Rahmen eines Kodikologie-Seminars der Äthiopistik an der Universität Hamburg vor.

Arbeitsstelle Jena
„Arabische Handschriften" (Leitung Professor Dr. Tilman Seidensticker, Jena)

„Arabische Handschriften" <XVII>
Frau Dr. Rosemarie Quiring-Zoche hat im vergangenen Berichtszeitraum 8 Monate halbtags und 4 Monate (September-Dezember 2006) ganztags gearbeitet. Die Aufstockung war möglich, weil Herr Sobieroj für eine Lehrstuhlvertretung in Tübingen beurlaubt war.

Bei der Katalogisierungsarbeit verfuhr sie weiterhin zweigleisig: Seltene Werke und besondere Manuskripte werden ausführlich für einen weiteren Katalogband in der bisherigen Art beschrieben, während Werke, die schon aus vielen Handschriften bekannt und kodikologisch unspektakulär sind, in eine Handlist aufgenommen werden. Damit wurden im Berichtszeitraum 23 Handschriften mit 67 Werken beschrieben, so daß für den geplanten Teilband B, 7 inzwischen 63 Kodizes mit 123 Werken erfaßt sind. Die Handlist wuchs auf 233 Werke in 100 Handschriften an, das heisst, es sind 128 Werke in 62 Handschriften im Berichtszeitraum bearbeitet worden. Parallel zur Kalogisierungsarbeit wurden für beide Kataloge vorläufige Indizes erstellt.

Unter den ausführlich beschriebenen Handschriften waren erneut außerordentliche Stücke. Genannt sei das sehr alte Manuskript von al-Baidāwīs weitverbreitetem Korankommentar Anwār at-tanzīl, das 758/1357 von einer Handschrift kopiert worden ist, die man im Jahr 720/1320, wenige Jahre nach al-Baidāwīs Tod (wahrscheinlich 716/1316) zum Teil mit dem Autographen, zum Teil mit einer anderen korrekten Handschrift verglichen hat. Frau Quiring-Zoche hat darüber beim 30. Deutschen Orientalistentag in Freiburg im Breisgau vom 24. bis 28. September 2007 berichtet, unter dem Titel „Schiraz – Damaskus – Berlin : Entstehung und Weg eines frühen Manuskripts von al-Baidāwīs Anwār at-tanzīl und seiner Vorlage".

Im Berichtszeitraum hat sie auch wieder eine Reihe von jemenitischen Handschriften katalogisiert, darunter einen Band mit vielen Studienvermerken und Einträgen, als deren Urheber sich der Gelehrte und Politiker al-Qāsim al-'Izzī Abū Tālib (1291–1380/1874–1960) und sein Kreis herausgestellt haben. Mit der Bedeutung dieser Vermerke für die Biographien, persönlichen Beziehungen und Einstellungen dieser Persönlichkeiten beschäftigt sich Frau Quiring-Zoche als Thema für eine Tagung im April 2008.

Ihr Aufsatz „Minhīyāt – Marginalien des Verfassers in arabischen Manuskripten" ist inzwischen erschienen in: „Asiatische Studien/Études asiatiques". 60,4.2006. 987–1019.

Herr PD Dr. Florian Sobieroj war für die Wahrnehmung einer Lehrstuhlvertretung in Tübingen noch bis September 2006 beurlaubt und hat in dieser Zeit auch seine Arbeit an den Münchener Handschriften unterbrochen. Für die Zeit von Oktober bis Dezember 2006 konnte er mit einer vollen Stelle beschäftigt werden. Im Berichtszeitraum arbeitete er parallel an zwei Handlist-Katalogen und einem Katalog mit ausführlichen Beschreibungen.

Nach der Publikation des Teilbandes B,8 hat er die Arbeit an seinem zweiten Katalog arabischer Handschriften der Bayerischen Staatsbibliothek weiter fortgesetzt, der bei „Cod arab 1335" einsetzt und nunmehr insgesamt 280 Nummern (= Handschriften) umfaßt. Die ausführlichen Beschreibungen haben das konventionelle Format, sind aber etwas knapper gefaßt als die seines ersten Münchener Katalogs. Simultan mit der Beschreibung der Handschriften sind von ihm die zugehörigen Indizes erstellt worden. Im Berichtszeitraum hat Herr Sobieroj 89 Handschriften katalogisiert. Unter diesen befinden sich zahlreiche Sammelhandschriften mit bis zu 17 Werken, die oft auch türkische, ausnahmsweise auch persische Werke einschließen. Zusammen mit den in den Vorjahren für diesen Katalog bearbeiteten Handschriften ergibt dies eine Gesamtziffer von 276.

Herr Sobieroj setzte außerdem die Abfassung von handlistartigen Katalogen der Bayerischen Staatsbibliothek (21 Handschriften mit 24 Werken) und der Staatsbibliothek zu Berlin (20 Handschriften mit 38 Werken) fort.

Im Frühjahr 2007 erschien sein Aufsatz „Repertory of Suras and Prayers in a collection of Ottoman Manuscripts" („Mélanges de l'Université Saint-Joseph". 59.2006. 365–368). Herr Sobieroj nahm auch mit einem Vortrag am 30. Deutschen Orientalistentag in Freiburg im Breisgau vom 24. bis 28. September 2007 teil.

Frau Dr. Kathrin Müller, Bayerische Akademie der Wissenschaften, hat ihre Katalogisierungsarbeit an den arabischen Beständen der Bayerischen Staatsbibliothek München fortgesetzt. Seit dem letzten Jahresbericht wurden die Beschreibungen der „Cod arab 2321 bis 2434" fertiggestellt; es sind also 114 Handschriften mit 236 Werken beschrieben worden.

Der Leiter der Arbeitsstelle, Professor Dr. Tilman Seidensticker, hat sich seit 2005 an den wissenschaftlichen Aktivitäten des Arbeitskreises „Manuskriptkulturen in Asien und Afrika" des Asien-Afrika-Instituts der Universität Hamburg beteiligt, unter anderem im November 2006 mit einem Vortrag „Islamische Handschriften – das Vertraute und das Unvertraute" im Rahmen der Ringvorlesung „Die Faszination der Handschrift". Ferner hat er sich an der Erarbeitung eines Hamburger DFG-Antrags auf Einrichtung einer Forschergruppe „Manuskriptkulturen in Asien und Afrika" mit einem Teilprojektantrag beteiligt.

H.-O. Feistel

Leibniz-Edition (Leibniz-Archiv Hannover und Leibniz-Forschungsstelle Münster)
Interakademische Leitungskommission:
Vorsitzender: Mittelstraß (Konstanz)
Künne, Patterson, Poser (Berlin), Siep (Münster), Totok (Hannover)

Kontaktadresse: Niedersächsische Landesbibliothek, Leibniz-Archiv, Waterloostraße 8, 30169 Hannover, Tel.: 0511-1267-327, Fax 0511-1267-202, Herbert.Breger@gwlb.de (Prof. Dr. Breger), http://www.nlb-hannover.de/Leibniz/ (Arbeitsstelle Hannover);
Leibniz-Forschungsstelle-Münster, Robert-Koch-Straße 40, 48149 Münster, Tel.: 0251-83329-25, Fax 0251-83329-31, schneim@uni-muenster.de (Prof. Dr. Schneider),
http://www.uni-muenster.de/Leibniz/ (Arbeitsstelle Münster)
Gemeinsame Homepage: http://www.leibniz-edition.de

Arbeitsbericht (Bericht der Leibniz-Editionsstelle Hannover (Leibniz-Archiv)):
Der Briefwechsel von Leibniz wurde 2007 in das Weltdokumentenerbe der UNESCO aufgenommen. Die Briefe werden von der Göttinger Akademie im Rahmen der Leibniz-Gesamtausgabe veröffentlicht, an der auch die Berlin-Brandenburgische Akademie mitwirkt. Während die Berliner Akademie seit 1901 an einer vollständigen Ausgabe der Schriften und der Briefe arbeitet, ist die Göttinger Akademie erst seit 1985 beteiligt. Von den 25 seit 1985 erschienenen Bänden sind 22 von den beiden Arbeitsstellen der Göttinger Akademie erarbeitet worden.

Leibniz' Korrespondentennetz erstreckt sich fast über das gesamte Europa sowie bis nach China. Da Leibniz kein Hauptwerk im eigentlichen Sinne verfaßt hat, ist der Briefwechsel in vieler Hinsicht eine wichtige Quelle für sein Werk. Leibniz' Bemerkung „Wer mich nur aus meinen veröffentlichten Schriften kennt, kennt mich nicht" bestätigt dies. Die Fülle der im Briefwechsel erörterten Themen erstreckt sich über alle Bereiche des Wissens. In den mathematischen Schriften gewinnt der Leser einen Einblick in Leibniz' Schaffensprozess, in den jetzt kurz vor der Veröffentlichung stehenden Bänden insbesondere in die Entstehung der Differential- und Integralrechnung.

Die Leibniz-Ausgabe ist in acht Reihen gegliedert; die hannoversche Editionsstelle arbeitet an den Reihen I (Allgemeiner, politischer und historischer Briefwechsel), III (Mathematischer, naturwissenschaftlicher und technischer Briefwechsel) und VII (Mathematische Schriften). Jeder Band umfaßt 800 bis 1000 Seiten.

Zur Zeit wird der endgültige Umbruch des Bandes VII, 4 (Infinitesimalrechnung 1672–1673) erstellt; die Datei kann im Frühjahr 2008 gleichzeitig mit der des folgenden Bandes VII, 5 (Infinitesimalrechnung, 1674–1675) an den Verlag gegeben werden. Die Bearbeitung der Bände I, 21 (April–Dezember 1702); III, 7 (Juli 1696–Dezember 1698) und I, 22 (Januar–Dezember 1703) wurde fortgesetzt.

Die Arbeitsstelle hat bisher sieben abgeschlossene Bände sowie vorläufige Fassungen von fünf in Bearbeitung befindlichen Bänden ins Internet gestellt; insgesamt handelt es sich um mehr als 8500 Seiten. Außerdem hat die Arbeitsstelle ein kumuliertes Korrespondenzverzeichnis mit mehr als 11.700 Briefen von und an Leibniz sowie ein kumuliertes Personenverzeichnis mit mehr als 16.000 Datensätzen sowie sechs laufend erweiterte Konkordanzen zwischen der Akademie-Ausgabe und früheren Leibniz-Ausgaben für die Forschung im Internet zugänglich gemacht. Ferner wurde begonnen, Transkriptionen (bisher 690 Seiten) für künftige Bände ins Netz zu stellen.

Im Berichtszeitraum fanden eine Vortragsveranstaltung in Hannover und eine Tagung in Wolfenbüttel statt (s. Sonstige Veranstaltungen).

H. Breger

Arbeitsbericht (Bericht der Leibniz-Forschungsstelle Münster):

Die Leibniz-Forschungsstelle bearbeitet die beiden philosophischen Reihen der Akademieausgabe, Reihe II (Philosophischer Briefwechsel) und Reihe VI (Philosophische Schriften). Erschienen sind bisher Band II, 1 (Philosophische Briefe 1663–1685) und die Bände VI, 1–4 (Philosophische Schriften 1663–1690) sowie im Vorgriff Band VI, 6 (Schriften zu

Locke 1703–1705). Band VI, 4 (mit vier Teilbänden) und die zweite Auflage des Bandes II, 1 wurden unter der Obhut der Göttinger Akademie der Wissenschaften erarbeitet.

Wegen des kleinen Mitarbeiterstabs kann nur im Wechsel an einer der beiden Reihen gearbeitet werden, derzeit ausschließlich an der Reihe II. Ziel ist es, die bis 1685 bereits erfolgte Edition der Korrespondenz bis zum Jahre 1705 fortzuführen, um so den Zeitraum von 1690 bis 1705 zu erschließen und dadurch für die anschließende Fortführung der Edition der Reihe VI mit Band 5 (der Schriften des Zeitraums von 1690 bis 1705) bei der Datierung und entstehungsgeschichtlichen Einordnung der Schriften fruchtbar machen zu können.

Derzeit sind die beiden Briefbände II, 2 und II, 3 in Bearbeitung. Trotz der Verzögerung des Abschlusses von Band II, 2 (1686–1694) wird dieser Band im Frühjahr 2008 an den Verlag gegeben werden können. Der folgende Band II, 3 enthält etwa 250 Briefe von 22 Korrespondenten und wurde zu mehr als einem Drittel bearbeitet. Dabei ist zu berücksichtigen, daß der Bereich des Bandes II, 3 entgegen früheren Angaben jetzt um zwei Jahre erweitert wurde und den Zeitraum von 1695 bis 1700 (statt früher bis 1698) umfaßt. Grund dafür ist der nunmehrige Verzicht auf Doppeldrucke in Reihe II, d. h. auf den nochmaligen Druck von philosophisch wichtigen Briefen, die zuvor schon in den beiden anderen Reihen gedruckt worden sind oder für diese vorgesehen waren. (Für Band II, 1 haben die ersten Editoren Doppeldrucke zugelassen, für Band II, 2 wurde dies analog weitergeführt.) Auf diese Weise wird die Edition des philosophischen Briefwechsels beschleunigt werden können.

Die Arbeit an der Reihe VI der Philosophischen Schriften ruhte zwar, aber die vorbereitenden Maßnahmen für die Auswahl der für den Band VI, 5 zu berücksichtigenden Schriften wurde fortgesetzt. Insbesondere wurden bei der Korrespondenzbearbeitung auffallende Stücke vorgemerkt, die für den Band VI, 5 der Philosophischen Schriften zu reservieren sind.

Eine Retrodigitalisierung der Bände VI, 1 und 2 wurde durchgeführt. Da noch Klärungsbedarf im Hinblick auf urheberrechtliche Fragen besteht, wurden beide Bände noch nicht ins Netz gestellt.

Innerhalb der von der Göttinger Akademie der Wissenschaften im Jahr der Geisteswissenschaften veranstalteten Reihe „Geisteswissenschaften unterwegs" hielt Martin Schneider am 21. Juni 2007 einen Vortrag mit dem Titel „Leibniz als Grundlagenforscher. Ein Beitrag zur Verantwortung von Wissenschaft".

M. Schneider

Lexikon des frühgriechischen Epos (Thesaurus Linguae Graecae)
Leitungskommission:
Vorsitzender: Schmitt (Marburg)
Harlfinger (Hamburg), Heitsch, Hettrich (Würzburg), Nickau (Göttingen), Schindel

Kontaktadresse: Indogermanistik/FU, Fabeckstraße 7, 14195 Berlin, Tel.: 030-838-55028, drmeier@zedat.fu-berlin.de (Prof. Dr. Meier-Brügger); Thesaurus-Linguae-Graecae, Von-Melle-Park 6 VIII, 20146 Hamburg, Tel.: 040-42838-4768, william.beck@uni-hamburg.de (Dr. Beck), http://www.rrz.uni-hamburg.de/Thesaurus/

Arbeitsbericht: Dank der bewährten Mithilfe der bereits pensionierten Mitarbeiter Führer, Schmidt und Langholf konnten die Abschlußarbeiten am Lexikon des frühgriechischen Epos effektiv und im Rahmen der vorgesehenen Arbeitspensen vorangetrieben werden. Die Arbeit konnte termingemäß im Sommer 2007 an den Verlag geliefert werden. Wegen der Fülle des in die Lieferungen eingearbeiteten Materials werden im Frühjahr 2008 statt nur einer Lieferung (22) zwei Lieferungen (22 und 23) gleichzeitig erscheinen. Die Arbeiten an der 24. und letzten Lieferung, die 2010 erscheinen wird, sind im Jahr 2007 fortgesetzt worden.

Auf ihrer Jahressitzung am 1.12.2007 hat die Kommission der Göttinger Akademie der Wissenschaften die Planungen für die Gestaltung des Abschlußkolloquiums, das im Jahr 2010 stattfinden soll, fortgeführt und auch noch einmal über die Liste der einzuladenden Referenten beraten.

Am 30. November 2007 hat Bryan Hainsworth, einer der führenden Homer-Interpreten der Gegenwart, einen Vortrag gehalten mit dem Thema: „Heroic Poetry: The Comparative Method and the Iliad". An den Vortrag schloß sich nach der öffentlichen Diskussion eine sehr ausführliche und sehr ergiebige Diskussion zwischen Prof. Hainsworth und den Mitgliedern der Göttinger Akademie sowie den Mitarbeitern des Lexikons an.

A. Schmitt

Mittelhochdeutsches Wörterbuch (Arbeitsstelle Göttingen)
Leitungskommission:
Vorsitzender: Grubmüller
Gärtner (Trier), Klein (Bonn), Nellmann (Bochum), Sappler (Tübingen), Schabram, Stackmann

Kontaktadresse: Papendiek 14, 37073 Göttingen, Tel.: 0551-39-6412, uhdpmhdw@gwdg.de (Dr. Diehl, Dr. Baumgarte)

Arbeitsbericht: Das Vorhaben „Mittelhochdeutsches Wörterbuch" soll den Wortbestand des Mittelhochdeutschen in den zeitlichen Grenzen von 1050 bis 1350 lexikographisch bearbeiten. Seine Quellenbasis bildet ein Corpus von philologisch gesicherten Texten aller Textsorten der Periode. Auf der Grundlage des Quellencorpus wurde ein maschinenlesbares Textarchiv angelegt und aus diesem durch computergestützte Exzerpierung ein Belegarchiv erstellt, welches das Material für die Ausarbeitung des Wörterbuches bietet. Aufgrund seiner Quellenbasis wird das Wörterbuch erstmals einen die ganze Periode zeitlich und räumlich gleichmäßig berücksichtigenden Überblick über die Verwendungsbedingungen und die Bedeutungsentwicklung des mittelhochdeutschen Wortbestandes gewähren. Es wird daher als zuverlässiges Hilfsmittel für die Erforschung der deutschen Sprache des Mittelalters und für das Verstehen und die philologische Erschließung mittelhochdeutscher Texte dienen können.

Das Vorhaben wird von der Göttinger und der Mainzer Akademie gemeinsam getragen und von zwei Arbeitsstellen in Göttingen und Trier durchgeführt.

Im Jahr 2007 ist die zweite Doppellieferung (*balster – bluotekirl*) zusammen mit einer umfangreichen Ergänzung zum Quellenverzeichnis (knapp 700 Titel) erschienen. In Göttingen und Trier wurden die Faszikel 5 und 6 (*bluoten – ebenwâc*) bearbeitet. Nach den notwendigen Vereinheitlichungen und Korrekturen können die gesamten Arbeiten dem Verlag übergeben werden.

Die Belegerhebung für die anschließenden Lieferungen 7 und 8 (*ebenwâge – gapen*) ist weit fortgeschritten, und der Artikelarbeit wird zügig begonnen.

K. Grubmüller

Veröffentlichungen:
Mittelhochdeutsches Wörterbuch. Im Auftrag der Akademie der Wissenschaften und der Literatur Mainz und der Akademie der Wissenschaften zu Göttingen herausgegeben

von Kurt Gärtner, Klaus Grubmüller und Karl Stackmann. Erster Band. Doppellieferung 3/4. Lieferung 3: *balster – besilieren*. Bearbeitet in der Arbeitsstelle der Akademie der Wissenschaften zu Göttingen von Susanne Baumgarte, Gerhard Diehl und Bernhard Schnell. Lieferung 4: *besingen – bluotekirl*. Bearbeitet in der Arbeitsstelle der Akademie der Wissenschaften und der Literatur Mainz an der Universität Trier von Kurt Gärtner, Werner Hoffmann, Ralf Plate und Jingning Tao. EDV-Arbeiten: Ute Recker-Hamm (Arbeitsstelle Trier). Stuttgart 2007.

Ortsnamen zwischen Rhein und Elbe – Onomastik im europäischen Raum
Leitungskommission:
Vorsitzender: Henne
Aufgebauer (Göttingen), Debus (Kiel), Lehfeldt, Oexle, Udolph

Kontaktadresse: Robert-Koch-Straße 40, 48149 Münster, Tel.: 0251-8331460, Fax: 0251-8331466, kirstin.casemir@ortsnamen.net (Dr. Casemir), http://www.ortsnamen.net

Arbeitsbericht: Nach dem krankheitsbedingten Ausscheiden des Mitarbeiters Herrn Dr. Hendrik Davids wurde die Stelle zum 1. März 2007 mit Frau Dr. Kirstin Casemir wiederbesetzt, die seitdem die Funktion der Leiterin der Forschungsstelle ausübt. Weiterhin wurde das Personal durch die Einstellung von drei studentischen Hilfskräften verstärkt, deren Hauptaufgabe die Literaturrecherche und -beschaffung ist. Daneben entlasten sie das wissenschaftliche Personal durch systematische Prüfgänge und Korrekturen. Durch die Überlassung der Bibliotheksbestände des zu Ende geführten Projektes „Gewässernamen" der Akademie der Wissenschaften Mainz konnte die projekteigene Bibliothek insbesondere durch namenkundliche Literatur nicht unbeträchtlich erweitert werden. Die im Mai erfolgte Erstbegutachtung des Projektes brachte sehr positive Resultate. In diesem Zusammenhang wurden eine Reihe organisatorischer und inhaltlicher Regelungen und Richtlinien wie auch ein detaillierter Bearbeitungsplan für die erste Projektphase schriftlich fixiert sowie die Arbeitsrichtlinien für die Ortsnamenbücher präzisiert. Durch Besuche interessierter Wissenschaftler, Vorträge, Beantwortung von Anfragen oder Teilnahme an Tagungen ist die Forschungsstelle in der Fach- wie der breiteren Öffentlichkeit präsent und befindet sich in wissenschaftlichem Austausch. Hervorzuheben sind hier die zahlreichen Medienauftritte von Jürgen Udolph, aber auch die Einbindung des Personals der Forschungsstelle in den Lehrbetrieb der Universität Münster oder etwa die Bereitstellung von Dialektformen der westfälischen Ortsnamen durch die Kommission für Mundart- und Namenforschung

Westfalens. Mit der Vorbereitung des für September 2008 geplanten namenkundlichen Kolloquiums mit dem Titel „Namen und Appellative der älteren Sprachschichten zwischen Rhein und Elbe und benachbarter Gebiete" wurde begonnen. Planmäßig wurden die Arbeiten an den ersten beiden Bänden zu den Kreisen Lippe und Soest des Westfälischen Ortsnamenbuches fortgesetzt. Ihr Erscheinen ist für den Spätsommer 2008 geplant. Auch die Arbeiten am ersten Band des Ortsnamenbuches von Sachsen-Anhalt wurden fortgesetzt. 2007 abgeschlossen und publiziert wurde der sechste Band des Niedersächsischen Ortsnamenbuches „Die Ortsnamen des Kreises Holzminden" von Kirstin Casemir und Uwe Ohainski. Die Arbeiten am siebten Band haben begonnen.

K. Casemir

Papsturkunden des frühen und hohen Mittelalters
Leitungskommission:
Vorsitzender: Herbers (Erlangen)
Alsina (Santiago de Compostela), Görz (Erlangen), Kölzer (Bonn), Maleczek (Wien), Schieffer

Kontaktadresse: Friedländer Weg 11, 37085 Göttingen, Tel.: 0551-5316499, Fax: 0551-5316512, wkoenig@gwdg.de (Dr. Könighaus), http://www.papsturkunden.gwdg.de

Arbeitsbericht: Im Februar 2007 nahm das neue Akademievorhaben „Papsturkundenforschung des frühen und hohen Mittelalters" in Göttingen und in Erlangen seine Arbeit auf. Dem auf 15 Jahre angelegten Projekt wurden zunächst $2^{1}/_{2}$ wissenschaftliche Stellen zuerkannt, im Berichtszeitraum wurde zusätzlich eine weitere Stelle für 2008 bewilligt. Neben der Aufarbeitung aller Kontakte des Papsttums zu Empfängern aus den peripheren Pontificien (Iberia, Bohemia-Moravia, Dalmatia-Croatia, Polonia) setzt sich das Vorhaben zum Ziel, eine neue Ausgabe des verdienstvollen, jedoch überholten Werkes „Regesta Pontificum Romanorum" von Philipp Jaffé als ein integriertes Verzeichnis in Druck- und in elektronischer Version mit der Unterstützung einer neu zu konzipierenden Datenbank auszuarbeiten. Einen unschätzbaren Gewinn für das Akademieprojekt stellt dabei die enge Kooperation mit der Göttinger Arbeitsstelle der Pius-Stiftung für Papsturkundenforschung (s. Arbeitsvorhaben: Pius-Stiftung) sowie die Nutzung von deren Vorarbeiten dar. Eine große Hilfe bei der Pflege der Sammlungen und Dateien leistet weiterhin Frau Andrea Neutag (Göttingen).

Iberia Pontificia

Herr Daniel Berger (Göttingen) hat mit den Arbeiten an dem Band für die Diözese Burgos in Kastilien begonnen. Bisher konnten die gedruckte Überlieferung und die in Göttingen vorhandenen Vorarbeiten gesichtet sowie bereits über 120 Regestenentwürfe angefertigt werden. Für das Jahr 2008 sind der Abschluß der Quellenerfassung, eine Archivreise nach Spanien sowie die Erstellung der Kommentare zu den Regesten vorgesehen.

Für die Bearbeitung der Iberia Pontificia wird vor allem die Kooperation mit spanischen Experten eine wichtige Stütze sein. Erfreulicherweise konnte Prof. Fernando López Alsina von der Universität Santiago de Compostela als Kommissionsmitglied für das Göttinger Akademieprojekt gewonnen werden. Um diese Zusammenarbeit in Gang zu bringen, fand im Februar 2007 in Göttingen ein deutsch-spanisches Kolloquium unter dem Titel „Erinnerung, Niederschrift, Nutzung. Das Papsttum und die Schriftlichkeit im westeuropäischen Mittelalter" statt, dessen Ergebnisse publiziert werden sollen. Im Sommer führte mit Unterstützung der Pius-Stiftung ein Projektantrag einer spanischen Forschergruppe um Prof. López Alsina zum Erfolg. Für die Erschließung und Dokumentierung der päpstlichen Überlieferung im Nordwesten Spaniens hat das spanische Wissenschaftsministerium für die Dauer von zunächst drei Jahren ausreichende Mittel bewilligt. Im Rahmen dieses Projektes ergeben sich enge Kooperationsmöglichkeiten mit der Iberia Pontificia, in erster Linie durch den fachlichen Austausch und gegenseitiges Zuarbeiten, aber auch durch die Unterstützung bei Archivreisen und gemeinsame Publikationen. Im Februar 2008 findet auf Einladung der spanischen Kollegen ein Treffen in Santiago de Compostela statt, auf dem ein detaillierter Kooperationsplan erstellt werden soll.

Bohemia-Moravia Pontificia

Im Februar 2007 begann Dr. Waldemar Könighaus (Göttingen) im Rahmen des Akademieprojektes „Papsturkunden des frühen und hohen Mittelalters" mit der Bearbeitung der Bohemia-Moravia Pontificia. Nach Übernahme umfangreicher Vorarbeiten von DDr. h. c. Winfried Irgang (Marburg) Ende April wurde die Regestierung und weitere Bearbeitung fortgesetzt, so daß mittlerweile die ersten Texte sowie alle Regesten (insgesamt ca. 280 Haupt- bzw. Nebenregesten, teilweise mit Kommentierung) vorliegen. Insgesamt kommen für diesen Band 21 Institutionen in Frage, die unterschiedlich viele Regesten aufzuweisen haben (von einem bis zu siebzig Betreffen). Die Sichtung und Auswertung der neueren Literatur und Kommentierung der Einzelregesten stehen nun im Mittelpunkt der Arbeiten. Des Weiteren wird sukzessive an den Introductiones/Narrationes zu den einzelnen Institutionen gearbeitet. Eine Archiv- und Bibliotheksreise nach Prag, Olmütz und Brünn ist für Jahr 2008 geplant.

Neubearbeitung des Jaffé
Frau Kathrin Korn und Dipl.-Hist. Markus Schütz nahmen in der Arbeitsstelle Erlangen die Arbeit an der wissenschaftlichen Neubearbeitung des Nachschlagewerkes von Jaffé auf, dessen zweite Auflage von 1885/1888 durch Neufunde und neuere Forschungen überholt ist. Nicht nur durch die Anpassung der Aufnahmekriterien an die Richtlinien der Pontificia-Bände, sondern auch durch die zahlreichen verstreut erschienenen Neufunde ist ein erhebliches Anwachsen des Materials zu erwarten. In einer ersten Phase erfolgte die Datenerfassung und -aufbereitung mit Hilfe einer provisorischen Access-Datenbank bis zum Jahr 590. Als Schwerpunkt der Tätigkeit wurde für den Gesamtzeitraum bis 1198 die Recherche jüngerer Forschungsliteratur und insbesondere neuerer Editionen und Regesten bis in die Zeit Papst Gregors des Großen vorangetrieben. Nach dem Ausscheiden von Frau Korn übernahm zum 1. November 2008 Frau Cornelia Gossner deren Aufgaben. Für die Programmierung einer onlinegestützten Datenbank zur dezentralen Erfassung, Bearbeitung und Ausgabe von Daten der Papstregesten wurde in Kooperation mit zwei Erlanger Lehrstühlen für Informatik (Prof. Görz, Prof. Meyer-Wegener) Diplominformatiker Marcus Ziegelmeier gewonnen. In weiteren Arbeitsschritten soll die Datenbank zum gemeinsamen Hilfsmittel für die Mitarbeiter der Arbeitsstellen Göttingen und Erlangen ausgebaut werden, mit der Regesten einschließlich der zugehörigen Literaturverwaltung verfaßt und bearbeitet werden können.

K. Herbers

Patristische Kommission (Arbeitsstelle Göttingen)
Leitungskommission:
Vorsitzender: Mühlenberg
Nesselrath

Kontaktadresse: Friedländer Weg 11, 37085 Göttingen, Tel.: 0551-3894330, emuehle@gwdg.de (Prof. Dr. Mühlenberg)

Arbeitsbericht: Die Scholienausgabe des „Corpus Dionysiacum" ist von B. R. Suchla weitergeführt worden. Die fertigen Texte werden abschließend überprüft. In dem Scholienteil, welcher die Namen Andreas von Kreta und Germanos I. von Konstantinopel enthält, sind einige Zuweisungen geklärt, andere im Stadium der Klärung. Die Register wurden vorbereitet. Die letzte der bekannten Handschriften für die lateinischen Scholien des Anastasius ist bestellt.

Angefangen wurde mit der Handschriftensuche für die Edition der „Anakephalaiosis" zum Häresienwerk des Epiphanius von Salamis. Dieses Editionsvorhaben, seit langem in die Arbeitsplanung aufgenommen, ergab sich aus der Arbeit mit den Dionysios-Scholien (inzwischen auch aus der Apophthegmenforschung als dringendes Desiderat angemahnt). Denn häufig wird auf die Häresiebestimmungen der „Anakephalaiosis" hingewiesen, da das Dionysioswerk gegen Häresieverdacht zu verteidigen war. Die „Anakephalaiosis" ist das Werk eines Unbekannten mit einer ungeheuren Wirkung; es hat das Epiphaniusbuch fast vollständig verdrängt und ist selbst zum Grunddokument für Häresien im Christentum – bis in die Neuzeit – geworden. Vorarbeiten von B.R. Suchla machen es wahrscheinlich, daß es mehrere distinkte Redaktionen gibt. Karl Holl, der Editor der Epiphaniusausgabe, erkannte die Selbständigkeit der „Anakephalaiosis"; er druckte sie vor jedem Kapitel des „Panarion" von Epiphanius ab, er verfügte über drei Handschriften – mit einem Huntertfachen ist zu rechnen. B. Kotter, der Editor von Johannes von Damaskos' „De haeresibus", sah die Beziehung zur „Anakephalaiosis", aber er unterschätzte deren Wirkung und Weiterwirkung, so daß erst ihre kritische Ausgabe die Abhängigkeit des Johannes klären kann.

Die Edition der ältesten Sammlungen der „Apophthegmata Patrum" hat C. Faraggiana nach Plan weitergebracht. In Vorbereitung ist eine Dokumentation aller Überlieferung zu Makarios, dem Lehrer des Jesajas Monachus. Solche Überlieferungen, aufgefunden in unzureichend erschlossenen Handschriften mit bisher unbekannten Kleinstsammlungen der Wüstenvätersprüche, sind nach Überlieferungskontext und Textform einzuordnen; eben daran wurde gearbeitet.

Die Edition der „Epistula canonica" Gregors von Nyssa wird zum Abschluß geführt (E. Mühlenberg). Die umfangreiche Überlieferung in den Kanonessammlungen konnte größtenteils in Gruppen aufgeteilt werden. Es hat sich eine Differenzierung der Überlieferung in drei Hauptströme erweisen lassen; die beiden Überlieferungsträger der „Epistula canonica" innerhalb der Werke Gregors sind als unselbständig zu bewerten. Die Praefatio ist zum Jahresende druckfertig. Für den Conspectus codicum (und andere Fragen) besteht eine enge Zusammenarbeit mit dem Frankfurter Institut für byzantinische Rechtsgeschichte (MPI), so daß auch dieser Teil druckvorlagereif gemacht werden kann. Der textkritische Apparat ist nach den neuen Einsichten der Praefatio vollkommen neu ausgeschrieben; der Verlag fertigt den Satz.

Die Edition „De anima et resurrectione" Gregors von Nyssa ist bei W. Brinker in guten Händen. Im Berichtsjahr konnte die Digitalversion des Editionstextes überprüft und die Interpungierung korrigiert werden.

Im Berichtsjahr unterstand die Arbeitsstelle einer Evaluation mit Begehung, außerdem fand ein Umzug in neue Arbeitsräume statt.

E. Mühlenberg

Qumran-Wörterbuch
Leitungskommission:
Vorsitzender: Kratz
Borger, Lohse, Perlitt, Smend, Spieckermann

Kontaktadresse: Vereinigte Theologische Seminare, Platz der Göttinger Sieben 2, 37073 Göttingen, Tel.: 0551-39-7130, Fax: 0551-39-2228, rkratz@gwdg.de (Prof. Dr. Kratz)

Arbeitsbericht: Das Unternehmen gilt den antiken Handschriften vom Toten Meer. Diese im vergangenen Jahrhundert in der Nähe der Ruinensiedlung Qirbeth Qumran entdeckten Überreste von rund 1000 meist hebräischen und aramäischen Manuskripten stammen aus der Zeit vom 3. Jh. v. Chr.–2. Jh. n. Chr. Bei den Texten handelt es sich um eine einzigartige Quelle für die Erforschung der Geschichte des antiken Judentums sowie des Alten Testaments und des Entstehungshintergrunds des Neuen Testaments. Die Aufgabe des Unternehmens besteht in der Erarbeitung eines philologischen Wörterbuchs, das den gesamten Wortschatz der nichtbiblischen Texte vom Toten Meer erfaßt und das Material etymologisch, morphologisch sowie semantisch aufbereitet. Das Wörterbuch schließt damit die bisher kaum erforschte Lücke zwischen dem älteren biblischen und dem jüngeren rabbinischen Hebräisch und Aramäisch. Das wichtigste Arbeitsinstrument ist eine im Rahmen des Projekts speziell für die Bedürfnisse des Unternehmens entwickelte Datenbank. In ihr sind sämtliche Quellentexte, alle wichtigen in der Forschungsliteratur vorgeschlagenen, oft umstrittenen Lesungen der einzelnen Wörter sowie alle weiteren für das Wörterbuch relevanten Informationen (Editionen, Literatur, Zählungsabweichungen etc.) erfaßt.

Die Aufbauphase des Projekts ist inzwischen abgeschlossen. Die Datenbank ist komplett aufgebaut und wird laufend aktualisiert. Eine Spezialbibliothek umfaßt eine große Photosammlung der Handschriften und sämtliche Editionen der Texte vom Toten Meer und wird kontinuierlich um einschlägige Neuerscheinungen erweitert. Im Berichtsjahr 2007 wurden die Arbeiten am Buchstaben *aleph* sowie die Vorbereitungen für den Buchstaben *bet* fortgesetzt. Die Korrektur der bisher aufgenommenen Varianten in der Datenbank wurde abgeschlossen. Ein neues methodisches Vorgehen zur konzentrierten Aufnahme weiterer Varianten wurde getestet, und es wurde mit dessen Umsetzung begonnen. Es wurden ein Verfahren zur Beschleunigung der Artikelvorbereitung sowie ein System zur abschließenden formalen Vereinheitlichung der Artikel entwickelt. Im Mai fand in Kooperation mit Frau Prof. Dr. Devorah Dimant (Haifa) ein erstes internationales Göttinger Qumran-Symposium statt. Untersuchungen an den Handschriftenoriginalen in Jerusalem (École Biblique/Israel Museum) trugen zur weiteren Sicherung der Textgrundlage des Wörterbuchs bei. Für die unterstützende Sichtung der in Neu-Hebräisch erschienenen einschlägigen Fachliteratur konnte ein Doktorand in Haifa gewonnen werden. Im Frühjahr 2007 wurde das Unternehmen evaluiert und positiv beurteilt.

R. G. Kratz

Reallexikon der Germanischen Altertumskunde von Hoops
Leitungskommission:
Vorsitzender: Oexle
Beck, Geuenich, Grubmüller, G.A. Lehmann, Paul, Rädle, Steuer

Kontaktadresse: Theaterstraße 7, 37073 Göttingen, Tel.: 0551-39-5333, rmuelle3@gwdg.de (Prof. Dr. Müller),
http://www.hoops.uni-goettingen.de

Arbeitsbericht: Im Berichtsjahr ist das Register druckfertig abgeschlossen worden. Es ist in zwei Bänden mit insgesamt 1500 Seiten Umfang im ersten Quartal 2008 als Band 36 und 37 des Hoops Reallexikon der Germanischen Altertumskunde erschienen.

Das Register beschliesst die völlig neu konzipierte zweite Auflage des Hoops, dessen Vorgängerin in den Jahren 1911–1918 mit vier Bänden erschienen ist. Es soll dem Benutzer als hilfreiches Instrumentarium dienen und ihm Zugang schaffen zum einschlägigen Inhalt, wie er sich seit dem Erscheinen der ersten Lieferung im Jahre 1968 bis zum Band 35 im Jahre 2007 darstellt. Nicht anders als das Werk selbst, spiegelt auch das Register den Forschungs- und Bewertungsstand aus 40-jähriger Publikationsdauer, wie er sich innerhalb der einzelnen im Lexikon vertretenen Disziplinen niedergeschlagen hat.

Das Register setzt sich zusammen aus verschiedenen Teilen:

Band 1, Hoops Band 36 der Gesamtzählung:
1. Autorenregister

Das Autorenregister erfaßt in alphabetischer Reihenfolge alle am Lexikon beteiligten Autorinnen und Autoren und listet die von ihnen verfaßten Beiträge mit Bandangabe und vollem Seitenumfang auf.

2. Stichwortregister

Das Stichwortregister enthält in alphabetischer Anordnung alle Lemmata und Verweisstichwörter mit voller Seitenangabe, dem Band- und dem Dokumentationsnachweis (Abbildungen, Tafeln).

3. Fachregister

Das Fachregister enthält 13 850 Einträge. Deren Auswahl und Zuordnung erfolgte nach inhaltlichen Kriterien, wie z. B.: Forschungs- und Methodengeschichte; Landschaftsgestaltung; Wirtschaft, Handel und Verkehr; Siedlungswesen; Bestattungswesen; Kriegswesen; Gesellschaft und Staat; Rechtswesen; tägliches Leben, Brauch, Sitte; Sprache, Schrift, Namen; Dichtung und Literatur; Bildungswesen; Kunst; Religion und Kult; sowie einzelne Epochen der Prähistorie wie: Eisenzeit, Spätantike; Völkerwanderungs- und Merowingerzeit, Karolinger- und Wikingerzeit.

Band 2, Hoops Band 37 der Gesamtzählung

Der Band enthält als alphabetisches Register alle Lemmata und Registereinträge aus dem Fachregister mit Stellennachweis und Angaben zur Dokumentation auf Abbildungen und Tafeln.

Die Arbeitsstelle hat damit ihre Aufgabe erfüllt und stellt die Tätigkeit ein. Der Verlag Walter de Gruyter würdigte in einer Veranstaltung in Berlin am 20. Dezember 2007 den Abschluß des Werkes.

R. Müller

Sanskrit-Wörterbuch der buddhistischen Texte aus den Turfan-Funden und der kanonischen Literatur der Sarvāstivāda-*Schule*
Leitungskommission:
Vorsitzender: Hartmann (München)
Job (Göttingen), Laut (Freiburg), Oberlies (Göttingen), Röhrborn, Schmithausen (Hamburg), von Simson

Kontaktadresse: Am Reinsgraben 4, 37085 Göttingen,
Tel.: 0551-58125, Fax 0551-43173, swtf@gwdg.de (Dr. Schmidt),
http://swtf.adw-goettingen.gwdg.de/

Arbeitsbericht: In Ruinenstätten und verlassenen Höhlenklöstern entlang der nördlichen der beiden alten „Seidenstraßen" in Ostturkistan, der heute zur Volksrepublik China gehörenden Provinz Xinjiang, wurden in den letzten beiden Jahrzehnten des 19. und in den ersten Jahrzehnten des 20. Jahrhunderts von Expeditionen aus verschiedenen Ländern, darunter auch vier deutschen Expeditionen (1902–1914), archäologische Grabungen durchgeführt. Dabei wurde eine große Anzahl von Manuskripten in zahlreichen verschiedenen Sprachen, zu einem erheblichen Teil in Sanskrit, der klassischen Kultursprache Indiens, entdeckt. Ein großer Teil dieser Handschriften gelangte in die nach einem der Hauptfundorte benannte „Turfan"-Sammlung in Berlin. Wie sich bei der Bearbeitung der Handschriften herausstellte, gehören die Texte überwiegend zum Kanon der Sarvāstivādin, einer buddhistischen Schule des „Hīnayāna", die vom Nordwesten Indiens aus entscheidend zur Ausbreitung des Buddhismus in Zentral- und Ostasien beigetragen hat. Inzwischen wurden viele der Texte ediert und zum Teil auch übersetzt. Die Katalogisierung der Sanskrithandschriften dieser Sammlung ist ein ebenfalls in Göttingen ansässiges Projekt der Akademie der Wissenschaften (Katalogisierung der orientalischen Handschriften in Deutschland: Sanskrithandschriften aus den Turfanfunden).

Das in der Göttinger Arbeitsstelle entstehende „Sanskrit-Wörterbuch der buddhistischen Texte aus den Turfan-Funden" (SWTF) ist ein zweisprachiges (Sanskrit-Deutsch) Wörterbuch, das die lexikographische Erschließung dieser in zentralasiatischen Handschriften überlieferten buddhistischen Sanskrit-Literatur zum Ziel hat. Durch die Ausführlichkeit der Zitate sowie die bis auf wenige, klar definierte Ausnahmen vollständige Aufnahme von Wortschatz und Belegstellen der ausgewerteten Texte erhält das Wörterbuch sowohl den Charakter einer speziellen Konkordanz wie auch den einer allgemeinen Phraseologie des buddhistischen Sanskrits der kanonischen Sarvāstivāda-Texte. Die im Wörterbuch berücksichtigten Texte dürften einen Großteil der gängigen Phrasen des buddhistischen Sanskrit enthalten. In den maßgeblichen Wörterbüchern des klassischen Sanskrit von O. Böthlingk und R. Roth (erschienen 1855–1875 und 1879–1889) und M. Monier-Williams (erschienen 1899) ist buddhistisches Textmaterial nur sehr spärlich vertreten; dasselbe gilt auch für andere Sanskrit-Wörterbücher. Das Wörterbuch des „Buddhist Hybrid Sanskrit" von F. Edgerton (erschienen 1953) beschränkt sich auf einen Teil des Wortschatzes der buddhistischen Sanskrit-Literatur unter dem Gesichtspunkt der Laut- und der Formenlehre und berücksichtigt vornehmlich Abweichungen vom klassischen Sanskrit. Darüber hinaus waren zur Zeit der Veröffentlichung dieser Wörterbücher die im SWTF erfaßten Texte größtenteils noch nicht zugänglich. Daher leistet das SWTF einen bedeutsamen Beitrag zur indischen Lexikographie.

Das Projekt wird gefördert mit Mitteln des Bundesministeriums für Bildung, Wissenschaft, Forschung und Technologie und des Landes Niedersachsen; die Veröffentlichung steht unter dem Patronat der Union Académique Internationale, Brüssel.

Auf ihrer Sitzung am 22. Mai 2007 hat die Kommission Herrn Jens-Uwe Hartmann einstimmig zum Vorsitzenden der Kommission und zum zukünftigen Herausgeber des Wörterbuches sowie Herrn Thomas Oberlies zum Arbeitsstellenleiter der Kommission gewählt, beides in Nachfolge von Herrn Klaus Röhrborn. Die Philologisch-Historische Klasse der Akademie hat dieser Wahl auf ihrer Sommersitzung am 20.7.2007 zugestimmt.

Die 19. Lieferung des Wörterbuchs (= Band III, 4; Wortstrecke: *phaṇa* bis *mat-sadṛśa*) ist im Berichtszeitraum vom Verlag ausgeliefert worden. Die 20. Lieferung (*mat-sadṛśa* bis *mleccha*), die Band III des Werkes abschließt, wurde planmäßig im Sommer 2007 in Druck gegeben und ist Anfang des Jahres 2008 vom Verlag ausgeliefert worden. Die Arbeiten an der 21. Lieferung (*ya* bis *vā*) sind soweit gediehen, daß diese Lieferung wie geplant im Jahr 2008 in Druck gehen wird.

J.-U. Hartmann

Veröffentlichungen:
Sanskrit-Wörterbuch der buddhistischen Texte aus den Turfan-Funden und der kanonischen Literatur der Sarvāstivāda-Schule. Begonnen von Ernst Waldschmidt. Hrsg. von Klaus Röhrborn. 19. Lieferung: *phaṇa* bis *mat-sadṛśa*. Vandenhoeck und Ruprecht, Göttingen 2006. 80 S. ISBN 978-3-525-26167-5.

Schleiermacher, Kritische Gesamtausgabe (Arbeitsstelle Kiel)
Leitungskommission:
Vorsitzender: Ringleben
Detering, Kaufmann, Spieckermann

Kontaktadresse: Leibnizstraße 4, 24118 Kiel, Tel.: 0431-880-3484, meckenstock@email.uni-kiel.de (Prof. Dr. Meckenstock)

Arbeitsbericht: Das Editionsvorhaben „Schleiermacher, Predigten (Kritische Gesamtausgabe, III. Abteilung)" wurde im Jahr 2003 eröffnet und ist auf 12 Bände angelegt. Aus allen Lebensperioden Friedrich Schleiermachers (1768–1834) liegen Predigttexte, Predigtentwürfe und Predigtnachschriften vor. Das bisher bekannte Predigtkorpus von 583 Predigten kann aus umfänglichen Archivbeständen, die bei Beginn des Projekts vielfach in beklagenswerter Verwirrung und Fragmentarisierung vorlagen, um weitere 750 bisher unbekannte Predigten Schleiermachers vermehrt werden. Ausgestattet ist das Editionsvorhaben mit zwei wissenschaftlichen Mitarbeiterstellen und zwei wissenschaftlichen Hilfskraftstellen; es wird von Prof. Meckenstock (Kiel) geleitet.

Im Jahr 2007 waren Elisabeth Blumrich, Wilko Teifke (bis Ende August) und Katja Momberg weiterhin damit beschäftigt, Predigtnachschriften zu transkribieren sowie komplexe Listen und Notizen zu Schleiermachers Predigtnachlaß auszuwerten.

Die Leittexte für jeden Predigttermin, zu dem eine Textüberlieferung vorliegt, sind nun sämtlich erfaßt. Dabei wurde die Aufmerksamkeit verstärkt auf die Bestände des Schleiermacher-Nachlasses im Archiv der Berlin-Brandenburgischen Akademie der Wissenschaften gerichtet. Aber auch die zahlreichen Stücke im Schleiermacher-Archiv der Berliner Staatsbibliothek wurden weiterhin erschlossen. Insbesondere wurden die Predigtnachschriften der Sammlungen Crayen, Woltersdorff (Jahrgänge 1826–1833), Gruner und Simon erfaßt. Die elektronische Aufnahme wichtiger Hilfsmittel (beispielsweise von Agenden, Bibelausgaben und Gesangbüchern) wurde fortgesetzt. Prof. Meckenstock wertete die Kirchenbücher der Berliner Dreifaltigkeitskirche für sein Kalendarium der Predigttätigkeit Schleiermachers insbesondere im Blick auf die Kasualreden aus.

Für das Editionsvorhaben unterstützte die Kieler Forschungsstelle abschließend durch weitere Forschungen die Neuordnung des Schleiermacher-Archivs des Berliner Verlags Walter de Gruyter in der Staatsbibliothek zu Berlin Preußischer Kulturbesitz (Depositum 42a). Für die Beschreibung der Archivstücke wurden die umfänglichen Listen und Notizen des ersten Nachlaßverwalters ausgewertet. Zahlreiche Stücke der sehr vielfältigen Nachschriften konnten bestimmten Schreibern zugeordnet werden. In Kooperation mit der Kieler Forschungsstelle und der Göttinger Akademie fertigte Lothar Busch bis Dezember 2007 ein detailliertes Verzeichnis aller Archivstücke des Schleiermacher-Archivs an.

Die jährliche Sitzung der Herausgeber und der Leitungskommissionen fand am 7. Juni 2007 in der Berlin-Brandenburgischen Akademie der Wissenschaften statt. Von der Leitungskommission der Göttinger Akademie nahm Prof. Ringleben teil.

G. Meckenstock

Septuaginta
Leitungskommission:
Vorsitzender: Kratz
Döpp, Feldmeier, Hanhart (Göttingen), Lohse, Mühlenberg, Nesselrath, Perlitt, Smend, Spieckermann

Kontaktadresse: Friedländer Weg 11, 37085 Göttingen, Tel.: 0551-50429690, Fax: 0551-50429699,
lxxgoel@gwdg.de, bernhard.neuschaefer@theologie.uni-goettingen.de
(Dr. Neuschäfer), http://www.septuaginta-unternehmen.gwdg.de

Arbeitsbericht: Das Septuaginta-Unternehmen gilt einem der größten und einflußreichsten Werke der Weltliteratur: der nach der antiken Legende, von der die Septuaginta ihren Namen hat, durch 72 jüdische Gelehrte in 72 Tagen, tatsächlich aber in mehreren Generationen hergestellten griechischen Übersetzung des hebräischen Alten Testaments. Die Aufgabe des 1908 gegründeten Unternehmens besteht in der kritischen Edition der Septuaginta unter Verwertung der gesamten erreichbaren Überlieferung, d. h. der über die ganze Welt verstreuten griechischen Handschriften von den vorchristlichen Fragmenten bis ins 16. Jh. n. Chr., der Tochterübersetzungen (in lateinischer, syrischer, koptischer, äthiopischer und armenischer Sprache) und der Zitate der griechischen und der lateinischen Kirchenväter. Die Göttinger Edition, die das Ziel verfolgt, durch kritische Sichtung der Überlieferung den ältesten erreichbaren Text wiederherzustellen, umfaßt in bisher 23 erschienenen Bänden zwei Drittel des Gesamtvorhabens. Die Arbeit wurde nach den von der Septuaginta-Kommission aufgestellten Richtlinien fortgeführt.

Edition: Die Neubearbeitung des Rahlfsschen Handschriftenverzeichnisses (Bd. 2: Die handschriftliche Überlieferung der Septuaginta vom 9. bis 16. Jh.) schreitet voran: Die Bearbeitung der Octateuch-Hss, der Catenen zum Octateuch und der Theodoret-Überlieferung ist abgeschlossen. An den Ausgaben von Regnorum I (A. Aejmelaeus), Regnorum II (Ph. Hugo), Regnorum III (J. Trebolle Barrera/P.A. Torjiano), Paralipomena I–II (R. Hanhart), Canticum (E. Schulz-Flügel) und Psalmi Salomonis (B. Neuschäfer) wurde weitergearbeitet. Von der Edition des Buches Ecclesiastes (P. Gentry) liegt eine erste Fassung von Text und textkritischem Apparat der Kapitel 1 bis 9 vor, von der Ausgabe von Maccabaeorum IV (R. Hiebert) ein Erstentwurf der Kapitel 1 bis 12.

Plangemäß wurden von den Mitarbeitern der Arbeitsstelle 20 Hss des Psalters kollationiert und 30 Hss des Buches Iudices revidiert. Fortgesetzt wurde darüber hinaus die Erfassung und Analyse des Psaltertextes des antiochenischen Kirchenschriftstellers Theodoret. Eine für die Neuauflage (= 3. Auflage) der Bücher Esther und Maccabaeorum II erforderliche vollständige Durchsicht und Korrektur dieser beiden zuletzt 1983 und 1976 erschienenen Editionsbände wurde abgeschlossen.

MSU: Die Arbeit an der Textgeschichte des Buches Daniel (O. Munnich) nähert sich dem Abschluß. Eine Rohfassung des Manuskripts liegt vor.

Sonstiges: Die Digitalisierung und elektronische Archivierung des umfangreichen Mikrofilmbestands des Septuaginta-Unternehmens konnte vorangetrieben werden. Für die internationale Fachtagung „Die Göttinger Septuaginta-Edition – Standortbestimmung eines editorischen Jahrhundertprojekts", die die Arbeitsstelle im Rahmen des CORO aus Anlaß des hundertjährigen Bestehens des Septuaginta-Unternehmens vom 28.–30. April 2008 in Göttingen veranstalten wird, sind die entsprechenden Planungen und organisatorischen Vorbereitungen getroffen worden.

Kontakte: Folgende Bandherausgeberinnen und Bandherausgeber weilten während des Berichtsjahrs zur Fortführung ihrer Editionen und Monographien in der Göttinger Arbeitsstelle: Ph. Hugo (Freiburg/Schweiz) im Mai, P.J. Gentry (Louisville/USA) von Juli bis Juni, R. Hiebert (Langley/Kanada) im Juli, O. Munnich (Paris) von Juli bis August und E. Schulz-Flügel (Tübingen/Beuron) im September. Im Sommersemester 2007 veranstaltete das Septuaginta-Unternehmen in Zusammenarbeit mit der Qumran-Forschungsstelle der Akademie und dem Departement für biblische Studien der Universität Freiburg (Schweiz) an der Theologischen Fakultät Göttingen ein alttestamentliches Oberseminar zum Thema: „Ausgewählte Fragen der Textüberlieferung in den Büchern Samuel und Könige". Die

Mitarbeiter der Arbeitsstelle nahmen vom 13.-14. Juli an dem internationalen Kongreß der „International Organization for Septuagint and Cognate Studies" (IOSCS) in Ljubljana teil. Als neues Mitglied wurde Prof. Dr. R. Feldmeier in die Leitungskommssion des Septuaginta-Unternehmens berufen.

R. G. Kratz

Veröffentlichungen:
Septuaginta.Vol. III, 2: Deuteronomium, ed. J.W. Wevers, 2. durchgesehene Aufl., Göttingen 2006; Septuaginta. Vol. XV: Jeremias, Baruch, Threni, Epistula Jeremiae, ed. J. Ziegler, 3. durchgesehene Aufl., Göttingen 2006; Septuaginta. Vol. XVI,1: Ezechiel, ed. J. Ziegler. Mit einem Nachtrag von D. Fraenkel, 3. durchgesehene Aufl., Göttingen 2006.

Systematisches Register zu deutschsprachigen Rezensionszeitschriften des 18. Jahrhunderts
Leitungskommission:
Vorsitzender: Mittler (Göttingen)
Stellv. Vors.: Schöne
Barner, Lauer, Raabe

Kontaktadresse: Papendiek 14, 37073 Göttingen, Tel.: 0551-39-5393, Fax: 0551-39-14193, thabel1@gwdg.de (Dr. Habel)

Arbeitsbericht: Der „Index zu deutschsprachigen Rezensions-Zeitschriften des 18. Jahrhunderts" wurde zwischen 1987 und 1996 von der Deutschen Forschungsgemeinschaft, zwischen 1997 und 2007 durch die Bund-Länder-Finanzierung des Akademienprogramms gefördert. Er übernahm die Aufgabe, die Buchreferate und -kritiken der wichtigsten fächerübergreifenden Rezensionszeitschriften des 18. Jahrhunderts im Sinne eines „Systematischen Registers" auszuwerten und auf diese Weise den über die Grenzen aller Wissenschaften geführten Diskurs der Aufklärungsepoche zu dokumentieren. Neben Aufschlüssen für die Wissenschafts- und Rezeptionsgeschichte der einzelnen natur- und geisteswissenschaftlichen Disziplinen sollten Einsichten auch in die neuzeitliche Aufklärungsbewegung als solche geschaffen werden.

Das Erfassungsverfahren sah vor, daß die in Rezensionen und Gegenrezensionen besprochenen Werke sowohl bibliographisch verifiziert und beschrieben als auch – vor allem – inhaltlich erschlossen und systematisch zugeordnet werden sollten.

- Dokumentiert wurden die folgenden bio-bibliographischen Daten: (1) die Verfasser, Verleger, Druckorte und -jahre der besprochenen Werke; (2) die Rezensenten und deren Bewertungen.
- Inhaltlich und systematisch erschlossen wurden ca. 77.000 Artikel, die aufgrund der Ordnungskriterien zeitgenössischer Wissenschaftssystematiken – insbesondere der „Encyclopädischen Tafel" in Johann Samuel Erschs „Allgemeinem Repertorium der Literatur" 1785–1800, 8 Bde. (Jena, Weimar 1794–1807) – angeordnet und durch die Vergabe zusätzlicher Schlagwörter spezifiziert wurden.

Die Ergebnisse dieser differenzierten Erschließungen wurden mit Hilfe einer Datenbank elektronisch verwaltet. Durch die Konvertierung der Datensätze in eine interaktive Internet-Datenbank wird der „Rezensionsindex" ab 2008 mit allen erfaßten Daten über ein eigenes Web-Portal der wissenschaftlichen Öffentlichkeit zur Verfügung stehen. Nach Abschluß der durch die Deutsche Forschungsgemeinschaft bewilligten Digitalisierung der erschlossenen Zeitschriften durch die SUB Göttingen werden darüberhinaus die kompletten Texte aller erfaßten Artikel in der Form von Image-Digitalisierungen für den gezielten Zugriff aus dem Internet zur Verfügung stehen.

Es konnten insgesamt 64 (zu einem größeren Teil langlebige und materialreiche) Rezensionszeitschriften mit einem Umfang von 535 Bänden entweder komplett oder im Rahmen der Göttinger Bestände bearbeitet werden. Einige zusätzliche Zeitschriften wurden innerhalb der Laufzeit für geplante weitere Erschließungen vorbereitet.

Neben den Erschließungsergebnissen wurden die folgenden projektergänzenden Angebote erarbeitet:

(1) Dokumentation der Rezensionszeitschriften: Für alle erfaßten gelehrten Blätter wurde eine bio-bibliographische und sachliche Beschreibung vorgelegt, die für Interessenten auf der Homepage des Unternehmens „Rezensionsindex" unter der Internet-Adresse
www.idrz18.adw-goettingen.gwdg.de
einzusehen ist. Informationen finden sich zu den folgenden acht Rubriken:

1. Titel und Titelvarianten
2. Druckort und Verleger/Drucker
3. Erscheinungsverlauf

4. Herausgeber und/oder institutioneller Träger
5. Mitarbeiter
6. Inhalt (Schwerpunkte, Aufbau)
7. Vorläufer- und Fortsetzungszeitschriften (ggf. Ergänzungszeitschriften)
8. Bibliographischer Nachweis (ggf. ergänzende Literatur)

(2) Porträt-Galerie: Einzelne Zeitschriften veröffentlichen mehr oder weniger aufwendige Gelehrten-Porträts als Frontispize. Für diese systematisch erfaßten Gelehrten-Porträts wurde eine alphabetisch aufgebaute Porträt-Galerie erstellt, die ebenfalls unter der Internet-Adresse

www.idrz18.adw-goettingen.gwdg.de

einzusehen ist. Neben Angaben zu den Porträtierten und den Bildkünstlern/Stechern finden sich ca. 650 Kupferstich-Porträts im Kontext der jeweils dazugehörigen Titelblätter.

(3) Wissenschaftssystematik: Die im Anschluß an die „Encyclopädische Tafel" in J.S. Erschs „Allgemeinem Repertorium der Literatur" 1785–1800 entwickelte und dem erschlossenen Material immer wieder angepaßte Wissenschaftssystematik wird ebenfalls auf der Homepage des „Rezensionsindex" bekannt gemacht. Sie bietet – in streng hierarchischer Ordnung – einen Überblick über die systematische Zuordnung des gesamten erschlossenen Materials nach Fächern und vielfach differenzierten Unterfächern. Sie ermöglicht nicht nur eine Orientierung über Aufbau und Entwicklung der einzelnen Fächer im Wissenschaftsbetrieb der Aufklärung, sondern sie sorgt darüber hinaus für eine Zusammenordnung aller systematisch zusammengehörigen Schriften.

Die Planungen für das letzte Jahr des Unternehmens waren von dem Bemühen geprägt, die anstehenden Abschlußarbeiten – trotz der frühzeitigen Umsetzung des Arbeitsstellenleiters – so zu gewichten, daß die während der Laufzeit erarbeiteten Ergebnisse in möglichst vollständiger und nutzbarer Form zur Verfügung stehen. Zu nennen sind die folgenden Punkte:

(1) Die vorliegenden, auf DOS-Basis verwalteten Daten des „Rezensionsindex" wurden strukturell und sachlich so überarbeitet und angepaßt, daß sie zur Konvertierung für eine web-basierte, interaktive Internet-Datenbank bereit standen.

(2) Fortgeführt, aber nicht abgeschlossen wurden Erschließung und Eingabe der „Göttingischen Zeitungen von gelehrten Sachen" (1739–1752).

(3) Die Erschließungsergebnisse von Friedrich Nicolais bedeutender „Allgemeiner deutscher Bibliothek" (1765–1796) wurden überprüft und hinsichtlich der zu ermittelnden Rezensenten grundlegend überarbeitet.

(4) Bei den Rezensionsjournalen und -zeitungen, die zwar bereits bearbeitet, auf Grund des partienweise unvollständigen Göttinger Bestandes aber nicht komplett hatten erschlossen werden können, wurden die Lücken mit Hilfe von Filmen, Mikrofiche-Ausgaben oder Kopien im Rahmen des Möglichen geschlossen. Eine Erfassung dieser nun gesicherten Bestände war allerdings zeitlich nicht mehr möglich.

(5) Die systematische Abgleichung von Verfassernamen sowie Titeldaten der besprochenen Schriften wurde begleitend fortgesetzt.

(6) Die Arbeiten an der Sammlung der Gelehrten-Porträts wurden – mit Hilfe der SUB Göttingen – abgeschlossen; die Ergebnisse stehen auf der Homepage des Projektes bereit (http://idrz18.adw-goettingen.gwdg.de).

(7) Wie in den vergangenen Jahren, wurden in erheblichem Umfang Anfragen von Institutionen und Einzelpersonen aus dem Bereich der geistes- und der naturwissenschaftlichen Forschung beantwortet.

An die Stelle des EDV-Archivs der Arbeitsstelle, das in den vergangenen 20 Jahren regelmäßig von Besuchern genutzt werden konnte und in Zukunft nicht mehr zur Verfügung stehen wird, wird die interaktive Datenbank treten.

E. Mittler

Veröffentlichungen:
Gelehrte Journale und Zeitungen der Aufklärung: Zur Entstehung, Entwicklung und Erschließung deutschsprachiger Rezensionszeitschriften des 18. Jahrhunderts. Hrsg. von Th. Habel. Edition Lumière, Bremen, 2007. 536 Seiten. ISBN-Nr. 978-3-934686-28. (Presse und Geschichte – Neue Beiträge, Bd. 17).

III. Arbeitsvorhaben und Delegationen der Akademie

Ausschuss für musikwissenschaftliche Editionen
(Union der Akademien)
Delegierter: Staehelin

Deutsche Inschriften des Mittelalters und der frühen Neuzeit
(Interakademische Kommission)
Delegierter: Schindel

Deutsches Museum München
(Vorstandsrat)
Delegierter: Kippenhahn

Deutsche Reichstagsakten, Ältere Reihe
Delegierter: Sellert

Göttingische Gelehrte Anzeigen
Redaktoren: Ringleben, Schindel

Herausgabe des Thesaurus Linguae Latinae
(Interakademische Kommission)
Delegierter: Classen

Mittellateinisches Wörterbuch
Delegierter: Mölk

Papsturkunden- und mittelalterliche Geschichtsforschung
(Pius-Stiftung)
Wissenschaftliche Kommission:
Vorsitzender: der Vorsitzende der Phil.-Hist. Klasse
Sekretär: Herbers (Erlangen)
Farina (Città del Vaticano), Maleczek (Wien), Paravicini-Bagliani (Lausanne), Schieffer

Kontaktadresse: Friedländer Weg 11, 37085 Göttingen, Tel.: 0551-5316499, Fax: 0551-5316512, wkoenig@gwdg.de (Dr. Könighaus), http://www.papsturkunden.gwdg.de

Arbeitsbericht: Im Berichtszeitraum bewilligte die Union der Akademien eine zusätzliche Stelle für das Projekt „Papsturkunden des frühen und hohen Mittelalters", Iberia Pontificia.

Arbeitsstelle in Göttingen
Die Arbeitsstelle konnte nach einer Vakanz und einer provisorischen Überbrückung durch die Hilfskrafttätigkeit von Frau Andrea Neutag ab dem 1. Februar 2007 wieder voll ihre Arbeit aufnehmen, denn einer der neuen Mitarbeiter des 2006 bewilligten Akademieprojektes (Dr. Waldemar Könighaus) zeichnet auch, neben der Arbeit an der Bohemia-Moravia Pontificia, für die Koordinationsaufgaben des Gesamtprojektes verantwortlich. Ein weiterer Göttinger Projektmitarbeiter (Daniel Berger) bearbeitet innerhalb der Iberia Pontificia die exemte Diözese Burgos. Zwei weitere Mitarbeiter, Frau Katrin Korn (bis Okt. 2007), Frau Cornelia Gossner (seit Nov. 2007) und Herr Markus Schütz (Erlangen), betreiben die Neuerarbeitung des Jaffé und die Anlage einer neuen Datenbank.

Mit Unterstützung von Daniel Berger konnte auch eine neue Homepage gestaltet werden, die unter der Adresse htp://www.papsturkunden.gwdg.de eingesehen werden kann. Darüber hinaus wurden sowohl für die Pius-Stiftung als auch für das Akademieprojekt professionelle Logos und Briefköpfe entworfen. Auch die Ausstattung der Arbeitsstelle mit neuen Geräten konnte erweitert werden.

Prof. Dr. Rudolf Hiestand (Düsseldorf) berichtet, daß die Sammlung von Kopien von Papsturkunden um etwa 600 Stücke erweitert werden konnte. Die schrittweise hinzugekommenen Stücke werden in die dafür vorgesehene Göttinger Datenbank sowie künftig auch in die Jaffé-Datenbank eingearbeitet. Von der Arbeitsstelle wird für September 2008 ein Nachwuchsseminar zur päpstlichen Diplomatik vorbereitet.

Italia Pontificia
Der im Oktober 2006 (25.–28.10.2006) in Rom durchgeführte Kongreß hat positive Folgen gezeigt. Nicht nur ist der Sammelband auf einem guten Wege und ist der Akademie am 11. Januar 2008 zur Annahme als Druckschrift vorgelegt worden, sondern inzwischen konnten auch verschiedene Aufrufe zur Bündelung von Nachträgen in verschiedenen Zeitschriften veröffentlicht werden („Rivista di Storia della Chiesa in Italia", „Miscellanea Bibliothecae Apostolicae Vaticanae"). Darüber hinaus hat der Sekretär eine Miszelle mit entsprechenden Bitten für die „Quellen und Forschungen aus italienischen Archiven und Bibliotheken" verfaßt, die im kommenden Band erscheinen wird.

Germania Pontificia
Dr. Wolfgang Peters (Köln) hat für den Band VIII (Diözese Lüttich) die Abschnitte zu den Prämonstratenserabteien Parc und Mont Cornillon, zum Regularkanonikerstift Saint-Gilles-en Publémont sowie zum Benediktinerkloster Vlierbeek abgeschlossen; die Manuskripte wurden zur Durchsicht an den Altsekretär geschickt. Kürzlich sind auch die Artikel zu den Prämonstratenserstiften Averbode und Saint-Jansberg fertiggestellt worden. In der nächsten Zeit werden die Regularkanonikerkonvente Flône und Géronsart bearbeitet. – Für den Band XI (Suffragane von Trier) liegt von Prof. Dr. Egon Boshof (Passau) kein Bericht vor. Es wurden weitere Überlegungen angestellt, die Trierer Suffragane ggf. an zwei oder drei Bearbeiter zu vergeben. Ähnliche Überlegungen betreffen die Kirchenprovinz Magdeburg (Bd. XII), dessen Bearbeiter, Dr. Jürgen Simon/Hamburg, ebenfalls keinen Bericht geliefert hat. – Prof. Dr. Hans-Heinrich Kaminsky (Giessen) hat die üblichen Ergänzungen und Nachträge am Band XIII (Regnum et Imperium) vorgenommen, vor allem jedoch den bibliographischen Apparat weiter

ausgebaut, so wie es im Jahre 2004 vereinbart wurde. – Am neuen Band Germania Pontificia XIV Supplementum I (Prof. Dr. Rudolf Hiestand, Düsseldorf) wird stetig gearbeitet. – Der neue Band aus der Reihe „Studien und Vorarbeiten zur Germania Pontificia" (Wolfgang Petke/Hermann Jakobs) ist im Februar 2008 im Böhlau-Verlag erschienen (s. u.). – Für IP und GP ist ein neues Gesamtverzeichnis von Herrn Hiestand abgeschlossen worden. Ebenso meldet der Altsekretär den Initien- und Empfängerverzeichnisband zur GP als fertig.

Gallia Pontificia (Leitung Prof. Dr. Dietrich Lohrmann/Aachen)
Die von Prof. Dr. Rolf Große und Prof. em. Bernard Barbiche veranstaltete 5. Tagung der Mitarbeiter der Gallia Pontificia fand am 25. Mai 2007 in der École des Chartes statt. Eine Veröffentlichung der Beiträge in der Reihe „Studien und Dokumente zur Gallia Pontificia" ist noch Gegenstand von Gesprächen zwischen dem DHI und der École des Chartes. Die Veröffentlichung der Beiträge zur 4. Tagung Gallia Pontificia steht vor dem Erscheinen.

1. Diözesen Reims und Chalons (Dr. Ludwig Falkenstein, Aachen): Von dem mehrfach angekündigten „Archivbericht" für die Diözesen Reims und Chalons liegt seit Mai 2007 eine Fassung auf CD-ROM vor, die ca. 1000 ausführlich formulierte Regesten allein für die Erzbischöfe von Reims enthält. Für sie ist eine Vorausveröffentlichung in den „Studien und Dokumenten zur Gallia Pontificia" geplant. Im Band 11 der „Papsturkunden in Frankreich N.F." erscheint eine kürzere Liste in der gewohnten Form. Für den Editionsteil liegen ca. 400 Texte vor. 2. Diözese Paris (Prof. Dr. Rolf Große, Paris): Herr Große meldet den vorläufigen Abschluß des Editionsteils von Band 10 der „Papsturkunden in Frankreich N.F.". 3. Diöz. Langres (Prof. Benoit Chauvin, Devecey): Herr Chauvin, der mit einem Vortrag an der 5. Pariser Tagung teilnahm, wiederholt seine Absichtserklärung des Vorjahres, die Arbeit mit Beginn seines Ruhestandes wieder aufzunehmen. Dieser Zeitpunkt verschiebt sich allerdings bis zum Sommer 2008. 4. Diöz. Thérouanne, Abtei Saint-Bertin (Prof. Laurent Morelle, École pratique des Hautes-Etudes, Paris): Herr Morelle hat eine eingehende Untersuchung über die vier ältesten Papstprivilegien der Abtei Saint-Bertin (Viktor II., Urban II., Paschalis II.) verfaßt. Sie wird in den Akten der 4. Tagung der Gallia Pontificia erscheinen.

I/1: Erzdiözese Besançon: Band liegt vor (1998). I/2: Suffragane von Besançon: Neue Berichte zu den Diözesen Lausanne (Prof. Jean-Daniel Morerod, Neuchâtel) und Basel (Archivdirektoren Eichenlaub, Colmar, und Rebetez, Porrentruy/Pruntrut) sind nicht eingegangen. Die Diözese

Belley (Pater de Vregille, Lyon, Institut des Sources chrétiennes) ist seit längerem fertig. II/1: Erzdiözese Lyon: Die Professoren Michel Rubellin und Denyse Riche nahmen im Mai 2007 am Pariser Kolloquium teil, scheinen aber nach wie vor nicht mit der Regestenarbeit begonnen zu haben. II/2: Suffragane von Lyon, insbesondere Diözese Mâcon mit der Abtei Cluny: Von Dr. Franz Neiske/Münster liegt kein Bericht vor. III/1: Erzdiözese Vienne: Band liegt vor. III/2: Suffragane Vienne (Diözesen Grenoble, Die, Valence und Viviers): Frau Dr. Schilling/Erlangen-München wandte sich nach Abschluß sämtlicher Klosterfonds der Diözesen Grenoble, Valence, Viviers und Die den Bischöfen von Grenoble zu und konnte diesen Abschnitt mit 175 Regesten beenden. Für die Bischöfe von Valence, Viviers und Die ist die Mitte des 11. Jahrhunderts erreicht. Die Fortsetzung der Arbeit hängt von der beantragten Verlängerung der Unterstützung durch die Fritz-Thyssen-Stiftung ab. IV/1–2: Erzdiözese Arles und Suffragane (PD Dr. Stefan Weiß, z. Z. Paris): Umständehalber konnte die Arbeit im laufenden Jahr nicht weitergeführt werden. VIII/1–2: Erzdiözese Narbonne und Suffragane: Frau Dr. Ursula Vones-Liebenstein (Köln) beschäftigte sich mit der Überlieferung und Literatur für die romunmittelbare Abtei Saint-Gilles in der Diözese Nîmes und hielt dazu einen Vortrag auf der 5. Tagung der Gallia Pontificia.

Anglia Pontificia
Dr. Julia Barrow (Nottingham) setzte in den Jahren 2006/07 ihre Arbeit an zwei anderen, großen Projekten fort, weshalb die Bearbeitung der Anglia weitestgehend ruhte. Im nächsten Jahr möchte sie Mittel für ein Pilotprojekt zur Anglia Pontificia beantragen, das im Frühjahr 2008 beginnen soll. Die Arbeit am Band Anglia Pontificia (Subsidia-Reihe) wurde von Rudolf Hiestand und Stefan Hirschmann abgeschlossen. Nach der Überprüfung der Register wird der Band an den Sekretär zur Begutachtung weitergeleitet.

Iberia Pontificia (Leitung Prof. Klaus Herbers/Erlangen)
Die Iberia Pontificia macht weiter erfreuliche Fortschritte. Zunächst konnten die alten, noch von Kehr und Mitarbeitern stammenden und von Prof. Dr. Odilo Engels (Köln) ergänzten Materialien weiter erfaßt werden. Mit Hilfe von Hilfskräften des Erlanger Lehrstuhls werden wichtige Teile dieser Unterlagen inzwischen transkribiert und elektronisch gesichert. Ferner fand im Februar zur Organisation und Unterstützung der Arbeit durch spanische Gelehrte vom 17.–18. Februar 2007 in Göttingen eine kleine Arbeitstagung statt, um die in Spanien an der Papsturkundenforschung beteiligten Personen mit den Bearbeitern in Deutschland zusammenzubringen. Die Ergebnisse dieser Tagung sollen publiziert

werden. Ein Fortsetzungstreffen ist für den Februar 2008 in Santiago de Compostela geplant, wo Herr Kollege Fernando López Alsina inzwischen beim spanischen Ministerium für drei Jahre Fördergelder einwerben konnte. – Herr Ludwig Vones (Köln) meldet weitere Fortschritte bezüglich der Diözesen Barcelona, Vic und Girona. Darüber hinaus konnten einige Pariser Bestände gesichtet werden. In mehreren Vorträgen, vor allem zum Legationswesen des 11. und des 12. Jhs. im südfranzösischen und im katalanischen Raum, wurden diese Forschungsergebnisse vorgestellt. – Bis Februar 2007 bearbeitete Dr. Ingo Fleisch (Erlangen) das Erzbistum Compostela. Insgesamt konnte er gut 500 Regesten zu den Papstkontakten erstellen. – Vgl. hierzu auch den Arbeitsbericht unter „Die Forschungsvorhaben der Akademie, Papsturkunden des frühen und hohen Mittelalters".

Scandinavia Pontificia
Prof. Dr. Anders Winroth (Yale) meldet nur geringe Fortschritte bei der Bearbeitung der Scandinavia Pontificia, berichtet jedoch von einer elektronischen Fassung des Jaffé, Regesta Pontificum Romanorum.

Polonia Pontificia (Leitung Prof. Werner Maleczek/Wien)
Dr. Przemysław Nowak (Warschau) übergab dem Sekretär die Arbeiten an der Polonia Pontificia in Diskettenform. Über die Fortschritte kann erst nach Auswertung der Materialien berichtet werden.

Bohemia-Moravia Pontificia
Vgl. dazu den Arbeitsbericht unter „Die Forschungsvorhaben der Akademie, Papsturkunden des frühen und hohen Mittelalters".

Hungaria Pontificia (Leitung Prof. Werner Maleczek/Wien)
Die Materialien von Prof. James Ross Sweeney liegen bereits vor, allerdings hat der inzwischen zum Mitarbeiter bestellte PhD Zsolt Hunyadi keinen Bericht geliefert.

Dalmatia-Croatia Pontificia (Leitung Prof. Werner Maleczek/Wien)
Es liegt kein neuer Bericht vor.

Africa Pontificia
Prof. Dr. Peter Segl (Pfaffenhofen a. Ilm) konnte keine Fortschritte bei der Bearbeitung vermelden. Für das Jahr 2008 hofft er, die Durchsicht der afrikanischen Konzilien abschließen zu können.

Oriens Pontificius
Prof. Dr. Jochen Burgtorf (Fullerton/Calif.) konnte die Regesten der Papsturkunden für Templer und Johanniter vor allem durch Literaturnachträge

weiter fördern. Auf einer Archivreise nach Paris hat er einige der dortigen Materialien erneut eingesehen. Prof. Rudolf Hiestand meldet den Abschluß der Auswertung der Frankreich-Bände und neuer Urkundenbücher, die ca. 30 Regesten für die Kreuzzugsteilnehmer und Jerusalemfahrer des 12. Jahrhunderts und 20 für die beiden Ritterorden ergab.

Neubearbeitung des Jaffé
Vgl. dazu den Arbeitsbericht unter „Die Forschungsvorhaben der Akademie, Papsturkunden des frühen und hohen Mittelalters".

Verschiedenes
Während zweier Archivreisen nach Paris konnte Prof. Hiestand eine große Zahl von Lücken in der Sammlung der Kardinalsunterschriften schließen. Nach einer weiteren Reise nach Frankreich dürfte die Sammlung als weitestgehend komplett angesehen werden. Eine größere Untersuchung über die Datierung der Papsturkunden seit Gregor VII. bis zum Ende des 12. Jhs. ist in Vorbereitung, ebenso eine zweite über die Rolle des Kardinalskollegs für das Schisma 1159.

K. Herbers

Patristik
(Kommission der Akademien der Wissenschaften in der Bundesrepublik Deutschland)
Delegierter: Döpp

Wörterbuch der Klassischen Arabischen Sprache
Delegierter: Nagel

Kontaktadresse: Seminar für Arabistik, Papendiek 16, 37073 Göttingen, Tel.: 0551-39-4398, Fax: 0551-39-9898, arabsem@gwdg.de
(Prof. Dr. Nagel)

Arbeitsbericht: Im Februar 2008 veröffentlicht Herr Manfred Ullmann die 39. Lieferung. Diese enthält den Index der signifikanten Wörter, die nicht mit den Buchstaben *Kaf* und *Lam* beginnen, jedoch im Zusammenhang mit anderen unter diesen beiden Buchstaben erschlossenen Wortfeldern ausführlich behandelt wurden. Die 40. und letzte Lieferung befindet sich in Vorbereitung. In ihr wird Herr Ullmann einen Erfahrungsbericht über seine fünfzigjährige lexikographische Arbeit geben und die Geschichte des Unternehmens darstellen, dessen der Sache nach notwendige Fortführung leider nicht ermöglicht werden konnte.

T. Nagel

Zentraldirektion der Monumenta Germaniae Historica
Delegierter: Rexroth

Sonstige Veranstaltungen 2007

Workshop
der „Blumenbach- Kommission"
der Akademie der Wissenschaften zu Göttingen
„Eine Welt der Gelehrsamkeit:
das Göttingen Johann Friedrich Blumenbachs"
12. Januar 2007
Göttingen

Drittes Kolloquium
der Kommission „Jahrhundertwende – Literatur, Künste, Wissenschaften
um 1900 in grenzüberschreitender Wahrnehmung"
der Akademie der Wissenschaften zu Göttingen
„Ausgewählte Kulturphänomene um 1900 in der
Perspektive zeitgenössischer Fremdwahrnehmung"
19. – 20. Januar 2007
Göttingen (Lagarde-Haus)

Es wurden folgende Kurzvorträge gehalten und diskutiert:
- Habbo Knoch: Versuchung „Grand Hôtel". Wahrnehmungen eines modernen Erlebnisraums.
- Alexander Geppert: Weltstadt für einen Sommer. Die Berliner Gewerbeausstellung 1896 im europäischen Kontext.
- Daniel Goeske: Anglo-amerikanische Kulturzeitschriften der Jahrhundertwende.
- Helga Grebing: Vorwärts zurück in die Zukunft. Die Wahrnehmung der europäischen Moderne in Zeitschriften und anderen Stellungnahmen der deutschen Sozialdemokratie zwischen 1890 und 1910.
- Werner Schnell: Wilhelm Lehmbruck im Blick André Salmons.
- Daniel Morat: Les jeunes gens d'aujourd'hui. Generationelle Selbstbeschreibung deutscher und französischer Intellektueller in der Krise der Jahrhundertwende.
- Natascha Gentz: Die Internationalisierung des chinesischen Pressemarktes 1870–1911.
- Heinrich Detering, Susanne Friede, Ulrich Mölk: Kurzkomplemente zum Thema „China" in der Perspektive deutscher, italienischer und französischer Kulturzeitschriften um 1900.

- Uffa Jensen: Die Couch auf Reisen. Überlegungen zur europäischen Popularisierungsgeschichte der Psychoanalyse im frühen 20. Jahrhundert.

Internationale Tagung
der Kommission „Papsturkunden- und mittelalterliche
Geschichtsforschung" (Pius-Stiftung)
der Akademie der Wissenschaften zu Göttingen
„Erinnern, Niederschrift, Nutzung –
Das Papsttum und die Schriftlichkeit im westeuropäischen Mittelalter"
16. Februar – 17. Februar 2007
Göttingen

Arbeitsgespräch
Veranstaltet von der Arbeitsstelle des Goethe-Wörterbuchs, Hamburg,
und der
Arbeitsstelle des Deutschen Wörterbuchs von Jacob Grimm
und Wilhelm Grimm, Göttingen,
unter Beteiligung der Arbeitsstelle des Mittelhochdeutschen
Wörterbuchs, Göttingen,
und des Deutschen Rechtswörterbuchs, Heidelberg
„Kontextualisierung von Wortgeschichte"
29. März 2007
Göttingen

Vorsehung, Schicksal und göttliche Macht
Gemeinsame Ringvorlesung
der Georg-August-Universität Göttingen und der
Akademie der Wissenschaften zu Göttingen
17. April 2007 – 17. Juli 2007
Göttingen

Eigensinnige Lesarten
Die Geisteswissenschaften und ihre Texte
Zentralveranstaltung „Geisteswissenschaften unterwegs"
der Stadt Göttingen und der
Akademie der Wissenschaften zu Göttingen
5. Mai 2007
Göttingen

**Arbeitsgespräch
„Molecular, Ethological und Morphometric
Analysis of Speciation in Orthoptera"
8. Mai 2007
Göttingen**

**11. Internationale Fachtagung für Epigraphik
der „Inschriftenkommission"
der Akademie der Wissenschaften zu Göttingen
und des Alfried Krupp Wissenschaftskollegs in Greifswald
„Traditionen, Zäsuren, Umbrüche. Inschriften des späten Mittelalters und
der frühen Neuzeit im historischen Kontext"
9. bis 12. Mai 2007
Greifswald**

Die internationale und interdisziplinäre Fachtagung wurde von mehr als hundert Teilnehmerinnen und Teilnehmern besucht. Sechzehn thematische Vorträge befaßten sich mit der Frage nach Kontinuität und Wandel im Spiegel inschriftlicher Quellen des späten Mittelalters und der frühen Neuzeit, wobei vor allem die Schwellenzeit um 1500 im Zentrum der Aufmerksamkeit stand. In methodischer Hinsicht wurde der ungewohnte Ansatz gewählt, bestimmte Aspekte dieser Schwellenzeit in Paarvorträgen zu beleuchten, die jeweils von einem Epigraphiker/einer Epigraphikerin und von einem Vertreter/einer Vertreterin benachbarter historischer bzw. philologischer Disziplinen gehalten wurden. Diese Aspekte waren:

- Visualisierung und Erklärung von Glaubensinhalten (Berndt Hamm, Erlangen-Nürnberg; Christine Wulf, Göttingen),
- Genealogie und landesherrliche Selbstdarstellung (Oliver Auge, Greifswald; Renate Kohn, Wien),
- Sprache und Prestige – Inschriftensprache zwischen 1517 bis 1648 (Jürgen Macha, Dagmar Hüpper, Münster),
- Inschriftensammlungen des 15. bis 17. Jahrhunderts (Dieter Mertens, Freiburg; Andreas Zajic, Wien),
- Tod und Begräbnis vor und nach der Reformation (Susan Karant-Nunn, Tucson, USA; Franz Jäger, Leipzig/Halle),
- die Sepulkralkultur zwischen Spätgotik und Renaissance (Ursula Thiel, Eberhard J. Nikitsch, Mainz).

Ergänzt wurden die Paarvorträge um Einzelstudien zu

- Inschriften auf Waffen, Rüstungen und Kriegsgerät (Harald Drös, Heidelberg),
- der Inschriftensprache in England von 1300 bis 1700 (Fr. Jerome Bertram, Oxford, UK),
- den Denkmälern des alten jüdischen Friedhofs in Worms (Michael Brokke, Duisburg-Essen),
- Konventionen des antiken Herrscherlobs in frühneuzeitlichen Inschriften (Ilas Bartusch, Heidelberg).

Die Vielfalt der Einzelthemen, die Auswahl unterschiedlichen Quellenmaterials und die differenzierenden methodischen und fachlichen Ansätze aus den Fächern Geschichte, Kunstgeschichte, mittelalterliche Archäologie, Germanistik, Klassische Philologie und Judaistik vermittelten einen ebenso umfassenden wie detailreichen Eindruck von Kontinuität und Wandel an der Schwelle zur frühen Neuzeit. Dabei hat sich erneut gezeigt, daß die Auswertung von Inschriften aufgrund der Spezifika dieser Quellengattung (Singularität jeder Inschrift, semantische Einheit von Inschrift und ihrem Trägerobjekt, Publizität) in besonderem Maße Einblicke in historische Entwicklungsprozesse gestattet. Wie wichtig dafür das fächerübergreifende Gespräch ist, haben die jeweils sehr lebendigen und konstruktiven Diskussionen gezeigt.

Kurzreferate der Paar- und der Einzelvorträge sind zwei Tagungsberichten zu entnehmen, die im Internet zugänglich sind (Links unter http://www.inschriften.net/content/view/34/155). Auf einige methodische und sachliche Leitfragen von übergeordneter Bedeutung, die in den Referaten und Diskussionen immer wieder eine Rolle spielten, sei hingewiesen:

1. Inwiefern dürfen aus regional begrenztem Quellenmaterial gewonnene Erkenntnisse als Basis für allgemeingültige Beobachtungen dienen? Hier wurde wiederholt festgestellt, daß für Mitteldeutschland formulierte Thesen nicht ohne genaue Prüfung auf nord- und süddeutsche Verhältnisse übertragen werden können. Umgekehrt gilt, daß Beobachtungen zu einer Region oder Landschaft nicht durch Gegenbeispiele aus anderen Regionen widerlegt werden.

2. Wie steht Typisches zum davon abweichenden historischen Einzelfall? Wie ist beispielsweise vor dem Hintergrund der für das Luthertum konstatierten Abnahme der Präsenz von Todesdarstellungen in den Kirchen ein einzelnes Epitaph des frühen 17. Jahrhunderts zu bewerten, das ausgerechnet den Märtyrertod zweier Heiliger zeigt?

3. Wie ist das überlieferte Quellenmaterial quantitativ zu bewerten? Sind Aussagen darüber möglich, ob Vorhandenes in irgendeiner Weise eine re-

präsentative Teilmenge des ursprünglichen Gesamtbestands darstellt? Oder überwiegt das Moment des Überlieferungszufalls?

4. Damit zusammenhängend: Auf welcher quantitativen Quellenbasis (Pool einer annähernden Gesamtmenge, repräsentative Auswahl, Zufallsfunde usw.) sind Analyseergebnisse überhaupt „belastbar"?

5. Wie sind im einzelnen die Bedeutung und die Aussagekraft der handschriftlichen und der gedruckten Überlieferung von Inschriften zu bewerten, die generell eine wichtige Ergänzung zu den noch im Original vorhandenen Inschriften darstellten? Liegt den Sammlungen eher ein historisch-dokumentarischer oder ein literarisch-gelehrter Impetus zugrunde?

6. Mit dem thematischen Schwerpunkt der Schwellenzeit um 1500 sind wirkmächtige Begriffe wie Renaissance, Humanismus und Reformation verbunden, die den Anspruch auf entscheidende Neuerungen in Kultur, Religion und Gesellschaft einschließen. Auf der Basis spezifischen Quellenmaterials wurde in den Vorträgen mehrfach deutlich, daß es auch im Übergang vom späten Mittelalter zur frühen Neuzeit sehr viel mehr fortdauernde Traditionen und weniger Zäsuren und Umbrüche gegeben hat, als gemeinhin angenommen wird.

Neben den auf das Tagungsthema bezogenen Fachvorträgen haben Wissenschaftler aus den Ostsee-Staaten Dänemark, Schweden, Finnland, Lettland und Russland die Inschriftenüberlieferung und die epigraphische Forschung in ihren Heimatländern in Kurzvorträgen vorgestellt („Forum Ostsee-Epigraphik"): Birgitte Bøggild Johannsen, Kopenhagen; Jörn Staekker, Visby; Reijo Pitkäranta, Helsinki; Ojars Sparitis, Riga; Natalija Ganina, Moskau. Ergänzend zu diesen Berichten haben die Referenten des Forums Bild- und Text-Material bereitgestellt, das von der Arbeitsstelle Greifswald in eine Posterpräsentation umgesetzt wurde und großes Interesse fand. Auch die sieben Arbeitsstellen des interakademischen Unternehmens „Die Deutschen Inschriften" haben sich dort mit Postern vorgestellt. Die zum ersten Mal im Rahmen einer epigraphischen Fachtagung genutzte Möglichkeit einer Posterpräsentation mit insgesamt 16 Exponaten hat sich sehr bewährt. Die auf den Postern dargestellten Möglichkeiten und Erfahrungen der Inschriftenerfassung und -edition waren nicht zuletzt dank ihrer optimalen Platzierung am Tagungsort immer wieder ein zentraler Punkt des Erfahrungsaustauschs unter den Teilnehmerinnen und Teilnehmern. Die Poster sind dauerhaft im Internet zugänglich (www.inschriften.net/content/view/103).

Eine Exkursion nach Stralsund und eine Stadtführung durch Greifswald mit besonderer Berücksichtigung der Inschriftenüberlieferung rundeten das

Tagungsprogramm ab. Der Tagungsband soll 2008 im Dr. Ludwig Reichert Verlag (Wiesbaden) erscheinen.

Vortragsabend
der Akademie der Wissenschaften zu Göttingen
in der Niedersächsischen Landesvertretung beim Bund in Berlin
GERALD SPINDLER
„Wissensgesellschaft und Urheberrechtsform – Chancen und Risiken"
29. Mai 2007
Berlin

Auswärtige Sitzung
der Akademie der Wissenschaften zu Göttingen
WILFRIED BARNER
„Gerichtshalter und Poet: Gottfried August Bürger in Gelliehausen"
8. Juni 2007
Gelliehausen

Es klingt ein wenig nach Kuriosität: ein studierter Jurist in amtlicher Funktion, aber einer, der als lebenshungrig-unglücklicher Poet berühmt geworden ist, und dies von einem Dörfchen aus, das – so Bürger – „eine Meile von Göttingen, *praeter propter* auf dem Wege zwischen Duderstadt und Göttingen" zu finden ist.[1] Das mag nahelegen, sich eines alten, schon antiken rhetorisch-juristischen Begriffs zu bedienen, der circumstantiae, der „Umstände" einer Tat oder eines Geschehens, die als solche rekonstruiert und vor Gericht möglichst präzise, authentisch und anschaulich dargelegt werden müssen. Und da wir uns schon im forensischen Bildbereich bewegen, wäre unsere Zusammenkunft hier im Gelliehausener Gut der Freiherrn von Uslar-Gleichen sozusagen ein Lokaltermin.

Eine Eigentümlichkeit fast jeder Beschäftigung mit Gottfried August Bürger liegt darin, daß man schon bei der Annäherung an die wichtigsten personalen „Bilder", Bildaspekte dieses Individuums sogleich auf Widersprüchliches, ja auf Paradoxien stößt. Dabei konnte der vierundzwanzigjährige Göttinger fortgeschrittene Student durchaus eine zeitgemäß „gefaßte", „repräsentative" Schauseite nach außen tragen:[2]

---

[1] Brief an Assessor Götze in Quedlinburg vom 9. August 1772. In: Briefe von und an Gottfried August Bürger. Ein Beitrag zur Literaturgeschichte seiner Zeit. Hrsg. v. Adolf Strodtmann. 4 Bde. Berlin 1874; hier: Bd. 1, S. 63. Im Bereich des Norddeutschen Bundes betrug eine Meile etwa 7,5 km. Bürger-Zitate im folgenden, soweit nicht anders angegeben, nach: Gottfried August Bürger. Sämtliche Werke. Hrsg. v. Günter u. Hiltrud Häntzschel. München, Wien 1987.

[2] Reproduktion nach Helmut Scherer: Lange schon in manchem Sturm und Drange. Gottfried August Bürger. Der Dichter des Münchhausen. Eine Biographie. Berlin 1995, S. 146.

Abbildung 1: Gottfried August Bürger,
Ölporträt von Johann Heinrich Tischbein d. Ä., 1771

Bürger ist zuerst bekannt und dann eine nationale Berühmtheit geworden, indem er – nicht ohne Vorläufer und Anreger – mit der gewaltigen, 38strophigen „Lenore", veröffentlicht im Jahre 1774, die erste deutsche, „volkstümliche" Kunstballade schuf:³

Das wurde schon von den Zeitgenossen ziemlich früh und einhellig so wahrgenommen und veranlaßte zum Beispiel den jungen Goethe mit dazu, eine Brief-Duz-Freundschaft mit Bürger einzugehen. Wenn das Verhältnis später abkühlte und Bürgers Besuch in Weimar (Juni 1789) recht frostig verlief, so hat das noch andere Gründe.⁴ Aber Bürgers „Volkstümlichkeits"-Ruhm wurde nur wenige Jahre später, anläßlich einer Neuausgabe der „Gedichte", durch keinen Geringeren als Schiller arg destruiert, in der Jenaer „Allgemeinen Literatur-Zeitung" (15. und 17. Januar 1791: Über Bürgers Gedichte).⁵ Der von Bürger tief verehrte Schiller, dessen anonyme Verfas-

---

3   Göttinger Musenalmanach auf das Jahr 1774. Faksimile-Nachdruck des Exemplars der Niedersächsischen Staats- und Universitäts-Bibliothek. Mit einem Nachwort v. Albrecht Schöne. Göttingen 1962 (Gedichtbeginn im Originaldruck: S. 214). Einführung, auch in den Kontext der Balladentradition: Albrecht Schöne: Gottfried August Bürger: *Lenore*. In: Die deutsche Lyrik, Form und Geschichte. Hrsg. v. Benno von Wiese. Bd. 1. Düsseldorf 1957, S. 190–210.
4   Das Wichtigste zusammenfassend: Christof Wingertszahn: Artikel, Bürger, Gottfried August. In: Goethe-Handbuch. Hrsg. v. Bernd Witte u. a. Bd. 4/1. Stuttgart, Weimar 1998, S. 139–141.
5   Friedrich Schiller: Sämtliche Werke. Hrsg. v. Gerhard Fricke u. Herbert G. Göpfert. Bd. 20. München 1966, S. 158–172 Zur Funktion Bürgers in Schillers Geschichtsperspektive um 1790, zugleich mit dessen Annäherung an Goethe, s. Wilfried Barner: Menschengeschlecht und Überlieferung. Über Schillers Traditionskonzept in Geschichte und Poesie um 1790. In: Germanistik aus interkultureller Perspektive, en hommage à Gonthier-Louis Fink. Strasbourg 1988, S. 181–199.

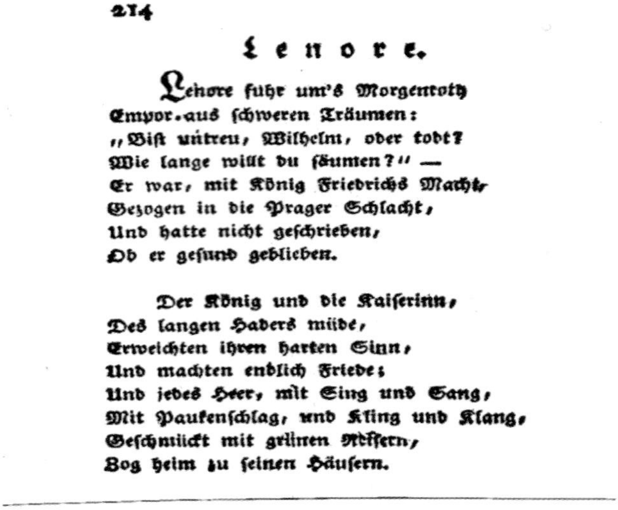

> 214
>
> ## Lenore.
>
> Lenore fuhr um's Morgenroth
> Empor aus schweren Träumen:
> „Bist untreu, Wilhelm, oder todt?
> Wie lange willt du säumen?" —
> Er war, mit König Friedrichs Macht,
> Gezogen in die Prager Schlacht,
> Und hatte nicht geschrieben,
> Ob er gesund geblieben.
>
> Der König und die Kaiserinn,
> Des langen Haders müde,
> Erweichten ihren harten Sinn,
> Und machten endlich Friede;
> Und jedes Heer, mit Sing und Sang,
> Mit Paukenschlag, und Kling und Klang,
> Geschmückt mit grünen Reisern,
> Zog heim zu seinen Häusern.

Abbildung 2: Beginn der „Lenore",
Erstdruck: Göttinger Musenalmanach auf das Jahr 1774

serschaft sich ihm bald entschlüsselte, geißelte – schon mit eigenen Weimarer „Kunst"-Absichten – das Bürgersche Programm der „Popularität" als jeder „Idealisierkunst" im Wege stehend, als bloß „sinnlich", „matt" und „ungeschlacht". Wie steht es also mit dem „Lenore"-Ruhm? Bürger selbst, der von Schillers Autorschaft in geschwächtem Zustand erfuhr, als wenig erfolgreicher Göttinger Dozent, hat diesen Schlag offenkundig nie ganz verwunden. Die Diskussion um den Rang der Bürgerschen „Volkspoesie" durchzieht das ganze 19. Jahrhundert, im Grunde bis heute.[6] Es ist eine charakteristisch verzwickte Wertungsgeschichte.

Die „nationale" Gestalt allerdings setzte sich durch, auch mit anderen Werken als den Balladen, namentlich mit den überaus beliebten „Münchhausen"-Abenteuern (so trägt die aktuellste Bürger-Biographie den Untertitel „Der Dichter des Münchhausen").[7] Mithin ist das, was man etwa die

---

[6] York-Gothart Mix: Der gefeierte, kritisierte und vernichtete Autor. Gottfried August Bürger und die semiöffentliche Kommunikation über Sexualität und Erotik. In: Vom Verkehr mit Dichtern und Gespenstern. Figuren der Autorschaft in der Brief-Kultur. Hrsg. v. Jochen Strobel. Heidelberg 2006, S. 79–98. Zur „unglücklichen" Vita Bürgers und zu seiner Poesie in ihrer Epoche: Gerhard Lauer: Die Poesie beim Wort genommen. Das ganz unwunderbare Leben des Dichters Gottfried August Bürger. In: 1050 Jahre Göttingen. Streiflichter auf die Göttinger Stadtgeschichte. Hrsg. v. Klaus Grubmüller. Göttingen 2004, S. 78–101.

[7] Vgl. Anm. 2.

Memorialpräsenz nennen kann, – nicht nur – in Göttingen durchaus beträchtlich, aber auch wieder in bestimmter Hinsicht gebrochen. Das kann hier nur in ganz abgekürzter Form angedeutet werden, doch wenigstens stichwortartig, da es den „ganzen" Gottfried August Bürger betrifft, ohne dessen Bild der Gelliehausener Bürger nicht angemessen gefaßt werden kann. Auf dem Bartholomäusfriedhof, vor dem Weender Tor, wurde vermutlich 1846 von der Stadt Göttingen ein Denkmal ohne Büste aufgestellt[8] – das Grab selbst ist unbekannt.

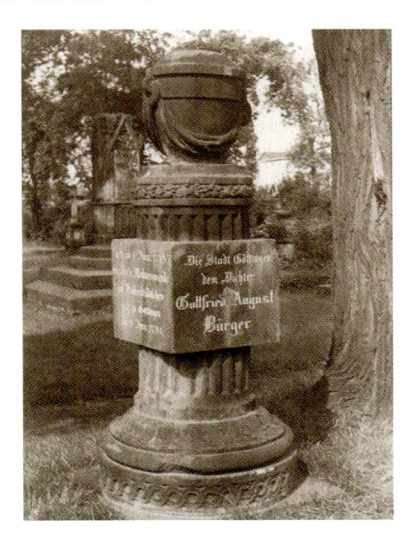

Abbildung 3: Denkmal der Stadt Göttingen

An der Beerdigung nehmen nur die beiden beteiligten Ärzte und Bürgers noch unmündiger Sohn teil. Und der große Lichtenberg, der sich mittlerweile von dem einstigen Freund distanziert hat, berichtet, wie er von seinem Gartenhaus aus per Fernrohr der kleinen Gruppe zusieht.[9] Bürger – der später wieder gefeierte „nationale" Poet – war zuletzt völlig vereinsamt. 1895 schuf Gustav Eberlein eine Büste, die 1994, aus Anlaß des 200. Todestages, vom Friedhof in die Bürgerstraße umgesetzt wurde.[10] An gut sichtbarer, leicht erhöhter Stelle, blickt sie heute, mit reich ausstaffierter, fast stolz herausgekehrter Brust, über den brausenden Verkehr hinweg, den schrillen Kontrast zwischen einst und jetzt fast überdeutlich heraustreibend.

---

[8] Foto nach Scherer (wie Anm. 2), S. 6.
[9] Georg Christoph Lichtenberg: „Staatskalender". In: Georg Christoph Lichtenberg: Schriften und Briefe. Hrsg. v. Wolfgang Promies. Bd. 2, S. 695–895; hier: Nr. 653.
[10] Foto nach Scherer (wie Anm. 2), S. 8.

Abbildung 4: Bürgers Büste an ihrer heutigen Stelle

Es ist zugleich der Kontrast zum abgelegenen, ländlichen, von Wäldern umgebenen Gelliehausen, von dem aus der ins „Amt" verschlagene noch junge Poet hartnäckig die Verbindung zu den Göttinger Freunden festzuhalten versucht. Beträchtlicher Glanz fällt später auf Bürger von eben jenen Hainbündlern her, die zu einem der lebendigsten Symbole der erwachenden „nationalen" Poesie wurden.[11] Sie, der Göttinger „Beitrag" zur Geniegeneration um 1772–75, im weiteren auch zum „Sturm und Drang", repräsentierten zugleich etwas vom Ursprung einer neuen, von schematischen Konventionen befreiten Individuallyrik, Klopstock verehrend und zugleich einen neuen, muttersprachlichen, mündlichen Homer (um den sich mit großer Resonanz die Zentralgestalt Johann Heinrich Voß bemühte, aber in seinem Schatten auch, mit jambischen Versuchen, Gottfried August Bürger). Das genialische, poetische, bisweilen enthusiastische Treiben stand freilich im spannungsreichen Kontrast zur besonders streng, nüchtern und vornehm sich gebenden Universität.

Es sei nur eben daran erinnert, daß Göttingen wie auf Bürger, so auch auf den patriotischen Hainbund mit gutem Recht stolz war und ihm zum ersten Centenar 1872 (noch dazu in national hochgespannter Zeit) das

---

[11] Die Nähe zur Reichsgründung erklärt zusätzlich die Häufung der Publikationen um 1871 sowohl zum Göttinger Hainbund (Gründungsjubiläum) als auch zu Bürger.

allbekannte Hainbunddenkmal an der Herzberger Landstraße errichtete, am Fuß des (erst nach den Jahren des „Bundes" aufgeforsteten) Hainbergs. Hier sei nur ein Blick auf die Rückseite gegeben:[12]

Abbildung. 5: Hainbunddenkmal um 1872

Die Namen: Heinrich Christian Boie, Schack Hermann Ewald, Gottfried August Bürger, Christian Graf zu Stollberg,[13] Friedrich Leopold Graf zu Stollberg, Johann Anton Leisewitz (unter den anderen: Voß, Hölty, die Millers). Doch wieder stellt sich ein Aber ein: Bürger ist doch nie wirkliches Mitglied des Hainbunds gewesen[14] – das wird auch in den Briefen erkennbar, die zwischen Gelliehausen und Göttingen hin und her gehen.[15] Er war mit ihnen allen befreundet, besonders mit Boie, der Seele im Zentrum des Ganzen, hat auch an manchen geselligen Zusammenkünften teilgenommen. Er hat sich indes nie, soweit wir sehen, um eine Mitgliedschaft bemüht. Und man kann auch, ohne sonderliche Spekulation, die Gründe benennen: seine Abneigung gegen die deutschtümelnden Tendenzen, die es im Kreis auch gab, vor allem aber seine entschiedene Ablehnung des von den Hainbündlern praktizierten Wieland-Hasses,[16] der – nota bene! – mit

---

12 Foto nach Scherer (wie Anm. 2), S. 196.
13 Zeitgenössisch häufige Schreibung des Namens.
14 So begegnet sein Name beispielsweise auch nicht im „Bundesbuch".
15 Es ist ein besonders umfangreicher Teil des Briefcorpus.
16 Die Hauptvorwürfe betrafen Wielands angebliche Frivolität, sein „Französieren", seinen „Epikuräismus".

der Verbrennung Wielandscher Bücher in eines der schwärzesten Kapitel dieses musenbegeisterten Kreises führt.

Und die „Münchhausiaden"? Sie stehen heute bei nicht wenigen für Bürgers Ruhm (an den Untertitel der heute verbreitetsten Bürger-Monographie von Scherer wurde schon erinnert). Und das hat Tradition:[17] also nicht „Lenore", sondern „Münchhausen". Nun könnte man sich für die Zwecke dieses Beitrags damit salvieren, daß die „Wunderbaren Reisen zu Wasser und zu Lande" erst Jahre nach der Gelliehausener Zeit entstehen und erst 1786 erscheinen. Doch gegen eine solche Einengung gab es hier schon Einwände. Von den „Lügengeschichten" des Herrn Barons, dem größten Publikumserfolg Bürgers bis heute – fast im Rang eines „Volksbuches" –, könnte man unter dem erwähnten Prinzip der „Volkstümlichkeit" eine Brücke auch zu den Balladen und anderen Gedichten schlagen. Aber wieder muß man etwas Einschränkendes hinzusetzen: Es handelt sich gar nicht um original Bürgersche Erfindungen, sondern in den größten Teilen um eine Rückübersetzung eines englischen Textes des aus Deutschland flüchtigen Rudolf Erich Raspe.[18] Immerhin, einige der besten Schnurren, wie die vom achtbeinigen Hasen und vor allem die vom Ritt auf der Kanonenkugel – gerne auch gezeichnet und gemalt und gefilmt –, sind Bürgersche Kopfgeburten.

Vor dem Einstieg in die vielleicht schwierigste Frage, die nach Bürgers öffentlicher Vita mit ihren Amouren und Skandalen, in Göttingen und in Gelliehausen – dort im Spannungsfeld von Gerichtshalter und Poet –, muß geklärt werden: Was überhaupt ist ein „Gerichtshalter", und wie kam Bürger auf eine solche Stelle nach Gelliehausen?

„Gerichtshalter" ist als gefüllter Begriff heute wohl überwiegend nur noch Historikern und Juristen, Rechtshistorikern geläufig. Nach eingehender Konsultation von Fachlexika und einschlägigen Kompendien läßt sich feststellen: Noch im 18. Jahrhundert ist es ein nach Position und Funktionen reich untertypisiertes Feld amtlicher, gerichtlicher Tätigkeit im Namen eines Inhabers der Gerichts-Hoheit resp. -Gewalt. Er heißt auch „Amtmann" – der Terminus taucht in den Unterlagen zu Bürger wiederholt auf. Ein neuerer rechtshistorischer Artikel zu „Amtmann" informiert vorzüglich über die auch kulturhistorische Vielfalt dieses Berufs in Jahrhunderten.[19] Für „Gerichtshalter" und speziell das 18. Jahrhundert greife ich zusätzlich zu dem einzigartigen universalen Auskunftgeber „Zedler" in 70 Foliobänden 1732–54. Zu „Gerichts-Halter" bringt der „Zedler" sage und

---

[17] Am deutlichsten ablesbar an den Drucken des 19. Jahrhunderts.
[18] Knapper, verläßlicher Überblick bei Häntzschel (wie Anm. 1), S. 1277–1288.
[19] Karl Kroeschell: Der Amtmann. Zur Kulturgeschichte eines Juristenberufs. In: forum historiae iuris 2002.

schreibe 15 Doppelspalten in Folio, reichhaltig Rechtsgeschichte, Institutionengeschichte, auch – häufig von Belang – territoriale Besonderheiten in Deutschland und Nachbarterritorien. Zur Einführung auch in das „Kolorit" der Zeit muß der Anfang genügen:[20]

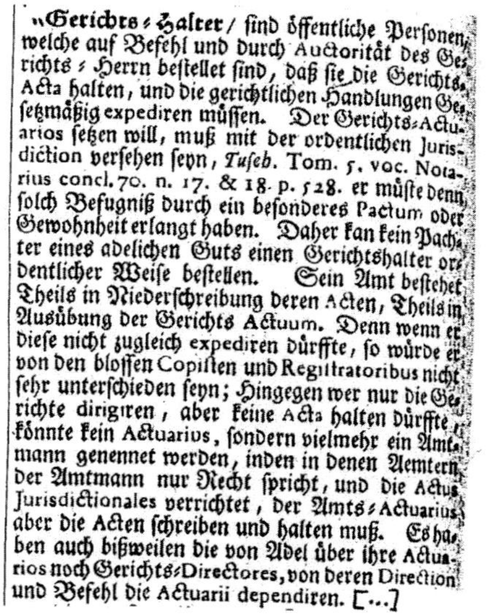

> „**Gerichts-Halter**/ sind öffentliche Personen, welche auf Befehl und durch Auctorität des Gerichts-Herrn bestellet sind, daß sie die Gerichts-Acta halten, und die gerichtlichen Handlungen gesetzmäßig expediren müssen. Der Gerichts-Actuarios setzen will, muß mit der ordentlichen Jurisdiction versehen seyn, *Tuseb.* Tom. 5. voc. Notarius concl. 70. n. 17. & 18. p. 528. er müste denn solch Befugniß durch ein besonderes Pactum oder Gewohnheit erlangt haben. Daher kan kein Pachter eines adelichen Guts einen Gerichtshalter ordentlicher Weise bestellen. Sein Amt bestehet Theils in Niederschreibung deren Acten, Theils in Ausübung der Gerichts Actuum. Denn wenn er diese nicht zugleich expediren dürffte, so würde er von den blossen Copisten und Registratoribus nicht sehr unterschieden seyn; Hingegen wer nur die Gerichte dirigiren, aber keine Acta halten dürffte, könnte kein Actuarius, sondern vielmehr ein Amtmann genennet werden, indem in denen Aemtern der Amtmann nur Recht spricht, und die Actus Jurisdictionales verrichtet, der Amts-Actuarius aber die Acten schreiben und halten muß. Es haben auch bißweilen die von Adel über ihre Actuarios noch Gerichts-Directores, von deren Direction und Befehl die Actuarii dependiren. [...]

Abbildung 6: Aus Zedlers *Universal Lexicon*

Wichtig ist: Es handelt sich um ein öffentliches Amt, das in Vertretung bzw. auf „Befehl" einer Autorität handelt, die über Gerichtshoheit verfügt, also „Gerichts-Herr" ist. Des Gerichtshalters Tätigkeit besteht im Zusammentragen, Sichten, Bewerten einschlägiger Akten (Dekrete, auch etwa Vernehmungsprotokolle), eigener Durchführung von Verhören, Entgegennahme von Zeugenaussagen usw., von Beschwerdebriefen, natürlich auch einschlägigen Gerichtsakten aus anderen Verfahren (sofern sie vorliegen). Richtersprüche obliegen dem Gerichtshalter in der Regel nur bei einfachen Fällen; bei Kapitalverbrechen wie Mord führt er zumeist nur die Vorermittlungen, Voruntersuchungen, aber schlägt gelegentlich auch Urteile vor.[21] Auffällig ist bei dem Zedler-Artikel, wie er recht schnell auf „die vom Adel" zusteuert. Denn das war ein besonders großer, relevanter Bereich, in dem

---

[20] Johann Heinrich Zedler: Grosses vollständiges Universal Lexicon Aller Wissenschafften und Künste. Bd. 10. Halle und Leipzig 1735, Sp. 1116. Der kritischen Bewertung halber sei hinzugefügt, daß in Zedlers Großunternehmen auch ungenannte Quellen kopiert wurden.

[21] Dazu unten der im Bewerbungsverfahren vorgelegte Fall.

Gerichtshalter bestallt wurden. Hier begegnen die verschiedenen Typen vor allem des Landadels – und damit befinden wir uns in Gelliehausen bzw. im „Amt" Altengleichen, wo bei dem jeweiligen Haupt der Familie von Uslar-Gleichen, auch *Senior Familiae*, die Gerichts-Hoheit lag (daß diese Familie seinerzeit in zwei rivalisierende Linien gespalten war, was Bürger einige zusätzliche Beschwernisse eintrug, sei hier der Korrektheit halber erwähnt).[22] Um von der lokalen Tradition Altengleichens auch etwas in die visuelle Präsenz zu bringen, seien die beiden Gleichen noch in einem älteren Zustand gezeigt:[23]

Abbildung 7: Die Gleichen ungefähr im Zustand des ausgehenden 18. Jahrhunderts

Die beiden Burgen sind noch in ihrer Zerstörung durch den Dreißigjährigen Krieg dargestellt, als Ruinen, während sie heute stärker durch Bewaldung verdeckt werden.

Um noch einmal auf das Amt, den Gerichtsort Altengleichen zurückzukommen, so ist es von Belang, zu erwähnen, daß in den Unterlagen wiederholt auch „hanövrische" Instanzen begegnen, insonderheit das dortige „Hofgericht" als Aufsichtsbehörde oder Appellationsinstanz. Es liegt auf der Hand, daß der einzustellende „Gerichtshalter" oder „Amtmann" juristische Vorbildung, ein Jurastudium vorweisen mußte. Es gab förmliche Bewerbungsverfahren mit mehreren Kandidaten. Im Falle Bürgers wurde

---

22 Das spiegelt sich bereits in den frühen Briefen aus Gelliehausen.
23 Kupferstich von Heinrich Martin Grape um 1810. Reproduktion nach Scherer (wie Anm. 2), S. 156.

das – wie man fast erahnen kann[24] – eine zähe, abenteuerliche Aktion.[25] Doch wie kam Bürger gerade zu diesem Amt? Von seinem Studium war hier bisher kaum die Rede. Also das Allterwichtigste: 1744 in dem Dörfchen Molmerswende bei Halberstadt geboren, als Sohn eines nicht gerade ehrgeizigen, eher bequemen lutherischen Landpfarrers,[26] wurde er vom Großvater – der den schwachen Vater partiell ersetzen mußte – zum Theologiestudium gezwungen. Dies begann er zunächst an der nahegelegenen „Reformuniversität" Halle (wo der junge Gottfried August das Franckesche Pädagogium besucht hatte). Doch der in Halle recht ausschweifend und unernst Studierende mußte nach Göttingen wechseln, das als strenger galt, und mußte die Jurisprudenz wählen, die dort bekanntermaßen das dominante Fach war. Bürger hat denn auch etwa den weitberühmten Staatsrechtslehrer Johann Stephan Pütter gehört: „Reichshistorie und Reichsprozeß" – was ihm Pütter auch attestierte, und vor allem: daß er im „practischen" Kolleg „sich fleißig und mit vieler Geschicklichkeit" bewährt habe.[27] Mit den Pandekten, also dem auf dem Corpus Juris basierenden Lehrstoff, scheint er sich ähnlich unter Stöhnen herumgeschlagen zu haben wie der spätere Göttinger Jurastudent Harry bzw. Heinrich Heine (die diesbezüglichen Formulierungen klingen jedenfalls sehr ähnlich).

Bürgers Suche nach einer Stelle – nach Abschluß des Studiums – sollte man sich vielleicht nicht allzu zielstrebig vorstellen, schlug doch sein „Herz" inzwischen ganz und gar für die Poesie. Überdies verfügte er vom Elternhaus her nicht über einschlägige Familien-connections wie vielleicht andere. Doch unter seinen juristischen Musen-Freunden gab es immerhin einen, der seine Karriere bereits zielbewußter plante und offenbar schon über so etwas wie diplomatisches Geschick verfügte. Er ist es, der die Weichenstellung nach Gelliehausen vermittelte (sein Name beggnete schon auf der gleichen Seite des Hainbund-Denkmals wie derjenige Bürgers): Heinrich Christian Boie, 1744 in Meldorf in Dithmarschen geboren:[28]

---

24 Zu Bürgers „Tendenz", solche Erschwernisse nachgerade auf sich zu ziehen, siehe den Artikel von Lauer (Anm. 6).
25 So symptomatisch die Details auch sind, sie können hier nicht ausgebreitet werden.
26 Zu den prägenden Spuren, die das Pfarrhaus, die Bibel und das Gesangbuch in Bürgers Werken hinterlassen haben (auch in Form der „weltlichen Kontrafaktur" oder „kontrafaktischen Säkularisation"), eingehend Albrecht Schöne: Säkularisation als sprachbildende Kraft. Studien zur Dichtung deutscher Pfarrersöhne. Göttingen 1968, S. 181–224.
27 Karl Goedeke: Gottfried August Bürger in Göttingen und Gelliehausen. Aus Urkunden. Hannover 1873, S. 82.
28 Reproduktion nach Scherer (wie Anm. 2), S. 152.

Abbildung 8: Heinrich Christian Boie
Porträt (Pastell) von Leopold Matthieu, 1774

Boie, drei Jahre älter als Bürger, war ebenfalls Predigersohn und ebenfalls zunächst gezwungenermaßen Theologiestudent, in Jena, dann aber zur Jurisprudenz gewechselt, natürlich ins Exzellenz-Zentrum nach Göttingen (1769). Bald stieß er hier zu gleichgesinnten Musenfreunden. Der für Geselligkeit Begabte wurde einer der Mitgründer des Hainbundes, zunächst sogar ihr spiritus rector. Das Haus, in dem er wohnte, in der Barfüßerstraße 16 (heute mit obligatorischer Tafel),[29] wurde so etwas wie das „Literarische Zentrum" der Bündler, bald mit dem schönen Namen „Bardei" versehen, also etwa Bardentreff. Boies soziale Geschicklichkeit zeigt sich auch darin, daß es ihm gelang, bei adligen englischen Studenten Hofmeister zu werden, d. h. Privatlehrer und Begleiter (Hofmeister: der klassische Durchgangsjob – oder auch mehr – fast aller deutschen Autoren im 18. Jahrhundert). Früh wurde er, schon vor dem „Hain", im Jahre 1770, Mitgründer des ersten deutschen (Göttinger) „Musenalmanachs" nach französischem Vorbild, bei dem Verleger Dieterich, der dann auch Bürgers Verleger wurde.[30] In eben diesem Almanach erscheint „Lenore" zum ersten Mal. Boie verstand es auch, in der Umgebung Göttingens mit einflußreichen Persönlichkeiten und Familien Bekanntschaft zu schließen, besonders auch Landadligen. Sie

---

[29] Boie wohnte dort nur zur Miete. Das Haus war so großzügig angelegt, daß immerhin Klopstock bei seinem triumphalen Göttinger Besuch im Jahre 1774 dort residierte.
[30] Sehr schöne, reich kommentierte Einzelpublikation: Mein scharmantes Geldmännchen. Gottfried August Bürgers Briefwechsel mit seinem Verleger Dieterich. Hrsg. v. Ulrich Joost. Göttingen 1988.

lernten nicht nur seine weitreichende Bildung schätzen, sondern auch sein juristisch-politisches Wissen, seine quasi-diplomatischen Fähigkeiten (Boie wurde nur wenige Jahre später, 1776, schon Stabs-Sekretär des Feldmarschalls von Sporken in Hannover, eroberte danach noch höhere Posten). Der junge Boie war wie geschaffen für den Orientierung und Hilfe benötigenden Freund Bürger – er hat die Freundschaft während der Gelliehausener Zeit über Jahre gehalten. Die Korrespondenz der beiden stellt eines der Kernstücke in Adolf Strodtmanns vierbändiger Bürger-Briefausgabe von 1874[31] dar und eine der wichtigsten Quellen für Bürgers „Gerichtshalter"-Zeit. Ich kürze hier ab.

Wie das Kontakt-Genie Boie hier in Gelliehausen beziehungsweise in Altengleichen Bekanntschaft schloß, Vertrauen gewann, läßt sich unschwer denken. Offenbar bald danach schon erfuhr er, daß die Gerichtshalter-Stelle im Amt Altengleichen vakant war. Auch ein heißer Kandidat der einen Familien-Linie existierte schon, namens Oppermann (Göttinger „Ratsauditor"); er wurde bald Konkurrent. Das langwierige Verfahren, gespickt mit Intrigen, Demarchen, künstlichen Verzögerungen etc., ist als Vorspiel zu Bürgers nachfolgender Existenz und Arbeitsbedingungen zwar höchst aussagekräftig, aber nicht in Kurzform wiedergebbar. Es endete in einem durchaus üblichen concours: Beide Kontrahenten mußten aus Akten eines realen Falles vom Jahre 1765 einen kompletten Schriftsatz, genauer: einen Urteilsvorschlag samt allen Vorstufen und Anlagen formulieren, etwa zehn dichtbeschriebene Seiten.[32] Und die Göttinger Juristische Fakultät sollte über die Qualität entscheiden. Der Konkurrent entzog sich noch während der Prozedur mit windigen Ausreden, und Bürger machte das Rennen (nicht ohne bleibende Vorbehalte auf seiten der Familie von Uslar-Gleichen).

Die Angelegenheit ist von einigem Interesse, nicht nur weil Bürgers Probe-Ausarbeitung in seiner Handschrift erhalten ist und schon 1873 von keinem Geringeren als dem bedeutenden Göttinger Germanisten – und Akademiemitglied – Karl Goedeke publiziert worden ist.[33] Auch handelt es sich bei dem Fall immerhin um den Kindsmord einer 18jährigen unverheirateten Mutter: in der zweiten Hälfte des 18. Jahrhunderts eines der großen, vielmehr bedrückenden Themen auch der Literatur (Gedichte, Theaterstücke, Romane) bis hin zum Frankfurter Casus der Kindsmörderin Susanna Margaretha Brandt, dessen Verlauf der junge Anwalt Goethe aus

---

[31] Briefausgabe: wie Anm. 1.
[32] So nach der Ausgabe von Goedeke (wie Anm. 27), S. 83–93.
[33] Wie vorige Anm.

nächster Nähe verfolgt hat.³⁴ Die rechtshistorischen Details des Gelliehausener „Vorgangs", mit den zahllosen lateinischen Termini und Formeln, sind für den Nichtfachmann zwar überwiegend nachvollziehbar, jedoch nicht eigentlich beurteilbar. Zu den deutschsprachigen Partien, etwa in den Verhörsprotokollen, seien die sorgfältigen Differenzierungen im Affektischen, Emotionalen als auffällig notiert, auch die moralisch-religiösen Bewertungen. Aber hier mag manche Tendenz zur Präzision, etwa im Obduktionsbericht, schlicht auf die Vorlagen zurückgehen, so wie das auch bei den Frankfurter Dokumenten zu beobachten ist. Bürgers Urteils-Vorschlag³⁵

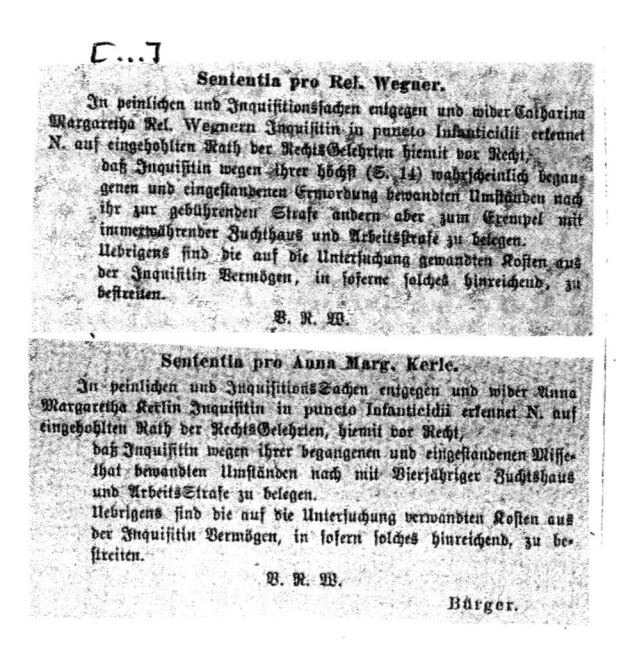

Abbildung 9: Aus Bürgers Bewerbungs-Probe

lautet auf 4 Jahre Zuchthaus und Arbeitsstrafe für die 18Jährige und lebenslänglich für die Großmutter, bei der die angeklagte Enkelin wohnt und die als Mittäterin gilt. Die Ereignisse, mit denen sich der bestallte Gerichtshalter Bürger in Gelliehausen befassen mußte, gestalteten sich so, daß darunter zu Anfang des Jahres 1781 – also in Bürgers späterer Amtszeit – tatsächlich auch ein Kindsmord zu verhandeln war. Vermutlich wurde er zum Anlaß für

---

34 Umfassende Dokumentation jetzt in Johann Wolfgang Goethe: Faust. Kommentare. Von Albrecht Schöne. Frankfurt a. M. 1999.
35 Goedeke (wie Anm. 27), S. 92 f.

eines der ergreifendsten Gedichte Bürgers überhaupt. Der Freund Boie, der mit ihm auch damals noch in Verbindung stand, reagierte (wie er in einem Brief vom 1. Dezember 1782 formuliert) „erschüttert".[36] Ein Ausschnitt daraus wird unten, in der Reihenfolge der Chronologie, noch zitiert werden.

Für die zwölf Jahre, die Bürger in Gelliehausen tätig war und wohnte – ich subsumiere die längeren Aufenthalte in Nachbarorten (Niedeck, Wöllmarshausen, insbesondere das gescheiterte mehrjährige landwirtschaftliche Experiment mit der Pacht des Gutes Appenrode) hier mit –, muß man sich die Besonderheiten der Konstellation vergegenwärtigen: Bürger, von 1774 an mit Dorette, einer Amtmannstochter, standesgemäß verheiratet, seit 1776 in deren Schwester „Molly" verliebt, in einer Dreiecksbeziehung lebend (ménage à trois), in seiner Amtsführung alles andere als geschickt, mit seinem Lebenswandel (Affären und Suff) immer wieder aneckend, mit „seiner" Adelsfamilie in zunehmenden Spannungen, beendet seine Amtsmanns-Tätigkeit 1783 nicht ganz freiwillig. Während aller dieser Jahre ist er in seinen wissenschaftlichen, seinen musischen Interessen vorwiegend nach Göttingen und seinen dortigen Freunden orientiert. In den Anfangsjahren besucht er gelegentlich die Hainbündler, nimmt an Zusammenkünften teil. Die zahlreichen Briefe an und von Boie verdanken sich zunächst der Tatsache, daß Göttingen – wenn man die gewundenen Wegeverläufe einrechnet – weit über 10 Kilometer entfernt liegt und der „postalische" Austausch sozusagen das Normale ist (was das bedeutet, zeigt sich etwa an Schillers und Goethes herrlichem Briefwechsel zwischen Jena und dem nahen Weimar, der weitgehend versiegt, als Schiller in die Residenzstadt zieht). Bürgers andere Briefe aus Gelliehausen gelten, auch wenn sie nach Halberstadt, Leipzig oder Berlin gehen, weit überwiegend Freunden aus der frühen Göttinger Zeit. Der Hunger des am Ort geistig wenig Angeregten ist über Jahre spürbar. Aber die Gerichtshalterei gibt ihm – außer manchem Verdruß, und außer Routine – eben auch Brot. In der ersten Zeit, so hat man den Eindruck, erzwingt er nachgerade die Kommunikation mit den Göttingern.

Im Frühsommer 1773, kaum ein Jahr nach dem Gelliehausener Amtsantritt, als Herders „Auszug aus einem Briefwechsel über Ossian und die Lieder alter Völker" erschienen ist und bei den Hainbündlern Begeisterung auslöst (von der „Bardei" war eben schon die Rede), faßt Bürger den Plan einer Ballade „Lenore". Von der Wahl des Namens und vor allem von der europäischen „Volkspoesie"-Bewegung einschließlich des Ossianismus

---

[36] Strodtmann (wie Anm. 1), Bd. 3, S. 66

kann hier nicht näher die Rede sein.³⁷ Bürger geht es um ein spezifisch modernes Pendant zur altehrwürdigen Volkspoesie-Gattung, und so versetzt er das Geschehen explizit, mit Namens-Nennung („König Friedrichs Macht", „Prager Schlacht" gleich in der 1. Strophe), in die selbsterlebte Zeitgeschichte des Siebenjährigen Krieges (vom Friedensschluß 1763 hat er noch während seiner Zeit in Halle erfahren). Probleme von Leben und Tod, auch vom Verheiztwerden durch Obrigkeiten – Thema mancher Gelliehausener Gedichte –, mögen ihm durch seine Gerichtshalter-Praxis nähergerückt sein – das bleibe offen. Bürger spannt die Freunde im nahen Göttingen auch arbeitspraktisch ein. So wie man dort bei Zusammenkünften vorgetragene Texte diskutiert und verbessert hat (es ist in diesem Punkt ein wenig ähnlich wie in der frühen Gruppe 47), schickt er Blätter mit Strophen der entstehenden „Lenore" nach Göttingen:³⁸

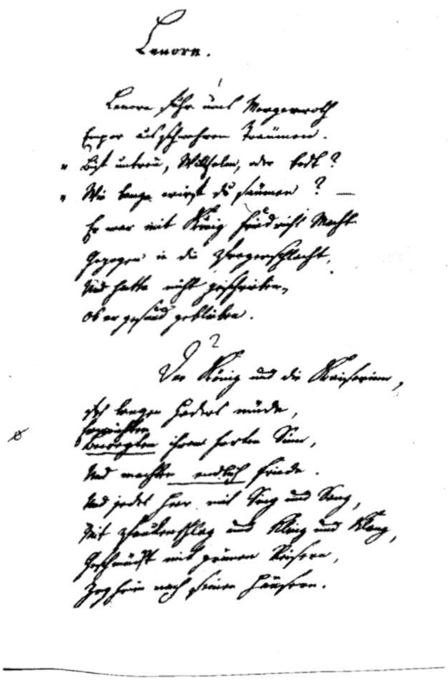

Abbildung 10: Die beiden Anfangsstrophen der „Lenore"

---

³⁷ Was die poetische Form angeht, so sind aus seinem Freundeskreis als Anreger auch Gleim und Hölty zu nennen.
³⁸ Vorlage: Gedichte aus dem Göttinger Hain. Faksimile-Drucke der Handschriften [...]. Hrsg. v. Albrecht Schöne. Göttingen 1972.

Mit einem durchstrichenen kleinen Kreis markiert er einzelne Wendungen, kommentiert sie kurz und bittet um Verbesserungsvorschläge. So in Strophe 2, Zeile 3: zunächst „Bewegten ihren harten Sinn", das erscheint als zu unspezifisch (*movere*), „ergriffen" ist stärker, und im Druck erscheint schließlich „erweichten"; da ist die Metaphorik noch präziser auf „harten" zugeschnitten. Strophe 3, Zeile 5 (aus Raumgründen hier nicht abgebildet): „Gottlob! rief Kind und Gattin laut" – dazu am Rand: „dies Wort ist nicht recht balladisch"; hier ist das Bemühen um einen besonderen Balladenstil bezeichnend. Oder Strophe 4, Zeile 7 f.: „Und taumelte zur Erde ? Mit wilder Angstgeberde"; dafür: „Und warf sich auf die Erde", das ist wilder und „eigentätiger".

Im Austausch zwischen Gelliehausen und Göttingen sollen so laut Bürgers Bekunden ganze Strophen neu hinzugekommen sein.[39] Der Vorgang ist für einen Augenblick des Bedenkens wert. Das gesellige Moment, das „Zusammendichten" (um eine Analogie zum „Zusammenphilosophieren" der Romantiker zu bilden), dieses Moment muß Bürger zumindest in den ersten Gelliehausener Jahren gefehlt haben. Er stellt sich sogar vor, wünscht sich, die Freunde möchten seine Verse voreinander rezitieren. Ein Brief von Boie vom 27. Mai 1773, also aus der Anfangszeit, als er zunächst noch bei der verwitweten Hofrätin Listn wohnt:[40]

> Gelliehausen, den 27. May 1773.
> ... Lenore nimmt täglich zu an Alter, Gnade und Weisheit bei Gott und den Menschen. Sie thut solche Wirkung, daß die Frau Hofräthinn des Nachts davon im Bette auffährt. Ich darf sie gar nicht daran erinnern. Und in der That, des Abends mag ich mich selbst nicht damit beschäftigen. Denn da wandelt mich nicht minder ein kleiner Schauer an. Wenn Sie solche unseren Göttingischen Freunden zu ersten mal vorlesen, so borgen Sie einen Todtenkopf von einem Mediciner, setzen solchen bei einer trüben Lampe, und dann lesen Sie. So sollen allen die Haare, wie im Macbeth, zu Berge stehen.
> *Bürger.*

Bürger hat aber möglicherweise auch selbst im Göttinger Freundeskreis vorgetragen (s. Abb. 11[41]).

Im Göttinger „Musenalmanach" von 1774, bei Dieterich, erscheint schließlich „Lenore",[42] zusammen mit manchen auch zweitrangigen Produkten aus dem Freundeskreis, doch auch solchen von Claudius, Hölty, Klopstock und den Brüdern Stolberg. Bürgers Ruhm verbreitet sich binnen

---

[39] Das Wichtigste bei Häntzschel (wie Anm. 1), S. 1210–1216.
[40] Strodtmann (wie Anm. 1), Bd. 1. 1, S. 120.
[41] Reproduktion nach Scherer (wie Anm. 2), S. 192.
[42] Im Original: S. 214–226 (vgl. Anm. 3).

Abbildung 11: Lithographie von Fuhr und Holzhamer

Wochen, Monaten. In ganz Europa fand er Resonanz mit seiner „Lenore", sogar Nachahmer, und dies bis in slavische Länder hinein.[43] Von Gelliehausen aus ist, gewiß mit Hilfe der Göttinger Freunde, Bürgers Berühmtheit ausgegangen. Und als es ihm gelang, eine erste Ausgabe seiner „Gedichte" mit Hilfe seines Verlegerfreundes Dieterich herauszubringen, noch als Amtmann in Altengleichen (1778),[44] da steuerte der hochangesehene und „populäre" Direktor der Berliner Kunstakademie Daniel Chodowiecki nicht weniger als acht Illustrationen bei.[45] Wenige Jahre später (1784) würdigte derselbe Künstler „Lenore" noch eines eigenen Aquarells (vgl. Abb. 12[46]).

Von Chodowiecki derart beachtet zu werden, bedeutete Aufnahme in die erste Garde, neben Lessings „Minna von Barnhelm" und Goethes „Werther", neben Klopstock, Schiller, Lavater und anderen. Dies ist mit zu bedenken, wenn man zu erklären versucht, weshalb Schiller auf die zweite Ausgabe der „Gedichte" vom Jahre 1789 mit jener prinzipiellen Schärfe reagierte, von der eingangs die Rede war. Doch da liegt die Gelliehausener Amtmannszeit bereits ein halbes Jahrzehnt zurück.

---

[43] Freundlicher Hinweis von Reinhard Lauer.
[44] Wie schwierig es war, eine solche Sammlung herauszubringen, zeigt sich daran, daß Bürger sich schon seit 1774 darum bemüht.
[45] Das Titelblatt (mit dem Namen Chodowieckis) ist bei Scherer (wie Anm. 2), S. 210, abgebildet.
[46] Reproduktion nach Scherer (wie Anm. 2), S. 190.

Abbildung 12: „Lenore", Aquarell von Chodowiecki

Nimmt man die Ausgabe der „Gedichte" von 1778 mit dem stolz präsentierten Namen „Chodowiecki" (und acht Kupfern) einmal als Symbol, so ist dies aus der Sicht Bürgers – und gewiß seiner Freunde – der „eigentliche" Bürger, das Genie. Und der „Amtmann" oder „Gerichtshalter"? Die Schwierigkeit der Aufgabe, die Schwerdurchschaubarkeit der juristisch-sozialen Umstände, das gestörte Verhältnis zur Familie seines „Herrn" (das zu verbessern, Bürger offenbar auch wenig Talent besaß) werden in der ersten Gelliehausener Zeit schon erkennbar. Allein schon Strodtmanns Briefwechsel-Ausgabe (1874) und Goedekes Publikation ausgewählter Akten (1873) vermitteln das Bild eines recht desolaten Zustands. Neuerdings sind Dokumente hinzugekommen, die davon berichten, wie Untertanen aus dem Amtsbezirk Altengleichen auf zum Teil brutale Weise in den Soldatendienst gezwungen (resp. verkauft) wurden und wie Bürger sich offenbar gegen seinen Dienstherrn für sie zu verwenden versuchte.[47] Der Kindsmord-Fall aus Bürgers Stellenbewerbung und der aus Bürgers Frühzeit in Gelliehausen wurden bereits erwähnt. Das Thema „Gewalt" gegen Schwächere, gegen Untertanen ist in Bürgers poetischen Texten seit langem aufgefallen; einige seiner bekanntesten Gedichte gehören hierher: „Der Raubgraf", „Der wilde Jäger", „Der Edelmann und der Bauer", „Der Bauer. An seinen Durchlauchtigen Tyrannen". Ein Kindsmord, in den ein Mädchen

---

[47] Den Hinweis auf einschlägige Quellen (die einer näheren Überprüfung bedürfen) verdanke ich Ulrich Joost: Adolf Strodtmann: Aus Bürgers Amtmannsleben I. In: Berliner Sonntagsblatt. Gratis-Beiblatt zu dem Berliner Tageblatt. Nr. 25. Sonntag, den 24. Juni 1877, S. 197 f. (zweispaltig); ders.: Aus Bürgers Amtmannsleben II. In: (a. a. O.) Nr. 26. Sonntag, den 1. Juli 1877, S. 206 f. (zweispaltig).

durch einen gewissenlosen „Junker" und durch den eigenen Vater, einen tyrannischen Pfarrer, getrieben wird, bilden den pragmatischen Kern einer Ballade von 38 Fünfzeilern ausgerechnet aus den späten Gelliehauser Jahren (1781): „Des Pfarrers Tochter von Taubenhain". Die beiden ersten und letzten Strophen müssen hier als Andeutung genügen:[48]

> Im Garten des Pfarrers von Taubenhain
> Geht's irre bei Nacht in der Laube.
> Da flüstert und stöhnt's so ängstiglich;
> Da rasselt, da flattert und sträubet es sich,
> Wie gegen den Falken die Taube.
>
> Es schleicht ein Flämmchen am Unkenteich,
> Das flimmert und flammert so traurig.
> Da ist ein Plätzchen, da wächst kein Gras;
> Das wird vom Tau und vom Regen nicht naß;
> Da wehen die Lüftchen so schaurig. –
>
> [...]
>
> Hoch hinter dem Garten vom Rabenstein,
> Hoch über dem Steine von Rade
> Blickt, hohl und düster, ein Schädel herab,
> Das ist ihr Schädel, der blicket aufs Grab,
> Drei Spannen lang an dem Gestade.
>
> Allnächtlich herunter vom Rabenstein,
> Allnächtlich herunter vom Rade
> Huscht bleich und wolkicht ein Schattengesicht,
> Will löschen das Flämmchen, und kann es doch nicht,
> Und wimmert am Unkengestade.

Der Freund Boie, der den Text „verschlungen" hat, ist „erschüttert";[49] er kannte das lange Gedicht, wie er schreibt, bald auswendig. Der Bogen zurück zur „Lenore" bietet sich an. Der „Gerichtshalter" scheint also den leidenschaftlichen „Poeten" nicht erstickt zu haben. Der Amtmann ist den „Notwendigkeiten" geschuldet, der individuellen Person in ihren Grenzen und den Verhältnissen. Das 18. Jahrhundert führt in Deutschland – mit Vorbildern schon im „fortgeschrittenen" England – aufgrund der Entwicklung des literarischen Markts, der Buchproduktion und vor allem des Zeitschriftenwesens bekanntermaßen zum ersten Mal die (allmählich) rea-

---

[48] Häntzschel (wie Anm. 1), S. 259 und 265.
[49] Oben Anm. 36.

lisierbare Idee des sogenannten „freien Schriftstellers" herauf.[50] Pionier dieser Bewegung ist schon für die Zeitgenossen kein anderer als Lessing (samt gleichgesinnten Freunden), mit dem festen Vorsatz, von keiner Pfründe, keinem Amt, auch keinem königlichen Stipendium (wie Klopstock) leben zu wollen, sondern prinzipiell nur von der eigenen Feder. Trug das der Markt schon? Nicht ganz. Lessing verbrachte sein letztes Jahrzehnt so, wie er es sich vielleicht zuallerletzt erträumt hätte: als Herzoglich Braunschweigisch-Lüneburgischer Hofrat, in nicht üppiger, doch auskömmlicher Wolfenbütteler Position.

Gottfried August Bürger ist – bei aller Individualität – Repräsentant einer nachfolgenden, partiell auch politisch unter neuen Vorzeichen aufwachsenden Generation: einer „Genie-Generation", oder wie immer man sie genannt hat. Zu ihrem prärevolutionären Gehabe – in mancherlei Varianten, auch religiös gefärbten wie bei Bürger – trat ein neues Dichterselbstbewußtsein an den Tag, das des „berufenen" Poeten. Bürger ist einer der ersten, der die Kluft zwischen Berufung und Beruf (der für ihn nur ein juristischer sein konnte) in ihrer auch quälenden Spannung durchlebt hat. Die Familie von Uslar-Gleichen hat ihm, nicht immer zu ihrem Ergötzen, die Gelegenheit dazu gegeben. Die darauf folgenden Jahre Bürgers in Göttingen waren nicht glanzvoller.

---

[50] Gut zusammenfassend: Helmuth Kiesel / Paul Münch: Gesellschaft und Literatur im 18. Jahrhundert. Voraussetzungen und Entstehung des literarischen Markts in Deutschland. München 1977, S. 77 ff.

Öffentliche Plenarversammlung
der Braunschweigisch Wissenschaftlichen Gesellschaft und der
Akademie der Wissenschaften zu Göttingen
„Moneta Regis"
Forschungen zu Münzen, Macht und Geld im Mittelalter
8. Juni 2007
Braunschweig

Vortragsabend
der Kommission Leibniz-Edition (Leibniz-Archiv Hannover)
„ … confusum est chaos schedarum":
Irrwege, verwischte Spuren und verborgene Wegweiser im Labyrinth des
Leibniz-Nachlasses
HERBERT BREGER, SABINE SELLSCHOPP, SIEGMUND PROBST
28. Juni 2007
Hannover

Nicht nur einmal bringt Leibniz das Gefühl zum Ausdruck, von den ihn umgebenden Papiermassen erdrückt zu werden. Auch heute können die Dimensionen seines Nachlasses, die Vielzahl von Abhandlungen und Briefen, Exzerpten, Konzepten und Reinschriften, Faszikeln, Blättern und Zetteln den Eindruck eines Urwaldes – oder eines Labyrinths – aufkommen lassen. Wohl sind darin Wege abgesteckt, Ariadnefäden ausgelegt: das – weit mehr als den eigentlichen Nachlaß umfassende – Material ist mehrheitlich katalogisiert. Dass dies noch kein Durchkommen garantiert, gehört zu den täglichen Erfahrungen der eigentlichen „Wegbereiter": der historisch-kritischen Edition von Leibniz' sämtlichen Schriften und Briefen. Denn der weitaus größere Teil der Leibniz-Überlieferung – ob Briefe oder Abhandlungen – war nicht für eine größere Öffentlichkeit bestimmt, sondern nur für einen kleinen, eingeweihten Adressatenkreis. Und das bedeutet: vieles wird nur angedeutet, bleibt implizit – und muß heute erst mühsam erschlossen werden. Darüber hinaus fehlen nicht selten elementare Angaben wie eine Datierung oder Adressatenzuweisung. Und schließlich hat Leibniz in seinen späteren Lebensjahren, in denen er sich zunehmend veranlaßt sah, Pläne und Wege zu verschleiern, eventuelle ungebetene Mitleser seiner Briefe mitunter auf Irrwege geführt – die die Editoren überhaupt erst einmal als solche erkennen müssen. Beispiele hierfür wurden präsentiert, und es wurde aufgezeigt, wie die Handschriften dann aber doch zu Aussagen gebracht werden können, die sie nach Leibniz' Intention eigentlich verschweigen sollten.

3. Göttinger Akademiewoche 2007
Zur Entstehung von Erkenntnissen in der medizinischen Forschung
im Alten Rathaus der Stadt Göttingen
24. September – 27. September 2007
Göttingen

24. September 2007

Einführung
REINER THOMSSEN
Medizinische Fakultät der Georg-August-Universität Göttingen

„Entdeckungen, die die Behandlung weltweiter infektiöser Lebererkrankungen revolutionierten"
MICHAEL MANNS
Medizinische Hochschule Hannover

„Immunität und Gehirn: Vorprogrammierte Systeme für Reaktionen auf das Unerwartete"
NORBERT HILSCHMAN
Max-Planck-Institut für Experimentelle Medizin in Göttingen

Was haben Immunität und Gehirn miteinander zu tun? Wie wir sehen werden, sehr viel. In beiden Fällen handelt es sich nämlich um Systeme zur Reaktion auf das Unerwartete. Ob es sich um eine vorprogrammierte, d. h. um eine in unseren Genen vorherbestimmte Reaktion handelt, das ist Gegenstand dieses Vortrages.

Nicht alles Unbekannte ist unerwartet. Ein ABC-Schütze kann z. B. das Ein-Mal-Eins nicht. Wenn er es später kann, so ist das jedoch nicht unerwartet, denn er bekommt es in der Schule gelehrt, und andere können es auch. Das ist beim Immunsystem nicht anders. Der Säugling hat noch keine eigenen Antikörper gegen Masern-Viren oder Keuchhusten-Bakterien. Der Schutz gegen diese Bakterien, meist im Kindesalter erworben, kommt jedoch nicht unerwartet, denn schon unsere Eltern und Großeltern wurden durch Antikörper gegen diese Erreger geschützt.

Schwieriger wird es, wenn es das immunitätsauslösende Agens in der Natur gar nicht gibt, da es z. B. in irgendeinem Labor erst nächste Woche synthetisiert werden wird. Hier kann keine Erfahrung durch Eltern oder Großeltern vorliegen. Trotzdem entstehen sehr gute Antikörper. Antikörper entstehen nämlich immer, d. h. gegen alles, was makromolekular und unserem Organismus fremd ist. Eine durch Antikörper bedingte „Lücke" in unserem Reaktionsvermögen gibt es nicht. Ähnlich arbeitet das Gehirn, oder gibt es das „Undenkbare"? Per definitionem schon, aber nur so lange, bis eine bisher für unlösbar gehaltene mathematische Formel eben doch gelöst wird, z. B. durch Herrn Faltings aus Bonn.

In beiden Beispielen handelt es sich um einen Lernprozess ohne Präzedenzfälle, was natürlich sofort die Frage aufwirft, wie das möglich ist. Haben wir in unserem Organismus ein Heer von Heinzelmännchen, die die passende Reaktion irgendwie zusammenbasteln, oder ist unser Reaktionsvermögen deshalb so universell, weil die Strukturen für diese Reaktionen bereits vorgefertigt sind, d. h. in unseren Genen vorliegen? Mit anderen Worten, hat das Hirn schon gedacht, auch das „Undenkbare", bevor es überhaupt dazu aufgefordert wurde?

Soviel zur Einstimmung.

Diese Vorlesungsreihe steht jedoch auch unter einem anderen Motto, nämlich der Frage, wie etwas entdeckt wird. Ich wurde aufgefordert, an Hand eigener Arbeiten zu diesem Thema zu sprechen. Das ist nicht ganz einfach. Auf jeden Fall hat eine Entdeckung weniger mit Intelligenz und Genialität zu tun als vielmehr mit Ausdauer, Beharrlichkeit und Fleiß, und mit einer guten Schulbildung, natürlich. Am besten beginnt man mit der ernsthaften Arbeit mit 16 Jahren. Dann ist gerade noch genug Zeit, um ein gutes Abitur zu machen, was man für ein numerus clausus-Fach braucht. Ich wählte die Medizin, ein breites Studium auf der Grundlage der Naturwissenschaften, denen meine ganze Liebe galt. Der Weg, den ich gehen würde, war zunächst noch weit offen. Doch dann hörte ich in München zwei Semester Biochemie für Fortgeschrittene. Die reguläre Biochemie-Vorlesung in Erlangen hatte ich geschwänzt. Ich wurde unterrichtet, obwohl ich der einzige Hörer war. Es war eine Art Privatissimum bei Tee und Plätzchen. Anschließend wurde ich noch nach Hause gefahren. Als mich Professor Otto Wieland, der Dozent, nach zwei Semestern fragte, ob ich bei ihm eine Doktorarbeit machen wolle, konnte ich schlecht Nein sagen. So wurde ich sein zweiter Doktorand, was ich eigentlich gar nicht hatte werden wollen. Bereut habe ich es nicht, denn Otto Wieland war Mitglied des sogenannten Wieland-Clans, d. h. Sohn des Nobelpreisträgers Heinrich Wieland und Schwager von Feodor Lynen, der den ersten Biochemie-Lehrstuhl einer naturwissenschaftlichen Fakultät in Deutschland innehatte und sich mit seinen Arbeiten über die von ihm entdeckte „aktivierte Essigsäure" anschickte, den Nobelpreis zu gewinnen. So wurde ich mit den neuesten Erkenntnissen des Fettstoffwechsels vertraut gemacht und konnte sehen, wie Lynen, mit Zigarre und mit Hosenträgern, seine Doktoranden antrieb, die später alle etwas werden sollten. Feodor Lynen war eine sehr beeindruckende

Persönlichkeit. Er setzte die große Tradition des bayerischen chemischen Staatsinstitutes, das mit Liebig, Bayer und Willstätter begonnen hatte, als Nachfolger von Heinrich Wieland, seinem Schwiegervater, fort.

Nach Fertigstellung meiner Doktorarbeit schied ich aus diesem lebendigen Zentrum aus, denn ich gehörte dem Wieland-Clan eigentlich nicht an. Man empfahl mir, zu Butenandt zu gehen, der gerade von Tübingen nach München umgezogen war und mit dem nun München ein zweites biochemisches Zentrum erhielt. Ich befolgte diesen Rat und wurde genommen. Damit war für mich eine weitere Weiche gestellt, nämlich weg von der praktischen, hin zur theoretischen Medizin. Ich wurde Gerhard Braunitzer zugeteilt, einem Chemiker, der sich gerade anschickte, die Struktur des menschlichen Hämoglobins, des roten Blutfarbstoffes, aufzuklären. Ich bekam meinen Arbeitsplatz mit den aufmunternden Worten angewiesen: „Setzen Sie sich hier hin. Hier saß bis letzte Woche Herr Dr. XY. Er hat auch nichts getaugt". Ich kannte diese Sprüche schon von Lynen. Beide hielten nicht viel von Medizinern. Ich war entschlossen, es ihnen schon zu zeigen.

Braunitzer wurde mein Lehrer. Er war eine große und stattliche Persönlichkeit, hielt aber, im Gegensatz zu Butenandt, überhaupt nichts von seinem Äußeren. Außerdem war er Österreicher und linkisch, d. h., er hatte zehn Daumen, konnte selbst gar nicht experimentieren, und außerdem konnte er, damals wenigstens, keinen Vortrag halten. Ich hatte immer den Verdacht, daß diese Ungeschicklichkeiten nur vorgetäuscht seien. Braunitzer wollte nur keine Vorlesung halten und darüber hinaus nicht mit unnützen Verwaltungsaufgaben belästigt werden. Er ging ganz in seinem Labor auf.

Die Proteinchemie steckte damals noch in den Kinderschuhen. Es war noch keine Protein-Struktur aufgeklärt. Aber die Voraussetzungen hierfür waren da. Stein und Moore im Rockefeller Institute in New York hatten gerade ihren Aminosäure-Analysator entwickelt, mit dem man von Proteinen und Peptiden die Anzahl der in ihnen enthaltenen Aminosäuren bestimmen konnte, das A und O der Proteinchemie, da bisher nur Schätzungen möglich gewesen waren. Dann gab es den sogenannten Edman-Abbau, eine von einem Schweden entwickelte Methode, in der ein Verfahren von Brockmann hier in Göttingen so abgewandelt wurde, daß es stufenweise von einem Protein oder Peptid eine Aminosäure nach der anderen abspalten konnte. Und schließlich waren da noch Braunitzers in München entwickelte Trennmethoden. Die Strukturermittlung eines Proteins wurde nämlich nicht am ganzen Protein durchgeführt, sondern an durch Trypsin, Chymotrypsin oder Pepsin hergestellten Spaltprodukten. Die Trennung dieser

Spaltprodukte wurde an Säulen durchgeführt. Braunitzers Trennmethoden waren die besten. Während alle Welt saure Austauscher verwendete, benutzte er basische, außerdem flüchtige Puffer. Entscheidend war, daß alle Spaltprodukte wiedergefunden wurden. Das gelang mit keiner anderen Methode.

Ich hatte das große Glück, daß ich diesem Mann zugeteilt wurde. Seine Arbeiten über das Hämoglobin waren gerade in ein entscheidendes Stadium getreten. Es waren schon fast alle tryptischen Peptide isoliert und z. T. auch sequenziert worden. Ich sollte nun durch eine überlappende Spaltung feststellen, wo diese tryptischen Peptide in der intakten Kette lagen. Das Hämoglobin bestand aus 4 Ketten, zwei identischen α- und zwei identischen β-Ketten, die durch Gegenstromverteilung getrennt werden konnten. Da Braunitzers Doktoranden gerade ihre Arbeiten zusammenschrieben, hatte ich alle Apparate für mich und kam infolgedessen auch schnell voran.

In Cambridge in England wurde die dreidimensionale Struktur des Hämoglobins durch Röntgen-Kristallographie aufgeklärt. Max Perutz, der spätere Nobelpreisträger, kam oft nach München, um sich unsere Daten anzusehen. Die Kenntnis der Primästruktur war eine Voraussetzung zur Interpretation der Röntgendaten.

Meine erste Arbeit mit Braunitzer war über das HbS, den Verursacher der Sichelzellanämie, einer Blutkrankheit Zentralafrikas. Mit dieser Erkrankung hatte sich schon der große amerikanische Chemiker Linus Pauling beschäftigt, jedoch ohne Erfolg. Es war der aus Breslau stammende und in Cambridge arbeitende Vernon Ingram, der mit seiner Fingerprint-Methode erkannt hatte, daß im HbS eine Glutaminsäure gegen ein Valin ausgetauscht ist.

Wir stellten fest, daß dieses HbS-Peptid am N-terminalen Ende der β-Kette liegt. Außerdem bestimmten wir erstmals dessen genaue Sequenz. Auch sonst machten die Arbeiten am Hämoglobin rasch Fortschritte. Braunitzer stellte fest, daß die α- und die β-Kette des Hämoglobins sehr ähnlich aufgebaut waren. Das heißt, die beiden Ketten unterschieden sich durch eine Anzahl von Aminosäureaustauschen und Lücken, waren also homolog (Abb. 1).

Dieser Befund veranlaßte Braunitzer, eine molekulare Theorie der Evolution aufzustellen (Abb. 2), nämlich Gen-Duplikation und nachfolgende unabhängige Mutation der duplizierten Gene. Je länger diese Genduplikation in der Stammesgeschichte zurücklag, um so größer war die Anzahl der Mutationen.

1962 waren die Arbeiten am Hämoglobin beendet. Braunitzer war vor seiner amerikanischen Konkurrenz fertig geworden, die inzwischen am

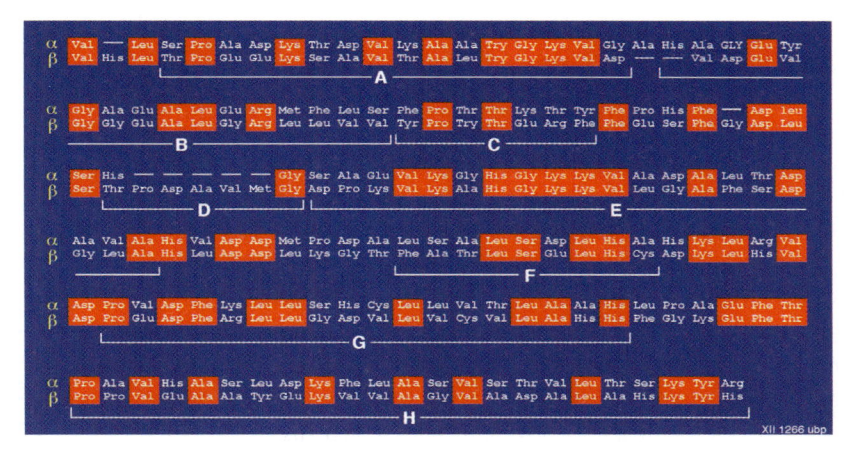

α	Val	—	Leu	Ser	Pro	Ala	Asp	Lys	Thr	Asp	Val	Lys	Ala	Ala	Try	Gly	Lys	Val	Gly	Ala	His	Ala	GLY	Glu	Tyr
β	Val	His	Leu	Thr	Pro	Glu	Glu	Lys	Ser	Ala	Val	Thr	Ala	Leu	Try	Gly	Lys	Val	Asp	—	—	Val	Asp	Glu	Val

— A —

| α | Gly | Ala | Glu | Ala | Leu | Glu | Arg | Met | Phe | Leu | Ser | Phe | Pro | Thr | Thr | Lys | Thr | Tyr | Phe | Pro | His | Phe | — | Asp | leu |
| β | Gly | Gly | Glu | Ala | Leu | Gly | Arg | Leu | Leu | Val | Val | Tyr | Pro | Try | Gln | Arg | Phe | Phe | Glu | Ser | Phe | Gly | Asp | Leu |

— B — — C —

| α | Ser | His | — | — | — | — | Gly | Ser | Ala | Glu | Val | Lys | Gly | His | Gly | Lys | Lys | Val | Ala | Asp | Ala | Leu | Thr | Asp |
| β | Ser | Thr | Pro | Asp | Ala | Val | Met | Gly | Asp | Pro | Lys | Val | Lys | Ala | His | Gly | Lys | Lys | Val | Leu | Gly | Ala | Phe | Ser | Asp |

— D — — E —

| α | Ala | Val | Ala | His | Val | Asp | Asp | Met | Pro | Asp | Ala | Leu | Ser | Ala | Leu | Ser | Asp | Leu | His | Ala | Lys | Leu | Arg | Val |
| β | Gly | Leu | Ala | His | Leu | Asp | Asn | Leu | Lys | Gly | Thr | Phe | Ala | Thr | Leu | Ser | Glu | Leu | His | Cys | Asp | Lys | Leu | His | Val |

— F —

| α | Asp | Pro | Val | Asp | Phe | Lys | Leu | Leu | Ser | His | Cys | Leu | Leu | Val | Thr | Leu | Ala | Ala | His | Leu | Pro | Ala | Glu | Phe | Thr |
| β | Asp | Pro | Glu | Asp | Phe | Arg | Leu | Leu | Gly | Asp | Val | Leu | Val | Cys | Val | Leu | Ala | His | His | Phe | Gly | Lys | Glu | Phe | Thr |

— G —

| α | Pro | Ala | Val | His | Ala | Ser | Leu | Asp | Lys | Phe | Leu | Ala | Ser | Val | Ser | Thr | Val | Leu | Thr | Ser | Lys | Tyr | Arg |
| β | Pro | Pro | Val | Gln | Ala | Ala | Tyr | Gln | Lys | Val | Val | Ala | Gly | Val | Ala | Asp | Ala | Leu | Ala | His | Lys | Tyr | His |

— H —

Abbildung 1: Vergleich der α- und der β-Kette des menschlichen Hämoglobins. Die Ketten unterscheiden sich durch Punktmutationen (Aminosäureaustausche und Lücken). Gleiche Sequenzen sind rot gekennzeichnet.

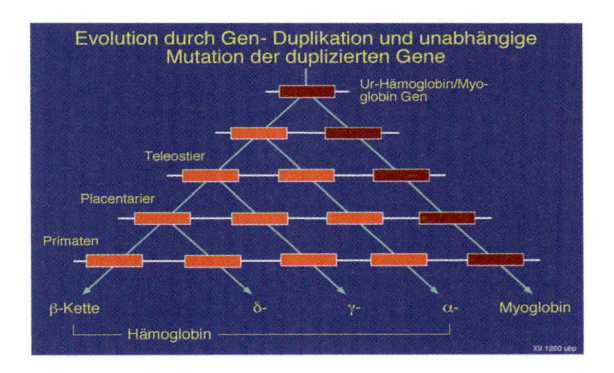

Abbildung 2: Hämoglobin und Myoglobin gehen, durch Genduplikation und nachfolgende Mutation, aus einem gemeinsamen Ur-Gen hervor. Ebenso die α- und die β-Kette des Hämoglobins, die γ-Kette des foetalen Hämoglobins und die δ-Kette der Nebenkomponente HbA$_2$ des Hämoglobins. Je früher die Gene getrennt sind, um so mehr Mutationen sammeln sich an.

Rockefeller Institute entstanden war. Das Hämoglobin war das erste klassische Protein, dessen Struktur bekannt war.

Außerdem und ganz nebenbei hatte Braunitzer zusammen mit Wittmann auch noch die Struktur des TMV-, des Hüllproteins des Tabakmosaik-Virus, aufgeklärt. Das muß für Braunitzer eine besondere Genugtuung gewesen sein. Braunitzer war nämlich als Doktorand in Tübingen zu Butenandt gestoßen.

In Tübingen hatte er unter Gerhard Schramm in dem in Gründung befindlichen Max-Planck-Institut für Virus-Forschung gearbeitet und die Struktur des TMV-Hüllproteins aufklären sollen. Dabei unterlief ihm bei einer Endgruppenbestimmung ein kleiner Fehler, und Schramm schmiß ihn raus. Doch Butenandt, der Braunitzers Begabung erkannt hatte, nahm ihn mit nach München und gab ihm eine eigene Arbeitsgruppe. So wurde Braunitzer zum Gründer der Proteinchemie in Deutschland. Als die Arbeiten in Tübingen ins Stocken geraten waren, half er aus.

Die Arbeiten am Hämoglobin waren beendet, und damit war auch meine Zeit bei Butenandt abgelaufen. Ich ging zu Butenandt und bat ihn um eine eigene Arbeitsgruppe. Er war nicht abgeneigt, aber vorher sollte ich mich noch einmal bewähren – im Ausland. Er besorgte mir ein Thyssen-Stipendium. Ich konnte mir aussuchen, wo ich hingehen wollte. Das war gar nicht so einfach. Ich machte ihm mindestens fünf Vorschläge, die er alle ablehnte, aus dem einen oder dem anderen Grund. Als ich schließlich zu Lyman C. Craig vom Rockefeller Institute in New York wollte, stimmte er endlich zu. Das mag mehrere Gründe gehabt haben. Erstens war das Rockefeller Institute ein sehr renommiertes Institut mit sehr vielfältigen Arbeitsrichtungen. Zweitens saß bei Craig unsere amerikanische Konkurrenz, der wir bei der Strukturaufklärung des Hämoglobins gerade zuvorgekommen waren, und drittens gehörte Craig zu den sechs amerikanischen Wissenschaftlern, die unmittelbar nach dem Krieg nach Deutschland gekommen waren, um die durch den Krieg unterbrochenen Verbindungen wieder aufzunehmen. Er hatte damals auch Butenandt besucht. Das hat Butenandt ihm nicht vergessen.

Kurzum, ich ging zu Craig, einem klassischen organischen Chemiker, dem Erfinder der Gegenstromverteilung und des Rotationsverdampfers. Damit hatte ich erneut die Weichen für meine zukünftige berufliche Entwicklung gestellt, nämlich weg von der Medizin, und hin zur Biochemie bzw. Molekularbiologie.

Zugleich war mir jedoch auch klar, daß jetzt meine Stunde geschlagen hatte. Ich benötigte in Amerika einen Durchbruch, ich durfte danach nicht einfach wieder nach München zurückkehren, sondern ich mußte mir woanders eine selbständige Stellung aufbauen. Vor der Abreise bewarb ich mich beim Max-Planck-Institut für Immunbiologie in Freiburg und wurde abgelehnt. Später, nach Amerika, als ich selbst zum Direktor dieses Institutes berufen werden sollte, habe ich abgelehnt. Das war keine Retourkutsche, sondern ich bevorzuge einfach große Institute mit vielen Arbeitsrichtungen.

Ich hatte vor, die Struktur der Antikörper aufzuklären. Natürlich hatten wir uns in München überlegt, ob die am Hämoglobin erarbeiteten Methoden auch für die Antikörper ausreichen würden, denn diese waren dreimal so groß. Wir waren zu dem Schluß gekommen, daß sie ausreichen.

Ich fing also bei Craig im Rockefeller Institute an. Welch ein Unterschied zu München! Ich saß am ersten Tag einem Mann gegenüber, der mir sofort sympathisch war, einem Mann aus dem mittleren Westen, der einen durch eine goldgeränderte Brille mit klaren Augen anblickte. Er war Feuerwehrhauptmann und Quäker. Er sah erst mich an, daraufhin mein Bewilligungsschreiben für mein Stipendium der Thyssen-Stiftung und dann sagte er: „We double it". New York gefiel mir auf Anhieb. Dann rückte ich mit dem heraus, was ich bei ihm machen wollte, nämlich die Struktur der Antikörper aufklären.

Nun muß man wissen, daß Antikörper, auch wenn sie gegen ein einheitliches Antigen hergestellt waren, keine einheitliche Substanz sind, sondern Gemische, die sich nicht zur Strukturaufklärung eignen. Craig hatte versucht, Antikörper mit der Gegenstromverteilung zu reinigen, was jedoch misslang. Ich sollte mich mit dem Ficin, einem pflanzlichen Enzym, beschäftigen. Ich ließ jedoch nicht locker.

Inzwischen hatte ich auch Henry Kunkel kennengelernt, den Chef des Immunology Departments. Kunkel war uns in München kein Unbekannter gewesen. Er hatte das HbA_2 entdeckt, eine Nebenkomponente des Hämoglobins, und außerdem hatte er die Stärkeblock-Elektrophorese erfunden. Er war der Gründervater der modernen molekularen Immunologie in Amerika.

Die einzige Antikörperpräparation, die chemisch einheitlich war, das waren die sog. Myelomproteine. Diese galten jedoch als pathologisch oder aberrant, da sie von einem Plasmozytom, einem Tumor, abstammten. Ich erinnerte mich jedoch daran, daß mein Lehrer Braunitzer noch in Tübingen mit diesen Myelomproteinen Endgruppenbestimmungen durchgeführt hatte. Er hatte entweder Asparaginsäure oder Glutaminsäure gefunden oder gar nichts. Asparaginsäure und Glutaminsäure bekam man auch bei experimentell hergestellten Antikörperpräparationen. Allzu aberrant konnten diese Myelomproteine also nicht sein.

Ich entschloss mich, mit diesen Myelomproteinen zu arbeiten. Entweder waren diese Proteine entgegen der Lehrmeinung normal, dann konnte ich die Struktur der Antikörper bestimmen und konnte sagen, worauf ihre Spezifität beruht. Und das wäre dann ein Knüller. Oder sie waren tatsächlich aberrant, dann konnte ich einen Einblick in die Veränderung der Antikörperstruktur durch den Tumor bekommen, und das wäre ja auch nicht schlecht.

Ich besprach das alles mit Kunkel, und er gab mir zwei Bence-Jones-Proteine, die sich in ihrem serologischen Verhalten stark unterschieden,

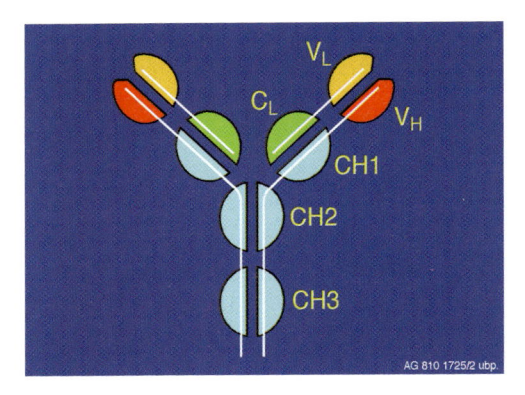

Abbildung 3: Struktur eines IgG-Antikörpermoleküls. Das Antikörpermolekül besteht aus zwei identischen L- (leichten) und H- (schweren) Ketten, die durch SS-Brücken miteinander in Verbindung stehen. Das Molekül ist in Homologie-Regionen gegliedert. Bence-Jones-Proteine sind L-Ketten, die bei Plasmozytom-Patienten im Überschuss gebildet und in den Urin ausgeschieden werden.

so daß Unterschiede, die zwischen ihnen bestanden, bei der Strukturaufklärung klar zu Tage treten mußten. Bence-Jones-Proteine sind L-Ketten, die bei Plasmozytom-Patienten im Überschuss gebildet und in den Urin ausgeschieden werden. Die Kenntnis, daß Bence-Jones-Proteine L-Ketten sind, verdanken wir Gerald Edelmann, einem Schüler Kunkels, der mit Meerschweinchen-Antikörpern arbeitete. Er hatte zusammen mit dem Engländer Porter entdeckt, daß die Antikörper aus zwei identischen L-Ketten (leichten) und zwei identischen H- (schweren) Ketten bestehen (Abb. 3).

Auch Craig war von diesem Projekt begeistert, und nun begann eine der umfangreichsten Reinigungsarbeiten, die Bence-Jones-Proteine je gesehen hatten, selbstverständlich auch durch Gegenstromverteilung. Das dauerte ungefähr ein Jahr. Parallel hierzu führte ich Spaltungsversuche mit dem ungereinigten Material durch und kam damit so schnell voran, daß dieser Vorversuch sehr rasch zu meiner Haupttätigkeit wurde.

Ich hatte auf einem Kongreß Frank Putnam kennengelernt, den Papst der Plasmaproteinforschung in Amerika. Er war Professor für Biochemie in Bloomington, Indiana, und arbeitete ebenfalls an der Struktur eines Bence-Jones-Proteins. Er kam alle sechs Wochen in das Rockefeller Institute, wo wir unsere Ergebnisse austauschten. Dieser Austausch war so vielversprechend, daß ich sofort mit der Strukturaufklärung eines zweiten Bence-Jones-Proteins begann.

Allmählich konnte ich auch an eine Rückkehr nach Deutschland denken. Ich hielt in München einen Seminarvortrag, und Butenandt machte mir drei Angebote. Ich konnte nach München, nach Frankfurt oder nach Göttingen gehen. Aus Gründen, auf die ich nicht eingehen will, wählte ich Göttingen.

Wieder zurück in New York, bekam ich eine Einladung nach Warner Springs in Californien zu einem Meeting ganz besonderer Art. Hier sollte die Crème der Molekularbiologen, d. h. Francis Crick, Jim Watson, Max Delbrück, Seymour Benzer usf., etwa 30 High-brow-Wissenschaftler, mit den neueren Erkenntnissen der Immunologie bekanntgemacht werden. Es war ein reines Brainstorming, veröffentlicht wurde nichts.

Ich verdankte die Einladung sicherlich Kunkel. Gleichzeitig erhielt ich eine Einladung, auf den Federation Meetings in Atlantic City als Hauptredner aufzutreten. Nicht alle am Rockefeller Institute waren davon entzückt. Ich erhielt von der Frau meines Bench-Nachbarn Bill Königsberg in Craigs Labor, von Diane Königsberg, einen Anruf, in dem sich mich wissen ließ: „Norbert, watch out, they are going to frame you".

Solchermaßen gewarnt, machte ich mich an die Vorbereitung für dieses Meeting. Ich wußte, daß ich etwas gefunden hatte, wahrscheinlich etwas, was kein anderes Labor hatte. Offensichtlich wußten das auch andere. Die Situation für mich war nicht ungefährlich, denn außer meinen Reinigungsarbeiten war nichts von dem, worüber ich dort vortragen wollte, publiziert. Die Frage, wie weit ich in meinem Vortrag gehen sollte, verursachte mir Bauchschmerzen. Sollte ich mich bedeckt halten? Auf der anderen Seite: das war mein Durchbruch, entweder ich nutzte ihn, oder er würde nie kommen. Ich entschloss mich zu einer Vorwärtsstrategie.

Das Meeting verlief zwei Tage ohne besondere Vorkommnisse. Der letzte Redner am Vormittag des dritten Tages war ich. Ich schilderte ausführlich die Reinigung des Proteins, anschließend meine schönen Münchner Reinigungsmethoden der enzymatischen Spaltprodukte und schließlich den Strukturvergleich der beiden von mir untersuchten Bence-Jones-Proteine. Ich hatte folgendes gefunden (Abb. 4):

1. Die Spezifität der Antikörper beruht auf einer unterschiedlichen Aminosäuresequenz. Es fanden sich zwischen den beiden von mir untersuchten Proteinen eine größere Anzahl von Aminosäureaustauschen und Lücken, ähnlich wie beim Vergleich der α- und der β-Kette des menschlichen Hämoglobins. Damit war die Paulingsche Faltungstheorie der Entstehung der Antikörperspezifität widerlegt.
2. Diese Aminosäureaustausche beschränkten sich auf die N-terminale Hälfte des Moleküls, die deshalb variabler Teil genannt wurde.

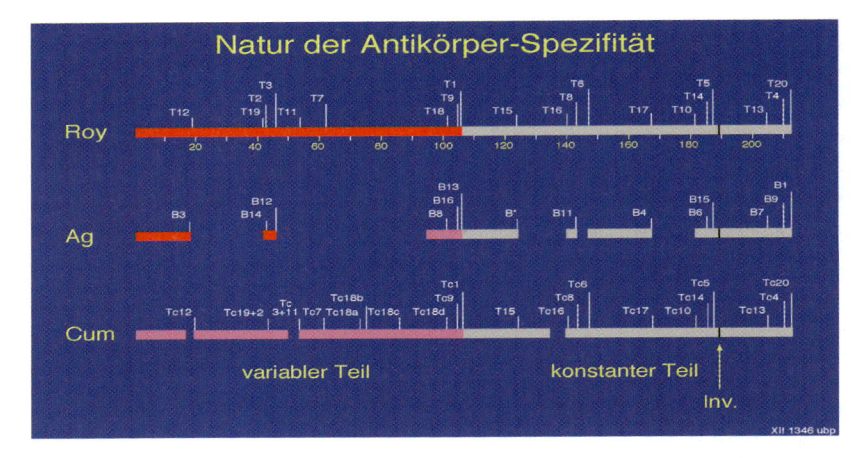

Abbildung 4: Variabler und konstanter Teil. Ein Vergleich der beiden L-Ketten (Bence-Jones Proteine) Roy und Cum (beide κ-Typ) ergab, daß das Molekül zweigeteilt ist. Die Aminosäureaustausche, die für die Spezifität des Antikörpermoleküls verantwortlich sind, befinden sich im N-terminalen, variablen Teil des Moleküls. Der C-terminale, konstante Teil des Moleküls weist eine identische Aminosäuresequenz auf. Ein auf ihm gelegener Val/Leu-Austausch ist durch einen kodominant vererbten genetischen Faktor bestimmt. Das von einem anderen Labor stammende Protein Ag paßt sich diesem Schema mühelos an. Einen ähnlichen Aubau zeigen die H-Ketten, nur besteht der konstante Teil nicht aus einer, sondern aus drei Homologie-Regionen.

3. Der C-terminale gleichlange konstante Teil der Ketten hatte eine identische Aminosäuresequenz.
4. Auf diesem konstanten Teil der Kette lag ein Aminosäure- (Val/Leu) Austausch, der durch einen kodominant vererbten Faktor verursacht war. Dieser konstante Teil mußte deshalb von einem Gen kontrolliert werden. Im Gegensatz hierzu stand der variable Teil, für den zwei Gene angenommen werden mußten, die durch Gen-Verdoppelung und unabhängige Mutation auseinander hervorgegangen waren. Zog man Putnams Ergebnisse hinzu, die sich zwanglos einordneten, mußten drei variable Gene angenommen werden. Wahrscheinlich hatten wir es mit vielen V-Genen zu tun (Abb. 5, Abb. 6).
5. Das L-Ketten-Gen mußte durch die Translokation von einem dieser vielen V-Gene auf das C- Gen entstanden sein, wobei damals noch nicht gesagt werden konnte, ob diese V-Gen- Translokation der einzige Rekombinationsprozess war oder ob nicht noch zusätzliche Rekombinationen innerhalb der V-Gene angenommen werden mußten.

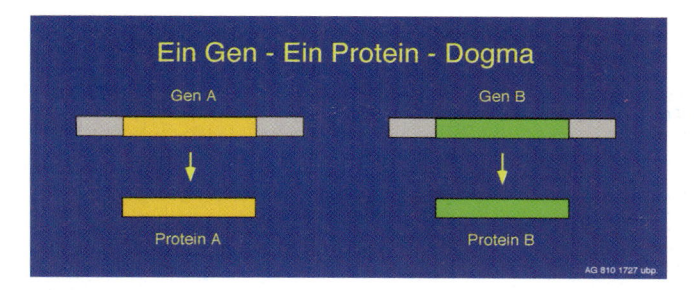

Abbildung 5: Das Dogma der Molekularbiologie lautet: ein Gen – ein Protein. Gen A kodiert Protein A, Gen B Protein B.

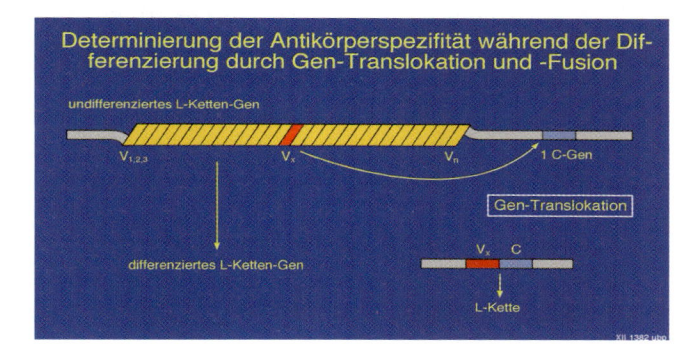

Abbildung 6: Bei den Antikörpern muß das Dogma der Molekularbiologie abgewandelt werden in Zwei Gene – ein Protein. Im Genom enthalten sind viele V-Gene, die durch Evolution entstanden sind, und ein C-Gen. Aus den beiden Teil-Genen wird ein Voll-Gen dadurch, daß eines dieser V-Gene zum C-Gen transloziert wird.

Dieses Ergebnis meiner Arbeiten schlug ein wie eine Bombe. Das war der Beginn der molekularen Immunologie. Wer sich ein Bild von dem Ausmaß der Auswirkung verschaffen will, mag in dem Lehrbuch von Golub „The Cellular Basis of the Immune Response" (1977, Seite 181–189) nachlesen.

Was mittags noch in den höchsten Tönen gelobt worden war, wurde abends zum Desaster. Ich wurde des Betrugs bezichtigt, mein Vortrag vor den Federation Meetings wurde natürlich abgesagt, und meine Unterlagen wurden in New York beschlagnahmt. Craig war nachts um 10 Uhr extra in das Institut bestellt worden, um den Anruf aus Californien entgegenzunehmen. Das war natürlich eine äußerst unangenehme Situation. Aber ich hatte meinen Durchbruch erzielt und durch die Reaktionen auf meinen Vortrag einen Bekanntheitsgrad erreicht, wie er sicher so nicht beabsichtigt gewesen war.

Ich setzte umgehend Butenandt in Kenntnis, der mich mit einem wissenschaftlichen Mitglied der MPG kurzschloss, das sich gerade in den USA befand. Ich bekam Anweisungen, die genau zu befolgen waren. Das heißt, meine Ergebnisse wurden publiziert. Es stellte sich heraus, daß alle Vorwürfe gegen mich völlig haltlos waren. Im Gegenteil, ich hatte eine ganze Menge mehr Daten, als ich in Warner Springs vorgetragen hatte. Craig, der meinen Vortrag in Atlantic City hielt, hat mich voll rehabilitiert.

Als alles erledigt war, kam Butenandt nach New York. Ich weiß nicht, was Butenandt mit Craig besprochen hatte, aber es wurde mir zum ersten Mal klar, in welch hohem Ansehen Butenandt bei seinen amerikanischen Kollegen stand.

In Butenandt – hoch aufgeschossen, weißhaarig, elegant gekleidet, mit seinen fünf Schmissen unschwer zu erkennen, woher er kam – saß Craig ja nicht nur ein hochangesehener Wissenschaftler gegenüber, sondern auch der Präsident der Max-Planck-Gesellschaft. Und der war extra angereist, um sich um einen seiner Stipendiaten zu kümmern. Das machte auf Craig großen Eindruck, und auf mich auch. Ich war sehr stolz auf meinen Präsidenten.

Ich konnte alles mitnehmen, was mit den Bence-Jones-Proteinen zu tun hatte, um in Göttingen damit weiterzuarbeiten. Kunkel hielt einen Tag vor meiner Abreise in Craigs Labor eine flammende Rede. Ich bekomme heute noch rote Ohren, wenn ich daran denke. Es war die Bekanntschaft mit Leuten wie Kunkel und Craig, die mein Amerikabild bestimmte. Die Amerikaner sind großartig. Sie ließen meine Erfahrung mit Schurken, wie es sie auch gibt, schnell vergessen.

Am 1.4.1965 trat ich meine Stelle in Göttingen an. Meine amerikanischen Scharmützel waren hier nicht unbemerkt geblieben. Ein Ruf nach Chicago trug dazu bei, meine Stellung in Göttingen zu festigen.

Trotz meines Erfolges, der ja auch neue Vorstellungen über die Regulation der Proteinbiosynthese beinhaltete, war der Widerstand gegen diese neuen Prinzipien groß. Der Widerstand kam von Jerne und dessen Umgebung, der gerne an seiner, unter dem Einfluß des Antigens stehenden somatischen Mutationstheorie der Antikörperbildung festhalten wollte. Der Widerstand wurde schwächer, als auf der DNA-Ebene die Gen-Translokation direkt nachgewiesen wurde und außerdem die Anzahl der in einem Genom vorhandenen V-Gene direkt abgezählt werden konnte. Darüber hinaus wurde festgestellt, daß die Translokation der V-Gene zum C-Gen nicht der einzige Rekombinationsprozess war, dem das Immunsystem unterlag. Das V-Gen lag am C-terminalen Ende in zerstückelter Form vor, d. h., es gab kurze D- und J-Stücke, die sich ihrerseits untereinander und mit dem V-Gen rekom-

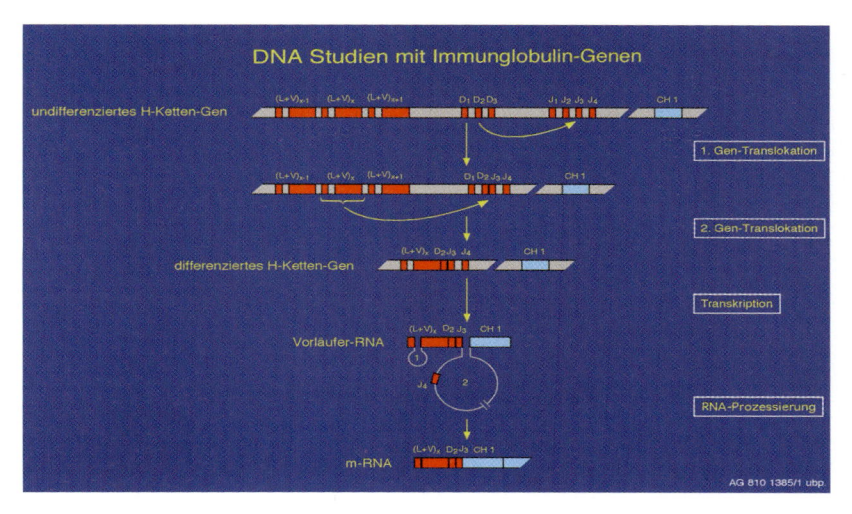

Abbildung 7: Die Untersuchungen auf der DNA-Ebene zeigen, daß die V-Gen-Translokation in zwei Schritten erfolgt. Diese erhöhte Rekombinationsmöglichkeit wird dadurch erzeugt, daß das V-Gen zerstückelt ist und die so entstandenen variablen D- und J-Stücke an der Rekombination teilnehmen. Zuerst wird ein D-Stück auf ein J-Stück übertragen und dann ein V-Gen auf das DJ-Fusionsprodukt. Überflüssige J-Stücke und Introns werden auf der RNA-Ebene durch Splicing entfernt. Die L-Ketten haben nur J-, keine D-Stücke.

binieren konnten (Abb. 7). Nach den Gesetzen der Kombinatorik wurde die Anzahl der an der Haftstelle beteiligten unterschiedlichen Strukturen noch einmal um ein Vielfaches erhöht. Das heißt, etwa 1 % der DNA eines Genoms reichen aus, um etwa eine Million unterschiedliche Antikörper-Spezifitäten zu erzeugen. Diese Rekombinationsvorgänge geschehen somatisch, die Struktur der V-Gene und die der D- und der J-Stücke entsteht dagegen während der Evolution, d. h. ohne den Einfluß des Antigens.

Auf jeden Fall ist diese Gen-Translokation der entscheidende Differenzierungsschritt, der aus einer undifferenzierten multipotenten Stammzelle eine differenzierte, unipotente antikörperbildende Zelle macht. Da das C-Gen nur einmal vorhanden ist, ist sichergestellt, daß nur jeweils ein V-Gen aus jedem Satz angestellt werden kann, d. h., die Plasmazelle produziert nur einen Antikörper mit einer ganz bestimmten Spezifität.

Diese Befunde standen im Einklang mit der Ehrlichschen Seitenketten-Theorie von 1900 (Abb. 8).

Ehrlich hatte sich nicht zu den Genen geäußert. Aber er war davon ausgegangen, daß alle Antikörper-Spezifitäten, die es gibt, in Form von spezifischen Rezeptoren auf der Oberfläche von immunkompetenten Zel-

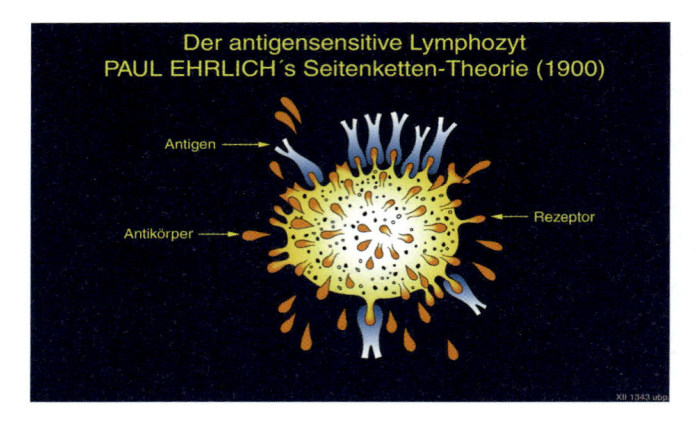

Abbildung 8: Die Ehrlichsche Seitenketten-Theorie. Die immunkompetente Zelle trägt auf ihrer Oberfläche Rezeptoren, die später als Antikörper in das Blut abgegeben werden. Jede Zelle weist nur eine Spezifität auf, die durch Gen-Translokation von einem der vielen V-Gene zum C-Gen zustande kommt.

len vorhanden sind. Die Anzahl dieser unterschiedlichen Rezeptoren ist so groß, daß gegen jedes Antigen, auch gegen solche, die es in der Natur gar nicht gibt, eine komplementäre Haftstelle vorhanden ist, meist sogar mehrere. Die Selektion ist deshalb zellulär, weil eine Zelle nur eine Spezifität exprimiert. Das ist die Folge der Translokation von einem der V-Gene auf das C-Gen.

Das Antigen trifft auf diese fertigen Strukturen und sucht sich diejenigen aus, zu denen es am besten paßt, wie Schlüssel und Schloss. Die Zellen, die diese Strukturen tragen, vermehren sich und bilden einen Zellklon. Dieser Zellteilungsvorgang, der auch mit einem Reifungsprozess verbunden ist, kann mit einem Lernprozess verglichen werden. Die immer noch immunkompetenten Zellen verwandeln sich schließlich in Plasmazellen, die auf ihrer Oberfläche keine Rezeptoren mehr tragen. Sie werden in Form von Antikörpern in das Serum abgegeben (Abb. 9). Die Plasmazellen sind reine Proteinfabriken. Nach einiger Zeit gehen diese Zellproliferation und auch die Antikörperproduktion zurück, aber nie ganz, d. h., bei erneutem Kontakt mit demselben Antigen trifft dieses auf eine größere Anzahl von spezifischen Zellen in einem höheren Reifestadium. Die Antikörperproduktion erfolgt früher und in stärkerem Ausmaß. Wir nennen das das immunologische Gedächtnis und die beteiligten Zellen die Gedächtniszellen. Der Zustand, der hierdurch herbeigeführt wird, ist der der Immunität (Abb. 10). Damit ist das Immunsystem ein programmiertes System zur Reaktion auf das Unvorhersehbare, d. h. auf alles. Programmiert deshalb, weil

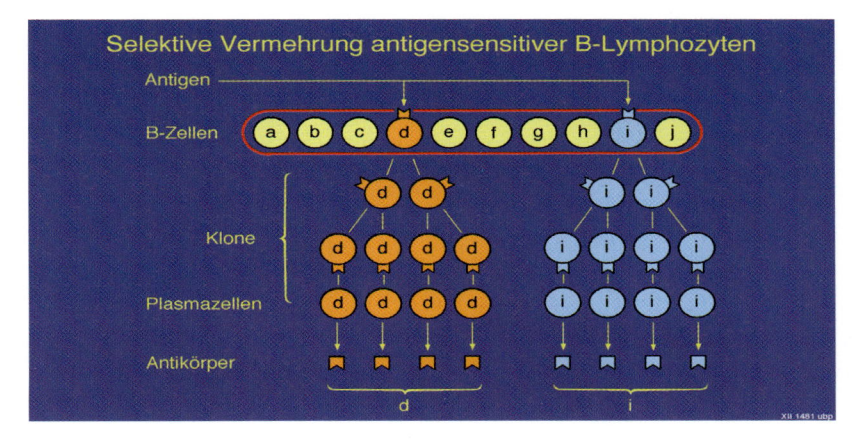

Abbildung 9: Antikörperbildung durch Selektion. Das Antigen sucht sich die immunkompetente Zelle aus, die einen zu ihm passenden Rezeptor trägt. Diese Zelle vermehrt sich und bildet einen Zellklon, aus dem schließlich die antikörperbildende Plasmazelle hervorgeht. Die Immunantwort ist polyklonal.

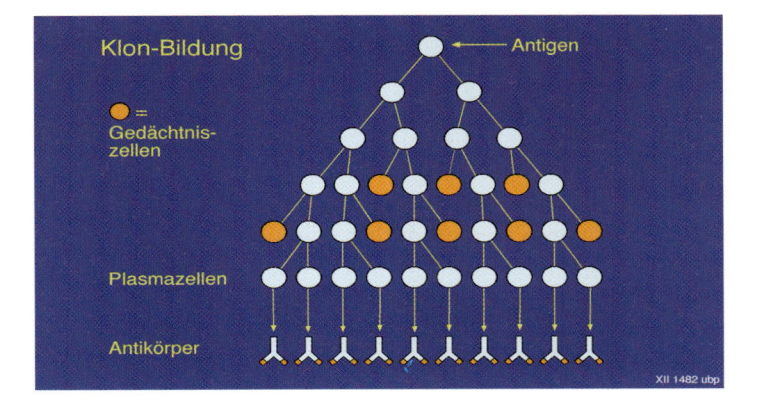

Abbildung 10: Die Gedächtniszellen. Nicht alle Zellen eines Zellklons machen die Reifung zur Plasmazelle mit, und nicht alle immunkompetenten Zellen bilden sich nach der Immunantwort zurück. Das heißt, beim erneuten Kontakt mit demselben Antigen liegt eine veränderte Ausgangslage vor. Es sind diese Gedächtniszellen, die bei der Sekundärantwort schneller und vermehrt Antikörper bilden und dadurch die Immunität bewirken.

alle Gene, die hierzu benötigt werden, im Genom bereits vorhanden sind. Lediglich die unterschiedliche Kombination dieser Gene erfolgt somatisch, aber ohne den Einfluß des Antigens.

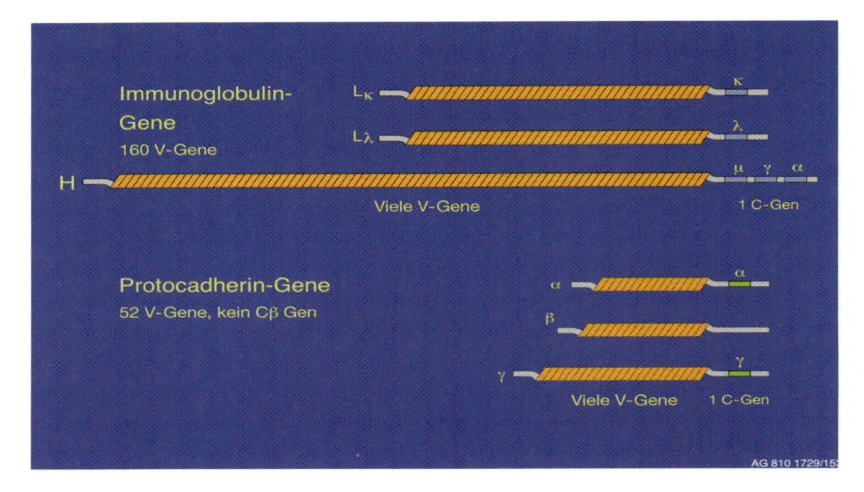

Abbildung 11: Zeigt den ähnlichen Aufbau der Immunglobulin- und der Protocadherin-Gene. Beide haben Sätze von V-Genen. Die Immunglobuline haben 40 V_κ, 36 V_λ und 40 V_H-Ketten-Gene. Bei den H-Ketten sind die V-Gene allen Ketten-Klassen, d. h. den C_μ-, den C_γ- und die C_α-Genen, gemeinsam. Die D- und die J-Stücke sind weggelassen. Die Protocadherine haben 15 α-, 15 β- und 22γ-V-Gene.

Damit verließen wir dieses spannende Gebiet und wandten uns anderen, noch ungelösten Problemen zu, z. B. der Amyloidose, der Allergie, der Immunität der Milch, den Histokompatibilitäts-Antigenen, dem Porin und dem NEFA-Protein.

Keines dieser Projekte erreichte aber auch nur annähernd die Brisanz des Antikörperproblems.

Erst im Jahre 1999, dem Jahr meiner Emeritierung, tauchte ein Befund auf, der unsere Aufmerksamkeit im höchsten Maße erregte. Wu und Maniatis hatten entdeckt, daß sich bei Protokaterinen das genetische Prinzip der Immunglobuline zum ersten Male wiederholt. Das heißt, wie bei den Antikörpern ist ihre genetische Kontrolle zweigeteilt. Es gibt viele V-Gene und ein C-Gen. Wie bei den Immunglobulin-κ-, λ- und H-Ketten gibt es drei Sätze von V-Genen, nämlich α-, β- und γ-, d. h., ein Cα-Gen kann mit 15 Vα-Genen, ein Cβ-Gen mit 15 Vβ-Genen und ein Cγ-Gen mit 22 Vγ-Genen verknüpft werden (Abb. 11).

Die Protocadherine sind Zelladhäsionsmoleküle, wobei der Zell-Zell-Kontakt über die V-Teile zustande kommt. Die Bindung ist homophil, d. h. $V\alpha_1$ bindet $V\alpha_1$, aber nicht $V\alpha_2$, $V\alpha_3$ oder $V\alpha_4$ (Abb. 12).

Das Zentralnervensystem besteht aus 10^{11} Nervenzellen, die alle über Synapsen miteinander in Verbindung stehen. Diese Verknüpfung erfolgt

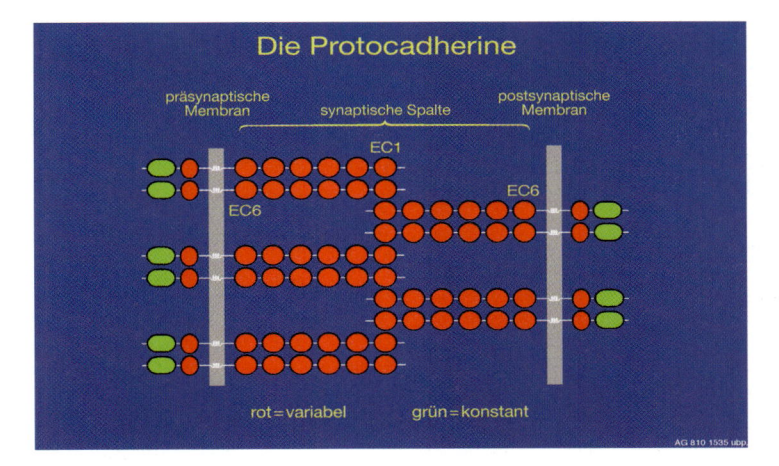

Abbildung 12: Die Protocadherine bestehen aus Abschnitten:
1. aus dem von einem Exon codierten, aus 5 Domänen aufgebauten variablen Teil,
2. aus dem transmembranalen Abschnitt und aus dem
3. intrazellulären Abschnitt, der über die Catenine mit dem Zytoskelett in Verbindung steht.
Die Protocadherine liegen als Dimere vor. Sie binden über die EC1-Domäne.

nicht irgendwie, sondern spezifisch. Für diesen spezifischen Kontakt bieten sich die Protocadherine an, aber auch die klassischen Cadherine bzw. die L-CAMs, d. h. andere Zelladhäsionsproteine.

Die Protocadherine könnten hier jedoch eine herausragende Rolle spielen, wenn die Aktivierung ihrer V-Gene nach denselben Prinzipien erfolgt wie bei den Immunglobin-V-Genen, nämlich durch Gen-Translokation. Da es sich hierbei um einen Differenzierungsvorgang handelt, würde sichergestellt, daß in jeder Nervenzelle jede Protocadherin-Klasse nur jeweils ein V-Gen exprimiert, und zwar in einer frühen Phase der Embryonalentwicklung, in der sich die Nervenzellen noch teilen, aber ohne den Einfluß eines äußeren Reizes.

Die Folge wäre ein Netz, das nach ganz bestimmten Prinzipien aufgebaut ist. Wird z. B. in einer Zelle das $V\alpha_1$-Gen zum $C\alpha$-Gen transloziert, so wird in dieser Zelle und aus dem sich ableitenden Zell-Klon das α_1-Protocadherin exprimiert. Ebenso geschieht es in anderen Nervenzellen. Alle diese Zellen werden linear miteinander verknüpft. Eine Quervernetzung kann jedoch dann stattfinden, wenn zusätzlich die β-Protocadherine exprimiert werden. Hier können z. B. alle β_4-Protocadherin-Zellen miteinander verknüpft werden, und zwar unabhängig von der α-Protocadherin-

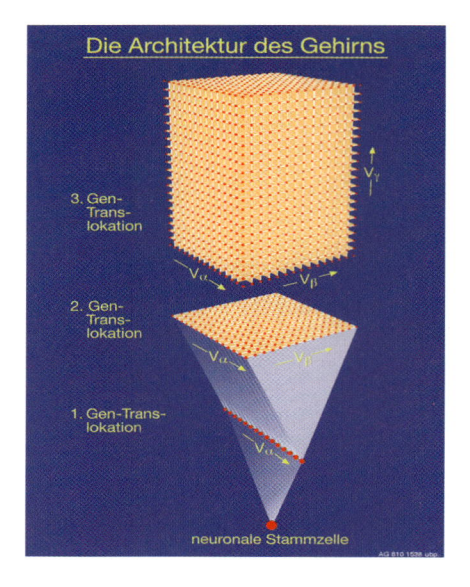

Abbildung 13: In den so entstandenen Netzen stehen 4950 Nervenzellen durch Synapsen miteinander in Verbindung. Diese homophilen Kontakte erfolgen in der Form von Lagen. Die Zelle $V_{\alpha 6}$, β_{11} und γ_7 gehört z. B. der α_6-, der β_{11}- und der γ_7-Lage an. Die Erregungsleitung findet in diesen Lagen statt. Der Lernprozess besteht in einer Vermehrung oder Verminderung dieser Bahnen, das Gedächtnis darin, daß sich diese Bahnen nach abgeschlossenem Lernprozeß nicht mehr vollkommen zurückbilden.

Expression. Es entsteht auf diese Weise ein zweidimensionales Netz, in dem $15 \times 15 = 225$ Zellen miteinander verknüpft werden. Nach der V-Gen-Translokation der γ-Protocadherine entsteht ein dreidimensionales Netz, in dem 4950 Zellen spezifisch miteinander verbunden sind. Diese Netze lassen sich durch Addition beliebig vergrößern, so daß letztlich alle 10^{11} Zellen darin untergebracht werden können. Das heißt, das Gehirn organisiert sich selbst. Jede Zelle hat ihren genau vorherbestimmten Platz, der durch Protocadherine genau festgelegt wird (Abb. 13). Dieses System weist eine frappante Ähnlichkeit mit dem Immunsystem auf, aber auch Unterschiede.

Gemeinsam ist nach unserer Vorstellung beiden, daß die spezifischen Erkennungsregionen während der Evolution entstanden sind, d. h. ohne jeden antigenen oder chemischen oder physikalischen Reiz von außen. Dann ist beiden Systemen gemeinsam, daß aus der Fülle der unterschiedlichen Spezifitäten, d. h. der V-Gene, durch einen Gen-Translokationsprozess von jeder Ketten-Klasse nur jeweils ein V-Gen angestellt werden kann. Diese selektive Gen-Expression erfolgt während der Embryonalperiode, d. h. ebenfalls ohne jeden Reiz von außen. Beide Translokationsprozesse sind an Zellteilungsvorgänge gebunden. Damit sind die Gemeinsamkeiten aber auch schon zu Ende, die V-Teile nehmen bei den Immun- und bei den Nervenzellen unterschiedliche Aufgaben wahr. Beim Immunsystem sind die V-Gene und ihre Rekombinationsprodukte nach außen gerichtet, beim Zentralnervensystem nach innen. Die Gene der Protocadherine sind für die Architektur des Gehirns verantwortlich, sie reagieren nicht auf einen äußeren Reiz, sondern sie erkennen sich selbst. Beim Immunsystem ist die Anzahl der Spezifitäten so groß, daß gegen alle Antigene ein Antikörper gebildet werden kann. Der Lernprozess besteht in einer Vermehrung von immunkompetenten Zellen, d. h. eines Klons mit einer ganz bestimmten Spezifität. Das immunologische Gedächtnis kommt zustande aus einer nicht vollkommenen Rückbildung dieses Klons.

Beim Zentralnervensystem ist die Anzahl der V-Gene geringer, sie ist jedoch ausreichend, um 4950 Nervenzellen miteinander zu vernetzen. Da dieses Modul beliebig parallel und hintereinander geschaltet werden kann, entsteht ein Netz, in dem alle 10^{11} Nervenzellen untergebracht werden können. Und dieses Netz ist überall gleich, im Hör- und im Sehzentrum und in jedem Individuum. Die Leistungen des Zentralnervensystems spielen sich ab in Schaltkreisen, d. h. in Bahnen zwischen diesen Nervenzellen. Die Anzahl dieser Verknüpfungen ist sehr groß.

Da sich Nervenzellen nicht mehr teilen, besteht der Lernprozess nicht in einer Vermehrung von Zellen, sondern in einer Vermehrung und Verminderung von Bahnen, die sich in diesem Netz bilden können. Das Gedächtnis beruht auf einer nicht vollkommenen Rückbildung von Bahnen, die einmal ausgebildet worden sind.

Manche dieser Bahnen sind schon bei der Geburt vorhanden, z. B. der Saugreflex des Säuglings. Überproportional viele Sinnes- und Nervenzellen sind mit diesem Reflex befaßt, schon vor der Geburt. Ob aus einem Säugling später ein Wein- oder ein Biertrinker werden wird, ist abhängig von äußeren Einflüssen, d. h. von Bahnungen, die sich erst im Verlauf des Lebens bilden.

Einen ähnlichen Vorgang beobachten wir bei der Ausbildung von Sprache. Ein Kind lernt Italienisch, weil es Italienisch, oder Chinesisch, weil es Chinesisch hört. Die Nationalsprache löst die angeborene Lallsprache ab, die kein Mensch versteht, die aber bei allen Kindern gleich ist. Die Hochsprache ist ein Produkt einer ganzen Reihe von unterschiedlichen Sinneseindrücken.

Gleichgültig, ob hier ein Thomas Mann entsteht oder ein Rudi Dutschke, das verwendete Netz ist stets das gleiche. Es wird von ihm nur ein unterschiedlicher Gebrauch gemacht, d. h., das an sich leere Netz wird unterschiedlich möbliert, ausgehend von den Sinnesorganen, die an unterschiedlichen Stellen in das Netz einstrahlen. Das ist übrigens beim Immunsystem nicht anders.

Sowohl beim Zentralnervensystem als auch beim Immunsystem handelt es sich um im Genom verankerte vorprogrammierte Systeme. Die Anzahl der hierfür bereitgestellten Strukturen ist so groß, daß auf jeden Reiz von außen reagiert werden kann. Hierbei müssen nicht immer dieselben V-Gene bzw. dieselben Schaltkreise Verwendung finden. Bei der Immunantwort können, abhängig von vorangegangenen Immunisierungen, bei verschiedenen Individuen unterschiedliche V-Gene dieselbe spezifische Wirkung entfalten. Beim Zentralnervensystem werden, je nach Konditionierung, bei verschiedenen Menschen die gleichen oder ähnliche Leistungen durch unterschiedliche Schaltkreise erbracht.

Ich habe mich mit Frau Shitsu Barnikol-Watanabe, einer langjährigen Mitarbeiterin, ebenso wie ich seit längerem pensioniert, sofort daran gemacht, diese Gen-Translokation experimentell nachzuweisen. Diese Arbeiten wurden großzügig unterstützt durch das neue Kollegium unseres Institutes, was dankbar anerkannt wird.

Verwendet haben wir Zellen eines Retinoblastoms, da erstens die Retina besonders übersichtliche Netze ausbildet und außerdem diese Retinoblastome nur aus wenigen Zell-Linien bestehen, nämlich α_4, α_{12}, β_1, β_9, γA_{10} und γA_{11}. Um es gleich vorweg zu sagen, es ist uns nicht gelungen, die V-Gen-Translokation nachzuweisen. Es sah zwar zunächst so aus, als ob ein bestimmtes V-Gen mit dem C-Gen verknüpft würde. Die Verknüpfung findet statt im Intronbereich, und zwar an 14 Stellen mit ganz bestimmten Erkennungssequenzen. Dieses Ergebnis hatten wir mit Hilfe einer PCR-Reaktion erzielt (Abb. 14).

Da wir in der Original-DNA diese Verknüpfung nicht haben nachweisen können, wird es sich bei unserem Befund möglicherweise um ein Artefakt gehandelt haben (unveröffentlicht). Wir glauben nach wie vor an eine V-Gen-Translokation, aber, wie gesagt, der experimentelle Nachweis hierfür ist uns nicht geglückt.

So beende ich meine wissenschaftliche Karriere mit einem Mißerfolg. Es ist eben dafür gesorgt, daß die Bäume nicht in den Himmel wachsen. Ich werde also in freier Wildbahn nicht mehr als röhrender Hirsch anzutreffen sein, sondern als sichernde Hirschkuh, die hinter der Herde hertrottet und aufpaßt, daß nichts passiert. Oder ich übernehme Vorträge wie diesen hier, in dem ich einem interessierten Publikum nicht nur erzähle, welche Geheimnisse die Natur für uns bereithält, sondern auch, wie man ihnen auf die Schliche kommt und welche Aufregungen hiermit verbunden sein können.

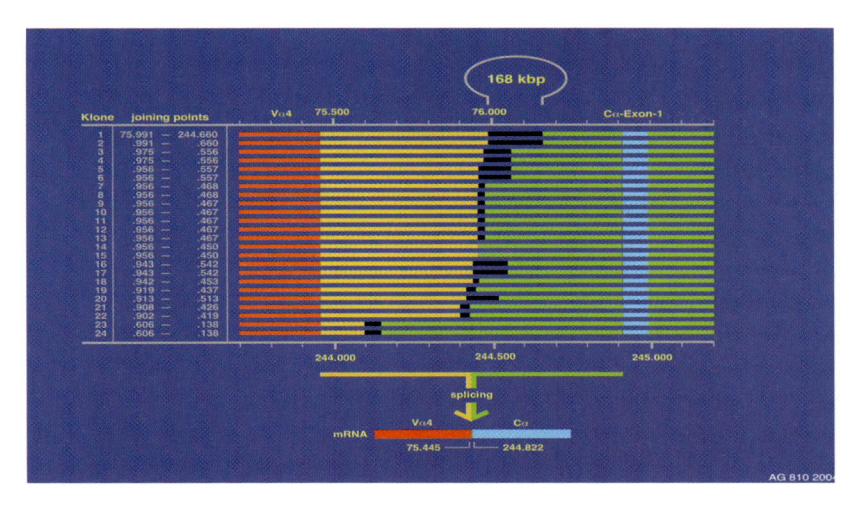

Abbildung 14: Bei diesem Experiment wurde angenommen, daß Vα_4 und Cα-exon-1 miteinander verknüpft sind und nicht 168 kbp entfernt. Der Nachweis hierfür erfolgte über eine PCR-Reaktion. Insgesamt wurden 24 Klone isoliert, bei denen eine Verknüpfung von Vα_4 und Cα-exon-1 festgestellt werden konnte. Die Verknüpfung erfolgte in den Introns downstream von Vα_4 und upstream von Cα-exon-1 an insgesamt 14 unterschiedlichen Stellen.

Literatur

1. Braunitzer, G., K. Hilse, V. Rudloff und N. Hilschmann: The Hemoglobins. Adv. Prot. Chem. 19, 1–71 Academic Press 1964
2. Hilschmann, N., und L.C. Craig: Amino Acid Sequence Studies with Bence-Jones-Proteins. Proc. Nat. Acad. Sci., 140–1409
3. Hilschmann, N., H.U. Barnikol, H. Kratzin, P. Altevogt, M. Engelhardt und S. Barnikol-Watanabe: Genetic Determination of Antibody Specificity. Gen Translocation and Fusion, the Molecular Basis for the Antibody-Producing Cell. Naturwissenschaften 6, 616–69 (197)
4. Hilschmann, N.: Die Immunität, eine vorprogrammierte Reaktion auf das Unerwartete. Sonderdruck aus: Mannheimer Forum. Hrsg.: Boehringer Mannheim GmbH., 101–161 (19 2f)
5. Wu, Q., und T. Maniatis: A striking organization of a large family of human neural cadherin-like cell adhesion genes. Cell 97, 779–790 (1999)
6. Hilschmann, N., H.U. Barnikol, S. Barnikol-Watanabe, H. Götz, H. Kratzin und F.P. Thinnes: The immunoglobulin-like genetic determination of the brain: the protocadherins, blue print of the neuronal network. Naturwissenschaften, 2–12 (2001)
7. Barnikol-Watanabe, S., H.U. Barnikol, H. Götz, J. Seehusen und N. Hilschmann: Protocadherin V-gene-translocation in neurons. Selforganisation of the brain II. (unveröffentlicht)

Zusammenfassung

Lernen und Gedächtnis sind Begriffe, die sowohl beim Gehirn als auch beim Immunsystem Anwendung finden. Besondere Bedeutung bekommen beide Systeme dadurch, daß sie nicht nur auf bestimmte, sondern auf sämtliche äußeren Reize antworten können. In diesem Artikel wird versucht, molekularbiologische Gemeinsamkeiten zwischen beiden Systemen nachzuweisen.

Beiden Systemen, und nur diesen beiden Systemen, ist gemeinsam, daß bei den Molekülen, auf die es ankommt, das molekularbiologische Grundgesetz, nämlich die „Ein Gen – Ein Protein-Regel" nicht gilt. Es gilt eine Abwandlung davon, nämlich „Zwei Gene – Ein Protein". Das heißt, die genetische Kontrolle des Proteins ist zweigeteilt. Der eine Teil des Proteins wird von vielen V- oder Spezifitäts-Genen kontrolliert, der andere von einem singulären C-Gen. Aus beiden Teil-Genen wird ein Voll-Gen, indem eines dieser vielen V-Gene mit dem singulären C-Gen verschmilzt. Dieses wird dann in die Sprache des Proteins übersetzt.

Diese V-/C-Gen-Verschmelzung ist gleichbedeutend mit einem irreversiblen Differenzierungsprozess. Aus einer undifferenzierten multipotenten Stammzelle wird eine differenzierte, unipotente „Funktionszelle". Das singuläre C-Gen sorgt sozusagen automatisch dafür, daß von den vielen V-Genen pro V-Gen-Satz jeweils nur 1 V-Gen angestellt werden kann.

Die Protocadherine sind Zell-Adhäsions-Proteine, die u. a. im synaptischen Spalt nachgewiesen werden und die dafür verantwortlich sind, daß im neuronalen Netz eine Nervenzelle eine andere Nervenzelle spezifisch bindet. Das heißt, jede Nervenzelle hat im Netz ihren ganz bestimmten Platz.

Bei den Antikörpern ist die Anzahl der V-Gene (einschließlich der D- und der J-Stücke) so groß, daß alle Antigene gebunden werden können.

Bei den Nervenzellen ist die Anzahl der Protocadherin-V-Gene ausreichend, um etwa 5000 Nervenzellen oder ein Vielfaches davon spezifisch untereinander zu vernetzen. Hierdurch entsteht eine sehr große Anzahl von Schaltkreisen, die offenbar allen Anforderungen genügt.

Beim Immunsystem besteht der Lernprozess in einer Vermehrung immunkompetenter Zellen, das Gedächtnis in einer nicht vollkommenen Rückbildung dieser Zellen. Beim Nervensystem, dessen Zellen sich nicht mehr teilen können, geht der Lernprozess einher mit einer Vermehrung der in einem Schaltkreis zusammengefaßten Bahnen, das Gedächtnis mit der nicht vollkommenen Rückbildung dieser Bahnen.

In beiden Systemen entstehen die vielen V-Gene durch Gen-Verdoppelung und folgende Mutation während der Evolution, also ohne Mitwirkung eines äußeren Reizes. Die Verschmelzung der V- und der C-Gene, die einhergeht mit einem Differenzierungsvorgang, erfolgt während der Embryonal-Periode, also ebenfalls ohne jeden äußeren Reiz. Bei den Antikörpern ist für die V- und die C-Gen-Verschmelzung ein V-Gen-Translokationsprozess nachgewiesen, bei den Protocadherinen bisher noch nicht.

Danksagung

Frau Ellen Kontokollias danke ich für die Herstellung des Manuskriptes, Frau Ulrike Brockhaus und Herrn Ludwig Kolb für die graphischen Arbeiten und dem Kollegium des Instituts dafür, daß ich auch noch nach meiner Emeritierung weiter am Institut arbeiten konnte. Prof. Dr. Reiner Thomssen wird für die Einladung gedankt und für zahlreiche Diskussionen bei der Abfassung des Manuskriptes.

25. September 2007

„Stammzellen in der Kardiologie, ein neuer therapeutischer Ansatz?"
GERD HASENFUSS
Medizinische Fakultät der Georg-August-Universität Göttingen

„Schlagendes Herzgewebe im Reagenzglas"
THOMAS ESCHENHAGEN
Medizinische Fakultät der Universität Hamburg

26. September 2007

„Die Embryonalentwicklung der Netzhaut als Modell für die Hirnreifung"
HANS-JÜRG KUHN und WOLFGANG KNABE
Medizinische Fakultät der Georg-August-Universität Göttingen

„Robert Brown, Albert Einstein und der Fortschritt der bildgebenden Diagnostik"
JENS FRAHM
Biomedizinische NMR Forschungs GmbH am Max-Planck-Institut für biophysikalische Chemie in Göttingen

27. September 2007
„Welche molekularen Strukturen vermitteln die Infektion
der Leberzelle durch das Hepatitis-C-Virus?"
REINER THOMSSEN
Medizinische Fakultät der Georg-August-Universität Göttingen

„Robert Schumann als Bewegungsforscher?
Wie aus Krankengeschichten Forschungsideen entstehen"
ECKART ALTENMÜLLER
Hochschule für Musik und Theater Hannover

Arbeitsgespräch
zwischen der Kommission „Leibniz-Edition" der
Akademie der Wissenschaften zu Göttingen
und der Herzog August Bibliothek Wolfenbüttel
„Leibniz als Sammler und Herausgeber historischer Quellen"
8.–10. Oktober 2007
Wolfenbüttel

Im Jahre 1707 erschien der erste Band von Leibniz' großer Quellensammlung zur welfischen und niedersächsischen Geschichte, „Scriptores rerum Brunsvicensium". Aus diesem Anlaß veranstaltete die Herzog August Bibliothek Wolfenbüttel vom 8.–10. Oktober 2007 ein Arbeitsgespräch zum Thema „Leibniz als Sammler und Herausgeber historischer Quellen". Teilnehmer und Referenten waren vor allem Mitarbeiter der historisch-kritischen Leibniz-Edition sowie Mediaevisten.

In der Bibliotheca Augusta der Wolfenbütteler Herzöge mit ihren reichen Handschriftenbeständen, deren Leitung Leibniz seit 1691 innehatte, hatte er den Grundstock für sein Quellenwerk wie für seine früheren Editionen gefunden. Gedacht als Quellenbasis und Vorleistung für eine welfische Hausgeschichte, gehören die „Scriptores" in den Kontext von Leibniz' dienstlicher Tätigkeit für das Welfenhaus und ebenso in den seiner Präsenz in der Gelehrtenrepublik, die sich nicht nur im Einsatz seines ausgedehnten Korrespondentennetzes zur Quellensuche spiegelt, sondern auch in der Rezeption seiner Editionen. Sie sind Teil der erst in Umrissen in den Blick tretenden Frühgeschichte einer kritischen Geschichtswissenschaft, als deren Vertreter Leibniz sein – postum veröffentlichtes – opus historicum verfaßte und für deren Basiselemente – flächendeckende Zugänglichkeit von Quellen und Erschließungsinstrumenten – er sich lebenslang einsetzen sollte. Als – in einigen Teilen bis heute unersetzte – Edition zum Teil zentraler

Texte zur mittelalterlichen Geschichte gehören sie insbesondere zur Vorgeschichte der Mediaevistik.

Unter Konzentration auf die Perspektive der hilfswissenschaftlichen Seite historischen Arbeitens standen im Mittelpunkt Quellenbegriff und -einsatz, Sammlung und Präsentation sowie die Rezeption. Thematisiert wurde die Bedeutung von Quellen für die Ordnung eines rational bestimmten Diskurses für Leibniz ebenso wie die Editionspraxis im Rahmen seiner „Geschichtswerkstatt" im höfischen Umfeld, die Rahmenbedingungen der Quellensuche in Zeiten von bella diplomatica und einem Kommunikationsideal in der Gelehrtenrepublik (und dessen Grenzen). Neue Perspektiven eröffneten sich durch bisher unbekanntes Aktenmaterial zu Leibniz aus dem vatikanischen Archiv. Hauptergebnis waren immer wieder zu findende Parallelen zwischen Leibniz' Quellenbegriff und dem des 20. Jahrhunderts, der sich gerade in der Einbeziehung von erst in den letzten Jahrzehnten „entdeckten" Quellengattungen (Sach- und Bildzeugnisse, Memorialquellen) zeigt, freilich über den „Graben" des 19. Jahrhunderts hinweg: in der Zeit der sich institutionalisierenden Mediaevistik trat der Historiker Leibniz in den Hintergrund; sein Schaffen geriet hier so weit ins Vergessen, daß seine Ergebnisse jetzt zum Teil neu entdeckt werden.

Kleinsthirnkonferenz
zu Ehren von Franz Huber
Sonderforschungsbereich 554 an der Universität Würzburg und der
Akademie der Wissenschaften zu Göttingen
„Das Insektengehirn und die Kontrolle des Verhaltens"
9. Oktober 2007 – 12. Oktober 2007
Evangelische Akademie Tutzing

Evolution
Zufall und Zwangsläufigkeit der Schöpfung
Gemeinsame Ringvorlesung
der Georg-August-Universität Göttingen und der
Akademie der Wissenschaften zu Göttingen
16. Oktober 2007 – 5. Februar 2008
Göttingen

Licht und Energie
Vortragsreihe der Braunschweigischen Wissenschaftlichen Gesellschaft
in Zusammenarbeit mit dem Kulturinstitut der Stadt Braunschweig
und der
Akademie der Wissenschaften zu Göttingen
30. Oktober 2007 – 7. November 2007
Braunschweig

Geisteswissenschaften unterwegs
Abschlußveranstaltung im Kloster Loccum
„Die Neue Bach-Ausgabe"
Martin Staehelin
10. November 2007
Loccum

Vortragsabend
der Akademie der Wissenschaften zu Göttingen
im Niedersächsischen Landtag in Hannover
Gerhard Wagenitz
Die „Flora des Königreiches Hannover"
Ein Beispiel für Forschungsförderung im 19. Jahrhundert
15. November 2007
Hannover

Tagung
der Kommission „Zur Erforschung der Kultur des Spätmittelalters"
der Akademie der Wissenschaften zu Göttingen
„Die antik-pagane Religion –
Neue Perspektiven und Wahrnehmungsmuster im Zeitalter des
Renaissance-Humanismus"
22. November 2007 – 23. November 2007
Göttingen

Konferenz
der Kommission „Interdisziplinäre Südosteuropa-Forschung"
der Akademie der Wissenschaften zu Göttingen
„Osmanen und Islam in Südosteuropa"
(siehe Arbeitsbericht)
12. Dezember 2007 – 13. Dezember 2007
Göttingen

Vorstellungsberichte der Mitglieder

Gerald Spindler

Urheberrecht in der Wissens- und
Informationsgesellschaft – Skizze eines andauernden Konfliktes

(Vortrag in der Plenarsitzung am 10. Februar 2006)

I. Einleitung

Die postmoderne Gesellschaft ist durch die Produktion und Verarbeitung von Informationen und Wissen gekennzeichnet, das Wort von der „Informationsgesellschaft" ist inzwischen geflügelt. Jedem Wissenschaftler ist es geläufig, daß seine Arbeiten auf den Gedanken und Ideen von Vorgängern aufbauen oder sie kritisch hinterfragen; die vollständige Innovation ohne Rückgriff auf Bekanntes ist die Ausnahme. Um so wichtiger sind die Fragen, die sich um die rechtlichen Rahmenbedingungen dieser Wissens- und Informationsproduktion und -distribution ranken, die die Anreize und Märkte für Wissen und Information schaffen und modellieren. Denn die Ausgestaltung des Rechts an Wissen und Information entscheidet darüber, wer unter welchen Bedingungen vorhandenes Wissen verwenden darf.

Gerald Spindler, Professor für Bürgerliches Recht, Handels- und Wirtschaftsrecht, Multimedia- und Telekommunikationsrecht und Rechtsvergleichung an der Georg-August-Universität Göttingen, O. Mitglied der Göttinger Akademie seit 2005

Wem diese Rechte zugewiesen werden und wer die Informationen nutzen darf, wird weltweit vom Urheberrecht geregelt, das als Rechtsgebiet eher zu den jüngeren Disziplinen zu rechnen ist. Das erste Urheberrechtsgesetz war der britische Statute of Anne von 1710 (8 Anne c.19), der die Rechte der Autoren, wenn auch in geringem Umfang, vor dem Hintergrund des Schutzes der Verleger anerkannte. Parallel dazu entwickelte sich, beginnend mit der französischen Revolution, das kontinentaleuropäische Urheberrechtssystem, welches im 19. und im 20. Jahrhundert zur Blüte kam.[1] Die Entwicklungslinien sind deutlich mit den jeweiligen Innovationsschüben in der Industriegesellschaft verzahnt, die die zunehmende Bedeutung der Wissensproduktion und -distribution kennzeichnen, sei es im 19. Jahrhundert als Grundlage des geistigen Eigentums selbst und der Abspaltung besonderer Bereiche wie des Patent- oder Geschmacksmusterrechts, sei es im 20. Jahrhundert mit der Herausbildung besonderer Märkte für Musik, Film und Fernsehen im Gefolge der technischen Innovationen und Möglichkeiten der Konservierung von künstlerischen Darbietungen.[2] Einen neuen Höhepunkt, unter Umständen aber auch Wendepunkt erlebt das Urheberrecht mit der zunehmenden Verbreitung des Internets und damit der Herausbildung einer globalen Informationsgesellschaft. Sie führen aber auch zu einer Rückbesinnung auf das Verhältnis von Wissensproduktion, Anreizmechanismen, Entwicklung von Märkten und der zukünftigen Funktion des Urheberrechts für eine Informationsgesellschaft.

II. Rationes des Urheberrechts

Was als grundlegende Funktionen des Urheberrechts angesehen wurde, hing seit jeher stark davon ab, welche Haltung eine (nationale) Rechtsordnung und Kultur gegenüber der Verkehrsfähigkeit von persönlichkeitsbezogenen Rechtsgütern einnahm. Hierin liegt einer der fundamentalen Unterschiede zwischen der angelsächsischen, insbesondere der US-amerikanischen Tradition, die bis heute weitgehend eine völlige Übertragung von persönlichkeitsbezogenen Rechten auf Dritte zuläßt, und der kontinentaleuropäischen, von französischem und deutschem Rechtsdenken geprägten Kultur, die einen ehernen, nicht veräußerbaren Kern an Persönlichkeitsrechten

---

[1] Zur geschichtlichen Entwicklung s. z. B. Schack (2007), *Urheber- und Urhebervertragsrecht*, 4. Aufl., Tübingen: Mohr Siebeck, S. 56–60; Sterling (2003), *World Copyright Law*, London: Sweet & Maxwell, S. 5 f. und S. 9–13; Klippel (1993), „Die Idee des geistigen Eigentums in Naturrecht und Rechtsphilosophie des 19. Jahrhunderts", in: Wadle (Hrsg.), *Historische Studien zum Urheberrecht in Europa: Entwicklungslinien und Grundfragen*, Schriften zur Europäischen Rechts- und Verfassungsgeschichte Bd. 10; Berlin: Duncker & Humblot, S. 121–138; Ann (2004), „Die idealistische Wurzel des Schutzes geistiger Leistungen", in: *GRUR Int.*, 53, S. 597–603.

[2] Zur Entwicklung des Urheberrechts als Antwort auf technologische Neuerungen s. z. B. Sterling (2003), *World Copyright Law*, London: Sweet & Maxwell, S. 18–24.

kennt, die einem Dritten nicht zu dessen freier Verfügung überlassen werden können und stets bei dem Individuum verbleiben.³

1. Emanation des Persönlichkeitsrechts

Das deutsche Recht (zusammen mit anderen kontinentaleuropäischen Rechtsordnungen) betrachtet das Urheberrecht seit jeher als eine der fundamentalen Ausprägungen der eigenen Persönlichkeit des Kreativen, des Urhebers. Die geistige Schöpfung ist untrennbarer Bestandteil des Individuums, was sich in der Konzeption niederschlägt, wonach zwar Verwertungsrechte an der Schöpfung an Dritte veräußert werden, nicht aber das Recht, sein Werk zurückzurufen (§ 42 I S. 1, II UrhG) oder sich gegenüber verzerrenden Darstellungen oder Verwertungen zu wehren (§ 14 UrhG). Bekannte Beispiele sind etwa die Übermalung eines Wandbildes,⁴ die Hinzufügung von Szenen zu einem Bühnenwerk,⁵ die Verstümmelung eines Lichtbildes durch ausschnittsweise Wiedergabe⁶ oder die Bearbeitung des Werkes⁷. Aber auch modernere Werknutzungen finden hierin Niederschlag, etwa wenn Grafiken für Computerspiele dazu verwandt werden, um volksverhetzende Spiele zu schaffen. Demgemäß verliert der Urheber nie völlig die Bindung zu seinem Werk, es bleibt immer ein Teil seines Persönlichkeitsrechts – was entsprechende Konsequenzen für die ökonomische Verwertbarkeit hat, aber auch für die grundsätzliche Einstellung gegenüber dem Urheberrecht als Schutz der Kreativen.

Wie bereits angedeutet, steht dem die angloamerikanische Tradition gegenüber, die das geistige Eigentum nicht anders behandelt als andere Sachen, mithin eine vollständige Übertragbarkeit sämtlicher Funktionen und des gesamten Rechts an sich kennt, ohne das der Urheber nach Übertragung seiner Rechte noch irgendeinen Einfluß auf das Werk hätte, das vielmehr vollständig in den Händen des Verwerters liegt. Dieses andere Verständnis müssen sich sowohl der Rechtswissenschaftler als auch der Rechtsanwender

---

³ S. rechtsvergleichend Sterling (2003), *World Copyright Law*, London: Sweet & Maxwell, S. 337–339 und 343–352. Zum Urheberpersönlichkeitsrecht in Deutschland und anderen „civil law countries" ausf. Dietz (1995), „The Moral Rights of the Author: Moral Rights and the Civil Law Countries", in: *Cpl.-VLA J.L.&Arts*, 19, S. 199–227; Dietz in: Schricker (Hrsg.), *Urheberrecht: Kommentar*, 3. Aufl. (2006), München: C.H. Beck, Vor §§ 12 ff. Rdnr. 26–28d. Zum Urheberper-sönlichkeitsrecht im Common Law, s. Dworkin (1986), „Moral Rights in English Law: The Shape of Rights to Come", in: *E.I.P.R.*, 8, S. 329–336; Ginsburg (1991), „UPRe im Rechtssystem des Common Law", in: *GRUR Int.*, 40, S. 593–605.
⁴ RGZ 79, 397 – *Felseneiland mit Sirenen*.
⁵ BGH, Urt. v. 29.04.1970 – I ZR 30/69 BGHZ 55, 1 = NJW 1970, 2247 = GRUR 1971, 35 – *Maske in Blau*.
⁶ BGH Urt. v. 05.03.1971 – I ZR 94/69 NJW 1971, 885 = GRUR 1971, 525 – *Petit Jacqueline*.
⁷ BGH, Urt. v. 13.10.1988 – I ZR 15/87, GRUR 1989, 106 – *Oberammergauer Passionsspiele II*.

sowie der Rechtspolitiker ständig vor Augen halten, wenn es um Fragen der internationalen Harmonisierung, Anpassung oder Rezeption angelsächsischen Urheberrechts geht. Ausstrahlungen dieses Verständnisses lassen sich bis hinein in die Untersuchungen zur ökonomischen Funktion des Urheberrechts finden, die im Wesentlichen angelsächsischen Ursprungs sind:

2. Ökonomische Funktionen

Die ökonomischen Funktionen des Urheberrechts lassen sich zwar auf einige wenige Grundprinzipien reduzieren, doch kann die ökonomische Analyse des Urheberrechts nicht zuletzt auch aufgrund seiner hohen Divergenz zwischen den Rechtsordnungen noch keineswegs als ausgereift bezeichnet werden.[8] Grob vereinfacht dient die Verleihung von Ausschließlichkeitsrechten der Setzung von Anreizen für Kreative, entsprechendes Wissen und Informationen zu schaffen; denn nur über die Verleihung solcher „property rights" können sie die Früchte ihrer Arbeit ernten. Aber schon die Tatsache, daß diese Ausschließlichkeitsrechte nicht generell an neuem Wissen vergeben werden, sondern in fast allen Rechtsordnungen nur an bestimmten Emanationen dieses Wissens, namentlich seiner Verkörperung in einem Werk, zeigt, daß eine Balance zwischen dem Interesse der Gesellschaft an dem freien Zugang zu Informationen und Wissen einerseits und den Anreizen für die Kreativen zur Schöpfung von Wissen gefunden werden muß. Die Ideen bleiben frei, da ansonsten jedes Wissen geschützt wäre und der Lizenzierung bedürfte.[9] Besonders deutlich wird dies heutzutage daran, daß Algorithmen für Computerprogramme für sich genommen nicht geschützt werden können, da sie lediglich die Idee kennzeichnen, mit deren Hilfe eine bestimmte Lösung erreicht werden kann; erst die Umsetzung in einen

---

[8] Grundlegend zur ökonomischen Analyse des Urheberrechts Landes/Posner (1989), „An Economic Analysis of Copyright Law", in: *The Journal of Legal Studies*, 18, Nr. 2, S. 325–363. S. auch Ohly, Ansgar (2007), „Urheberrecht als Wirtschaftsrecht", in: Depenheuer/Peifer (Hrsg.), *Geistiges Eigentum: Schutzrecht oder Ausbeutungstitel?*, Bibliothek des Eigentums Bd. 5, Berlin/Heidelberg: Springer-Verlag, S. 141–161; sowie Peukert (2004), „Der Schutzbereich des Urheberrechts und das Werk als öffentliches Gut – Insbesondere: Die urheberrechtliche Relevanz des privaten Werkgenusses", in: Hilty/Peukert (Hrsg.), *Interessenausgleich im Urheberrecht*, Baden-Baden: Nomos, S. 11–46.

[9] BGH Urt. v. 12.03.1987 – I ZR 71/85 GRUR 1987, 704, 706 – *Warenzeichenlexika*; BGH Urt. v. 14.11.2002 – I ZR 199/00 NJW 2003, 665, 667 = GRUR 2003, 231 = ZUM 2003, 304 – *Staatsbibliothek*; BGH Urt. v. 26.6. 2003 – I ZR 176/01 BGHZ 155, 257 = NJW 2003, 2828 = GRUR 2003 876 – *Sendeformat*. Dies kommt auch in den Schutzvoraussetzungen des § 2 UrhG zum Ausdruck, namentlich daß die Werkschöpfung eine Form angenommen haben muß, die durch das menschliche Sinne wahrnehmbar ist. S. dazu Loewenheim in: Schricker (Hrsg.), *Urheberrecht: Kommentar*, 3. Aufl. (2006), München: C.H. Beck, § 2 Rdnr. 20 und 50; Schulze in: Dreier/Schulze *Urheberrechtsgesetz: Kommentar*, 2. Aufl. (2006), München: C.H. Beck, § 2 Rn.37.

Ablaufplan und dann in einen entsprechenden Code vermag den Schutz der §§ 69a ff. UrhG auszulösen.[10]

Neben diesen schon immanenten Grenzen des Ausschließlichkeitsrechts definieren fast alle Rechtsordnungen Schranken oder andere Instrumente, um einen ungehinderten Zugang zu Wissen und Informationen (oder Werken generell) zu gewährleisten, teilweise verknüpft mit Zwangsabgaben, die wiederum den Urhebern zugute kommen. Aber auch hier kann das System nicht pauschal über einen Leisten geschlagen werden, da die unterschiedlichen Schranken divergenten Motiven folgen;[11] so ist etwa die Schranke der Privatkopie nicht allein dem Zugang zu Wissen geschuldet, sondern vielmehr den in Verbindung mit dem System der Geräteabgaben erheblichen Problemen der Durchsetzung der Ausschließlichkeitsrechte.[12] Sie kann daher also mit Fug und Recht eher als eine Form der Pigou-Steuer bezeichnet werden, da sie das an sich primär effiziente Mittel, nämlich die Durchsetzung der Eigentumsrechte, ersetzt. Dementsprechend wird dieses System seinerseits durch neue technologische Entwicklungen in Frage gestellt, etwa durch die Entwicklung der Digital Rights Management-Systeme, die eine individuelle Kontrolle der Nutzung und damit auch der Durchsetzung der Ausschließlichkeitsrechte erlauben.[13] Andere Schranken wie etwa für die Lehre, aber auch für Bibliotheken, dienen dagegen der Weiterverbreitung des Wissens, ohne die die Schaffung neuen Wissens kaum denkbar wäre.[14]

Theoretisch bestehen daher Anreize für Urheber, Informationen zu produzieren, die im Sinne eines Allokationsmechanismus auf Märkten unter Knappheitsbedingungen verteilt werden. Allerdings gibt es auch erhebli-

---

[10] BGH Urt. v. 09.05.1985 – I ZR 52/83 GRUR 1985, 1041, 1047 – *Inkasso-Programm*; BGH Urt. v. 04.10.1990 – I ZR 139/8 GRUR 1991, 449, 453 – *Betriebssystem*. Ausf. Ensthaler/Möllenkamp (1994), „Reichweite des urheberrechtlichen Softwareschutzes nach der Umsetzung der EG-Richtlinie zum Rechtsschutz der Computerprogramme", in: *GRUR*, 96, S. 151–158. S. auch Loewenheim in: Schricker (Hrsg.), *Urheberrecht: Kommentar*, 3. Aufl. (2006), München: C.H. Beck, §69a Rdnr.12; Dreier in: Dreier/Schulze, *Urheberrechtsgesetz: Kommentar*, 2. Aufl. (2006), München: C.H. Beck, §69a Rn. 22.

[11] S. etwa Melchiar in: Schricker (Hrsg.), *Urheberrecht: Kommentar*, 3. Aufl. (2006), München: C.H. Beck, Vor §§44aff Rdnr. 4 m. w. N.; Dreier in: Dreier/Schulze, *Urheberrechtsgesetz: Kommentar*, 2. Aufl. (2006), München: C.H. Beck, Vor §§44a ff. Rn. 3 f.; Schack (2007), *Urheber- und Urhebervertragsrecht*, 4. Aufl., Tübingen: Mohr Siebeck, S. 250–267.

[12] Begr. z. RegE BR-Dr 218/94, S. 17; Begr. z. RegE BT-Dr 10/837, S. 18. S. auch Schenk (2006), *Die digitale Privatkopie*, Berlin: Logos Verlag, S. 3–12; Dreier in: Dreier/Schulze, *Urheberrechtsgesetz: Kommentar*, 2. Aufl. (2006), München: C.H. Beck, Vor §53 Rdnr. 1; Loewenheim (2003) in: Loewenheim (Hrsg.), *Handbuch des Urheberrechts*, München: C.H. Beck, S. 423.

[13] Zum Verhältnis der Digital Rights Management-Systeme zur Pauschalvergütung, s. Begr. z. RegE BT-Dr 16/1828, S. 15 f.

[14] S. Begr. z. RegE. BT-Dr. 15/38, S. 35; Lüft in: Wandtke/Bullinger, *Praxiskommentar zum Urheberrecht*, 2. Aufl. (2006), München: C.H. Beck, §52a Rdnr. 1; Schack (2007), *Urheber- und Urhebervertragsrecht*, 4. Aufl., Tübingen: Mohr Siebeck, S. 250–256.

che Zweifel, ob das Urheberrecht tatsächlich derartige Anreize jedenfalls für Kreative auszuüben vermag: Ähnlich den neueren Erkenntnissen der Behavioral Finance, die von den klassischen ökonomischen Rationalitätsmaßnahmen abweichen und irrationale Verhaltensweisen einbeziehen, ist es für das Urheberrecht fragwürdig, ob sich Kreative bei der Schaffung neuer Werke tatsächlich davon beeinflussen lassen, ob sie später Ausschließlichkeitsrechte für ihre Werke erhalten oder ob nicht vielmehr diese Anreize sich erst bei Verwertern auswirken. Ebenso mangelt es noch weitgehend an vertieften, weitergehenden Untersuchungen der Produktionsstrukturen von Wissen, das heute oftmals durch Arbeitsteilung in verschiedensten Formen inkremental geschaffen wird und nicht als ein einziger großer Wurf. Auch hier bestehen allerdings mannigfaltige Unterschiede zwischen den verschiedensten Formen geistiger Schöpfungen, die in einem großen Spektrum alles ohne Differenzierung erfassen, was auch bei selbst geringen Anforderungen noch als „kreativ" begriffen werden kann (kleine Münze).[15]

III. Entwicklungen in der Realität

Derartige Bedenken deuten schon auf Entwicklungen in der ökonomischen Realität hin, die mit den ursprünglichen Vorstellungen des Urhebers als des Herrschers über sein Werk nicht übereinstimmen, auch nicht im Wissensbereich:

1. Wandlungen der Märkte

Jeder (deutschen) Universität sind im Rahmen der Finanzknappheit des letzten Jahrzehnts die Wandlungen auf den Wissenschaftsmärkten schmerzlich vor Augen geführt worden, nämlich die enormen Preis- und Kostensteigerungen, die mit der zunehmenden Konzentration der Verlage zusammenhängen mag, insbesondere im sog. STM-Markt (Science-Technology-Medicine-Markt).[16] Umgekehrt sind Autoren in vielen Wissenschaftszwei-

---

[15] S. schon RG Urt. v. 18.12.1912 – I 4/12 RGZ 81, 120, 123 – *Kochrezepte*; BGH Urt. v. 26.09.1980 – I ZR 17/78 GRUR 1981, 267, 268 – *Dirlada*. Keine ausreichende Schöpfungshöhe erreichen z. B. Telefonbücher, s. BGH Urt. v. 06.05.1999 – I ZR 199/96 BGHZ 141, 329, 332 ff. = NJW 1999, 2898 = GRUR 1999, 923 – *Tele-Info-CD*. Zur „Kleinen Münze" im Urheberrecht, s. Loewenheim in: Schricker (Hrsg.), *Urheberrecht: Kommentar*, 3. Aufl. (2006), München: C.H. Beck, §2 Rdnr. 38–40 m. w. N.; Schack (2007), *Urheber- und Urhebervertragsrecht*, 4. Aufl., Tübingen: Mohr Siebeck, S. 143–146.

[16] Ausf. Woll (2005), *Wissenschaftliches Publizieren im digitalen Zeitalter und die Rolle der Bibliotheken*, Kölner Arbeitspapiere zur Bibliotheks- und Informationswissenschaft Bd. 46, http://webdoc.sub.gwdg.de/ebook/serien/aw/fh-koeln/band046.pdf (Stand 10.04.2008), S. 13–16; Meier (2002), *Returning Science to the Scientists: Der Umbruch im STM-*

gen – gerade wiederum im STM-Markt – mit dem Phänomen konfrontiert, daß sie Eintritts- oder Druckkostenzuschüsse zahlen müssen, damit ihre Werke überhaupt begutachtet und zur Publikation angenommen werden. Diese Entwicklung ist nur Teil des allgemeinen Phänomens, das darauf hinweist, daß es sich im Wesentlichen um Anbieter-Märkte handelt, bei denen zahlreichen Anbietern (Urhebern) nur wenige Nachfrager (Verwerter/Verlage) gegenüberstehen. Wiederum gilt aber, daß diese Aussage branchenabhängig ist und nicht ohne weiteres von Märkten für wissenschaftliche Publikationen auf andere Publikationsmärkte übertragen werden kann, erst recht nicht für andere Formen geistiger Schöpfungen; vielmehr bedarf es stets der sorgfältigen Analyse des Marktes im Einzelfall.

Eine wesentliche Triebfeder dieser Entwicklung spielt kurioserweise das Internet: Zwar verringert das Internet die reinen Distributionskosten einer Information fast auf Null, im Gegensatz zu früheren Epochen, in denen allein schon die Verteilung einer Information mitsamt den logistischen Kosten (Transport, Lagerung etc.) erheblich zu Buche schlug; doch führt diese explosionsartige Vermehrung der verfügbaren Information zu einem exponentiellen Anstieg der Kosten für die Suche nach qualitativ hochwertigen Informationen. Nicht umsonst werden heute Suchmaschinen als die eigentlichen „Torwächter" für Informationen im Netz angesehen, nicht umsonst interessieren sich Anbieter wie Google auch für wissenschaftliche Publikationen, die der Recherche zugänglich gemacht werden sollen. Derartige „Torwächter"-Funktionen werden für Verlage heutzutage als Informationsintermediäre immer bedeutsamer,[17] da ihre Funktion als Produzent und

---

Zeitschriftenmarkt unter Einfluß des Electronic Publishing, Buchhandel der Zukunft: Aus der Wissenschaft für die Praxis Bd. 2, Korr. Nachdr., München: peniope, S. 25–33. S. außerdem Schnettger (2003), „Wohin führt der Weg? Fachzeitschriften im elektronischen Zeitalter", in: *zeitenblicke*, 2, Nr. 2, http://www.zeitenblicke.de /2003/02/ pdf/ schnettger.pdf (Stand: 10.04.2008), Abs. 2–5; Bargheer/Bellem/Schmidt (2006), „Kapitel 1: Open Access und Institutional Repositories – Rechtliche Rahmenbedingungen", in: Spindler (Hrsg.), *Rechtliche Rahmenbedingungen von Open Access-Publikationen*, Göttinger Schriften zur Internetforschung Bd. 2, Göttingen: Universitätsverlag Göttingen, S. 1, S. 4 f. In diesem Zusammenhang ist auch die Entwicklung der Zeitschriftenkosten an der Universitätsbibliothek Regensburg interessant, s. Universität Regensburg (2005), *Die Bibliothek in der Krise*, http://www.bibliothek.uni-regensburg.de/pdf/krise.pdf (Stand: 10.04.2008).

17 Graf (2003), „Wissenschaftliches E-Publizieren mit 'Open Access': Initiativen und Widerstände", in: *zeitenblicke*, 2, Nr. 2, http://www.zeitenblicke.de/2003/02/pdf/graf.pdf (Stand: 10.04.2008), Abs. 41–45; Meier (2002), *Returning Science to the Scientists: Der Umbruch im STM-Zeitschriftenmarkt unter Einfluß des Electronic Publishing*, Buchhandel der Zukunft: Aus der Wissenschaft für die Praxis Bd. 2, Korr. Nachdr., München: peniope, S. 21, 37 f.; Woll (2005), *Wissenschaftliches Publizieren im digitalen Zeitalter und die Rolle der Bibliotheken*, Kölner Arbeitspapiere zur Bibliotheks- und Informationswissenschaft Bd. 46, http://webdoc.sub.gwdg.de/ebook/serien/aw/fh-koeln/band046.pdf (Stand: 10.04.2008), S. 39.

Aufbereiter des Wissens zunehmend in den Hintergrund getreten ist, insbesondere neben dem Internet mit der Entwicklung von Technologien, die weitgehend die publikationsreife Vorbereitung eines Werkes schon in Autorenhand und damit die entsprechende Verlagerung der Aufgaben auf die Urheber erlauben[18]. Die „Torwächter"-Funktion als das, was den Nutzern die Qualität einer Information signalisiert, ist zudem häufig mit positiven Netzwerkexternalitäten verbunden: Je mehr und größer eine Plattform bzw. Suchmaschine ist, desto mehr werden Anbieter versuchen, ebenfalls über diese Suchmaschine (über den Verlag, den Intermediär) erreichbar zu sein.

Auch für die Wissenschaftsmärkte lassen sich diese Prozesse anhand der geschilderten Verlagsmarktentwicklungen beobachten, indem sich die sog. A-Journale und -Publikationen zunehmend absetzen, der Abstand zu anderen Publikationen zunimmt. Eng damit verknüpft sind Reputationsmechanismen auf Wissenschaftsmärkten, die ein komplexes Wechselspiel darstellen, aber noch weitgehend der näheren Analyse harren.

2. Gegenbewegungen

Allerdings sind die Tendenzen nicht ohne Gegenbewegungen geblieben: Ausgehend von der Softwarebranche, in der die Reaktion auf die Quasi-Monopolisierung der Betriebssysteme für den PC zuerst einsetzte, hat sich der Gedanke der Open-Source-Bewegung breitflächig durchgesetzt.[19] Den Open Source-Lizenzen, allen voran der General Public License (GPL), liegt die Idee zugrunde, daß zwar das neugeschaffene Werk einem Urheberrecht

---

[18] Zu der Zukunft und den Vorteilen der E-Journals, s. Armbruster (2007), *Society Publishing, the Internet and Open Access: Shifting Mission-Orientation from Content Holding to Certification and Navigation Services?*, http://ssrn.com/abstract=997819 (Stand: 10.04.2008); Schnettger (2003), „Wohin führt der Weg? Fachzeitschriften im elektronischen Zeitalter", in: *zeitenblicke*, 2, Nr. 2, http://www.zeitenblicke.de/2003/02/pdf/schnettger.pdf (Stand: 10.04.2008).

[19] Ausf. zur Entwicklung von Open Source, Jaeger/Metzger (2006), *Open Source Software: Rechtliche Rahmenbedingungen der Freien Software*, München: C.H. Beck, S. 8 ff. S. außerdem Spindler (2004), „Einleitung" in: Spindler (Hrsg.), *Rechtsfragen bei Open Source*, Köln: Verlag Dr. Otto Schmidt, S. 1–8; Kharitoniouk/Stewin (2004), „Grundlagen und Erfahrungen: Einleitung" in: Gehring/Lutterbeck (Hrsg.), *Open Source Jahrbuch 2004: Zwischen freier Software und Gesellschaftsmodell*, Berlin: Lehmanns Media, S. 1–13. Zur Open Access-Bewegung im Bereich des wissenschaftlichen Publikationsmarktes, s. Bargheer/Bellem,/Schmidt (2006), „Kapitel 1: Open Access und Institutional Repositories – Rechtliche Rahmenbedingungen", in: Spindler (Hrsg.), *Rechtliche Rahmenbedingungen von Open Access-Publikationen*, Göttinger Schriften zur Internetforschung Bd. 2, Göttingen: Universitätsverlag Göttingen, S. 1, S. 3 ff.; Hilf (2007), „Digitaler Open Access zu wissenschaftlichen Informationen: Ein Umbruch zu neuen professionellen Diensten", in: Lutterbeck/Bärwolff/Gehring (Hrsg.), *Open Source Jahrbuch 2007: Zwischen freier Software und Gesellschaftsmodell*, Berlin: Lehmanns Media, S. 395–412; Graf (2003), „Wissenschaftliches E-Publizieren mit 'Open Access': Initiativen und Widerstände", in: *zeitblicke*, 2, Nr. 2, http://www.zeitenblicke.de/2003/02/pdf/graf.pdf (Stand: 10.04.2008), Abs. 1–35.

unterliegt, dieses aber jedermann zur Verfügung gestellt wird, auch zur weiteren Bearbeitung – allerdings unter der Bedingung, daß das neue Werk dann wiederum jedermann zu den gleichen Bedingungen zur Verfügung steht.[20] Obwohl für etliche suspekt,[21] hat sich dieser Gedanke als ökonomisch tragfähig erwiesen, da trotz der offenbar „verschenkten" Software die Begleitprodukte wie Softwarepflege, Instruktion und Schulung keineswegs kostenlos abgegeben werden – was gerade für Software oftmals wesentlich wichtiger ist als das eigentliche Produkt.[22]

Diese Gedanken lassen sich naturgemäß nicht eins zu eins auf die Produktion von Wissen übertragen, da die ökonomischen Anreize unterschiedlich sind; insbesondere bedarf es keiner kontinuierlichen Pflege des „Wissens" bzw. der „Information" wie im Fall von Software, so daß das verschenkte Produkt kein Korrelat in Form von fortlaufenden Dienstleistungen hat. Dennoch versuchen verschiedene Initiativen, insbesondere die von Lawrence Lessig ins Leben gerufenen Creative Commons-Lizenzen, die Vorstellungen und den Erfolg der Open Source-Bewegung als Reaktion auf die Verengung der Publikationsmärkte auf die Produktion von Wissen zu übertragen.[23] Als schwächere Formen haben sich einige Open Access-Lizenzen

---

[20] S. dazu etwa Jaeger/Metzger (2006), *Open Source Software: Rechtliche Rahmenbedingungen der Freien Software*, München: C.H. Beck, S. 19–73; Spindler (2004), „Open Source Software Lizenztypen und Abgrenzung" in: Spindler (Hrsg.), *Rechtsfragen bei Open Source*, Köln: Verlag Dr. Otto Schmidt, S. 9–19.

[21] Kooths/Langenfurth/Kalwey (2003), *Open-Source Software – An Economic Assessment*, MICE Economic Research Studies 4. Muenster Institute for Computational Economics, Westfälische Wilhelms-Universität Münster, http://mice.uni-muenster.de/mers/mers4-OpenSource_en.pdf, auch herunterladbar unter http://opensource.mit.edu/papers/ kalweykooths-langenfurth.pdf

[22] Leiteritz (2004), „Open Source Geschäftsmodelle", in: Gehring/Lutterbeck (Hrsg.), *Open Source Jahrbuch 2004: Zwischen freier Software und Gesellschaftsmodell*, Berlin: Lehmanns Media, S. 139–170; Perens (2007), „Open Source ein aufstrebendes ökonomisches Modell", in: Lutterbeck/Bärwolff/Gehring (Hrsg.), *Open Source Jahrbuch 2007: Zwischen freier Software und Gesellschaftsmodell*, Berlin: Lehmanns Media, S. 131, S. 149–155. Weitere Beweggründe für die Entwicklung von Open Source sind Marketing und Wettbewerbsvorteile, s. West (2008), „Unternehmen zwischen Offenheit und Profitstreben", in: Lutterbeck/Bärwolff/Gehring (Hrsg.), *Open Source Jahrbuch 2008: Zwischen freier Software und Gesellschaftsmodell*, Berlin: Lehmanns Media, S. 83–96. Für eine Analyse der Beziehungen zwischen der Open Source Commnunity und Open Source Software Firmen, s. Yuwei Lin (2006), „Hybrid Innovation: How Does the Collaboration Between the FLOSS Community and Corporations Happen?", in: *Knowledge, Technology & Policy*, 18, Nr. 4, S. 86–100.

[23] Zu der Entstehung und den Zielen der Creative Commons Initiative s. Lessig, Lawrence (2004), *Free Culture: The Nature and Future of Creativity*, London: Penguin Books, S. 282–286; Lessig (2005), *How it all began*, http://lists.ibiblio.org/pipermail/cc-lessigletter/2005/000000.html (Stand: 11.04.2008); Creative Commons (2007), *History*, http://wiki.creativecommons.org/ History (Stand: 11.04.2008). S. auch Mantz (2006), „Kapitel 3: Open Access-Lizenzen und Rechtübertragung bei Open Access-Werken", in: Spindler (Hrsg.), *Rechtliche Rahmenbedingungen von Open Access-Publikationen*, Göttinger Schriften zur Internetforschung Bd. 2, Göttingen: Universitätsverlag Göttingen, S. 55–103 für eine Analyse der Creative Commons-Lizenz.

etabliert, die zwar nicht das Recht zur weiteren Bearbeitung verleihen, wohl aber die Rechte der freien Vervielfältigung und der öffentlichen Zugänglichmachung.[24] In der Tat ist der Gedanke verführerisch, daß Wissen und Informationen, die mit Hilfe von öffentlichen Geldern produziert worden sind, auch öffentlich zugänglich gemacht werden. Das Problem besteht indes darin, daß der Preismechanismus als Allokation knapper Ressourcen hier außer Kraft gesetzt wird – nicht so bei Open Source-Märkten. Denn dadurch, daß jeglicher Sekundärmarkt fehlt – im Gegenteil, diese Märkte anderen Gesetzen gehorchen (Zitierungsindices etc.) –, mangelt es an einem entsprechenden Korrektiv, so daß die Gewährleistung der Qualitätssignale das Nadelöhr ist, durch das die Open Access-Bewegung gehen muß. Ohne entsprechende öffentliche Ressourcen wird sich dieses Problem indes wohl kaum bewältigen lassen, auch wenn es hier bislang an tiefer gehenden Analysen fehlt.

IV. Die Entwicklungen des UrhR

Vor diesem Hintergrund lassen sich die Entwicklungsschübe des Urheberrechts einordnen, das parallel zu den Technologieschüben entsprechende Anpassungen durchlaufen und gerade seit der Verbreitung des Internets zahlreiche Reformen erlebt hat, deren Ende derzeit noch nicht abzusehen ist und die auch grundlegende Fragen des Urheberrechts betreffen. Hervorzuheben ist zunächst die Einführung eines besonderen Verwertungsrechts, des Rechts auf öffentliches Zugänglichmachen, das schon im TRIPS angelegt ist und in der EU-Richtlinie zur Harmonisierung des Urheberrechts in der Informationsgesellschaft[25] bzw. in §19a UrhG implementiert wurde. Damit wurden die Grundlagen geschaffen für die nötige Anpassung an die geänderten Kommunikationsstrukturen des Internets, die nicht mit den herkömmlichen Senderechten gleichgesetzt werden können.[26] Parallel dazu

---

[24] Genannt seien z. B. die auf die elektronische Verbreitung beschränkten Digital Peer Publishing-Lizenzen, Version 1.0 (DDPLv1) und 2.0 (DDPLv2), s. dazu Mantz (2006), „Kapitel 3: Open Access-Lizenzen und Rechtübertragung bei Open Access-Werken", in: Spindler (Hrsg.), *Rechtliche Rahmenbedingungen von Open Access-Publikationen*, Göttinger Schriften zur Internetforschung Bd. 2, Göttingen: Universitätsverlag Göttingen, S. 55, 77. Eine Übersicht über Open Access-Lizenzen gibt das Institut für Rechtsfragen der Freien und Open Source Software (ifrOSS), *Lizenz-Center*, http://www.ifross.de/ifross_html/lizenzcenter.html (Stand: 11.04.2008).

[25] Richtlinie 2001/29/EG des Europäischen Parlamentes und des Rates vom 22. Mai 2001 zur Harmonisierung bestimmter Aspekte des Urheberrechts und der verwandten Schutzrechte in der Informationsgesellschaft (2001), ABlEG Nr. L 167 v. 22.6.2001, S. 10ff.

[26] Begr. z. RegE BT-Dr 15/38, S. 16 f. Zwar bestand für Urheber das Recht, Werke zum Abruf bereitzuhalten, grundsätzlich schon vor der Reform in analoger Anwendung des §15 II a. F.

entbrannte eine heftige Diskussion über die herkömmlichen Schranken des Urheberrechts im Lichte der Digitalisierung und der Zunahme an Raubkopien, einer Tendenz, die durch die Implementierung von Tauschbörsen über das Internet, wie Napster oder dezentrale P2P-Systeme, noch verstärkt wurde. Kennzeichnend für diese Debatten sind die Auseinandersetzungen im Rahmen des sog. „Zweiten Korbs", der versucht, eine Kompromißlinie zwischen den Extrempositionen eines völligen Verbots von Privatkopien einerseits und einer völligen Freigabe andererseits einzuschlagen. Aber auch für die Wissensgesellschaft enthält der „Zweite Korb" wichtige Festlegungen, die heftigst umstritten waren, etwa zu den elektronischen Fernleihen, die erheblich eingeschränkt wurden, oder zu dem digitalen Zugang zu Werken über die Bibliotheken, für die mühsam ein Kompromiß ausgehandelt wurde. All dies kann in seinen Einzelheiten nicht nachgezeichnet werden, es mag der Hinweis genügen, daß der „Zweite Korb" fast mehr als zwei Jahre intensiver Diskussion benötigte, um überhaupt verabschiedet zu werden.[27] Darüber hinaus versuchte der „Zweite Korb" die bislang nicht digitalisierten Werke einer Retro-Digitalisierung zu öffnen (§ 137 I UrhG), was aber seinerseits erhebliche Probleme erzeugt, etwa hinsichtlich des Umfangs der Rechte.

Zahlreiche gerade für die Wissensgesellschaft und spezifischer für die Wissenschaftsmärkte wesentliche Fragen wurden indes auf einen dritten Korb verschoben, namentlich die Schrankenregelungen für Bibliotheken, die derzeit nur in ihren Räumlichkeiten den Zugang zu digitalisierten Werken anbieten können (sofern keine weitergehenden Lizenzen abgeschlossen werden), ebenso die Fragen zu Open Access-Schranken, die etwa per se jedem Autor das Recht gäben, nach einer Schonfrist sein Werk selbst öffentlich zugänglich zu machen, so daß die Verwerter nicht mehr allein darüber entscheiden könnten.[28] Auch die Probleme rund um die Retrodigitalisie-

---

Jedoch galt dies zum einen nicht für Leistungsschutzberechtigte, denen kein derart umfassendes Ausschließlichkeitsrecht zustand; zum anderen existierten Unsicherheiten im Hinblick auf den Begriff der „Öffentlichkeit" i. S. des § 15 III. Eine Anpassung des Gesetzes an die neuen technischen Gegebenheiten war daher erforderlich. S. dazu v. Ungern-Sternberg in: Schricker (Hrsg.), *Urheberrecht: Kommentar*, 3. Aufl. (2006), München: C.H. Beck, § 19a Rdnr. 32–41; Dreier in: Dreier/Schulze, *Urheberrechtsgesetz: Kommentar*, 2. Aufl. (2006), München: C.H. Beck, § 19a Rdnr. 2 f.; Loewenheim (2003) in: Loewenheim (Hrsg.), *Handbuch des Urheberrechts*, München: C.H. Beck, S. 295 f.

[27] S. etwa dazu Spindler (2008), „Reform des Urheberrechts im 'Zweiten Korb'", in: *NJW*, 61, S. 9–16; Hoeren (2007), „Der Zweite Korb: Eine Übersicht zu den geplanten Änderungen im Urheberrechtsgesetz", in: *MMR*, 10, 615–620; Scheja/Mantz (2007), „Nach der Reform ist vor der Reform: Der zweite Korb der Urheberrechtsreform", in: *CR*, S. 715–720.

[28] Beschlußempfehlung und Bericht des Rechtsausschusses, BT-Dr 16/5939 v. 4.7.2007, S.3 f.; Beschluß des Bundesrates, BR-Dr 582/07 v. 21.9.2007.

rung sind kaum endgültig gelöst, so daß die sog. „Orphan Works" nach wie vor nicht ohne weiteres dem Publikum zugänglich gemacht werden können.[29]

V. Perspektiven

So wichtig diese Fragen en détail auch sein mögen, die grundlegenden Probleme werden damit nicht angesprochen, nämlich das Verhältnis von Urheberrecht zu den gewandelten Markstrukturen, insbesondere das Verhältnis zum Kartellrecht. Denn jedes Ausschließlichkeitsrecht begründet per se ein Monopol – jedes Eigentumsrecht ist streng genommen ein Monopol –, da es jeden anderen von der Verwendung der Sache ausschließt. Die Rechtsprechung hat erst in den letzten Jahren begonnen, die Fragen rund um das Spannungsverhältnis von Kartellrecht und Urheberrecht aufzuarbeiten,[30] die zudem noch durch die Schranken des Urheberrechts selbst, nämlich die Sozial- und Gemeinwohlbindung, überlagert werden. Wie oben kurz

---

[29] S. dazu Spindler/Heckmann (2008), „Retrodigitalisierung verwaister Printpublikationen: Die Nutzungsmöglichkeiten von ‚orphan works' de lege lata und ferenda", in: *GRUR Int.*, 57, erscheint demnächst.

[30] Erwähnt seien beispielsweise die Fälle *IMS Health* und *Microsoft*. In *IMS Health* hatte die Europäische Kommission IMS Health auf der Grundlage des Mißbrauchsverbots nach Art. 82 EG verpflichtet, an die Mitbewerber die urheberrechtlich geschützte Block-Struktur, mit der Marktforschungsdaten für die pharmazeutische Industrie aufbereitet wurden, gegen ein angemessenes Entgelt zu lizenzieren, da die Struktur ein „*de facto*-Branchenstandard" sei und man daher ohne sie auf dem Markt für regionale pharmazeutische Umsatzdienste nicht tätig werden könne. Nach der Niederlage vor EuG und EuGH hat die Kommission ihre einstweilige Anordnung jedoch zurückgenommen, s. Europäische Kommission, Entscheidung vom 3.7.2001, AblEG Nr. L 59 v. 28.2.2002, S. 18ff. (Einstweilige Anordnung); und EuGH Urt. v. 29.4.2004 – C-418/01 – IMS Health GmbH & Co. OHG/NDC Health GmbH & Co. OHG. S. dazu Heinemann (2004), „Internet und externe Begrenzungen des Immaterialgüterschutzes am Beispiel des *IMS Health*-Falls", in: Hilty/Peukert (Hrsg.), *Interessenausgleich im Urheberrecht*, Baden-Baden: Nomos, S. 207–219. Im Fall *Microsoft* stellte die Europäische Kommission fest, der Mißbrauch einer marktbeherrschenden Stellung nach Art. 82 EG liege darin, daß Microsoft die Kompatibilität seiner urheberrechtlich geschützten Software mit der Software konkurrierender Unternehmen durch Geheimhaltung technischer Informationen über sein Betriebssystem Windows bewußt eingeschränkt habe. Dementsprechend wurde das Unternehmen zur Offenlegung der Informationen verpflichtet. Diese Entscheidung hat der EuG bestätigt, s. Europäische Kommission, Entscheidung vom 24.5.2004, AblEG Nr. L 32 v. 6.2.2007, S. 23ff. (Einstweilige Anordnung); und EuG Urt. v. 17.09.2007 – C-201/04 – Microsoft Corp./Kommission der Europäischen Gemeinschaften. S. auch Bock (2008), „Der Fall Microsoft: Offengelegte Schnittstellen und offengebliebene Fragen", in: Lutterbeck/Bärwolff/Gehring (Hrsg.), *Open Source Jahrbuch 2008: Zwischen freier Software und Gesellschaftsmodell*, Berlin: Lehmanns Media, S. 123–135. Grundlegend zum Verhältnis zwischen Immaterialgüter- und Wettbewerbsrecht Heinemann (2002), *Immaterialgüterschutz in der Wettbewerbsordnung: Eine grundlagenorientierte Untersuchung zum Kartellrecht des geistigen Eigentums*, Jus Privatum, Beiträge zum Privatrecht Bd. 65, Tübingen: Mohr-Siebeck.

dargelegt, ist die alte Vorstellung des Schutzes des Urhebers aber durch die Realität überholt worden. Urheberrecht ist heute in zahlreichen Märkten ein Recht zugunsten der Verwerter geworden, die die Ausschließlichkeitsrechte für sich nutzen. Insofern stellt sich heute Urheberrecht als eine Art verkapptes Marktordnungsrecht dar, das zudem zahlreiche völlig divergente Märkte „über einen Kamm schert", seien es klassische Musikstücke, moderne Rhythmenstücke, Hip-Hop, Gemälde, Gebäude, Werke der literarischen Kunst, Computerprogramme, Datenbanken oder wissenschaftliche Informationen. Alle diese Märkte zeichnen sich aber durch völlig andere Eigenschaften aus, so daß die Frage auf der Hand liegt, ob das Urheberrecht tatsächlich noch so flexibel ist, den unterschiedlichen Charakteristika und den unterschiedlichen Wettbewerbsbedingungen gerecht zu werden. Die zahlreichen, ausfernden Einzelschranken sprechen hier eine deutliche, negative Sprache, erst recht, wenn einzelne Lobbyisten für ihre Detailprobleme gesetzliche Regelungen nachfragen, wie dies im zweiten Korb geschehen ist.

Speziell für Wissenschaftsmärkte wird in Zukunft das Wechselspiel zwischen Reputationsmärkten, Publikationsmärkten und Karrieren für Wissenschaftler vertiefter zu beleuchten sein. Solange etwa die Publikation in sog. „A-ranked Journals" entscheidend für die internationale Karriere eines Wissenschaftlers ist, solange werden sich weiterhin positive Netzwerkexternalitäten ergeben, die eine Verbreitung des Open Access-Gedankens erschweren, was wiederum zur Folge hat, daß die Verbreitung von Wissen abnimmt – und damit, gesamtwirtschaftlich betrachtet, eine unter Umständen suboptimale Versorgung der Kreativen mit Informationen, um ihrerseits neues Wissen schaffen zu können. Umgekehrt sieht sich eine Open Access-Lösung mit dem Problem konfrontiert, daß der Preis als Allokationsmechanismus ausfällt und daher wirksame Strategien der Qualitätssicherung gefunden werden müssen, um nicht in einer Flut von undifferenzierten und „schlechten" Informationen zu ertrinken. Auch hier gilt das Gesetz der „sauren Zitronen" von Akerlof[31], wonach sich auf Märkten, die keine Qualität signalisieren können, letztlich die schlechte Ware breitflächig durchsetzen wird. Zwischen dieser Scylla und dieser Charybdis gilt es in Zukunft hindurchzusteuern.

---

[31] Akerlof (1970), „The Market for ‚Lemons?: Quality Uncertainty and the Market Mechanism, in: *Quar. J. Econ.*, 84, Nr. 3, 488.

Andrea Polle

Wie Bäume mit Salzstress fertig werden
(Vortrag in der Plenarsitzung am 2. Juni 2006)

Bedarf an stressresistenten Baumarten
Die Abholzung von Wäldern, die Übernutzung landwirtschaftlicher Flächen, gepaart mit anthropogenen Klimaveränderungen, verursachen weitreichende Umweltprobleme und den Verlust an Bodenfruchtbarkeit. Weltweit sind schätzungsweise 1 Milliarde Menschen oder ein Drittel aller landwirtschaftlich nutzbaren Flächen von Bodendegradation betroffen. Wichtigste Ursache für den rasant fortschreitenden Verlust fruchtbarer Böden sind im wesentlichen Trockenheit und Bodenversalzung.

Als Bodenversalzung wird die Akkumulation von Natriumchlorid (NaCl) – uns allen auch als Kochsalz bekannt – und in manchen Fällen auch die Anreicherung von Magnesiumsulfat im Oberboden bezeichnet. Neben natürlich vorkommenden Salzböden, z. B. in Küstenbereichen, hat die Bodenversalzung häufig anthropogene Ursachen. Dazu gehören der Einsatz von Mineraldünger und die Einleitung von Salzen in Flüsse, in ariden Gebieten auch ungeeignete Bewässerungspraktiken, die Salze in tiefer gelegenen Bodenschichten lösen, welche dann infolge der hohen Evaporation an die Bodenoberfläche gelangen. Etwa 6% der gesamten Landfläche der Erde und ca. 30% der bewässerten Flächen sind weltweit von Bodenversalzung betroffen (Abb. 1).

Anders als in tierischen Organismen wird Natrium in Pflanzen höchstens in Spuren benötigt. Die Aufnahme erhöhter Natriumkonzentrationen

Andrea Polle, Professorin für Forstbotanik und Baumphysiologie an der Georg-August-Universität Göttingen, O. Mitglied der Göttinger Akademie seit 2006

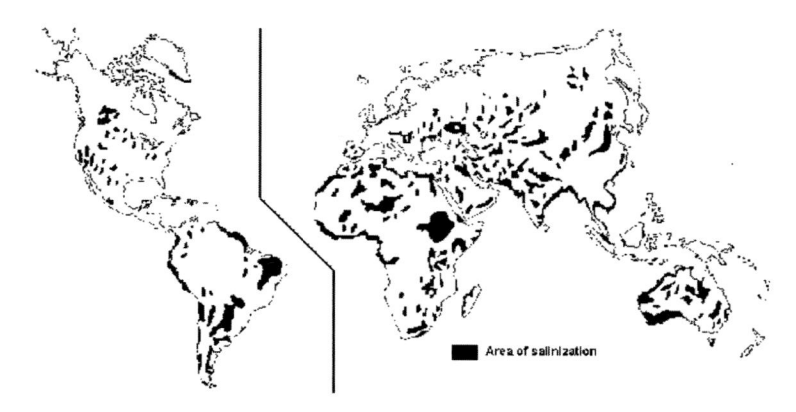

Abbildung 1: Karte der weltweiten Verbreitung von Bodensalinität
(aus: http://www.fao.org/AG/AGL/agll/spush/intro.htm)

verdrängt Kalium, stört somit den Ionenhaushalt, verursacht osmotischen Stress und führt zum Verlust von Produktivität und im Extremfall zum Absterben des Organismus. Nach neueren Schätzungen der FAO (Food and Agriculture Organization of the United Nations) führt die zunehmende Versalzung zu Verlusten an kultivierbarer Fläche in der Größenordnung von 3 ha/min (http://www.fao.org/AG/AGL/agll/spush/intro.htm).

Da Schädigung und Ausfall der Vegetation auch das Mikroklima beeinflussen, ist eine Rekultivierung mit den ursprünglich in diesen Gebieten vorkommenden Pflanzen nicht direkt möglich, sondern erfordert den Einsatz stressresistenter Pflanzenarten. Aufforstungsmaßnahmen sind in diesem Zusammenhang besonders interessant, weil Bäume das Mikroklima positiv beeinflussen, einen sehr guten Erosionsschutz bilden, aufgrund der starken Bodendurchwurzelung und ihrer Masse ein hohes Potenzial für Bodensanierung (Phytoremediation) aufweisen und gleichzeitig zahlreiche Nutzungsmöglichkeiten bieten. Die meisten Baumspezies, auch die hierzulande forstwirtschaftlich genutzten Arten, sind Wildarten, d. h. anders als landwirtschaftliche Kulturpflanzen züchterisch nicht oder nur wenig bearbeitet. Aus diesem Grunde zielen weltweit zahlreiche Forschungsansätze darauf ab, in Bäumen die Grundlagen der Produktivität und der Stressresistenz zu verstehen und mit Hilfe konventioneller und biotechnologischer Methoden züchterisch zu optimieren. Schwerpunkt meiner Arbeit ist es, die molekularen Mechanismen von Anpassungsprozessen an Stress aufzuklären. Im Rahmen der DFG-geförderten und von mir koordinierten Forschergruppe „Poplar – a model to address tree specific questions"

(FOR496, http://www.pappelgruppe.uni-goettingen.de/) untersuchen wir unter anderem Strategien der Anpassung an Salzstress.

Die Pappel als Modellbaumart

Die Gattung *Populus* hat eine weite Verbreitung mit Arten, die nicht nur in den gemäßigten Klimazonen, sondern auch unter extremen klimatischen und edaphischen Bedingungen vorkommen. So konnten wir in der Taklamakanwüste (P.R. China, Autonome Provinz Xinjiang) mehr als 30 km vom nächsten Fluss entfernt mächtige Exemplare der Euphratpappel (*P. euphratica*) finden (Abb. 2). Die Taklamakanwüste umfaßt ein Gebiet von 300.000 km^2, hat ein hyperarides Klima mit weniger als 30 mm Jahresniederschlag und ist extremen Temperaturschwankungen ausgesetzt, die innerhalb kurzer Zeit von unter Null bis über 60 °C reichen können. Auf der Bodenoberfläche sind Salzkrusten zu finden. *P. euphratica* ist für ihre Salztoleranz bekannt. Da es uns gelungen ist, diese Art in Gewebekultur zu überführen und mittels Mikropropagation unter sterilen Bedingungen in großer Stückzahl zu vermehren (Abb. 3), ist eine wesentliche Grundlage für experimentelle Untersuchungen der Stresstoleranz gelegt worden. Mit Hilfe der Mikropropagation steht uns für die Experimente stets gut definiertes, unter gleichen Bedingungen angezogenes Material zur Verfügung.

Generell haben Pappeln eine Reihe weiterer Vorteile: Sie sind über Stecklinge leicht klonal zu vermehren. Sie gehören zu den schnell wachsenden

Abbildung 2: *Populus euphratica* in der Taklamakanwüste (P.R. China, Xinjang)

Abbildung 3: Regeneration von P. euphratica in der Gewebekultur

Baumarten und sind daher von erheblicher praktischer Bedeutung für die Produktion nachwachsender Rohstoffe. Viele Pappelarten können routinemäßig transformiert werden und bieten so die Möglichkeit, durch „gain-and-loss-of-function" die Funktion einzelner Gene zu charakterisieren. Das Genom der in Nordamerika heimischen Art *P. trichocarpa* wurde vollständig sequenziert. Es ist mit 480 Millionen Basenpaaren etwa 4-mal größer als das von *Arabidopsis thaliana*, der Modellpflanze für krautige Gewächse, aber etwa 50-mal kleiner als das von Koniferen. Zum jetzigen Zeitpunkt (2007) sind für das Pappelgenom 45.555 Genmodelle beschrieben (http://genome.jgi-psf.org/), von denen viele durch ESTs (Expressed Sequence Tags) verifiziert sind. Zusammen mit weiteren Genen, die in anderen Pappelarten im Rahmen von EST-Projekten identifiziert worden sind, sind sogenannte „whole-genome-arrays" für die Untersuchung von Expressionsprofilen für über 60.000 verschiedene Gene verfügbar.

Neben diesen unbestrittenen Vorteilen hat das Arbeiten mit Bäumen aber auch eine Reihe von Nachteilen und Schwierigkeiten gegenüber anderen Untersuchungsobjekten. So dauert es lange, oft Dekaden, bis Bäume geschlechtsreif werden. Viele Pappelarten, die mit etwa 6 bis 8 Jahren Samen produzieren, sind zwar vergleichsweise schnell, jedoch für die Laufdauer „normaler" Forschungsvorhaben auch sehr langsam. Pappelsamen sind nur kurze Zeit keimfähig. Die Transformation und Charakterisierung genetisch veränderter Pappeln dauert wesentlich länger (> 1 Jahr) als bei vielen anderen biologischen Modellorganismen. Umfangreiche Mutantensammlungen, die für die Aufklärung von Funktionen und für die Systemanalyse von Bakterien, Pilzen, *Arabidopsis thaliana* und anderen Organismen wertvolle

Werkzeuge darstellen, sind nicht verfügbar. Dies ist besonders bedauerlich, weil die Anlage solcher Sammlungen technisch nicht besonders schwierig und als Dauerplantage im Unterhalt auch nicht sehr anspruchsvoll wäre. In Deutschland stellen die restriktive Gesetzgebung für die Freisetzung transgener Pflanzen und die gentechnikfeindliche Einstellung der Bevölkerung hohe Hürden für die Einrichtung solcher Dauerversuchsfelder dar, und so sind solche Felder bisher nicht angelegt worden. Die Alternative, Pappelmutantensammlungen in Gewebekulturen zu halten, wäre zu teuer.

Trotz solcher Probleme sind Bäume faszinierende Untersuchungsobjekte, denn ihre saisonale Aktivität mit Phasen der Dormanz und des aktiven Wachstums, ihre geringen Nährstoffansprüche und die Bildung eines massiven Stammes sind Spezifika, die in kurzlebigen, krautigen Gewächsen nicht untersucht werden können. Ihr langer Lebenszyklus erfordert eine hohe Fähigkeit zur Anpassung an sich ändernde Umweltbedingungen. All diese Funktionen lassen sich in der Gattung *Populus* exemplarisch für Holzgewächse untersuchen.

Anpassung an Salzstress

Um die Grundlagen der Salzresistenz von Pappeln zu klären, wurden resistente und sensitive Arten mit Hilfe anatomischer, physiologischer, biochemischer und molekularer Methoden verglichen. Salzadaptierte Euphratpappeln zeigten eine geringe Aufnahmerate von NaCl über die Wurzeln. Hierdurch traten exzessive Salzkonzentrationen erst mit Verzögerung auf. Jedoch wurden auch erhöhte Salzkonzentrationen in den Blättern besser toleriert als bei der salzempfindlichen Graupappel (*P.* × *canescens*). Hierfür konnten wir zwei Anpassungsreaktionen ausmachen: Zum einen zeigten die Blätter deutliche Schwellungen und eine vermehrte Bildung von Mesophyll, einen Prozess, der als Ausbildung einer moderaten Blattsukkulenz bezeichnet werden kann. Dies ermöglicht dem Baum eine vermehrte Wasserspeicherung und damit eine größere Verdünnung des Salzes, als dies bei anderen Pappelarten möglich ist (Abb. 4). Dass eine solche Anpassung, die typisch ist für Halophyten, bei Pappeln, die typische Glycophyten sind, unter Salzeinfluß ausgebildet wird, ist ein neuer Befund, der nun auf molekularer Ebene weiter charakterisiert werden muß. Weiter zeigten Mikroanalysen der subzellulären Elementverteilung, die unter dem Elektronenmikroskop durchgeführt wurden, daß Natrium vorwiegend extrazellulär akkumuliert (Abb. 5). Dies wies auf einen äußerst effizienten Exkretionsmechanismus hin, der das Zellplasma vor toxischen Natriumkonzentrationen schützt.

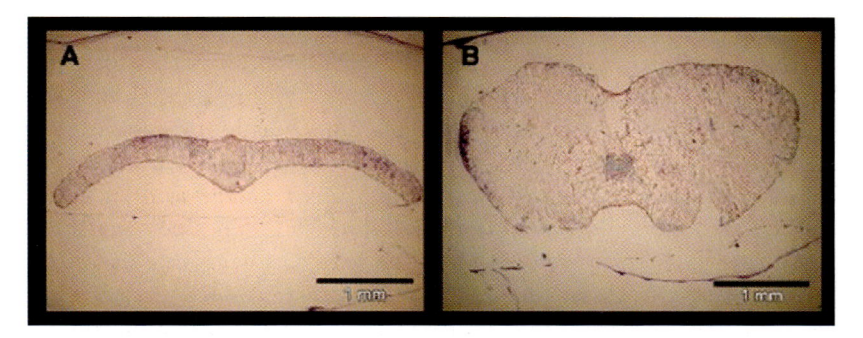

Abbildung 4: *P. euphratica* Blattquerschnitte nach 9 Wochen bei normaler Bewässerung (A) oder Bewässerung mit 150 mM NaCl (B) in der Nährlösung[1]

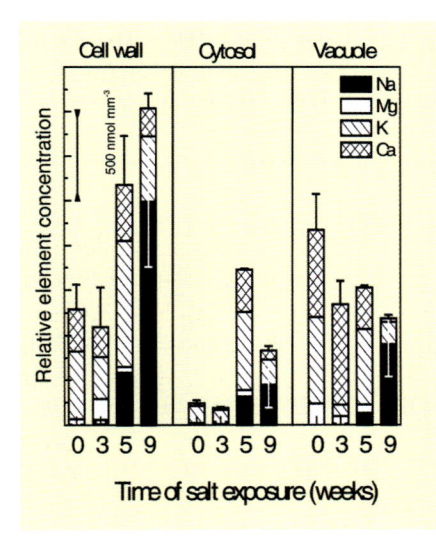

Abbildung 5: Veränderung der subzellulären Verteilung von Na, Mg, K und Ca-Ionen im Apoplasten, Zytoplasma und der Vakuole innerhalb von 9 Wochen während der Behandlung von P. euphratica mit 150 mM NaCl1.[1]

Es ist bekannt, daß Na^+/H^+-Antiporter die Konzentration von Natrium im Zytoplasma regulieren, indem sie Na^+ in die Vakuole oder in das extrazelluläre Kompartiment, in den Apoplast transportieren. Die Triebkraft wird durch membrangebundene H^+-ATPasen aufgebracht. Es lag daher nahe, nach solchen Transportsystemen zu suchen. Im Rahmen des EU-Projektes ESTABLISH (http://www.biomat net.org/secure/FP5/S1307.htm)

---

[1] Ottow EA, Brinker M, Teichmann T, Fritz E, Kaiser W, Brosché M, Kangasjärvi J, Jiang X, Polle A (2005) *Populus euphratica* displays apoplastic sodium accumulation, osmotic adjustment by decreases in calcium and soluble carbohydrates, and develops leaf succulence under salt stress. Plant Physiology 139: 1762–1772

identifizierten wir ca. 14.000 stressinduzierte ESTs in *P. euphratica*[2], darunter auch einen Na^+/H^+-Antiporter. Dieser Antiporter war homolog zur so genannten *NhaD*-Familie in Arabidopsis, deren Mitglieder in Pflanzen erstmals von uns charakterisiert wurden[3]. NhaD-Antiporter wurden ursprünglich in dem gefährlichen Bakterium *Vibrio cholerae* nachgewiesen. Vibrionen, die Cholera und andere Krankheiten auslösen, sind halophile Organismen, die sich in Salzwasser vermehren und daher effiziente Entgiftungsmechanismen für überschüssiges Natrium besitzen müssen. Durch Komplementation von salzsensitiven *nhaA/nhaB E. coli*-Doppelmutanten mit dem *NhaD*1-Konstrukt aus *P. euphratica* gelang es, zu zeigen, daß die Expression dieses Gens zur Kompartimentierung von Natrium und damit zur Vermittlung von Salztoleranz beiträgt.

Mit Hilfe von Microarray-Analysen wurden weitere Kandidatengene entdeckt, die im Zusammenhang mit der Salztoleranz von *P. euphratica* eine Rolle spielen könnten. Die Funktion dieser Gene wird derzeit von uns untersucht.

Ausblick

Die obigen Ausführungen werfen ein Schlaglicht auf die Arbeit meiner Abteilung. Die Perzeption von Umweltreizen, die Signalübermittlung und die daraus resultierende Anpassung des Stoffwechsels und letztlich der Morphologie sind spannende Themen aus dem Bereich der Grundlagenforschung an Bäumen, die unmittelbar in praktische Konsequenzen einmünden können, zum Beispiel für die Verbesserung der Stressresistenz mit Hilfe konventioneller züchterischer oder biotechnologischer Methoden. Dies stellt für die Zukunft eine große Herausforderung dar, weil die Verknappung von Energie sowie die umweltpolitischen Ziele zur Emissionsminderung weltweit zu einem erhöhten Bedarf an nachwachsenden Rohstoffen führen. Schon heute hat die Konkurrenz um Ackerland für den Anbau von Energiepflanzen einerseits und für die Lebensmittelproduktion andererseits eingesetzt. Diese Situation kann langfristig dadurch verbessert werden, daß Pflanzenproduktion auf Grenzertragstandorten rentabel wird. Dazu sollen unsere Forschungen einen Beitrag leisten.

---

[2] Brosché M, Vinocur B, Alatalo ER, Lamminmäki A, Teichmann T, Ottow EA, Djilianov D, Afif D, Triboulot-Bogeat MB, Altman A, Polle A, Dreyer E, Rudd S, Paulin L, Auvinen P, Kangasjärvi J (2005) Gene expression and metabolite profiling of *Populus euphratica* growing in the Negev desert, Genome Biology 6: R101

[3] Ottow E, Polle A, Brosche M, Kangasjarvi J, Dibrov P, Zörb C, Teichmann T (2005) Molecular characterisation of PeNHaD1: the first member of the NaHD Na+/H+ antiporter family of plant origin. Plant Molecular Biology 58: 75–88

HERMANN SPIECKERMANN

Gottvater
Religionsgeschichte und Altes Testament
(Vortrag in der Plenarsitzung am 27. April 2007)

Geboren (1950) und aufgewachsen in Dortmund, habe ich nach drei anfänglichen Semestern in Münster meinen akademischen Ort in Göttingen gefunden. Hier habe ich Theologie und Altorientalistik studiert, bin im Alten Testament promoviert worden und habe mich in demselben Fach habilitiert. Meine Lehrer, denen ich viel verdanke, sind alle Mitglieder dieser Akademie. Ich nenne die Namen Lothar Perlitt und Riekele Borger, Rudolf Smend und Eduard Lohse.

Hermann Spieckermann, Professor für Altes Testament an der Georg-August-Universität Göttingen, O. Mitglied der Göttinger Akademie seit 2002

Eine erste Professur in Zürich für Altes Testament und altorientalische Religionsgeschichte und eine weitere unter demselben Namen in Hamburg haben mir ein elfjähriges Intermezzo extra muros beschert. Im Jahre 1999 bin ich als Nachfolger von Rudolf Smend nach Göttingen zurückgekehrt. Neben der heute üblichen Projektarbeit bestehen meine größeren wissenschaftlichen Vorhaben in einer Biblischen Gotteslehre (zusammen mit Reinhard Feldmeier) und einem dreibändigen Psalmenkommentar. Die altorientalische Religionsgeschichte, mittlerweile um das Zeitalter des Hellenismus erweitert, ist meine Liebhaberei geblieben.

Zum Thema. Reinhard Feldmeier und ich haben für unsere aufeinander abgestimmten Vorstellungsvorträge den Titel „Gottvater" gewählt, weil in beiden Testamenten der christlichen Bibel das Vater-Sohn-Verhältnis eine spezifische theologische Kontur hat, die Altes und Neues Testament eng zusammenbindet und sie zugleich gegenüber den jeweils wichtigen religionsgeschichtlichen Kontexten auf Distanz bringt. Dies soll im Folgenden deutlich werden.

Das Alte Testament ist gegenüber der Anrede Gottes als Vater zurückhaltend. Den weit über 6000 Belegen für Gottes Eigennamen Jhwh stehen im Alten Testament rund ein Dutzend Belege für den Gebrauch des Vaternamens gegenüber. Diese geringe Frequenz scheint mit dem reichen Gebrauch dieser Vorstellung in den Religionen des Alten Orients in Zusammenhang zu stehen. In der sumerisch-akkadischen Literatur Mesopotamiens wird das Epitheton „Vater" seit dem dritten Jahrtausend besonders einigen Hochgöttern zuteil: dem Himmelsgott An(u) und Enlil, dem Herrn des Landes. Beide erhalten das Epitheton „Vater der Götter". Die doppelte Verwendung des Epithetons zeigt, welch große Bedeutung die Vorstellung der Theogonie in den ursprünglich regional unterschiedlichen, sekundär harmonisierten Panthea Mesopotamiens gehabt hat. Ähnliches ließe sich für den summus deus El in der altsyrisch-kanaanäischen Religion zeigen. Obwohl das Alte Testament ein nicht unbeträchtliches Reservoir an übereinstimmenden Vorstellungen mit den genannten Religionen teilt, hat die Anrede Gottes als Vater aus diesen Kulturkreisen keinen Eingang in die Literatur des alten Israel und des Judentums gefunden.

Anders sehen die Verhältnisse in Ägypten aus. Hier hat in der Zeit des Neuen Reiches, also in der zweiten Hälfte des zweiten Jahrtausends, das Verhältnis des Reichsgottes Amun zu dem regierenden Pharao in Gestalt des Vater-Sohn-Verhältnisses besondere Bedeutung gehabt. Die Zeugung des Thronfolgers kennt als agierende Personen den Reichsgott höchstpersönlich und die Gattin des Pharao. Die Gottessohnschaft des auf diese Weise gezeugten Thronfolgers gewährt dem künftigen Herrscher einen physisch vorgestellten, tatsächlich weit darüber hinausgehenden Anteil am Reichsgott Amun, dessen Herrschaft der Pharao für die Ägypter verkörpert. Stabilität und Wohlfahrt des Landes sind unabdingbar mit dieser engen Vater-Sohn-Liaison verbunden.

Ägypten ist mit hoher Wahrscheinlichkeit die spendende Kultur, aus der Israel die Vorstellung von Gott als Vater in die eigene Tradition aufgenommen hat, weil in dem Verhältnis Amun – Pharao der theologische Aspekt, der später im Alten Testament Erwählung genannt werden wird, wahrscheinlich besonders evident ist. Auch in Israel geht es bei dem Gebrauch der Vateranrede für Gott in den ältesten Traditionen um das Verhältnis Gottes zum König. So ist es in der vorexilischen Nathanweissagung in 2 Sam 7 bezeugt, die in der vorliegenden Fassung in nachexilischer, königsloser Zeit bearbeitet worden ist. Es ist aber noch ein älterer Kern zu erkennen, der enge Beziehungen zur vorexilischen Königstheologie hat. Gott selbst tut David durch den Hofpropheten Nathan kund: „Ich will ihm Vater sein, und er soll mir Sohn sein. ... (16) Fest soll dein Haus sein und dein Königtum vor dir bis in Ewigkeit, und dein Thron soll fest gegründet sein bis in Ewigkeit" (2 Sam 7,14.16). Die Dynastiezusage bildet den Kern der ältesten erreichbaren Fassung der Nathanweissagung. Das beneficium der Vater-Sohn-Relation gewinnt für den Davididen in der Zusage ewiger Herrschaft Gestalt. Der König auf dem Davidsthron herrscht in der Sphäre des Gottvaters und partizipiert – nicht als Mensch, der er bleibt, sondern als Repräsentant der Dynastie – an Gottes Ewigkeit. Daß dieser Vorstellung von Ewigkeit auch der Aspekt ewiger Dauer eignet, ist wahrscheinlich. Aber er ist gegenüber der Partizipation an Gottes Ewigkeit akzidentiell. Anders wäre nicht zu erklären, daß die geschichtliche Erfahrung des Endes der Dynastie die Prädikation ihrer Ewigkeit nicht tangiert hat.

Die Liaison von Thron und Altar in der vorexilischen Königstheologie hat bis 587/6 v. Chr. gewährt. Dann ist die davidische Dynastie zusammen mit Tempel, Stadt Jerusalem, Königreich Juda und seinem Volk in den Strudel babylonischer Verwüstung geraten. Die Königstheologie ist angesichts des zerstörten Tempels und des Verlust der davidischen Dynastie von einer tiefen Krise erschüttert worden. Dies ist in Texten der exilischen und der nachexilischen Zeit dokumentiert. Aus der Krise ist das Judentum in seiner Form als weltweite Diaspora hervorgegangen, deren geistiges und religiöses Zentrum Jerusalem geblieben ist. Zugleich hat die Katastrophe von 587/6 als Urdatum jüdischen Selbstverständnisses prägende Kraft behalten. Krisentexte der folgenden Jahrhunderte haben sich an dieser Katastrophe orientiert und jede weitere Existenzbedrohung des jüdischen Volkes in diesem Horizont verstanden. Auf den Trümmern des Tempels und der davidischen Dynastie wuchs eine Theologie, die auf die Vater-Sohn-Relation von Gott und Davididem nicht verzichten konnte, obwohl die Dynastie als politische Realität ein für allemal der Vergangenheit angehörte.

Dafür ist Ps 89 ein Beispiel. Der Text beginnt wie ein Hymnus, eine tückische Camouflage, denn der Verfasser hat etwas ganz anderes im Sinn. Er macht Gottes Verheißungen an David in deutlicher Anlehnung an 2 Sam 7 groß, um ihnen die schneidende Anklage entgegenzusetzen, daß Gott wortbrüchig geworden sei.

> Ich habe David, meinen Knecht, gefunden,
> mit meinem heiligen Öl ihn gesalbt.
> Er wird mich anrufen: Mein Vater bist du,
> mein Gott und der Fels meiner Rettung.
> Ich aber will ihn zum Erstgeborenen machen,
> zum Höchsten unter den Königen der Erde.
> Aber du hast verstoßen, verworfen,
> zürnst gegen deinen Gesalbten.
> Widerrufen hast du den Bund mit deinem Knecht,

zu Boden geworfen, entweiht sein Diadem.
Du hast alle seine Mauern eingerissen,
seine Festungen in Trümmer gelegt.
Du hast seinem Glanz ein Ende gemacht
und seinen Thron zu Boden gestürzt.
(Ps 89,21.27–28.39–41.45)

Man könnte denken, daß Ps 89 ein Text aus der Nähe zum Trauma des Zusammenbruchs im Jahre 587/6 sei. Doch dies ist kaum der Fall. Ps 89 stammt eher aus späterer Zeit. Die scharfe Anklage Gottes wegen der „Davidlüge" mag ein Motiv aus exilischer Zeit aufnehmen, aber nun ist für den nicht mehr existenten Vertreter der Daviddynastie ein Ersatz gefunden worden: das zerstreute jüdische Volk, das die Katastrophe überlebt hat und jetzt bittere Vorwürfe gegen Gott richtet, weil es als Nachfolger Davids noch immer auf die Erfüllung der Verheißungen wartet. In diesem Zusammenhang wird auch die überkommene Vater-Sohn-Relation in ein neues Licht gestellt. In Ps 89,27 verheißt Gott dem „David", in dem sich die königlosen Knechte Gottes bergen, daß er ihn als Vater anrufen wird; der Vatername wird durch die beiden Epitheta „mein Gott und Fels meiner Rettung" erläutert. „David" wird Gottvater also in der Not anrufen, nicht aus irdischer Machtfülle. In Ps 89 und in seinem Gefolge auch in Jes 63,7–64,11 drängt sich der Eindruck auf, daß der nachexilische „David", die jüdische Diaspora, gerade aus der Erfahrung der Ohnmacht heraus von dem Gottvater Rettung und Erlösung erhofft.

Blick vom Himmel und schau
von deiner heiligen und prächtigen Wohnung.
Wo sind dein Eifer und deine Heldentaten? ...
Denn du bist unser Vater.
Denn Abraham kennt uns nicht, und Israel weiß nicht um uns.
Du, HERR, bist unser Vater,
unser Erlöser ist von Ewigkeit her dein Name.
Wir sind solche geworden, über die du von Ewigkeit her nicht geherrscht hast,
über die dein Name nicht ausgerufen wurde.
Ach, daß du den Himmel zerrissest, herabstiegst.
Jetzt aber, HERR, unser Vater bist du.
Siehe! Schau doch! Dein Volk sind wir alle.
Kannst du dich bei alledem zurückhalten, HERR,
schweigen und uns so sehr erniedrigen?
(Jes 63,15–16.19; 64,7–8.11)

Dieser Psalm hält die Tarnung bei weitem nicht so lange durch wie Ps 89. Wieder ist es der Vater, von dem Rettung erwartet wird. Er ist nicht mehr „mein Vater", sondern er ist „unser Vater". Sie nennen sich Knechte (Jes 63,17) und „dein (heiliges) Volk" (63,14.18; 64,8). Die Knechte wollen Gott gerade nicht im Himmel wissen (vgl. Ps 2,4), sondern erbarmend nah, eben als „unseren Vater", „unseren Erlöser". Es darf nichts zwischen Gott und seinem leidenden Volk stehen. Nicht einmal Abraham und Israel (= Jakob) taugen als Mittler (63,16). Der alte Himmel trennt. Gott soll ihn zerreißen, auf daß Rettung geschehe.

Dreimal wird Gott in dieser Absicht als „unser Vater" benannt. Das erniedrigte Volk klagt an und bittet inständig. Gott soll seine Gnade und Barmherzigkeit in Taten der Gnade und der Barmherzigkeit konkret werden lassen. Dieser Psalm ist das „Unservater" des Alten Testaments. Das verzweifelte Volk will Gott als „unseren Vater", nicht einen Vater als Überfigur in der Ferne, der ein himmlisches Verhältnis zu seinem Königssohn unterhält, sondern einen Vater in der Nähe, „unseren Vater", „unseren Erlöser" (Jes 63,16). In dieser Zeit – ungefähr im 4. Jahrhundert v. Chr. – gehört mit dem Epitheton „Erlöser" die Bezugnahme auf den Exodus zusammen (vgl. auch Ex 15,13). Der Exodus der Glaubensgeschichte Israels kann zum Grund neuer Hoffnung werden. Die einst und die dereinst Erlösten wissen sich als zeitübergreifende Gemeinschaft des Gottes, der seine Macht nicht in der Bestätigung irdischer Herrschaft, sondern in der Rettung der Seinen erweist. Ein neues Verständnis von Macht scheint auf. In einer Zeit, in der Gottes Machterweis in irdischer Herrschaft undeutlich geworden ist, haben Beter das alttestamentliche „Unservater" formuliert, um erlittene Gottesferne in der Vorstellung des erbarmungsvoll rettenden Vaters zu überwinden.

Dieser Versuch ist im Alten Testament selten geblieben. Der vom erbarmenden Gottvater zerrissene, alte Himmel und die Erschaffung des neuen Himmels sind nicht zur Erfahrung des in der antiken Welt zerstreuten Judentums geworden. Die jüngste jüdische Stimme vor der Zeitenwende, die um ein besonderes Vater-Sohn-Verhältnis zu Gott weiß, stammt aus dem hellenistischen Judentum, der Sapientia Salomonis. Unter Voraussetzung der Kollektivierung des davidischen Königs und des Gottesknechts aus Jes 53 kann nun jeder Gerechte unter den Juden in einem besonderen Vater-Sohn-Verhältnis stehen. Dies führt allerdings in die Leidensgeschichte. Es sind die Gottlosen, die den Gerechten wegen seines Vater-Sohn-Verhältnisses und seines untadeligen Lebenswandels anfeinden und quälen. Das zweite Kapitel der Sapientia Salomonis gibt in einer Rede der Gottlosen darüber Aufschluß:

Laßt uns dem Gerechten auflauern. Er ist uns unbequem und steht unserem Tun im
 Wege.
Er wirft uns Vergehen gegen das Gesetz vor.
Er rühmt sich, die Erkenntnis Gottes zu besitzen, und nennt sich einen Knecht des
 HERRN.
Er ist unserer Gesinnung ein lebendiger Vorwurf, schon sein Anblick ist uns lästig.
Als falsche Münze gelten wir ihm; von unseren Wegen hält er sich fern wie von Unrat.
Das Ende der Gerechten preist er glücklich und prahlt, Gott sei sein Vater.
Wir wollen sehen, ob seine Worte wahr sind, und prüfen, wie es mit ihm ausgeht.
Ist der Gerechte wirklich Sohn Gottes, dann nimmt er sich seiner an.
Roh und grausam wollen wir mit ihm verfahren, um seine Sanftmut kennenzulernen
...
Zu einem ehrlosen Tode wollen wir ihn verurteilen.
(Sap 2,12–14.16-20)

In der Sapientia Salomonis wird das Vater-Sohn-Verhältnis des Gerechten eng mit der Leidensthematik verknüpft. Die Verhöhnung dieses Verhältnisses durch die Gottlosen hat für die Juden paradigmatischen Charakter. Die Gerechten unter ihnen gehen auf Erden einen Leidensweg gerade wegen ihrer besonderen Gottesbeziehung. Diese ist indessen schon jetzt von großer Hoffnung bestimmt; sie ist, wie die Sapientia sagt, „voll Unsterblichkeit" (3,4).

Somit umspannt das Alte Testament in der Vater-Sohn-Relation das Gott-König-Verhältnis der vorexilischen Zeit und das Gott-Volk-Verhältnis bzw. das Verhältnis Gottes zu den jüdischen Gerechten der nachexilischen Zeit. Gott als Vater ist der Gott erfahrener Nähe und erlittener Ferne, die durch väterliches Erbarmen überwunden werden soll. Welche theologischen Potentiale darüber hinaus in dieser Spannweite des alttestamentlichen Vater-Sohn-Verhältnisses mit der bereits anklingenden Neubestimmung von göttlicher Macht bereit liegen, wird das Neue Testament zeigen.

REINHARD FELDMEIER

Gottvater
Religionsgeschichte und Neues Testament
(Vortrag in der Plenarsitzung am 27. April 2007)

1952 in Bayreuth geboren, habe ich seit 1972 in Neuendettelsau, München und Tübingen Theologie und Philosophie studiert. In Tübingen wurde ich im Neuen Testament promoviert und habe mich habilitiert. Meine akademischen Lehrer waren der Systematiker Eberhard Jüngel und der Exeget Martin Hengel. Nach Pfarrdienst und Professuren in Koblenz und Bayreuth bin ich seit 2002 in Göttingen. Mein Forschungsschwerpunkt ist die Profilierung der neutestamentlichen Theologie im Kontext der griechisch-römischen Welt, also die Verbindung von religionsgeschichtlicher und theologischer Fragestellung. Im Zusammenhang damit steht auch das Vorhaben einer biblischen Gotteslehre mit Hermann Spieckermann.

Reinhard Feldmeier, Professor für Neues Testament an der Georg-August-Universität Göttingen, O. Mitglied der Göttinger Akademie seit 2006

1. Der Befund

Die Anrede bzw. die Bezeichnung Gottes als Vater findet sich im Neuen Testament weit über 200 Mal, sie ersetzt gewissermaßen den alttestamentlichen Gottesnamen. Allerdings ist der Befund komplex: Im ältesten Evangelium, bei Markus (ca. 70 n. Chr.), finden sich nur vier Belege, beim zweitältesten, Lukas (80–85n. Chr.), sind es bereits 16, beim drittältesten, Matthäus (ca. 90 n. Chr.), 42, und beim jüngsten, Johannes (ca. 100 n.

Chr.), sind es 109. Grob gesprochen, verdreifacht sich in jedem Jahrzehnt zwischen 70 und 100 das Vorkommen. Auch im Neuen Testament ist also die Rede von Gott als Vater keineswegs von Anfang an selbstverständlich; vielmehr läßt sich eine Entwicklung zu einer immer entschiedeneren Deutung Gottes als Vater beobachten.

Dazu kommt ein Zweites: Wie im Alten Testament Gott zunächst der Vater des Königs ist, so ist er im Neuen Testament zunächst ausschließlich der Vater Jesu. Erst durch die Bindung an diesen „einzig geborenen Sohn" wird Gott für die Glaubenden dann auch „unser Vater". Durch diese Partizipation an der Gottesgemeinschaft Jesu Christi werden sie adoptiert und können nun selbst Gott als „Abba, Vater" anrufen (vgl. Gal 4,5–7; Röm 8,14–17). Dabei bleibt die Unterscheidung zwischen Jesu Gottesverhältnis und dem der Glaubenden konstitutiv; nie wird das Gottesverhältnis Jesu und das seiner Nachfolger in einem gemeinsamen „unser Vater" zusammen gebunden. Noch bei Johannes, dem jüngsten Evangelium, das die Vaterbezeichnung bereits abundierend verwendet, hält der auferstandene Christus an dieser strikten Unterscheidung fest: „Ich gehe hinauf zu meinem Vater und zu eurem Vater, zu meinem Gott und zu eurem Gott" (Joh 20,17). Das soll im Folgenden etwas näher präzisiert werden.

2. Die christologische Bestimmtheit des Gottesgedankens

In den Evangelien wird auf Gott häufig in Form eines Genitivattributes Bezug genommen (Reich Gottes, Sohn Gottes, Geist Gottes etc.), als unmittelbarer Protagonist kommt er jedoch kaum vor. Das älteste Evangelium kennt nur zwei Ausnahmen: Jesu Taufe und seine Verklärung. Bei der Taufe, welche den ersten Teil des Evangeliums einleitet, zerreißt der Himmel (vgl. Jes 63,19), der Geist Gottes kommt auf Jesus herab, und eine Himmelsstimme sagt: „Du bist mein geliebter Sohn, an dem ich Wohlgefallen habe" (Mk 1,11 parr.). Die mit dieser Szene eingeleitete *vita activa* des Gottessohnes schildert, wie dieser „in Vollmacht" auftritt und durch seine Worte und Taten Gottes Herrschaft in der Welt Geltung verschafft (vgl. Apg 10,38). Diese Gegenwart Gottes bleibt nun allerdings nicht auf die „success story" des ersten Teiles beschränkt. Der zweite Teil des Evangeliums, der das ohnmächtige Leiden und Sterben des Sohnes schildert, steigert mit der sogenannten Verklärungsszene (Mk 9,2ff parr.) die Identifikation sogar noch, indem der Mensch Jesus, von den himmlischen Gestalten Mose und Elia umgeben, selbst in eine himmlische Gestalt verwandelt wird, also auf seinem Weg ins Leiden direkt an der göttlichen Herrlichkeit partizipiert.

Gerade im scheinbaren Scheitern Jesu in der Passion bleibt Gott der Vater Jesu, mehr noch: indem er im Blut Jesu seinen Bund aufrichtet (Mk 14,24 parr.), wird er auch zum Vater der Glaubenden (vgl. Röm 8,31–39). Daraus ergeben sich für das Vaterbild folgende Präzisierungen:

1. Indem der Gott Israels auf ein Anderes seiner selbst als seinen Sohn verweist und dies nicht im Modus des Distanzierung, sondern – durch die doppelte „Liebeserklärung" – im Modus der Identifikation, definiert er sich als Vater; die Bindung an diesen Menschen ist für das christliche Gottesverständnis konstitutiv.
2. Diese Identifikation umgreift Jesu vollmächtiges Handeln wie sein ohnmächtiges Leiden. Durch sein lebendig machendes Wirken *durch* Jesus (vgl. Mk 3,4; Lk 15,24) und *an* Jesus (vgl. Röm 8,9–17; 1 Kor 15,21–23) bleibt er als Vater seinem Sohn und durch diesen den Glaubenden verbunden.
3. Der radikalen Partikularität der göttlichen Beziehung zu einem Menschen entspricht damit eine ebenso entschiedene Universalität: Durch die Bindung an diesen Jesus Christus als „Herrn" werden aus Geschöpfen Kinder Gottes.

3. Abgrenzungen

Die christologische Begründung der Vatermetapher impliziert eine religionsgeschichtliche Abgrenzung: So, wie der alttestamentliche Gott nicht einfach zu den Vatergottheiten der altorientalischen Panthea in Beziehung gesetzt werden kann, so ist auch der im Neuen Testament als Vater bezeichnete Gott von allen in hellenistischer Zeit mit dem Epitheton „Vater" versehenen Gottheiten zu unterscheiden: Der Vater Jesu Christi hat weder etwas mit dem „Vater der Götter und Menschen" der mythischen Theologie zu tun noch mit dem gerne als *pater omnipotens* apostrophierten Kosmosgott der philosophischen Theologie, von dem mit der Jupiterchiffre als *pater patriae* interpretierten Imperator der politischen Theologie ganz zu schweigen. Das Neue Testament läßt keinen Zweifel daran, daß *Gott der Welt nicht als Vater gegenübersteht, sondern als Schöpfer und Herr*. Die Menschen sind nicht Kinder, sondern Geschöpfe, und zwar ihrem Schöpfer entfremdete Geschöpfe (vgl. Röm 1,18ff). Gott *wird* erst zum Vater durch seine Bindung an den Menschen Jesus von Nazareth.

Dieser exklusive christologische Bezug der Vatermetapher und die damit gesetzte Gleichzeitigkeit von göttlicher Freiheit und göttlicher Bindung ist auch im Blick auf das damit implizierte Gottesverhältnis zu beachten. Es verbietet sich jede plumpe religiöse Zudringlichkeit, die sich weniger dem Evangelium denn infantiler Regression verdankt. Paulus zögert nicht, unmittelbar nach seinem Preis der Liebe des göttlichen Vaters in Röm 8 mit schneidender Schärfe die absolute Souveränität des Schöpfers zu betonen, sobald der Mensch sich anschickt, die göttliche Zuwendung einzufordern (Röm 9,20f). Nicht familiäre Vertraulichkeit ist die Pointe der Rede von Gott als Vater, sondern Gottes souveräne Selbstbestimmung zur Bindung, durch die er den Menschen in ein neues Verhältnis zu sich setzt.

4. Assoziationshorizont

Ehe die Konsequenzen aufgezeigt werden, soll kurz der Assoziationshorizont der Rede von Gott als Vater angedeutet werden: Das biologische Verständnis ist für den biblischen Gott ausgeschlossen. Lediglich in einer strikt metaphorischen Weise fungiert die biologische Funktion des Vaters als Metaphernspender, nämlich in der Rede von der Wiedergeburt. Dabei ist die Metapher nicht auf maskuline Aspekte festgelegt: Im 1. Petrusbrief etwa umfaßt sie Zeugung (1,3f), Geburt (1,23) und Stillen (2,2f). Auch die der biologischen Funktion verwandte Metaphorik vom göttlichen Vater als Ursprung des Seienden bestimmt zumindest nicht unmittelbar die neutestamentliche Rede von Gott als Vater. Primär ist der Vater Inhaber von Macht und Autorität, dessen Wille auch für den Gottessohn schlechthin verbindlich bleibt (vgl. Mk 14,36 par) und der etwa in der Bergpredigt (Mt 5–7) zur entscheidenden Begründungsinstanz christlicher Ethik wird. Als väterliche Autorität ist diese jedoch nicht despotisch, sie zielt nicht auf die Entmachtung des Menschen, sondern auf dessen Ermächtigung. Die Abhängigkeit von diesem Vater befreit deshalb von den Zwängen des geschöpflichen Lebens, der Gehorsam führt in die Freiheit der Gotteskindschaft (Röm 8,15 vgl. Gal 4,1–5,1). Als „Sklaven Gottes", so der 1. Petrusbrief in provokativer Zuspitzung, sind die von diesem Vater wiedergeborenen Christen Freie (1 Petr 2,16). Damit ist ein weiteres verbunden: Das Kind ist Erbe; was dem Vater eignet, gehört auch ihm. „Kind, ... alles, was mir gehört, gehört dir" – so der Vater im Gleichnis zu seinem „verlorenen Sohn" (Lk 15,31). Entsprechend gilt für die „adoptierten" Gotteskinder: „Also ist hier nun kein Sklave mehr, sondern ein Sohn. Wenn aber Sohn, dann auch Erbe durch Gott" (Gal 4,7 vgl. 3,9; Röm 8,17). Die „Erbschaft" als die in Christus ermöglichte Partizipation an Gottes Wesen ist die soteriologische Pointe der neutestamentlichen Rede von Gott als Vater.

5. Konsequenzen

Das heißt: All das, was das Wesen Gottes im Unterschied zur *conditio humana* ausmacht, Gottes Ewigkeit, seine Gerechtigkeit, seine Heiligkeit, seine Macht bzw. Allmacht, ist im Kontext seiner Selbstbindung im Sohn auszulegen. Paulus hat dies auch gedanklich durch eine Argumentationsfigur expliziert, die in der späteren Dogmatik als *beatum commercium* bezeichnet wird: Christus ist arm geworden, damit wir reich würden (2 Kor 8,9), Christus wurde zum Fluch, um uns vom Fluch loszukaufen (Gal 3,13), Christus ist gestorben, damit wir mit ihm leben (1 Thess 5,10), Gott hat den, der nicht die Sünde kannte, für uns zur Sünde gemacht, damit wir in ihm zur Gerechtigkeit Gottes würden (2 Kor 5,21). Im Sohn nimmt Gottvater auf sich, was uns von ihm trennt, und gibt Anteil an dem, was sein Wesen im Gegensatz zu uns ausmacht. Kurz: *Gottes Eigenschaften sind in sensu stricto kommunikative Eigenschaften.* So besteht die göttliche Gerechtigkeit nach Paulus gerade darin, daß Gott den Sünder gerecht macht (vgl. Röm 3,26). „Ewig", das von Haus aus Gott in seinem Gegensatz zu unserer Vergänglichkeit bezeichnet, wird im NT nur einmal im Blick auf Gott verwendet (Röm 16,26), sonst qualifiziert es die von Gott gewährten Heilsgaben, vor allem das ewige Leben. Ebenso wie bei den klassischen Gottesprädikaten der Unsterblichkeit und der Unvergänglichkeit, die Paulus fast ausschließlich nur im Kontext der eschatologischen Verwandlung unserer sterblichen Existenz durch Christus verwendet (vgl. 1 Kor 15), wird damit ein Handeln des lebendigmachenden Gottes am sterblichen Menschen beschrieben. *Exklusive Gottesprädikate werden zu inklusiven soteriologischen Prädikaten.*

Die Konsequenzen dieser Neuqualifikation der göttlichen Eigenschaften durch den Bezug zu Gott als Vater seien etwas näher an einem besonders umstrittenen Punkt exemplifiziert, an der göttlichen Macht bzw. Allmacht. Üblicherweise wird in der Religionsgeschichte der Machtgedanke zum Hermeneuten des Gottesbegriffes bzw. dieser zum Prädikat der Macht: „Alles, was mächtiger ist, heißt Gott", so prägnant der attische Dichter Menander (Fr 257). „Allmacht" wäre hier nur die *via eminentiae* verabsolutierte Übermacht, und gegen eine so verstandene Allmacht richtet sich auch zumeist die heute gängige Kritik am Allmachtsgedanken. Im Gegensatz dazu bestimmt im Neuen Testament die Selbstbindung Gottes im Sohn das Verständnis der Macht. Schon die von Jesus als Frohbotschaft angesagte Gottesherrschaft ist nichts weniger als Synonym für tyrannische Übermacht, die davon abgeleitete Vollmacht Jesu dient nicht der Selbstdarstellung eines Gottmenschen (Beglaubigungswunder lehnt Jesus durchweg ab), sondern sie wird am bedürftigen Gegenüber zu dessen Wohl und Heil wirksam. Im Evangelium wird diese Neubestimmung des Machtgedankens auf den Begriff gebracht, wenn Jesus in Auseinandersetzung mit den Machtphantasien seiner Jünger unterscheidet zwischen der üblichen menschlichen Selbstbehauptung durch Gewalt und der Macht des Dienstes, wie sie sein Leben bestimmt hat und wie sie in seiner Lebenshingabe für die vielen sich vollendet (Mk 10,42–45 par.). Die *Macht Gottes ist hier Korrelat seiner Selbstbindung, ja seiner heilvollen Hingabe an das Gegenüber.* Deshalb sind hier Macht und Leiden keine Gegensätze. Als Dienst, als Macht der Liebe erweist sie ihre Stärke gerade im Leiden. So ist es für Paulus das Spezifikum der göttlichen Macht, daß sie sich in seiner Schwäche als ermächtigende Macht zur Geltung bringt (vgl. 2 Kor 12,9f). Sie befähigt ihn zum Leiden und Mitleiden (vgl. 2 Kor 11,21–29), und gerade so vermag der schwache und kranke Apostel seinem gekreuzigten Herrn das *Imperium Romanum* in der umgekehrten Reihenfolge seiner Ausdehnung wieder zurückzuerobern (2 Kor 10,12ff). Im letzten Buch der Bibel, in der Johannesoffenbarung, wird das Gottesprädikat *Pantokrator* zur Kurzfassung der Hoffnung derer, die unter der Macht der Menschen verzweifeln, der Hoffnung auf einen Allmächtigen, der wie eine Mutter alle Tränen abwischen wird (Offb 7,17; 21,4).

Stefan W. Hell

Fluoreszenzmikroskopie in ungekannter Schärfe

(Vortrag in der Plenarsitzung am 25. Mai 2007)

Nach dem Abitur in Ludwigshafen am Rhein im Jahre 1981 studierte ich Physik in Heidelberg und kam gegen Ende meiner Promotion (1990) zu der Ansicht, daß sich Abbes Beugungsgrenze im Fernfeldmikroskop überwinden ließe – worauf ich mich im Anschluß diesem Problem verschrieb. Nach kurzer Zeit als freier Erfinder forschte ich für zwei Jahre am Europäischen Molekularlaboratorium und, von einem halbjährigen Aufenthalt in Oxford abgesehen, fast vier Jahre an der Universität Turku in Finnland. 1997 kam ich als Leiter einer selbständigen Nachwuchsgruppe ans MPI für Biophysikalische Chemie, wo ich 2002 zum wissenschaftlichen Mitglied und Leiter einer Abteilung berufen wurde.

Stefan W. Hell, Direktor am Max-Planck-Institut für Biophysikalische Chemie in Göttingen, O. Mitglied der Göttinger Akademie seit 2007

„Ein Bild sagt mehr als tausend Worte..." – das gilt nicht nur im Alltag, sondern auch in der Wissenschaft. Es ist daher nicht überraschend, daß das Lichtmikroskop wie kaum ein anderes Instrument zum Symbol wissenschaftlicher Forschung wurde. Doch die herkömmliche Lichtmikroskopie steht vor einem grundsätzlichen Problem, das 1873 von Ernst Abbe beschrieben wurde: Beugung verhindert die Trennung von Details, die in der Fokalebene (x, y) weniger als $d = \lambda/2n \sin \alpha$ voneinander entfernt sind, denn Licht breitet sich als Welle aus und wird gebeugt, und das Beugungshauptmaximum in der Brennebene des Objektivs kann im Durchmesser nicht schärfer als d sein. Dabei bezeichnet λ die Lichtwellenlänge, n den

Brechungsindex und α den halben Öffnungswinkel des Lichtkegels. Da λ für sichtbares Licht zwischen 400 nm and 700 nm rangiert, schien es unmöglich, Objekte die feiner als 200 nm sind, mit sich frei ausbreitenden Lichtwellen abzubilden.

Abbes Beugungsgrenze veranlaßte die Erfindung des Elektronenmikroskops, das aufgrund seiner 10–10000maligen Auflösung enorm zum wissenschaftlich-technischen Fortschritt beigetragen hat. Doch die Abkehr vom Licht führte zu anderen Einschränkungen. Elektronstrahlen können nur ein paar Mikrometer in die Probe vordringen, was die Abbildung auf Oberflächen oder dünne Proben beschränkt; lebende Zellen lassen sich damit sowieso nicht betrachten. Die Rastertunnel- und die Rasterkraftmikroskopie haben fraglos eine neue Welt erschlossen, aber auch sie sind auf Oberflächen begrenzt. Letzteres gilt auch für ihr optisches Pendant, das Raster-Nahfeldmikroskop, das mit einer feinen Spitze die Licht-Objekt-Wechselwirkung auf einen Bruchteil von λ einengt [1]. Das Abrastern einer – lebenden – Zelle läßt sich damit kaum bewerkstelligen und läßt sich erst recht nichts bewerkstelligen in ihrem Inneren. Eine Lösung wäre, sehr kurze Wellenlängen zu verwenden: die Röntgenmikroskopie ($\lambda = 2$–5 nm) liefert heute Auflösungen von ~ 30 nm in der Fokalebene [2]. Doch Röntgenlicht ist schwer zu fokussieren, und die erste Belichtung einer Zelle führt zum Stillstand. Damit liegt auf der Hand: Hochauflösendes 3D-Abbilden von intakten oder sogar lebenden Zellen geht nur mit fokussiertem Licht.

Die Fluoreszenzmikroskopie spielt dabei eine herausragende Rolle, denn heftet man ein Markermolekül an die interessierenden Zellbestandteile an, so läßt sich dieses anhand der Markerfluoreszenz erkennen. Man kann sogar die Zelle genetisch dazu bringen, ihre eigenen Marker zu produzieren. Vergleichbare Möglichkeiten gibt es in keinem anderen Mikroskopieverfahren. Es ist daher nicht überraschend, daß ca. 80 % aller Mikroskopieaufnahmen der Lebenswissenschaften im Fluoreszenzkontrast durchgeführt werden. Die Überwindung der Beugungsgrenze in einem „Fernfeld"- Fluoreszenzmikroskop ist daher nicht nur physikalisch spannend, sondern auch von eminenter praktischer Bedeutung.

Ich werde nun berichten, daß man die Beugungsgrenze im Fluoreszenzmikroskop aufheben kann, ohne die Beugung selbst aufheben zu müssen. Der Schlüssel hierfür ist die Einbeziehung der Zustände des Markermoleküls in die Bildentstehung. In der Tat liefen bisher alle fernfeldoptischen „nanoskopischen" Verfahren darauf hinaus, die Markermoleküle transient zwischen einem fluoreszierenden (hellen) Zustand A und einem dunklen Zustand B oder umgekehrt zu überführen, und zwar so, daß der räumliche Bereich (zumeist) des hellen Zustands A auf $\ll \lambda/2$ eingeengt wird [3–5].

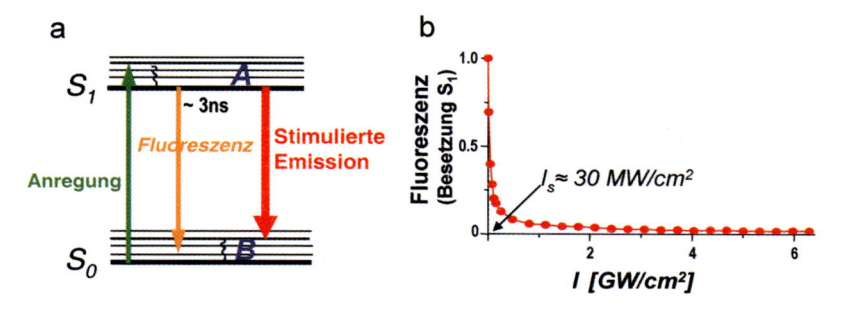

Abbildung 1: (a) Vereinfachtes Energieschema (Jablonski-Diagramm) eines fluoreszenten organischen Moleküls und die wichtigsten Übergänge. (b) Die Fluoreszenz (oder die Besetzung des S_1) nimmt fast exponentiell mit der Intensität des stimulierenden Strahls I ab. Die Rate der stimulierten Emission ist durch $I\sigma/(\hbar\omega)$ gegeben, wobei σ den molekularen Wirkungsquerschnitt und $\hbar\omega$ die Photonenenergie bezeichnet. Bei der „Sättigungsintensität" $I_s = \hbar\omega/(\tau_{fl}\sigma)$ hat die Fluoreszenz zur Hälfte abgenommen, wobei τ_{fl} die Lebensdauer des S_1 bezeichnet.

Die Bilderfassung erfolgt dabei durch zeitlich sequentielles Auslesen dieser transient geschaffenen ultrascharfen (hellen) Bereiche. Weil sich mehrere geeignete Hell-Dunkel-Paare A, B in Markermolekülen finden lassen, ist dieser Ansatz erstaunlich generell und im Grunde genommen auch nicht auf Fluoreszenz beschränkt [5,6].

Wie läßt sich ein Molekülzustand A mit frei laufenden Lichtwellen auf Bruchteile von λ eingrenzen? Das erste Verfahren, mit dem dies gelungen ist, ist die Stimulated Emission Depletion (STED)-Mikroskopie [3]. In seiner einfachsten Ausführung verwendet ein rasterndes STED-Mikroskop einen fokussierten Laserstrahl, der den Fluoreszenzmarker durch die Absorption eines Photons aus dem Grundzustand S_0 in den fluoreszenten elektronischen Zustand S_1 anregt (Fig. 1). Das angeregte Molekül emittiert innert $\tau_{fl} \approx 3$ ns ein Photon einer längeren Wellenlänge und kehrt in den S_0 zurück (Fig. 1). Der S_1 ist somit der helle Zustand A, und der Grundzustand S_0 ist sein dunkles Pendant B. Doch alle Moleküle, die sich innerhalb der Beugungsscheibe mit Durchmesser $d = 200$–350 nm befinden, können in den S_1 angeregt werden. Im STED-Mikroskop (Fig. 2) wird nun die effektive Anregung in den S_1 räumlich eingeschränkt. Dazu verwendet man einen zweiten, „doughnut"-förmigen Strahl mit einer mittigen Nullstelle, der über die Beugungsscheibe gelegt wird. Die Wellenlänge dieses „STED-Strahls" ist so stark rotverschoben, daß seine Photonenenergie nicht ausreichen würde, um Moleküle anzuregen, aber genau paßt, um angeregte Moleküle durch stimulierte Emission abzuregen. Der Doughnut sorgt da-

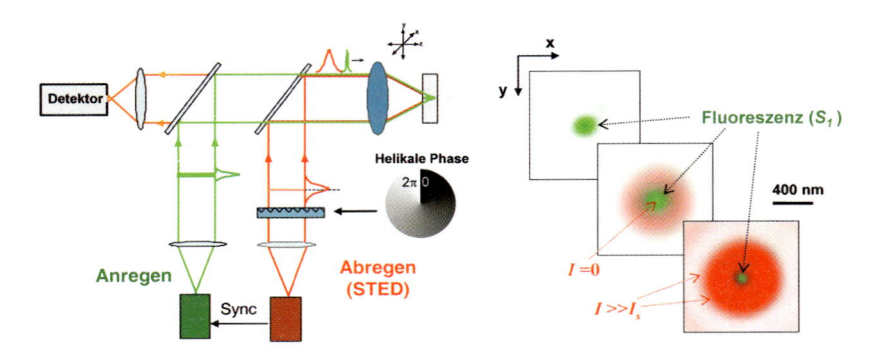

Abbildung 2: In einem typischen STED-Mikroskop werden das Anregungslicht und das Abregungslicht für die stimulierte Emission (STED-Strahl) gleichzeitig in das Mikroskopobjektiv eingekoppelt: (a) Während der Anregungsstrahl einen Beugungsfleck von > 250 nm im Durchmesser hervorbringt, wird der STED-Strahl so modifiziert, daß er im Fokalbereich einen Doughnut ausbildet. (b) Im Randbereich des Anregungs-Spots wird die Fluoreszenz verhindert ($I \gg I_s$), während sie in der Nullstelle des Doughnuts ($I = 0$) erhalten bleibt. Der Bereich, in dem die Fluoreszenz noch möglich ist, wird aufgrund des nahezu exponentiellen Abbaus des S_1 (Fig. 1b) mit zunehmend intensiverem STED-Strahl immer weiter eingeschnürt (b) – prinzipiell bis auf ein Molekül, was bedeutet, daß es mit Hilfe der STED-Mikroskopie prinzipiell möglich ist, molekulare Auflösung mit fokussiertem Licht zu erhalten.

für, daß ein Molekül, das im Außenbereich der Beugungsscheibe angeregt wurde, abgeregt und damit effektiv im S_0 – also im dunklen Zustand B – gehalten wird. Damit können nur Moleküle aus dem Doughnut-Minimum ausreichend im S_1 (also in A) verweilen.

Anregung und Abregung lassen sich gut mit synchronisierten Lichtpulsen von < 100 ps bzw. > 300 ps bewerkstelligen [3]. Die Energie des ehemals angeregten Moleküls wird größtenteils als ein weiteres Photon des STED-Strahls mitgeführt, der spektral scharf und gerichtet ist, so daß man ihn leicht von der breit und ungerichtet emittierten Fluoreszenz trennen kann. Nun liegt auf der Hand: Je enger das Minimum des Doughnuts, desto schärfer ist der S_1 eingeengt, d. h., desto schärfer wird der Fluoreszenz-Spot, der die Auflösung bestimmt (Fig. 2). Doch auch der Doughnut unterliegt der Beugungsgrenze, und seine Halbwertsbreite (FWHM) kann nicht ohne weiteres $\sim$ 150 nm unterschreiten. Um den S_1 noch stärker einzugrenzen, nutzt die STED-Mikroskopie nun den Umstand, daß die Besetzung des S_1 nahezu exponentiell mit der Intensität I des STED-Strahls abnimmt (Fig. 1b) [7]. I_s sei hier als der „Schwellwert" definiert, bei dem die Besetzung des S_1 halbiert ist, und I ist die Intensität des Doughnuts. Für $I \leq I_s$ ist die Eingrenzung gering, falls jedoch $I \gg I_s$, so ist der runde Fleck, in dem die Fluoreszenz zugelassen ist, deutlich kleiner, weil dann ein größerer Teil des Doughnuts weit über I_s liegt und so den S_1 unterdrückt. Damit drängt die Fluoreszenzverhinderung immer stärker an die Nullstelle heran, und der Spot, in dem die Fluoreszenz noch zugelassen ist, wird immer kleiner (Fig. 2). Doch ganz gleich, wie hoch I auch ist, an der Nullstelle ($I = 0$) kann ein Molekül immer fluoreszieren, denn dort gibt es keine Abregung. Rastert man die Nullstelle durch die Probe, dann liefert das punktweise gemessene und in einem Rechner aufgetragene Signal automatisch Strukturen unterhalb der Beugungsgrenze, denn eng benachbarte Punkte werden jetzt hintereinander erfaßt. Das gemeinsame Rastern der Anrege- und der Abregestrahlen läßt sich mit Strahlrastertechniken durchführen, etwa durch Ablenken mit einem beweglichen Spiegel. Einfache Rechnungen zeigen [4, 6, 8], daß die Auflösung einem neuen Gesetz folgt:

$$d = \frac{\lambda}{2n \sin \alpha \sqrt{1 + I/I_s}}$$

I_s ist charakteristisch für das verwendete Fluoreszenzmolekül und die Wellenlänge für STED. Die Auflösung nimmt mit der Intensität I des STED-Strahls zu. Läßt man ihn weg ($I = 0$), so erhält man Abbes Formel. Das grundsätzlich Neue an dem STED-Konzept ist aber, daß man durch $I/I_s \to \infty$ prinzipiell $d \to 0$ erzielen kann, d. h., die Auflösung ist grundsätzlich bis auf Molekülgröße steigerbar, obwohl alle Strahlen gebeugt sind. Die Beugungsgrenze ist also nicht „verschoben", sondern „aufgehoben". Daß es sich dabei aber um ein Fernfeldmikroskop handelt, zeigt sich darin, daß die Auflösung d mit λ skaliert. Das Wurzelverhalten rührt letztlich daher, daß der Intensitätsverlauf an der Nullstelle in erster Näherung parabolisch ist.

Kombiniert mit einem konfokalen Mikroskop, behält das STED-Mikroskop die Vorteile des ersteren bei. Es ist 3D-fähig und funktioniert unter normalen Umgebungsbedingungen. Anwendungen finden sich sowohl in der Zellbiologie [9] als auch in den Materialwissenschaften [10], sofern Fluoreszenzmarkierungen eingesetzt werden können.

Das Charakteristikum des STED-Mikroskops ist natürlich nicht der Doughnut an sich, sondern die Lichtverteilung mit einer Nullstelle, welche den Übergang $S_1 \to S_0$ übersättigt, so daß sich der signalgebende Zustand S_1 nur an der Nullstelle einstellen kann. Damit ist klar, daß die STED-Mikroskopie nur der Modellfall eines viel allgemeineren Konzepts zum Durchbrechen der Beugungsgrenze ist; denn es läuft ja darauf hinaus, einen – signalgebenden – Zustand A mit einer Intensitätsnullstelle räum-

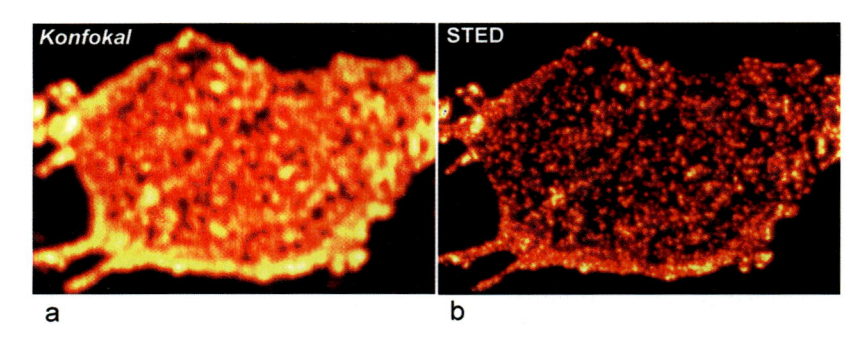

Abbildung 3: Verteilung eines fluoreszenzmarkierten Proteins (SNAP-25) auf einer Zellmembran. Im Gegensatz zu ihrem konfokalen Pendant löst die STED-Aufnahme (rechts) einzelne Proteincluster mit einer Auflösung von ~ 60 nm auf und erlaubt deren Größenbestimmung. SNAP-25 spielt bei der Verschmelzung von synaptischen Vesikeln mit der Zellmembran eine wichtige Rolle.

lich einzugrenzen und den Marker außerhalb der Nullstelle vorübergehend in einem dunklen Zustand B zu parken. Es muß daher auch andere Hell-Dunkel-Paare A und B geben, die für diese Zwecke geeignet sind [4, 5]. Solche Zustände sind zum Beispiel konformationelle Zustände von Molekülen, bei denen sich die Atome nach Lichtabsorption so umlagern, daß in dem einen Fall Fluoreszenz stattfinden kann und in dem anderen Fall nicht, also cis-trans Photoisomerisationen zwischen einem fluoreszenten und einem nicht-fluoreszenten konformationellen Zustand.

Zusammenfassend läßt sich feststellen, daß alle nanoskopischen Verfahren bisher darauf hinausliefen, vorübergehend einen signalgebenden Markerzustand A zu schaffen, der deutlich enger lokalisiert ist als $\lambda/2$. Der Ansatz, die Zustände des Markers in die Bildentstehung einzubeziehen, war der Schlüssel zum Durchbruch der Beugungsgrenze [3]. Daher stellt sich die Frage, ob die hier beschriebenen Verfahren grundsätzlich auf fluoreszente Objekte beschränkt sind? Die Antwort lautet: nein, denn die Fluoreszenz des Zustands A ist keine Voraussetzung für dessen räumliche Einengung. Ein Zustand A, der statt Fluoreszenz jedes andere meßbare Signal aussendet, würde sich genauso eignen, Abbes Grenze zu durchbrechen; denn diese Signale zeigen A nur an, um ihn von B abzuheben. Es wäre daher nicht überraschend, wenn in naher Zukunft auch für andere Kontrastverfahren der optischen Fernfeldmikroskopie die Beugungsgrenze durchbrochen würde.

Heute steht bereits fest, daß sich im Fluoreszenzkontrast Auflösungen von 15–50 nm realisieren lassen, was unlängst noch der Elektronenmikroskopie vorbehalten zu sein schien. Die Bedeutung, die diese Entwicklung für die Lebenswissenschaften haben wird, beginnt sich erst abzuzeichnen. Um zwei Beispiele zu nennen: STED-Mikroskopie konnte das neuronale Protein Synaptotagmin aus einzelnen neuronalen Bläschen (Vesikel) erstmals direkt an der Synapse auflösen und eine Debatte über seine Verteilung beenden [9], und man konnte herausfinden, wie viele Syntaxin-1-Proteine an der präsynaptischen Membran zusammenfinden müssen, damit Vesikel mit ihr verschmelzen können [11]. Führt man sich vor Augen, daß die meisten Proteininteraktionen der Zelle auf der Skala < 200 nm stattfinden und daß diese Skala bisher schwer nichtinvasiv zugänglich war, so läßt sich erahnen, daß der fernfeldoptischen „Nanoskopie" eine Schlüsselrolle in den Lebenswissenschaften zukommen wird. Nach allem, was wir heute wissen, ist davon auszugehen, daß binnen fünf Jahren ein optisches „Nanoskop" zum instrumentellen Standardrepertoire zellbiologischer Forschung gehören wird.

Literatur

1. D.W. Pohl, W. Denk, M. Lanz, *Appl. Phys. Lett.* 44, 651 (1984).
2. P. Guttmann *et al.*, *J. de* 104, 85 (2003).
3. S.W. Hell, J. Wichmann, *Opt. Lett.* 19, 780 (1994).
4. S.W. Hell, *Nature Biotechnol.* 21, 1347 (2003).
5. S.W. Hell, *Science* 316, 1153 (May 25, 2007).
6. S.W. Hell, *Phys. Lett. A* 326, 140 (2004).
7. M. Dyba, S.W. Hell, *Phys. Rev. Lett.* 88, 163901 (2002).
8. V. Westphal, S.W. Hell, *Phys. Rev. Lett.* 94, 143903 (2005).
9. K.I. Willig, S.O. Rizzoli, V. Westphal, R. Jahn, S.W. Hell, *Nature* 440, 935 (2006).
10. K. Willig, J. Keller, M. Bossi, S.W. Hell, *New J. Phys.* 8, 106 (2006).
11. J.J. Sieber *et al.*, *Science* 317, 1072 (2007).

STEPHAN KLASEN

Geschlechtsspezifische Ungleichheit und wirtschaftliche Entwicklung: Wechselwirkungen und Zusammenhänge

(Vortrag in der Plenarsitzung am 25. Mai 2007)

1. Einführung

Die Volkswirtschaftslehre hat sich traditionellerweise nicht mit Fragen von geschlechtsspezifischen Unterschieden befaßt. Das lag vor allem daran, daß in dieser Sichtweise Männer und Frauen in unterschiedlichen Sphären agieren. Männer sind im Markt aktiv, wo die Regeln des nutzenmaximierenden *homo oeconomicus* gelten, während Frauen hauptsächlich in der privaten Sphäre handeln, die von Altruismus und Kooperation geprägt ist.[1] Einzelne Ökonomen von Mill bis Engels haben zwar diese Trennung hinterfragt und geschlechtsspezifische Ungleichheiten thematisiert, aber die Auswirkungen solcher Anregungen auf die Disziplin waren begrenzt.

Stephan Klasen, Professor für Volkswirtschaftstheorie und Entwicklungsökonomik an der Georg-August-Universität Göttingen, O. Mitglied der Göttinger Akademie seit 2007

Diese strikte Trennung wurde in den letzten Jahrzehnten aber zunehmend hinterfragt. Dies geschah in empirischer Hinsicht durch die steigende Erwerbstätigkeit von Frauen in vielen Ländern der Welt, die die künstliche Trennung zwischen Markt und Haus untergrub, sowie durch dramatische Änderungen im demographischen Verhalten von Frauen und Männern in Bezug auf Ehe, Scheidung und Fertilität, die auch auf ökonomische Einflüsse zurückzuführen waren. Auch förderten empirische Untersuchungen

---

[1] Siehe Klasen (2003) für eine detaillierte Diskussion von Gender-Fragen in der Volkswirtschaftslehre.

seit den 80er Jahren erhebliche geschlechtsspezifische Unterschiede innerhalb von Haushalten in Bezug auf Lebensstandard, Gesundheit, Bildung, Entscheidungsgewalt etc. zutage. In theoretischer Hinsicht wurden vor allem durch den Nobelpreisträger Gary Becker, aber auch durch viele andere Forscher seit den 70er Jahren neue theoretische Modelle entwickelt, die zum einen die Interaktion zwischen Haushalt und Markt (z. B. bei Entscheidungen über Arbeitsbeteiligung) als auch die Entscheidungen innerhalb des Haushaltes (z. B. über Kinderzahl, Ehe, Scheidung und Güterverteilung innerhalb des Haushaltes) modellierten. Mit diesen neuen theoretischen Erkenntnissen konnte man beginnen, empirische Befunde über geschlechtsspezifische Unterschiede, deren Determinanten und die Wechselwirkungen mit dem Prozeß der wirtschaftlichen Entwicklung zu untersuchen. Mit diesen Fragen habe ich mich seit meiner Dissertation in den frühen 90er Jahren beschäftigt, und ich möchte hier beispielhaft Erkenntnisse über die Determinanten von geschlechtsspezifischer Ungleichheit in der Sterblichkeit und über den Einfluß von geschlechtsspezifischen Bildungsunterschieden auf das Wirtschaftswachstum erörtern.[2]

2. Geschlechtsspezifische Ungleichheit in der Sterblichkeit: das Missing Women Problem

Wie aus Abbildung 1 ersichtlich, ist das Geschlechterverhältnis (der Quotient aus der Anzahl von Personen männlichen und der von solchen weiblichen Geschlechts) seit 1960 größer als 1, d. h., es gab seitdem mehr Frauen als Männer auf der Welt. Projektionen in der Abbildung zeigen, daß ein Höhepunkt jetzt erreicht wurde und der relative Anteil der Frauen in den kommenden Jahrzehnten leicht abnehmen wird. Während in allen Industrieländern erheblich mehr Frauen als Männer leben, ist es in Teilen der Dritten Welt umgekehrt. Vor allem in Südasien, China, dem Nahen und dem Mittleren Osten und Nordafrika, die in Abbildung 1 als Regionen mit „missing women" bezeichnet werden, ist das Geschlechterverhältnis zugunsten der Männer deutlich größer als 1 und ist im Zeitablauf auch gestiegen. Der indische Ökonom und Nobelpreisträger Amartya Sen (mein Doktorvater in Harvard) verwies in den späten 80er Jahren auf diese Zahlen (Sen 1989; 1990) und behauptete, daß in diesen Regionen 100 Millionen Frauen „fehlten", und zwar aufgrund von geschlechtsspezifischer Ungleichheit in der Sterblichkeit. Insbesondere behauptete er, daß die Diskrimini-

---

[2] Detaillierte Ausführungen zu diesem Thema finden sich in Klasen und Wink (2002; 2003), Klasen (2002), Klasen und Lamanna (2007), Klasen (2007), und Klasen (2003a).

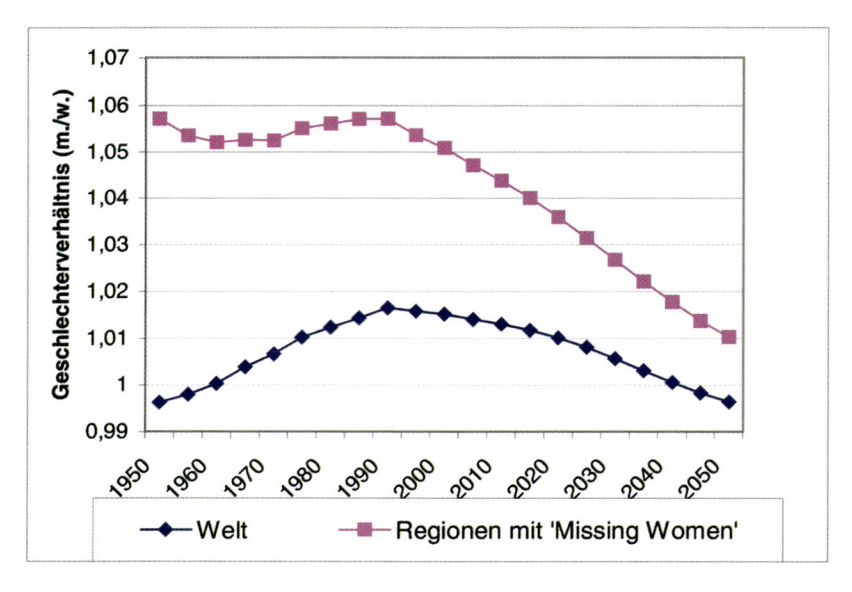

Abbildung 1: Entwicklung des Geschlechterverhältnisses. Die Regionen mit „Missing Women" umfassen Ostasien, Westasien, Südasien, und Nordafrika. Quelle: Klasen (2003a).

rung von Mädchen und Frauen bei der Verteilung von Gütern innerhalb des Haushaltes, vor allem bei der Verteilung von Nahrungsmitteln und von Ressourcen für die Gesundheitsversorgung, für diese Situation verantwortlich sei und über die Jahre zu dieser großen Zahl von „fehlenden" Frauen geführt habe.

Diese Behauptung bedarf genauerer Prüfung. In seiner Berechnung der Anzahl von „fehlenden" Frauen verglich Sen das tatsächliche Geschlechterverhältnis in einem Land mit einem „erwarteten", das sich einstellen würde, wenn keine Diskriminierung bei den Überlebenschancen vorliegen sollte. Seine damalige Berechnung war recht grob, und spätere Arbeiten von Coale (1991), Klasen (1994) und Klasen und Wink (2002; 2003) haben sie verfeinert, indem sie die vier Einflußfaktoren des „erwarteten" Geschlechterverhältnisses, nämlich das Geschlechterverhältnis bei der Geburt (hier gibt es einen leichten Männerüberschuss), geschlechtsspezifische Sterberaten ohne Diskriminierung (hier haben Frauen im ersten und nach dem fünfzigsten Lebensjahr erhebliche Überlebensvorteile), die Altersstruktur der Bevölkerung (aufgrund der beiden gerade genannten Faktoren würde man bei jungen Bevölkerungen ein höheres Geschlechterverhältnis zugunsten der Frauen erwarten) und die geschlechtsspezifische Migration berücksichtigten. In Tabelle 1 sind die neuesten Berechnungen dargestellt, die zeigen,

Tabelle 1: Anzahl der „fehlenden Frauen"

	Späte 80er und frühe 90er Jahre				Späte 90er Jahre und frühe 00er Jahre			
	Jahr	Tats. Geschlechterverhältnis	Erw. Geschlechterverhältnis	„Fehlende Frauen" (Mio.)	Anteil „fehlend" (%)	Jahr	Tats. Geschlechterverhältnis	Erw. Geschlechterverhältnis	„Fehlende Frauen" (Mio.)	Anteil „fehlend" (%)
China	1990	1.060	0.997	34.6	6.3 %	2000	1.067	1.001	40.9	6.7 %
Taiwan	1990	1.071	0.998	0.7	7.3 %	1999	1.049	1.002	0.5	4.7 %
Südkorea	1985	1.002	1.003	–0.0	–0.1 %	1995	1.008	1.000	0.2	0.7 %
Indien	1991	1.079	0.986	38.4	9.4 %	2001	1.072	0.993	39.1	7.9 %
Pakistan	1981	1.105	0.998	4.3	10.8 %	1998	1.081	1.003	4.9	7.8 %
Bangladesch	1981	1.064	0.977	4.6	8.9 %	2001	1.038	0.996	2.7	4.2 %
Nepal	1981	1.050	0.975	0.6	7.7 %	2001	0.997	0.992	0.1	0.5 %
Sri Lanka	1981	1.040	1.005	0.3	3.4 %	1991	1.005	1.006	0.0	0.0 %
Westasien	1985	1.073	1.002	3.9	7.1 %	2000	1.043	1.002	3.8	4.2 %
Davon: Türkei	1985	1.027	0.996	0.8	3.2 %	1990	1.027	1.003	0.7	2.4 %
Syrien	1981	1.050	1.000	0.4	5.0 %	1994	1.047	1.016	0.2	3.1 %
Afghanistan	1979	1.059	0.965	0.6	9.7 %	2000	1.054	0.964	1.0	9.0 %
Iran	1986	1.046	1.001	1.1	4.5 %	1996	1.033	0.996	1.1	3.7 %
Ägypten	1986	1.049	0.998	1.2	5.1 %	1996	1.048	1.003	1.3	4.5 %
Algerien	1987	1.024	0.997	0.3	2.7 %	1998	1.018	1.005	0.2	1.2 %
Tunesien	1984	1.038	0.993	0.2	4.5 %	1994	1.021	1.000	0.1	2.1 %
Subsahara Afrika	1990	0.980	0.962	4.9	1.9 %	2000	0.987	0.970	5.5	1.8 %
Gesamt				95.9	6.64 %				101.3	5.7 %

Da die Türkei und Syrien schon in der Schätzung unter Westasien miteingeschlossen sind, werden sie bei der Gesamtzahl nicht separat berücksichtig. Quelle: Klasen (2003a).

daß das Problem der weiblichen Übersterblichkeit besonders in Südasien und China weit verbreitet ist.[3]

Diese aggregierten demographischen Berechnungen werden auch durch genauere Untersuchungen von Sterblichkeit und Güterverteilung bestätigt (z. B. Chen et al. 1981; Das Gupta 1987; Muhuri and Preston 1991; Hazarika 2000; Asfaw et al. 2007). Diese Untersuchungen zeigen, daß sich die weibliche Übersterblichkeit in den betroffenen Regionen hauptsächlich auf das Kindesalter konzentriert, daß sie eher in ländlichen Gegenden auftritt und hauptsächlich auf Ungleichbehandlung beim Zugang zur Gesundheitsversorgung zurückzuführen ist. Es hat sich auch herausgestellt, daß Armut eine notwendige, aber nicht hinreichende Bedingung für solche Ungleichbehandlung ist, d. h., daß diese nur in Situationen von Ressourcenknappheit auftritt. In jüngster Zeit hat zudem vor allem in China (seit den 80er Jahren) und in Teilen Indiens (seit den 90er Jahren) geschlechtsspezifische Abtreibung eine wachsende Rolle bei der Erklärung des Geschlechterverhältnisses gespielt. Bemerkenswert ist auch, daß sich die Diskriminierung von Mädchen vor allem auf Mädchen mit mehreren älteren Schwestern konzentriert. Das deutet auf eine gezielte Diskriminierung innerhalb von Haushalten hin.

Dieses Phänomen läßt sich gut mit ökonomischen Modellen der Güterverteilung innerhalb von Haushalten analysieren. In Ländern, in denen kaum Sozialversicherungssysteme vorhanden und auch die Kapitalmärkte den meisten Menschen nicht zugänglich sind, sind Kinder die einzig mögliche Altersversicherung und von daher auch eine „Investition" in die eigene Altersvorsorge. Wenn dann Jungen aufgrund von geschlechtsspezifischer Arbeitsteilung oder Diskriminierung gegenüber Frauen im Arbeitsmarkt größere Verdienstmöglichkeiten haben und hauptsächlich die Söhne für die Altersversorgung der Eltern zuständig sind, während die Töchter bei der Heirat den Haushalt verlassen und sich um ihre Schwiegereltern kümmern werden, ist der Anreiz, in die Gesundheit und die Bildung der Söhne zu investieren, besonders groß. Wenn außerdem noch bei der Hochzeit der Töchter erhebliche Mitgiftzahlungen fällig sind, dann ist die Bereitschaft, in nachgeborene Töchter zu investieren, deutlich geringer. Genau dies beschreibt die Situation im Norden Indiens, in Pakistan und in weiten Teilen Chinas, wo das Problem der weiblichen Übersterblichkeit besonders gravierend ist. Gleichzeitig läßt sich empirisch nachweisen, daß in Regio-

---

[3] In den letzten Jahren hat es neue Kontroversen um die Berechnung der Zahl der „fehlenden" Frauen gegeben, die vor allem von Oster (2006) angefacht wurden. Siehe Das Gupta (2005) und Klasen (2007) für eine Diskussion dieser Kontroverse, die meiner Ansicht nach die oben genannten Berechnungen nicht in Frage stellt.

nen, wo Frauen höhere Beschäftigungs- und Verdienstchancen haben und die Alterssicherung der eigenen Eltern nicht nur von den Söhnen geleistet wird, wo Mitgiftzahlungen weniger bedeutend sind oder es sogar stattdessen Brautpreiszahlungen gibt (bei denen der Bräutigam den Eltern der Braut eine Zahlung für die Einwilligung zur Ehe leisten muß), die weibliche Übersterblichkeit deutlich geringer ist. Dies erklärt, warum im Süden Indiens, in Afrika südlich der Sahara, in Lateinamerika und in Südostasien dieses Phänomen kaum auftritt.

Schließlich läßt sich zeigen, daß die Politik dieses Phänomen sowohl positiv als auch negativ beeinflussen kann. Zum Beispiel ist es Sri Lanka gelungen, durch die kostenlose Bereitstellung von Gesundheitsversorgung und Nahrungsmitteln für Bedürftige die Diskriminierung bei den Überlebenschancen von Mädchen und Frauen vollständig zu überwinden. Wenn Haushalten der Zwang zur Rationierung bei Nahrungsmitteln und bei der Gesundheitsversorgung genommen wird, dann scheint auch nicht weiter diskriminiert zu werden. Auf der anderen Seite hat die Ein-Kind-Politik in China seit den 70er Jahren das Problem enorm verschärft, da Eltern unter diesen Bedingungen sicherzustellen versuchen, daß das einzige erlaubte Kind ein Junge ist. Strategien zur Erreichung dieses Zieles reichen vom illegalen Freigeben von Mädchen zur Adoption, von der Verheimlichung der Geburt von Mädchen bis hin neuerdings zu geschlechtsspezifischen Abtreibungen (siehe Klasen 2003b). Diese Beispiele zeigen, daß in der Tat die Politik Wege kennt, das uns hier interessierende Phänomen zu beeinflussen, und seine ökonomische Analyse gibt hier deutliche Hinweise.

Wie beeinflußt die wirtschaftliche Entwicklung die geschlechtsspezifische Ungleichheit in der Sterblichkeit? Wie aus Tabelle 1 ersichtlich, ist in den letzten 15 Jahren das Ausmaß des Problems etwas geringer geworden, vor allem im Nahen und im Mittleren Osten, in Nordafrika und in Teilen Südasiens, hier vor allem in Bangladesch und Nepal, wo sich sowohl der Anteil als auch in vielen Ländern die absolute Anzahl der „fehlenden Frauen" reduziert hat. Eine Kombination aus steigenden Bildungs- und Beschäftigungschancen für Frauen sowie geringerer Armut haben die Anreize und die Notwendigkeit für die Rationierung von Nahrungsmitteln und der Gesundheitsversorgung reduziert. Auf der anderen Seite hat sich die Situation vor allem in China deutlich verschlechtert, wofür hauptsächlich die oben erwähnte Ein-Kind-Politik verantwortlich ist. Wir sehen also, daß die wirtschaftliche Entwicklung zu einer Reduktion geschlechtsspezifischer Ungleichheit beitragen, diese Reduktion aber durch die Politik konterkariert werden kann.

3. Geschlechtsspezifische Bildungsungleichheit und Wirtschaftswachstum

Beispielhaft für den Einfluß von geschlechtsspezifischer Ungleichheit auf die wirtschaftliche Entwicklung soll hier noch kurz auf den Einfluß von geschlechtsspezifischen Bildungsunterschieden auf das Wirtschaftswachstum eingegangen werden. Geschlechtsspezifische Bildungsunterschiede sind besonders ausgeprägt in Südasien und in Afrika südlich der Sahara, wo viele Frauen nur halb so viele Schuljahre wie gleichaltrige Männer absolviert haben.

Es gibt eine Reihe von theoretischen Argumenten, die darauf hindeuten, daß derartige geschlechtsspezifische Bildungsunterschiede das Wirtschaftswachstum hemmen können. Danach wird die Auswahl von talentierten Kindern und Jugendlichen für Bildung und Beschäftigung bei einer Bevorzugung von Jungen künstlich verzerrt und damit das Niveau des Humankapitals gesenkt. Darüber hinaus hat die Bildung von Frauen einen erheblichen Einfluß auf den Geburtenrückgang, den Rückgang der Kindersterblichkeit und ein verbessertes Bildungsniveau aller Kinder in Entwicklungsländern. All diese Effekte können das Wirtschaftswachstum erheblich fördern. Die Größe dieser Einflüsse ist allerdings eine empirische Frage und wird im Rahmen von sogenannten Wachstumsregressionen untersucht. Diese Regressionen[4] haben gezeigt, daß geschlechtsspezifische Bildungsungleichheit einen wichtigen negativen Einfluß auf das Wirtschaftswachstum ausüben kann. In der Tat können beispielsweise fast 50 % des Unterschiedes im Wirtschaftswachstum der letzten Jahrzehnte zwischen Südasien und Ostasien auf Unterschiede in geschlechtsspezifischer Ungleichheit in der Bildung zurückgeführt werden (Klasen 2002). Damit ist geschlechtsspezifische Ungleichheit bei den Bildungschancen nicht nur ein „Gleichstellungsproblem", sondern in der Tat auch ein Effizienzproblem für die ganze Gesellschaft.

4. Ausblick

Dieser kurze Vortrag hat beispielhaft Wechselwirkungen zwischen wirtschaftlicher Entwicklung und geschlechtsspezifischer Ungleichheit untersucht. Dabei hat sich herausgestellt, daß geschlechtsspezifische Ungleichheit die wirtschaftliche Entwicklung reduziert, diese selbst aber wiederum geschlechtsspezifische Ungleichheit vermindern kann. Damit ergibt sich eine klassische Armutsfalle für arme Länder mit anfänglich großer geschlechtsspezifischer Ungleichheit, wobei diese geschlechtsspezifische Ungleichheit

---

[4] Siehe Knowles et al. (2002), Klasen (2002) und Klasen und Lamanna (2007).

sowohl Ursache als auch Konsequenz von fehlender wirtschaftlicher Entwicklung ist.[5] Wie aber oben erwähnt, läßt sich ein derartiger Teufelskreis durch gezielte politische Maßnahmen zur Reduktion von geschlechtsspezifischer Ungleichheit in Bildung, Gesundheit und Sterblichkeit aufbrechen.

Methodisch hat sich gezeigt, daß die Volkswirtschaftslehre wichtige Beiträge zur Analyse von Ursachen und Konsequenzen von Phänomenen leisten kann, die traditionellerweise nicht berücksichtigt wurden. Ich habe aufzuzeigen versucht, daß diese ökonomische Sichtweise die ethnologische und soziologische Literatur zu diesen Themen bereichern kann.

Literatur

Asfaw, A.S. Klasen, and F. Lamanna. 2007. Intrahousehold health financing and the gender gap in India. Universität Göttingen.
Chen, L. et al. 1981. Sex Bias in the Family Allocation of Food and Health Care in Rural Bangladesh. *Population and Development Review* 7: 55–70.
Coale, A. 1991. Excess female mortality and the balance of the sexes: An estimate of the number of missing females. *Population and Development Review* 17: 517–523.
Das Gupta, M. 1987. Selective discrimination against the female child in rural Punjab, India. *Population and Development Review* 13(1): 77–100.
Das Gupta, M. 2005. Explaining Asia's Missing Women: A new look at the data. *Population and Development Review* 31(3): 539–535.
Galor, O. and D.N Weil. 1996. The Gender Gap, Fertility, and Growth. *American Economic Review* 86: 374–387.
Hazarika, G. 2000. Gender Differences in Children's Nutrition and Access to Health Care in Pakistan. *The Journal of Development Studies*, 37 (1): 73–92.
Klasen, S. 1994. Missing Women Reconsidered. *World Development* 22: 1061–71.
Klasen, S. 2002. Low Schooling for Girls, Slower Growth for All? Cross-Country Evidence on the Effect of Gender Inequality in Education on Economic Development, *World Bank Economic Review* 16: 345–373.
Klasen, S. 2003. Gender in der Volkswirtschaftslehre. In Schönwalder-Kuntze, T.A. Heel, C. Wendel, und K. Wille (eds.) *Störfall Gender*, pp. 145–147. Hamburg: Westdeutscher Verlag (2003)
Klasen, S. 2003a. Weibliche Übersterblichkeit in Entwicklungsländern. In Ahrens, H. (ed.) *Neuere Ansätze der theoretischen und empirischen Entwicklungsländerforschung.* Berlin: Duncker und Humblot (2003).
Klasen, S. 2003b. Sex Selection. In Demeny, P. und G. McNicoll (Hrsg.) *Encyclopedia of Population* Vol II: 878–881. New York: Macmillan Reference USA (2003).
Klasen, S. 2007. Missing women: some recent controversies on levels and trends in gender bias in mortality. In Kanbur, R. and K. Basu (Hrsg): Basu, K. and Kanbur, R (eds)

---

[5] Solche Teufelskreise sind auch in theoretischen Modellen von Lagerlöf (2001) und Galor und Weil (1996) thematisiert worden.

(2008) *Social Welfare, Moral Philosophy and Development: Essays in Honour of Amartya Sen's Seventy Fifth Birthday.* Oxford: Oxford University Press.

Klasen, S. und F. Lamanna. 2007. The Impact of Gender Inequality in Education and Employment on Economic Growth in Developing Countries: Updates and Extensions. *Feminist Economics* (im Erscheinen).

Klasen, S. and C. Wink. 2002. A turning point in gender bias in mortality: An update on the number of missing women. *Population and Development Review* 28(2): 285–312.

Klasen, S. and C. Wink. 2003. Missing Women: Revisiting the Debate. *Feminist Economics* 9: 263–299.

Knowles, S., P. Lorgelly, and D. Owen. 2002. Are Educational Gender Gaps a Brake on Economic Development? Some Cross-Country Empirical Evidence. *Oxford Economic Papers* 54: 118–149.

Lagerlöf, N.P. 2003. Gender Equality and Long-Run Growth. *Journal of Economic Growth* 8: 403–426.

Muhuri, and S. Preston. 1991. Effects of family composition on mortality differentials by sex among children in Matlab, *Bangladesh Population and Development Review* 17: 415–434.

Oster, E. 2006. Hepatitis B and the Case of Missing Women. *Journal of Political Economy* 113(6) 1163–1216.

Sen, A. 1989. Women's Survival as a Development Problem. *Bulletin of the American Academy of Arts and Sciences* 43: 14–29.

Sen, A. 1990b. More than 100 million women are missing. *New York Review of Books*, December 20th.

CHRISTIAN GRIESINGER

Spionage im Inneren der Moleküle – von Spins bis Parkinson

(Vortrag in der Plenarsitzung am 25. Mai 2007)

In dem vorliegenden Bericht gebe ich einen kurzen Abriss der NMR-Spektroskopie und erlaube mir, da es sich um einen paraphrasierten Vorstellungsvortrag handelt, die eigenen Beiträge durch Zitate zu kennzeichnen.

Die kernmagnetische Resonanzspektroskopie (NMR-Spektroskopie) wurde in den 40er Jahren von Bloch und Purcell erfunden und hat sich zu der wichtigsten Methode mit atomarer Auflösung neben der Röntgenkristallographie in der Strukturchemie und Strukturbiologie entwickelt. Sie fokussiert damit auf Objekte im Nanometerbereich, die etwa neun Größenordnungen kleiner sind als Objekte der Magnetresonanztomographie (MRT oder MRI), die in der Akademie von Prof. Frahm vertreten wird. Die NMR-Spektroskopie beruht auf der

Christian Griesinger, Professor für Physikalische Chemie am Max-Planck-Institut für Biophysikalische Chemie in Göttingen, O. Mitglied der Göttinger Akademie seit 2007

Ausrichtung der magnetischen Kernmomente entlang einem angelegten äußeren Magnetfeld. Die so ausgerichteten Momente erzeugen eine makroskopische Magnetisierung ähnlich wie eine Kompassnadel. Durch kurzzeitig angeschaltete Radiofrequenzfelder (Pulse) kann diese makroskopische Magnetisierung senkrecht zum äußeren Magnetfeld ausgerichtet werden. Sie beginnt dann nach Abschaltung dieser Pulse, um das äußere statische Magnetfeld zu präzedieren. Dieses Signal kann aufgezeichnet und durch die Fouriertransformation in ein Spektrum verwandelt werden. Dieses Puls-Fourierverfahren wurde von Anderson und Ernst eingeführt. Die Präzessionsfrequenzen der Kerne hängen nicht nur von dem gyromagnetischen

Verhältnis des betrachteten Kerns ab, sondern auch von der chemischen Umgebung des Kerns, so daß leicht unterschiedliche Präzessionsfrequenzen für die gleiche Kernsorte in einem Molekül dadurch zustandekommen, daß die chemische Umgebung der Kerne verschieden ist. Diese sogenannte chemische Verschiebung, die die Kerne sozusagen unterschiedlich anfärbt, ist die Grundlage der Nutzbarmachung der NMR-Spektroskopie für die Strukturchemie und -biologie und wurde wenige Jahre nach der Erfindung der NMR-Spektroskopie von Yu entdeckt. Allerdings kann man die chemische Verschiebung selbst bei bekannter Konstitution und dreidimensionaler Struktur des Moleküls nicht hinreichend genau vorhersagen, um eine bestimmte Resonanzfrequenz einem bestimmten Atom im Molekül zuweisen zu können. Daher müssen mit einem zweiten Trick zuerst die Resonanzlinien des Spektrums den einzelnen Atomen im Molekül zugewiesen oder zugeordnet werden. Diese Zuordnungsaufgabe wird durch mehrdimensionale NMR-Spektren gelöst, in der nun mindestens zwei Kerne miteinander korreliert werden. Die Korrelation der Kerne erfolgt über deren chemische Verschiebungen. Ein „Ausschlag" oder Signal oder, wie die NMR-Spektroskopiker sagen, Kreuzsignal erscheint dann im zweidimensionalen NMR-Spektrum, wenn zwei Kerne eine bestimmte Wechselwirkung zeigen, an dem Kreuzungspunkt der chemischen Verschiebungen in einer zweidimensionalen Darstellung. Diese Darstellung trägt die zwei Frequenzachsen senkrecht aufeinander auf. Ein Kreuzsignal an der Kreuzungsstelle der Resonanzen der beiden Kerne zeigt dann im Umkehrschluß an, daß die beiden Kerne eine bestimmte magnetische Wechselwirkung unterhalten. Die zwei- oder mehrdimensionalen NMR-Spektren werden durch Abfolgen von Radiofrequenzeinstrahlungen (Pulssequenzen) erzeugt. Von diesen Abfolgen gibt es derzeit einige 1000, die jeweils unterschiedliche Spektrentypen erzeugen. Die zweidimensionale NMR-Spektroskopie wurde erstmals 1971 von Jeener beschrieben und dann von Ernst entwickelt.

Für die oben erwähnte Zuordnung werden Pulssequenzen verwendet, die die Kerne über Kopplungen verbinden, die von der dreidimensionalen Struktur (Konformation) der Moleküle nicht abhängen, sondern Kerne miteinander verknüpfen, die nur durch eine Bindung voneinander separiert sind. Durch mindestens vier, häufig aber mehr Experimente kann man auf diese Art und Weise alle Kerne, z. B. in einem Protein, verknüpfen und so zu einer vollständigen Zuordnung kommen. Resultat ist also dann die Zuweisung aller Resonanzen zu dem Atomkern im Molekül, der die Resonanz erzeugt.

Zweidimensionale Spektren haben interessante Eigenschaften. So ist es zum Beispiel möglich, Resonanzen, die sich in einem eindimensionalen

Spektrum untrennbar überlagern (z. B. exakt die gleiche chemische Verschiebung), in zweidimensionalen Spektren zu entzerren (Auflösungsverbesserung). Dies geht so weit, daß Wechselwirkungen von einem Kern zum nächsten, sogenannte Kopplungen, in zweidimensionalen Spektren auch dann gemessen werden können, wenn die Kopplungsstärke deutlich kleiner als die homogene Linienbreite ist.[1] Damit unterschreitet man massiv die vermeintlich durch die Heisenbergsche Unschärferelation gesetzte Grenze. Dieses Verfahren konnte eingesetzt werden, um z. B. Kopplungen von etwa 0.2 Hz bei einer homogenen Linienbreite der Resonanzen von 2 Hz zu messen[2]. Ein weiteres vermeintliches Paradoxon ist die parallele Detektion von Observablen, die durch nicht-kommutierende hermitesche Operatoren dargestellt werden. Diese kombinieren dann zu nicht-hermiteschen Operatoren, die in der NMR als einziger Methode direkt detektiert werden können. Da die Urväter der Quantenmechanik aber die klassischen hermiteschen Operatoren im Fokus hatten, wurden die nicht-hermiteschen Operatoren mathematisch stiefmütterlich behandelt, und ihre mathematischen Eigenschaften wurden erst vor etwa 10 Jahren im Hinblick auf die Optimierung ihrer wechselseitigen Umwandlungen untersucht[3]. Die Anwendung dieser Untersuchungen war das Auffinden von verbesserten Pulssequenzen mit gesteigerter Empfindlichkeit[4].

Ich habe auf zwei und mehr-dimensionale Spektren hingewiesen. In der Tat können drei-[5] und vierdimensionale Spektren aufgenommen werden, indem einfach weitere Frequenzachsen hinzugenommen werden. Eines der ersten so aufgenommenen dreidimensionalen NMR-Spektren ist in Abb. 1 gezeigt. Drei- und vierdimensionale NMR-Spektren erhöhen die Dispersion weiter und sind damit ein unerläßliches Werkzeug des NMR-spektroskopischen Strukturbiologen, der sich mit Proteinen oder Oligonukleotiden beschäftigt, die einige 1000 Resonanzen im eindimensionalen Spektrum vorweisen.[5]

Die bisher beschriebenen Methoden liefern am Ende eine Zuordnung einer jeden Resonanzlinie im NMR-Spektrum mit dem sie verursachenden Kern. Wie kommt man nun weiter, und was für Fragen können beantwortet werden, und wo liegen die Herausforderungen?

NMR als strukturbiologische Methode „muß" in der Lage sein, Strukturen zu liefern. In der Tat gelingt dies mit einem zugeordneten Spektrum, indem Distanzen zwischen Kernen quantitativ gemessen werden. Eine dreidimensionale Struktur eines Proteins ist ja prinzipiell durch einen Satz von internuklearen Distanzen beschrieben. Diese werden durch den sogenannten NOE quantitativ zugänglich gemacht. In einem zwei- oder höherdimensionalen NOESY erscheinen Kreuzsignale zwischen allen sol-

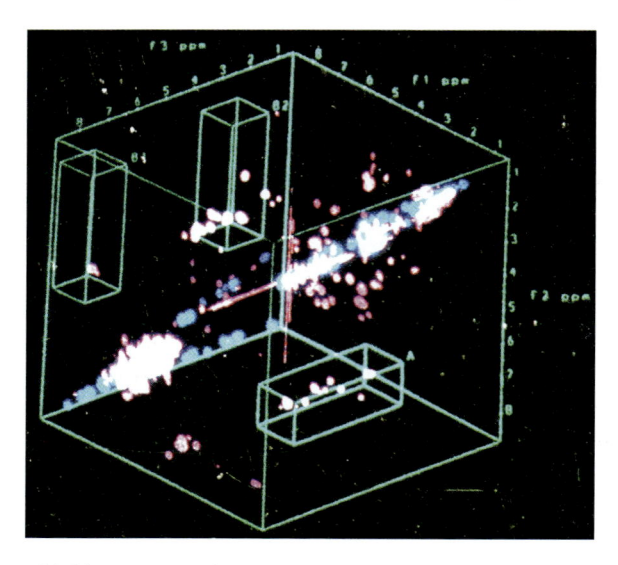

Abbildung 1: Dreidimensionales NMR-Spektrum eines Peptides, in dem drei Wasserstoffresonanzen miteinander korreliert werden.

chen Kernen, die einen Abstand in der dreidimensionalen Struktur von bis zu etwa 5 oder 6 Å haben. Das Integral I dieser Kreuzsignale ist dabei quantitativ mit der Distanz r über eine Relation: $I \sim r^{-6}$ verbunden. Wertet man alle Kreuzsignale in einem NOESY aus, so erhält man darauf einen Satz von quantitativen Distanzen, mit dessen Hilfe man dann die dreidimensionale Struktur des Proteins oder allgemeiner Biomoleküls bestimmen kann. Dabei werden diese experimentellen „Restraints" in ein Molekulardynamikprogramm gefüttert. Das Molekulardynamikprogramm findet dann Strukturen, die diese „Restraints" erfüllt. Dieser Weg der Strukturbestimmung ist erstmals von Kurt Wüthrich beschritten worden. Strukturen sind die Grundlage des Studiums von Dynamik. So kann mit Hilfe der NMR-Spektroskopie die Beweglichkeit von Teilen eines Moleküls direkt bestimmt werden, und zwar sowohl in Bezug auf die Zeitskala als auch in Bezug auf die Amplitude. Die Zeitskalen können dabei von ps bis h variieren. Für jede Zeitskala gibt es bestimmte Parameter und Experimente, Kinetik und Dynamik zu bestimmen. Schnelle Dynamik im Bereich unter etwa 50 µs kann dabei nur im Gleichgewicht untersucht werden, während langsamere Dynamik auch mit Hilfe von getriggerten Reaktionen „real time" verfolgt werden kann.

In meinem Vorstellungsvortrag bin ich auf ein Beispiel eingegangen, an dem die erwähnten Methoden zum Einsatz kamen. Dieses Beispiel bezieht sich auf die strukturbiologische Charakterisierung von α-Synuklein in seinen verschiedenen Oligomerisierungszuständen. α-Synuklein ist ein wasserlösliches Protein mit 140 Aminosäuren ohne globuläre Struktur (ein sogenanntes „intrinsically unfolded protein" oder IUP), das im wesentlichen in der Nähe von Synapsen in Nervenzellen gefunden wurde. Es ist zumindest in Mäusen nicht essentiell und erzeugt keinen Krankheitsphänotyp. Es wird als die Hauptkomponente bei allen Parkinson-Patienten in sogenannten Lewy Bodies gefunden. In Tiermodellen führt eine Überexpression von α-Synuklein zu einer Reduktion der Überlebenszeit der entsprechenden Tiere, womit das Protein krankheitsrelevant erscheint. Das Protein kommt monomer, in verschieden großen Oligomeren und in Polymeren (Fibrillen) vor. Aufgrund des Fehlens globulärer Struktur kann das Protein nicht mit der Röntgenstrukturanalyse untersucht werden. Im NMR-Spektrum erkennt man sofort das Fehlen globulärer Struktur anhand der geringen Dispersion der Signale im Amid-Bereich (N,H-Korrelation). Obwohl das Protein nicht globulär ist, hat es eine bevorzugte dreidimensionale Anordnung. Diese kann zwar nicht durch den oben erwähnten NOE nachgewiesen werden, wohl aber durch Distanzmessungen zwischen einem Spinlabel (Radikal) und einzeln allen Kernen im Protein. Der Spinlabel wird an einem molekularbiologisch hineinmutierten Cystein angebracht. Auf diese Weise erhält man für jede Cystein-Mutante den mittleren Abstand einer jeden der 140 Aminosäuren zu dem Spinlabel[6]. Es gelingt nun mit Hilfe dieser Daten, ein Ensemble zu berechnen, das aus einer Vielzahl von unterschiedlichen Strukturen besteht, die in ihrer Gesamtheit die experimentellen Distanzparameter erfüllen[7]. Dieses Ensemble ist im Einklang mit Messungen etwa des „Gyrationsradius" oder von Kleinwinkel-Röntgenstreuexperimenten, die keine atomare Auflösung liefern, sondern das Ensemble nur grob beschreiben können. Auf diese Weise konnte nachgewiesen werden, daß bestimmte Aminosäuren für die Stabilisierung des Ensembles eine herausragende Rolle spielen. Mutiert man diese in andere Aminosäuren, so entfaltet sich in der Tat das α-Synuklein stärker, verliert seine teilgefaltete Struktur und aggregiert schneller. Letzterer Befund ist zwar eine Korrelation zweier Eigenschaften, nicht der Nachweis eines kausalen Zusammenhanges, der aber die Vermutung zuläßt, die dann auch durch andere Befunde bestärkt wird, daß ein Verlust der globulären Struktur des monomeren α-Synukleins die Keimbildung der Aggregation beschleunigt. Der Befund wird von der rein biophysikalischen Ebene in eine medizinisch relevante Ebene gehoben. Man findet nämlich in Parkinson-Tiermodellen, daß derartige Mutanten auch höher toxisch sind als der Wildtyp. So gelingt es zum ersten Mal, basierend auf experimentell

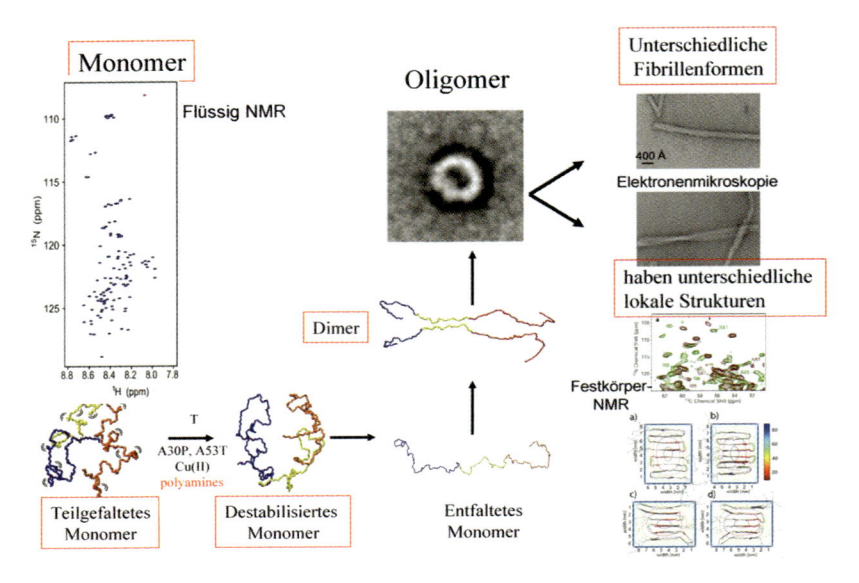

Abbildung 2: Strukturbiologische Sicht der Aggregation von α-Synuclein: Das Monomer wird mit Lösungs-NMR, die Fibrille mit Festkörper-NMR untersucht. Repräsentative Strukturen sind angedeutet.

in vitro bestimmten Strukturensembles eines IUPs, korrekte Vorhersagen für das *in-vivo*-Verhalten zu machen. Mit Hilfe der NMR-Spektroskopie in fester Phase gelingt es auch, Strukturmodelle in der fibrillären Form zu gewinnen. Diese sogenannte Festkörper-NMR-Spektroskopie unterscheidet sich von der NMR-Spektroskopie in Lösung im wesentlichen dadurch, daß die schnelle rotatorische Diffusion von löslichen Proteinen hier nicht auftritt, z. B. weil eine Fibrille ein viel zu hohes Molekulargewicht hat und unlöslich ist. Man kompensiert die fehlende Rotation dann durch eine schnelle Rotation um den magischen Winkel (54°), erhält dann wieder sehr scharfe Resonanzlinien auch in Proteinen und wendet adaptierte, verwandte Techniken für die Zuordnung und die Distanzmessungen an. Die Festkörper-NMR liefert also Strukturmodelle für die Fibrillen von α-Synuclein. Wiederum hier der Hinweis, daß mittels der Röntgenstrukturanalyse derartige Fibrillen wegen der strukturelle Heterogenität nicht untersucht werden können. Mit Hilfe der NMR konnten also die beiden „Grenzzustände" des α-Synukleins untersucht werden, das Monomer und das Polymer oder die Fibrille (Abb. 2). Beim Monomer konnten schon zutreffende Vorhersagen formuliert werden, nämlich die beschleunigte Aggregation bei Destabilisierung des Monomers. Auch aus der nun bekannten

Struktur der Fibrille haben wir Mutanten vorhergesagt, die in der Tat keine Fibrillen mehr bilden. Interessanterweise reicht der Austausch einer Aminosäure aus.

Diese Mutanten erlauben nun die Untersuchung der nächsten krankheitsrelevanten Frage, nämlich, was die toxische Spezies ist. Für den Fall, daß Fibrillen toxisch sind, sollte die Mutante *in vivo* gut vertragen werden. Für den Fall, daß die Fibrillen nicht-toxische Abfallformen des aggregierenden Proteins sind, sollte die Toxizität im Tiermodell gesteigert sein. In der Tat wird letzteres gefunden. Zusammenfassend kann man sagen, daß auf diese Weise die NMR-basierte Strukturbiologie Toxizitätsmodelle von Aggregopathien aufstellen kann. Durch die Befunde bewegt sich der Fokus des Interesses nun auch auf die oligomeren Spezies des α-Synuclein, den Mechanismus der Toxizität der Oligomere und die Beeinflussung dieses Mechanismus. Diese Arbeiten mit dem Ziel der Frühdiagnostik und Therapie sind derzeit im Gange.

Ich habe Aspekte der Dynamik von Biomolekülen schon erwähnt, die mit Hilfe der NMR-Spektroskopie charakterisiert werden können. Diese führen zu einem immer detaillierteren Bild der Verbindung zwischen Funktion und Dynamik von Proteinen. Auch werden immer komplexere Proteine, insbesondere Membranproteine, der NMR-spektroskopischen Untersuchung zugänglich.

Herausforderungen der nächsten Jahre in der NMR-Spektroskopie sind die Untersuchung größerer Biomoleküle und Komplexe in möglichst nativen Umgebungen und die Korrelation mit Funktion. Die Bestimmung der Dynamik innerhalb von Proteindomänen und von Domänen gegeneinander und die Beschreibung von Strukturensembles stellen große Herausforderungen dar. Schließlich ist die NMR im wesentlichen durch das frequenzbedingt schwache Signal limitiert, so daß weltweit an der Steigerung der Empfindlichkeit gearbeitet wird. Von Ergebnissen auf diesen verschiedenen Feldern wird sicherlich bei der einen oder anderen Akademiesitzung zu berichten sein.

Anmerkungen

[1] „Correlation of Connected Transition by Two-Dimensional NMR Spectroscopy", C. Griesinger, O. W. Sørensen, and R. R. Ernst, *J. Chem. Phys.* 85, 6837–6851 (1986)

[2] „Practical Aspects of the E.COSY Technique, Measurement of Scalar Spin-Spin Coupling Constants in Peptides", C. Griesinger, O. W. Sørensen and R. R. Ernst, *J. Magn. Reson.* 75, 474–492 (1987)

[3] „Unitary Control in Quantum Ensembles: Maximizing Signal Intensity in Coherent Spectroscopy", S. J. Glaser, T. Schulte-Herbrüggen, M. Sieveking, O. Schedletzky, N. C. Nielsen, O. W. Sørensen, and C. Griesinger, *Science* 280, 421–424 (1998)

[4] „Novel Pulse Sequences with Sensitivity Enhancement for In-Phase Coherence Transfer Employing Pulsed Field Gradients", M. Sattler, P. Schmidt, J. Schleucher, O. Schedletzky, S. J. Glaser, and C. Griesinger, *J. Magn. Reson. B* 108, 235–242 (1995)

[5] „A Practical Approach to Three-Dimensional NMR Spectroscopy", C. Griesinger, O. W. Sørensen, and R.R. Ernst, *J. Magn. Reson.* 73, 574 (1987); „Three Dimensional NMR Spectroscopy of a Protein in Solution", H. Oschkinat, C. Griesinger, P. J. Kraulis, O. W. Sørensen, R. R. Ernst, A. Gronenborn, and G. M. Clore, *Nature*, 332, 374–376 (1988)

[6] „Release of long-range tertiary interactions potentiates aggregation of natively unstructured α-synuclein" C. W. Bertoncini, Y.-S. Jung, C. O. Fernandez, W. Hoyer, C. Griesinger, T. M. Jovin, M. Zweckstetter, *Proc. Natl. Acad. Sci. USA* 102, 1430–1435 (2005)

[7] „Defining Long Range Order and Local Disorder in Native α-Synuclein using Residual Dipolar Couplings", Pau Bernadó, Carlos W. Bertoncini, Christian Griesinger, Markus Zweckstetter and Martin Blackledge, *J Am Chem Soc*.127(51):17968–9 (2005)

Ute Daniel

Kulturgeschichte der Massenmedien

(Vortrag in der Plenarsitzung am 20. Juli 2007)

Kulturgeschichte der Massenmedien – das klingt vielleicht zuerst einmal wie die Anwendung eines historiographischen Weichspülerprogramms auf ein zweites: Ist nicht die Geschichte der Massenmedien so etwas wie die Imago der Imagines, also die Duplizierung des Abgebildeten und damit eine eher überflüssige wissenschaftliche Operation? Und Kulturgeschichte – evoziert dieser Terminus nicht die Überschätzung der sogenannten „weichen Faktoren" wie Wahrnehmungsweisen und Sinnstiftungen und damit die akademische Überhöhung der historischen Paraphernalia?

Ich möchte hier eine andere Vorstellung davon plausibel machen, was

Ute Daniel, Professorin für Neuere Geschichte an der Technischen Universität Braunschweig, O. Mitglied der Göttinger Akademie seit 2007

sich unter einem Projekt namens Kulturgeschichte der Massenmedien verstehen läßt – nämlich eine Vorstellung, die die Herausforderung der Kulturgeschichte gleichzeitig bescheidener und grundlegender aufgreift: Bescheidener insofern, als es nicht darum geht, gewissermaßen neben der bisherigen Geschichtsschreibung eine völlig andere zu etablieren, die beansprucht, gänzlich neue Gegenstandsbereiche – eben die berüchtigten „weichen" Faktoren der Geschichte – einseitig zu privilegieren und damit zu völlig neuen Ufern der Geschichtsbetrachtung vorzustoßen. Das wäre ein Anspruch, der behaupten würde, das bisher gängige Ensemble geschichtswissenschaftlicher Gegenstände wie Staaten, Politik, Kriege, soziale Bewegungen und soziale Ungleichheiten etc. durch die Paraphernalia, die Arabesken der historischen Gegebenheiten, also durch Symbole und Wahrnehmungen, Diskurse und Texte zu ersetzen. Dann wäre etwa die Kulturgeschichte der Ewigkeitsvorstellungen in Zukunft wichtiger als, sagen wir, die Geschichte von Kriegen. In meiner Lesart von Kulturgeschichte findet keine solche radikale Aufräumaktion unter den historiographischen Gegenständen statt – diese Gegenstände vermehren sich allerdings: Neben der Kriegsgeschichte stehen dieser Lesart zufolge nunmehr auch solche wie Ewigkeitsvorstellungen. Insofern also ist das, was ich unter Kulturgeschichte verstehe, bescheidener als das, was der sogenannten „kulturalistischen Wende" vielfach unterstellt wird.

Gleichzeitig jedoch möchte ich plausibel machen, daß in gewisser Hinsicht eine solchermaßen bescheidenere Version der Kulturgeschichte grundlegender ist, als es eine Verabsolutierung der sogenannten weichen Faktoren der Geschichte wäre. Die Kulturgeschichte, wie ich sie verstehe, spart die klassischen Gegenstände der Geschichtsschreibung nicht aus. Aber sie verändert sie. Der gewissermaßen klassischste unter den klassischen Gegenständen, die Geschichte der Außenpolitik und der internationalen Beziehungen zum Beispiel, nimmt unter kulturgeschichtlicher Betrachtung eine andere Gestalt an. Er verliert an diachroner Pfadgenauigkeit und wuchert gleichzeitig synchron. Kulturgeschichtlich betrachtet, gibt es keinen eindeutigen Verlauf der Geschichte der zwischenstaatlichen Beziehungen beispielsweise zwischen 1871 und 1914, der – je nach herkömmlicher Lesart – bestimmt wird von dem Faktum der deutschen Reichseinigung, der Bündniskonstellationen oder der ökonomischen Strukturen. Vielmehr gewinnen alle diese Fakten ihre Faktizität jeweils vor dem Hintergrund der zeitgenössischen Deutungen, Wahrnehmungen und Problemkonstellationen – also in ihren synchronen und immer schon gedeuteten Beziehungen zu anderen zeitgleichen Phänomenen. Im Folgenden möchte ich eine fundamentale Wechselwirkung zwischen Massenmedien und sogenannter allgemeiner Geschichte herausgreifen, nämlich die Veränderung des Gesellschaftsbildes, die im Umfeld des Ersten Weltkriegs beobachtbar ist und deren Zusammenhang mit dem Phänomen der massenmedialen Durchdringung – das damals unter dem Begriff der Propaganda diskutiert wurde – dazu führte, eine neue Gesellschaftsform zu diagnostizieren. Die Diagnose kommt dem, was wir heute Mediengesellschaft nennen, sehr nahe (ohne daß dieser Begriff damals verfügbar war), d. h. einer Gesellschaft, deren integrative und segregative Dynamiken ohne Bezug auf die massenmediale Dimension nicht mehr erfaßbar sind.

Im Jahr 1927 erschien das Buch „Propaganda Technique in the World War" von Harold Lasswell, einem Mitgründer der amerikanischen Politikwissenschaft. Über eine reine Bestandsaufnahme und Analyse der Weltkriegspropaganda gingen Lasswells Befunde allerdings weit hinaus:

> „(...) Propaganda ist eines der mächtigsten Instrumente der modernen Welt. (...) In der modernen Gesellschaft ist es nicht länger möglich, die Unberechenbarkeiten der Individuen durch Kriegstänze zusammenzubinden; ein neues und subtileres Mittel muß Tausende, ja Millionen von menschlichen Wesen in eine einzige Masse von Hass und Wollen und Hoffnung zusammenschmelzen. Das neue Gegengift gegen Eigenwilligkeit ist Propaganda. Wenn die Massen frei von Eisenketten sein wollen, müssen sie silberne Ketten akzeptieren. Wenn sie nicht lieben, ehren und gehorchen wollen, müssen sie damit rechnen, verführt zu werden."[1]

Zweierlei fällt an dieser Aussage auf: das von Kontrollverlustängsten geprägte Gesellschaftsbild sowie die Vorstellung, Propaganda könne Kontrolle in neuer Form ermöglichen. Beides war keineswegs ein Spezifikum dieses Autors, sondern in den Jahrzehnten um 1900 eine Art *communis opinio* derjenigen, die sich wissenschaftlich, als Praktiker oder als räsonierende Beobachter ihrer Gegenwart mit der Bedeutung der Medien auseinandersetzten.

Das große Klagelied des Kontrollverlustes war um 1900 nicht neu. Doch es wurde unter dem Eindruck einer alarmierenden Zunahme von ubiquitärer Ambivalenz angestimmt. Was es um 1900 so schwierig machte, ambivalenzfreie Zukunftsentwürfe zu formulieren, war das durch und durch ambivalente neue Menschenbild, dessen Wirkung sich kein Teil des politischen Spektrums entziehen konnte. Dieses Menschenbild wurde in der Sprache der neuen Humanwissenschaften, insbesondere der Psychologie, der Evolutionsbiologie sowie der Psychoanalyse, wissenschaftlich begründet und zur *communis opinio* der zeitgenössischen Selbstthematisierungen. Der neue Mensch der „Massenpsychologie" war von animalischen Trieben, unbewußten Bedürfnissen und akutem Mangel an Rationalität bestimmt. Vor dem Hintergrund dieses neuen Menschenbildes veränderten sich die überkommenen Vorstellungen über die Art und Weise, wie Gesellschaften regiert bzw. kontrolliert werden. Im deutschen Kaiserreich diagnostizierte etwa der Sozialwissenschaftler Max Weber im Mai 1918 eine unaufhaltsame „Demokratisierung des Parteibetriebes auf der Linken wie auf der Rechten".[2] Damit meinte er den neuen Einfluß der „'Masse' als solche(r)

---

[1] Harold D. Lasswell: Propaganda Technique in the World War. London, New York 1927, S. 220 ff. (Übers. UD).

[2] Max Weber: Parlament und Regierung im neugeordneten Deutschland (Mai 1918), in: ders.: Gesammelte politische Schriften, hg. von Johannes Winckelmann. Tübingen, 3. erneut vermehrte Aufl. 1971, S. 306–443, hier: 406.

(einerlei, welche sozialen Schichten sie im Einzelfall zusammensetzen)", die "nur bis übermorgen" denke, weil sie, "wie jede Erfahrung lehrt, stets der aktuellen rein emotionalen und irrationalen Beeinflussung ausgesetzt" sei.[3] Adäquate Führerauslese könne unter diesen neuartigen Bedingungen nur die "moderne Massenpropaganda"[4] gewährleisten:

> "Denn nicht die politisch passive 'Masse' gebiert aus sich den Führer, sondern der politische Führer wirbt sich die Gefolgschaft und gewinnt durch 'Demagogie' die Masse. Das ist in jeder noch so demokratischen Staatsordnung so."[5]

Die Jahre des Ersten Weltkriegs waren es, die alle genannten Aspekte – das psychologisierte, die Manipulationsanfälligkeit betonende neue Menschenbild, den Kontrollverlust angesichts der verstärkt empfundenen Unübersichtlichkeit sowie die Frage nach den (je nach Lesart bedrohlichen oder aber erforderlichen) neuen politischen Lenkungsmöglichkeiten im massendemokratischen und massenmedialen Zeitalter – unter dem Oberbegriff der Propaganda zusammenführten. Die Weltkriegsjahre hoben gleichzeitig das Problem auf eine neue Dringlichkeitsstufe. In allen kriegführenden Staaten war im Lauf der Kriegszeit die aktiv nach außen wie nach innen betriebene Propaganda in den Rang eines wichtigen Kriegsmittels eingerückt. Überall wurden zwischen August 1914 und November 1918 zahlreiche Personen und Institutionen damit beschäftigt, Flugblätter zu entwerfen, deren Abwurfvorrichtungen zu verbessern, Filme zu drehen, Frontberichterstattung zu organisieren, die eigenen Soldaten zu indoktrinieren, zur Jagd auf die inneren Feinde aufzurufen und Kriegsziele und Friedensvorschläge zu propagieren. Und unmittelbar nach dem Ende des Kriegs publizierten alle diese Fachleute persuasiver Kommunikation ihre Berichte über das Geleistete, die in den Buchhandlungen neben den ebenso zahlreichen Anklageschriften derjenigen standen, die sich als Opfer der Propaganda ganz allgemein oder aber insbesondere derjenigen der ehemaligen Feinde, der eigenen Regierung oder der jeweiligen Alliierten fühlten.

So unbezweifelbar es ist, daß in diesem ersten Weltkrieg des massenmedialen Zeitalters mit großer Intensität versucht wurde, Einfluß darauf zu nehmen, wie die Menschen im eigenen oder im Feindesland das Kriegsgeschehen interpretierten, so zweifelhaft sind die tatsächlichen Effekte dieser gigantischen Manipulationsindustrie. Tatsache ist nur eines: daß die Zeitgenossen des Weltkriegs, unabhängig von ihrer Nationalität und von ihrer

---
[3] Ebd., S. 404.
[4] Ebd., S. 384.
[5] Ebd., S. 401.

politischen Einstellung, nahezu unisono von einer immens starken, nahezu unwiderstehlichen Wirkung der Propaganda ausgingen.

Hinter die überwältigende Evidenz, die die gefühlte Wucht der Kriegspropaganda ausstrahlte, führte kein Weg mehr zurück. Die Gesellschaften, so schien es nunmehr, konnten nur noch regiert werden, wenn man mittels persuasiver Kommunikation ihre psychischen, sozialen und materiellen Fliehkräfte band und beherrschte. Das Phänomen der Propaganda fand deswegen zunehmend Eingang in die gesellschaftlichen Selbstthematisierungen, was diese in Richtung dessen tendieren ließ, was heute „Mediengesellschaft"[6] heißt: Sie beschrieben eine Vergesellschaftungserfahrung, die ohne massenmediale Beteiligung nicht mehr vorstellbar war, und eine Politikerfahrung, die die neuen Manipulationsmöglichkeiten zumindest in Rechnung stellen, wenn nicht einplanen mußte. Propaganda war der Kitt, der die Gesellschaften zusammenhielt und zu einer handlungsfähigen Einheit formte; wie der deutsche Sozialwissenschaftler Johann Plenge es ausdrückte:

> „(...) die Gesellschaftslehre (gipfelt) in der Organisationslehre, in der Lehre von der praktischen Kunst, menschliche Willen zur Einheit zusammenzufassen und als Einheit zu bestätigen. Diese praktische Seite der Gesellschaftslehre ist ohne Propaganda nicht denkbar. (...) Sagen wir: ausgleichende Ordnung, zusammenfassende Organisation soll in freiem Zusammenwirken aus dem Chaos wieder den Kosmos machen, so rufen wir nach stärkster Propaganda von stärkster Überzeugungskraft."[7]

Dass die überlieferte Idee der Demokratie schwerlich mit diesem Gesellschaftsbild vereinbar war, blieb diesen Zeitdiagnostikern nicht verborgen – auch wenn nicht alle die Ersetzung des mündigen, autonomen, durch sein kundiges Urteil und Wahlverhalten die Politik bestimmenden Bürgers durch einen an den Strippen persuasiver Kommunikation durchs Leben gezerrten Massenmenschen so drastisch ausmalten wie der eingangs zitierte Harold Lasswell. Auch für ihn waren Gesellschaft und Demokratie ohne massive mediale Steuerung nicht mehr denkbar: Am silbernen Seil der Propaganda müsse das unberechenbare Individuum geführt werden, wenn Gesellschaft überhaupt möglich sein sollte.

Politische Propaganda, *public relations* und der an Kino und Rundfunk beobachtbare Ausbau des massenmedialen Ensembles fusionierten zu ei-

---

[6] Carey Ross schlägt den Begriff „Mediendemokratie" für die Nachkriegszeit des Ersten Weltkriegs und ihren Diskurs über die neue Form der Vergesellschaftung vor; Carey Ross: Mass politics and the techniques of leadership: The promise and perils of propaganda in Weimar Germany, in: German History, 24, 2006, H. 2, S. 184–211, hier: 184.

[7] Johann Plenge: Deutsche Propaganda. Die Lehre von der Propaganda als praktische Gesellschaftslehre. Bremen 1922, S. 13, 42.

nem als außerordentlich bedrohlich wahrgenommenen Szenario ubiquitärer Verführung und Täuschung. Diesen Befund teilten „linke" wie „rechte" Zeitdiagnosen gleichermaßen, und zwar in allen Industrieländern. Ihre Schwerpunktsetzungen unterschieden sie jedoch: Liberale und Linke reagierten alarmiert auf die Gefährdungen von Demokratie und Meinungsfreiheit durch Faschismus und Nationalsozialismus, und sie stießen sich daran, daß die Allgegenwart persuasiver Kommunikationstechniken die amerikanische Gesellschaft ebenso auszeichnete wie die faschistische und die nationalsozialistische. Technokratische Zeitdiagnostiker wie der eingangs zitierte Harold Lasswell empfahlen demgegenüber, die neuen Manipulationsmöglichkeiten zu nutzen, die Demokratie also durch den Einsatz von Propaganda vor Propaganda zu schützen.

Rückblickend ist erkennbar, daß es Lasswells Auffassung von „Mediengesellschaft" war, der die kommenden Jahrzehnte folgten: indem im Umfeld des Zweiten Weltkriegs und in der Zeit des Kalten Kriegs weltweit der Medieneinsatz und die aktiv betriebene Propaganda in den Rang eines zentralen politischen Lenkungsmittels aufrückten. Die mit dieser Auffassung verbundene Vorstellung einer übermächtigen Medienwirkung, mittels derer Menschen nahezu grenzenlos manipuliert werden können, verlor in den Jahrzehnten nach dem Zweiten Weltkrieg nach und nach ihre Glaubwürdigkeit – ironischerweise genau dann, als die nicht mehr nur vorgestellte, sondern reale Mediengesellschaft unserer Tage Wirklichkeit wurde: eine Mediengesellschaft, in welcher Massenmedien und real existierende Demokratie zu einer neuen Form der Politikgestaltung fusioniert sind, in der Akteure, Medienmacher und Rezipienten eines gemeinsam haben: daß sie zwischen der Repräsentation der Wirklichkeit und der Wirklichkeit der Repräsentation kaum mehr unterscheiden können.

EVA SCHUMANN

Beiträge studierter Juristen und anderer Rechtsexperten zur Rezeption des gelehrten Rechts

(Vortrag in der Plenarsitzung am 12. Oktober 2007)

I. Einführung

Mein Vorstellungsbericht gewährt einen ersten Einblick in meine derzeitigen Forschungen, die sich – in Vorbereitung eines interdisziplinären Graduiertenkollegs zu „Expertenkulturen des 12. bis 16. Jahrhunderts"[1] – mit dem historischen Prozess der Aufnahme des gelehrten römisch-kanonischen Rechts und seiner Methoden in die einheimischen lokal geltenden Rechte beschäftigen. Obwohl es sich bei der Rezeptionsgeschichte um ein stark beackertes Feld handelt,[2] ist die Frage, welche Schichten außerhalb der Wissenschaftseliten das gelehrte Recht im Zeitalter der praktischen Rezeption (vornehmlich im 15. und im 16. Jahrhundert) tatsächlich erreicht hat, bislang nur in Ansätzen bearbeitet worden. Dieser Frage möchte ich nachgehen und mich gleichzeitig mit zwei zentralen Thesen zur Rezeption kritisch auseinandersetzen: erstens mit der These, daß Träger der praktischen Re-

Eva Schumann, Professorin für Deutsche Rechtsgeschichte und Bürgerliches Recht an der Georg-August-Universität Göttingen, O. Mitglied der Göttinger Akademie seit 2007

---

[1] Für die anregende Zusammenarbeit danke ich den Göttinger Kollegen Hartmut Bleumer, Udo Friedrich, Thomas Haye, Thomas Kaufmann, Franziska Meier, Frank Rexroth und Hedwig Röckelein.
[2] Gut dokumentiert ist der Forschungsstand bei Wolfgang Sellert, Zur Rezeption des römischen und kanonischen Rechts in Deutschland von den Anfängen bis zum Beginn der frühen Neuzeit: Überblick, Diskussionsstand und Ergebnisse, in: Hartmut Boockmann/Ludger Grenzmann/Bernd Moeller/Martin Staehelin (Hrsg.), Recht und Verfassung im Übergang vom Mittelalter zur Neuzeit, Teil 1, Abhandlungen der Akademie der Wissenschaften in Göttingen, Phil.-Hist. Klasse, Dritte Folge, Nr. 228, 1998, S. 115–166.

zeption die gelehrten Juristen waren, und zweitens mit der Vorstellung, daß die Rezeption in der Rechtspflege von oben nach unten stattfand.³

Ausgehend von der Reichsgesetzgebung, soll zunächst ein Überblick über die Ausbildung und die Kenntnisse der Rechtspraktiker, die Anwendung des gelehrten Rechts in der Praxis und die Erteilung von Rechtsauskünften durch Experten bzw. Expertengremien gegeben werden, um dann auf der Grundlage der deutschsprachigen Rechtsliteratur ein etwas differenzierteres Bild von der praktischen Rezeption, ihren Trägern und ihrem Verlauf zu zeichnen.

So zeugt die in der Reichskammergerichtsordnung von 1495 vorgeschriebene paritätische Besetzung der Urteiler je zur Hälfte aus dem Kreis der Rechtsgelehrten und dem Adel davon, daß zu Beginn der Neuzeit das höchste Gericht im Reich nur zur Hälfte mit gelehrten Juristen zu besetzen war,⁴ und das wichtigste Reichsgesetz der Zeit, die Peinliche Gerichtsordnung Kaiser Karls V. von 1532, ging davon aus, daß das Personal an allen anderen Gerichten im Regelfall ungelehrt war.⁵ Tatsächlich war die Rechtspflege der unteren Verwaltungs- und Gerichtspraxis im 15. und im 16. Jahrhundert von akademisch un- oder halbgebildeten Praktikern beherrscht, denen eine zahlenmäßig deutlich kleinere Gruppe gelehrter Juristen gegenüber-

---

3 Statt vieler Franz Wieacker, Privatrechtsgeschichte der Neuzeit unter besonderer Berücksichtigung der deutschen Entwicklung, 2. Aufl. 1967 (Nachdruck 1996), S. 152 ff., 175 ff.

4 Die Besetzung der adeligen Beisitzerstellen mit gelehrten Juristen wurde zwar angestrebt, ließ sich aber nicht ohne weiteres realisieren, wie Art. 1 der revidierten Reichskammergerichtsordnung von 1521 belegt: Danach sollte auch *„der ander halbe Thail aus der Ritterschaff [...] der Recht gelert, so fern man die haben kan"* oder *„sonst gerichtlicher Ubung erfahren und gebräuchig"* sein.

5 So wird in der Vorrede der Peinlichen Gerichtsordnung von 1532 beklagt, daß *„imm Römischen Reich teutscher Nation, altem gebrauch vnnd herkommen nach, die meynsten peinlich gericht mit personen, die vnsere Keyserliche recht nit gelert, erfarn, oder übung haben, besetzt werden"*, und Art. 1 ordnet an, daß *„alle peinlich gericht mit Richtern, vrtheylern vnd gerichtsschreibern, versehen vnd besetzt werden sollen, von frommen, erbarn, verstendigen vnd erfaren personen, so tugentlichst vnd best die selbigen nach gelegenheyt jedes orts gehabt vnd zubekommen sein. Darzu auch Edeln vnnd gelerten gebraucht werden mögen."* Noch vier Jahrzehnte später heißt es in Johann Arnold von Dornecks *Practica und Proceß Peinlicher Gerichtshandlung* (Frankfurt a. M. 1576), einem *„auß gemeinen Bäpstlichen / Keyserlichen / vnd Sächsischen Rechten / So wol auch deß Heiligen Römischen Reichs sonderbaren Constitutionibus, Ordnungen / vnd Abschieden / Auch sonst andern bewärten Rechts-Lehrern / so vber peinliche Sachen geschrieben"* zusammengestellten Handbuch für die Strafrechtspraxis, in der Vorrede: *„Ist wol zu beklagen / daß die peinliche Gericht / mehrer ort Teutschen Landes / mit gemeinen vngelehrten / vnerfahrnen Leyen Personen / offtmals auß gebräch vnd mängel gelehrter Leut / zum mehrertheil aber auß verachtung derselben / besetzt / angeordnet vnd bestellt werden. Da doch viel mehr von nöten / daß ein Richter in peinlichen Sachen / da vber Menschen Blut / Ehr und Gut / Leib und Leben / Rahtschlag gehalten / vn Vrtheil gefällt werden sollen / Gottsfürchtig / gutes gewissens verstendig vnd Ehrbar / sey"*.

stand.⁶ Keine der praktischen Tätigkeiten als Richter, Prokurator, Notar oder Stadtschreiber – um nur die wichtigsten Berufsfelder der Rechtspflege zu nennen – setzte ein Studium im gelehrten Recht oder einen anderen qualifizierten Abschluß voraus.

Allerdings genügten auch die in der universitären Ausbildung vermittelten Kenntnisse im gelehrten Recht allein noch nicht für eine Tätigkeit in der Rechtspraxis. Nach §3 der Reichskammergerichtsordnung konnte sowohl das gemeine Recht, d. h. vor allem das römische Recht, als auch partikulares Recht vor dem Reichskammergericht zur Anwendung gelangen, wobei nach der in Norditalien im Spätmittelalter entwickelten Statutenlehre das speziellere territoriale oder städtische geschriebene Recht, aber auch das ungeschriebene lokale Gewohnheitsrecht dem römischen Recht theoretisch vorging. In der Praxis stützten die Anwälte – so die Ergebnisse einer neueren Studie von Peter Oestmann – ihre Argumentation vor dem Reichskammergericht häufig sowohl auf gemeines Recht als auch auf Partikularrecht oder auf die für das Prozeßziel ihrer Partei jeweils günstigeren Rechtsnormen.⁷ Zudem brachten die Bemühungen um einen Ausgleich zwischen gelehrtem und einheimischem Recht seit dem Ende des Spätmittelalters die sog. Stadt- und Landrechtsreformationen hervor, in denen studierte Juristen – zu nennen sind aus dem Südwesten insbesondere die Arbeiten der Zasius-Schule⁸ – das gelehrte und das einheimische Recht dauerhaft miteinander

---

⁶ Nach Schätzungen waren im Heiligen Römischen Reich Deutscher Nation um 1500 bei einer Gesamtbevölkerung von rund 10 Millionen Menschen etwa 3000 gelehrte Juristen tätig (Gerhard Köbler, Wirkungen europäischer Rechtskultur, in: ders./Hermann Nehlsen (Hrsg.), Wirkungen europäischer Rechtskultur, FS für Karl Kroeschell, 1997, S. 511, 515). Erst um 1600 steigt die Zahl der immatrikulierten Jurastudenten an deutschen Universitäten deutlich an (Filippo Ranieri, Der Universitätsbesuch der deutschen Rechtsstudenten am Übergang zwischen dem 16. und 17. Jahrhundert, in: Ius Commune 14 (1987), S. 183, 193).

⁷ Peter Oestmann, Rechtsvielfalt vor Gericht, Rechtsanwendung und Partikularrecht im Alten Reich, 2002 (insb. S. 108 ff., 669 ff., 681 ff.). Filippo Ranieri, Recht und Gesellschaft im Zeitalter der Rezeption. Eine rechts- und sozialgeschichtliche Analyse der Tätigkeit des Reichskammergerichts im 16. Jahrhundert, Quellen und Forschungen zur höchsten Gerichtsbarkeit im alten Reich, Bd. 17/1, 1985, S. 240 kommt zu dem Ergebnis, daß „die Speyerer Instanz weit häufiger als bisher angenommen mit einheimischen Rechtsquellen konfrontiert" worden ist. Zur älteren Literatur, die die Bedeutung des einheimischen Rechts noch geringer bewertet hat, etwa Winfried Trusen, Römisches und partikuläres Recht in der Rezeptionszeit, in: Kurt Kuchinke (Hrsg.), Rechtsbewahrung und Rechtsentwicklung, Festschrift für Heinrich Lange, 1970, S. 97 ff.; Wolfgang Wiegand, Studien zur Rechtsanwendungslehre der Rezeptionszeit, Abhandlungen zur Rechtswissenschaftlichen Grundlagenforschung, Bd. 27, 1977, S. 11 ff., 162 ff., 173 ff.

⁸ Ulrich Zasius (1461–1535) verfaßte als Stadtschreiber das Freiburger Stadtrecht von 1520, seine Schüler Johann Sichardt (1499–1552) und Johann Fichard (1512–1581) waren an der Abfassung des Württembergischen Landrechts von 1555, des Solmser Landrechts von 1571 und der Frankfurter Reformation von 1578 beteiligt. Dazu insgesamt Hans Winterberg, Die Schüler

verschmolzen.⁹ Dieses „Mischrecht" bildete dann zusammen mit dem *Ius commune* eine lokal begrenzte einheitliche Privatrechtsordnung, deren Romanisierungsgrad davon abhängig war, wie und in welchem Maße römisches Recht in das speziellere partikulare Recht aufgenommen worden war. Dies hatte zur Folge, daß in einigen Städten und Territorien dem subsidiär geltenden *Ius commune* nur ein kleiner Anwendungsbereich verblieb[10] und den dort in der Praxis tätigen gelehrten Juristen vor allem ihr Ansehen und die im Studium erworbenen methodischen Kenntnisse zugute kamen.

Schließlich läßt sich für die Einholung von Rechtsauskünften bei Experten bzw. Expertengremien bis weit ins 16. Jahrhundert hinein kein Vorrang des gelehrten Rechts erkennen. Bei den überregionalen Rechtsauskunftsstellen ist zwischen den primär für das einheimische Recht zuständigen, zunehmend allerdings auch mit gelehrten Juristen besetzten Schöffenstühlen in ihrer Funktion als Oberhöfe und den für das Gemeine Recht zuständigen Spruchfakultäten zu differenzieren, wobei teilweise sowohl bei einem Schöffenstuhl als auch bei einer Spruchfakultät Rechtsauskünfte eingeholt wurden.[11] Daß die Auskünfte der gelehrten Juristen keineswegs stärkere Autorität beanspruchen konnten, belegt auch der letzte Artikel der Peinlichen Gerichtsordnung Kaiser Karls V., wonach der Richter in Zweifelsfällen zunächst bei einem Oberhof, sodann bei der zuständigen Obrigkeit und erst

---

des Ulrich Zasius, Veröffentlichungen der Kommission für geschichtliche Landesforschung in Baden-Württemberg, Bd. 18, 1961, S. 31 ff., 66 ff., 90 ff., 97 ff.

9   So schon die älteste Stadtrechtsreformation, die Nürnberger Reformation von 1479 (Vorrede): *„Diß ist die reformacion der statut und gesetze, die ein erber rate der stat Nüremberg [...] fürgenomen hat. Und nachdem dann söliche gesetz nach rat vil hochgelerter doctores, und den gemeinen geschriben rechten, sovil sich das nach der stat Nüremberg gelegenheyt, herkomen und leufte hat erleiden mügen, gemeß gemacht sind".*

10 Zur Problematik vgl. auch Paul L. Nève, (Europäisches) Ius Commune und (nationales) Gemeines Recht: Verwechslung von Begriffen?, in: Gerhard Köbler/Hermann Nehlsen (Hrsg.), Wirkungen europäischer Rechtskultur, FS für Karl Kroeschell, 1997, S. 871 ff. Auf die Bedeutung der Romanisierung der Partikularrechte weist auch Helmut Coing, Die Rezeption des römischen Rechts in Frankfurt am Main, 2. Aufl. 1962, S. 8 ff. hin. Vergleichbare Studien, die den Romanisierungsgrad des Privatrechts in zeitlicher, regionaler und inhaltlicher Hinsicht präzisieren könnten, fehlen bis heute fast ganz (so auch Andreas Daniel, Gemeines Recht, Eine systematische Einordnung der Rechtsfigur und ihrer Funktion sowie die Bestimmung der inhaltlichen Probleme aus der Sicht des 18. Jahrhunderts, Schriften zur Rechtsgeschichte, Heft 101, 2003, S. 113 f., 132 f.).

11 So findet sich bei Eberhard Isenmann, Gelehrte Juristen und das Prozeßgeschehen in Deutschland im 15. Jahrhundert, in: Franz-Josef Arlinghaus/Ingrid Baumgärtner/Vincenzo Colli/Susanne Lepsius/Thomas Wetzstein (Hrsg.), Praxis der Gerichtsbarkeit in europäischen Städten des Spätmittelalters, 2006, S. 305, 319 (Fn. 50), der Hinweis, daß der Lüneburger Rat auch Rechtsauskünfte bei Rechtsfakultäten wie Erfurt und Padua einholte, die meisten Anfragen im Zeitraum von 1410–1614 aber an den Schöppenstuhl zu Magdeburg gingen und er im Jahre 1498, als sowohl eine Belehrung nach römischem Recht als auch eine nach Sachsenrecht vorlag, dem sächsischen Recht folgte.

an dritter Stelle „*bei den nechsten hohen schulen* [...] *oder andern rechtsuerstendigen*" Rat suchen sollte.[12] Die in den deutschsprachigen Rechtstexten des 15. und des 16. Jahrhunderts enthaltene, geradezu formelhaft wiederholte Empfehlung, Rat bei Rechtsgelehrten und Rechtsverständigen einzuholen,[13] zeugt somit auch davon, daß die auf der Kenntnis des gelehrten Rechts gegründete Autorität der auf langer Übung in der Rechtspflege beruhenden Erfahrung gleichgestellt war.[14]

II. Die Rechtsexperten: Studierte Juristen, Halbgebildete und ungelehrte Rechtsexperten

Als „Jurist" wird nach allgemeinem Verständnis ein Experte bezeichnet, der an einer juristischen Fakultät eine Fachausbildung erhalten, d. h. im Mittelalter und zu Beginn der Neuzeit römisches und/oder kanonisches Recht studiert hat.[15] Unter den 350 im Juristenlexikon von Kleinheyer/Schröder

---

[12] Vgl. weiter Kursächsische Konstitutionen von 1572 (Teil 1, Konst. 26): „*Wir werden berichtet / das der mehrer teil Urteil in unsern Landen / wie sie von den Juristen Faculteten oder Schöppenstüle gefast / one voranderung [...] eröffnet und publicirt werden. [...] Derhalben ordenen und constituiren wir / das solcher gebrauch nochmals bestendig / un die also publicirte Urteil krefftig sein / auch in rem iudicatam gehen sollen [...].*"

[13] So empfiehlt beispielsweise die Reichsnotarordnung von 1512 (IV §3) den Notaren, bei Zweifeln in der Rechtsanwendung Rat von „Gelehrten und Geübten" einzuholen. Weiterhin findet sich in der an den Rechtspraktiker gerichteten Vorrede Sebastian Brants zur redigierten Neuausgabe von Tenglers Laienspiegel aus dem Jahre 1511 die Empfehlung: „*Was du nit waißt das solt du fragen / lass dir das ain geleerten sagen / Oder der mer recht hab erfarn / in solchen sol sich nyemands sparn*". Auch im Text selbst wird an mehreren Stellen auf den Rat der Gelehrten und Erfahrenen verwiesen, so etwa zu Beginn des dritten Teils des Laienspiegels („*vnd wiewol solchs in disem kleine layschen büchlin nit aller ding laut er begriffen sonder die kunst des rechten ist bey den hoch geleerten vn erfaren mit allem fleiß zu suchen*"). Schließlich gibt auch Johann Freiherr von Schwarzenberg an, er habe die 1507 in Kraft getretene Bamberger Halsgerichtsordnung „*zu der zeit seins Hofmaysterampts daselbst nach rat der gelerten vnd ander verstendigen zusamengebracht*" (zit. nach Friedrich-Christian Schroeder (Hrsg.), Die Peinliche Gerichtsordnung Kaiser Karls V. und des Heiligen Römischen Reichs von 1532 (Carolina), 2000, S. 139).

[14] Besonders deutlich belegt dies die von Johann Vetter vorgenommene deutsche Übersetzung der *Practica Gerichtlicher Handlungen in Bürgerlichen Sachen* (Frankfurt a. M. 1575) des flämischen Juristen Joos de Damhouder (1507–1581) in Cap. 96 *Von Aduocaten*, Ziff. 5: „*Aber in Flämischen Hofe / vn Landtgericht / halten sie nit so genaw hart auff solche titulos / als in deme / auch andere gelerte Leute / welche durch langwirige gewonheit / vn stären brauch vn erfahrung im Rechte in der Practic fast geübt seind / zugelassen werden / ob schon kein gradum / vnd nicht promuirt haben / wann sie nur sonsten der Rechten erfahren / vnd in der Practic berühmet seind.*" Zu Damhouder und seinem Werk vgl. Andreas Bauer, Joos de Damhouder und seine Practica Gerichtlicher Handlungen in Bürgerlichen Sachen, in: Jost Hausmann/Thomas Krause (Hrsg.), „Zur Erhaltung guter Ordnung", Beiträge zur Geschichte von Recht und Justiz, FS für Wolfgang Sellert, 2000, S. 269 ff. mwN.

[15] Zur Definition vgl. Filippo Ranieri (Hrsg.), Biographisches Repertorium der Juristen im Alten Reich: 16.-18. Jahrhundert, E, Ius Commune, Sonderhefte, Studien zur Europäischen Rechtsgeschichte, Bd. 35, 1987, IX-X. Vgl. weiter Gerhard Dilcher, Der deutsche Juristen-

aufgeführten Personen finden sich aber auch der Verfasser des Sachsenspiegels, Eike von Repgow, und der große Strafrechtsreformator des 16. Jahrhunderts, Johann von Schwarzenberg, obwohl beide nicht studiert hatten und üblicherweise auch nicht als Juristen bezeichnet werden.[16] Für Eike von Repgow hat sich stattdessen die Bezeichnung „erster deutscher Rechtsdenker" durchgesetzt, während es von Schwarzenberg regelmäßig nur heißt, er sei zwar kein Jurist gewesen, jedoch aufgrund seiner Ämter sehr häufig mit Rechtsfragen in Berührung gekommen.[17]

Mit dem Oberbegriff „Rechtsexperten" lassen sich auch ungelehrte Experten wie Eike von Repgow und Johann von Schwarzenberg auf eine Stufe mit gelehrten Juristen stellen, sofern die Leistung dieser „Experten" – im Gegensatz zu den nur in der Rechtspflege tätigen und des Rechts kundigen Praktikern[18] – darin gesehen wird, daß sie sich losgelöst vom konkreten Rechtsfall mit Recht theoretisch-abstrakt beschäftigten, insbesondere Rechtstexte verfaßten, durch kompilatorisches Arbeiten Recht fortbildeten, Recht durch systematische, vergleichende oder deutende Arbeiten „verwissenschaftlichten" oder durch Übersetzungen des gelehrten Rechts die Rezeption begünstigt und die Grundlagen für die moderne deutsche Rechtssprache gelegt haben.

Die Frage, in welchem Umfang diese un- oder halbgelehrten „Rechtsexperten" im Verhältnis zu den graduierten Juristen zur praktischen Rezeption beigetragen haben, läßt sich bislang nur für Einzelfälle beantworten. Zu nennen ist hier insbesondere der Schwäbisch Haller Stadtschreiber Conrad Heyden (um 1385–1444), über dessen Arbeit wir durch die 2004 erschienene Dissertation von Andreas Deutsch „Der Klagspiegel und sein Autor

---

stand zwischen Ancien Régime und bürgerlicher Gesellschaft, in: Gerhard Köbler/Hermann Nehlsen (Hrsg.), Wirkungen europäischer Rechtskultur, FS für Karl Kroeschell, 1997, S. 163 ff. mwN.

[16] Gerd Kleinheyer/Jan Schröder (Hrsg.), Deutsche und Europäische Juristen aus neun Jahrhunderten, 4. Aufl. 1996, S. 123 ff., 364 ff. Michael Stolleis (Hrsg.), Juristen, Ein biographisches Lexikon, Von der Antike bis zum 20. Jahrhundert, 2001, S. 7 ff. läßt die Definition für „Juristen" offen (spricht aber auch von „Experten") und führt ebenfalls Eike von Repgow und Johann von Schwarzenberg auf.

[17] Kleinheyer/Schröder (wie Anm. 16), S. 123 (zu Eike von Repgow); Rolf Lieberwirth, Art. Schwarzenberg, Johann v., in: Adalbert Erler/Ekkehard Kaufmann (Hrsg.), Handwörterbuch zur Deutschen Rechtsgeschichte, Bd. 4, 1990, Sp. 1561, 1562. Vgl. weiter Winfried Trusen, Strafprozeß und Rezeption, Zu den Entwicklungen im Spätmittelalter und den Grundlagen der Carolina, in: ders., Gelehrtes Recht im Mittelalter und in der frühen Neuzeit, 1997, S. 145, 208 ff.

[18] Da sich eine verbindliche Terminologie bislang nicht herausgebildet hat, werden hier unter Rechtspraktikern alle Fachleute im Recht verstanden, die ihr Auskommen in den Berufsfeldern der Rechtspflege fanden, und zwar unabhängig davon, ob sie ihre Rechtskenntnisse durch ein juristisches Studium oder eine praktische Ausbildung erworben haben.

Conrad Heyden – Ein Rechtsbuch des 15. Jahrhunderts als Wegbereiter der Rezeption" gut informiert sind. Der um 1436 entstandene Klagspiegel ist das erste, aus dem römischen Recht und aus Werken italienischer Juristen geschöpfte Kompendium in deutscher Sprache, das in zwei Teilen das Zivil- und das Strafrecht nebst dem jeweiligen Prozeßrecht enthält. Der Klagspiegler Conrad Heyden war kein graduierter Jurist, hatte aber zusätzlich zu seiner praktischen Ausbildung im Wintersemester 1403/04 in Erfurt Kenntnisse im römischen Recht erworben.[19] Seit 1516 wurde *„Der Richterlich Clagspiegel"* von dem Straßburger Humanisten Sebastian Brant (1457–1521) in einer leicht überarbeiteten Fassung herausgegeben, erreichte bis zum Jahr 1612 insgesamt 24 Auflagen und zählt damit zu den auflagenstärksten Werken der deutschen Rechtsgeschichte.[20] Beeindruckend sind aber vor allem die wortschöpferischen Leistungen des Stadtschreibers: So konnte Andreas Deutsch beispielsweise die Übersetzung der lateinischen „possessio" für „Besitz", aber auch die Schöpfung der heute noch gebräuchlichen Rechtsbegriffe „unmöglich" für „impossibilis" oder „Argelist" für „dolus malus" mit großer Wahrscheinlichkeit Conrad Heyden zuschreiben.[21]

Obwohl der Klagspiegel bereits im 19. Jahrhundert als ältestes und umfassendstes Kompendium des römischen Rechts in deutscher Sprache Anerkennung gefunden hatte, ist die Leistung des halbgebildeten Stadtschreibers Heyden für die praktische Rezeption erst durch die Arbeit Deutschs umfassend gewürdigt worden.[22] Der Klagspiegel war Vorlage für Ulrich Tenglers Laienspiegel (1509) und für Werke Justin Goblers (*„Gerichtlich Proceß"* von 1536 und *„Rechten Spiegel"* von 1550), vor allem aber für die Wormser Reformation von 1498/99, die wiederum maßgeblich das Bayerische Landrecht von 1518 und das Württembergische Landrecht von 1555 beeinflußt hat. Die im zweiten Teil des Klagspiegels enthaltene, erste umfassende Darstellung des gelehrten italienischen Strafrechts in deutscher Sprache beeinflußte die peinliche Gerichtsordnung des Fürstbistums Bamberg von 1507 (Constitutio Criminalis Bambergensis), die wiederum als

---

[19] Andreas Deutsch, Der Klagspiegel und sein Autor Conrad Heyden – Ein Rechtsbuch des 15. Jahrhunderts als Wegbereiter der Rezeption, Forschungen zur deutschen Rechtsgeschichte, Bd. 23, 2004, S. 128 ff.
[20] Deutsch (wie Anm. 19), S. 13 ff. (Deutsch geht von einer gedruckten Gesamtauflage von über 20.000 Stück aus).
[21] Deutsch (wie Anm. 19), S. 76 ff.
[22] Aufgrund der Bedeutung des Werkes ging Trusen (wie Anm. 17), S. 202 ff. noch bis vor kurzem davon aus, daß der Klagspiegler kein einfacher Stadtschreiber gewesen sein könne, sondern ein dem hohen Adel angehörender, gelehrter Jurist gewesen sei (als Autor komme – so wurde auch schon vor Trusen spekuliert – der in Bologna ausgebildete Reichserbschenk Conrad von Limpurg, Mitglied des königlichen Kammergerichts, in Frage).

Vorlage für die Brandenburgische Halsgerichtsordnung von 1516 und für die Peinliche Gerichtsordnung Kaiser Karls V. diente.[23]

Auch die Bambergensis, die den römisch-kanonischen Strafprozess mit den Regeln der einheimischen Rechtspraxis verschmolz, ist das Verdienst eines ungelehrten Rechtsexperten, Johann Freiherr von Schwarzenbergs (1463–1528), Kanzler in bambergisch-bischöflichen Diensten und Vorsitzender des dortigen Hofgerichts. Da Schwarzenberg weder studierter Jurist war noch Kenntnisse in Latein, Italienisch oder Griechisch hatte, wird der Hauptanteil der Arbeiten für die Bambergensis einem juristisch gebildeten Beraterstab zugeschrieben.[24]

Notwendig ist dieser Schluß indessen keineswegs, denn in der Bamberger Staatsbibliothek liegen noch heute Reste eines handschriftlichen Klagspiegelexemplars, das aus der Fürstbischöflichen Bibliothek stammt. Darüber hinaus hat Andreas Deutsch nachgewiesen, daß die Bambergensis an etlichen Stellen dem Klagspiegel folgte und nicht den von ihm abweichenden Lösungen der damals zeitgenössischen italienischen Literatur, die von studierten Juristen wohl herangezogen worden wäre.[25] Kritisch zu hinterfragen ist daher das vorherrschende Urteil über den ungelehrten Rechtsexperten Schwarzenberg: Er habe sein Wissen auf gelehrte Berater stützen müssen, und diese Hilfestellung habe „ebenso wenig wie Übersetzungen der Fachliteratur" ausreichen können, „um die komplizierten Gedankengänge der Rechtswissenschaft zu erfassen".[26]

III. Die sogenannte populäre Rechtsliteratur

Diese von Roderich Stintzing Mitte des 19. Jahrhunderts in seinem grundlegenden Werk „Geschichte der populären Literatur des römisch-kanonischen Rechts in Deutschland" geprägte Bezeichnung ist durchaus abwertend gemeint, wie sein Urteil über diese von „Halbgelehrten" beherrschte Literaturgattung bezeugt: „So ward das römische Recht, nicht wenig verstümmelt und verunstaltet, von plumpen Händen in der zweiten Hälfte des fünfzehnten Jahrhunderts unter das Volk gebracht [...]."[27]

---

23 Dazu insgesamt Deutsch (wie Anm. 19), S. 404 ff., 580 ff.
24 So insbesondere Trusen (wie Anm. 17), S. 208 ff. Kritisch aber Schroeder (wie Anm. 13), S. 139 f.
25 Deutsch (wie Anm. 19), S. 581 f.
26 Lieberwirth (wie Anm. 17), Sp. 1563.
27 Roderich Stintzing, Geschichte der populären Literatur des römisch-kanonischen Rechts in Deutschland am Ende des fünfzehnten und im Anfang des sechszehnten Jahrhunderts, 1867 (unveränderter Neudruck 1959), XXIII. Eine klare Eingrenzung dieser Literaturgattung ist bis heute nicht geglückt; vgl. nur die Definition von Adalbert Erler, Art. Populäre Rechtslitera-

Tatsächlich richtete sich die populäre Rechtsliteratur jedoch als Fachliteratur an ein Fachpublikum, und zwar an die in der Rechtspflege tätigen Berufsgruppen. Die Nachfrage nach Gelehrtenwissen in deutscher Sprache scheint groß und das Verfassen, aber auch die Beteiligung an Druck und Handel dieser Literatur ein einträgliches Geschäft gewesen zu sein. Sebastian Brant, der vor seinem Wechsel nach Straßburg im Jahre 1500 eine führende Rolle als Lektor, Autor und Herausgeber im Basler Buchdruck eingenommen hatte,[28] gab in seiner Straßburger Zeit nicht nur den Klagspiegel, sondern auch den „Layen Spiegel" des nichtstudierten Rechtsexperten Ulrich Tengler (um 1447–1511) heraus,[29] wobei er Tenglers Werk, ein Handbuch für Rechtspraktiker in drei Teilen, werbewirksam mit den Leistungen der zeitgenössischen Seefahrer und deren Entdeckungsreisen verglich.[30]

---

tur, in: ders./Ekkehard Kaufmann (Hrsg.), Handwörterbuch zur deutschen Rechtsgeschichte, Bd. 3, 1984, Sp. 1825: „P.R. ist die Bezeichnung einer Literaturgattung, die auf ein grundlegendes Werk von R. Stintzing (1867) zurückgeht. [...] Im engeren Sinne bezeichnet man als P.R. eine Literaturgattung des 15. und 16. Jh. [...]." Erler rechnet zu dieser Gruppe auch die Literatur zum römisch-kanonischen Recht in deutscher Sprache, namentlich die Übersetzungen des römischen Rechts, Urkunden- und Formelbücher sowie den Klag- und den Layenspiegel, und weist darauf hin, daß die rechtsgeschichtliche Bedeutung dieser Literatur bislang nicht voll erfaßt ist (Sp. 1826): „Die große Verbreitung dieser deutsch geschriebenen Literatur ist über ihren engeren zeitgebundenen Zweck hinaus insofern bedeutsam, als sie den romanistischen Rechtsinhalt erstmalig der deutschen Sprache erschließt. Sie ist eine sprachschöpferische Leistung, auf der, uns kaum bewußt, noch die deutschen Kodifikationen des 18. und 19. Jh. weiterbauen."

28 Brant soll bis Ende des 15. Jahrhunderts etwa ein Drittel der in Basel gedruckten Bücher betreut haben (dazu Joachim Knape, Dichtung, Recht und Freiheit. Studien zu Leben und Werk Sebastian Brants 1457–1521, 1992, S. 138 f.). Zur damaligen Bedeutung Basels als führender Verlagsort mit einer umfangreichen juristischen Buchproduktion vgl. weiter Hans Rudolf Hagemann, Rechtswissenschaft und Basler Buchdruck an der Wende vom Mittelalter zur Neuzeit, ZRG-GA 77 (1960), S. 241 ff., insb. 262 ff. Zu Brants Wechsel von Basel nach Straßburg vgl. Antje Niederberger, Sebastian Brant, das Reich und die Eidgenossen, in: Sven Lembke/Markus Müller (Hrsg.), Humanisten am Oberrhein, Neue Gelehrte im Dienst alter Herren, Schriften zur südwestdeutschen Landeskunde, Bd. 37, 2004, S. 189 ff.

29 *Layen Spiegel von rechtmässigen ordnungen in Burgerlichen vnd peinlichen regimenten*, Ausgabe 1509; hier wurde die von Brant redigierte Neuausgabe von 1511 benutzt (insgesamt erreichte der Laienspiegel siebzehn Auflagen). Ulrich Tengler, der 1479 bis 1483 oberer Ratsschreiber in Nördlingen und später pfalz-bayerischer Landvogt von Höchstädt an der Donau, hatte nicht studiert, stand aber über seinen Sohn Christoph Tengler mit Ingolstädter Gelehrten, insbesondere mit dem Humanisten Jakob Locher Philomusus (1471–1528), in Kontakt. Zu Tengler und seinem Laienspiegel vgl. Stintzing (wie Anm. 27), S. 411 ff.; Erich Kleinschmidt, Das ‚Epitaphium Ulrici Tennglers', Ein unbekannter Nachruf auf den Verfasser des ‚Laienspiegels' von 1511, in: Daphnis. Zeitschrift für mittlere deutsche Literatur 6 (1977), S. 41 ff.; B. Koehler, Art. Laienspiegel, in: Adalbert Erler/Ekkehard Kaufmann (Hrsg.), Handwörterbuch zur deutschen Rechtsgeschichte, Bd. 2, 1978, Sp. 1357 ff.; Wolfgang Schmitz, Der Teufelsprozess vor dem Weltgericht nach Ulrich Tenglers „Neuer Layenspiegel" von 1511, 1980, S. 25 ff.; Deutsch (wie Anm. 19), S. 430 ff.

30 *Der neu Layenspiegel*, Augsburg 1511, Auszug aus der Vorrede Sebastian Brants: „*Deßhalben diser vnnser Tenngler der gedürfftigkait Herculis gar wol vnd billich zu vergleichen ist* [...]. *Durch*

Da die Rechtsliteratur bis 1500 etwa ein Drittel des Gesamtumsatzes der Buchdrucker in Europa ausmachte und zudem juristische Werke von einer finanzstarken Käuferschicht zu weit überdurchschnittlichen Preisen gekauft wurden,[31] überrascht es kaum, daß etliche Juristen,[32] aber auch ungelehrte Rechtspraktiker an diesem einträglichen Gewerbe beteiligt waren. Aus der Gruppe der Un- und der Halbgelehrten ist Friedrich Riedrer (um 1450 – um 1510) zu nennen, ein Leibeigener, der auf Kosten seines Herrn einige Semester in Freiburg i. Br. studiert hatte, nach seiner Freilassung Ende des 15. Jahrhunderts dort als Schreiber, Drucker und Autor zu Ansehen gelangte und mit dem „*Spiegel der waren Rhetoric*" (Freiburg i. Br. 1493) das erste umfassende Handbuch für die Kanzleipraxis herausgab.[33] Auch Jodocus Pflanzmann (um 1430–1493), der als erster die langobardischen *Libri Feudorum* ins Deutsche übersetzte (*Das buch der lehenrecht*, Augsburg 1493), war nicht nur als Fürsprecher und Notar, sondern auch als Drucker in Augsburg tätig.[34]

Thomas Murner (1475 – um 1537)[35] hatte ebenfalls enge Verbindungen zu diesem Gewerbe; zwei seiner Brüder waren Buchdrucker und druckten auch etliche seiner Schriften. Dem von Ulrich Zasius geschmähten

---

mittel des tieffen vnd grundlosen möres / der rechte sich gewoget. Und ainer nitt wolsäglichen arbait vnderwunden / ains grossen vnd hohen dings / leibs vndd gemütes vnnderstannden, wann in disem seinem werck / so er in drey bücher vnderschaiden."

[31] Dazu Uwe Neddermeyer, Juristische Werke auf dem spätmittelalterlichen Buchmarkt, Marktanteil, Buchhandel, Preise und Auflagen, in: Vincenco Colli (Hrsg.), Juristische Buchproduktion im Mittelalter, Studien zur Europäischen Rechtsgeschichte, Bd. 155, S. 633, 641 ff., 653 ff. Neddermeyer geht davon aus, daß in Europa zwischen 1460 und 1500 von rund 600 juristischen Werken etwa 2 Millionen Exemplare gedruckt wurden (davon ca. 60.000–70.000 Exemplare der Institutionen).

[32] Besonders fruchtbar war beispielsweise die Verbindung zwischen dem gelehrten Juristen Justin Gobler und Christian Egenolff, dem ersten Drucker der Stadt Frankfurt am Main. Egenolff, ein Studienfreund Goblers aus Mainz, druckte unzählige Übersetzungen, Editionen und Kompilationen Goblers, der wiederum als Lektor für Egenolff die Werke zeitgenössischer Autoren (etwa von Melchior Kling und Konrad Lagus) betreute. Dazu H.E. Troje, Art. Gobler, Justin, in: Adalbert Erler/Ekkehard Kaufmann (Hrsg.), Handwörterbuch zur deutschen Rechtsgeschichte, Bd. 1, 1971, Sp. 1726 ff.

[33] Dazu Erich Kleinschmidt, Humanismus und urbane Zivilisation, Friedrich Riedrer (um 1450–um 1510) und sein ‚Spiegel der waren Rhetoric', Zeitschrift für deutsches Altertum und deutsche Literatur 112 (1983), S. 296 ff. Riedrer war 1475 an der Universität Freiburg i. Br. eingeschrieben, ein Abschluß ist nicht nachweisbar; offen ist auch, ob Riedrer das Studium der Rechte betrieben hat. Ebenso wie Tengler hatte auch Riedrer Kontakte zu Jakob Locher, der den Werken Riedrers und Tenglers großes Lob zollte.

[34] Für Jodocus Pflanzmann, Drucker der Pflanzmann-Bibel (Augsburg 1475), läßt sich ebenso wie für Ulrich Tengler, mit dem er in Briefkontakt stand, kein juristisches Studium nachweisen. Dazu Helmut Presser, Briefe des Frühdruckers Jodocus Pflanzmann, Gutenberg-Jahrbuch 58 (1983), S. 172 ff.

[35] Zu Murner umfassend Adalbert Erler, Thomas Murner als Jurist, 1956.

Murner[36] gebührt das Verdienst, 1519 auf Wunsch seiner Studenten als erster die Institutionen Justinians vollständig übersetzt[37] und damit eine wahre Flut von Institutionenübersetzungen ausgelöst zu haben.[38] Murners didaktischer Anspruch offenbart sich aber auch in einem für seine Studenten geschaffenen juristischen Kartenspiel (*Chartiludium Institute summarie doctore Thoma Murner memorante et ludente*, 1518). Als er sich damit brüstete, die Studenten könnten damit die Institutionen „spielend" innerhalb von vier bis sechs Wochen lernen, war die Empörung angesichts der damals üblichen Dauer der Institutionenkurse von vier bis fünf Jahren groß, und seitdem fällt das Urteil über Murner als Juristen negativ aus. Die Ankündigung des Schnellkurses wird als Mischung aus Reklame und Scharlatanerie verstanden und Murner bestenfalls als verwegen bezeichnet.[39]

Über die Institutionenübersetzung Murners urteilte Stintzing, sie sei „so sclavisch getreu und mechanisch [...], daß eben dadurch das Verständnis gestört" werde und sie den ungelehrten Praktiker nur verwirren könne.[40] Diese Bewertung hat vermutlich dazu beigetragen, daß die Bedeutung der Institutionenverdeutschungen für die Rezeption des römischen Rechts und die Entwicklung der deutschen Rechtssprache bis heute weitgehend unerforscht geblieben ist. Untersuchungen wie etwa die von Okko Behrends zur „Eindeutschung der römisch-rechtlichen Fachsprache" sind vereinzelt geblieben, obwohl sie zu weiteren Forschungen geradezu herausfordern. So wies Behrends anhand mehrerer Beispiele nach, daß die humanistischen Übersetzer „in besonderem Maß ganz unbefangen höchst anschauliche Wörter der eigenen Erfahrungswelt zur Wiedergabe antiker Sachverhalte verwendeten", sich aber dennoch um fachwissenschaftliche Präzision bemühten. Dies gilt etwa für Murners Übersetzung von *actio* mit „ansprach", die dem antiken prozessualen Sinn näher steht als die später erfolgreiche

---

[36] Erik Wolf (Hrsg.), Ulrich Zasius, Von wahrer und falscher Jurisprudenz (Aus Schriften, Reden und Briefen), 1507 bis 1526, Deutsches Rechtsdenken, Lesestücke für Rechtswahrer bei der Wehrmacht, Heft 153, 1944, S. 14 f. (Brief von Zasius an Claudius Cantiuncula vom März 1519, in dem er sich gegen das in Basel eingereichte Promotionsgesuch Murners wendet).

[37] *Instituten ein warer vrsprung vnnd fundament des Keyserlichen rechtens / von dem hochgelerten herren Thoma Murner der heiligen geschrifft Doctor / beyder rechte Licentiaten, verdütschet, Vnd vff der hohen schul Basel in syner ordenlichen lectur offenlich mit de latin verglichet*, Basel 1519.

[38] Vgl. die Nachweise bei Johann Friedrich Degen, Versuch einer vollständigen Litteratur der deutschen Uebersetzungen der Römer, 1. Abtheilung A-J, 1794, S. 247 ff.

[39] Dazu insgesamt Erler (wie Anm. 35), S. 14 ff., 42 ff., 51 ff. Vgl. weiter Josef Pauser, „Welch Frevel! Jetzt erscheinen die kaiserlichen Edikte gar noch als Spielkarten.", Thomas Murners juristisches Lehrkartenspiel über die „Institutionen" Justinians, ZNR 18 (1996), S. 196 ff., insb. S. 208 ff.

[40] Stintzing (wie Anm. 27), S. 469 f. Insgesamt beurteilte Stintzing (S. 464) Murners Schriften als „Ausartung der populären Literatur".

Übersetzung mit „Anspruch".[41] Zu ergänzen ist noch, daß Murner ebenso wie andere Übersetzer des 16. Jahrhunderts mit auffallend wenigen Fremd- und Übersetzungslehnwörtern auskam.[42]

Teilweise wirkt Murners Übersetzung sogar fast poetisch, etwa wenn der Anfang des Titels über die Errichtung von Testamenten (Institutionen, 2. Buch, 10. Titel), *Testamentum ex eo appellatur, quod testatio mentis est*, folgendermaßen übersetzt wird: *„Testamentu ist ein latinsch wort vn lut so vill zu dütsch alß ein kuntschafft des gemüts."* Nur vereinzelt wird es als Glücksfall erkannt, daß ein Poet und Meister der Sprache sich als erster der Verdeutschung der Institutionen annahm.[43]

Neben die Institutionenübersetzungen traten seit der Mitte des 16. Jahrhunderts alle Rechtsgebiete umfassende Kompendien in deutscher Sprache. Die erste Gesamtdarstellung dieser Art stammt von Andreas Perneder (um 1499–1543),[44] der kurz vor Fertigstellung des gewaltigen Werks starb.[45] Ein Jahr nach seinem Tod, 1544, wurde das aus fünf Teilen bestehende Werk von dem Zasius-Schüler Wolfgang Hunger[46] zum Druck gegeben und von der Rechtspraxis so günstig aufgenommen, daß es innerhalb von 25 Jahren mindestens 16 Auflagen erreichte;[47] der letzte Teil, eine Bearbeitung der *Summa artis notariae* des Rolandinus Passagerius, wurde letztmals 1725 neu herausgegeben. Vor allem aber schuf Perneder mit seinem in deutscher Sprache verfaßten Institutionen-Kompendium durch Weglassung des nicht mehr gebräuchlichen Stoffs aus dem römischen Recht und Einfügung deutschrechtlicher Institute vornehmlich aus dem bayerischen Recht

---

[41] Okko Behrends, Die Eindeutschung der römisch-rechtlichen Fachsprache, in: Jörn Eckert/Hans Hattenhauer (Hrsg.), Sprache – Recht – Geschichte, 1991, S. 3, 16 f.

[42] Zum Fremdwortschatz in Gesetzestexten vgl. Andreas Görgen, Rechtssprache in der Frühen Neuzeit, Eine vergleichende Untersuchung der Fremdwortverwendung in Gesetzen des 16. und 17. Jahrhunderts, 2002, S. 169 ff.

[43] So Erler (wie Anm. 35), S. 26.

[44] Perneder war 1518 an der Universität Ingolstadt immatrikuliert (über einen akademischen Grad ist nichts bekannt). In den 1520er Jahren war er zunächst als Unterrichter in München, dann als Sekretär und Rat am Hof des Herzogs von Bayern-München tätig. Dazu Klaus Luig/H. Rail, Art. Perneder, Andreas, in: Adalbert Erler/Ekkehard Kaufmann (Hrsg.), Handwörterbuch zur deutschen Rechtsgeschichte, Bd. 3, 1984, Sp. 1579 ff.

[45] Perneders Werk besteht aus fünf Teilen (benutzt wurde die in Göttingen vorhandene Ausgabe von 1545): *Institutiones; Gerichtlicher Process; Der Lehenrecht kurtze und aygentliche Verteütschung; Von straff und Peen aller unnd yeder Malefitzhandlungen ain kurtzer bericht; Summa Rolandina* und *Tractat der Regeln* (*Regulae iuris*).

[46] Wolfgang Hunger (1511–1555) hatte bei Zasius in Freiburg und bei Alciat in Bourges studiert, 1540 erhielt er eine Institutionenprofessur in Ingolstadt, ab 1548 war er Beisitzer am Reichskammergericht in Speyer und von 1551 bis zu seinem Tod Kanzler des Bischofs von Freising. Dazu Winterberg (wie Anm. 8), S. 45 f.

[47] So Luig/Rail (wie Anm. 44), Sp. 1582 (bis zum Anfang des 17. Jahrhunderts lassen sich 26 Auflagen nachweisen).

die erste praxisorientierte Darstellung römisch-deutschen Rechts nach dem Institutionensystem.[48] Bedauerlicherweise liegen noch immer keine Untersuchungen zur Bedeutung dieser Arbeiten für die Fortbildung des Rechts in Gesetzgebung und Rechtspflege vor.

Entsprechendes gilt für das Werk Justin Goblers (um 1503–1567),[49] von dem bis heute noch nicht einmal ein zuverlässiges Schriften- und Ausgabenverzeichnis existiert. Goblers umfangreichstes Werk, *„Der Rechten Spiegel"* (Frankfurt a. M. 1550), eine Gesamtdarstellung des geltenden Rechts in zehn Teilen,[50] ist bislang weitgehend unbeachtet geblieben. Bis heute ist daher ungeklärt, welchen Anteil der achte Teil, *„Von Peinlichen vnnd Malefitz sachen"*, eine an der Peinlichen Gerichtsordnung von 1532 orientierte Darstellung des Strafrechts, für die Rezeption der Carolina durch die deutsche Strafrechtspflege hatte.[51]

Da starke inhaltliche und sprachliche Übereinstimmungen zwischen der deutschsprachigen Rechtsliteratur und den Gesetzen des Reiches, der Städte und Territorien bestehen, könnte die Aufarbeitung dieser Abhängigkeiten wesentlich zum Verständnis der praktischen Rezeption im 15. und im 16. Jahrhundert beitragen, zumal eine scharfe Trennung zwischen „Rechtsliteratur" und Gesetzgebung der Zeit fremd war.[52] So verstand sich beispiels-

---

[48] *Institutiones. Auszug vn anzaigung etlicher geschriben Kayserlichen vnnd des heyligen Reichs rechte / wie die gegenwertiger zeiten inn vbung gehalten werden: in den Titeln vnderschidlich nach ordnung der vier Bücher Kayserlicher Institution gestelt / mit einfürung Lateinischer allegation / daneben auch etlicher Lande vnnd Oberkaiten besonderer gewonhaiten vnnd Statuten.*

[49] Gobler hatte nach einem mit dem Doktorgrad abgeschlossenen Studium der Rechte (u. a. bei Alciat in Bourges) im Dienste verschiedener Herren gestanden: Er war u. a. als Syndikus für die Stadt Lübeck, als herzoglicher Rat für die Häuser Braunschweig-Lüneburg und Nassau, als Kanzler des Bischofs von Münster und als Richter am Hofgericht Münden tätig; die letzten Jahre seines Lebens verbrachte er (nachdem er eine Professur in Marburg ausgeschlagen hatte) in Frankfurt als Schriftsteller und Lektor des Drucker-Verlegers Christian Egenolff. Dazu Troje (wie Anm. 32), Sp. 1726 ff.

[50] *Der Rechten Spiegel, Auß Natürlichem / den Bschribnen / Gaistlichen / Weltlichen / vnd andern gebreuchlichen Rechten / Auch gemeynen im Heiligen Reich Teutscher Nation / Constitutionen vnd übungen / zugericht.* Der Rechtenspiegel wurde 1550 zweimal aufgelegt; es folgten weitere Ausgaben in den Jahren 1552, 1558, 1564 und 1573. Diesem Werk ging *Der Gerichtlich Proceß, Auß geschribenen Rechten, und nach Gemeynem, im Heyligen Reich Teutscher Nation, gebrauch und übung* (Frankfurt a. M. 1536), der in mindestens zehn Auflagen aus dem 16. Jahrhundert vorliegt, voraus. Kritisch zu den Schriften Goblers auch Deutsch (wie Anm. 19), S. 433 f., 608 f. mwN.

[51] Dazu aus der älteren Literatur (neuere Studien fehlen) Abegg, Bemerkungen über den strafrechtlichen Theil von Justinus Gobler's Rechten-Spiegel und gerichtlichem Prozeß, Archiv des Criminalrechts NF, 1835, S. 1 ff.

[52] Zu diesem Ergebnis kommt für Österreich auch Wilhelm Brauneder, Die staatsrechtliche Bedeutung österreichischer Juristenschriften des 16. Jahrhunderts, in: Roman Schnur (Hrsg.), Die Rolle der Juristen bei der Entstehung des modernen Staates, 1986, S. 629 ff., insb. 638 ff. Nach Brauneder (S. 629) ist die Verbindung zwischen der Rechtsliteratur und der Gesetzgebung so eng, daß er unter Juristenschriften alle Quellen faßt, „die von – am gemeinen Recht geschulten –

weise die *Wormser Reformation* (1498/99) auch als Lehrbuch des Gemeinen Rechts,[53] mit den *Kursächsischen Konstitutionen* (1572) wurden die in Gutachten vorgelegten Meinungen gelehrter Juristen zu einzelnen Rechtsfragen zum Gesetz erhoben, und nicht wenige Werke der deutschsprachigen Rechtsliteratur (insbesondere diejenigen von Justin Gobler) waren im wesentlichen Zusammenstellungen verschiedener Materien des geltenden Rechts.

IV. Die Adressaten der deutschsprachigen Rechtsliteratur

Ein Anliegen der deutschsprachigen Rechtsliteratur war zweifellos, den un- oder halbgebildeten Praktikern, die nicht in der Lage waren, aus dem gelehrten römisch-kanonischen Schrifttum und den Quellen selbst zu schöpfen, den Zugang zum gelehrten Recht zu eröffnen. Diese Art des Erwerbs von Gelehrtenwissen durch Selbststudium läßt aber auch auf eine selbstbewußte Schicht von Rechtspraktikern schließen, deren Nachfrage erst den Markt für die auflagenstarke deutschsprachige Rechtsliteratur eröffnete.[54]

So diente der Laienspiegel laut Tenglers Vorrede dazu, das in Latein geschriebene gemeine Recht, aber auch die Rechtsprechung des Reiches, der Länder und der Städte den ungelehrten Laien, „*es seyen weltlich richter / vorgeer / beysitzer / urtail sprecher / radtgeber / schreyber / clager antwurter /*

Juristen verfaßt oder mitverfaßt worden sind, und zwar ohne Rücksicht auf ihren Charakter und den mit ihnen verfolgten Zweck", d. h. „Traktate ebenso wie Gesetze oder Gesetzesentwürfe". Sämtlichen Juristenschriften sei gemeinsam, daß sie „gemeines und heimisches Recht mischen und verbinden", für die Praxis aufbereitetes Recht enthalten und „Regeln formulieren, die als Rechtsnormen angesehen werden – und zwar von den Verfassern sowohl wie vom Publikum" (S. 631, 639). Braunder kommt zu dem Ergebnis (S. 646 f.), daß mit den Traktaten wie den Landrechtsentwürfen „durch ein Festschreiben von Rechtssätzen ein Teil der Landes-Ordnung übersichtlich und klarstellend erfaßt werden soll, wobei den Traktaten eine private Initiative ihrer Verfasser, den Landrechtsentwürfen eine solche der Obrigkeiten zugrundeliegt".

53 Frühe Drucke der Wormser Reformation (ab 1507) tragen den Untertitel „*Statuten, ordenung, satzung, die allen stetten, communen, regimenten, fürstenthum, herrschaften, amptleuten nützlich, fürderlich und behilflich syn und zu guter regierung erschießen mögen.*" Die letzte Ausgabe (Frankfurt a. M. 1564) erschien unter dem Titel: „*Statutbuch, darinnen unterschiedliche zu finden, wie es in wol reformierten Stätten und Regimenten soll gehalten und regiert werden*".

54 Zur Gruppe der Rechtspraktiker gehörten auch namhafte Persönlichkeiten, die erst nach jahrelanger Tätigkeit in der Praxis das juristische Studium nachholten, wie etwa Ulrich Zasius (1461–1535), der als junger Mann um 1480 an der Artistenfakultät in Tübingen studiert hatte, danach zunächst als Notar und Schreiber am geistlichen Gericht in Konstanz und ab 1494 als Stadtschreiber in Freiburg i. Br. tätig war. Erst dort nahm Zasius das Studium des römischen Rechts auf und wurde mit 40 Jahren zum doctor legum promoviert, nachdem er bereits fast 20 Jahre in der Rechtspraxis gewirkt hatte (dazu Gudrun Sturm, Art. Zasius, Udalricus (Ulrich Zäsi), in: Adalbert Erler/Ekkehard Kaufmann/Dieter Werkmüller (Hrsg.), Handwörterbuch zur deutschen Rechtsgeschichte, Bd. 5, 1998, Sp. 1612 ff.).

zeügen / gewalthaber / redner vnnd annder gerichts oder radtsperson", für das Selbststudium (*"ine selbs zu erleernen was dem rechten / auch gemainem nutz bequemlich sein mög"*) zur Verfügung zu stellen. Nach der weitergehenden Empfehlung Brants sollten durch das Werk Tenglers auch die gelehrten und erfahrenen Juristen ermahnt werden (*"Auff das die so der geschriben recht oder übungen der gericht erfaren anzaig dardurch ermanet / auch die so des weder gelert noch erfaren wären / etwas da mit sy vnderwisen wurden / haben möchten"*).

Auch Perneders „Gerichtlicher Process" ist an *"gelerte vnnd vngelerte / so vor gericht zu handlen haben"* gerichtet, während Goblers „Gerichtlicher Proceß" ausschließlich ungelehrten Prokuratoren gewidmet ist, die sich durch die Übersetzungsliteratur Kenntnisse vom gelehrten Recht verschaffen sollen: *"Ein Leyischer Procurator / der da sein Practic auß disen Teutschen Tractaten wil lernen / so er nit mehr mag / würt er doch hier auß so vil begreiffen / daß er wisse was seinem ampt zustehe / wie er sein Termin halten / wie er dem gegentheyl begegnen / vnd sunst in die gantze Rechtfertigung sich schicken solle."*[55]

Da die auflagenstarken deutschen Übersetzungen und Kompendien des römischen Rechts den in der Rechtspflege tätigen Praktikern zugeeignet waren, dürften sie bis zum Ende des 16. Jahrhunderts einen nicht unerheblichen Beitrag zur Aufnahme des gelehrten Rechts in Gesetzgebung und Rechtspflege geleistet haben. Dennoch beschäftigt sich auch die jüngere Generation der Rechtshistoriker nur wenig und zögerlich mit der deutschen

---

[55] Mehrfach wird in der Vorrede (hier wurde die in Göttingen vorhandene Ausgabe von 1538 benutzt) erwähnt, daß die ungelehrten Prokuratoren durch Selbststudium aus der deutschsprachigen Rechtsliteratur ihre Rechtskenntnisse beziehen (in schwierigen Fällen empfiehlt Gobler, den Rat eines Gelehrten einzuholen): *"Deshalb so wil ich all Procuratores / so ire tag nit studiret / sonder auß solichen Teutschen Büchern ire Practic lernen vnd gründen wöllen / diß orts fleissig ermanet vn gebetten haben / das sie sich vff dises vn dergleichen verteutschtes Recht / nit allweg verlassen / noch wenen wöllen / sie habens eben wol vn gnug verstanden / sonder so offt von nöten / vn sonderlich so die Sach etwz weitleuffig / scharpff oder wichtig / sich zu den gelerten fügen / vn die selben mit rath vn beistand der Advocaten / handeln."* Vgl. weiter den von Johann Vetter in der Vorrede der deutschen Ausgabe von Damhouders *Practica Gerichtlicher Handlungen in Bürgerlichen Sachen* (1575) genannten Zweck des Werkes: *"Welche zu vnderricht vnd anweissung / der Gemeinen Schöffen / vnd Undergericht / auch der angehenden vngelehrten vnnd vngeübten Procuratorn / oder Fürsprechen / so etwa gemeiniglich Leyen / oder ja der Rechten nicht erfahren seindt"*. Daß im 16. Jahrhundert auch zahlreiche Notare über keine juristische Ausbildung verfügten, belegt die Vorrede Wolfgang Hungers zu Perneders *Summa Rolandina* von 1544 (diese wurde noch in den Ausgaben bis Ende des 16. Jahrhunderts unverändert abgedruckt): *"Dann ob gleich wol vermüg der Recht zuvermuten / das alle Notarien derselben gelert vnd verstendig / so findet man doch in täglicher erfarung fast ser das widerspil / vnd das nit derhalbe thayl disem ambt oder befelh / dermassen wie sich gebürt / tüglich vnnd gewachsen seind."* Die Übersetzungen des gelehrten Rechts sollten dazu dienen, daß *"auch unser Notarien vnd ander ungelerte Gerichtspersonen noch merern bericht vnd verstandt der geschriben Recht erlange möchten."*

Rechtsliteratur des Rezeptionszeitalters; zu übermächtig wirken wohl die Einschätzungen der Großen unseres Faches über diese Literaturgattung als „Schriftstellerei der Halbgelehrten" (so Stintzing) und über ihre Adressaten als „juristisches Proletariat" (so Wieacker unter Rückgriff auf Stintzing) sowie die Behauptung, daß die ungelehrten Praktiker, „wie Quacksalber und Astrologen, ein nicht aus den reinlichsten Quellen geschöpftes Rechtswissen eigennützig an den Mann gebracht" hätten.[56]

V. Die deutsche Rechtssprache

Auch wenn die Volkssprache seit dem Anfang des 13. Jahrhunderts als Sprache des geschriebenen Rechts etabliert war, legten erst die deutschsprachige Rechtsliteratur und die Gesetzessprache des 15. und des 16. Jahrhunderts die Grundlagen für die moderne, an den Begriffen des römischen Rechts orientierte deutsche Rechtssprache[57] im Sinne einer Fachterminologie der Juristen. Leider ist auch die Geschichte der deutschen Rechtssprache in Sprachwissenschaft und Rechtsgeschichte noch immer ein Desiderat der Forschung,[58] so daß hier nur erste Einschätzungen wiedergegeben werden können.

Seit dem ausgehenden Mittelalter war Latein – von wenigen Ausnahmen abgesehen – nicht die Sprache des Schriftrechts der Städte und Territorien[59] und der darauf beruhenden Rechtspflege. Selbst die Gesetze des Reiches, die Reichskammergerichtsordnung (1495), die Reichsnotarordnung (1512), die Halsgerichtsordnung Kaiser Karls V. (1532) und die Reichspolizeiordnungen der Jahre 1530, 1548 und 1577, wurden unter Beteiligung gelehrter Juristen in deutscher Sprache verfaßt.[60] Mit der Etablierung eines gelehrten Juristenstandes in Deutschland entwickelten sich somit zwei Rechtsfach-

---

56 Stintzing (wie Anm. 27), XXXVII; Wieacker (wie Anm. 3), S. 160.
57 Vgl. nur den Vorspruch Sebastian Brants in „*Der Richterlich Clagspiegel*" (Ausgabe von 1516): „*Teütsch red ich mit lateinischer zungen / Darumb hab man der wort wol acht / Die uß latein seind Teütsch gemacht*".
58 So auch Ruth Schmidt-Wiegand, Art. Rechtssprache, in: Adalbert Erler/Ekkehard Kaufmann (Hrsg.), Handwörterbuch zur Deutschen Rechtsgeschichte, Bd. 4, 1990, Sp. 344, 348; Hans Hattenhauer, Zur Geschichte der deutschen Rechts- und Gesetzessprache, Berichte aus den Sitzungen der Joachim Jungius-Gesellschaft der Wissenschaften 5 (1987), S. 1 ff. Vgl. weiter Görgen (wie Anm. 42), S. 19 f.
59 Vgl. nur Nürnberger Reformation 1479 (Vorrede): „*Und die hernach begriffene gesetz söllen nach irem laut und sage in gemainer verstentnus des gewonlichen und leuftigen teutschen gezüngs diser stat verstanden und aufgenomen werden.*"
60 Seit dem Spätmittelalter wurden Rechtstexte (Reichsgesetze, Rechtsbücher, Stadtrechte) zunehmend in deutscher Sprache verfaßt, wenngleich zu Beginn dieser Periode viele Texte (etwa der Sachsenspiegel um 1225, der Mainzer Reichslandfriede von 1235 oder die Goldene Bulle von 1356) noch ursprünglich oder zusätzlich in Latein geschrieben waren.

sprachen, die lateinische „Gelehrtensprache" und die deutsche Fachsprache der Rechtspraktiker, die in den Gesetzen, den schriftlichen Zeugnissen der Rechtspflege und der deutschsprachigen Rechtsliteratur überliefert ist.[61]

Die deutschsprachigen Kompendien des gelehrten Rechts erfüllten daher zwei Funktionen: Erstens eröffneten sie dem ungelehrten Personal der Rechtspflege den Zugang zum subsidiär geltenden römischen Recht und ermöglichten damit den Rechtspraktikern der unteren Gerichts- und Verwaltungspraxis auch ohne gute Lateinkenntnisse den Rückgriff auf Gelehrtenwissen. Zu diesem Zweck wurde das gelehrte Recht häufig sogar in volkstümliche und eingängige deutsche Rechtssprichwörter gefaßt.[62]

Zweitens – und dieser Aspekt wird von der Forschung bislang nicht wahrgenommen – waren sie willkommene, wenn nicht sogar notwendige Hilfsmittel für die studierten Juristen, um sich in der volkssprachigen Rechtspflege behaupten und ihre erworbenen Rechtskenntnisse in deutscher Sprache vorbringen zu können.

So heißt es in der Vorrede Wolfgang Hungers zu Perneders Gerichtlichem Prozess: *„Nun ist aber den verstendige vnd geübte wol bewist / wie vil aine angeende Juristen (er werde ain Richter / Rhat / Beysitzer / Aduocat oder Procuratur) daran gelegen / das er verstentlich / formlich un mit deütlichen wortten auch in Teütscher sprach von seiner profession wisse zu reden."*

Auch die von Johann Thomas Freigius (1543–1583) zusammengestellten *Neüwe Practica Iuris und Formulen oder Concepten allerley* (Basel 1574) sollten *„angehnden Juristen"* den Einstieg in die Rechtspraxis erleichtern. Zu diesem Zweck gab Freigius im zweiten Teil sechzehn Konsilien von Ulrich Zasius in deutscher Sprache heraus, die aus dem Nachlaß des Vaters, Nikolaus Freigius, stammten, der als Leibeigener auf Kosten seines Herrn, des Markgrafen von Baden, Anfang des 16. Jahrhunderts bei Zasius studiert hatte.[63] Dessen umfangreiche Bibliothek enthielt neben lateinischen Büchern auch deutsche Akten, Formeln und Konsilien, die der Sohn Johann Thomas Freigius in seinem Praktikerhandbuch verarbeitete, um die Studenten auf die spätere Tätigkeit in der Rechtspflege vorzubereiten. In der Vorrede zum ersten Teil seines Werkes wies Freigius auf die Mängel der universitären Ausbildung und insbesondere darauf hin, daß *„ein scholar /*

---

[61] Dazu insgesamt Hans Hattenhauer, Lingua vernacula – Rechtssprache zwischen Volkssprache und Gelehrtensprache, in: Jörn Eckert/Hans Hattenhauer (Hrsg.), Sprache – Recht – Geschichte, 1991, S. 49, 64 ff. Vgl. weiter Görgen (wie Anm. 42), S. 81 ff.

[62] Dazu Ferdinand Elsener, Deutsche Rechtssprache und Rezeption. Nebenpfade der Rezeption des gelehrten römisch-kanonischen Rechts im Spätmittelalter, in: Friedrich Ebel/Dietmar Willoweit (Hrsg.), Studien zur Rezeption des gelehrten Rechts, Ausgewählte Aufsätze, 1989, S. 240, 245 f.

[63] Zu Nikolaus und Johann Thomas Freigius vgl. Winterberg (wie Anm. 8), S. 34 ff.

wann er schon etlich jar auff der schul hoch gestanden ist / die selbige zeit auß freilich zu der practick nicht ein mal gedenckt [...] / das er nicht weiß ob ihm sein mutter spraach zu seiner vorhabenden Juristerey auch dienstlich sein werde / biß das er ein gradum in iure bekompt / als dann so er seiner Kunst ein meister soll sein / vnd desselbigen ein offen testimonium erlangt hat / vnd solte jetzt dann gleich zu der Policey / vnd Weltlichen sachen vnnd händlen bereit gezogen werden / so muß er sich als dann erst inn eines Fürsten Canzley für ein schreiber begeben / oder gegn Speier ziehen / die Teutsche Rhetorick zu lernen".[64]

VI. Ausblick

Abschließend möchte ich noch einen Ausblick auf den weiteren Fortgang meines Vorhabens geben (über dessen Ergebnisse hoffe ich zu einem späteren Zeitpunkt berichten zu können). Mein besonderes Interesse gilt dem Verhältnis von Wissenschaft und Praxis und ihren Protagonisten, denn der Rezeptionsprozess ist in erster Linie als Bildungsvorgang zu begreifen, der nicht auf die Wissenschaftselite beschränkt werden darf, sondern sich gerade dadurch auszeichnet, daß die Doppelspurigkeit des Rechts in Ausbildung und Rechtsanwendung von einem auf die Verschmelzung beider Systeme zulaufenden Austausch geprägt war.

Da sich die im gelehrten Recht studierten Juristen in der Rechtspflege behaupten mußten, wurden bereits im 16. Jahrhundert Forderungen nach Vorlesungen in deutscher Sprache und der Behandlung des einheimischen Rechts in der juristischen Ausbildung laut. Thomas Murner hat wohl als erster 1519 die Institutionen auf deutsch gelesen,[65] der Zasius-Schüler Johann Sichardt hat in den 1530er Jahren seine Codexvorlesung mit deutschrechtlichen Instituten angereichert, und Johann Thomas Freigius hat in den 1570er Jahren für Vorlesungen in deutscher Sprache und mit stärkerem Pra-

---

64 Insgesamt beklagt Freigius das Auseinanderfallen von Theorie und Praxis: Die Studenten verbrächten einerseits viel Zeit damit, diejenigen Rechte zu studieren, die in der Rechtspraxis ganz und gar nicht gebraucht würden, und andererseits fehlten ihnen die notwendige praktische Erfahrung und Übung sowie Kenntnisse im einheimischen Recht. Abschließend empfiehlt er daher, den scholastischen Unterricht mit der praktischen Übung zu verknüpfen, damit die Studenten in kürzerer Zeit erfolgreich ihre Ausbildung beenden könnten („*Auß diesen vnnd anderen begründten vnnd beweglichen vrsachen were mein meinung das man in praeceptis scholasticis etwas abschnitte / vnnd die tägliche praxin desto mehr mit eingemenget / dann durch diesen weg möchte ein scholar mit geringer arbeit vnnd kurtzer zeit zu verhoffenlicher endtschafft seines vorhabenden intents gelangen / vnnd so viel von den vrsachen dieses meins fürgelegten Wercks.*").
65 Auch das Institutionen-Kompendium Perneders enthält die Widmung „*zu nutz vnnd dienstlichem gebrauch aller jungen anfahenden schüler*".

xisbezug gestritten.⁶⁶ Vor diesem Hintergrund könnten auch die von Justin Gobler aus der Mitte des 16. Jahrhunderts stammenden Übersetzungen der Reichsnotarordnung, der Reichskammergerichtsordnung und der Carolina ins Lateinische dazu gedient haben, die Aufnahme des Reichsrechts in den universitären Unterricht zu erleichtern. Dafür sprechen schließlich auch die – im Ergebnis erfolglosen – Bemühungen der Ingolstädter Fakultät aus dem Jahre 1586, einen gemeinsamen Lehrstuhl für Lehn- und Strafrecht einzurichten.⁶⁷

Während die Forderung, die Bedürfnisse der Praxis in der juristischen Ausbildung zu berücksichtigen, in Deutschland erst im 17. Jahrhundert umgesetzt wurde, läßt sich die Verschmelzung beider Rechtsbereiche in der Rechtspraxis bereits im 15. und im 16. Jahrhundert beobachten. Sie dokumentiert sich dort vor allem in Gutachten und Ratschlägen gelehrter Juristen, die sich keineswegs auf die Auskunft beschränkten, wie der konkrete Rechtsfall nach römischem Recht zu lösen war, sondern auch einheimisches Recht zur Lösung des Falles heranzogen.⁶⁸ Kenntnisse im einheimischen Recht und der Umgang mit der deutschen Rechtssprache waren hierfür Voraussetzung, weswegen sich beispielsweise die Freiburger Fakultät 1562 gegen die Anstellung eines italienischen Gelehrten aussprach, weil dieser nicht nur Vorlesungen zu halten, sondern auch Gutachten in deutscher Sprache anzufertigen hätte.⁶⁹ Vermittelt wurden diese Kenntnisse aber nicht zuletzt durch die deutschsprachige Rechtsliteratur, die maßgeblich zur Anpassung des gelehrten Rechts an die Bedürfnisse der Praxis beitrug.

---

[66] Dazu, insbesondere zur Kritik an der juristischen Ausbildung im 16. Jahrhundert (fehlender Praxisbezug) und zu den Bestrebungen einer Einbeziehung des deutschen Rechts in das Rechtsstudium, vgl. Karl Heinz Burmeister, Das Studium der Rechte im Zeitalter des Humanismus im deutschen Rechtsbereich, 1974, S. 136 f., 186. Zur praktischen Ausbildung der Juristen im 16. Jahrhundert, insbesondere am Reichskammergericht, vgl. S. 233 ff. An einigen Juristischen Fakultäten war daher die regelmäßige Teilnahme der Studenten an den Sitzungen des Hofgerichts vorgesehen, so in Marburg seit der Gründung 1529 und in Tübingen seit 1600, dazu S. 223 f. Dementsprechend sieht auch die Württembergische Hofgerichtsordnung von 1587 (Teil 1, Tit. 2) vor, daß der vorsitzende Hofrichter nicht nur studiert, sondern auch „diser Vnder Hoffgerichts / auch Landtsordnung / vnnd Landtrechtens / wol erfahren / sein" solle. Vgl. weiter Franz Wieacker, Einflüsse des Humanismus auf die Rezeption, Zeitschrift für die gesamte Staatswissenschaft 100 (1940), S. 423 ff.

[67] Dazu und zu ähnlichen Bemühungen anderer Fakultäten Burmeister (wie Anm. 66), S. 134 ff.

[68] Vgl. etwa für die Nürnberger Ratsjuristen Isenmann (wie Anm. 11), S. 313 (Fn. 25), 327 ff., 360.

[69] Burmeister (wie Anm. 66), S. 186 mwN.

Nachruf

Karl Hauck

21. Dezember 1916 – 8. Mai 2007

Als der junge, soeben promovierte Mittelalterhistoriker von der Universität Freiburg im Breisgau in der Mitte der 1960er Jahre als Assistent von Karl Schmid an die Universität Münster kam, erwarteten ihn – nach der nüchternen Atmosphäre des Seminars von Gerd Tellenbach – neue und überraschende Eindrücke. Angekündigt war ein Vortrag von Karl Hauck über Goldbrakteaten. So nennt man einseitig geprägte runde Goldbleche, die – nach Vorbildern römischer Kaisermedaillons des 3. und des 4. Jahrhunderts – im 5. und im 6. Jahrhundert entstanden und deren Verbreitung sich über Skandinavien, vor allem Dänemark, Südschweden, Öland und Gotland, Süd- und Westnorwegen erstreckt; auch auf dem Kontinent und in England findet man sie. Sie zeigen menschen- und tiergestaltige Figuren, Ornamente, Symbole und Inschriften. Meist sind sie mit Ösen versehen, wurden also als Amulette getragen. Hauck hat die Bildmotive als Zeugnisse einer Odin-Religion gedeutet, deren Darstellungen von römischen Bildformeln geprägt sind.

In Münster erwartete den Neuankömmling aber nicht nur ein bisher für Mediävisten ungewohntes Thema, er erlebte auch eine neue Form der Darbietung wissenschaftlicher Ergebnisse. Der Vortragssaal im Fürstenberghaus am Domplatz in Münster war bereits halb abgedunkelt, auf dem Podium leuchtete, fast im Cinemascope-Format, ein dunkelblauer Hintergrund, vor dem alsbald die Goldbrakteaten in mehrfacher Vergrößerung suggestiv erstrahlten. Im vollends dunklen Saal begann dann der Vortragende zu sprechen, in freier Rede und mit geradezu leidenschaftlicher Diktion, auf dem Podium hin- und herschreitend, von seinem Thema sichtbarlich ergriffen. Dies alles wirkte auf mich ungewohnt – und doch auch faszinierend.

Ich werde hier kein Resümee der Forschungen Karl Haucks bieten. Dazu verweise ich auf die Abschiedsvorlesung, die Hauck im Februar 1982 an der Universität Münster unter dem Titel „Fünfzig Jahre historische Sachforschung: Das Vordringen in das ethnologische Europa" gegeben hat,[1] und auf die Würdigung, die er durch Josef Fleckenstein, Präsident unserer Akademie, anläßlich seines 70. Geburtstags im Dezember 1986, unter dem Titel „Von den Wurzeln Alteuropas" erfuhr.[2] Ich werde in meinem Rückblick die doppelte Perspektive des sich erinnernden Zeitzeugen und des Historikers beibehalten und gehe zur Gewinnung meines perspektivischen Ausgangspunkts von heute aus vierzig Jahre zurück, in das Jahr 1967.

Damals, 1967, erschien im ersten Band des von Karl Hauck gegründeten Jahrbuchs „Frühmittelalterliche Studien" seine programmatische Abhandlung „Von einer spätantiken Randkultur zum karolingischen Europa".[3] Sie war dem älteren Göttinger Kollegen Hermann Heimpel (1901–1988) gewidmet. In seinem Rückblick von 1982 erinnert Hauck daran, daß es „ein russischer Granatwerfer" war, der ihm in langen „Lazarett- und Rekonvaleszenzmonaten" den „Zugang zur historischen Sachforschung" eröffnete, – an der Reichsuniversität Straßburg nämlich, wohin seine Leipziger Lehrer, der Historiker Heimpel und der Mittellateiner Walter Stach, berufen worden waren.[4] In Straßburg hat Hauck 1942 und 1943 promoviert und sich habilitiert.

Thema der Abhandlung Haucks von 1967 war die Beobachtung der Rand- und der Nachfolgekulturen der Antike in Europa, wobei der Akzent auf religionsgeschichtlichen und religionswissenschaftlichen Aspekten lag, und zwar wie diese sich in der Integration von Kult und Religion einerseits und von neuen Herrschaftsbildungen auf ethnischer Grundlage andererseits erfassen lassen. Es ging um Erkenntnisse über „das Bündnis zwischen der Buchreligion aus dem Vorderen Orient (also dem Christentum) und der römischen Weltmonarchie" seit Konstantin mit den neuen Völker-Gruppen, „deren Wanderungen das römische Europa ethnisch neu gliedern" und die neue herrscherliche Institutionen begründen sollten. Am wirkungsvollsten, so Hauck, gelang das Chlodwig, dem mächtigsten der fränkischen Heerkönige, im Reich der Merowinger. Aus dieser spätantiken

---

[1] In: Evolution, Zeit, Geschichte, Philosophie. Universitätsvorträge, Münster 1982, S. 65–87. Vgl. auch den Rückblick „Zwanzig Jahre Brakteatenforschung in Münster/Westfalen (Zur Ikonologie der Goldbrakteaten, XL)", in: Frühmittelalterliche Studien 22 (1988) S. 17–52.
[2] In: Frühmittelalterliche Studien. Jahrbuch des Instituts für Frühmittelalterforschung der Universität Münster 22 (1988) S. 6–15.
[3] Hier S. 3–93.
[4] Hauck, „Fünfzig Jahre historische Sachforschung" (wie Anm. 1), S. 67.

Randkultur entstand schließlich ein „fränkisches Kleinkaisertum", dessen zweite Dynastie, die der Karolinger, einen Bund mit dem römischen Papsttum schloß und damit die „gesteigerte Vormachtrolle der Franken im lateinischen Europa" begründete. Dazu kam die Mission der iro-schottischen und angelsächsischen Mönche auf dem Kontinent, die Mission der „asketischen Exulanten", wie Hauck sie nannte, die mit ihren „geistlichen Forschungsreisen" eine von Irland und Schottland und dann von England ausgehende neue Form des Mönchtums und der Mission ausbildeten.

Diese außerordentliche Diversität multiethnischer und multireligiöser Verschränkungen wurde von Hauck in neuer Weise beleuchtet. Einerseits durch die Beobachtung von Ritualen, zum Beispiel der „Einholungs- und Ausgangszeremonielle" oder der liturgischen Offertoriums-Zeremonielle, also von Opfer- und Gabenprozessionen, die den Charakter von Staatszeremoniellen hatten. Wir alle kennen sie in bildlicher Form von den berühmten Mosaiken in Ravenna, Karl Hauck aber wies sie nach auf Sachzeugnissen, zum Beispiel auf Prunkhelmen, die zwar nicht unmittelbar aus kaiserlichem Eigentum stammten, wohl aber als Imitationen in der Ausrüstung hoher nicht-römischer Offiziere archäologisch faßbar sind. Im Zeremoniell, so Hauck, „wurde die neue Staatlichkeit im Norden mediterran geprägt", und zwar in einer Weise, die die Ausbildung der europäischen Monarchie über Jahrhunderte beeinflußte. Diese spätantiken Zeremonielle waren religiöse Zeremonielle, so daß Religion, nunmehr die christliche, die „römische Staats- und Reichsreligion", „ein herrschaftsbildender und -festigender Faktor ersten Ranges" wurde.

Im selben Jahr, 1967, begann Hauck auch die Ikonologie der bisher nicht gedeuteten Goldbrakteaten des 5. und des 6. Jahrhunderts zu seinem systematischen Forschungsthema zu machen. In dem Band „Goldbrakteaten aus Sievern" präsentierte er 1970 erste Ergebnisse seiner Forschungen über die „Brakteaten-Religion" und eröffnete mit diesem Band zugleich die Reihe der von ihm mit begründeten „Münsterschen Mittelalter-Schriften".[5] Es folgten zahlreiche Studien zur Ikonologie der Goldbrakteaten. Seine Methode war die einer „Kontext-Ikonographie", die literarische Zeugnisse, also Schriftzeugnisse des 4. bis 6. Jahrhunderts aus der mediterranen Spätantike und die späterer Jahrhunderte mit heranzog.[6]

---

5   Karl Hauck, „Goldbrakteaten aus Sievern. Spätantike Amulett-Bilder der ʻDania Saxonicaʼ und die Sachsen-ʻOrigoʼ bei Widukind von Corvey (Münstersche Mittelalter-Schriften 1) München 1970.
6   Karl Hauck, Art. „Brakteatenikonologie", in: Reallexikon der Germanischen Altertumskunde 3 (1978) Sp. 361–401. Zur Methode Haucks vgl. auch Ders., „Methodenfragen der Brakteatenforschung. Erprobung eines Interpretationsmusters für die Bildzeugnisse aus seiner oralen Kultur (Zur Ikonologie der Goldbrakteaten, XXVI)", in: Helmut Roth (Hg.), Zum Problem

Was hatte Karl Hauck in seinem Wirken und seinen Forschungen geprägt? In seinem Rückblick von 1982 hat er sich selbst dazu geäußert.[7]

Er verwies auf das vielschichtige Oeuvre von Andreas Alföldi (1895 – 1981), dem Althistoriker, mit seinen Arbeiten zur Symbolik und den Insignien der römischen Kaiserzeit; sei doch die historische Sachforschung für einen Althistoriker schon länger viel selbstverständlicher gewesen als für einen Mittelalterhistoriker.

Von allergrößter Bedeutung aber war für Hauck die Begegnung mit dem Göttinger Historiker Percy Ernst Schramm (1894–1970). Schramm hatte schon früher eine für Mediävisten neue Forschungsrichtung eröffnet, nämlich mit seinem Werk „Die deutschen Kaiser und Könige in Bildern ihrer Zeit", mit dem 1928 die Reihe „Die Entwicklung des menschlichen Bildnisses" im Institut für Kultur- und Universalgeschichte an der Universität Leipzig begonnen worden war. „Schramms Aufforderung", so Hauck, „am I. Band von seinem Werk 'Herrschaftszeichen und Staatssymbolik' mitzuwirken, entschied meine Hinwendung zur historischen Sachforschung". Zum ersten Band dieses Werks (erschienen 1954) hat Hauck die umfangreiche Abhandlung „Halsring und Ahnenstab als herrscherliche Würdezeichen" beigesteuert. Durch die enge Verbindung mit Schramm sei er, so sah es Hauck im Rückblick, „zu einem der geistigen Enkel von Aby Warburg (1866–1929)" geworden. Die Ausstrahlung des Kunsthistorikers Aby Warburg habe für ihn in mehrfacher Hinsicht Bedeutung erlangt, vor allem mit Warburgs Bericht über seine Reise zu den Pueblo-Indianern in Nordamerika, auf der Warburg die von ihm intendierte, vergleichende und transkulturelle Erforschung von Mythen, Ritualen und Symbolen zu vertiefen hoffte. Warburg lernte auf dieser Reise, „die europäische Geschichte mit den Augen eines Anthropologen zu sehen": es war – so schrieb der Kunsthistoriker Ernst Gombrich in seiner „intellektuellen Biographie" Warburgs – eine Reise „zu den Archetypen". Karl Hauck zitiert diesen Satz und gibt damit Auskunft über seine eigenen Intentionen. Zugleich richtete sich Warburgs Bemühen auf „eine methodische Grenzerweiterung" der Kunstwissenschaft, wie er in einem berühmten Vortrag formulierte, – in der Hoffnung, „daß eine ikonologische Analyse [. . .] die großen allgemeinen

---

der Deutung frühmittelalterlicher Bildinhalte, Sigmaringen 1986, S. 273–296; Ders., „Text und Bild in einer oralen Kultur. Antworten auf die zeugniskritische Frage nach der Erreichbarkeit mündlicher Überlieferung im frühen Mittelalter (dass., XXV)", in: Frühmittelalterliche Studien 17 (1983) S. 510–599; Ders., „Der religions- und sozialgeschichtliche Quellenwert der völkerwanderungszeitlichen Goldbrakteaten (dass., XLVII)", in: Heinrich Beck u. a. (Hg.), Germanische Religionsgeschichte. Quellen und Quellenprobleme, Berlin/New York 1992, S. 229–269.

7 Hauck, „Fünfzig Jahre historische Sachforschung" (wie Anm. 1), S. 66ff.

Entwicklungsvorgänge in ihrem Zusammenhange beleuchtet". Und auch diesen Satz hat Hauck zitiert und sich selbst als Maxime zu eigen gemacht.

Noch ein zweites Moment seiner Prägungen hat Hauck zumindest angedeutet. Es betrifft seine Herkunft aus einer Leipziger Familie von Universitätsprofessoren, insbesondere von Theologen. Sein Großvater war der berühmte Kirchenhistoriker Albert Hauck (1845–1918), der noch heute neben Adolf von Harnack als der „bedeutendste protestantische Kirchenhistoriker seiner Zeit gilt".[8]

Ein drittes Moment von Haucks geistiger Prägung füge ich noch hinzu, was sich wiederum mit Aby Warburg verknüpfen läßt. Es ist die am Beginn des 20. Jahrhunderts aufbrechende neue Historische Kulturwissenschaft, zu der nicht nur Warburg, sondern auch der mit diesem eng verbundene Philosoph Ernst Cassirer, aber auch Kulturwissenschaftler wie Georg Simmel und Max Weber zählen. Eng verbunden mit den heftigen Kontroversen über diesen Aufbruch waren nach 1918 zugleich die Debatten über die Relativitätstheorien und die Quantentheorie. Ging es doch um die zentralen Fragen von Relativismus und Historismus und um die Frage nach den Bedingungen der Erkenntnis der Wirklichkeit. Und: es ging – seit Beginn des Jahrhunderts und vor allem nach dem Zusammenbruch von 1918 – um die Gewinnung von Werten für die moderne Gesellschaft aus der Geschichte. Die führende theologische Stimme in diesen Kontroversen war die des Kirchenhistorikers, Historikers, Philosophen und Soziologen Ernst Troeltsch, der in seinem Buch „Der Historismus und seine Probleme" von 1922 eine neue Kultursynthese und Universalgeschichte skizzierte, in der er dem okzidentalen Mittelalter eine zentrale und weitgehend noch nicht erkannte Rolle zuschrieb. Und auch dies verweist uns auf die familialen theologischen Traditionen, in denen der junge Karl Hauck aufwuchs.

Das Wirken von Karl Hauck war für die Mittelalterforschung und darüber hinaus für die gesamte Geschichtswissenschaft bahnbrechend. Er hat neue Fragen in Gang gesetzt. Er hat neue Methoden erprobt und praktiziert und die empirischen Grundlagen der historischen Erkenntnis zielstrebig erweitert: neben die bewährte Textanalyse trat die Beobachtung von Sachzeugnissen, von Bildern und Objekten. Diese Erweiterung der Methoden und der empirischen Grundlagen historischer Erkenntnis aber erforderte die Kooperation der Historiker mit den Nachbarwissenschaften. Es entstand – durch Haucks Organisations- und Kommunikationstalent – das,

---

[8] Kurt Nowak, Art. „Hauck, Albert", in: Theologische Realenzyklopädie 14 (1985) S. 472–474, S. 472.

was wir heute als eine Selbstverständlichkeit verstehen, was aber damals, vor vierzig Jahren, als Wort wie als Sache etwas Neues war: „Interdisziplinarität". Es ging um die Kooperation der Historiker mit der Theologie und Religionswissenschaft, mit den Literaturwissenschaften, mit Numismatik und Archäologie, mit der Kunstwissenschaft, mit der Byzantinistik und so fort.

Die optimalen Voraussetzungen dafür sah Hauck in Münster gegeben, wo er – nach einem Ordinariat in Erlangen – seit 1959 lehrte. Und deshalb hat er 1964 die ihm angebotene Nachfolge auf den Lehrstuhl Gerd Tellenbachs in Freiburg abgelehnt. Dies wurde von der nordrhein-westfälischen Landesregierung großzügig honoriert, nämlich mit der Gründung eines Instituts für Frühmittelalterforschung. Es bestand nur aus einer Etage in der Münsteraner Innenstadt, aber es war ein Nukleus, der in die Zukunft wies: mit einer Bibliothek, mit der Möglichkeit für Gastvorträge und der Organisation von Kolloquien (auch dies damals noch eine weitgehend neue Form der wissenschaftlichen Kommunikation), ferner der Gründung eines Jahrbuchs, der bereits erwähnten „Frühmittelalterlichen Studien", und einer Publikationsreihe, nämlich der „Arbeiten zur Frühmittelalterforschung", denen dann alsbald eine zweite Buchreihe, die ebenfalls schon erwähnten „Münsterschen Mittelalterschriften", folgen sollte.

Die Vitalität dieses Zentrums zeigte sich sehr rasch, nachdem 1967 der Wissenschaftsrat empfohlen hatte, Sonderforschungsbereiche zu bilden, um die Forschung an den Universitäten zu beleben. Im Verbund mit dem Historiker Karl Schmid, der aus Freiburg die historische Personen- und Gruppenforschung von Tellenbachs Freiburger Arbeitskreis nach Münster gebracht hatte, und mit dem Germanisten Friedrich Ohly, der die mittelalterliche Bedeutungsforschung, also die Geschichte der allgemeinen Auslegung der Welt des Seienden auf Spirituelles, im Mittelalter und weit darüber hinaus einbrachte, entstand 1968 der, man darf wohl sagen: legendäre Sonderforschungsbereich 7 „Mittelalterforschung". Es war dies der erste geisteswissenschaftliche Sonderforschungsbereich überhaupt.

Um ihn herum gruppierte Hauck weitausgreifende, auch internationale „Arbeitsbündnisse", die teils schon bestanden, teils neu gegründet wurden. Ich nenne davon nur zwei, nämlich jene, die sich auf Göttingen beziehen. Das eine war die historische und archäologische Erforschung der deutschen Königspfalzen, die Hermann Heimpel an das von ihm gegründete Max-Planck-Institut für Geschichte gebunden hatte und die später von Josef Fleckenstein fortgeführt wurde. Zu ihr hat Hauck neue Themen beigesteuert, zum Beispiel seine Untersuchung über „Tiergärten im Pfalzbereich" (1963). Außerdem brachte er die Ergebnisse der damals neu ausgegrabenen

Königspfalz in Paderborn ein, der wichtigsten Taufpfalz in den Missionsgebieten östlich des Rheins in der Zeit Karls des Großen. Für die Nachrichten unserer Akademie hat Hauck 1985 seine weit ausgreifende Untersuchung über „Karolingische Taufpfalzen im Spiegel hofnaher Dichtung" zur Verfügung gestellt.[9] Ein zweites Arbeitsbündnis mit Göttingen bestand in Haucks Mitarbeit in der von Herbert Jankuhn gegründeten Kommission der Göttinger Akademie für die Altertumskunde Mittel- und Nordeuropas von Anfang an. Für den von Jankuhn gegründeten neuen „Hoops" („Reallexikon der germanischen Altertumskunde") hat Hauck den wegweisenden Artikel „Brakteatenikonologie" beigesteuert.[10] Herbert Jankuhn ist auch die große Abhandlung über „Gemeinschaftsstiftende Kulte der Seegermanen" von 1980 gewidmet.[11]

Durch alle diese vielfältigen, miteinander verknüpften Forschungsprojekte war in Münster der erste interdisziplinäre Verbund von Mittelalterforschung in der Bundesrepublik Deutschland überhaupt entstanden.

Ich möchte dieser Würdigung zwei Bemerkungen anfügen, die die Zeitumstände der Gründung des Sonderforschungsbereichs 7 und die Kontinuität der von Karl Hauck angestoßenen Initiative betreffen.

Zum einen: auch in Münster folgte auf das Jahr 1967 das Jahr 1968, das selbst im westfälisch-ruhigen Münster die ihm eigenen Turbulenzen und Irritationen mit sich brachte. Wir Jüngeren sahen eher Grund zur Gelassenheit. War es doch just die Frühmittelalterforschung, die, wie uns schien, für jede Art von Kontroversen und Konflikten bestens vorbereitet war: mit neuen Fragestellungen, neuen Methoden und mit neuen Formen der Organisation von Wissenschaft.

Meine zweite Bemerkung betrifft die Kontinuität. Der SFB 7 hat ohne jede Schwierigkeit die maximale Förderungszeit gewährt bekommen. Und ebenso bemerkenswert erscheint mir, daß auf den SFB 7 in Münster in lückenloser Abfolge bis heute weitere Sonderforschungsbereiche folgten, die mit dem SFB 7 in einem unmittelbaren Zusammenhang standen und stehen. Selbstverständlich hatten sie neue Themen, so der SFB 231 („Träger, Felder, Formen pragmatischer Schriftlichkeit im Mittelalter") und im Anschluß daran der noch heute bestehende SFB 496 („Symbolische Kommunikation und gesellschaftliche Wertesysteme vom Mittelalter bis

---

9   Nachrichten der Akademie der Wissenschaften in Göttingen. I. Philosophisch-historische Klasse, Jahrgang 1985, Nr. 1, Göttingen 1985.
10 S. oben Anm. 6.
11 In der Serie der Studien „Zur Ikonologie der Goldbrakteaten" als Nr. XIX, in: Frühmittelalterliche Studien 14 (1980) S. 463–617.

zur Französischen Revolution"). In dieser eindrucksvollen Sequenz wissenschaftlicher Forschung und Forschungsorganisation sehe ich sehr deutlich den Zusammenhang mit dem, was Karl Hauck durch seine wissenschaftlichen Visionen und seine Tatkraft auf den Weg gebracht hat.

Karl Hauck wurde 1969 zum Ordentlichen Mitglied dieser Akademie gewählt. Er starb wenige Monate nach seinem 90. Geburtstag am 8. Mai 2007. Bis zuletzt hat er trotz schwerer Krankheit an seinem Lebenswerk, der Brakteatenforschung, mit Einzelstudien und impulsgebend weitergearbeitet. Auch die Göttinger Akademie wird ihrem mit Göttingen so eng und so vielfältig verbundenen Mitglied Karl Hauck als einer außerordentlichen Forscherpersönlichkeit ein dankbares und ehrendes Andenken bewahren.

O. G. Oexle